范恒山（1957—），湖北天门人，先后毕业于武汉大学、中国人民大学。经济学博士、高级经济师、教授、博士生导师。曾任国家经济体制改革委员会综合规划与试点司副司长，国务院经济体制改革办公室综合司司长，国家发展和改革委员会经济体制综合改革司司长、地区经济司司长，国家发展和改革委员会副秘书长，兼任国家促进中部地区崛起办公室副主任。长期从事经济发展改革理论与政策研究。参与了党的多次中央全会文件、多次中央经济工作会议文件、多次国务院《政府工作报告》起草。主持了众多的发展改革重要文件、规划、方案的研究起草。主持了上百个国家区域发展文件、规划、方案的研究起草。学术研究领域广泛，出版专著、译著、主编著作30余部，发表学术论文数百篇，一些作品获国家图书奖等重要奖项。为北京大学、中国人民大学、武汉大学、中国传媒大学等多所国内著名高校兼职教授，受聘担任许多省市政府经济顾问，受邀担任一些学术团体荣誉职务。学术事迹为《世界名人录》《中国当代著名经济学家评传》《中国百名经济学家理论贡献精要》等收录介绍。

历史的足音——改革开放 40 年研究文库

中国改革：道路与目标

范恒山◎著

中国言实出版社

图书在版编目（CIP）数据

中国改革：道路与目标/范恒山著. -- 北京：
中国言实出版社，2018.12

ISBN 978-7-5171-2974-5

Ⅰ.①中… Ⅱ.①范… Ⅲ.①体制改革－中国－文集
Ⅳ.①D61-53

中国版本图书馆 CIP 数据核字（2018）第 270364 号

责任编辑：张　强
责任校对：李　琳
出版统筹：冯素丽
责任印制：佟贵兆
封面设计：徐　晴

出版发行　中国言实出版社

　　地　　址：北京市朝阳区北苑路 180 号加利大厦 5 号楼 105 室

　　邮　　编：100101

　　编辑部：北京市海淀区北太平庄路甲 1 号

　　邮　　编：100088

　　电　　话：64924853（总编室）　64924716（发行部）

　　网　　址：www.zgyscbs.cn

　　E-mail：zgyscbs@263.net

经　　销　新华书店

印　　刷　北京中科印刷有限公司

版　　次　2018 年 12 月第 1 版　　2018 年 12 月第 1 次印刷

规　　格　710 毫米×1000 毫米　　1/16　　46.5 印张

字　　数　690 千字

定　　价　268.00 元　　ISBN 978-7-5171-2974-5

目　录

农村集体所有制改革探讨①

（1978年11月）

社会主义农村集体所有制是以生产资料公有制和集体劳动为基础的社会主义公有制的一种形式。它的基本特点是：生产资料集体所有，劳动者在一定规模的劳动组织单位中从事共同劳动；劳动者之间是平等相处、互助合作的关系；生产是在国家计划指导下为满足本集体和社会需要而进行的，劳动产品为本集体劳动者所占有，个人消费品是按照"各尽所能，按劳分配"的原则以货币和实物两种形式来取得的；集体由该集体经济单位的全体成员共同管理，通过由集体经济单位成员民主推选的领导机构来履行具体的管理职责。我国目前农村集体所有制分为人民公社、生产大队、生产小队三级。在这三级集体所有制中，生产小队一级的所有制是最基本的。应当指出，这种通过合作化的道路对以生产资料私有制和个体劳动为基础的小农经济进行改造而建立起来的集体所有制，不仅充分发挥了广大农民的社会主义积极性，促进了农民世界观的转变和社会主义觉悟的提高，更为重要的是，它大大促进了农村生产力的发展。在农、林、牧、副、渔全面发展，农田水利基本建设，农村机械化等方面，集体所有制显示出了个体所有制无法比拟的优越性。许多集体所有制单位认真落实党的经济政策，按生产关系一定要适应生产力发展的客观规律办事，生产飞速发展，人民生活水平大大提高，经济活动充满活力。同时，农村集体化有效地克服了农业生产的分散性，有利于国家对农业生产的指导和对农产品的收购，为完善社会主义全民

---

① 本文原标题为《关于社会主义农村集体所有制》，载于《所有制改革：理论与方案》一书。

所有制，巩固社会主义经济基础起了较大作用。但这些年来，由于"四人帮"的干扰破坏以及我们工作中指导思想上的某些失误，农业集体所有制受到了较大摧残，农业生产力遭到了相当程度的破坏。受破坏严重的某些地区，集体所有制变质，农业生产力倒退，对农业经济的发展不同程度地起了阻碍作用。因此，拨乱反正，恢复集体所有制的本来面目，改革完善集体所有制，按照集体所有制经济发展的客观规律办事，是目前农村亟待解决的首要问题，是实现农业现代化的根本保证。

一、农村集体所有制已名不符实

农业集体所有制的性质决定了农村集体经济单位的自主权利：实行独立的经济核算，自负盈亏，直接组织生产，决定收益分配。这种自主权使集体所有制和全民所有制显著区别开来：全民所有制单位由国家直接进行管理，各企业生产指标、计划由国家根据社会对生产资料和消费资料的需要直接规定和下达；集体所有制单位则可以根据自己的情况，来安排组织生产，在完成对国家应尽的纳税义务后，自主进行分配、积累。因此，各级行政机构必须尊重集体所有制单位的这种自主权。这里最关键的是包括公社和大队在内的各级行政组织要尊重作为直接生产经营者的最基础的集体经济单位——生产队的自主权。不切实际的直接指令和随意指挥必然损害农村各级集体经济特别是生产队一级的自主权，从而导致农业生产力的损失。但从目前的情况看，问题比较严重：由于"四人帮"的破坏，我国农村许多地方的集体所有制失去了本来的性质，成为全民所有制的一个单位。生产队的生产资料所有权名义上掌握在生产队全体劳动者手中，但实际上则是掌握在国家行政机构的手中，生产队完全丧失了自主权。这表现在：

（一）上级行政机构对生产队下达的是指令性计划，而不是指导性计划。本来，生产队的生产活动，如所种经济作物的种类、主次、数量等，应该是按照"以粮为纲，全面发展"的方针，根据本地地理环境、生产条件等实际情况，参照国家的计划指导由生产队自主决定的。但是，许多地方的状况则是，上级行政机关不顾客观环境和具体队情，硬行规定各生产队经济作物的播种计划,并强制执行。为了达到某种计划指标,不惜令生产单位抛弃以往的生产特色和优势,甚至对于农业生产的管理办法也统一规定。有些公社、大队甚至规定在某一时刻非得采取某种管理办法。同时,一些直接服务于农村的单位如供销社、信用社等,背弃应有的责任,也利用手中的权力,通过对生产队对农民进行物质和资金的要挟进行不适当的干预或谋取私利。

(二)上级行政机构直接决定生产队的收益分配。收益分配权是生产队的重要权利。在国家有关部门的指导下和公社、大队的领导下,生产队有权在完成国家任务后处置自己的物资与现金,决定分配部分与积累部分的比例。但实际情况却是,上级组织特别是公社包揽生产队的收益分配,死死下达积累指标,造成集体经济单位成员的收入由于高积累的缘故,得不到提高,严重地损伤了广大农民的生产积极性。

(三)一平二调,严重侵犯生产队的所有权。党的政策明令有关部门不许无偿调用生产队的劳力、生产资料和其他物质,不得加重农民负担。但在一些地方,政府为了兴办企事业,却把负担转嫁到农民身上。平调之风日盛一日,除了明文要求负担的企事业建设任务外,很大一部分是通过"自力更生"等名义不显形地转嫁到农民身上的。负担最大的是大型水利建设。此外,文教、卫生、工交、财贸等方面都向生产队平调劳动力、物质、资金。这且不算,从生产队抽调出的劳动力,劳动在厂,分配却在队。社办企业平调生产队劳动力、物质、资金的现象就更超一格了。农民所承受的负担之重,项目之多,极其惊人。有些地方这种负担超过农业税收达几倍以上。这实际上是对农民财富的无偿剥夺,给集体经济带来了很大破坏。

(四)不问具体情况,强行进行"过渡"。集体所有制在范围上由生产队向大队,再由大队向公社过渡,继而集体所有制向全民所有制过渡(到那时按照马克思、恩格斯的说法是实行社会占有制:社会占有全部生产资料),是我国社会主义所有制最终发展的方向。但是,这种"过渡"必须建立在一定的物质与非物质条件上,而非物质条件本身又以物质条件为基础。一般来说,管理班子好、大队(或公社)经济基础强、生产队(或大队)之间经济发展水平较为平衡的地方,在群众自愿的前提下，可以稳步实行这种过渡。不具备条件的地区，则应巩固目前"三级所有，队为基础"的经济制度，创造条件，待机过渡。少数生产力水平极低，经济基础相当薄弱的地方，不仅不能过渡，还应当因地制宜，实行各种类型的生产责任制。但是，受"四人帮"依靠精神过渡的谬论的影响，一些地方政府，不顾具体情况，通过行政命令，实行一窝蜂的强制过渡；甚至那些农民家庭生活还得通过副业和个人收入来补充的低产量队，也随之过渡。这种"穷富拉平"的平均主义，不仅因经济条件的不平衡带来了组织生产的困难，引起集体经济水平下降，生产力破坏，而且极大地打击了劳动者的积极性。

农业集体所有制性质也表明，某一集体经济单位，应该由该集体经济单位成员共同管理，由集体经济单位成员委托他们选举的领导机构，在他们的监督下履行实际的管理职能。这样，才能从各地实际出发来组织管理生产，不断提高农业生产力。这些年来，一些集体生产单位的所有权名存实亡，在管理上也完全丧失了民主管理性质。而造成集体所有权和民主管理权名存实亡的，也正是由于人民公社的各级组织领导机构的领导者、管理者，已经不是通过集体劳动者民主推选出来，而是由上级部门通过行政任命而产生的。他们所执行的职能，也并非是集体经济单位成员的意愿和要求；他们所代表的利益，也不是集体单位劳动者的利益。他们是上级指令的执行者或代言人，是代表上级履行职能的"国方代表"和"驻队大使"。不但拿工资的"国家干部"是如此，且直接参加农村集体单位收入分配的管理者也是如此。因此，农村集体经济单位实际上也成了全民所有制单位。这样一来，应运而生的就是用长官意志来代替客观经济规律；官僚主义之风日盛，违反、损害劳动者经济利益的"瞎指挥"司空见惯。因而打人骂人，强迫命令，侵犯集体权利就成为某些领导者、管理者的基本职能。这样按"长官意志""首长指示"来办集体经济，与其说是为了发展农业生产力，倒不如说是对农业生产力的破坏。不要说有血有肉的农村劳动者会反对，即使是不会言语的客观环境也会"抵制"。

总之，我国农村许多地方的集体所有制已经失去了本来意义。因此，拨乱反正，还农村集体所有制以本来面目，落实党的农村经济政策，是当前农业战线上的最重要和最基本的任务。

二、还农村集体所有制经济本来面目

毛泽东同志特别强调要尊重客观经济规律，按客观经济规律办事。农业生产的实践告诉我们：是否遵循客观经济规律是关系到社会主义农业命运的大事，是关系到七亿农民生产积极性和他们的生活水平与质量的大事。因此，发展农业生产一定要按客观经济规律办事。否则，农民就吃亏，农业经济发展就慢，甚至停滞、倒退。而按农业发展的客观经济规律办事，最主要的是从我国现阶段的实际出发，建立适当的农村经济制度。在新中国成立初期，我们按照生产关系一定要适合生产力发展规律的要求，对农业进行社会主义改造，用集体所有制代替个体所有制，并正确处理好全民所有制和集体所有制的关系，带来了农业生产力的大发展和农民生活水平的大提高，从而也促进了整个国民经济的发展。今天，我们要走出农业经济发展的困境，最根本的一环就是要对已走形变样的农村集体所有制按客观规律的要求进行拨乱反正。

（一）要承认集体经济单位特别是作为最基础的集体经济单位的生产小队的所有权，并切实尊重和维护这种所有权。农村集体经济单位的所有权和自主权的有无，是农业经济能否发展、农业生产力能否提高的关键。

1. 维护集体经济单位应有的组织本单位生产的自主权。农村经济是整个国民经济的重要组成部分，因此，从事农业生产的农村集体经济单位应该服从社会需要，接受国家计划管理。但国家对于农业生产只能下达指导性的计划而不能下达指令性计划。集体经济单位在完成国家规定的主要经济作物征购指标的前提下，有权因地因时安排调节自己的生产。在需要的情况下，国家只能通过制定正确的经济政策（如收购政策、价格政策、税收政策等）和适当的政治思想工作，按国民经济发展的要求，使其生产大体纳入计划。因此，硬性规定，强令执行是错误的，是对集体所有制经济自主权的严重侵犯。

2. 维护集体经济单位应有的支配消费、积累、交换的自主权。一个集体经济单位一定时期的生产成果，从物质形态上讲，应该是在生产过程中耗费的生产资料、社员生活资料和生产队所获得的新的物质资料总和。后者又分为由集体经济单位自己支配的新的物质资料和以税收形式向国家提供的物质资料。从价值形态上讲，分为c+v+m，即生产费用、社员劳动报酬和集体经济的收入（含国家税收）之和。这说明，自负盈亏的集体经济单位，在完成国家税收，补偿在生产过程中消耗掉的生产资料以后，有权根据自己的实际情况确定积累与消费的比例，也可根据自己的需要同国营单位和其他集体单位进行产品交换。一般地说，在增产增收的情况下，集体经济单位成员的收入和集体之积累应同时增加。在增产不增收的情况下，也应该适当提高劳动者的收入。在减产减收的情况下，应该保证农民在一定水平上的生活资料的需要。靠国家硬性规定积累与分配的比例，往往难以体现上述要求。在某些年景，甚至会出现劳动者提供的劳动量越多，而获得的劳动报酬越少的情形，这就必然打击劳动者的积极性，不利于农业生产力的提高。

3．维护集体经济单位应有的对生产资料的所有权和劳动力的支配权。解决这方面问题的当务之急是克服一平二调问题。一平二调是侵犯集体经济单位的所有权和农村劳动者经济利益的极端错误的行为。必须认真处理好全民所有制和集体所有制，国家和集体，公社、大队和生产队之间的经济利益关系。国家兴办的企事业应该由国家负担经费；国家需集体协助办的企事业，应根据自愿互利、等价交换的原则，通过协商解决有关事宜。公社、大队之间，公社、大队和生产队之间，除征收应纳的提留（公积金、公益金等）外也不得任意平调。劳动在外分配在队的现象，更必须杜绝。与集体经济单位利益发生联系的项目，应该根据受益情况合理负担成本。杜绝一平二调，是关系到巩固集体经济，改善劳动者生活，提高农村生产力的大事，决不能马虎。

4．维护集体经济单位从实际出发选择经济制度的权利。核心是不搞所有制的强行过渡。所有制的过渡要慎重稳妥地进行。集体所有制是从个体所有制向全民所有制过渡的一种适宜的资产组织形式。随着农业生产力的发展，农业生产社会化程度的提高和农民社会主义觉悟的提高，农村现存的集体所有制形式将会进一步发展而为全民所有制所代替。但这种过渡是以一定的物质条件和非物质条件为基础的。因此，以生产队为基本核算单位向以大队或以公社为核算单位的所有制的过渡必须根据相关条件，分期分批，逐步进行。我国农村目前生产力发展水平总的说还较低，农业生产主要依靠手工劳动，机械化程度不高；农村经济发展很不平衡，有些地方单靠农业收入还不能保障农民基本生活的需要。在这样的条件下，绝大部分地方实行以生产队为基本核算单位是适当的。它可以克服生产队之间的平均主义，迅速提高农民生活水平；适应当前农民的觉悟程度，便于有效地进行经营管理；有利于维护农民的权益，切实调动广大农民的社会主义积极性。即使已经具备了条件的生产小队（或生产大队），也应按五定（定产量、定工分、定投资、定费用、定收入）和五不动（土地不动、劳力不动、牲畜不动、中小农具不动、原储备不动）的原则过渡。分配时要缩小差别，但也应承认差别。那些各方面条件尚不具备，尤其是那些农民的基本生活需要无法靠集体经济的收入来满足，还需要通过家庭副业和其他方面的收入来补充的生产小队（或生产大队），则应大力发展集体经济，千方百计提高劳动者生活水平，待条件成熟后再行过渡。如果在条件还不具备的时候，凭主观意志来改变集体所有制范围，或者否定集体所有制，用全民所有制取而代之，都会带来生产力的破坏。这种破坏既包括对生产资料的破坏，也包括对人心的伤害。

（二）农村集体经济单位的经济管理必须真正是组成集体经济单位的全体成员的共同管理，具体行使管理权力的管理机构必须是由劳动者民主选举的真正能代表劳动者经济利益的机构。农村集体所有制经济单位的各级领导人员的经济利益应同自己在各级集体经济单位的工作表现挂钩，由劳动者或劳动者代表最终决定。拿国家工薪的集体经济单位领导人员，应充分考虑农村集体所有制的性质，严守党对农村的政策界限，虚心听取劳动者的意见，根据客观实际情况，恰当地实施管理。违背全体劳动者的意志，无视客观经济规律，肆意损伤集体经济利益和劳动者经济利益，造成农业生产力破坏的，应予以经济制裁并相应伴之以行政处分。人民公社是政社合一的组织形式，它既是我国社会主义经济制度在农村中的存在形式，又是我国社会主义政权在农村中的基层单位。这种制度有利于贯彻党对农村的各项政策，加强对农村工作的领导和生产经营的管理，但同时，如果不考虑集体所有制本身的性质要求，不同劳动者本身的经济利益结合起来，就会用脱离实际、脱离群众的长官意志代替客观经济规律，最后必将受到客观经济规律的惩罚。

（三）目前我国农村生产力水平普遍低下，而低下之中又有各地区发展的不平衡。有些地方地理环境恶劣，经济基础极差，农村经济制度的确立应充分考虑各地的实际。对那些目前受条件所限差不多只能刀耕火种的穷乡僻壤，不宜强制进行集体经营，应采取"大包干"等经济形式，并允许个体经济的存在。即使在已实行"三级所有，队为基础"的人民公社制度的地方，为了把生产搞好、搞活，迅速提高农业生产力水平，也应采取有利于激发农村劳动者生产经营积极性的适当的生产责任制形式。

综上所述，对农村集体所有制拨乱反正所要进行的一切工作，都应紧紧地同集体经济利益、农村劳动者的利益联系在一起。反过来说，违背集体经济利益特别是无视作为最基层一级农村集体经济单位的生产队的利益，违背农村劳动者的利益，是走形变样的农村集体所有制的症结所在。按客观规律办事，就必须在解决这一问题上下功夫。

三、内外联动促进农村集体经济健康发展

农村集体所有制的改革和完善不仅涉及集体经济制度本身，还涉及其他方面，不仅涉及农村集体经济组织内部，也涉及国家对农村集体经济的政策，必须一揽子进行。由于经济利益的归属是农业生产力发展的核心问题，因而，集体经济单位的内部改革和国家对农村经济发展的外部环境的改善必须扣住维护并逐步提高农村劳动者的经济利益，促进集体经济的发展来进行。

对于农村集体经济内部来说，有三个问题必须解决：改善管理方式、调整经济结构、净化管理职能。

用直接经济手段对集体经济进行管理，是集体所有制改革的一个重要方面。由于人民公社各级所有制单位主要的是从事农业生产的经济单

位，因此，它的工作基点就是千方百计地增加生产、提高收入、强化集体的物质基础。而要达到这一目的，用行政手段来管理集体经济是不行的或是有害的。管理农村集体经济必须尽可能地通过经济手段。除了严格经济核算，不断改善生产条件，千方百计降低成本，调整集体单位内部的劳动组织形式，采用先进技术革新生产过程等外，运用物质利益原则激励和约束集体经济单位成员，是十分重要的一环。关键是坚决贯彻"按劳分配"的原则。认真执行这个原则，能够充分发挥劳动者的积极性，极大地提高农业生产力。从目前的情况出发，为了更好地落实执行"按劳分配"的原则，应当按照劳动者的劳动情况，包括劳动时间长短、劳动能力大小或者科技革新、科学种田的状况，予以物质奖励或惩罚。奖励可以采用奖励资金、奖励工分和奖励物质等多种方式。如前所述集体经济单位的领导者的行为也应同经济利益直接挂钩，根据其经营管理的业绩及劳动情况，决定奖励与惩罚，劳动者有权按合法程序将不称职的管理者及时罢免。

提高农村集体经济水平的另一种重要途径，就是改善农村经济结构，走农工副全面发展的道路。我国很多地方的人民的基本生活需要单靠经营农业还难以满足，不得不靠家庭副业和其他途径挣得的个人收入作为补充。有的生产队一定时期的劳动成果，在解决劳动者的生活后，连简单再生产也不能维持。因此，依靠单一的农业经营，集体经济水平和人民生活水平是难以大幅度提高的。社会主义农村和广大农民的富裕之路是农工副全面发展的道路。各级政府应有意识引导农民走这条道路，帮助生产队改善种植结构、产业结构、兴办社队企业。这样，既可以扩大生产，发展经济，提高收入，满足需要，又可以充分挖掘生产潜力，解决劳动力出路，同时，还可以扩大商品交换，活跃市场经济，解决城乡人民生活需要。

解决农业集体所有制单位行政机构臃肿庞大、管理职能无所不包的问题也是农村集体所有制改革的一个重要内容。目前农村人民公社过多地体现了它的政权组织的特色，而在其经济职能上体现不充分，且行政组织结构"大而全""小而全"，非经济管理部门林立，利用合法的或不合法的形式对农村经济活动进行干预和对农民施压。这不仅使加于农民头上的各种不合理负担纷至沓来,而且严重压抑了农村集体经济单位和广大农民的积极性、创造性,最终造成农业生产力发展的缓慢。必须下狠心精简机构,能不设、能简化的行政部门一律不设或简化,相应强化农村人民公社各级组织的经济职能。

从外部看,对农村集体所有制来说,国家应着力解决两个方面的问题。

(一)应采取措施缩小因自然条件差异引起的各集体生产单位的收入差别悬殊的问题。农村集体经济单位内部实行按劳分配的原则,劳动者虽然在生产资料和生产成果占有关系上是平等的,但是,由于各个集体经济单位所占有的生产资料的质量和数量不相同,劳动生产率高低不一样,因而各个集体经济单位的成员对生产资料和生产成果的占有实际上是不平等的。这且不论。有一个因素对农村各集体经济单位劳动者收入分配影响极大,而对劳动者来说又显得极不公平,这就是各地不同的自然条件。生产同样的产品量,自然条件差的社队付出的劳动一般比自然条件好的社队多得多。但国家对农村集体经济单位的产品采取的是等价交换的原则,即根据各集体经济单位提供的产品多少而不是提供的劳动量多少进行产品分配。所以,由于自然条件的原因使某些社队通过产品交换形成了级差收入。随着农业生产的发展,这种收入差别将不断增大。国家应该采取积极的办法,解决这种由于自然条件造成的不平等收入分配的状况。可以考虑的解决办法是:国家通过增加税收的办法来将自然条件好的地方级差收入的一部分(不是全部)收归国有,同时,通过对条件差的地方的农产品收购价格的适当高调而补偿它们所多耗费的劳动量的一部分。另一方面,可以通过减税的办法来补偿。当然,还可以进行直接的财政扶助。这实质上是将条件好的单位的一部分收入调剂出来用于补偿条件差的单位。这是缩小差别的重要经济手段。

(二)采取得力措施缩小工农产品剪刀差。农产品对工业品的剪刀差是影响农业发展的一个重要因素。剪刀差实际上是国家加在农民身上的一种负担。从目前情况看,由于工业生产的发展,特别是先进技术的采用,工业生产率大大提高,生产一种产品所需要的劳动量也大大下降。而农业生产机械化程度不高,大部分地区的农业生产建立在手工劳动基础之上。且由于可耕地少，农民不得不在同一块地上反复耕作，即便是在同一土地上增加投资能够形成增产，生产成本的支付与效益的增长间也极不成比例，代价比所得要高得多。何况，农业生产受自然环境影响很大，在很多情况下，劳动付出了，却不一定能增产，或者是"增产不增收"。因而，凝结在农产品中的实际劳动是很大的。尽管工业品价格多次降低，但它们与农产品间的剪刀差仍然严重存在。农民交售给国家的农产品越多，所承受的负担也就越重，这正是影响农民积极性的一个十分重要的原因。事实上，农业生产搞不好，农业扩大再生产因"剪刀差"等原因的影响而难以进行，也会影响到工业的发展。调整工农产品比价，缩小剪刀差，是一项极其紧迫而重要的工作。国家有关部门，应采取积极措施在缩小或制止剪刀差进一步扩大方面迈出实质性步伐。可以考虑先提高部分农副产品收购价格。当然，对工业品价格的清理也要紧紧跟上，特别是可以考虑一定程度地降低为农服务的工业品的价格水平。

农村集体所有制的改革与完善，关系到农村经济的发展、农业现代化的实现，也关系到整个国家的繁荣与富强，必须扎扎实实地抓好。但农村集体所有制的改革与完善是一个大工程，涉及方方面面，必须抓住根本，配套动作。我以为，经过努力，目前农村集体所有制经济中存在的种种问题是可以解决的。

关于国营企业实行劳动合同制问题探讨①

（1983年9月）

　　现阶段我国劳动制度，同经济体制的其他方面一样，也由国家全部揽起来，统包统配：劳动指标由上面下达，人员由上面选定和分配。一俟录用，职工就持有了"护身符"，端起了"铁饭碗"，吃起了"大锅饭"。干好干坏没关系，生老死葬有保障。这种劳动制度，能够保证劳动者就业的计划性和一定范围内的完全性，有利于国家对就业水平的控制，并保障了劳动者劳动的权利，在历史上曾经起过一定作用。但同时也表现了很多的弊病：一是企业不能按实际需要（这包括技术上和数量上的要求）择优录用劳动力，劳动者学用脱节，进入企业的劳动者和能进入生产过程的劳动者在量上差距很大，形成了人才缺乏与人才积压并存的局面。二是就业劳动者在政治思想上、专业技术上、身体素质上没有严格的标准，往往是"大概性"招工，这为某些机关和个人开后门提供了可能，以致滥竽充数，劳动力素质不高。三是国营企业职工不愁生计，坐享其成，不利于提高劳动者的积极性；加之固定工资制，使企业利益同劳动者利益无关，这样，生产者和生产资料不能在最优状态下组织起来，影响着生产力水平的提高。四是劳动者没有一定的选择劳动职业的自由，劳动力容易老化、惰性化。总之，这种劳动制度影响了技术的进步和劳动生产率的提高，从而导致生产效益增长的缓慢。随着经济体制改革的前进步伐，许多国营企业借鉴农村改革的经验，实行了定额管理，招收"合同工"。从现有的实践看，其效果是积极的。但这种合同工具有什么样的性质，它同与之签订合同的企业是什么关系？国营企

————————
①本文原载《经济研究参考资料》，1983年9月6日。

业应否采用劳动合同制？本文打算就这些问题谈谈看法。

一、关于合同工的性质

劳动合同制并不是今天才有的。事实上它存在于我国社会主义经济发展的各个时期。只是它一般具有以下特点：一是以临时工的形式出现的较多；二是以非文书形式的口头合同或非正式的文书合同较多；三是形成合同关系的双方都具有很大灵活性。企业采用合同工的原因，或者是由于它正处在紧张的生产关头，急需人手，而新增劳动力一时又拨不下来时；或者出于企业人虽多，但顶用的专业技术人才少时；或者需要一些人处理那些不宜用正式工来处理的事情等等。这类形式的合同工，在目前许多企业中仍然大量存在。但本文要分析的合同工，是指那些和企业签订了生产合同，其中规定了就业期限，就业办法，及他对国家、企业应尽的义务和本人应享受的权利的人。这种人不同于现在国家企业中的固定工。

合同工具有什么样的性质？这是我们研究国营企业是否应实行合同工制的关键。要说明这点，应先搞清社会主义制度下合同工的一些特点。

我们说，在社会主义条件下，劳动者已经成为生产资料和生产过程的主人，在生产和交换过程中形成利益的一体化。处在生产过程中的劳动者，支配、使用着生产资料进行生产，取得的成果按兼顾国家、企业和个人三者利益的原则进行分配。在这种生产过程中，以固定工形式出现的劳动者具有以下特点：一是他和生产资料实现了直接的结合；占有、支配和使用权得到了统一；劳动力不再是商品。二是他始终处在生产过程中，劳动权利有了保障。三是按劳分配是他取得消费品的原则。

那么，由固定工变为合同工，上述特点会发生变化吗？会的。但它在合同工处于生产过程内部是看不出来的。因为这时，他仍然处于社会主义生产关系之下，是生产资料的主人；劳动成果仍归劳动者所有。这些都是显然的。但我们应从他在社会主义经济中的总体活动来把握他，显然他具有下面的特点：一是他总是处于社会主义经济关系下，但并不总是处于直接的生产过程之中。二是由上一点决定他在生产过程内外的地位和作用会有明显的改变：他作为社会主义社会的一个成员，仍然是社会生产资料的主人，但这时已经失去了长期直接使用的权力；他的劳动有社会性的一面，也有了明显的私人性的一面。他拥有它，但处于闲置状态时，不会发生作用，当然也谈不上按劳分配的原则取得消费品。

要进一步说明的是：既然劳动者在合同制下有这些变化，他同资本主义社会的雇佣工人是否相同？回答是否定的。从表面上看似乎两者有很多相同之处：他和企业签订合约，无异于资本家对工人劳动力的一定时期的购买；一旦合同解除，它同雇佣工人被排斥出劳动过程之外一样，处于失业状态；他在履行合同中，付出劳动，取得报酬，就像雇佣工人出卖商品，取得工资一样。实际上，社会主义条件下的合同工和资本主义条件下的雇佣工人具有本质的不同。最关键之处在于，合同工不是在为与其利益相背离的资本家做事，而是在为从根本上说与其利益相一致的社会主义企业做工，他不是处于资本关系的强制之下。因而，不论是否处在直接的生产过程之中，他仍是社会主义生产资料的主人。有些人甚至直接拥有某些生产资料（如个体所有者做合同工），他不是一无所有的劳动者；一旦进入直接的生产过程，他可以直接参与这一过程的指挥与管理，生产过程服从他们的意志，而不像雇佣工人受资本关系的强制，服从资本家的意志去劳动；劳动的结果归他所有，他的报酬并不以其维持劳动力本身的价值为限，更不会低于他的价值，他为国家创造的纯收入即剩余产品价值，也是他的未来收入，而不是为哪一个人或哪一个集团所占有。因而，这里不体现资本和雇佣劳动之间那种剥削关系，在企业，他既是主人，又是劳动者。所以，合同工尽管和企业签订了合同，但合同不是出卖劳动力，而是劳动力的实现。因为劳动的私人性，这是劳动者在一定程度上有主宰它的自由；而因为劳动的社会性，所以劳动者一旦加入生产过程，便是对闲置劳动力的运用。在一定时期内，劳动者可能并不处于直接的生产过程中，这可以说成是失业。但这种失业具有暂时性，并且由于他处在社会主义条件下，有着基本生存资料的保障和其他就业途径。合同工虽拿工资，但它不是劳动力的价值，而是按劳动力的劳动的质和量所取得的报酬。这里面有某种不平等，但不存在剥削。

综上所述，合同工是社会主义生产关系下的一种新形式的劳动者。他在本质上仍同于固定工，却不同于资本主义的雇佣工人。企业和劳动合同工之间的关系不是雇王和雇佣劳动者间的剥削强制关系。合同工就是企业的主人，他们的利益是一致的。

二、国营企业应当推行合同工制

合同工的形式所以能在我国社会主义经济建设中顽强地生存并得以发展，应当从我国生产力发展水平上寻找答案。按照马克思、恩格斯的设想，典型的或成熟的社会主义形态应该是：社会实现了单一的公有制，全社会共同经营一切生产活动，单一的直接的计划调节着生产资料和消费资料的生产和分配；生产资料和劳动者的直接结合达到了完全的地步，劳动者直接参加生产过程的经营和管理。由于各方面的原因，我国现存生产力还没有达到进入这种社会的水平。表现在劳动制度方面的是：第一，在现阶段，虽然劳动者同生产资料实现了直接的结合，但这种结合并不具有完全性。由于多种经济成分的并存，劳动者和生产资料的结合有的在狭小的集体联合体中，有的是在个体经济形式中实现的。即使在国营企业内部，由于劳动者本身技术水平和工作熟练程度不高，知识面相当窄，使这种结合在质上还不具有完全的性质。我认为：以固定工形式在生产过程中同生产资料的结合要达到完全性，关键在于固定工必须具有能胜任一切劳动职业，从事各种生产活动的条件（它应包括德、智、体诸方面），如果不具备这种条件，那么，他在同生产资料的结合中就会具有不完全性。而不达到这一条件，也就不宜在国营企业中采用固定工制度，这种超越生产力水平的做法，会带来很多弊病。我国现有劳动制度在很多方面就是超越了现有生产力水平而建立的，于是也就不可避免地产生一些问题。第二，在社会主义制度下，作为生产资料的主人，每一个劳动者都享有同生产资料直接结合的权利。但由于现存生产力水平所决定的劳动的不完全社会性，一般地说劳动者具有同生产资料直接结合的特殊性而不具有普遍性；我国现存条件也不允许国家对劳动者的就业作全部安排实行强制性的通过计划的"直接结合和完全结合"。在这种条件下也会由于无视劳动者各方面素质，限制了劳动者的积极性。第三，在我国还有一个特殊条件，即人口多，劳动力增长也特别快，而社会所拥有的就业能力又有限，每人所具有的装备水平低，质量差。在这种情况下，一方面是生产资料得不到合理的运用，另一方面是劳动力的浪费。第四，大家都承认，企业是国民经济这一庞大整体中的一个组成部分，它们在这一整体中，既互相依赖，又互相制约，分工协作，关系密切；但企业又是具有相对独立性的经济实体，它们有自己的切身利益。从微观经济角度说，社会生产力的各个要素要适当结合，客观上要求各企业具有经营管理的自主权，根据经济合理的原则，有效地组织企业的生产经营活动。就劳动制度而言，如前所述，在现阶段，企业中劳动者的劳动还不是完全的直接社会劳动，具有某种程度的私人性质，在存在着商品经济的条件下，这种劳动通过社会范围内的交换来实现，这使企业有着特殊的经济利益。因而，在参照国家劳动就业和分配计划时，企业需要根据本企业的特点来选择它所需要的合标准的劳动力，并要求一定期限内劳动力的松动。第五，劳动者各有爱趣和长处，同时获得较丰厚收入的期望，这样他也需要有选择职业的自由，并根据自己的适应程度在一定时间和范围内作调动。

总言之，我国生产力发展的现有水平要求采用合同工制，而采用合同工制有利于生产力的发展。

前面指出过合同工不同于固定工的一些特点。这些特点的存在使我国现阶段劳动固定工制度的许多弊病都可以得到克服。正因为劳动者有可能暂时脱离生产过程之外，就促使劳动特别是青少年努力学习文化科学知识，钻研技术，而不至于由于经济上的和其他方面的原因被淘汰，这有利于培养素质高的劳动力队伍。由于合同工负有为国家和企业提供收入的责任，同时为着自身的经济利益，促使他们积极参加生产过程的管理，权、责、利在企业和劳动者身上都达到了高度的统一。多劳多得的原则在这里得到了充分体现，因而大大调动了劳动者的积极性；正因为企业有了真正择优录取适合需要的劳动者的权利，而且每一个劳动者都负有受合同限制的责任；正因为劳动就业的不固定性和企业有自选劳动力的权利，劳动者也有自谋职业的权利，这就有效地防止了职工的老化、惰性化问题的出现，消除了固定工制度中那种在编职工多，实际能工作的人少的弊端。同时，有利于劳动者自行按年龄、职业、技术水平归类。集中专业人才，充分发挥劳动者的专长。除此外，合同工制能适应生产的不同特点，合理安排和节约使用劳动力，提高劳动生产效率；它也有利于建设有组织的劳动后备队伍，给劳动力的社会调剂带来方便；有利于为农村剩余劳动力开辟出路。总之，它会大大推进技术的进步，促进生产力的发展。当然，由固定工制度变为合同工制度，会出现许多老弱病残无技术的人处于暂时失业的状态，还会出现劳动力就业的一度不规则的情形，给国家劳动计划直至整个国民经济计划形成一定的压力。然而这些问题只要采取适当的措施，是可以处理好的。本文在后面还要论及这一问题。

这就是说，国营企业应当实行合同工制，合同工制是现阶段有利于促进生产力发展的一种较好的劳动就业形式。

还要顺便讨论的问题是，在采用合同工制后，是否在社会生产条件下出现一个劳动力市场？如果可以把劳动者的待业看作是处在市场上的话，我认为，这种市场是存在的。但在合同工制度下，这是一种极端现象。然而可以说，不论哪种形式，在社会主义劳动力市场上都不存在买卖关系。这正是同资本主义劳动力市场根本不同的地方。

三、推行合同工制要解决的几个问题

劳动合同制的推行，改变了用工形式固定化的单一国家劳动制度，是劳动制度的一个重大改革。合同工制度建立之后，有一个不断发展，并在发展中逐步完善的过程。然而眼下要采用合同工制度，就要相应地解决几个问题。

第一，如何使合同制的合同行之有效，起到促进生产，提高人民生活水平的作用？这首先要求，合同要签订得合理。在合同上的各个内容，如就业期限（短期的和长期的），就业条件（德、智、体三方面的要求），工作待遇，奖惩条件，劳动定额等都应考虑我国现存生产力水平，企业的实际状况（这里主要是生产资料的工作能力等），并参照外国合同制管理方面的经验，科学地、慎重地制定，体现公平合理性。既然是合同，在签订时一方不得以某种特殊的意志强加于另一方。在订立合同时，还要考虑两方面的情形：一方面，我们是社会主义社会的企业，劳动者是企业的主人，社会的利益同他个人的利益在总体上是一致的。劳动者本身应该负有为国家多作贡献的义务。因而，在适当的标准上劳动者应当使其剩余劳动所创造的价值的一部分贡献给国家。另一方面，既然是合同双方，劳动者在利益上也具有独立性和个体性，从这个角度来说，在一定的标准上其劳动成果应不容侵犯。在现阶段，由于长期的固定工制度的"铁饭碗"的影响，由于怕处于失业状态，劳动者可能宁愿签订某种对自己负担过大的合同。企业应该考虑这一情形，不能借机向订立合同者提过高的要求。合同是一种法律行为，双方订立之后，必须严格按照上面所规定的内容施行责任，享受权利，违反者，应依法解决。为此，首先要制定相应的劳动使用法，保障合同的基本利益。其次要抓好合同施行中的管理。这一工作如果抓得好，对于企业和劳动者都是有益的。抓好了这些，合同就能起到应有的作用。

第二，如何克服合同工制可能带来的一些新问题？比较突出的：一是暂时丧失劳动机会而又没有个体就业条件的劳动者的生活问题；二是就业的不规则，不稳定的问题；三是劳动者自找职业会打乱国家劳动计划的问题等。对于第一方面的问题，应该区分不同情形解决。对老弱病残者，应该按照退休、抚恤等制度进行安排，保证他们的基本生活和福利生活所需要的生活资料，不同程度地由国家养起来；对于那些由于技术原因造成的暂时不能就业的人，除了积极对其加强教育、培训外，在一定期限内应给予维持其基本生活的资料补助。这类补助，应该相应做出有一定标准限制的细则。对于第二方面的问题，应慎重解决。考虑到我国现阶段的情形，开始可以实行双轨制，即原有固定工基本不动，或逐渐动；新增职工则采取合同形式。即使后一种，也不宜施行一刀切的办法。因为从长远看，也不能完全实行单一的合同工的办法。比如有些保密性的国防军工企业及某些技术精度高，地位十分重要，劳动者不宜变换的企业，仍应实行固定工制度。某些部门的人才，如国家培养需要花费相当长的时间,对这类人也不宜采取就业合同而应采取工作中定额合同的办法。即使采用合同工制的部门、企业也应有长远的计划,充分考虑技术变化,年龄构成等状况;并采取措施,使一些技术水平高,劳动熟练程度高的企业"支柱"保持稳定性。同时,对于劳动力的流动也应在地域、部门规定一定的范围。当然,考虑到我国生产力水平比较低,整个民族的文化水平也较低的情形,劳动者的适应面不一定很广,因而流动面也不会很大。至于第三方面的问题,实际上是完全可以解决的。国家参与总体上的劳动就业计划的制订,其计划机关和管理机关应根据社会主义社会生产关系的特点,根据我国生产力构成状况和实际发展水平,根据人口数量、构成和地域分布特点等,合理制订劳动力就业计划,并且不断开辟新的就业源泉,寻找广阔的就业途径。而各个企业根据本企业特点,择优录取职工也是有计划的。在这种情形下,再对劳动者的流动范围作某种限制,是不存在劳动力市场混乱的问题的。即使出现了,也是可以获得解决的。与此相联系的是,国家仍需在适当的情况下参与合同制的控制,以保证国家在特殊情况下对劳动力的调用,有效制止某些企业把劳动者变为私有财产的情况发生。另外,国家还应保持这种权力:阻止某些企业从获利出发,滥用劳动力,把它用在那些对国民经济发展无利或无迫切需要的项目上去。并且,国家还应以法人代表的身份,调节企业和劳动者之间的利益关系及其他可能引起的纠纷。

第三,推行合同制要相应做些什么样的改革?除上面合同制本身就涉及的一些改革如由固定形式到不固定形式,企业有权自行招聘工人,工人有权自行选择就业项目和单位外,还要相应进行的主要改革有:(1)工资制度的改革。除上缴国家利税外,除补偿企业所消耗的成本(不包括工资)及留足发展生产所需要的资金外,所剩下的应该按按劳分配的原则分配给劳动者。国家可通过适当的手段来防止不同企业劳动者之间收入差距的过度悬殊。(2)打破城乡界限,把可以与企业签订合同的权利施行给每一个有劳动能力的人。(3)建立健全劳动力培训制度。为适应生产力发展,社会化大生产的需要,国家应通过各种途径,培养劳动者的各方面的技能,创造过硬的劳动后备队伍。

国营企业实行合同工制度是一件大事,在实践中须通过试点,稳步进行，不能一阵风地搞。特别是考虑到现有劳动制度长期施行所形成的局面，在人们思想意识上留下了很多不易改变的东西，这一改革也会对许多人的利益发生影响，会碰到一些难以预料的问题，就更应该慎重进行了。这一改革所涉及的理论问题也很复杂，需要认真探讨、研究。

谈谈城市经济改革的内在动因①

（1984年6月）

　　农村经济体制改革及其获得的巨大成功，已成为促进城市经济改革的外在动因。然而，城市经济改革的真正动因还在于城市内部。只有弄清了这种内在动因，才能循着城市经济发展的客观规律，卓有成效地进行改革，达到搞活城市经济，促进社会主义经济发展和人民生活水平提高的目的。

城市经济发展内在规律的运动是改革的根本动因

　　城市是一个以人口、经济、科学文化的高度集约化为特征，以聚集经济效益为基本目的的空间地域系统。这一特点决定了城市经济在国民经济中占有举足轻重的地位。客观经济规律要求城市特别是中心城市，利用自己优越的地理位置和自然条件，建设成为这样一个有机联系的经济实体：首先，它是具有多功能的大系统，既能以自己的优越条件，启发最大的活力，使这一经济实体本身的各个部分分工协作，按其内在的经济联系，实现各种功能的最佳配合，成为经济发展的骨干力量，又能依靠经济中心的地位，领导和带动小城镇和农村经济，使城乡经济密切结合，互相带动，促进整个社会主义社会经济的发展。其次，它是一个"内联外通"的大市场，既能沟通城乡产供销活动，实现产需结合快，商品聚散快，信息传递快，经济发展快的目标；又是国际国内新产品、新技术、新信息迅速传递和周转的大"港口"。所以，城市应该是一个

---

①本文原载《湖北日报》1984年6月21日。

能有效地组织生产和交换活动，沟通条块、城乡关系，带动全局经济发展的、能动的、开放的经济系统。这就需要按照社会主义经济规律的要求，不断改革僵死的、封闭的和机械的经济形式，以适应生产力的发展，保证社会主义生产目的的实现。而这正是城市改革的根本动因。

现存城市经济体制同生产力发展的矛盾是城市经济体制改革的直接动因

作为生产关系的体现的经济管理体制，必须符合生产力的发展的要求。然而，我国现有经济管理体制却不适应生产力的发展，在很大程度上压抑了经济运动的内在活力，使城市经济起不到下述作用：

一是不能达到最有效地聚集经济效益的目的。在现行城市经济体制下，城市作为一个具有多种功能的能动系统的作用不能发挥，"大锅饭"挫伤了企业和劳动者的积极性，条块分割形成了各自为政的格局，不利于扬长避短，发挥本地区经济上的优势，并导致对外的封锁。这不能不影响综合经济效益的提高。武汉作为一个特大城市，工业总产值和固定资产原值均占全国第4位，然而全员劳动生产率却居第10位，百元资金提供利税和百元产值提供利税却均居第14位。这表明武汉的经济效益是比较低的。现行体制不仅束缚了劳动者的积极性、创造性，而且造成了现有生产力的大量闲置。据有关资料介绍，武汉市共有机械工业企业1300多个，但这些企业横向分属40多个系统，纵向分属五级行政领导，条块分割，互不往来，重复生产，或因原料等供应不足而导致设备利用率低。全市200多个铸造厂，生产量常年只占生产能力的1/3。

二是不能起到中心城市加快本身经济发展，带动全局经济的作用。现行经济体制的重要特点，是以行政区划代替城市这个经济实体本身的有机联系，结果是把一个整体人为地分成了一个个对立的系统和"块块"；再加上用行政办法代替经济办法，代替经济机体本身具有的调节作用，人为地割断了客观的经济联系。目前，城市经济结构不合理，不能建立坚强的经济基础和发展经济的内在作用机制，是与现存经济体制密切相关的。在这种体制之下，城市经济实力差，本身处于不稳定中，无法承担领导小城镇经济和农村经济的重任；在这种体制下，城市经济工作对外封锁，影响了国际国内资金和先进技术、设备的引进，经济实力逐渐削弱，城市作用大大下降。

综上所述，遵循城市经济发展的客观规律，创造城市经济协调发展的内在运行机制，使生产关系适应生产力发展的要求，正是城市经济体制改革的内在动因。城市改革绝不是心血来潮，而是客观经济规律本身的要求。就目前来说，应当通过简政放权，实行经济责任制和承包制，利改税等，打破条块分割，突破封闭性的体系，端掉"大锅饭"，充分调动企业和劳动者的积极性。城市经济改革的内在动因也要求在改革中应具有综合性，破立同步，积极探索新的经济管理形式和方法。

经济体制改革与经济立法[①]

（1985年1月）

　　法规法令是建设社会主义的重要保证。列宁曾经指出："假使我们拒绝用法令指明道路，那我们就会是社会主义的叛徒。""法令的作用在于使跟着苏维埃政权走的千百万人去执行实际步骤。"今天，经济立法对于经济体制改革也具有十分重要的意义。

　　一方面，从法的关系上说，经济改革的过程也就是经济立法的过程。改革必然要改变那些束缚生产力发展的制度、方法及其法规，这实际上是以新法代旧法。健全的经济体制必须具备健全的经济法规。另一方面，只有伴之以经济立法，经济改革才能成功。因为：正常的经济关系和正确的经济活动准则不以法的形式固定下来，改革的成果最终也得不到巩固。在实际的生活中，积极改革的人受到打击，改革在某些部门和单位受到公开的或隐蔽的阻碍，侵犯"专业户"和个体经济合法利益的现象时有发生，等等，造成这些状况的一个很重要的原因，就在于法规不健全，没有运用或不善于运用法律武器。因此，《中共中央关于经济体制改革的决定》指出，在目前条件下，"国家立法机关要加快经济立法，法院要加强经济案件的审判工作，检察部门要加强对经济犯罪行为的检察工作，司法部门要积极为经济建设提供法律服务"，以保证经济改革的顺利进行。

　　经济体制改革的依据也应是经济立法的依据，建立充满生机的新型的经济体制的依据，是我国生产力发展的特点和生产关系的性质，以及由此产生的客观经济规律的要求。它将消除那种以意志为法，以权利为

[①]本文原载《湖北日报》1985年1月3日。

法，以一时的方针政策为法和"合理不合法，合法不合理"的怪现象，而有利于发展我国有计划的商品经济，有利于处理好国家、集体和个人间的利益关系，有利于对内搞活经济和对外实行开放，有利于提高经济效益等等。制定经济法规也必须以此法为依据，把经济体制运行所要达到的基本目标的程序、方法都法律化，建立有中国特色的较为完备的经济法规系统，如通过《宪法》或其他法规确立现阶段多种经济形式并存的法律地位，维护不同经济成分的劳动者的合法权益；通过奖惩法规鼓励先进，鞭策落后；通过投资法和破产法实行企业的创建和对企业的关、停、并、转、迁等；通过涉外经济法处理好对外经济活动；等等。这样，使正常的经济关系和活动合理合法，以保护和完善社会主义社会生产关系，促进生产力的发展。

论宏观间接控制下的经济计划模式[①]

（1987年5月）

计划体制是社会主义经济管理体制的主体和核心。因而，经济计划是宏观控制的基本依据和手段。如何构造我国的经济计划模式，以适应有计划商品经济发展的要求，是本文试图回答的问题。

宏观间接控制下经济计划模式的构造依据

无论是社会化的大生产，还是生产资料的社会主义公有制，都产生了国家宏观控制的客观必然性。但是能否达到宏观有效控制，实现社会总供给和总需求的动态平衡的目的，在很大程度上取决于经济计划模式。社会主义经济运行的实践证明，不同的经济计划模式或正或负地显示了宏观控制的某种效能，但迄今为止，还没有哪一种经济计划模式达到了宏观有效控制。

撇开其他社会主义国家的经济计划模式不论，我们把视点集中在我国实践中的两种经济计划模式上来衡量它们各有的宏观控制效能。第一种模式我们称之为完全直接控制的经济计划模式或强制型经济计划模式。它的特征是：国家以指令性计划的形式对全部社会经济活动进行"直接的自觉的控制"，注重数量表现的实物型平衡。由此带来的后果往往是：（1）扼杀了企业的效益契机而启发了企业的数量冲动；（2）压抑了企业的自控机制而激发了企业的逆反心理；（3）淡化了企业的创造欲而强化了企业的惰性。自然，它既不可能最大限度地调动企业的积极性，

---

①本文原载《湖北计划工作》1987年第5期。

亦不可能最大限度提高社会经济效益，从而不可能实现宏观有效控制。我国改革之前的经济计划模式即属于此类。第二种模式我们称之为不完全直接控制的经济计划模式或松动型经济计划模式。它的特征是：国家拥有制订与目标直接有关的重大经济活动的计划决策的权力，非重要的或并不直接影响社会目标函数的计划决策被分解到包括企业在内的各个经济活动层次之中。从总体上说，这种经济计划模式依旧是把企业置于国家控制之下，限制了企业的活力。它虽比强制性经济计划模式作为经济活动的执行主体的企业的活力有所增强，然而，这种经济计划模式仍然是以企业对于国家的依附为前提的，企业最终无须承担任何责任，因而这种松动反而成为企业行为和国家目标函数相离异的条件。有了权力，企业就有了追求自身利益的武器，为了获得自身利益，它就必然寻找化解国家控制功能的对策，使企业计划与国家计划相抗衡。因此，这种经济计划模式不仅不能最大限度地启发企业活力，而且埋下了企业行为和宏观控制相背离，从而阻碍社会目标函数实现的伏雷。显然，这种经济计划模式不可能实现宏观有效控制。这就是说，我国社会主义经济运行实践中的两种经济计划模式——强制型经济计划模式和松动型经济计划模式，都不是理想的经济计划模式。因此，必须寻求理想的经济计划模式。

一定的经济计划模式尽管表现的是经济计划的某种格局，但格局的成因却不可能直接通过经济计划的状况本身得到说明。它有着更深刻的经济基础和构造依据。实际上，一定的经济计划模式植根于一定的生产关系之中，而这种生产关系的特征便是某种经济管理体制。如此说，对于一定社会的经济关系的认识，就与计划经济模式的选择密切相关了。

可以说，完全直接控制的经济计划模式是同对社会主义经济关系特征的认识相联系的，第一，国家以社会的名义占有生产资料，实行完全的公有制；第二，一切生产部门将由整个社会来管理。社会通过管理中心按照总的计划对全部生产经营活动进行有意识的直接控制；"一旦社会占有了生产资料，商品生产就将被消除"，人们可以通过计划处理一切生产经营活动，而不需要"价值"插于其间；第三，以劳动为尺度，通过劳动券的形式对个人消费品进行分配——这些特征是马克思主义经典作家为建立在否定资本主义制度基础上的那种社会主义社会而勾勒的。实践证明：我们现阶段的社会主义还没有达到经典作家们所设想的水平，自然，在社会主义发展的较低阶段实施本是社会主义发展较高阶段产物的完全直接控制的经济计划模式，是不可能达到宏观有效控制的。

在我们试图构造理想的宏观间接控制的经济计划模式之时，深刻反思和重新界定既有模式的理论基础是不无裨益的。经济理论说明，计划模式除了受制于生产资料所有制形式外，还直接制约于经济类型：自然经济、商品经济、产品经济。完全直接控制的经济计划模式是以社会主义经济是产品经济或完全的计划经济之认识为依据的；而不完全直接控制的经济计划模式尽管承认社会主义现阶段存在商品货币关系，但其建立的基础仍然是社会主义产品经济或计划经济主体论。从而决定了上述经济计划模式不会是理想的经济计划模式。

现阶段的社会主义社会，不仅广泛地存在着商品生产和商品交换，而且，社会主义经济在本质上仍然是商品经济。因此，良好的经济计划模式必须符合商品经济的要求。它所选择的应该是这样一种模式：①最有利商品经济的发展和商品经济原则规定的贯彻和展开；②最能自觉地运用以价值规律为主的商品经济的全部运动规律；③最有效地利用市场和市场机制的条件下，保证国民经济有计划按比例地发展，实现社会既定的目标函数的那种经济计划模式。而这就是宏观间接控制下的经济计划模式。它能达到这样的效果：在经济活动的执行主体企业具有生产经营的完全能动性，全部经济活动都是商品生产和交换活动，而所有这些活动都在市场的基础上展开，通过科学的计划管理使这些方向各异，复杂多变的活动最终保证社会效益的最优化。

宏观间接控制下经济计划模式的基本规定

宏观经济管理由直接控制向间接控制的转变，实际上是要求经济计划的完全直接控制模式向经济计划的间接控制模式转变。后者要求在遵循商品经济的基本规律，启发市场机制，维护经济运转的能动性的基础上进行计划管理。那么，经济计划的间接控制模式的基本规定是什么？实际上，一个完整的经济计划模式是计划内容和计划形式的统一。因而，我们分别用经济计划决策系统和经济计划执行系统来把握它们，从而阐明经济计划间控模式的规定。

经济计划决策系统是展示经济计划内容规定的。它包括计划目标和计划范围两大要素，前者还包括计划分目标或计划实施向量的规定；而后者则还包括计划决策的权限和计划决策层次的规定。

经济计划目标是计划内容的重要部分。它是宏观控制的目标函数，从而成为衡量宏观控制有效程度的基本标准。抽象地说，计划目标主要分成两个侧面：其一，宏观社会劳动按比例高效率地分配；其二，在一定生产力水平约束下，达到社会总需求和总供给的移动均衡。在间接控制下，计划决策目标尽管是方向性的，但仍不排斥通过某些计划指标来反映。不过，这种指标：一是数量极少，概括程度很高的宏观指标；二是主要体现效益规定而不是数量规定的价值指标；三是体现经济活动变化特点的弹性指标。无论是体现短期、中期和长期目标的指标，都应具有上述规定。

计划实施向量或分目标是关于计划宏观目标的具体的规定。它亦是由一些指标所体现的。但是，这些指标只是国家指导某方面经济活动的具体标的，从而亦是国家制定某种方针政策的依据；同时，它又是国家衡量宏观目标函数实现程度的可把握量或可计算量，从而亦是测量企业行为偏离度的参照系。它只是代表国家关于某类经济活动效果的一种量的规划，而不是下达给企业的强令它们执行的具体指标。因而，它们对企业不形成实质性约束，这一点正是区别于完全直接控制下经济计划的地方。

经济计划范围从另一侧面规定了计划的内容，从而构成计划决策系统中的另一重要元素。在这一方面，间接控制的经济计划模式大大不同于直接控制下的经济计划模式。第一，国家只掌握那些直接左右宏观目标函数的决策，如经济增长速度，重点项目的投资，国民收入在积累和消费间的分配等等，而不再是事无巨细全部由国家计划操办。第二，国家重在研究制定国民经济和社会发展的战略和重大方针政策，而不再把主要精力放在定指标，列项目，分投资，分物资上。而这些战略和政策的制订，应该充分考虑商品经济和价值规律的要求。第三，从整个社会经济政策的格局来考虑经济计划，从而把单纯的经济发展计划转到经济、科技和社会发展计划的有机结合上来。

经济计划范围的规定亦带来了计划决策权限和计划决策层次的规定：间接控制下的计划权不再独揽于国家手中，而是不均匀地分布在不同层次的经济活动组织者或执行者手中，形成经济计划的多元格局。而其中最重要的特点是：企业具有独立的生产经营活动的决策权，能够依据来自纵向的国家信息和横向的市场信息自主地做生产经营活动计划。

概括地说，经济计划的间接控制模式在计划决策系统上的特点是：总目标或宏观目标集中化、价值化、弹性化；分目标或计划实施向量的规划性和非约束性；计划内容的抽象性和综合性；决策权的分散化，决策结构的多层次化。

在经济计划的间接控制模式下，具有强制性的指令性计划仍然且有必要存在。因为在组织国民经济活动方面，它具有统治面宽，遏制能力强，调节周期短等非指令性计划不可替代的效能。但是，这时的指令性计划已经大大不同于直接控制条件下的指令性计划：①它不再是处于主导地位的，具有一般意义的计划形式；②它不再在任何情况下都被启用，而只是十分特殊情况下的一种应急手段；③它不再主要是人们主观意志的体现，而充分考虑了商品经济内在规定性的要求；④它不再主要采取固定的单一指标的形式，而往往表现为有弹性，有幅域的指标替代体系。但是在经济计划的间接控制模式下，经济计划的主体是指导性计划。其式样是多种多样的。主要是：

（1）预测型计划。它是在运用先进的手段正确评估了现存经济活动格局和精确预测了已有和新增变量的影响及其全部经济行为的风险后做出的计划。因而，这种计划往往以预测指数，未来形势估价材料等形式出现，从而为企业生产经营活动计划提供依据。应当指出的是：如果预测性计划必须带有某些为实现宏观目标函数所需的主观意向性，国家就必须同时采取措施影响制约经济活动的变量，从而保持预测性计划的科学性。

（2）参数型计划。广义的经济参数实际上就是经济杠杆；而狭义的经济参数则指那些直接同国家有关的，并为国家可控的经济变量如税收、财政开支，银行存款准备率，再贴现率等。无论是广义的经济参数，还是狭义的经济参数，都可以受国家调节。因而，利用经济参数做计划，既能把国家意图贯彻其中，又能有效地引导企业按国家要求开展生产经营活动。

（3）信息型计划。通过为企业提供过去、现在、未来的信息，提供来自纵向和横向的信息，有意识地注入国家意志，从而把企业生产经营活动有意识地引导到符合宏观目标函数要求的轨道上来。

（4）契约型计划。通过国家和企业之间的协商，形成有着各项具体规定的，兼顾了社会利益和企业利益的计划。在这里，国家以双重身份出现：既是同企业处于平等地位的企业的计划伙伴，又是高居于企业之上的代表社会指导企业合理地组织生产经营活动的计划主体。

归纳起来，间接控制下经济计划模式在经济计划执行系统方面的规定是：①把国家直接对企业的控制变为通过企业自身控制和控制市场而进行的对企业的控制；②把以行政手段为实体的单一控制变为以经济手段为主的经济、行政、法律手段有机结合，共同动作的综合控制；③把以指令性计划为主的硬性控制改为以指导性计划为主的多种计划形式的软性控制；④把以纵向集中管理为主的直接控制变为以横向经济活动互相制约为主的纵横交错的间接控制。

至此，间接控制下经济计划模式的基本规定已经清楚了。这种计划模式是遵循社会主义有计划商品经济的要求而设计的，它把宏观控制和微观放活有机地结合起来，把最大限度地追求利润的动机和最终优化社会利益的目的一致起来。因而是理想的经济计划模式。在具备了良好的环境和条件基础上，这种经济计划模式能使宏观有效控制变为现实。

宏观间接控制下经济计划模式的依存环境

宏观间接控制下经济计划模式的依存环境的特征是：它有利于把经济计划模式建立在社会主义有计划商品经济的基础上；它有利于使建立

在有计划商品经济基础上的理想的经济计划模式有效地合理地发挥作用。显然,宏观间接控制下经济计划模式理想的依存环境的主要规定是:

其一,最有利于市场机制发挥作用,有利于企业自我控制机制形成并充分发挥作用的公有制的具体表现形式。市场机制通过比较商品的劳动消费,诱导生产供给追逐消费需求制导企业行为,规范其生产经营活动,作为具体经济活动执行者的企业,能够依据自身的条件,通过特有的经济活动形式,协调自己同国家和市场的关系,从而使自身经济活动符合客观经济规律的需求,并借此达到对经济的有效控制。社会主义既有的实践史表明,离开了市场的能动作用、缺乏必要的企业控制,就不可能达到宏观有效控制。因此,间接控制下经济计划模式最重要的规定之一,即是把国家对企业的直接控制转变为利用市场机制对企业进行的控制。而这最关键的是启发企业的能动性,因为市场不过是企业能动性行为的结果。显然,必须改革公有制的现有国家所有制形式,而选择有利于市场机制发挥作用,有利于企业控制的公有制的具体表现形式。当前部分企业实行的租赁制可视为这种表现形式的生动体现。

其二,有利于经济计划间接控制模式形成并发挥作用的计划管理机构和计划管理系统。在经济计划的间接控制模式下,国家计划管理机构主要从事中长期宏观发展规划,研究制定国民经济和社会发展的战略和重大方针政策,及运用以经济杠杆为主体的一系列控制办法来间接指导企业产供销活动等工作。国家通过经济、行政、法律、技术等部门,运用以经济手段为主体的经济、行政、法律、技术等多种办法对国民经济进行计划管理,而在经济管理中又主要通过带指导信号性的参数——财政、信贷、价格、工资、汇率等经济杠杆——进行管理,这使计划管理远远超过了纯粹计划的范围而形成一个庞大的计划管理系统。这一计划管理系统通过全部或部分职能机构,形成若干子系统,担负起了计划(规划)、指导、控制、协调、监察、服务等职能,从而保证了企业在最大限度地发挥自身的活力的基础上按宏观目标函数的要求来组织生产经营活动。因此,这一计划管理系统既塑成或烘托出了经济计划的间接控制模式,又构成了这一模式发挥正常功能的环境和条件。

其三,良性的市场和完善的市场体系。市场是商品经济的本质规定:

商品经济实质上是一种市场经济。因而，它也是依照社会主义商品经济的本质规定建立起来的经济计划间接控制模式的要求。而间控模式的重要特点之一，是通过控制市场来控制企业行为。显然，良性的市场和完善的市场体系是经济计划间控模式发挥作用的重要环境和条件。良性的市场是受国家计划指导或调节的，充满活力的，有利于企业发挥合理行为而矫正不合理行为的市场。一般地说，良性市场应具有：①能动性，这包括企业的能动性和市场机制的自动作用；②公平性，为任何生产者和单位提供同等的条件，包括同等的竞争条件；③协调性，这包括合理的商品、劳务、资金等的供需结构，科学而有效的市场组织等等。完善的市场体系还意味着社会主义市场应该是包括各类分市场的全方位的开放型市场：它能提供商品生产和交换所需的全部条件，同时亦能容纳由商品生产和交换导致的全部后果。社会主义市场体系中应包括的主要分市场是：利于资金及时供应，灵活融通，迅速周转的资金市场；利于生产资料合理运用，适时更新，有效替代的生产资料市场；利于劳动力有效分配，强化素质的劳动力市场；利于技术成果和知识产品迅速交流、运用、信息及时传递、合理利用的智力市场；等等。有了良性市场和完善的市场体系，则国家就可以达到通过间接控制支配市场，再通过市场引导企业按照宏观目标函数展开经济活动的目的。

此外，高素质的计划管理人才，先进的计划管理体制，以及良好的政治格局等，都是经济计划的间接控制模式所必需的条件。

具备了上述条件或规定，宏观间接控制下经济计划模式的理想的依存环境就形成了，经济计划的间接控制模式也随之而生，并能实现宏观有效控制。

优化型初级市场：我国市场目标模式的现实选择[①]

——兼论市场要素的同构性

（1987年12月）

经济体制改革纵深发展对市场环境的迫切要求，使学术界把探索的思绪集中到市场模式的选择上。我国市场近期可能达到的模式，完全决定于我国既存的和可能在近期创造的市场形成条件。

判断：现阶段我国只能建立优化型初级市场

市场的存在、发展及其优化程度是同生产力发展水平和生产关系的性质相关的。但是，市场一旦产生，就启动了自身的作用机制。这一机制反过来推动着商品经济的发展，并通过后者影响着生产力的发展。

经济运行史表明，市场的这种影响表现为二重方面：一方面，市场机制把一切微观经济活动主体纳入为获取最大利润而竞争的环境之中，迫使它们积极地主动地开展各项生产经营活动，采取各种办法，降低自身商品的劳动消耗，最有效地配备各类资源，从而导致了微观经济的高效率，有力地促进了生产力的发展；但另一方面，市场机制使各个微观经济活动主体各行其是，仅仅着眼于自身利益，被动地受瞬息万变的市场供求的牵引，从而导致了经济波动，结构畸形，生产总体不经济等宏观经济方面的弊端，严重妨碍了生产力的顺利发展。市场机制的二重作用，使人们产生了优化市场的动机：通过市场内在因素或外部条件的改

---

①本文原载《财贸经济》1987年第12期，与牛仁亮合作。

造，强化市场机制对生产力发展的积极作用，弱化并最终消除它对生产力发展的消极作用，使市场成为一种既具有较高的微观效率，又克服了其在宏观方面的弊病的市场——优化型市场。但是，市场的优化是同生产关系的性质密切相关的。生产资料的私有制，导致资本主义国家干预市场活动。除了难以处理好干预措施与经济运行间的时滞问题外，首要的是无法克服技术进步及其扩散对生产、分配乃至整个经济结构的影响所产生的混乱。而生产资料的公有制决定了社会主义国家不仅能采取各种措施，对市场的不合理性进行事后治理，而且还能按照社会利益要求，事先规定市场式样，制导市场运转方向，调节市场使其成为优化型市场。

但是我国在社会经济方面的特点，使这种优化型市场体现着特殊点：其一，较为薄弱的生产力基础。我国人均年国民生产总值，排在世界第151位，且呈农业型。其二，超强度的人口压力。我国是世界第一号人口大国，尽管劳动力资源丰富，但不能得到充分利用，存在着数以亿计的潜在和直接的剩余劳动力，而且，占总人口80%的农业人口近乎半数未受过正规教育，在职工人大多数也只经历过中、小学式的启蒙教育。其三，滞后态势的商品经济。我国农产品商品率改革前只有30%左右，到1985年也只占50%，交换速度缓慢。商品短缺与滞存严重同时存在，出口商品结构以初级品、农产品和矿产品等低技术产品为主要部分。而且，这种滞后态势在短期内不会有重大改变。我国社会经济方面的上述特点决定了现阶段所能获得的只能是一种初级发达市场，所能建立的优化型市场也只能是一种初级优化型市场。

现状：现阶段我国不存在真正的市场

市场的优化必须以存在真正意义的市场为前提，但真正意义的市场并不必然是极为成熟和发达的市场。初级、中级、高级等发展程度不同的市场，都具备自然生殖的有机功能。只要从市场微观效率的有机功能出发，便可给出真正意义市场的如下基本要素。

要素一，市场活动主体——企业的预算硬约束。企业必须对其经济活动负责，既应承担经营损失，又应享受经营所得：经营盈亏与自身利害对称性挂钩。唯此，企业才自觉地根据货币尺度进行成本、收入的比较选择，主动改进技术、工艺及管理。

要素二，商品价格的自由选择。相同质量的商品通过价格自由选择，会驱使经营者改进技术、管理，降低单位商品的资源消耗；自由价格的功能还在于，调节用在各种商品上的资源配置。

要素三，利率的灵活波动。灵活利率是资金（乃至金融市场）运动的调节器，它随资金供求关系变化而变化，并且总是把资金交给经济效率最大的经营者。

要素四，劳动力要素的自主配置。社会主义条件下，劳动力虽不是商品，但拥有选择职业的自由，企业也有充分的理由对其从质量和数量上选择。这两个方面选择的交点，决定了劳动者的去留，无数个这样的点就汇成了劳动力充分流动的"平面"——职业市场。这种充分流动为最大限度地发挥劳动力资源的作用提供了根本条件。

要素五，全方位的市场规划。它是适应市场运行的市场法规、市场监督、市场管理的统一体。它能从各个侧面为各层次的市场经济活动提供合理的约束条件。

真正意义的市场，是上述五个基本要素的有机同构体。如失去某一要素，则其他要素功能不能发挥。如果企业预算约束处于软化状态，则价格、利率再高，企业也不会产生有效反馈，劳动力的自主配置及完备的市场规则也都会在此状态下变得苍白无力，以致市场微观效率功能化为乌有；如果价格固定在某一扭曲水平上，则企业会在错误信息指导下，竞相生产远远超过社会初始需求（即不包括强制替代的需求）的产品，其他要素也都将无一例外地卷入恶化资源配置轨道；如果利率不随资金供求变化而波动，则在其过低时，资金将被落后企业超常占用，过高时，将产生过量资源"闲置"，两种相反情况下，其他要素必将倾向于配合实现这种资源的双重浪费；如果不存在劳动力的自主配置，必然会引起工资攀比、损失劳动资源同自然资源的替代选择效率，进而使其他要素功能的正常发挥吞没在企业冗员过多或劳动力结构不合理的"黑洞"之中；最后，如果市场规则残缺不全，则必有各种垄断和超经济掠夺充斥于市，致使其他要素的功能苦无"用武之地"。

我国是否存在有待优化的真正意义的市场？用市场要素的同构性观点看我国市场现状，它呈现出如下特点：①企业预算软约束。过去，国家实行盈收亏补，改革虽打破了这种状况，但又导致了企业盈利时多得，亏损时则由国家包着的"软化倾斜"趋势。②投机诱发型双轨价格。改革中许多商品价格已完全放开，但对部分生产资料实行双轨价格，计划价与市场价差额悬殊。在国营企业预算约束软化倾斜和其他经济形式求利动机之下，社会上形成了一股强作用力，力图把计划价推出其轨，从而利用两轨之间的"广阔天地"大获投机之益，并助长了社会上的不正之风。③"呆滞—负值"型利率。改革中，利率只有少许调整，但贷款超常松动（借出大大多于存入），使利率陷入了"呆滞—负值"和通货膨胀的恶性循环。呆滞的低利率使其不能合理反映资金供求变化；贷款超常松动在企业预算"软化倾斜"作用之下，会诱导通货膨胀发生；通货膨胀又必然反过来强化低利率下的货币需求；这一过程会不断再生，不要多久，必然使利率降到负值水平（与通货膨胀率相比）。④行政抑制型劳动力配置。但事实上，行政式配置至今仍无根本改变。原因在于，完全实行劳动力要素自主配置，必然导致失业总量增大（这又与多年的低工资高就业相关）。劳动力要素自主配置意味着允许农民进城工作，这将加剧城市人口和失业的压力。然而，行政式劳动力配置严重抑制着对我国极为丰富的劳动力资源的有效利用，并在企业预算"软化倾斜"下，强化工资攀比机制，加剧通货膨胀压力。⑤市场规则残缺不全。现有市场规则既不健全、又不配套，使市场活动无章可循，为各种垄断、超经济掠夺提供了温床。

改造：现阶段我国建立优化型初级市场的战略选择

创建优化型的初级市场，我们认为，应从以下两个方面着手：

（一）初级市场基本要素的配套改造。第一，实行财产所有权与法人所有权的分离，以硬化企业预算约束。在这种分离中，国家仍是公有财产（指全民性质的财产）的所有者，而企业作为独立的商品经营者具有处理商品经营活动的一切权力，企业直接使用国家的财产，但它们之间不是上下级关系，而是契约关系。在这种关系中，国家通过财产所有权在经济上的实现来取得优化市场的实力，企业以法人所有权资格全权进行商品经营，其预算约束理所当然地达到应有硬度。必须致力寻找上述分离的具体形式（它绝不是单一的），并且要对分离过程中的利益摩擦采取有力的缓冲措施。

第二，全部价格市场化。在企业预算约束改造的同时，现存商品流通体制必然随之变革，绝大部分商品价格会由市场竞争自由选择。由于个别重要的生产资料的卖方市场在短期内不会改变，于是人们担心价格全部市场化会造成猛烈的通货膨胀。其实，这是一种有害的观点。近年来的通货膨胀根本原因在于价格体系的不合理与企业预算约束的"软化倾斜"联动作用，近年的汇率政策也对此起了推波助澜的作用。各种商品价格通过内在联系构成一个有机体系，某几种商品价格扭曲不仅会通过价格联系层层传递以致扭曲整个体系，而且会造成投机空隙和恶化资源配置。这是近年来"调放结合"政策事倍功半原因所在。应当指出，价格全部放开过程中，可能会产生一度的通货膨胀，但在企业预算约束硬化和国家财政平衡预算前提下，绝不会导致恶性循环。

第三，对银行实行预算硬约束。目前利率的"呆滞—负值"主要与资金管理体制相关。革除这一体制，应首先变金融的国家垄断为多元经济形式经营；其次变国家各级银行的行政式经营为预算硬约束的企业式经营。这种新体制下，各种经济形式的金融组织都将本能地关心、监督企业的资金使用方向及使用效率，结果必然使利率与资金供求相适应。从现实看，1986年1—10月，全国已形成100多个金融横向联合网络，同业拆借资金达160多亿元；但各级公有银行企业化的步履艰难，这表明它同其他部门公有企业一样，只有选择财产所有权与法人所有权的两权分离形式，才能彻底摆脱困境。

第四，半封闭、不可逆式的劳动力要素流动。劳动力要素在全国范围内自主配置会遇到增加失业和城市人口压力，但没有劳动力要素的自主配置就没有市场微观效率。可考虑如下战略：一方面，开辟以各大、中、小城市为单位的劳动力要素的自主配置网，在其中，劳动力要素原则上只能顺着城市的大向中、中向小方向进行不可逆流动；与此同时，应为建立全国性（包括农村）劳动力要素的互逆流动做准备，如把国家财政直接包干的城市福利、社会保障，通过适当方式交还给福利、保险组织，并选择时机改变现行的城市户口政策。另一方面，大规模扩展劳动密集型产业，它是唯一的解决我国劳动力就业和利用极丰富劳动力资源的根本出路。劳动力要素的自主配置虽然将滤出大量企业冗员，但此时企业创造的财富必然大于以前（这也应是我国企业滤出冗员的宏观原则），这便构成了扩展劳动密集型产业的物质基础，国家应通过财政预算把因劳动力要素自主配置而增加的社会财富大部分用于此途。

第五，创立三级保证型市场规则。上述诸要素的改造，要求一个与之适应的市场秩序，而能有效维护市场秩序的市场规则，可分为三个级别。市场配套法规是市场秩序的一级保证，它应贯彻保护竞争、反对垄断、维护一切经济主体的正当权益的宗旨；市场活动细则是市场秩序的二级保证，它是市场法规的具体化，它规范市场上所有经济主体的一切经济行为；市场监督组织是市场秩序的三级保证，它是前两者在组织形式上的具体化，它又分为三种互相制约的分组织：其一是代表政府调节市场矛盾的市场管理组织，其二是由消费者代表组成的保护消费者利益的市场监督组织，其三是由商品经营者代表组成的维护经营者正当权益的保护组织。这三种分组织互相抗衡、互相协调，以实现三级保证型规则的功能。

（二）前后调节初级市场的战略选择。如前所述，优化市场分为限制和利用两方面。如果我们建立起真正意义的市场，那绝不意味优化任务的完成，因为市场会带着种种弊端来到世间，要求代表社会利益的国家（社会主义的）为市场规定基本方向，并解决或缓和市场矛盾，这必然具体化为国家对市场的事前导向和事后调节。

事前给市场导向，指国家从发展社会生产力和实现社会主义社会生产目的出发，确定国民经济发展方向，安排国民经济重大比例，规定国民经济中的重要经济运行总量。必须指出，这些已不以传统体制中少数领导人指示为转移，而是由专家团论证，全国人民代表大会审议通过之后付诸实践。被确定的上述目标就是从总体上引导市场、规定市场方向，实现它的最有力杠杆是国家投资。[①]有人认为，改革目标之一就是使国家最终放弃宏观投资决策权。不难看出，该思路的实质是主张国家放弃对宏观经济从而对市场的引导。在我国，生产力处于较低水平，社会根本利益要求适当集中资金于带动性工业部门，以实现经济的迅速发展。若依靠市场盲目运动完成同一过程，则需要几倍的时间。不仅如此，社会主义生产在任何时候（商品经济条件下）都内在地要求国家引导市场。引导市场意义上的国家投资又同传统体制中的做法有重大差别。在这里，国家不以直接经营者的身份进行投资活动，也不用行政命令规定企业必须在某个部门中进行投资活动。其主要途径是以财产所有权的主体身份把这部分资金交给法人所有权的企业，同时以经济合同的方式实现其偏好，必要时还可运用利率、税收等杠杆开辟道路。

事后调节市场，在资本主义国家已积累了许多可资借鉴的经验，有如银根的松动和抽紧、税收的增加和减少、国家的赤字财政等等。但我们必须注意理解和消化，使其适于我国情况。例如，合理的赤字财政其限度是财政支出减财政收入等于债务收入。否则，若其差额大于债务收入，必然意味着财政性货币发行，这会引起恶性循环的通货膨胀。

[①]这种国家投资与凯恩斯主义国家投资的区别在于：前者主要服务于引导市场方向，后者服务于试图解决市场已存在的矛盾。

中国：深化经济体制改革的目标与任务[①]

（1991年5月）

历史进入90年代，中国经济体制改革面临着新的考验。下一步改革的路子如何走，不仅关系到国民经济和社会发展的十年规划和"八五"计划能否顺利实现，而且关系到中国社会主义的兴衰成败和中华民族的前途命运。有鉴于此，正确把握下一步深化经济体制改革的目标和任务，具有极为重要的意义。

一、中国经济体制改革的目标与方向

经济体制改革的目标与方向，仍然是下一步改革战略中的核心问题。在这一问题上，自《中共中央关于经济体制改革的决定》始，中国党和政府陆续在一些重要文献中做过明确论述。在多年来理论探索的基础上，中国根据世界经济发展的一般经验和自己丰富的实践，把经济体制改革的目标确立为建立社会主义的有计划的商品经济新体制。12年来，中国人民为之进行了大胆而广泛的实践探索，并取得了举世瞩目的成就。毫无疑问，下一步的改革仍将紧紧把握这一目标，扎扎实实地展开与推进。

中国认为，有计划商品经济新体制，实质是建立在社会主义公有制基础上的计划与市场有机结合内在统一的体制。因为，计划和市场及其结合是建筑在商品经济基础上的社会化大生产内在要求，是由现存生产力发展所决定的不可替代的两种配置资源的方式，实现计划和市场的结

---

①此文系应世界银行要求，为撰写 1992 年度《国家经济报告》提供的背景材料。

合，既有利于从总体上保持国民经济按比例的发展，有利于在全社会范围内动员和集中必要的财力物力进行重大建设，有利于抑制收入分配的不适当倾斜，实现全体社会成员的共同富裕，又有利于发挥竞争及其经营效率，有利于保障生产与需要的有机衔接，促进生产的发展与技术进步。所以，建立有计划的商品经济体制，其实质和核心是处理好计划和市场的关系，建立计划和市场有机结合的经济运行机制。因此，在中国共产党第十三届七中全会通过的《关于制定国民经济和社会发展十年规划和"八五"计划的建议》中明确指出：按照发展社会主义有计划商品经济的要求，建立计划经济和市场调节相结合的经济运行机制，是深化经济体制改革的基本方向。

经过长期的探索，中国对于计划与市场的结合，已经形成了一系列共同的认识。尤其是下述认识，对于廓清有计划商品经济新体制的内涵，寻找实现这一体制的途径，具有特别重要的意义：第一，计划和市场的结合是相互渗透有机统一的：计划不是主观随意的而是自觉遵循经济按比例发展规律和价值规律，考虑市场供求关系的计划；市场不是放任自流的而是受国家总体计划指导和法规约束的有序运转的竞争性市场。随着新体制的不断发育与完善以及相应的经济环境的建立与健全，计划将主要表现为指导性计划，市场机制的作用将逐渐增强。第二，这种结合是相互补充灵活变化的：计划与市场的结合覆盖社会再生产的全过程，但不同领域、不同方面的经济活动，其结合的方式和范围各不相同。一般地说，国民经济发展目标、总量控制，重大经济结构和布局调整，以及关系全局的重大经济活动等，计划起主要的作用。与此相应，国家计划管理和指导的任务，在于合理确定国民经济发展战略、规划，制定正确的产业政策、地区政策与其他总体经济政策，做好国民经济的协调与平衡，并综合配套地利用经济、法律和行政手段来引导和调控经济的运行；而企业日常的生产经营活动，一般性的技术改造及其相关的基本建设，主要由市场调节。这就是说，从根本上看，我们要建立的有计划商品经济新体制，是在坚持公有制基础上，实现"计划指导下的市场调节"，这是一种在强有力的和科学的宏观管理或政府干预下通过市场进行初步的和基本的资源分配的体制，是一种能够最大限度地调动各方面的积极性同时又能促进全体人民共同富裕的体制。

从现有的基础和下一阶段经济发展的需要出发,中国政府拟在今后十年内,初步建立这一体制。为此,需要完成下述五个相互联系的关键任务:

第一,建立适合中国现阶段生产力水平的所有制结构。在坚持以公有经济为主体的同时,继续鼓励与支持合作经济,适当发展个体经济、私营经济并依法加强监督和管理。

第二,建立适应社会化大生产发展的国营企业的管理体制与经营机制。除少数特殊性行业外,所有竞争性企业基本做到自主经营、自负盈亏、自我发展、自我约束,成为充满生机与活力的商品生产者和经营者。进一步完善全民所有制企业的产权制度,逐步形成公有制的各种有效实现形式。

第三,建立统一开放、平等竞争、规则健全的社会主义市场制度。除少数关系国计民生的重要商品和服务收费实行国家计划管理与定价外,其他商品的生产和流通放开,实行计划指导下的市场调节。在充分发展、不断完善商品市场的同时,积极发展资金、技术、信息、劳务、房地产等要素市场,形成完备且功能齐全的市场体系。

第四,建立以按劳分配为主体,其他分配方式为补充的个人收入分配制度和社会保障体系,正确处理公平与效率的关系,既鼓励一部分人依靠诚实劳动与合法经营先富起来,又采取有效措施立足于实现全体人民的共同富裕。

第五,建立间接调控与直接调控相结合,以间接调控为主,中央和省、自治区、直辖市两级调控相结合,以中央调控为主的宏观调控体系,合理处理好集中与分散的关系。国家行政管理职能与所有者职能分离、政企职责分开,并相应形成各级科学的经济管理机构。

二、深化经济体制改革的基本设想

经济体制改革是一项巨大而复杂的社会系统工程,要完成上述任务,实现建立有计划商品经济新体制的目标,需要社会政治、经济、思想、文化等各领域各环节的配套改革与协调动作。从经济体制本身看，需要协调配套地深化企业、流通、价格、税收、金融、计划投资、社会保障以及农村经济体制等各方面的改革。在这些方面，下一步拟定的基本设想是：

（一）企业体制改革。深化企业体制改革的基本目标在于建立政企职能分开，所有权与经营权有效分离，经济法人自主经营、自负盈亏的既有活力，又有约束的现代企业组织管理体制和经营机制。主要改革任务包括：

1. 深化企业经营制度改革，逐步形成与有计划商品经济相适应的规范的企业经营体制与机制。这方面的主要工作是：

——进一步完善企业承包经营责任制，搞好企业内部制度建设。从现实出发，"八五"期间企业将继续致力于承包制的发展与完善。重点在：（1）严格执行《企业法》，抓紧制定具体的实施条例，落实企业应有的自主权。（2）改进承包办法：正确选定承包主体，实行以厂长为法人代表的全员承包；科学确定承包指标，参照本地区同行业平均资金利润率，合理确定承包基数，流转税不再列入承包指标范围。实行综合指标承包，限制工资奖金的过快增长，克服短期行为，促进企业资产增值与技术进步；强化发包方责任，改善承包的外部环境，有效解决"死基数、活环境"的矛盾；等等。（3）改善企业内部管理体制，完善厂长负责制，理顺党、政、工三者关系。（4）完善企业内部劳动用工、收入分配、成本管理、审计考核等各种行之有效的经济责任制。等等。

——在积极试点的基础上，逐步推行"利税分流、税后还贷、税后承包"方式。这是规范国家与企业间的利益分配关系、构造合理的企业制度的必不可少的改革。"八五"期间要积极扩大试点，并进一步改进现有试点办法，主要有：适当降低企业所得税税率，采取相应措施减轻企业税后负担；对老贷款归还灵活处理，新增专项贷款本金税后还贷，利息进入成本；税后利润可以实行不同形式的承包上交办法；等等。在完善的基础上，争取在20世纪90年代后期在大多数企业实行。

——积极稳妥地进行股份制试点。对现有的股份制企业，要认真总结经验，在此基础上，"八五"期间，一是有计划地推进和扩大不同类型的股份制（法人持股的股份公司、企业内部职工持股股份制、向社会公开发行股票的股份制等）试点，并使之进一步规范和完善；二是抓紧制定相关的法规，使股份制企业的建立与发展完全置于法制管理之下，同时有效防止在这一过程中损害和私分国有资产的行为。

2. 深化企业组织制度改革，推动生产要素的合理流动，促进企业结构合理调整。主要是：

——根据结构调整的实际需要和可能，制定切实可行的具体政策，鼓励企业间承包、租赁、兼并、相互参股，以及存量资产合理转让与小企业的拍卖，发展企业间的横向联合，积极促进企业的优胜劣汰与组织结构的合理调整。

——有计划、有步骤地发展企业集团。"八五"期间要根据经济发展的需要和国家产业政策，以及生产要素优化组合的要求，主要以股份制的形式组建一批大型企业集团，主要是跨地区、跨部门、竞争性的大型企业集团。

3. 建立健全国有资产管理体制和经营制度，促进国有资产经营效益的提高。主要是：结合在全国范围内的有计划的清产核资，清理、界定企业产权、明确资产责任，逐步建立以资本金效益为主考核企业经营成果的制度及相应的奖惩制度；逐步建立各级专司国有资产所有者管理职能的管理体系，保障国家资本金权益；积极探索并建立各类中介性产权经营组织及其有效进行资产经营的形式、途径与方法；等等。

4. 进一步调整所有制结构，合理发展各类非国营经济企业。包括：进一步巩固和发展各类集体所有制企业（包括乡镇企业），在明确其产权归属的基础上形成符合集体经济性质的真正自主经营、自负盈亏的企业管理方式和经营方式；继续在一定范围内适当发展个体经济和私营经济，相应加强引导、监督与管理；继续鼓励"三资"企业的发展，认真落实国家有关法律法规，保护其权益，加强对其的管理。

（二）市场流通与价格体制改革。深化市场流通与价格体制改革的基本目标在于形成反应灵敏、信号准确、功能齐全、运转健康的市场体系与价格机制。主要改革任务包括：

1. 建立健全社会主义市场体系。进一步完善消费资料市场、扩大生产资料市场。如在农副产品集中产区和集散地，发展重要农副产品批发市场，并试办商品期货市场，稳定产销关系；在生产资料重点产销区的中心城市，通过国家订货、定点定量不定价、企业间的经济合同等，发展重要物资的现货和期货贸易中心，逐步取代"骡马大会"式的物资订货会；在经济联系密切的省、自治区、直辖市，按照商流和物流规律，组织互惠互利、货畅其流的区域性市场等。与此同时，努力发展资金市场，积极开拓技术市场和信息市场，认真培育房地产市场和劳务市场，逐步形成包括各种生产要素在内的完整的、全国统一开放的大市场。

2. 深化商业、物资体制改革，积极发展多种市场组织形式，强化对市场的管理、监督与调控。主要是：积极发展流通领域的横向联合，有步骤地组建跨地区、跨行业的、综合性或专业性大型商业、物资企业集团和工商联合的生产流通集团公司，改变"各自为战"的流通格局。推进流通社会化；坚持商业、物资企业的多种经营方式，实现绝大部分企业的自主经营自负盈亏，建立健全政府和民办的各类监督管理机构和市场交易规则，防止不正当竞争；建立市场调节基金制度，加强对市场的引导与调控。

3. 在控制物价总水平的前提下，积极稳妥地推进价格改革，逐步理顺比价关系。"八五"改革的重点是：适当提高基础工业产品和运输等基础设施的价格以及城市公用事业收费；适当提高粮食等主要农产品的国家定购价格，扭转主要农产品购销价格倒挂现象，减少财政的价格补贴；在坚持某些基础产品与设施的价格与服务收费的国家定价的同时，对供求大体平衡的一般加工产品、供求弹性比较大的商品和耐用消费品以及非生活必需品，逐步放开价格，由市场调节；同时，区别不同产品的具体情况，通过并轨、缩小差价等措施，逐步取消一些生产资料价格的双轨制。通过这些改革，力争在"九五"期间，建立起少数关系到国计民生和全局发展的商品价格由国家计划管理，多数商品价格放开由市场机制形成的制度。

（三）财政税收体制改革。深化财政税收体制改革的基本目标在于理顺国家和企业、中央和地方的收益分配关系，建立起既有利于积聚财力、更有利于提高企业经济效益、促进社会资源优化配置的体制。这方面的改革，除深化企业经营制度改革，推行"利税分流、税后承包、税后还贷"方式外，主要任务还有：

1. 在完善现有财政包干制的基础上，逐步推行"分税制"。完善财政包干制的重点是，采取财政措施及其他措施，克服其带来的地方封锁、市场分割、产业结构不合理等弊病，同时适当提高国家财政收入占国民收入的比重和中央财政收入占整个财政收入的比重。与此同时，逐步实行在明确划分事权的基础上，中央与地方按税种划分财政收入的分税制，在分税的基础上，区别不同情况，分别对各省、自治区、直辖市采取比例分成或递增上交、定额补贴或递减补贴等办法。这项改革拟分两个阶段进行："八五"期间，在有条件的省市先行试点，"九五"期间结合企业"税利分流"方式的推行普遍实施。

2. 加强财政预算约束，实行复式预算制度。"八五"期间，将抓紧建立中央与省、自治区、直辖市两级复式预算制，把经常性预算与建设性预算分开。坚持经常性预算平衡有余，不打赤字，建设性预算保持合理规模，收支差额通过举借内、外债来弥补，但应按偿债能力控制数额。

3. 配合价格改革与其他相关改革，提高经济效益，减少财政补贴。这包括，配合企业改革，取消企业经营性亏损补贴；通过汇率政策调节，减少外贸补贴；通过基础产品、设施的价格与收费的调整，减少相关行业的政策性亏损补贴；通过粮食等主要农产品和生活必需品的调价，稳购、压销，减少消费补贴；等等。

4. 进一步改革税制。按照统一税政、集中税权、公平税负的原则，逐步理顺税制结构，强化税收管理。在工业生产环节和商业批发环节，普遍推行增值税；同时，根据产业政策与消费政策需要，对部分商品再征一道特别消费税；逐步统一各种不同所有制企业的所得税制度；结合价格改革，理顺产品税和增值税制度；扩大资源税征收范围。同时，实行税收征、管、查分开的制度，切实加强税收征管、强化税收组织财政收入和宏观调控的功能。

（四）金融体制改革。深化金融体制改革的基本目标在于建立起有利于稳定价格环境、加速资金融通，促进总量平衡、优化资源配置的健全的金融组织体制、开放而有序的融资系统与富有活力和效率的经营制度。改革的主要任务包括：

1．强化中央银行（即中国人民银行）在宏观调控中的作用。包括：扩大中央银行在实施货币政策方面的自主权及决定自身预算的自主权，包括赋予中央银行调节货币供应量和信贷规模的自主权；强化中央银行的垂直领导；改善中央银行的管理，在有效控制信贷总规模的前提下，更多地运用对专业银行的贷款、储备金、基准利率、债券吞吐等手段调节经济活动。并逐步理顺利率体系，形成利率及时灵活调节的制度。

2．探索并建立专业银行独立核算、自主经营的企业化制度。在现阶段专业银行主要执行国家产业政策，承担经济调控职能，但同时进行企业化管理，实行自担风险、自负盈亏。要积极探索将金融的政策性业务和经营性业务分开管理的制度，探索在执行国家总体信贷政策的条件下灵活自主地执行信贷业务的办法；建立健全专业银行的经营责任制，逐步推行资产负债比例管理和资产风险管理制度。

3．发展与完善多种金融组织体系。在坚持以中国人民保险公司为主渠道的基础上，适当发展一些专业性和区域性的保险公司；完善对信托投资公司的管理，禁止信托投资公司办理存款业务；按照"群众性、民主性、灵活性"和分类指导的原则，推进农村信用社改革，逐步将农业银行"合署办公"的营业所与信用社分开，以进一步发挥农村信用社为农民、农业服务的作用；等等。

4．稳步发展金融市场、拓宽融资渠道，健全证券流通市场，在有条件的大城市稳定地进行证券交易所的试点，并逐步形成规范化的交易制度；逐步完善全国证券交易自动报价系统，创造条件实行资金拆借市场和外汇调剂市场的联网；在继续吸收居民储蓄、企业存款的同时，扩大直接融资的比重，逐步扩大债券，股票的发行，扩大住房储蓄，住房贷款，发展养老保险金、委托投资等多种融资形式。

（五）计划——投资体制改革。深化计划——投资体制改革的基本目标在于建立符合计划与市场，集中与分散有机结合原则的以指导性计划或间接投资为主体的新型计划投资体制。主要的改革任务包括：

1．进一步转变计划管理的职能和方法。计划工作的重点，要逐步放在对全社会经济活动的预测、规划、指导和调控上，正确引导经济运行的方向，努力保持经济总量平衡，以及主要比例关系和结构的协调。随着经济体制改革的深化和市场的不断发育,进一步适当缩小指令性计划的范围。适当扩大指导性计划的范围，更多地发挥市场机制的作用。并逐步做到主要运用经济政策和经济杠杆调节经济活动,增强计划决策和管理的科学性、有效性。

2. 建立科学的计划程序和严格的计划决策责任制。进一步理顺计划、财政、金融间的关系，按照财政、信贷资金供应、预算外资金、外汇收入的状况来安排计划；建立健全计划特别是指令性计划和建设项目的决策责任制，把决策权力、责任与风险结合起来；进一步明确中央与省级计划管理权限和责任,逐步形成两级调控以中央调控为主的计划管理体系。

3. 进一步改革投资体制。分化投资主体，除关系到国计民生的重大建设仍由国家直接投资外，一般建设和技术改造项目，应在国家规定的投资总规模范围内、由投资主体自行决策，政府主要运用产业政策、税收政策（如投资方向税）、财政贴息与资助和信贷政策进行引导与调控；改革现行按生产能力和投资额划分项目审批权的办法，实行按产业政策分行业确定投资审批权限及相应的管理办法；进一步完善投资包干责任制和项目建设的招标投标制度，发挥市场竞争机制作用；改革投资管理体制，促进国家投资公司逐步向控股公司方向发展。

（六）劳动工资制度、住房制度和社会保障制度改革。深化劳动工资、住房制度和社会保障制度改革的基本目标在于：建立以市场为基础、企业和职工实行双向选择的竞争性劳动就业制度；建立企业和国家机关、事业单位不同的个人收入分配制度，坚持按劳分配原则；形成国家、集体、个人三者结合筹资建房的机制和有利于调动各方积极性的商品化住房体制；建立以社会待业、养老保险为主体，以社会救济、社会福利、社区服务和家庭保障相辅助的综合性社会保障体系。主要改革任务包括：

1. 继续改革劳动就业制度。继续实行劳动部门介绍就业、自愿组织起来就业和自谋职业相结合的就业方针，逐步扩大劳务市场，完善劳动就业社会服务体系，形成社会劳动力、人才合理配置和流动的机制；适当发展各类非国营企业，积极扩大劳务输出，拓宽就业门路；积极稳妥地推行全员劳动合同制，逐步建立国家宏观指导、企业自主用工、多种形式并存的用工制度；加强对就业人员的上岗前培训与工作中的再培训，提高劳动力素质。

2．进一步改革工资制度。逐步建立健全工资正常增长和工资总量有效调控的机制，建立企业和国家机关、事业单位的不同工资制度；在企业，认真贯彻按劳分配原则，逐步形成反映不同行业特点、不同岗位职工劳动质量与数量的工资制度；调整工资收入结构，限制和减少实物分配，结合价格、住房和医疗保险制度的改革，把一部分福利性补贴逐步纳入工资；改变奖金、津贴和工资外收入的混乱状态，抓紧建立和推行个人收入申报制度、严格征收个人收入调节税，有效缓解社会分配不公现象。

3．抓紧进行住房制度改革。在统一公房租金的基础上，逐步把公房租金提高到至少包括折旧费、维修费、管理费三项的适当水平，力争达到包括投资利息、房产税等五项因素构成的成本租金，与此同时，按"多提少补"的原则，给租住公房的职工发放住房补贴。对于多占的住房面积，实行超标准加租；改革住房投资与建设体制，按照"统一规划、统一设计、统一征地、统一筹资、统一施工、统一管理"的原则，建立和发展低造价的商品房开发公司，大力发展住房合作社。进一步实行国家、企业、个人三方面合理负担的住宅建设投资体制，拓展住房建设潜力；加快住房商品化进程，建立与城镇居民收入相适应的住房价格体系，并从计划保证、减免租费、完善房地产市场等多方面创造条件，鼓励个人购买住房，逐步提高商品住宅中向个人出售的比例；配套进行住房金融制度改革，包括建立健全个人住房储蓄和住房信贷体系，实行抵押信贷购买制度、提供有利于职工个人购房建房的优惠存贷利率与还款期限、积极开展住房保险、扩大建立住房储蓄银行的试点等。

4．努力推进社会保障制度改革。要以改革和建立社会养老保险和待业保险制度为重点，带动其他社会保障事业的发展。

——改革养老保险制度。全民企业职工养老保险，要在完善现行社会统筹制的同时，引入个人缴纳的投保机制，并随工资增长，逐步提高个人交纳比例；对城镇集体职工，要建立社会统筹养老金和个人账户储存养老金相结合的养老保险制度；对"三资"企业、私营企业职工和私营企业主、城镇个体劳动者，要建立费用由个人交纳、按人账户储存积累和互济基金相结合的养老保险，"三资"企业和职工交纳的养老保险费，应高于其他所有制企业职工；对农民和乡镇企业职工，应建立自我保险为主，集体补助为辅的农村养老保险制度；与此同时，补充和完善国家机关、事业单位现行的保险福利制度。

——扩大和完善城市职工待业保险制度。随着劳动制度改革和推广劳动优化组合，将目前对国营企业部分职工实行的待业保险，扩大到国营、城镇集体及其他所有制企业的全部职工。待业保险费应从用工单位交纳，逐步过渡到单位和个人共同交纳。

——适时加快医疗保险制度的改革。在全民和集体单位，试行职工对医疗保险要缴纳一定保险费，并在就诊时适当负担医疗费的制度；在企业，从首先建立大病医疗费用社会统筹开始，逐步转向比较完善的社会医疗保险制度。医疗保险金，要由国家、企业、个人按一定比例共同负担。

（七）外贸政策与体制改革。深化外贸体制改革的基本目标在于建立符合国际贸易规范和准则的，统一政策、平等竞争、自主经营、自负盈亏，工贸结合，推行代理制，联合统一对外的外贸经营体制。主要改革任务包括：

1. 坚持扩大对外开放。"八五"期间，除进一步办好现有的经济特区、巩固和发展已开辟的经济技术开发区、沿海开放城市和开放地区外，集中力量办好上海浦东的开放和开发，还要有计划、有步骤地选择一些内陆边境城市和地区、作为对外开放的窗口，促进这些地区边境贸易和经济技术交流与合作的发展。

2. 积极引进先进技术和有效利用外资。进一步理顺吸收外资的领导体制，尽快形成统一领导，分工负责、运转灵活，方便快速的管理体制与服务体制；尽量争取国际金融机构和双边政府贷款，特别是条件比较优惠的贷款；进一步改善投资环境，采取多种形式吸收外商投资；严格执行国家统一颁布的、鼓励外商投资的法律法规和政策措施。

3．进一步改革外贸和外汇管理体制。"八五"期间，要根据国务院有关文件精神，逐步建立起一套比较科学健全的外贸管理办法，完善外贸承包经营责任制；按照科学、严密、简单易行和便于核查的原则，继续改进和完善外贸计划管理、进出口许可证制度和配额管理办法，并有效运用汇率、关税、税收、出口信贷、贴息制度和进出结合制度等手段，合理调节进出口贸易；积极促进各类经营外贸企业的联合，发展以外贸、工贸专业总公司为龙头的多功能、国际化的外贸企业集团。逐步扩大具备条件的大中型生产企业和紧密型生产企业集团自营业进出口业务，鼓励外贸企业和生产企业互相投资、参股、组织各种类型的贸工、贸农、贸技相结合的企业集团，更好地发挥外贸收购、自营出口和外贸代理等经营方式的积极作用；健全进出口商会组织，完善外贸协调、服务体系；改革汇率形成机制，建立健全在国家管理下的灵活合理的汇率调节制度，逐步实现汇率浮动制；进一步完善结汇办法和用汇制度，发展与完善外汇调剂市场，在有控制的外汇市场内，实行外汇自由调剂。

（八）农村经济体制改革。农业是国民经济的基础，农村经济体制改革不仅是城市经济体制改革的强大推动力，而且是城市经济体制改革的基础与保障。深化农村经济体制改革的基本目标在于建立以健全的统分结合的双层经营体制为核心、开放畅通的农产品流通体制和富有效率的农村经济调控体制相配合的适应农村商品经济发展的新体制。主要改革任务包括：

1．稳定和完善家庭联产承包责任制，健全双层经营体制。要把以家庭联产承包为主的责任制作为农村集体经济的一项基本制度长期稳定下来，同时，通过搞好产前、产中和产后的社会化服务，通过逐步壮大集体经济实力，健全统分结合的双层经营体制。

2．进一步推进农产品的购销与价格管理体制改革。建立多渠道流通体制，在发挥国营商业、供销社稳定市场和平抑物价的主渠道作用的同时，大力发展农民和其他多种形式的流通组织，提倡农民在完成税负和国家订购任务后，直接进入流通领域。大力发展以粮食等主要农产品的不同规模的批发市场为中枢的多层次农产品市场体系，以联接产需、引导生产，稳定价格；按照"稳购、压销、调价、包干"的思路，逐步理顺粮食购销体制；继续保持棉花购销合同定购制度，但应按棉粮合理比价调整棉花定购价格。同时扩大增产部分的地方分成比例，把增产的主要部分分给地方；取消糖料、油料的合同订购，放开食糖、食油经营，这项改革争取在"八五"前期完成，经营放开时，可给居民一定的价格补贴；坚持放开牲猪收购市场；逐步放开大中城市主要副食品价格购销市场，改革财政补贴制度，变暗补为明补。"八五"末期，力争做到除粮、棉以外其他农副产品的价格，在国家调控下基本靠市场调节。

3．进一步加快乡镇企业体制改革。按照国家的产业政策，在发展乡镇企业的同时有效调整乡镇企业的产业结构；认真界定并理顺乡镇企业的产权关系，探索政企分开的有效形式和办法，强化乡镇企业的自主经营权，同时完善企业经营管理，建立健全财务会计审计制度，强化约束机制；通过兼并、拍卖、转让等多种形式，积极推进各种形式的横向联合，有效扩大乡镇企业经营规模；搞好企业内部管理体制的配套改革，引进先进科学的管理制度和办法，促进乡镇企业管理现代化；加强对乡镇企业的宏观引导，把乡镇企业的发展与农村集镇建设结合起来。

4．深化农村金融体制改革。基本方面是：在深化农业银行体制改革的基础上，逐步恢复农村信用社的合作制性质；确认合作经济基金会等金融组织存在的合法性，逐步形成以农业银行为主导、信用社为骨干，各种合作经济和民间金融组织为补充的多层次、多形式的农村金融组织体系，促进农村资金市场的发育与成长；加强对农村金融的宏观调控，逐步完备农村金融章程和相应的金融管理制度，规范各种金融组织的金融活动。

三、推进中国经济体制改革的重点与方式

旨在建立社会主义有计划商品经济新体制的下一步中国经济体制改革，是一项伟大的历史性事业，正确选择深化改革的方略，科学安排深化改革的时序，也是至关重要的。

（一）关于深化改革的重点。从现状看，中国经济体制改革仍处于

由浅层向深层的过渡阶段，距建立有计划商品经济新体制的目标还有相当的距离，因此，中国经济体制改革的深化将是各领域、各环节、各部分改革的全面的深化。但是，经济体制的实质性变革，最终来自于那些对经济体制整体和基本构件发生实际影响的措施，因此，在全面深化体制改革的同时必须抓重点。

从建立有计划商品经济新体制之总目标和经济体制改革的全过程把握，中国经济体制改革的重点将放在如下两个方面：

一是围绕搞活企业特别是全民所有制大中型企业来深化各项改革。微观经济活动是其他一切经济活动的基础，而对于建立有计划商品经济新体制这一目标来说，企业的自主经营与自负盈亏实际上是形成有效的竞争性市场和科学而规范的宏观管理与协调的前提。因此，在经济体制总体中，企业与企业制度及其改革处于更为基础的地位。更进一步说，经济体制改革的最终目的是为了发展生产力，而企业是唯一的生产源从而是创造社会财富的主要源泉。在现代中国，全民所有制大中型企业是社会主义经济的脊梁和国家财政收入的主要来源，这些企业活力的强弱，效益的好坏，直接关系到克服中国当前的财政困难和经济持续、稳定的发展，直接关系到社会安定和社会主义制度的巩固。因此，增强企业特别是国营大中型企业的活力，应该是搞好国民经济和深化经济体制改革的中心环节，其他各类改革都必须围绕它来展开。而搞活企业，最根本的还是改革企业制度，建立富有效率和活力的企业管理体制和经营机制。因此，从总体上看，深化企业制度改革应该是深化经济体制改革的重点。但同时应该注意的是，强调企业改革的重心地位，并不意味着它在任何时候都居于领先状态，选择哪一方面的改革做突破口，要根据当时改革的要求与特定的政治经济环境来确定；强调企业改革的重心地位，也并不意味着它可以孤军突入。事实上它进展的可能性与有效性最终取决于其他各项重要改革的配合程度。

二是抓经济体制的基础环节或基本制度的建设。经济体制的转化与变革，从根本上取决于那些起决定作用的基础构件的变革，后者既是新体制发育的基础，同时也是新体制得以建立的支架。因此，下一步的改革，应着重抓这些基础环节或基本制度的改革。大体说，这些基础环节包括：企业经营制度、价格制度、财政收入分配制度、银行经营制度、计划制度、社会保障制度。

（二）关于深化改革的方式。在深化改革的进程中，有关改革方式的选择是不可掉以轻心的。在这方面，不仅世界，而且中国自己12年来的改革已经积累了丰富的经验教训。在今后，中国除了继续推行那些行之有效的方式如把改革、发展和稳定结合起来，把政治体制改革、思想观念转变同经济体制改革结合起来等外，还将在深化改革过程中把握以下方面：

1．边改革，边规范，加强经济立法，搞好改革措施的规范化、制度化建设。一些经过实践证明收效良好，比较成熟的改革措施，尽可能及时以规范的制度或法律的形式确定下来，以防止良好的改革措施变形，同时为新改革措施的推出，新体制的进一步发育提供坚实的基础。除此外，在下一步改革中，还将根据改革的需要与实际可能，尽快把一些必不可少的最基本的法规建立好，以为改革逐步创造一个必不可少的法制基础。

2．积极试点，相机全面推进。中国12年来的改革实践证明，以往把区域性改革试点与有效的改革措施的全面推进一致起来的做法是科学的，应当继续坚持。下一步改革要重视的是：积极进行尚未触及但为建立新体制所必需的"新项试点"；积极进行有较大难度，但可能有利于新体制建设的"风险试点"；积极进行同一改革内容的不同实施等的"比较试点"。同时进一步扩大已呈明显有效性的有关改革项目的原有试点面，把握有利条件和机会，推向全面，加快改革步伐，缩短新体制建立的时程。

3．把握社会经济环境变化，灵活调整改革措施。实践表明，某项改革措施能否产生预期效应，跟其推出时机与推进过程中的灵活调整密切相关。因此，下一步改革要特别重视社会经济环境方面的制约。在环境较好时，抓紧出台一些改革措施，根据可能加快改革步伐；当环境发生变化时，应对已出台的措施进行相应的调整与完善。反过来，推出一定的改革措施，应尽量创造有利的社会经济环境。

4．扬长避短，迂回"作战"。根据实际状况，对那些较易且必须进行的改革，可抓紧进行；对那些难度大，配套条件要求较高，或受环境制约暂时无法全部出台或作实质性推进的改革措施，可把工作重点放在做必要的准备上，以创造条件，积累基础。

（三）关于深化改革的时序。深化改革，意味着超越业已进行了12年的经济改革的现存格局，全面推进各项改革措施，并最终实现经济体制改革的目标。但各项措施不可能同时出台，齐头并进，也不会一步到位，一蹴而就。因此，在对改革措施统筹规划以及考虑改革的配套性时，要同时考虑改革措施的出台时序，考虑不同时期改革的侧重点。

从根本上说，改革时序及相应的内容的安排，要服从这样几方面的要求：一是符合实现建立有计划商品经济新体制的目标的要求，从发展角度看，这样做的目的在于从根本上保持国民经济的持续稳定与协调的发展，提高生产力；二是符合现实经济环境：一方面，立足于解决现实经济矛盾，不然深化改革就成为空谈；另一方面，要为现实经济条件所允许，以免如前几年的价格改革那样急于求成。因此，下述范围内的改革措施将可能在下一步的改革中优先安排：（1）那些有利于新体制建设亟待进行且为当前环境所允许的措施；（2）那些有利于解决眼前矛盾且符合经济体制改革方向的措施；（3）那些相对说比较独立且受现实环境制约较少的措施；（4）那些因条件所限不能近期直接推出的重大改革所需的必不可少的准备工作与基础性改革。从这种考虑出发，中国经济体制改革的近期内容的安排将主要集中在如下方面：（1）花大气力从改善外部环境和加强内部管理两个方面采取有力的改革措施，解决国营大中型企业的实际困难，力争在较短的时间内使这些企业的活力明显增强；（2）抓住有利时机，推进价格改革，重点是调整比价严重不合理的基础产品和主要农产品的价格，进一步放开一些生产厂家多，更新换代快，市场供求大体平衡的商品价格，并根据条件，整顿生产资料价格"双轨制"。与此同时，抓紧进行流通体制改革、培育多种市场组织形式，稳步拓展各类市场；（3）积极推进住房制度和社会保障制度的改革，力争在近几年内取得明显进展。（4）采取必要的政策与改革措施，增强国家宏观调控能力，正确处理中央和地方的关系。这包括配合价格、粮食购销体制、社会保险制度等方面的改革，逐步减少财政补贴、开征固定资产投资方向税、进行国库券承购包销改革试验等等。（5）利用现有优势和基础，进一步完善对外开放政策，推进外贸体制改革。

综上所述，中国深化经济体制改革的目标与方向是明确的，主体设想与基本推进方式也是可行的。可以肯定，在党和政府的坚强领导下，经过全体中国人的共同努力，中国经济体制改革一定能取得预期的进展，我们的目标一定能够实现。

中国：计划与市场探索十三年①

——十一届三中全会以来计划与市场关系讨论述评

（1991年10月）

业已进行了13年的中国经济体制改革，从实质上说，是对高度集中的计划经济体制的改革。这一改革的基本方向，在于按照社会主义有计划商品经济的要求，建立计划经济和市场调节内在统一的经济运行机制。13年来，我国理论和实际工作者就计划和市场的关系问题进行了深入的探索。这一探索的特点如何？进展怎样？难点在哪？本文拟就此做些述评，以飨读者，以供参考。

一、探索的轨迹：发展阶段与一般特点

有关计划与市场关系问题的讨论，就其实质性内容看，并不肇始于十一届三中全会以后。1978年以前，我国事实上就较为深入地触及过这一问题，不过，那时受某些限制，首先是受关于社会主义经济性质的认识的限制，这种讨论主要地体现在有关社会主义制度下商品生产、价值规律的地位和作用的论述之中。毛泽东同志曾在有关的场合一定程度地肯定过商品和价值规律的作用，②而陈云同志在1956年发表的《社会主义改造基本完成以后的新问题》中，实际上已直接谈到了计划和市场的

---

①本文系"计划与市场"课题阶段性报告，发表于《中国体改研究会通讯》1991年第33、
  34期。
②参见毛泽东同志关于《政治经济学教科书》的读书笔记及批语。

关系。①至于理论界关于计划经济与商品生产和价值规律的大讨论，在1953年至1978年的这段时期内，至少发生过四次。②其中薛暮桥的《计划经济与价值规律》，孙冶方的《把计划和统计放在价值规律的基础上》《论价值》等一些文章，③都产生过重要影响。而这些讨论，提出了许多即使今天看仍有意义的观点。如顾准在《试论社会主义制度下的商品生产和价值规律》中提出："社会主义经济是计划经济与经济核算的矛盾统一体"，两者缺一不可，"社会主义经济是实行经济核算的计划经济。"④南冰、索真认为，社会主义条件下价值规律不仅对流通领域起调节作用，而且在有计划地发展经济的过程中，对生产领域也起调节作用；⑤卓炯则指出：商品经济不但与社会主义不矛盾，反而可以成为建设社会主义的有力工具，社会主义的商品是有计划的商品，社会主义条件下"商品经济的特点是计划商品经济"，等。⑥但在当时的条件下，这些讨论是极不充分的。真正直接地、广泛地讨论计划与市场的关系，是在党的十一届三中全会之后。尽管这种讨论仍然承继于商品生产、价值规律作用的讨论，但在解放思想、拨乱反正的大背景下，它很快从"文革""否定一切、批判一切"造成的最低谷，跃上计划与市场关系的公开讨论。1979年初，一些学术刊物率先推出一批研究文章，⑦而3月份在

---

① 见《陈云文选》（1956—1962）第12—13页。

② 这四次大规模的讨论大体是：1953年前后围绕斯大林《苏联社会主义经济问题》中的有关论点，讨论社会主义经济中价值规律的地位与作用；1956—1957年根据党的八大提出的改善计划工作体制的精神讨论计划经济和价值规律的关系；1958—1959年针对农村集体化问题讨论人民公社化后价值规律的作用；1961—1964年适应经济"调整、巩固、充实、提高"的新形势，重点讨论价值规律和社会主义条件下经济管理的关系。

③ 薛文见《人民日报》1956年10月28日；孙文见《经济研究》1956年第6期，《经济研究》1959年第9期。

④ 见《经济研究》1957年第3期。

⑤ 南冰、索真：《论社会主义制度下生产资料的价值和价值规律的作用问题》，《经济研究》1957年第1期。

⑥ 卓炯：《论商品经济》（署名于凤村），《经济研究》1962年第10期；《申论社会主义制度下的商品》，《论社会主义的商品经济》广东人民出版社1981年版第116页。

⑦ 这些文章如：《把计划经济建立在市场经济的基础上》，《财经研究通讯》1979年第1期；《计划经济要以市场经济作补充》，《江汉论坛》1979年第1期；《社会主义计划经济与市场经济》，《宁夏大学学报》1979年第1期；《计划调节必须发挥市场的作用》，《商业研究》1979年第1期；等等。

四川成都召开的价值规律的讨论会上，人们已开始集中讨论计划经济与市场经济的结合问题。[①]这一会议和同年4月份在江苏无锡召开的，被薛暮桥同志认为是"新中国成立以来第二次讨论价值规律的盛会"的社会主义经济中价值规律的作用的理论讨论会，成为十一届三中全会后计划与市场问题探索的开端。[②]自此，这一讨论日渐广泛与深入，走过了极不平凡的历程。大体说，这一讨论伴随相关政策的发展，经历了这样几个阶段：

从1979年初至1984年底党的十二届三中全会作出有关计划和市场方面的论述是第一阶段。这一阶段，是思想理论战线上拨乱反正，正本清源的最主要时期，亦是党把工作重心转到经济建设上来，着力于走有中国特色的社会主义经济改革与发展之路的起步时期。这一方面要求人们运用马克思主义的立场、观点和科学的分析方法廓清那些长期被搁置、被禁止、被颠倒、被混淆的经济理论问题，恢复它们的本来面目，又要求人们对复杂而又陌生的社会主义经济运行的新的实践模式的选择及其相关的实际问题提供理论上的依据和思路。因此，这一阶段在计划和市场关系的论述上，从最基本的概念分析到最为复杂的社会主义经济性质的判断，同关于"结合"问题的具体说明交合在一起。可以说，在以后各阶段所涉及的问题在这时已全部或基本上全部地提到了。讨论的重点是：社会主义经济的本质是什么，是计划经济还是商品经济？什么是计划经济、计划调节、市场经济、市场调节？计划经济同市场经济能否结合，应该怎样结合？市场调节在社会主义经济中地位与作用如何？等等。但同特殊的历史背景及计划和市场关系的逻辑顺序相关，这一阶段人们所考虑的最重要的问题还是市场经济、市场调节同社会主义经济的关系问题，即"用不用"市场的问题。在这方面，尽管人们对市场的作用及其程度、范围、方式认识迥异，但几乎没有人怀疑社会主义

[①]3月17日，《光明日报》以《计划经济与市场经济能不能结合？》为题报道这次会议。同天，《四川日报》发表题为《社会主义经济发展的客观要求——谈谈社会主义计划经济同市场经济相结合的客观性》的署名文章。

[②]学术界很重视这次会议。一般认为，这是三中全会后全国讨论计划和市场关系的开端。但这不过是成都会议的发展与补充。不过，这次会议上人们提出了社会主义经济是有计划的商品经济的论点。

要"用"市场、市场同计划结合的必然性了。[①]与此不同，在作为辅线讨论的计划和市场如何结合的问题上，一开始就意见鼎立：一些人主张"把计划经济建立在市场经济的基础上"，一些人则认为市场经济只对计划经济起补充作用，亦有人提出了计划和市场的有机结合，认为"社会主义经济是计划经济与商品经济的统一"。但囿于实践的限制与传统思维的惯性，大部分认为市场调节只在一定范围内起辅助作用。以"板块"结合为特征的"计划经济为主，市场调节为辅"的看法成为这一阶段"如何结合"方面的主流性观点。因此，在1984年10月党中央通过的《关于经济体制改革的决定》中，既丰碑式地确立了社会主义经济是有计划的商品经济的观点，又肯定了市场调节在国民经济中起辅助作用的说法。

从1985年初到1988年中央十三届三中全会召开前是第二阶段。这一阶段的一个显著特点，是计划与市场关系的讨论重点由"要不要结合"向"怎样结合"的转移。十二届三中全会的《决定》对我国社会主义经济性质的确认，遵从经济规律、遵从理论界的讨论成果在本质上为"用不用市场"的问题作了结论，也使在新的基点即有计划商品经济的基点上讨论"怎样用市场"的问题成为自然必然。而这一时期复杂的经济运行背景则为解决这一问题"不露声色"地提供了既定答案。在经济体制改革被推向全局的1984年的末期，国民经济生活中出现了工业生产增长速度过快、固定资产投资规模过大、信贷资金和消费基金增长过猛、部分物价上涨过多、国家外汇储备下降以及经济秩序混乱等许多矛盾与问题。对于这些矛盾与问题产生的原因，比较一致的看法是：从主观上说，是"事先考虑不周或事后检查不严"——在传统体制的一些环节初步破除时，未能采取相应的措施以防不测；在采取比较重要的改革措施时，未能周密考虑可能引起的各种反应，从客观上说，则是由于双重经济体制胶着对峙并存导致的机制相掣、规则混乱、漏洞频现、管理失控所致。因此，上上下下都认为，要在加强和改善宏观控制的同时，按照有计划商品经济的本质要求全面配套地深化经济体制改革，尽快确立新体制的

---

①最初的提法大部分是"计划经济与市场经济"或"计划调节与市场调节"相结合。有人已撰文指出计划和市场相结合是我国经济管理改革的基本途径。

框架。这种紧迫的实践背景，强化了理论界对于新体制及其构成要素的总体探索，而有计划商品经济条件下的计划和市场的结合式样成为诸多争鸣与探索问题中的一个核心。在极为开放的论争气氛中，上一阶段论及的问题又被推进了一步。这时争鸣的重点是：有计划的商品经济的内涵是什么？是以计划经济还是商品经济为基点来确立计划和市场的结合方式？计划的形式、类型与市场的形式、类型各有哪些？什么样的计划能同市场相结合？等等。尽管众说纷纭，大部分人还是统一到了这样的认识上：应该以商品经济（这种商品经济是有计划的）来确立计划和市场的结合方式；指导性计划是计划经济的重要手段，应当适当缩小指令性计划、扩大指导性计划和市场调节的范围；国家对企业的管理应逐步从通过指令性计划的直接控制转为主要运用经济政策与经济杠杆的间接控制；计划和市场的结合是内在统一的；等等。这些看法大部分为中央所采纳，[①]并成为党的十三大报告关于计划和市场关系的论述、其中特别是关于"国家调节市场、市场引导企业"的运行机制的概括的雏形与基础。在党的十三大后，这些思想得到了进一步的阐述与丰富。

从1989年初至今天是关于计划和市场讨论的第三个阶段。与前两个阶段相比，这一阶段所面临的社会经济背景更显特殊。尽管1984年末一些矛盾与问题出现后，中央及时制定了涉及经济调整和深化改革两个方面的一系列正确的方针政策，但由于种种原因，它们并没有得到有效实施。致力于克服经济过热和紊乱的紧缩与整顿很快流产，而意在配套的改革措施实际上政出多门、相互掣肘，不系统，不对接、不到位。机制紊乱、漏洞百出的残损体制伴随事实上的扩张性宏观政策，把已经发生的矛盾与问题推向顶端，最终造成了人所周知的1988年的严峻社会经济政治局面。严酷的现实，使人们进一步认识到了经济体制改革的复杂性、艰巨性，从而作了沉着应付，长期作战的准备，同时也把处理好计划与市场关系作为建立新体制的核心内容和解决实际困难的根本环节推到理论研究和实际工作的前台。在中央的号召下，计划和市场的讨论形成了一个新的高潮。这一阶段的讨论，具有这样一些明显特点：其一，它

---

① 参见《中共中央关于制定国民经济和社会发展第七个五年计划的建议》（1985 年 9 月 23 日）。

是以中央在一系列文件中对于计划和市场关系的重新表述为基础的，虽然这些表述已有了相当的理论准备。其中重要点有二：一是指出经济体制改革的主要目标，是建立计划经济与市场调节有机结合的管理体制和经济运行机制；二是计划经济与市场调节结合形式的具体运用和比例关系，应根据不同所有制性质和不同企业，不同社会生产环节和领域，不同产业和产品而有所不同，并应视不同时期的实际情况经常进行必要的调整和完善。这一点在讨论中被概括为"灵活变化"论或"时空"论。①此外，中央还首次表述了计划经济和市场调节有机结合的三种形式：指令性计划、指导性计划和市场调节。对这些表述的品评论叙，构成了这一阶段讨论的主体。其二，从上至下，从理论部门到实际部门几乎各个方面都加入了这场讨论；其参与度之高、涉及面之宽，论述之具体，都属前所未有。其三，由于前两阶段的充分的理论准备，也由于中央的主动引导，以及其他原因，这一阶段的讨论一开始就主要集中在计划和市场如何结合、特别是如何好的结合的问题上。理论和实践工作者们见仁见智，提出了数以十计乃至百计的"结合"模式。人们在一向争议较大的计划、市场的属性的问题上却形成了共识，即：社会主义有市场；资本主义有计划，计划和市场的结合是现代社会经济发展的一般特点。这一阶段争鸣的重点是：计划经济和市场调节相结合的提法是否科学？计划与市场结合的理想方式是怎样的？它们在不同领域、不同企业、不同地区以及不同时期有何特点？指令性计划和市场调节是否计划和市场有机结合的形式？实现计划和市场的有机结合需要哪些配套条件？等等。它们表明，有关计划和市场关系的讨论又向前跨了一步，更为深入，更为具体。如果说上一阶段有关计划和市场的讨论与概括侧重于逻辑性、主体性和长远性的话，那么这一阶段的论述与探索更具实证性、整体性和现实性。

这大体就是党的十一届三中全会以来计划和市场关系探索的演进状况。这一进程表明，历时13年、表面上看来似乎杂乱无章的讨论实际上蕴含着严整的逻辑顺序和深刻的理论进化。这种运动轨迹从结合的性

①参见1990年3月通过的七届全国人大三次会议《政府工作报告》。

质看，是从"要不要结合"向"如何结合"又向"如何好的结合"的发展；从结合的形式看，是从"板块"论向"渗透"论再向"灵活变化"论的过渡；而从两者的综合看，则是由结合性质的第一位的讨论转变为结合形式的第一位的讨论。即：

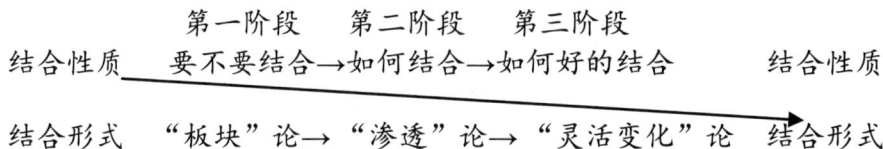

第一阶段　　第二阶段　　第三阶段

结合性质　　要不要结合→如何结合→如何好的结合　　　结合性质

结合形式　　"板块"论→"渗透"论→"灵活变化"论　　结合形式

　　除此外，从这一讨论的发展整体着眼，我们还能看到这样三个重要特点：第一，这一讨论的依据或成因是社会经济活动本身，或者说：它不过是社会经济活动的内在矛盾与问题的理论表现。三中全会以来经济发展和改革开放的实践提出了讨论的课题，而讨论又推动了这一实践的发展，并通过这种发展不断深入；第二，这一讨论是伴随着许多基本理论问题首先是关于我国现阶段社会主义的经济性质的论争而展开的，并随着这些基本问题的廓清从混乱走向清晰，从一般地位上升到主要的或中心的地位；第三，这一讨论直接影响着政策变化特别是中央关于计划和市场关系论述的变化，成为有关决策的重要依据；但同时又一定程度地统一于或部分地起源于这种政策或论述的变化。在这种同实际经济运行基本理论辨析和政府政策变化间的辩证发展的过程中，有关计划和市场关系讨论的方法论也出现了重大转变，这主要是：

　　1. 从主要作概念、范畴和基本原理的分析转向具体的结合形式、操作技巧和相应的政策措施的研究。

　　2. 从主要侧重于经济制度的角度来讨论计划和市场结合的可能性转向主要侧重于经济手段、经济机制的含义来讨论这种结合的必然性与实现途径。

　　3. 从对计划和市场关系主要作"应该是什么"的理论化的逻辑的、规范的分析转向主要地重视国情特色、地区特性、行业特点的"可能是什么"的历史的、实证的分析。

　　4. 从主要是作政策的注解转向为政策、决策提供依据，开始体现

"实践第一性、理论第二性、政策第三性"的特征，在理论探索上表现出相当程度的独立性。

5. 从追求单一的"最优"的结合模式转变为从实际出发，考虑到特定的环境制约的多样化的"较优"结合模式的研究；从排斥性研究转向兼容性研究。

6. 从纯计划与市场关系的研究转向既重计划、市场及其关系本身，同时又重计划和市场良好结合的前提条件和配套环境的全面的综合分析。

7. 从主要是作抽象的质的分析开始转入利用现代科学工具如电子计算机作不同条件下的计划和市场的结合形式、实施步骤、环境改造等的数据测算和量的分析。

8. 从主要介绍、注释国外关于计划和市场结合的理论和实践模式转向批判地评论、借鉴这种结合的基本经验与教训、技巧与方法。

这些转变不仅意味着中国理论和实际工作者关于计划和市场关系的研究方法和技巧日臻全面、科学与成熟，而且展示了中国在计划和市场关系理论研究的重要进展：尽管时至今日，这一问题仍然是我国经济发展和改革开放所面临的一个悬而未决的难题，但关于它的共识愈来愈多，研究也越来越实际，越来越具体。

二、探索的要点：基本共识与主要分歧

13年来，有关计划、市场及其关系的每一个方面特别是它的基本方面，如计划和市场的属性、内涵、结合方式、结合点以及配套条件等，几乎都产生过广泛的争论，但正是在这种争论中，一些重要的共识形成了，它们成为不同时期政策的基础和实践的依据；一些深层的具体的课题又被提上论坛，成为拓展新的"结合"理论的导标。这种争论基础上的共识，共识形成后出现的新争论，构成了计划和市场关系问题探索的进展。那么，经过十几年探索后的今天，在有关计划和市场关系问题的主要方面，有着怎样的共识，还存在哪些分歧？

据我们看来，经过反反复复的讨论，人们在如下方面已形成基本一

致的看法：

第一，计划和市场是配置资源的两种不同的方式。二者是调节经济运行的两种不同的机制，不是划分社会主义与资本主义的标志。资本主义有计划，社会主义有市场。

第二，计划与市场都是社会化大生产和商品经济的共同要求。在当今世界上，不存在绝对排斥计划的纯市场经济，也不存在绝对排斥市场的纯计划经济。计划和市场在任何国家都存在着某种形式的结合，不同的只是这种结合的所有制基础及结合的程度。我国社会主义经济是以公有制为基础的有计划商品经济，客观上要求建立计划和市场有机结合的运行机制。建立公有制基础上的计划和市场有机结合的运行机制，是建立有计划商品经济新体制的核心内容。

第三，计划和市场有机结合的基础是有计划的商品经济。计划应当是符合商品经济本性，充分反映了价值规律、供求规律等经济规律要求的计划，主要体现主观意志、排斥市场机制作用的计划不可能与市场有效结合；市场也不是完全自发的、无政府的市场，而是受计划指导和宏观调控的充分繁荣的竞争性市场。

第四，从现状看，实现公有制基础上的计划和市场的有机结合，计划是矛盾的主要方面：允不允许存在市场，怎样培育竞争性市场，如何形成有指导的市场，关键都在于计划。因而计划是改革的重点。主要点有二；通过计划管理体制自身的改革与完善，使计划正确地反映客观经济规律尤其是价值规律的要求；通过深化相关的经济体制环节的改革和市场的有效发育，进一步适当缩小指令性计划的范围，适当扩大指导性计划的范围，更多地发挥市场机制的作用。

第五，计划与市场结合的形式，依不同所有制形式，不同经济发展水平，不同行业、企业、产品的特点，不同的经济活动方面或不同的经济层面，不同的地区特性以及不同的时期而有所不同。即使在同一时期，计划和市场结合的形式也会是多样化的，不存在一种囊括全部、适应于始终的统一的结合模式。

第六，计划和市场的功能是互补的，两者的有效结合在于能最大限度地发挥它们各自的长处。一般说，计划长于整体的、宏观的、社会利益性的和长期的调控；而市场则对局部的、微观的、本位利益性的和短期的活动起主要作用。因此，属于总量控制、经济结构和经济布局的调整及关系全局的重大经济活动，主要应发挥计划的作用；企业日常的生产经营、一般性的技术改造和非全局利益性的基本建设，主要应由市场调节。

第七，使计划和市场的各自表现形式或手段都充分尊重对方的内在特性和本质要求，是实现计划和市场有机且有效结合的基础，从而是实现这两者结合的基本的操作技巧。一般地，从计划方面说，应该选择能够容纳市场机制作用的计划体制和不长期妨碍市场机制功能的计划形式，例如以间接控制为主的"干预型"计划体制和直接订货、参与性投资、控股以及政策性计划、预测型计划、信息型计划、导向性计划等；从市场方面说，应该选择有利于国家实行适度干预而又不妨碍市场机能、不扭曲市场信号尤其是价格信号的市场组织形式，如在法规约束下的从事现货或期货交易的交易所等。

第八，实现计划和市场有机结合的途径，不仅在于通过计划管理体制和方式的改革与市场组织、市场规则、市场参数的改造，健全计划机制和市场机制，而且有赖于对整个经济体制进行系统的科学的改造。其中首要的是建立健全适应社会化大生产发展和有计划商品经济要求的，使企业真正成为自主经营、自负盈亏、自我发展、自我约束的，充满生机与活力的商品生产者和经营者的企业管理体制与经营机制。

第九，建立健全严整、规范而科学的计划和市场有机有效结合的法规环境和法制系统。保持计划决策的非随意性、计划范围的非灵活性、计划形式的非主观性以及市场要素的非凝固性、市场组织的非垄断性和市场行为的非行政性，从而保障计划和市场发挥稳定性的结合功能，防止计划和市场结合的内在契机与纽带被任意改变或破坏。

第十，检验计划和市场结合得好不好的根本标准，在于能否促进社会经济效益的提高，能否促进国民经济持续、稳定、协调地发展。

观察这十个方面的基本共识，我们能发现：经过13年的探索，我们已经在一些重大的、关键性的，同时也是争议很大的问题的认识上取得了一致意见。这些理论上的重大突破为计划与市场关系理论的研讨向纵深发展提供了坚实的基础；同时我们也在一些具体的带有操作色彩的问题的认识上取得了进展，而它们将成为进行进一步细化研究的工具和依据。

但是，在关于计划和市场的问题上仍然存在众多的且是十分激烈的争论。在高度概括的意义上，这些争论主要表现在如下十个方面：

第一，在计划和市场结合的性质和基点方面：市场和市场调节不等于资本主义，现有的改革在一定意义上说是市场取向的改革，但这种市场取向的改革应该走什么样的道路？或者说，应该以什么样的基点来实现计划和市场的有机结合？在"社会主义有市场、资本主义有计划"这样一个带有根本性的命题得到各方面的认同后，人们在这样的问题上也获得了一致，即：从现代社会化大生产发展的要求看，从把高度集中的计划经济体制转变为有计划商品经济体制的基本目标看，中国改革的内容或多或少总是以市场为取向的。[1]并且，市场取向的改革同样存在着一个道路选择问题。该走什么样的道路，或者说，应该以什么为基点来实现计划和市场的有机结合？存在两种差异较大的意见。一种认为，应该以市场——价格机制为基点，即以市场——价格机制作为社会资源的基本的配置者，同时用社会管理和行政指导来弥补市场的缺失。因为，从理论上看依靠计划作为社会资源的基本配置者，其获得最优配置的前提条件是完全不可能具备的，而依靠市场作为社会资源的基本配置者，则实现资源有效配置的前提条件有可能基本具备，因而，在充分发挥市场机制作用的基础上进行宏观管理和行政指导，只会使政府部门的干预和调节更加具有科学性、使国家的计划指导更为有效，也就是说，经济的发展会更加稳定、协调和具有效率。从实践看，世界上各国计划和市场的结合形式大体都可归为两类：建立在指令性计划基础上的结合，即本质上是一种计划取向的经济，和建立在竞争性市场决定社会资源的分配与流向的基础上的结合，即本质上是一种市场取向的经济，一般地，选择以市场为基本取向的基本格局已被广泛表明比选择计划为基本取向的经济格局更有效益。计划和市场作为资源配置的

---

[1]有些同志担心造成误解，主张不同所谓"计划取向"或"市场取向"的说法，但并不否认改革实践中改进传统计划体制、扩大市场机制的作用这一事实。

两种手段，其取向并不表现某种特定的社会性质。在社会主义公有制基础上以市场为基点来实行计划和市场的结合，不仅不会削弱公有制，而且会以其亢奋的活力和优越的效率加强社会主义经济的整体力量从而加强公有制。另一种认为，我们实行市场取向的改革，并不是要一味削弱乃至否定和放弃计划经济。计划经济是社会主义经济制度的本质特征之一，也是借以发挥社会主义优越性的重要基础，如果在改革中不坚持计划经济，片面强调和强化市场调节的作用，有计划的商品经济就会蜕变成完全的市场经济，最终改变社会主义经济的性质从而意味着改革离开了社会主义方向而走向歧路。因此，我们只能在坚持计划经济的条件下发挥市场调节的作用。持这种意见的同志还认为，市场机制和市场体系在不同性质的社会生产方式中，发生作用的条件是有区别的，因而它们自身性质及作用形式、后果不可能没有区别。若干西方国家战后进行的有调节的市场化改革取得了瞩目的成效，他们的成功经验无疑有值得我们借鉴之处，但中国实行西化的市场取向，其后果必然是国有经济失去市场的领导地位和主体地位，公有制最终蜕变为官僚垄断资本。而出现在我们面前的市场，将是一个秩序混乱、信号扭曲、结构畸形、调控无力、危机四伏的市场。

第二，在计划和市场结合的内涵方面：有计划的商品经济必然要求计划和市场的结合，但应从什么意义上来把握这种结合？计划经济和市场调节结合的提法是否科学？三中全会以来，无论是理论研讨中还是政策变化上，计划和市场的结合都出现过多种多样的说法。究竟应从什么意义上来把握有计划商品经济下的计划和市场的结合，现行的"计划经济和市场调节相结合"的提法是否科学？代表性意见有二：一种意见认为，不能简单地从概念的层次性、对称性角度来认识计划和市场的结合，应该从制度和经济运行层次两个方面来综合理解和把握这种结合，从这个角度说，现行的提法是最为科学的，因为它既鲜明地表现了社会主义制度的特性，也清楚地表明了社会主义经济运行机制的特点。"计划经济"包含两层含义：一是指经济运行中的计划调节机制，二是指决定经济运行计划调节的公有制基础。因此，"计划经济与市场调节相结合"的提法，既包括了经济运行的具体层面上计划调节和市场调节相结合的含义，又在制度上和经济运行的总体特征上同传统的经济模式和资本主义经济调节方式划清了界限。另一种意见认为，既然计划和市场是存在于任何社会的两种资源配置的方式，既然所有制是区分不同社会经济制度的根本特征，既然有计划的商品经济本身已寓含着性质的规定，那么，只能从经济运行的层次上考虑和把握计划和市场的结合。"计划经济和市场调节相结合"的提法至少有如下不足：①把两个不同层次、品位的范畴连在一起，造成了"结合"含义的混乱；②事实上确定了计划经济和市场调节的主次关系；③客观上会给实践带来重计划、轻市场的后果，给思想上留下计划是社会主义的，市场是资本主义的潜影。

第三，在计划和市场结合的基本形式方面：具体情况因时因地而异决定了计划和市场结合的形式的多样性，但在众多的结合形式中是否有一种是基本的？这种基本形式是怎样的？一种意见认为，由于不同的所有制形式，不同的经济活动方面，不同的行业、企业、产品，不同的地区情况千差万别，而它们还随时间变化进一步变化，因而计划和市场结合的形式以及结合的范围、程度，应根据不同时期经济发展的实际需要及时选择，灵活掌握。不能也不可能有一种基本的结合形式。另一种意见认为，由于计划和市场本身各具独立的功能，由于任何时期的经济活动总是具有特定的层面，也由于经济发展水平在不同的阶段具有整体上的差异性，故在因时因地变化的计划和市场结合模式中总是有某种基本的或主体性的结合形式。

关于计划和市场结合的具体形式，十一届三中全会以来特别是自1989年来人们给予了足够的重视，至今已从不同角度提出了数十种模式。最主要的是以下几种：

1."板块"论：这是最早提出的一种结合形式，即把国民经济活动总体按重要程度分成两块，关系到国计民生的重要经济活动由计划管理，次要的经济活动和品种繁多的小商品生产由市场调节。"大计划、小市场"论、"主辅"论等是这种结合形式的变异形式。

2."渗透"论：这是20世纪80年代初提出的一种结合形式。即国民经济在总体上仍分成两大块，一块由计划调节，一块由市场调节，但它们都同时渗有对方的成分，其两块中的交叉地带又由计划和市场共同调节。这样在总体上是你中有我，我中有你的关系，在两块的交叉部分又是水乳交融的关系。指令性计划、指导性计划和市场调节是这种结合方式的具体操作形式。与此类似的还有"胶合"论、"交叉结合"论、"三种管理形式结合"论等。

3．"覆盖"论：这是1987年前后提出的一种结合形式，并在党的十三大报告中作了表述。这种观点认为，和社会主义商品经济相适应的经济体制，应该是计划与市场内在统一的体制。计划和市场的作用都是覆盖全社会经济活动的，二者的有机结合体现在社会再生产各个领域，各个环节。其具体结合形式是"国家调节市场，市场引导企业"。这一形式曾受到普遍重视，至今仍为不少人赞同。不同的意见主要有二：一是缺乏现实基础，二是忽视了国家对极少数重点工程和特殊企业的直接管理。所谓"主体结合"论、"一体结合"论等也属此种方式。

4．"二次调节"论。这是1987年前后提出的一种结合方式，它建筑在计划、市场功能互补的认识的基础上。即通过市场对国民经济活动初次调节，重点解决生产资源优化配置和经济运行效率问题，在此基础上依靠计划进行第二次调节，重点解决社会公平及各种利益间的协调问题。二者次序不可倒置。属此种方式的还有"先后"论、"互补"论等。

5．"层次"论。这是1987年后提出的一种结合方式。即把国民经济活动分成宏观经济层和微观经济层，对宏观层的调节主要通过间接的计划管理进行；对微观层的调节主要通过计划指导下的市场调节进行。类似的有"宏观微观"论、"参数结合"论等。

6．"更替"论。这是近年来提出的一种结合方式。即计划与市场结合的形式不是一步到位的，受各种相关因素如生产力发展水平、商品经济发展和市场发育状况，计划管理体制改造程度等的制约和影响，这种结合呈现出明显的动态性、阶段性和渐进性。大体更替顺序是：以"板块"结合为起点过渡到"三种管理形式"结合，最后达到相互渗透，水乳交融的"交融"式结合。除此外，还有其他形式的"更替"论。

第四，在计划和市场结合的具体手段方面：指令性计划、市场调节和指导性计划一样，都是调节经济运行的重要形式，但是否是计划和市场结合的具体形式？人们普遍认为，指导性计划是计划和市场相结合的典型形式。但对指令性计划和市场调节是否是计划和市场相结合的具体形式则认识不一。关于指令性计划，一种意见认为，指令性计划的制定也不是纯主观的，它自觉遵循了经济按比例发展规律、价值规律和考虑了市场供求关系，所以它体现了计划和市场的结合。持不同意见者认为，指令性计划要考虑市场需求，遵循价值法则，并受市场检验和校正，不过是商品经济条件下指令性计划必须具备的特征，或者说，是它赖以实现的形式（如考虑了价值规律要求和市场供求状况的计划价格）。这至多只能说这种计划的制定和实施考虑了市场供求关系和运用了价值规律，而不能说是计划和市场相结合的形式。否则，以指令性计划为特征的传统体制就没有改的必要了，因为不能说新中国成立以来近30年的计划没有考虑价值规律要求和市场供求关系。有人指出，在国家计划执行中进行招标，实行承包合同等，决策权仍集中在中央，因而不是什么"引入市场机制"。关于市场调节，大部分人认为，社会主义条件下的市场不是自发的、无政府的市场，而是受国家总体计划指导和法规约束的运转有序的市场。市场中的许多行为都是国家通过指导性计划方式或部分特殊干预方式如直接订货、控股等渗透进去的、因而这种市场调节是计划和市场结合的具体形式。但有的同志指出，在公有制经济中不作计划的一小部分经济，虽然会受计划经济的影响和指导，但它自身不是计划经济，它主要是由市场自发地进行调节，因而其中存在计划和市场的结合问题。一般的市场管理和收税等，是任何国家对私人企业要实行的最普遍的措施，不等于计划调节。

第五，在计划和市场结合的作用范围方面：经济生活的各个领域各个环节都受到计划调节或市场调节或两者的结合调节，但计划或市场或两者的结合其作用范围是否都是覆盖全社会的？一种意见认为，计划体现了国家从宏观角度对关系全局，影响整体和长远的经济活动的把握，其方针、政策、决策无不牵一发动全身，影响到社会经济活动的各个方面；而在商品经济社会，随着全国性统一市场体系的建立，市场活动渗透到社会生活特别是经济生活的每一个方面。所以，计划和市场的作用范围都是覆盖全社会的。至于两者的有机结合，更是体现在社会经济活动的各个领域、各个环节。另一种意见则认为，无论是计划还是市场，还是这两者的结合，其作用范围都不可能单独覆盖全社会，因为计划和市场都相对独立地承担着特定的职责，从而有一个作用无法替代的"独占区"。即使是万能的计划，也不能概括细小、复杂、千变万化的微观经济生活；而市场不可能也不能对涉及总体利益和国计民生的一些特殊领域特殊环节起作用；同理，计划和市场的结合亦是这样。唯有计划、市场及计划与市场的结合这三者综合，其作用才是覆盖全社会的。对此，持上一种意见的同志反驳说，计划调节可以是下达指令性生产分配指标，行使审批权；也可以是确定发展的战略目标、重点及其配套的政策体系，调控经济总量和利率、税收等基本经济参数，还可以是颁行法律法规，确立经济主体的行为规则等多种方式，这样的计划其作用无疑是覆盖全部经济活动的。市场机制是按照等价交换原则和竞争原则自动调节资源的配置，在商品经济条件下，一般经济活动不可能游离于市场之外。也有个别意见肯定市场的作用覆盖全社会，而否定计划的作用的全面性。

第六，在计划和市场结合的功能评价方面：实现计划和市场的结合，有利于集中两者的优势，达到功能互补，但是否能通过计划与市场的"最佳结合"实现集中两者全部优势而达到功能最大化？持肯定观点的人指出，计划调节和市场的调节在根本点上是一致的，即通过自身的或自发的经济运行实现社会资源的有效配置，而且，两者各自具有的功能是客观存在的，决不会因分离而存在，因结合而消灭。因此，只要形成包括改革计划体制和有效培育市场在内的计划和市场有机结合的条件，就能实现充分集中两者优势和长处从而达到功能最大化的最佳结合。我们经济体制改革的基本目标也在此。而且社会主义制度在自觉计划方面的特殊优势，也有利于实现这种最佳结合。持否定观点的人指出：计划和市场虽不是根本对立的，但它们的特点毕竟不同，不可能做到完全渗透，合二为一，在实践中完全结合好有矛盾；其次，国民经济活动各领域、各环节、各地区情况千差万别，实现计划和市场最佳结合的必要条件难以保障；其三，计划决策科学化和市场运转有序化受到主客观多方面条件的限制，难以达到佳境。因此，不可能达到集计划与市场所有优势的最佳结合，不仅如此，在结合过程中，计划和市场各具的某些优势还可能有一定程度的丧失。计划和市场结合可能的理想后果只能是：适应不同具体条件而实现"结合"的尽可能大的功能。

第七，在计划和市场结合的"连接点"方面：计划和市场的结合可以表现在各个方面，但最能联通计划和市场的特性或"脉络"的结合点是什么？这是仅次于"结合"形式的被人们论说较多也是争议较大的问题。一般意见都认为，实现计划和市场的有机结合，尽管是一个系统工程，但关键在于找到联通计划和市场的特性能为它们"共容"的结合点。这种结合点为何？众说不一。主要有以下四种观点。一是"中间突破"论：在经济调节的三种形式中，唯有指导性计划既有计划属性，又符合市场规律的内在要求使指令市场化了，且对经济活动主体有诱导力而没强制力，因而把握这一块作文章能够联通另外两块，实现计划和市场的有机结合。二是"价格"论：计划和市场的统一，实际上是在价值规律上的统一，而价值的表现是价格，价格既是国家计划管理的重要参数，又是市场的关键因素，因此，价格是计划和市场结合的理想"结合点"。三是"市场"论：市场是所有经济活动的枢纽，市场无非是经济主体活动的场所。在市场中，国家获得制定计划的依据、实施计划的参数，校正计划的信号；而企业则影响着市场活动同时又被市场影响。因此，培育、健全完整、开放、规则健全的市场体系和市场制度是实现计划和市场有机结合的基本结合点。四是"两点协调"论：计划和市场的关系，根本的是协调作为调控体的国家和作为最终被调控体的企业的关系。使它们的行为体制和行为在有计划商品经济基础上统一起来。因此，应从两点着手：一方面，在加强国家自我约束实现决策科学化的同时，形成和完善以间接控制为主的宏观对微观的调控机制；另一方面，在加强国家自我约束实现企业行为合理化的同时，建立使企业真正成为自主经营和自负盈亏的经济实体。通过这两方面努力，计划和市场有机结合的机制就自然而然形成了。

第八，在计划和市场结合的制约因素方面：实现计划和市场的有机结合，从总体说有赖于整个经济体制系统的全面改造，但其中最主要的制约因素有哪些？大部分人持"三位一体"论，即要实现计划和市场的有机结合。至少要以下三个方面的配套改革：一是改革现行计划体制，形成能够与市场结合的以间接控制为主的新型计划系统。以指令性计划为特征的直接控制体制难以实现同竞争性市场的结合。二是有效发育、形成组织完善、规则健全、开放有序的多层次的市场体系。畸形的市场会扭曲各方面经济行为，给国民经济的运行带来紊乱。三是造就适应社会化大生产发展和有计划商品经济要求的企业管理体制和经营机制。没有自主经营、自负盈亏、自我发展、自我约束的商品生产者，计划和市场的结合失去了基础，也失去了意义。部分同志持"指令性计划"论，认为只要计划的主体形式是指令性计划，计划或市场就难以实现有机结合。还有一种意见认为，计划与市场的有机结合首先是需要有效的市场。因为计划与市场的结合也就是充分发挥市场的作用，只有市场是统一的和完善的，市场才能在直接生产和交换领域完成对计划的替代，也只有在这时，计划才能管好应该管的方面。

第九，在计划和市场结合的衡量标准方面：总的说，计划和市场结合好不好的根本标准是社会经济效益的提高和国民经济的协调发展，但在不同的状况下，是否应有不同的衡量标准？一种意见认为，计划和市场结合得好不好的总的评价标准，同时也适用各个具体的经济领域、经济环节和不同地区。因为它们都存在效益和协调问题，而只有用这种标志，才能最有效地考察计划和市场的结合情况。另一种意见认为，由于国民经济各领域、各环节、各地区的情况复杂各异，由于不同基础、不同性质所决定要实现的目标并不一致，因而评价标准只能根据具体情况具体确定。在这种情况下，计划和市场的结合情况不一定都能用"效益"与"协调"程度反映出来。很可能出现这样的情况：在某个领域，完全通过指令性计划反而能促进社会经济效益的提高和保持经济的协调发展。

第十，在计划和市场结合的实践方面：走计划和市场相结合的道路，是有计划商品经济对中国经济运行提出的客观要求，但这十多年的实践中，我们的路子走得怎样？经济中出现的问题，是过分强调市场造成的还是缺乏科学的计划调控造成的？对于这些年中国计划和市场相结合的实践探索，人们的一致看法是，成绩很大，但远没有达到目的。然而涉及具体的国民经济运行，由于人们观察问题的角度不尽相同，加之其中又隐含着理论和实际工作者们对许多重大的理论问题的认识上的差异甚至是本质差异，所以社会上存在着不同甚至是根本对立的评价。一种观点认为，过去数年的宏观失控，目前经济生活中多种弊病的产生，都直接或间接地与过分强调市场、迷信市场、贬低计划、夸大市场在合理配置资源方面的调节作用有关。出路是整顿市场，加强计划。另一种观点则认为，这些年经济失控，经济生活中诸多矛盾与问题的产生，正好同传统计划体制改革不彻底，又缺乏有效的科学的新型宏观调控体系以及市场没能有效发育有关。出路是进一步改革原有计划体制，弱化各种行政控制，强化经济手段对经济生活的调节，同时采取得力措施，加快市场发育，从而使国民经济从根本上摆脱困境，纳入良性发展的轨道。

这些争论表明，我国在有关计划和市场的关系的认识上还远没有取得一致，而实践上的探索就更差一段距离；然而这些争论亦表明，有关这方面的理论探索愈来愈深入、操作色彩也明显浓厚，从而也预示着理论和实践上的进一步发展与突破。

三、探索的评论：薄弱环节与探索难点

论评13年来计划和市场关系的探索，似乎可以用这样两句话概括：方向虽已明确，道路尚未开通。在我们看来，为时十多年的有意识的探索至今仍悬而未决，有着主、客观方面的原因。从主观方面说，无论是讨论本身还是与讨论发展相联系的实践探索都还存在着一些薄弱环节；从客观方面说，这个在世界论坛上争论百余年、在实践舞台上摸索半世纪的，涉及整个社会这一巨大而复杂的系统，从而远比所谓"哥德巴赫猜想"难度大的问题，无论在理论和实践上都存在着较多的探索难点。当它同中国由传统的体制向有计划商品经济的新体制转变的极为复杂的实践联系起来的时候，这种难点更多，困难程度也更高。故此，我们不能在短期内对其的发展抱过分乐观的态度。明确这些薄弱环节和探索难点，对于我们正确估价已有的进展和深一步的开拓前行，是极有好处的。

我们认为，这些年的探索还存在如下主要薄弱环节。[①]

从理论研究上看：

1．在研究方法上，重逻辑、规范研究，轻历史、实证分析的情形仍一定程度、一定范围地存在。比如，往往偏爱从逻辑推论方面阐述计划和市场各自的特性和优缺点，却不注重从实证的角度、特别是从各个不同阶段发展的实践的角度来考察计划和市场理论上的优缺点在实践中是否完全表现，是否发生转型（特别是在相关的条件下具备或发生变化时）。又比如，在结合形式的研究上，往往习惯于在简单否定传统经济体制和介绍西方经济运行模式的基础上提出计划和市场结合的理想形式，却较少通过系统总结40年来中国社会主义建设的正反两方面的经验以及实事求是地评价过去和现在资本主义的经济运行情况、并对两者的比较研究的基础上提出中国计划和市场结合的可能形式和阶段性目标。在这一问题上，较为极端的情况还有：部分人为追求"新意"而煞费苦心"研究"出一个不同于已有的"形式"的形式。致使理论界著述如云，但很难找出一种符合实际，能为实践所遵循的形式。

2．在研究内容上，尽管近些年已着重于贴近实际，注意解决如何结合的具体设计和实际操作问题，比如，已经结合现实中基本的经济层面的一些具体经济活动，或者从国民经济领域中抓出若干关系到国计民生的重要产品，从生产、流通的一体化来研究计划和市场的结合形式，但这方面的研究仍很薄弱，理论设想同实践运用存在相当的距离，缺乏有效的有利于导入实践活动本身的具体策略和过渡措施。如人们都认为，指导性计划是计划和市场结合的基本形式，但是，对于指导性计划的种类，各指导性计划的特点，有效实施的形式和条件，实践效果的检验等却缺乏系统的、具体的研究，从而使其的实用或走形，或失效。除开某些特殊原因不谈，理论研究本身的这种缺陷使其转化为政策从而转化为实践的比率较低，以至于很多并非不严肃，并非不科学的理论见解束之高阁，陷入空泛议论。

3．在研究范围上，较少注意非经济因素对计划和市场有机结合形

---

①有关实践方面的薄弱环节的讨论不涉及13年计划和市场探索的总体评价。

式的选择、形成和发挥作用的正负影响。这些年讨论的一个重要进步是，从仅注重改革计划管理范围、形式和培育竞争性市场转向对整个经济体制进行系统的深刻的改造来塑造合理的计划和市场的结合格局，但却一定程度地忽略了从社会心理、文化素质、民族习惯、政治影响等非经济因素对计划和市场结合形式的选择、形成和发挥作用的正负影响，从而妨碍把有关计划与市场结合的理论研究置放到更为广阔、更为深厚的背景上。事实上，这方面的因素，比如说，人们不规则的商品经济意识、惯于储蓄又耐不住价格波冲击的心理，以及由旧体制向新体制转变过程中对政府计划执行上某种抵触性等会对计划和市场结合的方式，特别是它的阶段性方式选择会发生重要影响。

4. 在研究目标上，重计划与市场结合的理想方式的研究而一定程度上忽视了体现现实特点的阶段性结合方式的研究（目前已开始注意到并着手开展研究）。由于实践上未能提供一种被人们认为是"最佳"的结合模式，而理论上又未着力探索一种贴近现实较易把握的阶段性结合形式，致使理论探索陷入一种谁都在探索理想的结合形式，谁都无法说清理想的结合形式是什么的永无定论的循环研究之中。

从实践探索上看：

1. 计划和市场的联结"空位"。这些年，计划体制的改革和市场制度的培育虽然获得了较大的进展，但并未按预期目标到位，从而没能实现计划和市场的对接。从计划方面看，计划范围缩小了，管理权限亦有所下放，但计划职能并没"虚"化，仍然通过指标和项目承担着繁重的具体任务；计划形式亦没变"软"，指令性计划及直接管理仍占很大比重，总的说，尽管原有的控制系统被打乱了，但传统计划体制的实质尚没改变；从市场方面看，市场组织、市场要素、市场规则的发育进展很慢，更谈不上健全。这样，科学的计划管理系统未能形成，有效的市场调节的作用又很微弱，计划和市场的联结出现"真空"，应急性的政府干预又往往导致市场参数的进一步扭曲，从而造成了国民经济运行的一定程度的失控。

2. 计划和市场的联结"错位"。主要表现有三，一是政府和企业角色异化。前者本应成为超出于具体经济活动之上的宏观间接控制的主体，反而直接介入经营竞争，行政办商、权力经商，"官倒"肆虐，导致了市场的混乱；后者本应成为自主经营自负盈亏的商品生产者，然而却承担了大量的社会职能，无法强化自我约束机制。二是旨在推进计划市场一体化的措施"越轨"。放权让利，本意在于把企业推向市场，扩大企业活力，结果却是地方政府得利。特别是财政包干制的推行，强化了地方政府封闭性介入本地经济活动的冲动，以致衍生出阻碍全国统一市场形成，推动地区封锁、市场分割的"诸侯经济"。三是联结计划和市场的措施功能变异。典型的是以"价格双轨制"为代表的一系列双轨制，本是缩小计划管理范围、促进市场要素发育的一项重要的措施，其运用结果却是造成了两种机制、两套规则的紊乱调节，导致市场信号失真，迫使企业行为无序。

3．计划和市场的联结"移位"。一些有助于计划和市场有机结合的有效措施，由于缺乏有力的实施形式及相应的配套条件而在实践中变形。最典型的是指导性计划的实施。理论界提出指导性计划已近十年，实际工作中亦在推行指导性计划，但往往流于形式，最终不是演变成了指令性计划，就是蜕化成为市场调节，真正的指导性计划所剩无几，也没有起到应有的作用。

4．计划和市场的联结"虚位"。一是缺乏相关的配套条件。计划和市场的有机结合除了计划体制的改革和市场的培育与改造外，还有赖于相应的配套条件的建立，这些配套条件如经济法人自主经营、自负盈亏的既有活力又有约束的现代企业组织管理体制和经营机制；既有利于积聚财力更有利于提高企业经济效益、促进社会资源优化配置的财政税收体制；有利于稳定价格环境，加速资金融通，促进总量平衡，富有活力和效率的金融组织体制和经营制度；以市场为基础，企业和职工实行双向选择的竞争性劳动就业制度；以社会待业、养老保险为主体，以社会经济、社会福利、社区服务和家庭保障相辅助的综合性社会保障体系；等等。这些年的改革，其中的一些方面已获明显进展，但由于种种原因，有些方面成效不大、个别方面还显出畸形，特别是有意识地盯住计划和市场的有机结合进行系统配套改造还显得远不够。二是缺乏有力的法制保障。这些年的法规法制建设虽已取得很大进步，但仍然缺乏良好的法制基础，特别是缺乏有利于计划和市场有机结合的法制基础。一些经过实践证明，收效良好、比较成熟的改革措施，未能及时以规范的制度或法律的形式相对稳固下来。致使有效的措施或不能付诸全面实施，或实施不到位，或走形变异，使计划和市场的结合处于一种基础脆弱，松松散散，易改易变的"虚位"状态中。

克服或矫正上述理论研究上的薄弱环节和实践中的缺陷，是目前计划与市场探索的当务之急。若果如此，会使我们的探索获得巨大进展。不过，我们应清醒地看到，无论我们对于理论研讨作何种理想的企盼，这种探索是面临着一些难以解开又无法绕开的难点。就我国的情况看最主要的是：

（一）如何在计划和市场的"摩擦"中，实现计划和市场的有效率的结合？计划和市场有着不同的特点从而有着特定的"做功"领域与方向。这种特点决定了要实现国民经济的持续、稳定与协调的发展，必须把计划和市场有机结合起来，实现功能互补。但同时也决定了它们间必然存在的摩擦。从根本上说，这种摩擦是计划所较多体现的整体、社会、长远利益与市场主要体现的局部、单位或个人、短期利益之间的摩擦。在经济运行层次上，这种摩擦表现为计划与市场在一些方面的某种程度的相互排斥。在以往的体制下，计划严重排斥市场，而在目前经济体制改革不断深入，市场逐渐扩大的过程中，虽然传统计划体制的一些根本点没受到触动，但由于原有的计划管理系统已被打乱，从而出现了市场冲击计划、市场侵蚀计划的状况。比如，计划确定的经济发展的总量指标如货币供应量，财政收入预算额等因来自市场的影响而一再突破；计划下达和通过合同定额的部分产品、原材料难以保证，计划内物资、产品通过各种途径流向市场；又比如，国家财政收入不能随企业经济效益提高而显著增长，而乱发奖金，乱提工资等种种"工资侵蚀利润"的现象却普遍存在，屡禁不止。计划和市场间的这种摩擦还进一步产生了一些不良后果，如政府计划调节指令的失真失效、地区封锁、市场分割等。由于这种摩擦背后依托着各种纷纭复杂的利益关系，而这种摩擦本身又搞乱了经济纹理和思想认识，因而对之进行有效疏导，实现计划和市场的有效率的结合，难度较大。

（二）如何在不合理的计划与市场格局中，求得计划和市场的合理结合？建立计划和市场有机结合机制的特殊性在于，它只能在依存现有体制的基础上，而不能另起炉灶，亦不能推倒重来。因而，它受到原有的不合理体制的极大制约。我国目前处于改革中途的极不健康的计划与市场格局增加了建立新型计划与市场体制格局的难度。从计划方面说，指令性计划一统天下的格局以及原有的严格的制订、传替、执行与监督的计划管理系统已被打乱，但计划决策的非科学性，计划管理范围的随意性，计划形成的单一性等问题并没有有效解决；从市场方面看，尽管市场组织、市场要素、市场规则，以及市场体系都有一定程度的发育和发展，但极不规范、极不平衡，其中掺杂了不少不健康的因素，如超经济特权对于市场的浸入，行政性经济组织过分发达等。这种双双存在严重缺陷又严重对立的调节手段构在一起，给合理的计划与市场格局的构造带来严重困难：第一，强化了计划与市场的对立特性。计划和市场表现为一种消长运动，从而使计划和市场结合的努力变成一种向高度集中的计划体制复归还是向杂乱无章的自发市场调节发展的选择；第二，恶化了市场环境，从而使计划与市场结合的努力陷入两难：为了避免计划调节和市场调节双重失效，旨在培育市场的扩大指导性计划的努力需要有一个初步发育的健康市场作基础，而眼前正好缺乏这一基础。

（三）如何解决社会经济环境与改革不完善的经济体制间的矛盾，避免计划与市场结合的探索陷入"放——收"循环中？计划与市场的关系问题是整个经济体制系统的核心，因而改革不完善的经济体制的关键是建立计划经济和市场调节有机结合的运行机制。然而，对不完善的经济体制的改革总是在一定的社会经济环境中进行的，它既要求一定的社会经济环境基础，同时又影响着这一环境。但社会经济环境的变化并不仅仅受制于经济体制的变化，虽然后者是造成前者变化的主要因素。显然，建立计划和市场有机结合机制的探索面临着这样一个难题：如何在这种探索或其他因素引起的经济环境的变化和各方面对这种变化可能承受的压力间找到一个平衡点，从而避免时放时收的循环。这一难点已在改革13年来多次表现，但直到现在我们尚没找出有效的办法走出"放——收"这一怪圈。

（四）如何克服高度集中的计划经济体制带给思想和行为的惯性以及其他不良的非经济因素影响，形成规范的、科学的计划和市场的结合关系？这是一个对计划与市场结合体制建设影响极大但这些年来未引起足够重视的问题。以往的以指令性计划为特征的计划体制运行了近30年，形成了一套独特的计划理论体系与计划操作规则，在人们的思想和行为上打下了深刻的烙印。实践表明，这种烙印使人们表现出对高度集中的计划体制改革的本能的排斥性和推进市场建设的本能的抵触性，也使人们习惯于运用计划（主要是旧式计划）而不适应于市场调节，在经济发生较为严重的波动时尤其如此。另外，从现状看，其他不良的非经济因素也严重渗入计划和市场结合的探索过程，如超经济特权侵入市场，行政组织参与经营竞争，均平意识溶于市场规则等等，给构造中的市场带来了严重后果。由于这些非经济因素深刻的社会、文化、政治背景，排除这些因素的干扰，形成规范而科学的计划和市场的结合关系，是极为不易的，无论在政治风险和具体操作上都存在很大的困难。

其实，作为一项极为复杂的系统工程，实现计划和市场的有机结合的难点远不只这些。即使就建立起适应市场的新型计划体制以及有利于计划指导与调控的健全的市场形式本身来说，其难度也是很大的，且其实践难度将会比预见的大得多。但是，只要下决心按照有计划商品经济的要求全面深化各项改革，较为理想的计划和市场格局是可以实现的。

论社会主义市场经济体制建设[①]

（1992 年 8 月）

中国经济体制改革进入了一个非常关键的时期。这一时期的任务，在于从根本上改革旧体制，建立新体制，这种新体制不是别的，而是有中国特色的市场经济体制。

社会主义与市场经济

长期以来，无论是社会主义的反对者、拥护者，还是社会主义者本身，都把市场经济看作是与社会主义不相容的。这基于理论和实践两方面的原因。从理论上说，科学社会主义理论的奠基人马克思、恩格斯是在批判资本主义的基础上提出社会主义理论并描述其社会特征的。这些特征集中到一点就是，一切生产部门将由整个社会来管理，也就是说，为了公共的利益按照总的计划和社会全体成员参加下来经营，由于资本主义经济是典型的市场经济，因而人们把马克思、恩格斯这种"经济计划"的思想概括为"计划经济"，并作为社会主义的本质特征而赋予了它的制度属性。这样，在理论上计划经济就成了社会主义的同义语。从实践上说，当高度集中的计划经济模式使社会主义理论变为现实时，使率先创立这一模式的苏联在短短的十多年内，由一个贫穷落后的农业国变成了一个跻身于世界经济发展前列的工业化强国。而与此相对照的是，实行市场经济的西方各资本主义国家陷入了世界性的经济大危机之中。这样，就从实践上"佐证"和强化了社会主义是计划经济，资本主

---

①本文原载《光明日报》，1992 年 8 月 8 日。

义是市场经济。显然，所谓计划经济是社会主义本质特征的规定一开始就带有强烈的人造的性质，而这种人为的非科学的教条又反过来束缚人们的思想直到今天。其实，马克思、恩格斯思想的原义是经济计划而非计划经济。而且，从科学的角度看，所谓计划经济、市场经济原本只是由生产力发展水平所决定、适应不同的生产力基础、经济形态和经济结构的不同的经济运行形式和资源配置方式，既不为特定的社会所属，更不带有特定的社会性质，社会主义可以搞计划经济，但社会主义同市场经济也非天生的异己，社会主义也可以实行市场经济。

实行市场经济，实际上是实行社会主义商品经济的逻辑发展。实践表明，市场是商品经济的伴生物，哪里有商品生产和交换，哪里就有市场。而当一切经济关系都体现在市场活动之中，市场成为一个完整的体系而不简单是一种交换的场所时，商品经济也就同市场经济融为一体而成为市场经济的同义语。在科学考察我国基本国情的基础上，我们党认定：我国正处于社会主义初级阶段，我们的经济是有计划的商品经济。这一科学而重要的认识事实上揭示了中国经济运行形式的格局：我们要实行的商品经济，是一种充分发达的商品经济，而在今天的生产力发展水平和国际经济背景下，商品经济的发展也不会停留在其初级阶段。因此，有计划的商品经济实际上是社会主义市场经济。反过来，是否按社会通行规则搞市场经济，检验着实行的商品经济的真假性与发达程度。

实行市场经济，是现阶段最大限度地发展我国生产力的必然选择。在以社会化大生产为基础的商品经济条件下，计划和市场必然结合起来。从中国自己的实践看，十多年的改革无疑是市场取向的，而正是这种市场取向的改革，带来了我国经济的高速增长和人民生活水平的大幅度提高。进一步地说，越是面向市场程度高，市场机制作用大的地区、产业及企业，经济发展与效益就越好，相关的经济矛盾也解决得好。反观我国经济生活中存在的一些深层矛盾，如产业难以升级、经济效益低下、劳动力素质不高、资源浪费严重等，都同企业、产品、劳动力等不能完全进入市场、市场机制难以充分发挥作用有关。显然，要有效地发展生产力，克服经济生活中的深层矛盾，必须大力推进社会主义市场经济。

社会主义市场经济的一般性与特殊性

把社会主义同市场经济结合起来，是一项极为复杂的系统工程。它的难点在于，既要体现市场经济的某些基本特征，同时也要体现社会主义制度的特色和国情特点，因此，关键是要把握并处理好社会主义市场经济的一般性与特殊性。

所谓一般性，是指作为市场经济应具有的一般特征。这种一般性，同西方市场经济并不存在根本的差别。从几百年来西方经济运行的实践看，市场经济应具有如下四个特征：其一，经济关系市场化。一切经济活动都直接或间接地处于市场关系之中，市场机制是推动生产要素流动和促进资源优化配置的基本的运行机制。其二，企业行为自主化。所有企业都具有进行商品生产经营所应拥有的全部权力，从而能自觉地面向市场，自主地开展生产经营活动。其三，宏观控制间接化。政府部门不直接干预企业生产和经营的具体事务，而通过非指令性计划、经济杠杆以及财政货币等政策调节和规范企业经营活动。其四，经营管理法制化。所有经营活动按照一套科学而严整的法规体系来进行，管理部门按照相关的法律法规来评价、控制与协调各类经济活动，整个经济运行有一个健全而科学的法制基础。

所谓特殊性，是指作为社会主义经济制度而具有的本质规定性。从科学社会主义理论创始人描述的社会主义看，这种特殊性主要表现在所有制关系和收入分配关系上。一是公有制。公有制经济是国民经济的脊梁，在一定意义上，生产资料的公有或社会所有占统治地位。二是按劳分配。劳动是收入分配的最一般的依据，收入在总体上应体现多劳多得的原则。

总的说，社会主义市场经济的一般性与特殊性是不矛盾的。但是，要把社会主义同市场经济结合起来，并非一件易事。因此，应当在科学把握社会主义经济制度特征的基础上寻找能容纳与完善市场经济特点的形式，从而实现体现双方规定的有机结合。最重要的是把握这样两点：第一，科学认识公有制，把公有制的实现同公有经济下企业的完全独立性结合起来。事实上，公有制不仅表现在它的形式上，更表现在它的运行效果上；公有制的主体地位不仅表现在它的比重占大部分上，更表现在它在关键领域里的统治力和对其他经济成分的辐射与影响力上；公有制并不等于国家所有，国有也不意味着国营。现阶段的正确选择应当是：在保持公有制性质的条件下，改革公有制企业的运营形式，使其拥有市场经济条件下企业所必须拥有的全部自主权。第二，科学认识按劳分配，使以劳动为依据的收入的确定、分配与调节通过市场进行。随着社会的发展，简单以一定时间的进行状态的劳动并通过主观计算来决定收入分配，已难以反映客观实际。事实上，按劳分配已采取了如按经营成果分配的转型方式，这客观上要求市场机制介入按劳分配。因此，在市场经济下，应当在劳动力素质由市场判别、劳动者的贡献由市场评价，从而劳动由市场进行计量的基础上，通过市场来确定、分配、调节（包括政府的调节）劳动者的所得或收入。

社会主义市场经济体制建设的基本点

建设社会主义市场经济体制被历史无可选择地推到了社会主义中国改革者的面前，然而在社会主义条件下搞市场经济是前所未有的事业，尤其是这一事业的进行还必须面对业已存在的残损的指令性计划经济与发育不良的市场调节结合的现实格局，其复杂性与艰难性可以想见。但在目前，无论做些什么，都不可忽视那些对社会主义市场经济体制建立起决定作用的基础构件或基本点的建设。因为它们既是新经济体制的支架，又是新体制得以发育的基础，还是理顺现存紊乱经济关系的"头绪"。在我们看来，这些基本点主要有以下几个方面。

（一）抓紧建设关系明晰、符合市场经济要求的公有产权制度。生产资料所有制关系具有"人格化"的体现者和明确具体的法律表现，构成了产权明晰的基本内容，而产权进入市场交换或者说产权商品化又成为产权明晰的标志。因此，产权明晰，既是企业自主经营的前提和亢奋活力的源泉，又是有效遏制政府及社会方面的非正当干预的经济基础，同时是生产要素流动、资源优化配置的最基本条件。它是市场经济体制建设的核心环节，必须着力抓好。①改造公有制的实现形式，按照终极所有权与法人所有权、财产所有权与行政支配权、财产所有权与财产经营权相分离的原则，形成公有企业独立的法人产权制度。②改变公有资产的运营形式，在分配公有财产支配主体的基础上，使产权的占有、转移及保值与增值通过市场进行。

（二）抓紧建设反应灵敏、信号准确、功能齐全、运转健康的价格形式与运动机制。灵活的价格是市场关系的凝结点，是市场机制得以发挥作用的重要内容与基本形式，因而是形成竞争性市场的核心。走向市场经济的价格改革目标，应该是除极少数垄断性产品价格和社会公益性事业收费由政府按价值规律要求制定外，其余商品价格完全由市场决定。在目前，应抓紧进行的工作是：①进一步缩减生产资料的国家定价的品种和范围；②进一步提高初级产品、基础产品和公用事业的价格与收费；③加快实行双轨制的重要生产资料的价格向市场轨道的转移过程；④适时提高粮食等主要农产品的国家定购价格，逐步放开粮食等重要农副产品的销售价格。

（三）抓紧建设适应市场经济的宏观间接管理体制。市场经济下的宏观管理体制，应当是以指导性计划为主体的诱导、服务体制和以财政、货币及收入政策为主干的调节、干预体制的统一。目前这方面的改革严重滞后，应下大决心推进。除了改革政府机构，切实转变政府管理经济的职能外，要加快计划投资、财政税收、银行金融方面的改革。在投资体制方面，应当进一步分散投资权限，真正形成以企业投资为主体的多元化投资格局。在财政税收体制方面，除进一步完善业已推行的复式预算制度外，重点应抓好在划分事权、财权基础上的分税制改革。在银行金融体制改革方面，主要是进一步扩大中央银行在实施货币政策上的自主权，促进中央银行以稳定货币为主要目标，并通过控制准备率、再贷款和公开市场业务调节信用、经济活动的金融间接调控；同时，探索政策性金融业务与经营性金融业务分开的路子，逐渐形成专业银行独立核算，自负盈亏、自求平衡的企业化经营制度。

（四）抓紧建设适应和完善市场经济的规则与秩序。一整套规范而科学的市场规则与市场秩序，是实现平等竞争、公平交易和正当经营从而维护市场经济健康运行与发展的法制基础。这在市场经济的改革进程中十分重要，应着力做好。

中国：计划与市场政策发展十四年[①]

——十一届三中全会以来中央关于计划与市场关系认识轨迹试描

（1992 年 12 月）

中国经济体制改革的核心问题，从根本上说是正确处理好计划和市场的关系。十一届三中全会以后，我们党遵循马克思主义基本原理，总结和借鉴世界经济发展的一般经验，从中国自己的实际出发，在不断完善关于计划与市场认识的基础上调整实践中的计划和市场的关系，获得了重要进展。结合三中全会后我国经济体制改革的实践，追溯中央关于计划和市场关系的认识轨道，不仅有助于全面系统和准确地把握计划与市场政策发展的概貌，而且有益于计划与市场结合的理想形式的选择及其体制建设。

（一）

早在我国社会主义改造时期，陈云就根据指导经济工作的实践经验，阐述了计划和市场问题。他指出，"计划生产是工农业生产的主体，按照市场变化而在国家计划许可范围内的自由生产是计划生产的补充。"[②]人们从这里看到了他在20世纪70年代末期提出的"计划经济为

[①]本文系"计划与市场"课题阶段性报告，是《中国：计划与市场探索十三年）（见《经济工作者学习资料》1992年第27期）的姐妹篇；原载《中国体改研究会通讯》1992年第63、64期。

[②]陈云：《社会主义改造基本完成以后的新问题》（1956年9月）。

主，市场调节为辅"的思想的最初表述。尔后不久，毛泽东告诫全党和各级政府要发展商品生产，遵守价值规律和做好综合平衡。这事实上从另一个侧面考虑了计划和市场的问题。但是，由于"左"的指导思想最终在党内居统治地位，由于传统的排斥市场作用的高度集中的经济体制的作用及其强大的惯性影响，实践中并没有认真处理好这种关系；与此相应，理论上的分析研究亦未能正常展开。党中央关于计划和市场关系的理论上的探索和实践中的合理抉择，是在三中全会召开以后。当时的形势是：打倒了"四人帮"，安定团结的政治局面正在逐渐形成。党决定把工作重心转移到以经济建设为中心的社会主义现代化建设上来。如何从实际出发，按照客观经济规律办事，以保证国民经济高速地、稳定地向前发展的问题，作为最大的课题摆在党和全国人民的面前；长期的实践表明，传统的经济管理体制的弊病，主要在于"权力过于集中。"因而"应该有领导地大胆下放，让地方和工农企业在国家统一计划的指导下有更多的经营管理自主权"，"应该坚决实行按经济规律办事，重视价值规律的作用，注意把思想政治工作和经济手段结合起来，充分调动干部和劳动者的生产积极性。"①因而，改革传统经济管理体制，特别是处理好计划和市场的关系，成为课题中的核心课题；指导思想的端正，政治、经济、意识形态等各方面的拨乱反正，既为科学而深入地探讨社会主义的本质特别是它的经济性质奠定了最初的基础，又为客观地、科学地研究那些长期以来被颠倒、被曲解、被混淆或被搁置的理论问题创造了条件，而对于既有的社会主义实践的反正，为检验传统理论的正确性和深浅度提供了客观依据；等等。正是这种局势，为人们认真思考计划和市场的关系提供了必然性、必要性，同时亦提供了可能性。

无疑，社会主义必须实行经济计划，这不仅来自科学社会主义理论的创始人们的昭示，②更重要的是来自既有的社会主义实践——这一实践显示了经济计划的巨大优越性，也表明了经济计划的不可缺少性。问题在于，在生产力发展的现阶段，单一的高度集中的计划不能导致社会

①《中国共产党第十一届中央委员会第三次全体会议公报》（1978年12月22日）。
②参见恩格斯《共产主义原理》《反杜林论》，马克思《资本论》等书。

资源的合理配置从而达到效率的最大化，必须发挥市场调节的作用，运用价值规律为社会主义经济建设服务。显然，最初的问题是计划和市场应否结合的问题。于是，党在有关文件中的最初提法是：在我们的整个国民经济中，可以实行计划调节和市场调节相结合的原则，以计划调节为主，同时充分重视市场调节的作用。1979年3月8日陈云在他的《计划与市场问题》的讲话提纲中，就计划和市场的关系指出：马克思主义关于社会主义经济将有计划按比例发展的理论是完全正确的。社会主义实践特别是苏联和中国的实践表明社会主义必须实行计划经济。但"六十年来无论苏联或中国的计划工作制度中出现的缺点：只有有计划按比例这一条，没有在社会主义制度下还必须有市场调节这一条。所谓市场调节，就是按价值规律调节，也就是经济生活中的某些方面可以用'无政府'、'盲目'生产的办法来加以调节。"①计划过死，过细，不能有效地把生产和需求结合起来。因此，整个社会主义时期经济必须有两个部分：①计划经济部分；②市场调节部分。前者是基本的主要的，后者是从属的次要的，但又是必需的，它们应该在不同部门占不同比例。因而"在今后经济的调整和体制改革中，计划经济和市场调节这两个部分比例的调整，将占很大比重"，并且，"不一定计划经济部分愈增加，市场调节部分所占绝对数额就愈小，可能是相应地增加。"②显然，这一论述与上面的提法是一致的。在这时，还是解决"用不用"市场调节的问题，着重点不在于"怎样用"，不过这里实际上已隐含着"怎样用"的主题。在1979年4月5日的中央工作会议上，李先念比较清楚地揭示了这一主题："在我们的整个国民经济中，以计划经济为主，同时充分重视市场调节的辅助作用。"他指出：单靠国家计划不可能适应千差万别的社会需求，因而"可以考虑到对关系到国计民生的重要产品由国家统一计划、统一规定价格、统一进行分配。其他产品由企业根据市场的供求情况自行确定生产数量，允许自产自销，价格有的由国家规定，有的根据市场供求关系允许在一定幅度内浮动，企业之间可以进行竞

---

① 陈云：《计划与市场问题》（1979 年 3 月 8 日）。
② 陈云：《计划与市场问题》（1979 年 3 月 8 日）。

争。国家计划的编制，要认真进行供产销综合平衡，并要自觉运用价值规律来调节生产，以求最好的经济效果，使之符合国民经济按比例发展的客观要求。按照市场供求关系进行的生产，也要受国家计划的指导，国家要利用经济立法、经济政策和税收、信贷、价格等经济手段，对市场进行调节，使得它们也能够符合按比例发展要求。"[1]这里，进一步明确了"主""辅"的内容，并强调了计划经济和市场调节的交融关系，指出，市场调节亦要受计划的指导。

打倒"四人帮"后的几年，党中央在政治上进一步拨乱反正的同时，在经济上相继做了一些调整工作。但是，由于长期以来经济工作"左"的思想的指导，在生产上追求高速度高指标，形成了基建规模过大，人民消费不足的状况；而这几年的调整，重点不在于清理经济指导工作上的"左"的错误，相反，急于求成，提出一些过高的不切实际的口号和指标，继续扩大基建规模，盲目引进，重复建设，更加剧了生产和消费的矛盾，加剧了比例关系的失调，也加重了财政经济困难。由于对这些问题的严重性认识不够，党内的思想也不一致，因而三中全会后中央确定的对国民经济实行调整、改革、整顿、提高的方针并没有真正贯彻。大好形势下潜藏着很大的危险性，财政，信贷、物资、外汇严重不平衡，实际工作中计划的原则性和市场的灵活性也未能有效把握。为了克服困难，消除危险，保证经济全局的稳定，从1980年底开始，中央决定对国民经济进行大调整，重点在于加强集中统一。在这种情况下，如何处理计划和市场的关系呢？中央领导同志在一次讲话中认为，"在宏观经济方面，加强集中统一的计划管理和行政干预，是保证整个经济协调发展所必要的"，但是这绝不是要"把什么都搞得死死的"，而是要同时继续发挥企业和基层单位的积极性、主动性，把该搞活的事情搞活。并强调："市场调节，要在国家计划指导下继续搞好。"通过总结新中国成立以来特别是三中全会以来的实践经验，根据陈云的提议，党的十一届六中全会通过的《关于建国以来党的若干历史问题的决议》对计划与市场的关系作出了郑重说明："必须在公有制基础上实行计划经

---

①李先念：《在中央工作会议上的讲话》（1979年4月5日）。

济，同时发挥市场调节的辅助作用。"①这是我们党第一次用决议的形式把"计划经济为主，市场调节为辅"的原则肯定下来。在这里，已经不是要不要市场调节的问题了，而是如何处理好计划和市场的关系，需要什么样的计划市场格局了。

随着国民经济调整的进行，经济体制改革进一步展开。1980年初，中央公布了《关于加快农业发展若干问题的决定》，拉开了全面改革农村经济体制的帷幕。与此相应，工业等其他各方面的改革也相继展开。改革以计划和市场关系的合理抉择为重要内容，改革的实践要求处理好计划与市场的关系，并从政策上作出规定。五届全国人大四次会议《政府工作报告》中，进一步说明了"以计划经济为主，市场调节为辅"的原则的内涵。报告指出正确认识和处理计划经济和市场调节的关系是改革中的一个关键问题，重申陈云同志1956年关于计划和市场的论述对当前改革仍有现实的指导意义。报告根据企业的地位，企业所有制性质，企业产品的重要性和种类，规格的多寡等，划分了四种类型的管理方法：第一类，那些关系到国家经济命脉的骨干企业或关系到国计民生的主要产品，其品种不多但产值却占工农业总产值的大部分。这类按照国家指令性计划进行生产；第二类，那些品种繁多的小商品，分散在许多小企业和个体劳动者中生产，不可能亦不便于统一计划管理，它们的产值只占工农业总产值的小部分。这类按照市场变化而在国家计划许可范围内生产。在这两大类之间，还有两类。其中一类是大部分按国家计划生产，小部分由企业自行组织生产。这类基本上接近前一大类又有所不同；另一类大部分由企业按照市场变化组织生产，小部分按照国家计划生产，这类基本上接近后一大类但亦有所不同。显然，"主""辅"的内涵在这里有了更为细致的规定。如果说这一规定侧重了工业企业的话，那么，同年12月22日陈云在各省、自治区、直辖市党委第一书记座谈会上，也强调了农业经济在实行生产责任制，搞了包产到户后，仍要以"计划经济为主，市场调节为辅"，"计划并不是不要了。"②

①《关于建国以来党的若干历史问题的决议》（1981年6月27日）。
②陈云：《对经济工作的几点意见》（1981年12月22日）。

需要指出的是，这一时期学术界对计划和市场关系的讨论也十分热烈。这一讨论同对科学社会主义经济特征的认识，如社会主义所有制是单一的公有制还是以公有制为主体的多种经济形式并存、社会主义经济是计划经济还是商品经济或是有计划的商品经济等等的认识联系在一起。在围绕"计划经济为主，市场调节为辅"的原则展开思想认识的同时，也有一些不同意见，如有的认为必须以计划经济为主导、市场经济为基础，必须把计划经济建立在市场经济的基础上；有的认为应该"以市场经济为主、计划经济为辅"；等等。在关于"计划经济为主，市场调节为辅"的内涵的认识上也有不同意见；有的认为计划经济为主是以指令性计划为主；有的则认为是指令性和指导性计划结合为主。而后一种说法，在1982年前后相当流行。但这些认识，无非是人们各自关于社会主义经济性质的认识的逻辑延伸。与理论讨论的纷杂相应，实践中处理计划和市场关系的具体做法也不一致。并且，"由于有些改革措施不配套，相应的管理工作没有跟上，因而削弱和妨害国家统一计划的现象有所滋长。"[1]针对着"计划不受欢迎"的问题，陈云在1982年春节专门约请国家计委负责同志谈话，再次阐述了如何坚持"以计划经济为主、市场调节为辅"的原则的看法。[2]如果说1979年初陈云在谈到这一原则时，是针对着计划垄断一切而摒弃市场调节的状况，意在告诫人们重视市场调节的话，那么，三年后他再次专门论述这一原则，则是针对着削弱或不要计划而依赖市场调节的状况，意在强调经济计划的重要性。尔后，他在另外一次谈话中，用笼子和鸟来比喻计划和市场的关系，强调市场调节只能在计划范围内活动。针对实际工作中存在的问题，中央领导同志在该年3月召开的全国工业交通工作会议上，又强调了这一原则。并指出应做到大计划，小自由，大集中，小分散。直到9月份党的十二大，胡耀邦还批评了那种忽视和放松国家计划的统一领导的现象，指出要"正确贯彻计划经济为主、市场调节为辅的原则"，重申这是"经济体制改革中的一个根本性问题"[3]。

①胡耀邦：《全面开创社会主义现代化建设的新局面》（1982年9月1日）。
②陈云：《加强计划经济》（1982年1月25日）。
③胡耀邦：《全面开创社会主义现代化建设的新局面》（1982年9月1日）。

回溯十一届三中全会至十二届三中全会召开前的这一时期党中央关于计划和市场关系的思想脉络，我们可以大体得出如下认识：第一，现阶段社会主义条件下存在着计划经济和市场调节的经济两个部分，计划经济和市场调节必须结合起来。处理计划和市场关系的基本原则是"计划经济为主，市场调节为辅"，计划是第一位的，而市场调节是"有计划生产和流通的补充，是从属的，次要的。"①第二，计划经济为主，是指令性计划为主。从这样两点认识中可以看出，党在这一时期关于计划和市场关系的认识仍然基于重点考虑计划经济和市场调节的矛盾性的一面上。对于市场本身的作用，在计划经济下如何运用市场调节等的认识还不够完全、具体和深入，尽管这时也强调："无论实行指令性计划还是指导性计划，都要力求符合客观实际，经常研究客观实际，经常研究市场供需状况的变化，自觉利用价值规律，运用价格、税收、信贷等经济杠杆引导企业实现国家计划的要求。"②不过，较之传统的认识，这无疑是朝着科学地揭示计划和市场关系，从而科学地认识现阶段社会主义的经济性质的方向迈开了关键的一步，也为实践中计划和市场关系的合理抉择打下了坚实的基础。

（二）

理论上的进展往往来自发展了的实践。如果说改革的动因最初只是源自人们对传统经济体制运行实践的弊端的考虑的话，那么，发展中的经济体制改革的实践，实际上触发了人们对于社会主义的本来面目特别是它的经济特征重新认识的思绪。这一点似乎可以从下面的例子中得到启发：改革初始时我们谈所有权和使用权的分离，谈股份制、租赁制等分离的具体形式，不仅会被认为是对社会主义经济本质的否定，而且从理论研讨本身考虑亦是不可思议的。但今天，既有的实践却使我们讨论这一类问题如同最初讨论改革一样顺理成章。改革导致了丰富多彩的实

①胡耀邦：《全面开创社会主义现代化建设的新局面》（1982 年 9 月 1 日）。
②胡耀邦：《全面开创社会主义现代化建设的新局面》（1982 年 9 月 1 日）。

践，而实践又把那些意想不到的复杂的问题提到人们面前，逼迫人们从理论上进行清楚的说明。于是，认识深化了，理论本身发展了。我们注意到，随着改革实践的发展，自1984年后期起，党中央关于计划和市场关系的认识有了重大的发展。

几年的改革，给理论工作者提出了众多的前所未见但须尽早解决的复杂问题，比如说，国家经济计划如何做到既能启发企业活力又不导致宏观经济失控和社会利益受损？计划的基础是主观的还是客观的？最重要的，社会主义现阶段的经济性质究竟是什么？等等。尽管在纷纭复杂的改革实践面前，理论工作者显得有些捉襟见肘，力不从心，还不善于对丰富的实践作出新的说明与全面的概括，但是理论探索已经以全新的面貌出现，围绕许多重大问题提出了不乏卓越的见解。1984年10月20日党的十二届三中全会通过的关于经济体制改革的决定，吸取了这些卓越的理论成果。对于旧体制的弊端，对于现阶段社会主义的经济性质，亦对于计划和市场的关系作了深刻的阐述，吹响了全面进行经济体制改革的进军号。

《中共中央关于经济体制改革的决定》对传统模式的弊端作了恰当的概括：政企职责不分，条块分割，国家对企业统得过多过死，忽视商品生产、价值规律和市场的作用，分配中平均主义严重。这种弊端使企业缺乏应有的自主权，形成了企业吃国家的"大锅饭"，职工吃企业的"大锅饭"的局面，严重压抑了企业和广大职工群众的积极性、主动性和创造性，使本来应该生机盎然的社会主义经济在很大程度上失去了活力。要克服这种弊病，关键的是把增强企业活力作为经济体制改革的中心环节；而具有决定性意义的战略之一，是建立自觉运用价值规律的统一性与灵活性相结合的计划体制，发展社会主义商品经济。这不光是历史经验的总结，也是由我国幅员广大，人口众多，交通不便，信息不灵，以及商品经济不发达等具体条件决定的。"如果脱离现实国情，企图把种种社会经济活动纳入计划，并且单纯依靠行政命令加以实施，忽视经济杠杆和市场调节的重要作用，那就不可避免地会造成在指导思想上主观和客观相分离，计划同实际严重脱节。"①必须实事求是地认识到，在很长的历史时期内，我们的国民经济计划就总体来说只能是粗线条的和有弹性的，只能通过计划的综合平衡和经济手段的调节，做到大的方面管住管好，小的方面放开放活，保证重大比例关系比较适当，国民经济大体按比例协调地发展。

《决定》的重大贡献，是对我国现阶段社会主义经济性质作了深刻的说明。商品经济的充分发展，是社会经济发展的不可逾越的阶段。我国特殊的条件，决定了我们必须大力发展商品经济。这种不以人们意志为转移的客观状况，不仅决定了我们对传统体制改革的必然性，也决定了这种改革的基本内容与方向。但我们要发展的商品经济就总体上说是社会主义商品经济，它以公有制为基础、贯彻按劳分配原则，受计划控制和指导。这就是说，我国社会主义经济是在公有制基础上的有计划的商品经济。实行计划经济同运用价值规律、发展商品经济，不是排斥的，而是统一的。商品经济是否存在，价值规律是否发挥作用，绝不是区分社会主义同资本主义经济的标准。《决定》的这些论断，是对马克思主义的社会主义经济理论的发展，把人们对科学社会主义的理解提高到一个新的水平，成为我国社会主义建设发展的重要出发点和制定战略策略的依据，从而也成为计划和市场关系抉择的依据。

《决定》根据国内外的实践经验，特别是我国十一届三中全会以来的实践，把我国计划体制的基本点——实质上也是计划和市场关系的基本点概括为如下方面：第一，就总体说，我国实行的是计划经济，即有计划的商品经济，而不是那种完全由市场调节的市场经济；第二，完全由市场调节的生产和交换，主要是部分农副产品、日用小商品和服务修理行业的劳务活动，它们在国民经济中起辅助的但不可缺少的作用；第三，实行计划经济不等于指令性计划为主，指令性计划和指导性计划都是计划经济的具体形式；第四，指导性计划主要依靠运用经济杠杆的作用来实现，指令性计划是必须执行的，但也必须运用价值规律。这种计划体制，要求逐步缩小指令性计划的范围，而适当扩大指导性计划的范

①《中共中央关于经济体制改革的决定》（1984年10月20日）。

围；对关系国计民生的重要产品中需要由国家调拨分配的部分，对关系全局的重大经济活动，实行指令性计划；对其他大量产品和经济活动，根据不同情况，分别实行指导性计划或完全由市场调节。

可以这样说，关于计划和市场关系的这种概括寓重大发展于"承前启后"中。正因为如此，《决定》不仅成为中国经济体制变革进程中的一个重要里程碑，也成为计划和市场关系抉择的一个重要里程碑。从某些方面看，"主、辅"原则仍然贯穿其中，仍然强调市场调节在国民经济中起辅助的作用，这是一种"承前"；但从更多方面看，它已经不拘于"主、辅"原则而展示了计划和市场关系的更为丰富的内容，并且，它又为计划和市场关系理论的进一步拓展打下了基础，这是"启后"。我们注意到，在这种"承前启后"中寓含的发展，主要表现在如下几个方面：

第一，明确指出我们的计划经济不是原来那种意义上的计划经济，而是自觉适用价值规律，发挥市场作用基础上的计划经济，是有计划的商品经济。这一本质特征的揭示，使计划和市场关系发生了深刻的变化：①计划经济和价值规律不是对立的，而是统一的；计划必须建筑在适用客观经济规律特别是价值规律的基础上；②市场调节决非可有可无，而是社会主义经济性质所规定的计划经济制度的必然组成部分；③如同经济体制改革的基本方向必须体现发展商品经济的要求一样，计划制度也必须体现商品经济发展的要求。

第二，不再绝对地笼统地要求国民经济的按比例，而强调在大的方面管住管好，小的方面放开放活的基础上，保证重大比例关系比较适当，国民经济大体按比例地协调发展。实际上，生活中不存在绝对按比例的现象，而在追求绝对按比例发展过程中的大体合比例的现象则是一种经常状况和可行目标。匈牙利经济学家科尔内所揭示的经济运动的非均衡性，有助于我们更好地认识这一问题。

第三，尽管在一定程度上仍体现了"计划经济为主、市场调节为辅"的思想，但是，①市场调节之所以要"辅"，不再是侧重于它既有利、又有弊的认识，归根结底，这是基于它同计划经济的对立性上考虑的，而是从市场调节作为社会主义计划经济制度的一个组成部分，从全面发挥市场功能，从计划和市场关系的总体上考虑的；②价值规律不仅在市场调节中发挥作用，在计划经济中也是不可忽视的——它是计划的基本依据之一；③计划中不再必须以指令性计划为主，而是逐渐以指导性计划为主。因而，运用经济杠杆来实现的指导性计划和完全由市场调节的部分，构成经济调节活动的绝大部分；④计划不再是囊括巨细与僵硬不变的，而是粗线条的和有弹性的。

这表明，党中央关于计划和市场关系的认识有了新的变化，这种变化是建筑在变化了的实践的基础上的，更进一步说，是建筑在由实践的发展带来的对科学社会主义理论认识的深化的基础上的。因而，它无疑是在科学化的道路上迈出了又一大步。并且，它还为自身的进一步发展奠定了基点，使新的计划和市场关系的认识的出现成为逻辑上的必然。

（三）

党中央关于计划和市场关系的新发展，可以以十三大提出的"国家调节市场、市场引导企业"的运行机制模式为集中体现和基本标志。如果以《中共中央关于经济体制改革的决定》为阶段性参照系，那么我们这样看待这种发展：它已经大大不同于《决定》前的认识，举例说，以前的"主、辅"原则不再体现其中，但它只是《决定》中计划与市场关系的基本思想的必然展开和逻辑延伸，是这种思想的进一步明晰化和规范化。

但是，这一发展并不是轻而易举地完成的，相反，它在理论上尤其在实践上经历了一个艰难的探索过程。"有计划商品经济"体制下计划和市场关系的格局究竟是怎样的？自《决定》发布后，在理论界尤其是经济理论界，围绕这一问题展开了充分的讨论。在一定意义上，关于它的争论比它的结论更引人关注。对于"有计划商品经济"的含义的不同理解以及对我国实际情况的不同认识，导致了人们关于这一问题的不同的甚至是对立的分析思路与答案，①但是最终人们还是在这一问题上达成了较为一致的看法，从而为党的十三大报告的概括提供了基础。然而，关于有计划商品经济下计划和市场关系的这种概括的直接依据来自于实践，或者说，这种思想是随着这一时期发展与改革的实践的演进而逐步明确起来的。《决定》的发布，把业已全面展开并已取得初步成效的农村经济体制改革和在很多方面的试验，在相当范围展开的城市经济体制改革推向一个崭新的阶段，围绕着增强企业活力这个中心环节，改革的触角伸向各个领域各个环节。但是，社会主义改革是极其艰巨的开拓性事业，在经济不发达，人口众多，幅员广阔，情况各异的中国进行全方位的改革，更不是一件容易的事。1984年第四季度后，国民经济生活中出现了一些矛盾与问题，主要是，工业生产增长速度过快，固定资产投资规模过大，信贷资金和消费基金增长过猛，部分物价上涨过多，国家外汇储备下降以及经济秩序较为混乱等。这些矛盾与问题的存在，不仅妨碍了经济的健康发展，也使改革面临困难。一时间人们对此议论纷纷。大部分人认为，这些问题和矛盾的出现有主观和客观两方面的原因。从主观方面说，是未能正确处理好破和立的关系，在传统的体制的一些环节一些方面得到初步破除时，未能采取相应的措施防止其可能带来的意想不到的问题；在采取比较重要的改革措施时，未能周密考虑可能引起的各种反应。从客观方面说，是改革过程必然要发生的：由旧体制向新体制过渡所必然出现的两种体制的并存，不仅会导致各种摩擦和矛盾，而且会留下制度上的漏洞和管理上的"空白"，从而给各种不良现象的发展提供了可乘之机。这种判断同中央的认识基本上是一致的。我们看到，在1985—1986年的有关中央文献中，正是从这样两方面来认识这些问题的出现的，即指出这些问题有些是因为"事先考虑不周或事后检查不严"或其他失误造成的，如虽然注意了国民经济的综合平衡和按

---

① 例如，有人把"有计划商品经济"看成"计划经济"和"商品经济"的结合，因而认为其运行机制是"计划机制和市场机制的结合"，有人把"有计划商品经济"看作是计划经济的另一种说法，因而认为其运行机制是"计划机制"，还有的人把"有计划商品经济看作"计划"同商品经济"的结合，因而认为其运行机制是"有调节的市场机制"或"计划指导下的市场机制"，大部分人把"有计划商品经济"在本质上看作一种商品经济，因而认为它的基本的运行机制应是市场机制，等等。

比例发展，但对有效控制社会总需求过度增长有时还是注意不够；在处理数量和质量、速度和效益的关系上，对提高经济效益特别是产品质量还缺乏有力的措施和有效的监督；在着重增强企业活力的时候，加强和改善宏观管理的措施未能及时跟上等等，而有些则是改革过程难以避免的。①很显然，不采取得力措施有效制止这些问题的发展，就无法保证改革顺利进行所需要的最起码的经济环境与社会环境，然而这些问题的根本克服，又有赖于改革奠定新的经济体制基础。因此，这一方面要求在增进对历史性的深刻转变过程中规律的认识和经验的积累的基础上，努力克服工作上的缺点和失误，根据实际情况及预期影响，多方把关，慎重改革；另一方面又要求积极动作，深入地配套地推进经济体制改革，尽快奠定有利于国民经济良性发展的新的经济体制的基础。对问题的反思强化了决策部门对于改革复杂性的认识，以及对诸多不测因素的警觉，同时也进一步坚定了中央全面配套地深化经济体制改革的决心。基于上述认识，1985年初，中央决定开展以稳定经济为目标的经济调整，期望通过加强和改善宏观控制等措施，解决已经出现的矛盾与问题，为经济改革创造较好的宏观经济环境。与此相适应，计划管理在一定程度上被加强了。1985年9月举行的党的全国代表会议上，陈云强调了"计划经济为主、市场调节为辅"的原则，指出"这话现在没有过时"，而"计划是宏观控制的主要依据"。并同时认为："计划包括指令性计划和指导性计划。两种计划方法不同，但都要有计划地运用各种经济调节手段。"②在这次会议通过的《关于制定国民经济和社会发展第七个五年计划的建议》中，强调"为了改革的顺利进行，必须合理确定经济增长率，防止盲目攀比和追求产值产量的增长速度，避免经济生活的紧张和紊乱，为改革创造良好的经济环境"，要"根据国力的可能，在妥善安排人民生活的同时，十分注意确定合理的固定资产投资规模，做到国家财政、信贷、物资和外汇的各自平衡和相互间的综合平衡。"并指出这是保证经济比例关系协调，经济生活稳定和体制改革顺利推进的根本

---

① 参见：《当前的经济形势和经济体制改革》(1985年3月27日)，《关于第七个五年计划的报告》(1986年3月25日)。
② 陈云：《在中国共产党全国代表会议上的讲话》(1985年9月23日)。

条件。①尽管今天回过头看，这些要求并没有在经济生活中认真做到，但这些基本指导原则的提出无疑是十分必要且非常正确的。与此同时，在这一建议中，中央指出，为了保证我国经济的持续、稳定、协调发展，"最重要的是按照十二届三中全会的《决定》，既坚定不移又慎重稳妥地推进经济体制改革，力争在今后五年或者更长一些的时间内，基本上奠定有中国特色的、充满生机和活力的社会主义经济体制基础。"而这主要是抓好互相联系的三个方面：第一，进一步增强企业特别是全民所有制大中型企业的活力，使它们真正成为相对独立的、自主经营、自负盈亏的社会主义商品生产者和经营者；第二，进一步发展社会主义的有计划的商品市场，逐步完善市场体系；第三，国家对企业的管理逐步由直接控制为主转向间接控制为主，主要运用经济手段和法律手段，并采取必要的行政手段，来控制和调节经济运行。要围绕这三个方面，配套地搞好计划体制、价格体系、财政体制、金融体制和劳动工资制度等方面的改革，以形成一整套把计划和市场，微观搞活和宏观控制有机结合起来的机制和手段。②这些思想，在1986年3月有关领导人所作的《关于第七个五年计划的报告》中得到了进一步的说明，并作为"七五"时期的重要任务列入《中华人民共和国国民经济和社会发展第七个五年计划（1986—1990年）》。至此，党的十三大报告中所表述的计划与市场关系的思想的基本方面已经形成。我们看到，在这些文献中，计划和市场的关系有了进一步的内容：第一，在计划工作上，彻底改变那种把主要精力放在定指标、批项目、分资金、分物资上面的做法，而着重研究制定国民经济和社会发展的中长期规划、战略目标和战略重点，安排好有关的重大比例关系，促进重要价值形态的综合平衡与重要物资的供需平衡；在计划方法上，适当缩小指令性计划的比重，扩大指导性计划和市场调节的范围，主要运用经济政策与经济杠杆进行宏观经济管理与调节。与此相应，各级经济管理部门的主要工作精力逐步转到搞好统筹规划、掌握政策、组织协调、提供服务、运用经济调节手段和加强检查监

①《中共中央关于制定国民经济和社会发展第七个五年计划的建议》（1985年9月23日）。
②参见《中共中央关于制定国民经济和社会发展第七个五年计划的建议》（1985年9月23日）。

督方面来。第二，具体经济活动的执行者将在国家计划指导下，主要面向市场开展生产、经营活动，真正走向自主经营、自负盈亏。第三，以生产资料、资金、技术市场等为骨干的社会主义市场体系，既是直接生产经营者活动的基本舞台，又是计划指导的依据和市场调节的基础。

1987年10月，党中央召开了第十三次全国代表大会，在会议通过的《沿着有中国特色的社会主义道路前进》的报告中，党中央肯定了十二届三中全会《决定》以来的关于计划和市场关系的一系列重要思想，用更明晰更规范的语言对之进行了总结与概括，这就是，社会主义有计划商品经济的体制，应该是计划与市场内在统一的体制。在这种体制下，计划和市场作用范围都是覆盖全社会的，"新的经济运行机制，总体上来说应当是'国家调节市场、市场引导企业'的机制"①。从而为人们勾勒出一幅新的经济管理与经济运行的图画：市场是经济活动的枢纽，国家通过市场间接控制企业，而企业则面向市场在国家指导下自主活动，国家—市场—企业间互相影响，能动作用，实现宏观控制与微观搞活的统一，从而实现国民经济的持续、稳定、协调的发展。显然，这种总结与概括把党中央关于计划和市场关系的认识推向了一个新的阶段。

（四）

党的十三大报告关于新的经济体制的运行机制的较为规范的表述，并不是党中央关于计划和市场关系认识的终结。随着实践的发展，党中央对这一问题的认识还在发展和变化。

应该说，"国家调节市场、市场引导企业"的提出，在理论上和实践上都具有重要的意义。从理论上说，它是"公有制基础上的有计划的商品经济"规定的逻辑延伸。有计划的商品经济作为一种商品经济，必须且必然具有商品经济的一般特点。而商品经济是以社会分工为基础，以市场为运动场所，以交换为目的的经济形态。在这种经济形态下，市场成为全部经济关系的凝聚点。价值规律这一商品生产和交换的基本规律通过市场的各种因素如价值、价格、竞争、供求等因素的相互联系、

---

① 《沿着有中国特色的社会主义道路前进》（1987 年 10 月 25 日）。

相互制约以及相互推动调节着社会资源的分配，实现着商品生产和交换，并最终调节着市场活动主体——商品生产者和交换者们间的经济利益关系。市场各因素间的相互联系、制约、推动所形成的综合作用——从本质上说是价值规律的作用——就构成了所谓"市场机制"，因此，市场机制是商品经济的基本的协调机制。然而有计划的商品经济是一种特殊的商品经济，它建立在公有制基础之上，受到国家计划的指导与调节，这就是，国家通过以经济手段为主体，辅之以法律手段和行政手段，自觉地对市场调节，以纠正市场缺陷，创造健康的市场运行的环境，把关系到国计民生的重大战略决策通过市场机制传导到企业活动中去。从实践上说，它符合世界经济发展的一般要求，事实上，相当一部分国家已在一定程度上提供了与之类似的经济运行机制富有成效的作用的范例。并且，也在一定程度上证明了它的可把握性或可操作性。所以，也应该说，实现或建立这种新的运行机制，是处在有计划商品经济阶段的中国社会主义经济体制改革的目标之所在，是符合现阶段生产力发展要求的计划与市场关系的正确的选择。

但是，对生产力低下和商品经济很不发达，以及具有诸多国情特点的中国来说，即使人们在主观上不出现失误，这一目标的实现也是艰难的。正如十三大政治报告曾指出的那样，实现这一目标是一个渐进的过程。因此，人们也许更应该注意的是，根据眼前的具体情况与条件，根据国民经济良性发展的要求，灵活处理计划和市场的关系，与此同时努力创造条件，逐渐完善并最终建立合理而规范的经济运行机制。

特殊的经济政治形势终于为这种选择提供了依据。也许，如果中央在1984后所采取的涉及经济调整和经济改革两大内容的各次重大方针政策能圆满地实施并取得悦意的效果，事情可能是另一副样子：十三大精神得以不折不扣的贯彻，以市场为枢纽的新经济体制建设取得长足的进展。但遗憾的是，由于主客观原因，这两方面的工作都不如人意。从整顿方面说，紧缩政策伴随应该说从动机和内容上看起来都无可厚非的"软着陆"指导思想出台，以致当1986年初工业总产值增长速度从1985年4月的最高点24.8%降到1986年1月的5.6%，继而降到历史最低点0.9%时，理论界和实业界传来一片惊呼声，加之当时的确存在着部分产品滞销和企业货币资金紧张的情形，紧缩性货币政策不久就自觉不自觉地被放弃，"软着陆"最终没能实现，整顿没有取得预期的进展。从改革方面说，在看起来声势浩大的"配套"改革的热潮中，上下左右的一些改革措施不对接，不协调，政出多门，各行其是，某些方面的改革脱离其他改革同时脱离实际孤军推进，另一些作为传统体制的支撑点，牵扯的利益关系最为复杂从而也最为坚固的环节的改革并没有实际展开，或者未获实质性进展。而大部分出台的改革措施不到位，不规范，扭曲变形。其结果是，旧体制并没有在根本上受到触动，而新体制不仅很脆弱，而且发育极不正常。这不仅使旧体制的弊病凭着自身的惯性迅速膨胀，而且为新的弊端的滋生提供了土壤与条件。这种机制紊乱的残损体制伴随着某些扩张性的客观经济政策，不仅未能抑制已经发生的矛盾与问题，反而一定程度地推动它们向严重的方向发展，并且使一些新的矛盾与问题在一些方面呈加速滋长、蔓延之势，最终出现了我们看到的1988年和1989年的严峻的社会经济政治局面。以致中央调整了"过关闯险"的战略，决定用较长的时间进行经济的治理整顿。与此相应，计划与市场关系的探索思路发生了变化，"国家调节市场，市场引导企业"的方向受到了一些人不光是学术上的否定。人们更多地把眼光聚在当前，立足于经济发展和改革开放的某一阶段、领域和环节的具体实际，来考虑计划和市场的关系，期望选择较为现实的计划和市场的结合方式，来解决出现的矛盾和问题，保障经济体制转换过程中国民经济的稳定和协调发展。基于当时的情形，1989年后，中央特别重视计划和市场关系问题的研究，多次关照理论界、实业界在这方面应有所进展。同时对计划和市场关系的一般原则作了导向性重新表述。这时期，虽然有的同志再度提出计划经济为主、适当利用市场调节的思想，但是中央对此较为规范的说法是"计划经济与市场调节相结合。"人们对此评价不一，[①]但应该说这一表述是符合那时的经济政治环境的。江泽民在庆祝中华人民共和

---

① 赞成的人说，这一提法是最为科学的，因为它既鲜明地表现了社会主义制度的特性，也清楚地表明了社会主义经济运行机制的特点，它在制度上和经济运行的总体特征上同传统的经济模式和资本主义经济调节方式划清了界限。反对者说，这一提法至少有如下不足：（1）把两个不同层次，品位的范畴连在一起，造成了"结合"含义的混乱；（2）事实上确定了计划经济和市场调节的主次关系；（3）客观上会给实践带来重计划、轻市场的后果，在思想上留下计划是社会主义的，市场是资本主义的潜影。

国成立四十周年大会的讲话中初次作了较为具体的说明。他指出：在总体上自觉实行有计划、按比例地发展国民经济，是社会主义制度优越性的体现，是社会主义的一个基本特征。对过去那种集中过多，统得过死的计划体制，毫无疑义要进行改革。但如果一味削弱乃至全盘否定计划经济，企图完全实行市场经济，在中国是行不通的，必将导致经济生活和整个社会生活的混乱。"我们要在实践中不断探索，努力创造一种适合中国情况的、把计划经济和市场调节有机结合起来的社会主义商品经济运行机制。计划经济和市场调节结合的程度、方式和范围，要经常根据实际情况进行调整和改进。"①约半年后，李鹏在七届人大三次会议上再次对这一问题作了较为具体的表述。李鹏说，经济体制改革的主要目标，是适应社会主义有计划商品经济的发展，逐步建立计划与市场相结合的管理体制和经济运行机制。他从五个方面具体论述了"正确认识贯彻计划经济与市场调节相结合的原则"的要点，指出大体上表现为三种类型的管理或调节形式，即指令性计划、指导性计划和市场调节都要贯彻"计划经济与市场调节相结合"的精神，而这三种形式的具体运用和结合的比例关系，应当根据不同所有制性质和不同企业、不同社会生产环节和领域，不同产业和产品而有所不同，并且应当根据不同时期的实际情况经常进行必要的调整和完善。而检验计划经济与市场调节结合得好不好的根本标准，在于能否促进社会经济效益的提高，能否促进国民经济的持续、稳定、协调的发展。②尔后，江泽民、李鹏等在有关场合还指出，这种结合是要把计划经济的优点跟市场经济的优点结合起来。这些思想还较为充分地体现在十三届七中全会通过的《中共中央关于制定国民经济和社会发展十年规划和"八五"计划的建议》中。它们反映了中央关于计划和市场关系认识的进一步发展和变化，其中的精辟之识，丰富、完善并推进了中央对此的既有论述。但应该说，这一时期关于计划、市场的认识和讨论存在一定程度的局限性，包含一些值得进一步研究的东西。

---

① 江泽民：《在庆祝中华人民共和国成立四十周年大会上的讲话》（1989 年 9 月 29 日）。
② 李鹏：《为我国政治经济和社会的进一步稳定发展而奋斗》（1990 年 3 月 20 日）。

（五）

中央关于计划与市场关系认识的最新发展，是在从根本上解除了把计划经济和市场经济看作属于社会基本制度范畴的思想束缚，打破了社会主义＝计划经济，资本主义＝市场经济的传统观念后对社会主义市场经济的确认。这是认识进展中的一场革命，也是我们党在这一问题认识上的一次重大突破和飞跃。这一思想的开拓者是邓小平，但社会主义市场经济无可选择地成为中国经济体制改革的目标与方向，则是历史发展的必然。

社会主义条件下搞市场经济，一直是思想理论方面的一个禁区。长期来，无论是社会主义的反对者、拥护者，还是社会主义者本身，都把市场经济看作与社会主义不相容的异物。在社会主义国家，计划经济被当成社会主义的基本特征甚至是代名词，而搞市场经济则被视同搞资本主义。直到前不久，这种观念还统治着思想理论阵地，束缚着人们的头脑。这种状况不仅影响到人们关于计划和市场关系的正确把握，更影响到经济体制改革的深入拓展。但是，社会主义条件下可以而且必须搞市场经济的认识从改革开始就一直存在，并通过不同的形式反映出来。而对这一问题讲得很早、很明确，且始终如一的是邓小平。早在1979年11月26日，邓小平会见美国《不列颠百科全书》副总编吉布尼等美国学者时就说过：说市场只限于资本主义社会、资本主义的市场经济，这肯定是不正确的。市场经济，在封建社会时期就有了萌芽。社会主义也可以搞市场经济。社会主义的市场经济方法上基本上和资本主义社会相似，但也有不同。随着经济体制改革的深入展开，一些关系到改革全局的重大战略问题陆续提到人们面前，亟待作出科学的说明。在涉及这些问题时，邓小平进一步论述了有关社会主义市场经济的思想。1980年，邓小平在阐述经济体制改革的艰巨性时，提出改革的方向是"实行计划指导下的市场调节"，并认为这是"一场彻底的革命"。1984年邓小平在中顾委第三次全体会议上谈到《中共中央关于经济体制改革的决定》时，称赞这是个好文件，好在"解释了什么是社会主义，有些是我们老祖宗没有说过的话，有些新话"。高度评价了《决定》中有关社会主义经济是有计划的商品经济等方面的论述与认识。从这之前之后的谈话看，邓小平在这里实际上肯定或包含了社会主义可以搞市场经济的思想。事实上，《决定》在论述有计划商品经济时，只是说明它"不是那种完全由市场调节的市场经济"，而没有简单地、一般地否定市场经济。这以后，邓小平对这一问题又作了进一步论述，并运用生产力标准来观察、评价计划经济与市场经济。1985年12月23日，他在回答美国企业家代表团团长格隆瓦尔德的有关问题时指出，问题是用什么办法更有利于社会生产力的发展。过去我们搞计划经济，这当然是一个好办法，但多年的经验表明，光用这个办法会束缚生产力的发展，应该把计划经济与市场经济结合起来，这样就能进一步解放生产力，加速生产力的发展。1989年6月，在极为严峻的政治局面下，邓小平仍然强调，要坚持计划经济和市场经济相结合，这个不能变。针对着某些人把市场特别是市场经济与社会主义对立起来，把计划看作是社会主义的基本特征的偏见，1990年底邓小平又明确指出，理论上要搞懂，资本主义与社会主义的区分不是计划、市场这样的内容，社会主义也有市场调节，资本主义也有计划控制。资本主义不控制？有那么自由？最惠国待遇就是控制嘛！不要以为搞点市场经济就是资本主义道路，没那回事。计划经济和市场调节都得要，不搞市场，自甘落后，连世界信息都不知道。今年初邓小平考察南方时，更进一步指出，计划多一点还是市场多一点，不是社会主义与资本主义的本质区别，计划经济不等于社会主义，资本主义也有计划，市场经济不等于资本主义，社会主义也有市场，计划和市场都是经济手段。邓小平的这些论述，突破了带有强烈的人为性质的似是而非的传统观念，澄清了人们的模糊认识，打开了人们思想上的禁锢，把计划与市场关系的理论研究与实践探索放到了科学的位置上和正常的氛围中。

作为谙熟马克思主义原理和实事求是原则的邓小平，十几年中反复论述这一问题，并且改革的实践愈深入，他的论述愈直接和明确，绝不是即兴之言。而是基于生产力发展、实践的深思熟虑。我国正处于社会主义初级阶段，我们的经济是有计划的商品经济，商品经济的充分发展，是社会经济发展不可逾越的阶段，是实现我国经济现代化的必要条件。因此，我们要实行的商品经济，是一种充分发达的商品经济，而发达的商品经济，实际上就是市场经济。不仅如此，实行市场经济，还是现阶段最大限度地发展我国生产力的必然选择。世界经济发展的一般实践表明，在现阶段，以建立在竞争性市场决定社会资源分配与流向基础上的计划与市场的结合即实行市场经济，比建立在指令性计划基础上的结合即实行计划经济更有效益。从中国自己的实践看，十多年的改革无疑是市场取向的，而正是这种市场取向的改革，带来了我国经济的高速增长和人民生活水平的大幅度提高。进一步说，越是那种面向市场程度高、市场机制作用大的地区、产业及企业，经济发展与效益就好，相关的经济矛盾也解决得好。反观我国经济生活中存在的一些深层矛盾如经济效益低下、劳动力素质不高、资源浪费严重等都同企业、产品、劳动力等不能完全进入市场，市场机制难以发挥充分作用有关，显然，要大力发展生产力，克服经济生活中的深层矛盾，就应当在现阶段实行社会主义市场经济。显然，并不是谁有先见之明，也无论人们愿不愿意在社会主义条件下搞市场经济，它被历史自然而然地推到了人们的面前，而这一过程本身也将无可争议地构成历史进程中的一个重要部分。

我们党顺应了这一历史要求，本着实事求是的原则，进一步调整和发展了关于计划和市场关系的认识，并把建设社会主义市场经济体制确立为中国经济体制改革目标。1992年3月召开的党的政治局会议指出，"计划和市场，都是经济手段，要善于运用这些手段，加快发展社会主义商品经济"[①]，继李鹏在一次高级国际研讨会上指出中国要建立计划和市场相结合的具有中国特色的社会主义市场经济体制后，江泽民在1992年6月9日中央党校的讲话中进一步指出："建立新经济体制的一个关键问题，是要正确认识计划与市场问题及其相互关系，就是要在国家宏观调控下，更加重视和发挥市场在资源配置上的作用。"[②]他还具体描述了新经济体制的基本特点。1992年7月25日，乔石在同党校校长座谈时认为，把统一高度集中的计划经济观念转变为社会主义市场经济观念的意见是好的。党的十四大基于解放和发展生产力的根本要求，在总结国际国内实践经验和理论探索成就的基础上，明确提出我国经济体制

---

① 《人民日报》1992 年 3 月 12 日第一版。
② 《人民日报》1992 年 6 月 15 日第一版。

改革的目标是建立社会主义市场经济，并对社会主义市场经济体制内涵与特点作了精辟的阐述。这些论述大大丰富了马克思主义的思想理论宝库，成为中国计划与市场关系理论探索与政策发展进程中一个具有划时代意义的新的里程碑，从而开辟了中国改革开放的光辉前景。中国人民将依据它们，去建设强大的社会主义现代化国家，去开辟历史发展的新纪元。

这大体就是十一届三中全会后我们党关于计划和市场关系认识的基本轨道和相关政策发展的脉络。从这一发展过程中，我们能得出两点重要结论：第一，中央关于计划和市场关系的认识是不断深化的，这种深化是同对科学社会主义的理解，特别是对现阶段我国社会主义经济性质的理解的深化联系在一起的，而后者又同实践的发展紧密相关，每次认识的升华和变化都有深刻的社会经济政治实践背景。因此，从根本上说，党对于计划和市场关系的认识无非是对丰富多彩的社会实践特别是改革实践的概括，而实践的发展反过来又检验着这种认识的是与非，从而推动其不断走向完善。第二，正因为如此，社会主义市场经济理论与政策的提出，并不是党关于计划和市场关系认识的终结。事实上，关于计划和市场关系的理论和实践都还有许多有待探索的必然王国，比如说，如何把市场经济的一般性和社会主义的特殊性有机结合起来？如何实施更有效更科学的宏观间接指导和干预而获得优越于资本主义市场经济的运行效率？如何克服传统体制的惯性而按国际通则建设新体制？等等。总之，在社会主义条件下搞市场经济是一项前所未有的事业，难度很大，难题很多，无论是理论工作者还是实际工作者都要付出艰苦的努力。

论社会主义市场经济的基本特征^①

（1993年3月）

一、社会主义市场经济的一般性与特殊性

研究社会主义市场经济的基本特征，必须把握两个基本的方面：第一，社会主义市场经济首先是一种市场经济，它必须体现市场经济的一般性；第二，这种市场经济是在社会主义条件下进行的，社会主义经济制度的本质规定必然要对市场经济的形成、发展发生影响。因此，后者必然会体现中国生产关系的特色和国情特点而具有特殊性。

（一）社会主义市场经济的一般性。社会主义市场经济的一般性，也就是市场经济的世界通则或国际规范。这种通则与规范，不能因地、因社会性质而异，即绝不能是在中国，在社会主义条件下就遭变更与混淆。换句话说，在运行方面，它同现在西方实行的市场经济并不存在根本的差别。市场经济的特征是多方面的，立于不同的角度，可以作出不同的概括。根据世界市场经济特别是几百年来西方市场经济发展的实践，从运行特性看，可以认定：第一，市场经济是一种平等经济。这种平等性表现在市场活动的主体厂商或企业方面，是他们市场地位的等一性。也就是说，市场不承认厂商们社会地位的差别，不承认任何超市场的经济和政治特权，而且遵循市场经济的基本规律——价值规律所要的等价交换原则，而等价交换是以交换双方具有完全平等的权利为条件的。也就是说，主要是厂商或企业，或商品的"监护人"之间平等相处，并在平等的原则下从事各项经济活动。这种平等性表现在市场活动的客

---

①本文原载《经济理论与经济管理》1993 年第 1 期。

体商品或劳务方面，则表现为它们交换价值的等一性。也就是说，市场不承认商品或劳务的个别劳动的耗费，不允许不等价的占有，各商品或劳务只在市场上通过彼此间的换位比较和实现着自身所耗费的劳动的价值，这一过程是严格遵循规律要求的。一旦两种商品或劳务的交换得以发生，则表明它们间具有相等的价值，体现为相同的劳动耗费。第二，市场经济是一种自主经济。市场经济运行的直接目的在于追求尽可以多的利润。因而，各商品或劳务在市场中进行价值比较与衡量的结果，表现为它们各自的"监护人"即厂商或企业的特殊的经济利益，而这种特殊的经济利益，要求商品的生产者和经营者都成为独立的经济实体，从而能自主地处理全部生产经营活动，充分伸展自己的意志。没有这种自主的意志关系，市场经济也就不成其为市场经济。显然，市场经济是同等的依附，与行政命令、人身强制等关系不相容的，它要求参加市场经济活动的企业或个人具有生产经营活动的自主性和自由性，拥有作为商品生产者所应有的一切权力。第三，市场经济是一种竞争经济。对尽可能多的价值的实现（它取决于个别商品的劳动消耗与社会必要劳动消耗间的比照关系）的要求，导致了市场经济活动主体间的竞争的必然性。而"只有通过竞争的波动从而通过商品价格的波动，商品生产的价值规律才能得到贯彻，社会必要劳动时间决定价值这一点才能成为现实"。①这种竞争表现为多种形式，体现在多个方面。竞争把作为各类商品或劳务的化身的"监护人"们摆在同一天平上，既赋予他们同等的权利——除非由于他们自身的缘故，这种权利不会被剥夺，又促使他们能最有效地发挥这种权利，否则，它们就会在竞争中被淘汰而丧失一种权利。由竞争所形成的商品生产者在经济生活中的优胜劣汰，同机会共风险的状况，体现了市场经济条件下经济活动的严肃性与机会均等性。第四，市场经济是一种开放经济。利益主体的多元化和社会分工决定了市场经济的开放性，不向不同对象开放、不向不同地区（包括国外）开放，就难以获得生产生活用商品，也难以实现获取最大利益的目的。不仅如此，这种开放性还表现在它的自动调节性和兼容性，它依反映其内在要求的

---

①恩格斯：《马克思和洛贝尔图斯》，《马克思恩格斯全集》第 21 卷第 215 页。

一系列经济信号如价格水平、供求差率等，迫使市场活动主体不断调节其生产组织形式、经营方式、工艺应用程度、企业、产品结构，从而实现产业结构的升级和资源的优化配置；同时利用一些有利的手段与形式，而不论那出自何人何处，以实现盈利的最大化。这使市场经济拥有较为广泛的适应与应变能力，构成一个能攻能守、能伸能屈、能吐能纳的全方位开放的系统。市场经济最为明显的特征表现在其体制式样上，在最为抽象和综合的意义上，市场经济体制具有如下特征：第一，经济关系市场化。竞争性市场是全部经济关系的凝结点，所有经济活动主体通过市场发生联系，一切经济行为都直接或间接地处于市场关系之中；全部生产要素都作为商品进入市场，而市场机制是推动生产要素流动和促进资源优化配置的基本的运行机制。第二，企业行为自主化，所有企业包括那些必须由国家掌握的企业，都具有作为商品生产经营者所应拥有的全部权力及实现这些权力的高度自主性，从而能自觉面向市场，追踪市场信号特别是价格信号，以获取最大利润为基本目标，自主地开展生产经营活动。第三，宏观控制间接化。政府部门不直接干预企业的生产、经营的具体事务，而通过非指令性计划、经济杠杆及以货币、财政政策为主体的各类经济、技术、产业和行业政策，按既定的社会目标，引导、调节和规范企业的经营活动，并矫正市场缺陷，促进市场完善，保证市场的健康运行。第四，经营管理法制化。一旦成熟且成形的经济活动方式和关系以法律形式来规范，所有经营活动按照一套科学而严整的法规体系来进行，监督管理部门按照相关的法律法规评价、控制与处理各类经济活动，整个经济运转有一个健全而科学的法制环境。

（二）社会主义市场经济的特殊性。基于马克思主义经典作家的论述与社会主义在不同体制下运行的实践，由社会主义经济制度制约而产生的社会主义市场经济的特殊性，最主要地反映在生产资料所有制关系和收入（或财富）分配关系上。即：（1）这种市场经济是以公有制为基础或前提的。从经济关系结构方面看，公有制经济是国民经济的脊梁，在一定意义上说，生产资料的公有或社会所有占统治地位或主导地位，并且，它要求以市场机制作用为主体的经济运行在本质上强化和壮大着公有制经济的实力；（2）这种市场经济在主体上贯彻应按按劳分配的原则。也就是说，从本质上看，劳动是收入分配的最一般或基本的依据，是实现个人对利益的最大的追求与全体人民共同富裕相统一的基础，收入的积聚与流动在总体上应体现着多劳多得的原则。此外，这种特殊性还一定程度地体现在对市场经济的间接干预上。经济计划和国家干预并非社会主义独有，但社会主义的经济计划和国家干预却因为它的生产资料所有制特点和对社会公平或公正的特别重视而更具自觉性、主动性，并且排斥了在资本主义条件下往往受垄断资本集团左右而形成国家干预的私利性。如果计划或干预进行得科学、适当，则有可能获得优越于以私有制为基础的西方市场经济的效果。

从上述认识出发，我们认为，所谓社会主义市场经济，就是以生产资料公有制为基础，适应现代社会化大生产和发达的商品经济的要求，依靠市场机制配置资源，按照市场规律进行活动以达到效率与公平的统一的经济运行与调节方式。

这一经济运行与调节方式不仅在本质上完全不同于计划决策具有随意性、计划范围具有灵活性、计划形式具有主观性的高度集中统一的传统计划经济方式，而且也完善、规范和廓清了"社会主义有计划商品经济"的内涵。按理，如果把"有计划的商品经济"真正看作是一种商品经济，且是一种充分发达的商品经济，则它在本质上同市场经济具有共通性，市场经济不过是从经济运行方式角度看的商品经济，而商品经济则是从生产经济形态角度看的市场经济。因此，"有计划商品经济"的提出同"市场经济"的提出，实际上不过是基于不同角度的两种提法，没有也不应有伯仲之分。但这些年来，无论是关于它的性质还是它的内涵都存在不同认识，例如，关于它的运行机制的较为正式的说法，就存在"计划经济为主，市场调节为辅""国家调节市场，市场引导企业"，以及"计划经济和市场调节相结合"三种。而这三种说法间，实际上反映着本质的差异，而认识上的这种差别，曾经给我们经济发展与经济改革的实践带来了曲折的反复。比之实际上存在着不确定性的"有计划的商品经济""社会主义市场经济"的提出，不仅直接地表明了它的经济运行形式的属性，而且鲜明地反映了其体制特点，而这些又大大增强了它在实践中的可把握性和可操作性。

二、社会主义市场经济的所有制关系与分配关系

（一）社会主义市场经济下的所有制关系。市场经济可以容纳极不相同的所有制关系，但从市场经济运行的实践看，它们容纳的所有制关系都有一个重要特点：生产资料所有权表现为以市场为媒介占有财产增值收益的权利。市场不断地调节着各种资源的配置，促进着技术的进步和资源的节约，检验着劳动的消耗水平，从而不断调整着各市场活动主体的经济利益关系，决定着它们获得的收益的多寡。不通过市场，无法获得财产增值收益，从而无论是生产资料的法律上的所有权还是经济上的所有权都无法实现。但是，真正的市场活动主体，只是生产资料的经济上的所有者（虽然它同时可能是生产资料的法律上的所有者）。因此，更直接地说，生产资料的经济所有权本质上表现为以市场为媒介的获取财产、增值收益的经济活动过程。从市场经济同各种所有制形式并存的历史实践中，我们能发现与市场经济相适应的生产资料经济上的所有权的特点是：（1）独立性。即生产资料的经济所有权完全掌握在生产当事人手中，而不受任何其他非生产当事人或组织的直接干扰。市场经济的重要特点是它的选择性，这包括对生产条件、经营方式等许多方面的选择。正是在这种以市场为媒介的不断选择中，实现了生产资料财产价值的保存与增值，市场经济的这种选择性要求生产过程的当事人真正成为商品货币关系的现实承担者或商品的监护人，从而能完全按照市场规则独立自主地开展生产经营活动，也就是说，市场经济要求生产过程的当事人获得独立的经济上的所有权。没有这种独立性，他就无法适应市场变化开展生产经营活动，市场经济也难以按自身内在要求顺利发展。（2）分散性。即经济所有权的掌握主体或生产当事人是多元的。市场经济是一种交换经济，而交换之所以必要，是因为市场上存在着多个具有独立的经济所有权的生产当事人，他们手中握有同种不同质或不同种不同质的商品。而为着实现自身利益，在交换中产生的各具有独立经济所有权的生产当事人间的竞争，推动了市场经济的发展，促进了生产力水平的提高。（3）依赖性。即生产当事人所具有的经济所有权处于相互依赖之中。市场经济作为以市场为活动舞台的交换经济，本身就是以市

场各活动主体间的相互依赖为特点的。某一生产当事人经济所有权的实现，不仅以其他生产当事人的市场活动所形成的市场条件和他与他们间的关系格局为基本参照系，而且还必须借助其他生产当事人的经济所有权的作用，如某一生产当事人为了完成某一商品的生产，就需要利用他人所提供的资金、技术及生产资料等。只有在平等基础上的生产当事人间的互相依赖从而经济所有权间的互相依赖，才能有效地开展市场活动，促进市场经济向纵深发展。这就是说，符合市场经济要求的生产资料所有制关系的一般特点是它的经济所有权的独立性、分散性和依赖性。显然，除私有制外，能够容纳市场经济的所有制形式或结构还有两类：（1）多种性质的所有制形式并存、渗透的网络型所有制结构；（2）以法律所有权和经济所有权分离为特征的公有制形式。

有鉴于此，在科学认识社会主义公有制的基础上，选择能够容纳并完善市场经济特性，特别是实现企业生产经营的完全独立自主性的有效形式，是实现社会主义与市场经济结合的关键环节。事实上，公有制不仅表现在它的形式上，更表现在它的运行后果上，即公有制经济的运行是否实现了公有资产的增值与壮大；公有制的主体地位并不绝对表现在它的比重占大部分上，而更表现在它在关键领域里的统治力和对其他经济成分的辐射、规范与影响力上；公有制并不意味着国家所有，国有也不意味着国家经营，因而公有经济下的企业并不注定隶属于国家，处于非独立或相对独立的地位。社会主义市场经济条件下的所有制关系的正确选择应当是：第一，缩小某些非关键领域的国有经济的比重，改国有经济在总体比重上的主体地位为国有经济在关键行业的垄断地位和在国民经济发展中的主导地位，最终形成在关键领域和部门的公有制为主体的前提下，多种所有制成分相互依存、平等竞争、共同发展的所有制格局。第二，改革那些必须保持或体现公有制性质的企业的运营形式，如改国有国营为国有民营或国有法人经营，使公有制企业拥有市场经济条件下企业所必须拥有的全部自主权。第三，在分散公有财产的支配主体和缩小某些非关键领域的国有经济比重，发展非公有经济成分的基础上，使产权（包括公有产权）的占有、转移及保值与增值通过市场进行。

（二）社会主义市场经济下的分配关系。马克思主义经典作家认为，消费资料的任何一种分配都不过是生产条件本身分配的结果。因此，社会主义市场经济条件下所有制关系的式样，实际上同时决定了分配关系的式样。也就是说，按劳分配为主体的多种分配形式的并存，是社会主义市场经济条件下分配关系的基本特征。但是，传统意义上的"按劳分配"，或者说与高度集中的以指令性计划为特征的计划经济体制相适应的按劳分配，是难以容纳市场经济的。在市场经济条件下，各商品生产者生产商品所消耗的劳动时间，并不仅仅同劳动者在生产过程中提供的活劳动相关，它还取决于各种各样的因素。"商品的价值量与体现在商品中的劳动量成正比，与这一劳动的生产力成反比。"[①]因而，各商品生产者生产商品所消耗的劳动时间至少受到影响劳动生产率的诸因素的影响，而决定劳动生产率的因素主要有："工人的平均熟练程度，科学的发展水平和它在工艺上应用的程度，生产过程的社会结合，生产资料的规模和效能，以及自然条件"。[②]显然，其中许多因素不同劳动者的劳动消耗相关而同经营有关，是经营性因素。如其中生产过程的社会结合等。不仅如此，在市场经济下，商品生产者的"劳"还必须通过经营实现。这样，经营性因素就影响了商品生产者生产的个别劳动时间的确定：从直接生产过程看，同它相关的某些经营性因素和劳动者所实际耗费的劳动一起潜在地决定了生产商品的个别劳动消耗，从而形成了生产商品的个别劳动时间与生产这一商品所实际花费的劳动时间的第一次分离；从非直接生产过程看：某些经营性因素如商品买卖时机、地点选择等导致的价格等方面的变化，又一次对在生产过程中形成的个别劳动时间发生影响，从而形成了生产商品的个别劳动时间与生产这一商品所实际花费的劳动时间的进一步分离。因此，通过市场商品交换体现的最终为社会所承认的个别劳动时间实际上两次渗进了经营因素。这就意味着，同量的劳动消耗并不能实现相同的价值从而获得相同的个人消费品。如果我们注意到，包含了经营性因素影响的价值实现程度，或者说，通过商品交换体现出来的商品的个别劳动消耗和社会必要劳动消耗的比照关系，实际上就是商品生产者的经营收益（率）的话，那么，按商

---

①马克思：《资本论》第 1 卷第 53 页。
②马克思：《资本论》第 1 卷第 53—54 页。

品价值的实现程度进行分配进一步表现为按经营收益分配。把前面的分析联系起来，就可以认定，在市场经济下，按劳分配已被转型为按经营收益分配。这种状况，反映了市场经济下按劳分配的特点，同时也表明市场机制介入按劳分配的客观必要性。不仅如此，随着社会的发展，科技的进步，以及经济关系的日趋复杂化，劳动的体力成分下降而智力成分上升；活劳动成分下降而物化劳动（物的作用程度）成分上升；劳动的复杂程度提高；劳动的形式日趋多样化。因此，简单以一定时程的进行状态的劳动并通过主观计算来决定收入分配，既难以反映客观实际，也不利于激发人的创造性。应该在科学地认识按劳分配，并在劳动力素质由市场判别，劳动者的贡献由市场评价从而劳动由市场进行计量的基础上，通过市场来确定、分配、调节（包括政府部门的调节）劳动者的所得或收入。

三、社会主义市场经济的决策、信息与动力结构

（一）决策结构的特点。经济决策结构并不是可以由主观意志任意确定的，它的基本形状是由特定的历史时期生产关系的本质要求所规定，并直接取决于经济调节（或协调）机制的类型。显然，市场经济下市场调节机制的主体作用，使社会主义市场经济的决策结构首先表现为一种分散决策：生产经营者独立自主地制定着生产经营的全部决策，决策主体多元化。但是，生产资料公有制的影响，使社会主义市场经济下的经济协调机制不是一般的市场机制而是协调性或计划性市场机制，它包含了有意识的、自觉的和主动的社会计划、政府干预对于盲目运动着的市场进行改造、调节和引导的确定。经济计划和政府干预在这里作为社会决策的形式，制约、引导着商品生产经营者的分散决策。这样，它使分散决策不仅能造成微观经济的活跃，而且能自觉地达到宏观经济的平衡。因此，社会主义市场经济的决策结构的形式是或者应当是一种受一定形式一定范围的社会决策引导和调节的分散决策。这一决策结构包含着两个相辅相成的不可分割的方面，即：（1）对分散决策必须从宏观上加以干预，使之成为合理的分散决策；（2）宏观上的干预不能妨碍决

策的分散化。显然，这要求正确确立国家决策的基本内容和国家决策贯彻的式样。

最一般地，国家宏观经济决策的内容有二：（1）确定全社会经济发展战略，制定重大的经济技术政策如财政、金融、收入、外贸政策与投资、技术、行业发展政策；（2）确定社会经济发展的重要总量指标，如投资总规模、消费基金总量、货币发行量、信贷总额、就业总量、国民收入增长量，等等。通过这些决策，把握国民经济运行的基本方向及运行中的各方面的比例关系。而这些决策的贯彻，是通过国家科学运用经济杠杆来实现的：国家依据预定目标作出宏观决策，弹性运用税率、利率、货币发行量、法定存款住备金、贴现率等经济杠杆，利用它们与市场活动中的经济变量或市场信号间的相关性或函数关系，调节市场，从而使市场输出符合国民经济发展目标要求的市场信号，引导并规范微观经济活动主体的行为。这样，经济计划和政府干预就能在不损害市场机制的作用，不妨碍企业以利润为目的而自主地处理全部生产经营活动的条件下，推动市场经济沿着正确的轨道或健康的方向运行。

（二）信息结构的特点。如前所述，社会主义市场经济的决策结构的特点是"宏观社会决策引导下的分散决策"，因此，与此相应的信息结构就是或应是同时体现了集中型信息结构某些特征的分散型信息结构，即负载了社会偏好的分散型信息结构。它包含着两个互不可分的侧面：其一，从根本上说，它是一种分散型信息结构而不是集中型信息结构；其二，它不是随便哪一种分散型信息结构，而是在国家（集中）信息指导或干预下使其具有特别的内容和构造序列的分散型信息结构：（1）从基本点上说，信息表现为市场信息，或者说，绝大部分信息通过市场表达。但是，它已不只是微观经济活动主体自动作用而产生的市场信息，它还包括国家管理机构为特定目的发出的转化为市场因素的信息。（2）表现为市场因素的信息不是杂乱无章的信息，而是经过国家管理机构加工和处理后的井然有序的信息，而国家向市场提供信息的过程，正是这种加工和处理的方式和过程。因此，市场信息负载了社会偏好，从而反映了双重要求：国家预期目标的要求和微观经营活动主体自身经营目标的要求。具体地说，这种信息结构的特点是：第一，信息来源体多层多元化。不仅国家管理机关，而且全部微观经济活动主体都是经济信息的滋生主体。在这种情形下，经济活动体系中的任何一个单位或个人都不可能获得一切其他单位或个人面临的环境和他们将要采取的行动的全部信息。第二，信息的传递通道呈横向为主纵横交错的网络型。由于企业对国家依附关系的解除，国家不再以行政命令的形式向企业传递信息，而是把这些指令转化为市场因素。这样，除极少数情形外，国家和企业间信息的流动就从直接的纵向流动转换成以市场为中介的横向流动，联通着经济活动的各个环节。第三，信息的运用既具有灵活性、自主性，又具有原则性、规范性，信息的横向流动，使直接生产经营者能够根据自身的条件及目标要求，自主而灵活地选择或运用经济信息。然而市场信息对于社会宏观偏好的负载，使这种自主而灵活的运用自觉不自觉地遵守着社会所设置的基本原则或规范。换个角度说，在这种信息结构下，信息的运用不仅体现了人们的主观要求，同时，又紧紧扣住社会经济发展的脉搏，及时适应着社会经济生活运行过程的动态变化。第四，信息的反馈具有自动性和自觉性。在这里，市场机制的自动作用如信息的反馈也具有自动性。但这种反馈不是被动式的本能反馈而是自觉接受国家宏观指导的自动反馈。因而，它既有利于克服完全被动式自动反馈系统所带来的信息冗杂、真伪混合的弊病；又有利于克服行政的单通道信息反馈系统所固有的信息陈旧，失真和不全的弊病。显然，"负载了社会偏好的分散型信息结构"是一个四通八达的集信息的创造、传递、运用、反馈于一体的网络型结构。它不仅保证了微观经济运动的灵活性，同时保证了宏观经济发展的协调性。

（三）动力结构的特点。一定的动力结构，从根本上决定于经济调节（协调）机制的类型。这一点是显然的，因为，经济调节机制的核心规定，实质上是关于动力机制的规定。但直接地说，经济动力结构的类型取决于经济决策结构的类型。因为，在所有直接受经济调节机制决定的要素中，决策结构最明晰也最直接地反映了经济调节形式。不仅如此，作为经济活动的始点，经济决策的结构必然决定其他要素的结构。进一步说，无论是直接决策还是间接决策，都是一定利益要求的体现，从而是一定类型的动力的载体，因而，它的结构直接决定了动力结构。显然，由"宏观社会决策引导下的分散决策"所决定,社会主义市场经济的动力结构是一种"宏观动力制导下的分散型动力结构",从总体上说,它是一种分散型动力结构,但它又是同时包含或体现了集中型动力结构某些规定的分散型动力结构,即它是受宏观动力（国家力量）引导或干预从而其动力的性质和内容都体现了社会偏好的分散型动力结构。而宏观动力引导或干预的作用在于：既最大限度地启发市场活动主体的活力,又有效克服宏观经济发展的片面性和波动性。这一动力结构的特点是：第一,以经济利益刺激为主体的多种动力推动交织的动源系统。在这里,非经济利益动源只在特殊条件下以特殊形式存在,如国家通过紧急行政手段矫正经济运行中的极为严重的偏差,或应付突然事件；以及通过法规限制或鼓励微观经济活动主体的某些行为等,但经济利益则是经济生活的基本动力源,不但微观经济活动主体为获取最大利润的动机所驱动,政府的干预也主要靠经济利益的刺激。第二,动力行使主体多元化多层化。不仅国家拥有经济利益的占有和支配权,是动力的行使主体,每一微观经济活动主体也作为具有独立经济利益的商品生产者而成为动力的行使主体。这样就形成了一个多元多层的利益关系体系,从而形成了一个多元多层的动力网。第三,动力的自动传输与自觉传输的有机统一。在直接的形式上,动力的传入仍然是通过微观经济活动主体谋求尽可能多的利润的行为自动发生的,但在实际上,国家通过特殊形式自觉地对经济活动过程输送特殊意向的动力,使微观经济活动主体的行为不再是纯粹的自发行为而成为负载了国家动力意向的自觉行为。

应当指出,在社会主义市场经济条件下,国家的动力制导只能在不损害微观经济活动主体的自主性,从而不损害它们谋求利润最大化的积极性的基础上进行。因而,国家动力的载体或国家运用动力的具体形式应当是经济性的。即国家应当通过经济活动过程本身的因素,或者同客观经济活动过程的经济变量有直接函数关系的因素负载体现其偏好的动力来指导微观经济活动主体的行为,从而使他（它）们在谋求利润最大化的同时实现社会利益目标。具体说,国家可以通过如下动力载体指导微观经济活动主体行为：（1）经济参数载体,即通过经济杠杆的符合宏观或社会目标要求的弹性运用而引导。（2）经济信息载体,即通过体现了国家意志的经济信息的自觉传输而诱导。最重要的是三类信息：直接反映国家宏观目标要求的信息；从宏观角度汇集的微观经济活动主体生产经营行为密切相关的社会经济技术信息；以及关于未来的资源条件、经济发展格局的信息。（3）经济行为载体，即国家通过自身的经济行为如投资、购买、售卖等而影响。（4）经济法规载体，即通过经济法规限制、阻止或鼓励微观经济活动主体的某些经济行为。但无论采取什么样的动力载体，有一点都是要特别注意的：要实现国家对微观经济活动主体行为的预期影响，就必须使国家的刺激形式同它们追求的目标一致起来。

我国宏观经济调控体系构建的重点与策略[①]

（1994年3月）

健全的宏观经济调控体系是高效率的现代市场经济体制的重要构件与关键环节。在我国实现新体制对旧体制的取代，必须加大宏观经济管理体制改革的力度。

宏观管理在中国市场经济发展中的特殊地位

1929—1933年经济大危机后，西方市场经济国家先后引进国家干预，宏观经济管理成为世界上几乎所有国家经济活动的共同内容。从现实看，运转较好的市场经济都是有宏观管理并且采取了科学的管理方式的市场经济。因此，宏观经济管理作为市场经济的一般特征，无疑构成中国市场经济体制模式的一个本质规定，在中国市场经济发展中占有重要地位。

尽管世界上各类运转得较好的市场经济模式都体现着政府的干预和干预的间接性等宏观管理体制上的共性，但在政府间接管理的职能、形式、手段、重点和程度等方面还是有显著的个性。比如，在干预手段的选择上，有的更重视货币政策，有的更重视财政政策，有的则在运用财政、货币政策的同时，还特别重视用强有力的产业政策对资源配置与生产活动进行结构导向。在干预范围上，有的奉行"积极的不干预"策略，只在最必须的程度上给予规范和限制，有的则在间接控制的前提下，积极主动地进行诸如总量管理、结构引导、秩序维持、环境保护、条件

[①]本文原载《宏观经济管理》1994年第2期。

创造等广泛的调节与服务活动。宏观管理体制方面的这种个性，在一些后发的市场经济国家（如日本、韩国等东亚国家）体现得尤为明显。从实践历程看，这些个性从根本上取决于各国的基本国情，如自然基础、哲学准则、文化传统、经济结构、发展阶段等，并随着国情的变化而呈现出新的特点。

无疑，我国宏观经济调控体系构建在体现一般规定时显然会有自己的特点，事实上，市场经济的一般原则与规定，也只有通过一定的国情特点才能在实际生活中具体表现出来并发挥作用。

从我国的具体情况看，仅就经济角度而言，决定宏观管理体系类型的因素就为数众多，主要的如生产力发展水平低、市场发育不充分，自然环境地区差距大，地区经济发展不平衡；人口多，总体素质比较低，就业压力大；农村经济落后，农业人口多，收入低，城乡差别大，等等。这些因素决定了政府在经济活动中的重要作用。除了承担所有高效率市场经济体制下政府必须承担的一般性调控职责外，政府至少还要承担如下职责：（1）充分利用国际上的有利条件，积极培育市场和提供相关的服务，精心组织，跨过原始的紊乱的市场经济发展阶段，实现对现有不发达的市场基础的超越，缩短走向现代市场经济的过程；（2）采取有效的措施，调整产业结构，缩小地区差别，提高就业水平，推进农村城市化过程，防止两极分化。因此，在实行间接管理的前提下，政府对经济活动的调控将是积极的、主动的，而不是简单的"无为而治"；调控的范围将不仅仅是制定规则，规定禁止和限制什么，而是广泛的、多方面的；调控的手段也将不限于财政政策、货币政策，产业政策、技术政策、进出口政策、收入政策等也将是重要的组成部分；在相当长的一段时期内，干预的程度也将是强力型的。这就是说，宏观管理在中国市场经济发展中会占有更为特殊的地位。作个比较，它类似于人们常说"东亚模式"但可能比这一模式的干预强度更高些。

宏观经济调控体系的现状与构建重点

概括地说，宏观管理体制改革的目标，是要改变直接的行政命令为主体的控制，建立以实现宏观经济总量平衡和整体结构优化为主要任务、以经济政策和经济杠杆为主要调控手段的宏观间接管理体系，相应建立符合社会化大生产管理规律和市场经济本质要求的结构合理、职责明确、精干高效的经济管理机构。

十多年来，宏观管理体制的改革作为经济体制改革的核心内容之一，有了一定程度的进展，在一些方面还取得了明显的成效，行政管理的强度大大减弱，市场机制配置资源和调节经济的作用显著扩大，以指令性计划为主，定指标、批项目、分投资、拨物资的直接管理方式，开始向更多地运用经济和法律手段调节经济活动转变，传统的宏观管理体制格局有了初步的改观。但是，相对于经济生活的要求，相对于其他方面的经济改革，宏观经济管理体系的改革显得进展不大，效果不好，处于严重滞后的局面。现存的主要问题，一是调控主体关系不清。担负调控职责的机构或职能重复交叉，相互推诿，形不成合力，妨碍了宏观管理的整体性和有效性。二是调控措施不顺。现有的一些措施或带有明显的过渡色彩，或缺乏有机联系，以致正效应未充分显示，负效应却越来越大，造成现有调控机制的进一步扭曲。三是调控手段不适。对经济活动的管理，特别是在经济调整时，仍自觉不自觉地运用规模控制等行政办法，运用经济手段时也带有强烈的行政色彩。宏观经济体制上的这些弊病，不仅使其难以克服经济发展中频繁出现的波动，而且成为许多深层矛盾与问题的诱因。现有的宏观管理体制已成为社会主义市场经济体制建设的重要制约因素。

宏观经济调控体系的构建是一项系统工程，牵涉到方方面面。就这一体系本身来说，最重要的是大力度推进财税、金融、投资体制的改革和精简机构，转变政府职能。通过改革，建立起适应社会主义市场经济需要的分税分级的财政管理体制，税基广泛、结构合理、税赋公平、征管有效的以增值税和所得税为主体的税收体制，目标明确、手段完备、机制灵活、运作规范的金融体制和企业自主投资为主体、政策性投融资相配合的投资体制。但这些改革环节是相互联系的，每一环节对于新的宏观经济调控体系的构建都起重要作用，然而每一环节的改革都不可能脱离其他方面而单独推进。整体的效应比某项改革措施的推出更为重要。因此，对于下一步的宏观经济调控体系的构建来说，必须着眼于如下方面——从本质上说，它们是构建新的宏观经济调控体系的重点：

其一，着眼于构造对经济活动调控的间接性格局。就主体看，一切调控行为都不能直接损伤市场机制的运作功能和剥夺企业经营活动的自主性。因此，体制、措施、方式的选择均应以保证和实现间接调控为前提。

其二，着眼于理顺中央和地方、国家和企业的关系。严格划清中央政府、地方政府、企业活动的范围，能由企业和社会办的事，政府不再管；能由地方政府办的事，中央政府不管，相应划清各方面的利益界限，在此基础上建立各经济活动主体间的合理交往关系。

其三，着眼于形成强有力的整体调控功能。各调控主体职责明确，各体制部分对接严整，运转有序，确保宏观调控措施的有效贯彻。

构建宏观经济调控体系的策略选择

新的宏观经济调控体系的构建同新经济体制的其他主要环节的构建一样，具有相当的难度。但是，这方面的改革已无法绕开或拖延下去，因此，既必须抓住时机进行重点突破，又应当采取科学的突进策略，以达到事半功倍的效果，同时防止改革措施的走形变样。从策略角度考虑，根据体制演进、构造的一般规律和市场经济的本质要求，在下一步宏观经济调控体系的构建上要特别注意处理好如下几方面的关系：

一是处理好"上""下"关系。与经济体制的其他方面的改革不同，宏观经济管理体制整体性强，涉及全局，故应坚持不搞试点，由中央统一设计、统一推出、统一调整的改革方式。但是，宏观体制的改革，涉及地方、企业利益和权力的再调整，需要地方、企业的积极配合。要保证改革的顺利进行，必须发挥中央和地方两个方面的积极性。因此，策略上宜于疏导而不宜直接"剥夺"，在不损害改革措施的"筋骨"和最终效应的前提下，尽量照顾地方或企业已经形成的某些合理的既得利益，因势利导地推出一些实质性调整权力和利益关系的措施。

二是处理好"主""客"关系。要在现有的基础上建立现代市场经济，必然要实现较大程度的"跨越"。因此，包括构建高效率的宏观经济调控体系在内，政府的主动培育与扶植将是十分重要的，而这也是宏观经济调控体系的重要内容之一。但是，包括体制进化在内的事物的发展有自己的序列与机制，不适当的过多的行政行为不仅会打乱事物发展的内在机理、导致"揠苗助长"的后果，而且会造成新的扭曲。这些年经济改革的实践中这样的情形并不鲜见。因此，在体制建设过程中，应当正确处理好行政行为推动与"自然成熟"的关系，最大限度地减少行政行为和最大限度地利用"自然成熟"规则，并力求必不可少的行政行为的合理性，使之符合经济规律的要求。

三是处理好"内""外"关系。宏观管理体制的建设既制约着经济体制的其他方面的建设，同时又受制于它们。比如，宏观调控体制不改革，政府职能不转换，企业难以走向市场、自主经营；反过来，不理顺企业产权关系，建立符合市场经济要求的现代企业制度，科学高效的宏观经济间接调控体系也难以建立。这种相互制约性要求构建宏观管理体制时充分考虑相关的环境条件：当条件较好时，大力度推出一些改革措施；当条件变化时，相应调整已推出的改革措施的重点与力度；在推出某些改革措施时，一定要创造相应的改革条件，使之同相关的改革配套协调。

市场经济新体制建设若干重大问题论要^①

① 本文原载《管理世界》1994年第5、6期。

（1994年11月）

社会主义市场经济体制目标的确立，开辟了中国历史发展的新纪元。然而，对于中国人民来说，这不仅仅是历经曲折获得的机遇，也意味着踏上了更加艰辛的征途。我们要建立怎样的市场经济体制？如何成功地进行在公有制基础上发展市场经济这种前无古人的尝试？凡此种种，成为市场经济建设者们不容回避、亟待解决的复杂课题。笔者不揣简陋，试图就新体制建设的某些重大问题，略陈管见。

一、关于新体制具体模式的选择

把我国经济体制改革的目标明确为建立社会主义市场经济体制，是顺应历史发展要求的明智之举，但这并没有解决全部问题。实行市场经济，还有一个对具体目标模式的选择问题。在当今世界上，绝大多数国家和地区实行了市场经济，但并不都取得了成功。因此，应当在认真总结国内外正反两方面的实践经验的基础上，根据我们自己的特点，进一步确立较为理想的具体的市场经济体制目标。

（一）新体制具体模式确立的依据。市场经济体制有其区别其他体制的原则规定与本质要求。对于具体的市场经济模式来说，无论我们做怎样的选择，都必须遵守或体现这些规定与要求，否则，就不称其为市场经济体制。因此，市场经济的一般规则在新体制的建设中占有特殊的地位。这样，理想的选择之关键就在于：恰当把握中国自己的实际，使之真正适应并科学体现市场经济的一般规则，实现两者的水乳交融。

中国市场经济模式的一个根本性特点是由社会主义制度所决定的：与已有的市场经济体制不同，我们的市场经济是在社会主义条件下进行的，社会主义制度特别是经济制度必然要对市场经济模式的形成发生影响。对具体模式选择发生决定性影响的另一重要因素是我国的基本国情：生产力发展水平、经济结构、人口状况、自然条件等表现一国特点或状态的最重要、最基本的东西，不仅是一定的经济模式选择的依托，而且是这种模式发挥作用的依据。除此外，一些同民族特性直接相关的因素如哲学准则、德行操守、文化传统、社会习俗等也会对经济体制的式样发生作用。因此，遵循市场经济的本质要求，从我国自己的实际出发确立较为理想的市场经济模式，重要的是把握如下方面：

实现公有制与市场经济的有机结合。对于具体的市场经济模式的选择来说，社会主义制度最具制约意义的方面是生产资料的公有制。因此，在社会主义制度下进行市场经济的关键是实现公有制与市场经济的有机结合。这是一项开创性的工作，无先例可循，难度极大。但正因为如此，这一探索也就极富意义，一旦成功，市场经济体制的演进将表现出质的飞跃和广阔的前景。实现两者结合的关键又在公有制。我国的实践证明，以国家所有国家经营为特点的传统公有制形式的确难以同市场经济结合，但决非"要么是公有制，要么是市场经济，二者必居其一"，在这些年以市场为取向的改革中，绝大部分乡镇企业、部分国有企业和三资企业（中方国有资产占主体的企业）采取了符合市场经济规律的企业制度和运行机制，在市场竞争中表现出前所未有的旺盛生机和活力，创造了社会主义经济发展史乃至世界经济发展史上的奇迹。所以，要实现公有制同市场经济的结合，根本点在于使前者采取适应后者的有效实现形式。任何违背市场经济的内在规定，破坏市场经济机制运行功能的实现形式，不仅难以造成富有活力的市场经济体制，也难以真正发挥公有经济的潜力与优势。

实现市场经济的一般规则与我国国情的有机结合，无论在什么样的所有制基础上发展市场经济，一国国情都是制约模式选择的关键因素。市场经济的一般原则必须同一国的基本国情结合起来，否则不会有理想的市场经济体制。事实上，市场经济的一般原则与规定，只有通过一定的国情特点才能在实际生活中具体表现出来并发挥作用，故两者的结合应是自然而然的。所以，关键在于正确认识和把握基本国情。在这方面，需要注意如下两点：其一，所谓基本国情，应该是那些最能体现一国状况，是在短期内难以改变的东西，而决非不论巨细本末，存在的皆为"国情"；其二，作为客观存在的事实，某些"国情"对于经济发展和体制建设或是有利的方面或是不利的方面，因而可能对之发生正反两方面的影响。但作为糟粕的东西，即使是客观存在的，也不能作为基本的"国情"而成为经济模式建设的依据。综合地看，我国的基本国情是：生产力发展水平低、市场发育不充分；地区经济发展不平衡；农业人口多，就业压力大，人员总体素质比较低；城乡差别很大；等等。这些基本国情，显然要求经济成分的多元化、公有经济实现形式的多样性，要求把农村、农业、农民放在十分重要的位置，要求政府在培育市场、调整产业结构、缩小地区差别、防止两极分化中发挥重要作用，而这些都会形成我国具体的市场经济模式的特点或特色。应当注意的是，在强调市场经济的一般原则与中国国情的结合时，要防止对中国特色绝对化和庸俗化运用，不可借口"从实际出发""灵活运用"而无视市场经济的一般原则，我行我素。

实现市场经济原则与科学的思想观念，优良的政治、文化传统的有机结合。一定的经济模式的建设（选择），总是在一定的社会政治文化背景下进行的。因此，建设理想的市场经济体制，不仅需要改革与革新与之不相适应的社会政治体制与思想文化观念，而且应当使我们民族的优良情操与传统美德充分体现出来。政府对企业的主动性服务，各企业、单位间的密切协作，管理者与被管理者间的平等关系，企业内部劳动者的合作精神与互助互爱，科学的思想政治工作，等等，是我们民族在长期的社会实践中形成的一些良好的道德风尚与行为方式，一些已被其他民族广泛借鉴。它们理所当然地应当融合在新体制模式之中，而在建设新体制的过程中正确利用和合理发挥这种优势，有助于减少和克服市场经济存在的某些消极影响，加快新体制建设进程并有效提高新体制的理想程度。

对于市场经济的具体目标模式的选择来说，不仅有一个科学地、正确地把握自己的实际，使之适应市场经济的一般原则与要求的问题，还有一个对市场经济一般原则与要求正确运用、科学体现的问题。这如同硬币的两面，相辅相成。理想的市场经济模式并不僵硬地表现着市场经济的一般原则。比较世界上各类运行较好的市场经济模式可以看出，尽管它们无一例外表现着企业的自主、市场的开放、政府的间接干预等体制上的共性，但同样也表现出明显的个性，共性寓于个性之中。例如，从宏观管理上看，在不同国家，不同发展阶段，政府干预经济的程度、着眼点，采用调控手段的侧重点有较大差别。有的干预力度较强，有的则较弱；有的十分重视产业政策的调节作用，有的则没有明确的产业政策。从市场体系的特点看，有的十分强调国内国际市场的一体化、实行全方位直接对外开放的政策，有的则更重视完善国内市场体系，对生产要素的市场国际化持比较慎重的态度。从微观层次上看，无论是企业制度模式、企业内部管理与运作方式，还是企业实际拥有的自主权的程度都不尽相同。如在企业内部管理与运作方面，有的比较重视个人价值，有的则更强调团队精神；在企业拥有的自主权方面，有的国家各类企业都体现得很充分，有的国家尽管各企业名义上享有同等的自主权，但实际上小企业往往受到大企业很强的影响和制约。这种个性差别显然来自各国具体情况的差别。这意味着，具体经济模式的理想程度不取决于它必须体现市场经济的一般原则，最终还取决于这种一般原则对于具体的实际的契合程度。因此，实际上并不存在一个统一的理想经济模式，理想的经济模式可以是多种多样的。所以，对现有的一些运转较好的市场经济模式，即使撇开所有制特性不说，也不可盲目照搬。可能借鉴的，只是那些相关条件大体类似的国家或地区的体制模式。从我国经济成长的阶段、市场发育的现状、哲学准则与文化基础等看，东亚国家和地区市场经济运用的成功经验于我国具体的市场经济模式建设与选择来说，更具有参考价值。

（二）新体制具体模式的基本规定。从上述认识出发，可以认为，我们所要建立的市场经济体制，应当是市场经济与公有制内在统一，企业自主经营、平等竞争，在积极有效的国家调控下，市场机制对资源配置起基础性作用，能够实现效率与公平高水平结合的经济体制。具体地说，这一模式的主要方面的规定应是：

1．公有经济为主体、多种经济成分共同发展的生产资料所有制格局。公有制经济在财产组织和经营上表现为多种形式。公有制的主体地位主要表现在国家和集体所有的资产在社会总资产中占优势、国有经济控制国民经济命脉及其对经济发展的主导作用等方面。所有经济成分在健全的法制环境下共同发展、平等竞争。

2．产权清晰、权责明确、政企分开、管理科学的现代企业制度。实行符合社会化大生产和市场经济本质要求的企业财产组织形式，资产经营形式与内部管理、运作制度。企业原则上实行公司制。除少数特殊行业采取国家独资经营，部分支柱产业、基础产业实行国家控股外，大部分企业改造成为法人交叉持股、各种机构和个人混合持股的各类形式的规范化股份公司，实现自主经营、自负盈亏。不采取公司制的企业也应实行规范化的企业制度。

3．开放有序的市场体系。绝大部分商品、劳务、生产要素价格放开，形成市场供求决定价格的机制，同时形成科学的通货膨胀抑制系统。建立发达的商品市场和劳动力、资本、土地、技术等生产要素市场。市场规则健全、市场组织完备，市场主体行为规范。形成多种经济成分、多种经营方式、多种流通渠道并存，内外贸融通，国内外市场相互衔接，促进资源优化配置的统一开放的市场格局。

4．积极主动，以间接手段调控为主的完善的宏观管理体系。宏观调控职责明确，主要任务是：保持经济总量的基本平衡，促进经济结构（产业、地区、收入分配结构等）的优化，引导国民经济持续、快速、健康发展，推动社会全面进步。宏观调控手段科学，以经济手段为主体、多种间接调控手段综合运用，形成各调控政策与手段（特点是经济政策与手段）间相互配合和制约的机制。

5．以按劳分配为主体，效率优先、兼顾公平的收入分配制度和多层次的社会保障制度。在完善劳动力市场和相关法律环境的基础上，形成由市场确立、分配、调节劳动者所得的机制。允许非直接劳动要素参与收益分配，并依法进行管理。形成集社会保险、社会救济、社会福利、优抚安置和社会互助、个人储蓄积累保障于一体，保障方式有别，资金来源与结构合理的完善的社会保障体系，把完备的社会保障和对社会成员的强有力的激励和约束有机结合起来。

6. 健全的法规管理与监督系统。法律规章健全、内容科学，执法组织完备、手段有力。所有的经济活动都按照相关的法规来进行，监督管理部门按相关的法规评价、控制与处理各类经济行为，整个经济运行有一个完备的法制基础。

二、关于国有企业的改革

从根本上说，微观经济活动是其他一切经济活动的基础，而对于建立市场经济新体制这一目标来说，企业的自主实际上是形成有效的竞争性市场和科学而规范的宏观管理与协调的前提。因而，在以"国家（政府）—市场—企业"三要素为主构成的经济体制总体中，企业与企业制度及其改革处于更为基础的地位。更进一步说，企业是唯一的生产源，从而是创造社会财富的主要源泉。在当前的中国，国有企业占主体地位，是中国经济的脊梁和国家财政收入的主要来源。因此，企业改革特别是国有企业的改革在新体制的建设中占有特别重要的地位。我国国有企业的改革，应适应市场经济的本质要求，在思想观念、改革思路、操作方式等方面作重大调整。

（一）国有企业改革的根本点应是理顺产权关系。改革伊始，我们就十分正确地把搞活国有企业特别是国有大中型企业作为经济体制改革的中心环节，并在十多年的改革行程中，陆续由浅入深地推出了一系列旨在"搞活"的措施，但至今效果并不十分理想。从现实看，相当一部分企业不仅没有活起来，反而效率更加低下，机制日显迟钝，并且，我们还看到一个令人触目惊心的事实：许多国有企业的资产被少数人利用各种手段洗劫一空、掠为己有。真可谓"雪上加霜"。造成这种结果的根本原因是：由于体制转化不可避免的渐进性，也由于思想认识上的偏差和旧有权利关系的约束，这些年来相当长的一段时期里我们的"搞活"措施一直都局限在"放权让利"的界限内而具有对旧体制修修补补的性质，没能牵着解决问题的牛鼻子，把着眼点放在理顺国有企业的产权关系上。

概括地说，传统国有企业运作制度的主要弊病是政企统一，政指挥企，企依附于政，因此，改革的方向应该是实现企业与政府的分离，使企业真正成为完全自主的市场活动的主体或享有民事权利、承担民事责任的法人实体。然而无论实现企业的自主，还是最终保障这种自主，其前提都必须是理顺产权关系。这一点，我们能从非国有企业较少受到或基本不受到政府部门直接行政干预的事实中看得清清楚楚。企业作为市场活动的主体，理所当然应具有自主经营、自负盈亏的权利。但在传统体制下，这种权利被有关政府部门"夺"走了。所以要使企业与政府分离，实质是政府应"还权"而不是"放权"给企业。而所谓"还权"，最终只能在企业同政府划清了财产关系，并在建立了产生和保障各种相关权利的企业制度的条件下实现。因此，企业的权利与其说是政府还的，不如说是通过构建产权清晰、权责明确的企业制度而自创的。所以，无论从实际操作上看还是从逻辑程序上看，仅仅是放权让利，而不着眼于理顺产权关系，并对原有企业制度进行根本性改革，都是无法实现政企分开、企业自主目的的。从实际操作上看，不以理顺产权关系为前提的放权只会是一种有限度的放权：其一，由于传统的"企业主管部门"（实则是"企业主人"）的思维，政府部门往往立足于"给予"而不是"归还"来处理与企业的关系，因此，政府部门的放权举措事实上成了对企业的"施舍"，老是考虑这个权是否该放，是否放得过多等问题，故"放权"不可能放得实在，也不可能放到位。其二，不仅如此，受自身利益要求的驱动，政府有关部门是难以心甘情愿的放权的，不仅自有的权力放不下去，上级部门下放的权力也会被不同程度地截留，并且还会以新的方式变相地收回曾被迫下放的权力。从逻辑程序上看，在国家保持着对企业的财产的全部所有权的条件下，要使国有企业同政府脱钩，实现完全的自由自主是不应该的。既然是"国有企业"，作为国有资产的代表者的政府实际上应当具有"董事长"的权益，其干预国有企业的生产经营活动就应该是理所当然的。因此，要使政府部门不直接干预企业的生产经营活动，就必须在理顺产权关系上做文章。进一步说，在维护现有产权关系，或者说，在今天"人人都所有，人人不关心，个个是主人，个个不负责"的产权关系下的放权，不仅难以达到正面目的（那些经营者素质品格较好的企业除外），反而不经意地铸成了一种"逆机制"：少数人利用政府下放的权力，运用各种合法的或非法的、公开的或隐蔽的手段谋取私利，这正是我们前面提及的国有资产被非法转为己有的一个直接原因。从这一点上说，它甚至不如高度集权的计划经济体制，因为在那里，有些人即使对国有企业资产虎视眈眈，也因为其无权而只能望洋兴叹。所以，国有企业改革的根本点应该是理顺产权关系，只有在这个前提下，企业的自主性才能真正实现，而实现这种自主的过程也才真正具有客观性。也只有在这个前提下，实现国有资产的保值增值等重要目标才能真正实现。

（二）理顺国有企业产权关系要着眼于企业财产组织制度创新和资产分布结构调整两个重要方面。实现企业的自主经营、自负盈亏不能依靠政府部门的有限放权而必须通过企业制度的创新——建立现代企业制度。所谓现代企业制度，实际上是这样一类企业制度的高度抽象：从组织形式和管理体制上看，它反映了时代的特性，在今天是体现了现代化大生产和市场经济的本质要求；从运行上看，它能实现代表先进水平的活力与效率。概括地说，现代企业制度是那些同现代社会化大生产和市场经济的本质要求相适应，有助于生产经营者充分施展活力并能实现较高效率的企业制度。现代企业制度的具体形式是多种多样的，并不单指或就是某一种具体制度。但无论哪一种具体形式，都至少包含如下内容的良好规定：财产组织形式，这是企业制度的"外壳"，是它们直接的社会表现形式，它涉及财产权的归属及构成状态、出资者与企业的关系等；资产经营形式，这是企业制度的"基座"，它涉及所有者和经营者的关系，如各自的权利，联系方式等，着眼于解决由谁来经营、采取什么方式经营等问题；内部管理和运作制度，这是现代企业制度的内部"零件"，它涉及领导层次、结构及具体操作方式等。很显然，对于理顺国有企业的产权关系来说，最重要的是实现企业财产组织制度的创新。因为所谓良好的财产组织形式的选择本身，其实就是明确产权归属及其存在形式的过程。除此外，就企业制度这一系统内部关系而言，它是企业制度的核心构件,决定着企业的经营形式及内部管理、运作体制。结合社会经济发展的历史实践,在财产组织形式的选择方面,如果着眼于财产权的归属看,则必须把握两点:第一,在主体上不能再搞国有国营,这种财产所有与经营形式无法实现企业的高活力和高效率,并且,也难以同市场经济结合;第二,在主体上绝不能搞分资到人、一一对应的私有制,这种产权关系从根本上说也无法实现企业的高活力和高效率,难以同市场经济的本质要求最终适应。事实上,它作为西方原始的或不成熟的市场经济关系的产权基础,目前已随着市场经济关系的进化、成熟而被基本淘汰。

理顺国有企业产权关系的另一个着眼点应是调整国有资产的行业分布结构。在高度集权的计划经济体制下,同政企不分的企业制度相对应,产权关系的一个重要特点是:几乎所有的行业、领域都实行了国有或集体所有的公有制,并且,随着相当一部分集体所有制被强力升格为国家所有制,国有经济占据绝大比重,国有资产不论需要不分情形遍及各个行业。这不仅因产权形式的一律化而束缚了一些领域、行业、地区的发展,同时也因为财力、精力分散,导致了大事情没财力做,小事情没精力做,结果都难以做好的后果。不仅如此,国家还陷入了对某些企业的没完没了的、越来越大的财力精力的投入的困境中而难以拔脚。因此,合理调整国有资产的行业分布结构,收缩国有经济运作战线,把国家的财力和精力集中到那些最重要、最必要的行业或领域中来,真正搞活这些关键部门的资产,真正实现国有经济的主导作用,就成了深化改革的一个重要环节。而其特点表明,它实质上是理顺产权关系的一个基本内容。

(三)融企业财产组织形式的改革与资产分布结构调整为一体,分类改造现存国有企业。紧紧扣住这两个方面,并立足于企业制度改革的公司制方向,根据目前的具体情况,对现存国有企业的改造可以配套采取如下途径:

对极少数非国家完全所有独家经营不可的特殊企业,如大型金矿、钻石矿、人民币制造厂、非常重要的军工企业和科技企业,仍实行国有国营。但根据情况可以改造成为国家独资有限公司,并相应建立科学、规范的内部经营和管理制度。

对那些涉及国计民生，且具有较强的自然垄断性的行业的国家企业，如邮电、交通、电力等行业的国有企业，实行以国有控股为特点的股份制改造。但同时把握这样几点：第一，国家拥有的股份额以达到有效实施控制力为限，并不一定绝对规定为51%以上；第二，国家控股不等于国家的某部门独家垄断经营，一般地说，应形成多家部门竞争经营的格局；第三，国家控股不等于政府直接经营，根据情况可以采取委托经营，或者国有民营等多种经营形式。

对那些竞争性行业中的少部分比较重要的国有企业，实行以公有法人控股为特点的股份制改造。

对竞争性行业中的一般性国有企业，通过内部定向募集或公开募集投资的形式，改造成为自由并股、交叉持股的股份制企业。

对那些长期经营亏损、挽救又无望的企业，那些不符合产业政策要求的企业，那些国家没有精力管、也不必管的企业，其中主要是绝大部分小型企业，可以通过拍卖的形式，转为非国有企业。

从总体上说，经过对现存国有企业进行上述途径的配套改革后，从财产组织形式上看，除极少部分企业采取国家独资公司的形式外，绝大部分企业将改造成为有限责任公司和股份有限公司，实现自主经营、自负盈亏。从资产分布结构上看，国有资产将从那些无关紧要的行业部分或全部退让出来，而集中到主要属于基础产业和公益事业的那些行业和领域。这样，公有经济仍保持主体地位，企业却走向了市场，转换了经营机制。

（四）国有企业改革现实的操作思路："换机制、挖潜力、借优势、甩包袱"。国有企业的运营受到新形势的尖锐挑战，一些矛盾和问题日益严重地显现出来，再不容缓缓治之。应着眼于治本，痛下决心，积极动作。按照上述改革思路，现实的操作可以大体按如下12个字来进行，即：换机制、挖潜力、借优势、甩包袱。

换机制，即将计划经济体制下形成的"等、靠、要"，有外在压力而无内在动力的机制，将这些年形成的权责分离、负盈不负亏的机制转换成与市场经济相适应的自主经营、自负盈亏、自我发展、自我约束的机制。不实现这种机制转换，不能遏止国有企业运行效率的下降和国有资产的非法转移；不能摆脱国有企业一遇"紧缩"就运行困难的局面；也不能避免其他机制上处于优势的经济成分在竞争中乘国有经济之"危"而获其利益发展自身的状况出现。而要实行这种转换，决不可再寄希望于放权让利。必须解放思想，大胆改革，紧紧抓住理顺产权关系这个核心环节，在合理调整国有资产行业分布结构的同时，实现企业财产组织形式和经营形式上符合市场经济本质要求的创新。

挖潜力，即按照市场经济的要求，盘活国有资产，优化生产要素配置，有效发挥国有企业的潜在优势。这包括，利用国有企业员工素质普遍较高的优势，采取得力措施，实现劳动力的优化配置，实现能人主事，人尽其才；利用国有企业管理人才、技术人才和劳动力多的优势，发展相应产业和连带产品，实行一业为主，多业并营；利用国有企业的土地资源优势，通过企业搬迁、产业转移等形式，提高土地使用和利用价值；利用国有企业厂房、设备较好、富余的优势，通过合作、租赁、出让等形式，开发新产品、发展新产业，实现联合效益和"不劳而获"效应；等等。

借优势，即通过灵活的方式，把非国有企业的能人、富余资金，甚至好的"机制"自动"转移"到国有企业。国有民营、合资经营、委托经营等都可在一定程度上达到这一目的。

甩包袱，即通过国有资产行业和企业结构的调整及战线的适当收缩，摆脱国有企业和国家所背负的沉重包袱。主要是：（1）对那些长期亏损，拯救无望，靠国家投钱过活的企业下决心依法实施破产；（2）对那些国家没有必要管的企业下决心拍卖，将所有权转移给非国有者；（3）结合股份制的改造，扩大非重要领域大中型国有企业产权向社会公众或非公有法人出让的比重；（4）酌情划小某些企业的核算单位，实行"一厂多制"。这样做可以实现一举多得的效果，既甩了包袱，又转了机制，还可以把转让企业所得的收入投到那些极为重要的行业和领域中去。

三、关于生产要素市场的建设

组织严整、规则健全、功能完备、机制灵活的开放性市场体系是市场经济新体制的关键部分和主要构件。作为经济活动的载体和经济关系的凝结点，市场体系的完善与成熟程度实际上决定和反映着市场经济体制的完善与成熟程度。推进新体制建设，必须着力推进市场体系的建设。进一步说，市场经济体制的核心是市场配置资源，归根结底，则是通过市场机制把生产要素配置到最合适的环节上去。因此，市场体系建设的重点应是生产要素市场。在这方面，应当有正确的认识与操作思路。

（一）必须把要素市场的建设置于深层的改革背景之中，在形成以要素合理流动为依托的市场化的经济关系方面下功夫。要素市场是相对于商品市场而言的。在最概括的意义上，生产要素指的是资金（本）、土地、劳动力三种基本资源。随着生产过程的日益复杂化和社会化，技术、信息等因素对于生产过程的作用日益增强，因而成为必不可少的生产要素。因此，要素市场是一个外延较宽且内容不断丰富的市场体系。这些年来，随着"市场取向"的改革进程的不断深入，我国要素市场从无到有，发展较快，但总的说，仍然处于较初级较落后的状态。在市场体系中，其发育远不如商品市场的发育，而在整个经济体制改革中，发展严重滞后，极大地妨碍了新体制的建设的进程。影响要素市场发育的因素是多方面的，但最重要的是两个方面：思想上的障碍和操作方式的失当。从前一方面说，长期以来形成的计划分配和行政调拨的思维习惯以及由分配调拨产生的既得利益，使某些机构不仅无意地而且有意地阻碍生产要素流动和资源配置的市场化。而生产要素的"政治化"及其相关认识又使人们在推进要素流动市场化方面往往望而却步。"劳动力不是商品""资本从头到脚滴着血和肮脏的东西"等一些并非完全是学术意义上的判断，使要素市场的自觉的建设面临着较大的政治风险。因此，在相当一个时期，要素市场的发育主要依赖于群众的自发推动和一些地方迫于某方面的压力（如就业的压力）不得已采取的"冒险"但总是有限的行动。这使得在最初的过程中，要素市场表现出强烈的"灰市场"或"黑市场"的性质。从后一方面说，或者出于误解，或者出于缺乏经验，或者出于求成心切，或者受某种利益动机的驱使，人们往往着眼于有形市场本身，并热衷于行政造市场。这种方式上的失当在前一方面的障碍得到一定程度的克服、要素市场的重要性得到认识、加快要素市场建设作为自觉的议事日程提出后的时期（包括现阶段）表现为非常明显和普遍。因此，要快速而健康地推进生产要素市场的建设，应有针对性地采取措施。最重要的，是把要素市场的建设放在深层的改革背景之中，抓住重要环节大力度推进改革，在形成生产要素自发的合理的流动的机制和市场化的经济关系方面下功夫。

尽管商品市场和要素市场同属于市场体系的组成部分，在一定的意义上说，商品市场的发育还是要素市场发育的条件，但无论在质的规定上还是发育过程上，要素市场都更具深层性。从性质上说，要素市场直接体现的是社会生产活动的最基本的条件的联系或交往关系，这不仅使它成为市场配置资源（而这正是市场经济体制的实质）的基础，而且成为市场化的经济关系凝结和成长的舞台；从发育过程上说，正是因为其性质上的这种特点，要素市场的发育不可能通过提供"场所"的办法（这对于商品市场的发育在一定程度上是必要的）来实现，其功夫在市场之外，需要进行一系列旨在彻底改变行政分配资源体制的深层次改革。这种改革的过程，就是要素市场体系发育和市场化的经济关系形成的过程。因此，在要素市场的建设上，从思想转变到实践操作，要特别注意把握好如下几点：第一，进一步转变思想观念，彻底排除不科学的政治化的认识障碍，按照市场经济的本质要求对待生产要素的流动和要素市场的建设。第二，大力度推进企业体制、资产管理体制、劳动人事制度、土地制度和宏观管理体制等关键领域的改革，从根本上消除高度集权、行政分拨的计划经济的基础，为各要素的流动创造条件；着眼于理顺各种基本经济关系，建立以市场为枢纽的各经济活动主体间交往和各生产要素间交易的新格局。第三，立足于形成有利的经济运行环境，推动并协调各方面的经济行为，沟通供需联系的要素市场中介组织的建设，抓紧建立维护要素市场正常运转的法规体系。

（二）立足于培育或发育资金（本）市场、劳动力市场、土地市场来建设要素市场体系。尽管现代生产过程所需的条件日益多样，但最基本的条件仍是资金（本）、劳动力和土地，在一定意义上说，其他条件都是这三方面的派生或延伸。因此，构建要素市场体系的重点应放在培育资金（本）市场、劳动力市场、土地市场上，它们的发展程度决定着要素市场的完善与成熟程度。

关于资金（本）市场。一般地说，资金（本）市场的内涵略窄于现言的金融市场。它是短期资金市场和长期资金市场的统一体。前者也称货币市场，一般从事一年以内的短期资金融通业务，往往包括贴现市场、同业拆借市场、存单市场、银行存放款市场等；后者也称资本市场，一般从事一年以上的长期资金融通业务，往往包括银行长期资金放款市场和股票、债券等证券市场等。多年来的改革，初步打破了国家行政分拨资金和单一的国家银行信用的格局，资金融通的市场化程度大大提高，金融信用方式日趋多样化，资金投资与增值功能显著增强，但总的说，无论是货币市场还是资本市场的发育都处于低级状态，存在着许多缺陷，需花大气力建设。从市场经济新体制的本质要求出发，在资金（本）市场的发育上，最为关键的是做好一些基础性的改革：第一，积极推进利率形成机制的改革，建立以中央银行基准利率为基础的、灵敏反应资金供求关系的利率形成机制，实现利率决定的市场化；第二，重塑资金市场主体，规范各类金融机构的运作职能，在健全市场法规，加强金融监管的基础上，形成各经营性金融机构平等发展、相互竞争的格局，实现融资途径和信用形式的多样化；第三，弱化资金市场培育与管理上的直接行政运作，充分运用各类经济杠杆和发挥各类金融中介服务机构的作用，实现资金市场的健康发展。从资金市场本身看，在货币市场方面，重点是进一步发展规范的银行同业拆借市场、可转让存单市场、商业票据贴现市场，建立全国性和区域性资金拆借中心和票据清算中心。培育资金市场的重点应放在资本市场上。在资本市场方面，应进一步开拓债券、股票市场，适时放开企业特别是有偿还能力的企业进入长期债券市场的行政性计划限制，允许政策性银行发行金融债券，进一步改进国债发行办法，在完善债券市场的基础上，实行并强化中央银行的公开市场业务运作。强化企业股份制改造和股票上市交易的市场选择性，进一步发展和完善股票市场。适当发展个人股的店头交易，适时沟通国有股、法人股和个人股、A股和B股交易市场。

关于劳动力市场。劳动力作为最重要的生产条件,其市场配置的程度从根本上决定着新体制下市场机制配置资源的程度。就我国的实际情况看,劳动力市场的建设比之其他要素市场的建设可谓既易又难。说其易,是因为我国劳动力资源十分丰富,而劳动力市场的出现只需劳动者的自由流动,其直接建设成本并不高。说其难,是因为劳动力的载体是人,其进入市场即便没有思想政治上的障碍,也不可能不考虑诸如社会稳定、劳动者生存等经济社会方面的风险。劳动力市场建设涉及的配套改革,所要统筹兼顾的方面从而其艰巨性、复杂性远胜于其他要素市场的建设,决非轻易就能使劳动者走向市场,也决非劳动者一自由流动就可了事的。这方面需要做大量的工作。就目前状况看,推进劳动力市场的建设,应在进一步转换思想的基础上,深化用工制度及相关制度的改革。最主要的是做好这样几方面的工作:其一,改革各种阻碍劳动力合理流动的规章制度(包括现行户籍管理制度)和管理办法,把所有劳动者推向市场并创造平等竞争的就业环境;其二,采取得力措施,加快规范、健全的社会保障制度,特别是失业保险制度和养老保险制度的建设;其三,广开就业门路(包括拓展国外就业机会),建立统一的多层次的劳动就业社会服务网络,加快劳动者(特别是失业者)同就业机会间的选择与结合速度,有效引导劳动就业;其四,建立健全相关的法律与规章,完善劳动仲裁调解机构,保障劳动力市场主体各方的合法权益。

关于土地市场。建立规范的土地市场,对于搞活国有土地资源,积聚和发挥土地效益,约束土地的粗放性运用等具有重要意义。比之其他市场建设,我国土地市场发育虽晚,但问题较多,亟须进一步开拓与规范。土地市场建设的核心是将绝大部分土地推向市场交易,变无偿、无限期、无流动、无规范的行政划拨制度为有偿、有限期、可流动、有规则的市场配置制度。下一步发展与规范土地市场的重点应放在如下方面:第一,进一步扩大国有土地使用权的出让面。除了少数必不可少的土地继续采用行政方式划拨使用权外,一切商业性或经营性用地均通过市场拍卖的方式有限期地出让使用权。第二,进一步活跃土地市场交易活动。国家垄断土地使用权转让一级市场,全面放开二级市场。第三,强化土地市场的宏观管理与法律规范。建立与从土地市场交易主体资格确认到交易收入纳税全过程相应的一整套法律体系与规章制度，引导土地市场的健康发展，防止土地收入的非法流失和耕地的大量浪费。第四，依法积极推进土地市场中介服务机构的建设，培养一批技术娴熟，法律知识完备的高素质的土地市场运作者与经纪人。作为当务之急，目前应着力做好土地资产的权属界定、价值评估等基础性工作。

（三）大力培育产权市场，积极而健康地推进产权交易。产权市场的建设与产权交易对我国要素市场乃至整个新体制的建设具有极为重要的意义。从理论上说，"产权"的含义是非常宽泛的，包括物质形态的，也包括货币形态的；包括资本形态的，也包括土地、劳动力等形态的；包括有形的，也包括无形的如知识、技术等，总之，任何形态表现的资产都有一个权属问题。因此，产权市场实际上是所有要素市场的集中体现。但我们现实所言及的"产权"，一般指的是以实物形态表现的资产的权属，而"产权交易"，则指的是业主或企业间发生的以实物形态为基本特征和内容的财产权益的全部或部分的有偿转移行为。一般地说，在市场经济发展比较成熟的国家，虽然广泛地存在着产权交易，但往往不存在有形的产权交易市场，也不存在专门从事产权交易的机构。其产权交易活动实际上是隐入其他方方面面的交易活动之中通过各类中介组织或业主自己完成的。我国市场体系的发育很不完善，难以把目前意义上的"产权交易"直接融入其他市场的交易活动之中；同时，我国国有资产的规模很大，大部分没有股权化，随着国有企业改革的深入，正在或需要发生实物性财产权益转让的国有资产量很大。这些因素决定了独立的产权交易市场相当时期内在我国存在和发展的必然性。尽管我国的产权市场并非所有要素市场的集合体，但国有资产在我国的特殊地位，以及实物性财产权益转让同其他要素权益转让的特殊联系，仍然使产权市场在市场体系中处于决定性的地位。因此，推进要素市场体系的建设，有赖于大力培育产权市场，积极而健康地推进产权交易。

尽管改革伊始某种形式的产权交易即已出现，近些年更是有长足的进展，但从总体上看，我国的产权交易仍处于初级发展阶段，存在着一些不足。主要是：（1）市场性不够：行政撮合，强制交易的色彩还比较重；（2）公开性不够：推向交易的资产（特别是公有资产）缺乏严格、科学的评估，协议性交易，权力介入式交易占较大比重，以拍卖方式进行的竞标式交易比重还很小；（3）广泛性不够：产权交易或流动受到诸如企业的行政隶属关系、所有制性质、地理位置等因素的限制；（4）公正性不够：处于劣势一方的资产权益在交易中往往得不到有效的维护；（5）灵活性不够：一些非资产交易本身的因素在某些地区、行业的交易中成为固定的附加条件（如在企业兼并中要求兼并方全部承担被兼并方的债务与人员），且缺乏变通性，影响产权流动的速度与交易的规模；（6）统一性不够：诸家蜂起，各行其是，且缺乏科学的统一的法规约束与政策指导。造成这种初级性及诸多不足的原因既有主观方面的：由于缺乏经验或受既有权利关系的约束，妨碍了我们对于产权交易本身的主动推进、科学指导和规范运作；也有客观方面的：产权交易的规模、范围、质量、结构等是同产权改革的深度、力度、广度，同整个经济体制改革的深度、力度、广度相联系的，而我们目前刚步入理顺产权关系、实现制度创新的阶段。产权改革势在必行且力度将显著增强，随着改革的深入及有关经验、技巧的积累与提高，产权交易将呈现出新的局面。

为了扎实而健康地推进产权交易，培育产权市场，需要对有关理论与实践问题做深入的研究。主要是：（1）产权交易与股权交易的关系问题。股权实际上是企业产权的货币（以有价证券表现）形态。在实现公司制后，企业间的产权的转让实际上是通过股权转让实现的。股权和产权在理论上很难分离，在操作上更难分离。在目前如何处理好两者的关系，实际上把它们分成两个交易序列按各自规则有条不紊地进行，需要认真研究。（2）产权交易中有形市场和无形市场的关系问题。如前所述，从中国实际出发，尚需有形的产权交易市场。但产权交易有其特殊性，很难像股票交易那样维持持续竞价交易的火爆场面。如何根据产权交易的特点建设好管理好有形市场，不至于开张红火，运营冷清，需要进一步探索。由于各种原因，很多产权交易活动并不一定都通过固定的"交易中心"进行，无形市场的存在是必然的。如何处理好有形市场与无形市场的关系，如何管理好无形市场，实现其规范化运作，也值得深入研究。（3）产权交易中统一市场建设与地区、部门所有的关系问题。规范的产权交易活动应当是开放的、竞争性的，其市场应是统一的大市场。但国有企业资产总体上虽属国家所有，实际上则掌握在不同地区与部门手中。出于利益上的考虑或其他原因，各种不正当的干预随时都可发生，从而易给统一市场形成造成障碍。此外，企业资产地域上的隔离，也使实物形态的财产权益的转移受到限制。如何有效地克服各种人为的和自然的障碍，促进全国性统一产权交易市场的形成，需要认真研究。

（4）产权交易中行政行为促进和市场机制推动的关系问题。在目前国有资产量比重很大，国有企业事实上缺乏负责任的产权主体，市场发育又不充分的情况下，行政行为对产权交易活动和产权交易市场建设的介入既是必然的，也是必要的。但产权交易活动的市场化进程和产权市场的完善，从根本上说，还有赖于市场机制的自然推动。如何利用必要的行政行为克服纯粹的市场进化造成的产权交易活动和市场扩展中的盲目性、无序性和缓慢性，又不扼杀市场自然发育的规则与机制，具有相当的复杂性和艰难性，需要认真探索。（5）产权交易中实物形态的权益的转移及相应的负担转移的关系问题。产权交易原则上说只是资产权益的部分和全部有偿转让。但在实际生活中，这种转让往往同职工的安置等复杂问题联系在一起。如何有效地处理好这方面的关系，需要认真研究。（6）产权交易中特殊所有者与特殊购买者关系的处理问题。一般地说，产权交易只着眼于交易过程本身，不应考虑财产的属性与购买者的身份。但从现实出发，这方面仍有一系列需要慎重处理的问题。如哪些资产可以进入市场交易，私人购买者对国有资产购买的领域和范围的限制，是否允许外国购买者进入国有资产交易领域，等等。（7）产权交易中现货交易与期货交易的关系问题。一般地说，产权交易是即时的资产权益的转让。但随着产权交易市场的发展和交易活动的深化，产权交易中期货交易的问题将提到面前。产权交易能否采取期货交易的形式，是否允许这种交易，如何加强管理，需要通盘考虑。

对于当前说来，积极健康地推进产权交易着眼点应是克服薄弱环节，增强产权交易的市场性、公开性、广泛性、公正性、灵活性和统一性。考虑到我国实质性的产权交易活动刚刚展开，产权交易市场的培育刚刚起步，目前应特别做好如下工作：其一，抓紧进行企业特别是国有企业的清产核资、资产评估等工作，清晰界定产权，核实或确定财产数量；其二，根据国际通行规则和我们自己的实际，抓紧建立涉及交易主体资格确认、交易过程的操作规范、交易结果的处置等交易全过程的一整套法律与规则，保证交易的公正性，防止公有资产在交易过程中被少数人非法据为己有；其三，依法建立规范的产权交易的中介组织；其四，抓紧完善推进产权交易的相关环境与条件，如加速推进社会保障制度的建设等。

四、关于宏观经济调控体系的构造

健全的宏观调控体系是高效率的现代市场经济体制的重要构件与关键环节。我国宏观经济调控体系的建设，不能仅满足于按国际通行的一般思路办事，必须正确把握具体的国情，并明确建设的重点，选择科学的策略。

（一）宏观管理在中国市场经济发展中具有特殊的地位。1929—1933年经济大危机后，西方市场经济国家先后引进国家干预，宏观经济管理成为世界上几乎所有国家经济活动的共同内容。从现实看，运转较好的市场经济都是有宏观管理并且采取了科学的管理方式的市场经济。因此，宏观经济管理作为市场经济的一般特征，无疑构成中国市场经济体制模式的一个本质规定，在中国市场经济发展中占有重要地位。

尽管世界上各类运转得较好的市场经济模式都体现着政府的干预和干预的间接性等宏观管理体制上的共性，但在政府间接管理的职能、形式、手段、重点和程度等方面还是有显著的个性。比如，在干预手段的选择上，有的更重视货币政策，有的更重视财政政策，有的则在运用财政、货币政策的同时，还特别重视用强有力的产业政策对资源配置与生产活动进行结构导向。在干预范围上，有的奉行"积极的不干预"策略，只在最必须的程度上给予规范和限制；有的则在间接控制的前提下，积极主动地进行诸如总量管理、结构引导、秩序维护、环境保护、条件创造等广泛的调节与服务活动。宏观管理体制方面的这种个性，在一些后发的市场经济国家（如日本、韩国等东亚国家）体现得尤为明显。从实践历程看,这些个性从根本上说取决于各国的基本国情,如自然基础、哲学准则、文化传统、经济结构、发展阶段等等,并随着国情的变化而出现新的特点。

　　无疑,我国宏观经济调控体系构建在体现一般规定时显然会有自己的特点。从我国的具体情况看,如前所述,仅就经济角度而言,决定宏观管理体系类型的因素就为数众多。这些因素决定了政府在经济活动中的重要作用。除了承担所有高效率市场经济体制下政府必须承担的一般性调控职责外,政府至少还要承担如下职责:(1)充分利用国际上的有利条件,积极培育市场和提供相关的服务,精心组织,跨过原始的紊乱的市场经济发展阶段,实现对现有不发达的市场基础的超越,缩短走向现代市场经济的过程;(2)采取有效的措施,调整产业结构,缩小地区差别,提高就业水平,推进农村城市化过程,防止两极分化。因此,在实行间接管理的前提下,政府对经济活动的调控将是积极的、主动的,而不是简单的"无为而治";调控的范围将不仅仅是制定规则,规定禁止和限制什么,而是广泛的、多方面的;调控的手段也将不限于财政政策、货币政策,产业政策、技术政策、进出口政策、收入政策等也将是重要的组成部分;在相当长的一段时期内,干预的程度也将是强力型的。这就是说,宏观管理在中国市场经济发展中会占有更为特殊的地位。作个比较,它类似于人们常说"东亚模式",但可能比这一模式的干预强度更高些。当然,随着某些因素的变化,随着市场经济发展的日趋深化与成熟,国家干预的强度总的说是不断弱化的。

　　(二)正确把握宏观经济调控体系的现状与构建重点。概括地说,宏观管理体制改革的目标,是要改革直接的行政命令为主体的控制,建立以实现宏观经济总量平衡和整体结构优化为主要任务、以经济政策和经济杠杆为主要调控手段的宏观间接管理体系,相应建立符合社会化大生产管理规律和市场经济本质要求的结构合理、职责明确、精干高效的经济管理机构。

　　十多年来,宏观管理体制的改革作为经济体制改革的核心内容之一,有了一定程度的进展,在一些方面还取得了明显的成就。行政管理的强度大大减弱,市场机制配置资源和调节经济的作用显著扩大,以指令性计划为主、定指标、批项目、分投资、拨物资的直接管理方式，开始向更多地运用经济和法律手段调节经济活动转变，传统的宏观管理体制格局有了初步的改观。但是，相对于经济生活的要求，相对于其他方面的经济改革，宏观经济管理体系的改革显得进展不大，效果不好，处于严重滞后的局面。现存的主要问题，一是调控主体不清。担负调控职责的机构或职能重复交叉，相互挤占；或各自为政，相互掣肘；或衔接不力，相互推诿，形不成合力，妨碍了宏观管理的整体性和有效性。二是调控措施不顺。现有的一些措施或带有明显的过渡色彩，或缺乏有机联系，以致正效应未充分显示，负效应却越来越大，造成现有调控机制的进一步扭曲。三是调控手段不适。对经济活动的管理，特别是在经济调整时，仍自觉不自觉地运用规模控制等行政办法，运用经济手段时也带有强烈的行政色彩。宏观经济体制上的这些弊病，不仅使其难以克服经济发展中频繁出现的波动，而且成为许多深层矛盾与问题的诱因。现有的宏观管理体制已成为社会主义市场经济体制建设的重要制约因素。

宏观经济调控体系的构建是一项系统工程，牵涉到方方面面。就这一体系本身来说，最重要的是大力度推进财税、金融、投资体制的改革和精简机构，转变政府职能。通过改革，建立起适应社会主义市场经济需要的分税分级的财政管理体制，税基广泛、结构合理、税赋公平，征管有效的以增值税和所得税为主体的税收体制，目标明确、手段完备、机制灵活、运作规范的金融体制和企业自主投资为主体、政策性投资相配合的投资体制。但这些改革环节是相互联系的，每一环节对于新的宏观经济调控体系的构建都起重要作用，然而每一环节的改革都不可能脱离其他方面而单独推进。整体的效应比某项改革措施的推出更为重要。因此，对于下一步的宏观经济调控体系的构建来说，必须着眼于如下方面——从本质上说，它们是构建新的宏观经济调控体系的重点：

其一，着眼于构造对经济活动调控的间接性格局。就主体看，一切调控行为都不能直接损伤市场机制的运作功能和剥夺企业经营活动的自主性。因此，体制、措施、方式的选择均应以保证和实现间接调控为前提。

其二，着眼于理顺中央和地方、国家和企业的关系。严格划清中央政府、地方政府、企业活动的范围，能由企业和社会办的事，政府不再管；能由地方政府办的事，中央政府不管，相应划清各方面的利益界限。在此基础上建立各经济活动主体间的合理交往关系。

其三，着眼于形成强有力的整体调控功能。各调控主体职责明确，各体制部分对接严整，运转有序，确保宏观调控措施的有效贯彻。

（三）科学选择构建宏观经济调控体系的策略。新的宏观经济调控体系的构建同新经济体制的其他主要环节的构建一样，具有相当的难度。但是，这方面的改革已无法绕开或拖延下去，因此，既必须抓住时机进行重点突破，又应当采取科学的推进策略，以达到事半功倍的效果，同时防止改革措施的走形变样。从策略角度考虑，根据体制演进、构造的一般规律和市场经济的本质要求，在下一步宏观经济调控体系的构建上要特别注意好如下几方面的关系。

一是处理好"上""下"关系。与经济体制的其他方面的改革不同，宏观经济管理体制整体性强，涉及全局，故应坚持不搞试点，由中央统一设计、统一推出、统一调整的改革方式。但是，宏观体制的改革，涉及地方、企业利益和权力的再调整，需要地方、企业的积极配合。要保证改革的顺利进行，必须发挥中央和地方两个方面的积极性。因此，策略上宜于疏导而不宜直接"剥夺"，在不损害改革的"筋骨"和最终效应的前提下，尽量照顾地方或企业已经形成的某些合理的既得利益，因势利导地推出一些实质性调整权力和利益关系的措施。

二是处理好"主""客"关系。要在现有基础上建立现代市场经济，必然要实现较大程度的"跨越"。因此，包括构建高效率的宏观经济调控体系在内，政府的主动培育与扶植将是十分重要的，而这也是宏观经济调控体系的重要内容之一。但是，包括体制进化在内的事物的发展有自己的序列与机制，不适当的过多的行政行为不仅会打乱事物发展的内在机理，导致"揠苗助长"的后果，而且会造成新的扭曲。这些年经济改革实践中这样的情形并不鲜见。因此，在体制建设过程中，应当正确处理好行政行为推动与"自然成熟"的关系，最大限度地减少行政行为和最大限度地利用"自然成熟"规则，并力求保持必不可少的行政行为的合理性，使之符合经济规律的要求。

三是处理好"内""外"关系。宏观管理体制的建设既制约着经济体制的其他方面的建设,同时又受制于它们。比如,宏观调控体制不改革,政府职能不转换,企业难以走向市场、自主经营;反过来,不理顺企业产权关系,建立符合市场经济要求的现代企业制度,科学高效的宏观经济间接调控体系也难以建立。这种相互制约性要求构建宏观管理体制时充分考虑相关的环境条件:当条件较好时,大力度推出一些改革措施;当条件变化时,相应调整已推出的改革措施的重点与力度;在推出某些改革措施时,一定要创造相应的改革条件,使之同相关的改革配套协调。

五、关于改革方式与策略的选择

我国的改革进入一个关键性的历史时期。在这一时期,旧体制将得到根本性改革,社会主义市场经济体制的框架将确立起来。与这一历史性任务相适应,改革也呈现出一些新特点。主要是:第一,改革将从浅层转入深层。已经进行的改革,大体说还是浅层的:或者集中在那些相对容易的方面,或者虽触及关键性的环节但作业程度仍辄于表层。这种状况既同改革经验不足,难以一下子触及本质的主观素质特点相符,也同改革只能由浅入深的客观实践要求相符。在新的阶段,改革将直接触及各种基本的经济关系,直接对准那些关键的环节的深层部分。例如,所有制结构的调整将从构造多种经济成分并存的格局,深入到探索它们的多种实现形式、多种财产组织形式的有机结合与平等发展层面;国有企业的改革将从着眼于经营权的转移深入到理顺产权关系;市场的发展将从主要是开放商品市场深入到要素市场的建设;宏观经济管理将从主要取消指令性计划和审批制度深入到构造间接管理的手段体系和运作机制;等等。第二,改革将从着眼于推出相对独立的措施转向着眼于形成全面的经济关系。这主要包括两方面的含义:其一,主要是从事分领域的改革将让位于主要是实现系统的配套的全方位改革全面推进。在今天某方面改革的可能性与有效性在主体上已决定于其他方面的协同推进而不再主要取决于自身。其二,主要是推出改革措施本身将让位于主要是建立这些改革措施间的内在联系及促进它们间有机动作的条件。比如说，建立市场体系，其含义不是用行政方式办几个市场（事实上这样做也难以如愿以偿），而是从根本上消除传统的计划经济基础，理顺各种基本关系，形成以市场为枢纽的各经济活动主体间交往和各生产要素间交易新格局。与改革的这些新特点相适应，改革的方式和策略也应作适当的、科学的选择。

（一）努力实现改革方式的科学转变。从上面的分析可以看出，新时期的改革任务既是以往改革内容的继续，又与之有质上的区别，因此，改革方式理应在继续采用业已证明是成功的以往的一些做法的基础上，作适合新阶段和改革新特点要求的调整。并且，过去十多年的探索，从缺知到有知的实践，也应有利于我们进一步完善新时期改革的推进方式。在我看来，主要是实现这样几个转变：第一，从主要靠"摸着石头过河"的带有某种盲目性的探索转向审时度势的理性指导。早期，在改革的对象和重点都不明确的情况下，只能走一步看一步，免不了曲折和因缺乏经验而付出代价。从这方面说，业已进行了十多年的改革，经历了两个阶段，从最初的盲目性较大的探索阶段（1984年前）到盲目性探索和理性指导并存的阶段（1985年到1991年）。今天，在改革的目标与框架已经廓清，各体制环节间的内在关系已暴露得较为清楚，改革的重点已很明白，改革的风险与复杂程度已可估价的情况下，改革有条件而且必须进入完全理性指导的阶段。这方面的一个重要内容是：在审时度势的基础上，根据市场经济要求和中国国情制定完备、系统、科学而可行的改革方案，以指导全局，使新体制的建设健康而扎实地推进。第二，从主要是自下而上的自发推动转向主要是自上而下的自觉推动。这一点与上一点是密切相关的。从总体上说，这些年我国的改革是自下而上的自发推动与自上而下的自觉推动相结合的，但后者主要建筑在对前者的总结、规范及推广上。一些重要的改革措施如农村联产承包制、企业承包制以及股份制等都是在群众自发实践的基础上得到领导部门的确认而推向全面的，领导部门显示出一定的被动性。群众的创造性实践在下一步的改革中仍是十分重要的，但同新的改革形势相适应，来自上面的自觉的理性指导与改革内容的主动推出应占主导地位。改革的深层推进及其措施配套上的严整性，既要求充分发挥各方面的积极性，又不允许从局部利益和暂时利益出发各行其是。第三，从主要是临时性的改革转向规范性的法制化、制度化建设。同前一阶段改革探索的浅层性、不稳固性、盲目性以及以破旧体制为主的改革内容相联系，改革措施的颁布推行主要依靠的是具有较强过渡性的改革规定。今天，政策已从浅层进入深层，从以破为主转向以立为主，从着眼于改变旧形式、推出一些零散的改革措施转向市场化的经济关系，因此应更多地注重制度化、法制化建设，把一些较为成熟的改革措施和较为合理的经济关系，及时以规范的制度和法律的形式确定下来，以防扭曲变形；同时尽量以法律的形式推出那些重要的且确系科学的改革措施。第四，从主要是平稳的渐进性改革转向在保持大体稳定下积极进行重点突破。渐进的改革战略与前些年改革特点是相符合的，在一定程度上它是由我们对改革缺乏经验和改革需要稳定的社会环境双重状况所决定的。今天，改革仍需要稳定的社会环境，因而，渐进战略应合理继承。但在以"攻坚碰硬"为基本特点的现阶段，过分强调渐进和稳定，就会贻误战机，人为延长过渡时期，最终增加改革的风险和成本。必须抓住关键环节，把握住有利时机进行重点突破。

总结我国15年来的改革探索，一条十分重要的经验是，充分发挥各方面的积极性，形成健康而快速地推进改革的合力。这一点，对于新时期更为必要。因此，换一个角度，我们可以把改革的方式作这样的概括：把指导权留给政府，把试验权留给地方，把自主权留给企业，把创造权留给群众。

（二）从策略角度考虑应把握的几个改革重点。正确把握改革的策略，能够收到事半功倍的效果。从改革的现状及下一步所面临的任务，并结合这些年积累的经验教训看，下一步的改革在策略上应立足于如下几个方面：一是立足于攻克薄弱环节。从现状看，改革的发展很不平衡，一些改革环节严重滞后。而这种滞后的状态的形成，大多是因为这些方面关系复杂，牵涉面宽，涉及深层利益的调整，改革难度大。这就是说，这些薄弱环节恰恰也是对新体制主导地位的确立起决定作用的关键环节。抓住了这些薄弱环节，也就抓住改革的机遇，抓住新体制建设的重点。二是立足于疏导。改革就是理顺关系，重新调整已有的权力和利益格局，从本质上看，是要与旧的格局"对着干"。但是。这并不意味着在方式上必须无一例外地采取"剥夺"的办法。事实上，适当照顾已经形成的某些合理的既得利益，旁敲侧击、因势利导地推出一些实质性的调整利益关系的措施，不仅能够有效地达到深化改革的目标，而且能够最大限度地减少改革的成本与风险，防止因改革方式上的唐突而导致社会的巨大震动。三是立足于科学规范。发展社会主义市场经济没有先例可循。因此要调动各方面的积极性，鼓励进行大胆的创新与探索。但同时，要特别注重按市场经济原则进行规范。各项新出台的改革措施，应尽可能地以法令、法规的形式推出。抓紧根据中国自己的情况建立一批法规，同时对那些比较成熟、反映市场要求的世界通行的法规，要大胆借鉴引进，力求为改革的深化创造良好的法制基础。四是立足于完善环境。这除了上面涉及的强化薄弱环节的改革，制止或堵死因各体制环节发展不平衡导致的各种非法行为泛滥和漏洞外，还有两个重要的方面：一是减少并最终取消在早期改革中曾起过重要作用的关于某些地区、某些经济成分的特殊优惠政策（极个别情况特殊的地区如贫困地区等除外），创造真正平等、公平竞争的体制和政策环境；二是在推进市场经济发展和体制建设进程中，正确把握行政行为的"度"和方式，防止看似"合理"的行政行为导致的盈利机会不均、地区发展不平衡和经济体制建设中的不配套（包括地区性落差）与扭曲变形。

六、走出关于市场经济建设的认识与行为误区

实现建立市场经济新体制的目标，难度极大。尽管我们已有十多年的合理调整所有制关系，不断扩大市场机制在经济生活中的调节作用的改革探索经验，但对如何搞市场经济，特别是对如何建立公有制基础上的市场经济，还知之甚少。我们实际上是在理论准备很不充分，又缺乏必要的实践经验，且在一种不利的思想和体制基础上开始建设市场经济新体制的行程的，这种状况很容易导致认识和行为上的走形变样，给市场经济体制的建设带来大的风险。从近些年来的实践看，尽管改革在许

多方面有了新进展，在有的方面甚至是突破性进展，但也存在一些不尽如人意的地方。除了某些方面仍在"换汤不换药"，在搞市场经济的名义下按旧的思维方式办事的情形外，在思想和行为上还产生了一些新的"误区"。这虽然不是主体，但足以影响到市场经济的健康发展。必须尽快走出这些思想和行为上的误区。大体上说，这些误区表现在如下方面。

第一，误认为市场经济即是投机经济，搞市场经济就是搞投机。一些人认为，投机是获取高额利润的根本手段，既然市场经济是以利润最大化为首要原则，那么搞市场经济就是钻空子、吃差价、搞投机。而规则不全、漏洞频生的现存体制格局使部分人瞬间成为百万富翁乃至亿万富翁的事实，更强化了这种认识。于是，一段时间来，热衷于投机行为，致力于发展投机性产业的现象普遍发生，以"炒""倒"为业的各类投机性机构如雨后春笋般大规模出现。一些企业放弃本单位的主体生产，借"综合性发展""多种经营"之名，把十分紧缺的生产资金转向投机性业务活动；更有甚者，有的设法利用国有资财进行投机活动，利用职业特权和职务上的方便（如作为"承包者"）转移国有资财，把属于大家的财富捞进个人腰包。其实，尽管市场经济下存在投机行为，在某些国家和地区表现得还十分明显和严重，但是它并不是投机经济。投机除了体现既有利益的"换口袋"效应和拱起"泡沫"外，不会增加一分一毫社会财富。真正的市场经济在主体上表现为实实在在的"实体经济"或生产性经济，而纵观世界经济发展史，真正富有的国家、企业和个人，都是致力于实业开发并通过提高科技水平，更新工艺过程，提高劳动生产率，不断降低活劳动和物化劳动消耗而富足起来的。

第二，误认为搞市场经济就是搞欺、蒙、坑、骗。一些人认为，所谓市场经济实质上是一种欺骗经济，你骗我，我蒙你，捞一回是一回。于是，他们不择手段进行欺诈活动，欺骗投资者，欺骗消费者，欺骗国家，也相互欺骗。如在期货交易、证券买卖中提供虚假的信息，在生产活动中制造假冒伪劣产品，在经济交往中不守信用，在经济合作中搞资金、设备假到位，等等。一段时期，欺诈行为遍及众多的领域，诈骗、毁约事件多如牛毛，诚实的生产交易活动反显尴尬之态，被视为"傻帽"。实际上，市场经济是典型的信用经济（这一点马克思在《资本论》中也充分论述过），各种行为特别是经济行为都是建立在严格的法律规范和权、责、利清楚的契约关系的基础之上的。大量的事实证明，在市场经济体制较为规范的国家和地区，不守信用，热衷于欺诈的企业和个人最终免不了法律的制裁和破产的命运，在充满竞争的市场上是绝对站不住脚的。

第三，误认为搞市场经济就是开公司，"办"市场。近年来，经商办公司形成新一轮热潮，不仅个人纷纷"下海"办公司，而且机关、企事业单位也以各种名义开办各类公司特别是非生产的投机性公司。这种现象的出现，在本质上始于双轨制造成的巨额盈利机会的诱惑，但也同一些人把开公司同发展市场经济等同起来相关。与此同时，一些地方、部门热衷于用行政办法"办"市场，并刻意追求市场的行政级别，把市场标为"市级""省级"等等。的确，发展市场经济同办公司、"下海"并不矛盾，但市场经济在本质上排除那些只重于钻空子，靠体制、法规漏洞谋取利益的"公司"，而要求那种从事增进社会财富活动，产权清晰、权责明确、管理科学的公司。在我国目前市场基础较差的条件下，政府部门对市场的培育和扶植是必要的，但绝不是直接损害体制进化的内在机制与序列，代替市场自然发育本身去搞运动式的兴办。并且，社会主义市场经济是一种由能动的企业、竞争性的市场和灵敏的间接调控体系耦合成的一种市场机制在资源优化配置方面起基础性作用的经济关系，绝不是一哄而上办一些公司，或用行政方式办几个市场就可以如愿以偿的。我们应当在培育和形成市场化的经济关系方面下功夫。另外，市场不存在级别，通过行政办法最终也建不成有活力的市场，非这样办，只能落得个开张热热闹闹，运营冷冷清清，有场无市，浪费了人财物，还导致了许多矛盾的后果。在目前的经济生活中，这样的例子已不鲜见。

第四，误认为发展市场经济就是招商引资。对外招商引资是我国对外开放国策中的重要内容，对推动我国经济走向现代化，实现旧体制向新体制转换等诸多方面起了重要的积极的作用，应当长期坚持下去。但是，一些单位和地区没能正确把握对外招商引资政策，把发展市场经济、转换经营机制的"宝"完全压在招商引资上。一方面，对国有企业该还的权力不还，该给的政策不给，一副"领导部门"或"家长"的派头显示得淋漓尽致；另一方面，对外商，有时连鼻子眼睛还没见，先给一大堆优惠政策，有的甚至是比照所有地区给"特优"政策。除在国内"坐"招外，有的地区还组织庞大的招商团分赴许多的国家招商。有的不惜牺牲国家和单位的利益去换"合资"。这类不加区别仅靠低价批租土地、减免税收，牺牲本方利益等优惠政策和"旅游"式的招商的做法，不仅导致了大量的国有资产的流失，也提高了某些外商的要价，形成了大量的"仿洋皮"假外资企业，结果有些地区外商资金履约率、到位率很低，到位的投资结构也不合理，低水平的重复建设较多。而相当一部分"合资企业"或者有牌子而无外资，或者干脆是本企业与其驻境外子公司的"合资"。应当明确，建设市场经济的重点还在于真正搞活搞好在我国目前占主体地位的国有经济上，这块不活，整个经济就活不起来，切不可本末倒置。而对于"招商引资"、对外开放说来，重要的不是低价批土地，超常规地给"优惠"政策，而是创造良好的投资环境和法制基础；重要的不是招商本身，而是建立同国际成熟的市场关系对接的机制与体制。

第五，误认为搞市场经济必然要走两极分化的道路。有的人认为，两极分化是现代市场经济的内在规定，"让一部分人先富起来"，就是要拉大贫富差距，建立所谓富有者的天堂。于是，一些人致力于干促进分化的事，如建"贵族区"，办富人娱乐中心，兴"贵族学校"等，有的还把"扶贫"、建"希望基金"之类的做法讥为"小农意识"。实际上，市场经济并不必然要或必须造成两极分化。市场经济不仅追求高效率，公平首先是机会的平等与公正，也是市场经济的本质规定。即使在西方，一些国家和地区也试图使公平和效率一致起来。公有制条件下的市场经济，理所当然地应当比西方式的市场经济做得好。最终实现全体人民的共同富裕，是我们的目标。换言之，不能最大限度地推动社会生产力的发展，促进效率和公平两者在高水平上统一的市场经济体制，最终是站不住脚的。从现阶段的实际出发，我们必须把效率放在第一位，即走"效率优先、兼顾公平"的道路，但是，这同刻意追求两极分化，致力于为富有者建享乐园是格格不入的。

第六，误认为搞市场经济可以不讲社会公德和礼仪风尚。有人以为，市场经济是一种私利经济和金钱经济，与之相联系的只能是野蛮颓废、腐败与堕落，而温良恭俭让是与市场经济毫不相容的。于是，在一些人眼中，混世者为所欲为或无所事事成了"潇洒"，为非作歹者成了"英雄"；落水者在垂死呼救，岸上的人却在为酬金讨价还价，孕妇在道边呻吟，没有一辆车肯停下来相帮，歹徒在公开闹事作恶，围观者或助威呐喊，或漠然相视，或退避三舍，但却有人为犬同人打官司。造成这种是非颠倒的原因极为复杂，但相关的误解不啻是助纣为虐。其实，市场经济也体现浓重的人情味。在一些市场经济发展较好、体制规范、法规健全的国家和地区，公共道德礼仪风尚也是高水平的，决非只有尔虞我诈和道德沦丧。我们民族的美德与思想政治、社会文化优良传统，如科学的思想政治工作，人与人之间的互助互利，管理者和被管理者间的平等合作等应当在市场经济条件下发扬光大，应当成为中国市场经济模式的特色和优越于其他模式的一个重要方面。

第七，误认为搞市场经济必然要推行一一对应的私有制。建立社会主义市场经济，必须对传统的以国有国营为特点的公有制形式进行改革，理顺产权关系，寻求适应市场经济要求的公有制的有效实现形式或财产构成形式。在这个过程中，有必要缩小国有国营的范围和国有资产在某些企业的比重，对国有资产的行业分布结构进行调整；也有必要对那些国家没有必要管，没有精力管，或长期非正常经营亏损、扭亏又无望的企业进行拍卖，将产权转给包括私人在内的非国有者。但有人误以为，搞市场经济非推行分资到人、一一对应私有制不行，且认为改革迟早要向私有化进军，因此，利用现有体制上、法规上的漏洞，对国有资产巧取豪夺，能捞就捞。其实，我们十多年改革的实践已初步证明，公有制并非只有国有国营一种形式，市场经济并不排斥所有的公有制形式。在典型的市场经济国家中，实际上也存在某种形式的"公有"经济。明晰产权决不意味着非搞一一对应的私有制不可，事实上这种私有制作为主体形式在西方已被淘汰。

第八，误认为搞市场经济可以不要管理、不守规则。一些人把市场经济简单地理解为"想怎么干就怎么干"的自由经济，以为改革高度集权的计划经济体制就是要走向无政府无规则无制约的绝对自由化。于是，某些个体工商户漫天要价还美其名曰"根据市场定价"；一实施某种管理，就认为是旧体制复归；一些地区对许多重要的规则视而不见，我行我素；造假贩假屡禁不止，甚嚣尘上。如此等等，不一而足。实际上，市场经济排斥的是随心所欲的行政性直接干预，而不是不要管理和规则。恰恰相反，运转较好的市场经济都是有总量管理的，又是有严格的法律约束和制度规范的，包括对物价水平的适当形式的干预与平抑，对从事某项职业，进入某个领域（包括从事一般意义上的经商行为）的人的相关资格审查等都是市场经济所应具有的规定和内容。

第九，误认为市场经济必然要求各自为政，形成诸侯经济。市场经济要求充分发挥包括地方政府在内的各个经济利益主体的积极性，充分尊重和维护各经济利益主体的正当利益要求和应有的自主权。但一些人以为地区和部门这些权益的获得必然通过各自为政的方式，并从西方市场经济国家行政体制的格局方面寻找依据。在实际操作中，有的地方采取各种措施实现地区封锁，造成事实上的市场分割与"诸侯经济"。事实上，独立的经济利益要求和对正当的权利的保障并不必然要求形成封闭的经济与行政体系，恰恰相反，各自为政、地区封锁、市场分割是同市场经济的要求相违背的。市场经济本质上是一种排斥垄断、要求全方位开放和统一大市场的开放经济。撇开别的方面仅从利益方面而言，不向不同对象开放，不向不同地域开放，各利益主体就难以达到获取最大利益的目的。

第十，误认为建设市场经济可以一蹴而就，一步就位。建立市场经济新体制的实质是培育和形成市场化的经济关系，这就决定了实现这一目标的复杂性与艰巨性，绝不是推出几项独立的、零散的改革措施，简单地扩大市场机制的调节领域就可以如愿以偿的。但从现实经济生活看，一些人把建设新体制的改革看得过于简单，存在"已成论"和"速成论"两种认识误区。建立社会主义市场经济体制的目标刚刚确立，有的地方就称自己已初步建成新经济体制，并开始总结十几年来"搞市场经济"的经验，把一般扩大市场调节作用的措施等同于建设市场经济的改革。有的则认为，建立新体制并非一件难事。旧体制已支离破碎，新体制的主体地位事实上已初步确立，再稍加努力，推出几项改革措施，就可以在两三年内建立起新体制。其实，我国目前商品经济发展和市场发育的程度还比较低，要在此基础上建立现代市场经济，必然要付出较大的努力，而我们又是在一个在本质上与市场经济相对立的高度集中的计划经济基础上起步的，这种难度就更大。固然，我们可能利用成熟的国际经验和我们自己的成功做法，依靠政府的精心组织和人民群众的大胆创造大大缩短走向现代市场经济的路程，实现较大程度的跨越，但也绝不是可以一蹴而就，在三两年到位的。我们的改革已进入攻坚阶段，对最为关键的体制环节的突破刚刚开始，任务还十分繁重。

上述这些认识和行为上的误区，不仅仅会导致改革的浅尝辄止，停留在扩大市场作用的表面而深入不到建立市场化的经济关系的本质，而且会造成改革措施与体制环节的扭曲变形，其结果必然是弃桑榆而拾秕糠，把计划经济体制之弊与市场经济体制之劣结合起来。如果这样，后果将是严重的。不过总体上说，这些偏差仍是局部的、浅层的，我们并没有失去健康推进市场经济的良机。党的十四届三中全会通过的《中共中央关于建立社会主义市场经济体制若干问题的决定》，提出了建设新体制的根本原则，确立了建设新体制的基本方向，明确了建设新体制的重点环节，决定了建设新体制的推进方式，是我们矫正偏差、扎实健康而又卓有成效地推进市场经济建设的行动纲领，我们应当结合实际认真贯彻实施。对于矫正上述思想和行为上的误区而言，当务之急是采取这样两方面的措施：一方面下"软"功夫，加强关于建设市场经济体制的复杂性、艰巨性的教育，动员人们学习市场经济的基本知识，了解和掌握市场经济的运作语言，力求把握市场经济的本质要求和规定。这是健康推进市场经济建设的最基本的也是最重要的环节。带着对市场经济的"无知"去建设市场经济，是不可能不把它弄得面目全非的。另一方面下"硬"功夫，即如前述，实现经济改革与法律规范有机结合，把新体制的建设纳入法制轨道上。借助法的力量，大力度调整旧的深层次权力和利益关系格局，约束改革过程中出现的不良行为，巩固已有的改革成果，防止改革措施的走形变样。

我国经济体制改革的回顾与思考[①]

（1994年11月）

　　20世纪70年代末，我国人民从浓烈的政治斗争氛围中挣脱出来，把行进的脚步踏在改革开放、建设社会主义现代化强国的道路上，迄今已走过十五年的光辉历程。这只是短短的历史瞬间，但其成就举世皆惊。我们在使自己的综合国力和人民生活水平得到迅速提高的同时，也使自己的改革开放本身成为世界范围内最为成功的范例之一。改革开放之路是怎样走过来的，它还将怎样走下去？这是处在又一个经济体制改革新阶段的全国人民正在思考的重心，也是世界对中国关注的焦点。本文将讨论这些问题。

一、我国经济体制改革的历史缘由

　　我国的改革不是偶然发生的，它是生产力与生产关系矛盾运动过程中生产关系适应生产力发展要求作常规调整的必然反应，是我国政府和人民基于自身经济发展的实际作出的及时而正确的选择。中国的改革不是独一无二的，它只是世界性的特别是社会主义国家范围内经济体制改革大潮中的一股；中国的改革又是独一无二的，它的发生有其特殊的历史缘由，而在审视这种缘由基础上作出的正确的方略选择又使它的发展体现出特殊的效果。

　　社会主义国家经济体制大体上都是以马克思恩格斯关于社会主义的构想为基础的。十月革命胜利后，在前无古人的特殊历史条件下，苏

---

①本文原载《经济研究参考》180期，1994年11月25日。

联大体套用了科学社会主义奠基人的思想，建立了世界上第一个社会主义经济体制模式。这是一种国家行政机构高度集权，基本上通过指令性计划配置社会资源的较为完全的计划经济模式。由于这一模式统制面宽、集中度高、决策实施保障性强、指令传递速度快，因而，它能迅速组织人、财、物的分配，以优先满足那些影响国民经济命脉的生产和经营的需要，以保证在短期内实现预定的战略目标，或有效地应对紧急情况。因此，这一模式的最初运行，给苏联社会主义经济建设带来了巨大成就，在短短的十年左右的时间里，苏联就由一个贫穷的农业国跃入工业最发达的大国的行列。而在大体相同的时期，以奉行完全自由放任政策，基本上依靠市场机制配置资源的西方国家则陷入了严重的经济危机之中。苏联模式的奇迹般的巨大效应及它同西方市场经济制度间形成的强烈反应，使东欧和亚洲的一些国家在革命胜利后纷纷走上了社会主义道路，并无一例外地效仿苏联建立了自己的经济体制。然而，马、恩的预想是有着特定的思想前提和严格的实现条件的，并且，囿于历史条件，这些预想中还存在即使具备了相应条件也无法实现的空想成分。因此，套用马、恩的预想建立起来的这些国家的经济体制，在呈现出同特殊历史环境相契合的短暂的然而是巨大的效应后，随着正常的经济运行过程的展开与深入，其弊病日益明显且严重地显现出来。最为突出的是，完全的指令性计划运作，打乱了经济运行的自然机理，扼杀了国民经济的内在活力，导致官僚主义泛滥、资源浪费严重，经济效益低下。从而迫使它们走向转换或改革的道路。由于特殊的政治事件的作用，南斯拉夫得以先行一步，继而其他社会主义国家也陆续踏上改革之途，形成了一股声势浩大的改革潮，最后，这一模式的创立者苏联也加到了潮流之中。

在结束了半封建半殖民地的灾难深重的历史后，中国建立了社会主义制度。在经济体制模式的构造上，尽管我们没有刻意仿效苏联模式，但我们面临的实现全国财政经济统一，对资本主义工商业进行社会主义改造和急需有计划地开展大规模经济建设的繁重任务，以及事实上仍处于范式地位的苏联经济体制的潜在影响，还是使我们采取了一些特别措施，逐步建立起类似于苏联模式的全国集中统一的经济体制。当这一体制的某些方面的弊病在工作任务和经济环境变化后逐渐显露出来时，政府曾试图加以改进。但是，由于建设社会主义经验的不足，由于长期以来在对社会主义的理解上形成了若干不适合实际情况的固定观念，特别是由于1957年以后党的指导思想上的"左"倾错误的影响，经济体制上过度集中统一的问题不仅长期得不到解决，而且发展得越来越突出，严重束缚了生产力的发展，使本应该生机盎然的社会主义经济在很大程度上失去了活力。中国经济体制面临着像其他社会主义国家一样的彻底改革的任务。

特殊的经济和政治环境为改革的真正启动，提供了契机。长期以来在"左"倾思想指导下的单一的指令性计划调节，以及持续不断的政治斗争的影响，我国经济生活中呈现出一系列严重问题：一系列重大的比例关系失调，生产、建设、流通、分配秩序混乱，财政捉襟见肘，人民消费不足，国民经济濒临崩溃的边缘，改革经济体制，恢复和发展国民经济成为人心所向；在政治上，中央顺应人民的意志，采取果断措施，一举粉碎了"四人帮"，下决心结束了长达十年的"文化大革命"，从而排除了把工作重心从政治斗争转向经济建设的直接障碍，为改革带有强烈的政治色彩、体现"左"倾指导思想意志的经济体制提供了条件。于是，通过充分的审时度势，在1978年12月召开的十一届三中全会上，中国共产党决定结束历时多年，一浪高于一浪的政治运动，把全党工作的重点转到社会主义现代化建设上来。会议指出，传统经济体制的最大缺陷是权力过于集中，因此要有领导地大胆下放，让地方和工农业在国家计划指导下有更多的经营管理自主权。同时，要按经济规律办事，重视价值规律的作用，"充分发挥中央部门、地方、企业和劳动者个人四个方面的主动性、积极性、创造性"。"对经济管理体制和经营管理方法着手认真的改革"的一系列新的重大措施开始陆续推出。这样，党的十一届三中全会使当代中国历史发生伟大的转折的同时，也拉开了我国实质性的经济体制改革——"第二次革命"——的帷幕。而中国的改革一经跃上前台，便以它独特的做法与杰出的成就展示出不凡的风采。

二、我国经济体制改革的发展进程

事实上，我国改革的历史可以追溯得更早。如前所及，新中国建立后特别是1956年以后，基于对原苏式体制的弊病的认识和自己实践经验的总结（包括对战时苏区社会经济实践经验的总结），我国人民在构建经济体制时，坚持了从中国实际出发，有很大的创造，并且还根据这一体制暴露出来的弊病，多次进行过以扩大企业和地方权力为内容的改革尝试。这使中国经济管理体制虽然本质属于苏式体制却又不同于这种体制，其集中统一性从来没有达到苏式体制的高度。但是，这些改革除了缺乏系统性配套性外，还有一个重要缺陷，即大体都是在保持以指令性计划为主体配置资源的总框架的前提下进行的，因此未获多少积极的效果。反过来，这种状况使这些改革实际上只具有"调整"的意义。

所以，如果着眼于改革的系统性、深层性和持续性来说，我国的改革是从1978年后开始的。十多年来，经济体制改革大体经历了四个阶段：

第一阶段：从1978年底到1984年10月，以农村改革为重点的阶段。1979年1月前后，安徽省凤阳县梨园公社小岗队的18位农民冒着极大政治风险，将集体耕地承包到户，搞起了大包干，使农村改革同时也是整个经济体制改革迈开了现实的第一步。根据人民群众大胆的实践，党和政府在这一阶段全面推行了以家庭联产承包责任制为主要内容的农村经济体制改革。最主要的是进行两方面的改革：一是取消了"三级所有、队为基础"、政社合一、集中经营、统一分配的人民公社制度，代之以在将公有土地长期租赁给农民经营基础上的，以家庭联产承包经营责任制为主要内容的双层（集体和家庭）经营体制；二是运用价格等经济杠杆和契约等法律手段改善对农村经济的管理，大幅度调整了农产品特别是主要农产品的价格，同时废除了农副产品的统购统销制度，实行只对粮食等极少数最重要的农副产品实行合同定购的制度。此外，还鼓励农村大力发展工业、商业、建筑业、运输业等方面的乡镇企业，积极进行综合开发。在农村改革大踏步推进的同时，在城市也进行了扩大企业自主权和专项乃至综合改革试点。

第二阶段：从1984年10月到1988年9月，以城市改革为重点的全面经济体制改革阶段。农村经济体制改革，大大提高了农民从事生产和经营的积极性，解放了长期以来被体制束缚的农村生产力。1984年，农业获得前所未有的好收成，粮食、棉花等主要农产品均达到历史最高水平。与此同时，仅仅是处于初级阶段的扩大企业自主权的试点也显著地增强了试点企业的活力，提高了试点企业及其劳动者的积极性与创造性。这极大地鼓舞了全国人民，增强了政府进一步全面推进经济体制改革的决心。1984年10月，党的十二届三中全会通过了《关于经济体制改革的决定》，经济改革的重点由农村转入城市，改革的触角伸入各个领域。这一阶段经济改革总的说是围绕建立"有计划的商品经济体制"的目标进行的，即在公有制的基础上建立自主经营自负盈亏的富有活力和效率的企业体制，统一开放、运转有序的竞争性市场体制和以经济杠杆调节为主的宏观间接管理体制。相应进行的改革主要是：（1）在实行"经济责任制""利改税"等措施扩大企业自主权的基础上，进一步采取承包、租赁等形式实现财产所有权和经营权的分离，把经营权真正交给企业。与此同时，配套进行以厂长负责制、工效挂钩、劳动合同制为内容的企业领导、分配、用工等内部管理制度的改革。并且，通过企业间的承包、租赁、兼并及横向经济联合，发展企业集团，推动生产要素，促进企业结构的合理调整。（2）采取"调、放、管"相结合的方针，理顺比价关系，改善价格形成机制，在1983年放开小商品价格的基础上，1985年起又陆续放开了大部分工业消费品价格，并对部分重要工业生产资料实行了计划内和计划外"双轨制"价格。同时改革商业经营管理体制，在发挥国营商业和供销合作社商业主渠道作用的前提下，通过"改、转、租、包、卖"等形式，改善国营流通企业的经营机制，发展非国营流通企业，建立多种经济成分，多种经营方式，多条流通渠道并存的高效畅通的流通经营网络和管理体制。并在价格与流通改革的基础上，进一步采取撤关除卡措施，开拓各类市场，促进市场体系的发育与完善。（3）通过大幅度缩小指令性计划和实现计划工作重点由定指标、立项目、分钱物向宏观总量控制和长期的结构调整的转变以及对部分城市实行计划单列，改善宏观经济管理，扩大地方和企业的自主权。与此相适应，改财政的统收统支体制为各种形式的财政包干制，变单一税制为复合税制；并在改革银行组织体制，分离中央银行（中国人民银行）和专业银行职能的基础上，探索通过运用综合信贷计划、存款准备金、利率等经济杠杆调节金融、经济活动，通过专业银行的企业化管理与经营，活跃金融行为，加快资金流动，促进资源优化配置的路子。除上述三个主要方面外，还大胆进行了股份制、破产制方面的试点，许许多多的新鲜事物出现在中国经济体制改革的舞台上。与经济体制改革相适应，政治、科技、教育、文化等各领域的改革也相继登台，取得了令人瞩目的进展。这是我国改革涉及面宽广、改革步伐最快的时期之一。在改革向纵深发展的同时，对外开放也获得了长足的进步。继1980年兴办深圳、珠海、汕头、厦门4个经济特区后，又相继开放了沿海14个城市，在长江三角洲、珠江三角洲、闽东南地区、环渤海地区开辟经济开放区，批准海南建省并成为经济特区，在利用国外资金、技术、管理经验来发展中国经济方面进行了有益的尝试。

第三阶段：从1988年9月到1991年，主要进行治理整顿，同时进一步深化改革的阶段。在改革的推动下，我国经济从1984年到1988年经历了一个加速发展的飞跃时期，展现出农业和工业、农村和城市、改革和发展相互促进的生动局面，整个国民经济提高到一个新的水平。但是，由于主客观原因，在前进的过程中出现了一些问题，主要是物价波动大了一些，重复建设比较严重。从1988年9月起，中央决定用一段时间治理经济环境，整顿经济秩序，以利于更好地推进改革和建设。这一整顿的重点是，主要通过财政、借贷的"双紧"政策，解决过旺的社会需求、过多的信贷和货币投放、过快的加工工业的增长、过大的物价波动，并通过有效的经济、行政和法律手段解决流通领域秩序较乱的问题。延续三年的治理整顿尽管并没有从根本上解决经济生活中的一些深层次问题如经济效益不高、存量结构不合理等，但在缓解供求失衡的矛盾，克服过大的物价波动，加强基础产业的建设以及扭转外贸进出口逆差等方面取得了较为明显的成绩。在这一时期，根据需要和可能，经济改革也有一定程度的进展：政府先后对能源、原材料、运输、农产品等基础产品价格和服务项目价格进行了较大幅度的调整，特别是在1991年成功调整了近二十年未动的城镇居民的定量粮食、食用油的销售价格，在理顺价格关系方面迈出了关键性的一步；调整汇率，在外贸系统全面实行承包经营责任制，取消外贸补贴，外贸体制改革取得了较大进展；大多数国营工业企业实行了第二轮承包，企业兼并及发展企业集团的工作得到进一步推进，转换企业经营机制被提到显著地位；在金融、财税、社会保险、住房等方面积极进行了改革试点工作，并取得了一定的成效。与此同时，农村继续发展和完善以家庭联产承包责任制为基础的双层经营体制。

第四阶段：从1992年年初至今，着眼深层攻坚进一步加快改革开放，加速经济发展的阶段。在精辟分析当前国际国内形势，科学地总结党的十一届三中全会以来改革和建设的基本经验的基础上，邓小平在1992年年初对南方的视察中，提出要抓住有利时机，加快改革开放和经济建设的步伐。接着，中央作出了关于加快改革开放和经济发展的一系列决定，并在具有重大历史意义的党的十四大明确提出建设社会主义市场经济体制的改革目标。中国的改革开放和现代化建设事业进入了一个新的阶段。在不太长的时间内，改革开放得到了全面深化：从企业改革方面看，国务院颁布了《全民所有制工业企业转换经营机制条例》，在着力改善企业外部环境的同时，重点进行了企业内部劳动、人事、工资三项制度的改革，并相应加快了社会保险制度改革的步伐；一度试而不推的股份经济得到了较快的发展，并加强了相关的立法和管理工作；企业兼并范围扩大，企业集团的组建与改造加速。理顺企业产权关系特别是国有企业的产权关系作为塑造现代企业制度的核心，已经开始实质性进程。从价格改革与市场体制建设方面看，大幅度调整了粮食价格，实现了购销同价，进一步提高了部分基础产品和公用事业的价格与收费，在放开绝大部分消费品价格的同时，放开了一部分原实行"双轨制"的重要生产资料价格。与此同时，一大批全国性与区域性农副产品、工业品批发市场和生产资料市场相继建立，资金市场，特别是包括各种债券和股票在内的资本市场得到了较大发展，一些区域性和全国性的关卡壁垒被撤销。产权市场、劳动力市场、房地产市场、技术、信息市场也有了长足的进步。从宏观经济管理体制改革方面看，生产资料指令性计划进一步缩小，计划部门的职能开始转到从事经济预测、长远规划、咨询信息服务等工作上；财政复式预算制全面推行，分税制在九个地区试行的基础上，按统一的规范的方案推向全面。包括调整组织机构在内的使中央银行成为"银行的银行"的改革和探索专业银行企业化经营道路，使之成为真正的商业银行的基础性工作已实质性展开。此外，意在转变职能的政府机构改革尤其是县级综合改革进展较大。对外开放的形势更令人鼓舞：沿海地区对外开放的领域进一步扩大。外商投资开发的洋浦等经济开发区相继建立；沿江各城市全部开放，并开放了沿边十多个县市。在内陆地区，各地自建的各类开发区、开放区、保税区迅猛发展，其中保税区已达14个。与此同时，对外合作和利用外资的领域扩展到各个方面，且形式多样。这一阶段虽然开始不久，但已显示出勃勃生机。1993年10月召开的党的十四届三中全会，对深化经济体制改革作出了全面、系统的部署。显然，这一阶段改革的步子将更大，触及面将更宽，改革力度也将更强，成为名副其实的"攻坚碰硬"的阶段。因此，将在中国经济体制改革的进程中占据举足轻重的地位。

三、我国经济体制改革的主要成就

15年来，中国改革开放不断向更加广泛，更加深刻的方向拓展。在经历了从农村到城市，从微观经济基础到宏观管理体制等各领域、各方面的一系列改革之后，中国经济体制格局发生了显著变化，建设新经济体制的探索取得了重要进展。概括地说，主要体现在如下几个方面：

（一）以公有制经济为主体，多种经济成分并存的较为合理的所有制结构初步形成。所有制结构的改革是经济体制改革中十分重要的方面。我国在50年代中期完成对私营经济等的社会主义改造后，出于对社会主义就是"一大二公"的理解，陆续采取一些措施，缩小乃至消灭非公有经济成分，与此同时，加紧公有制经济中集体所有制经济向全民所有制经济过渡或升级，使相当一部分集体经济变成了"准全民"经济。这样，最终形成了较为单一的公有制经济和事实上比较清纯的全民所有制经济。这种超乎现实要求的所有制结构严重束缚了生产力的发展，无法满足人民群众日益增长的物质和文化生活的需要。因此，改革一开始，政府就十分重视所有制结构的调整和改革,在发展多种形式的公有制经济的同时,调动一切积极因素,在坚持公有制为主体的条件下,实行国家、集体、个人一起上的方针,积极发展多种经济成分,特别是重点发展了个人或家庭占有生产资料,主要依靠自己或家庭成员从事生产经营活动的个体经济,实行雇工经营的私营经济,以及引进外资而产生的,主要由中外合资企业、中外合作企业和外商独资企业构成的外资经济。非公有制经济的数量和规模迅速扩展,经营范围遍及工业、商业、建筑业、运输业、金融业等各个行业。据统计,在全国工业总产值中,个体、私营和"三资"企业的工业产值所占比重,已由1978年的0.4%上升到1993年的14%,在社会商品零售总额中,非公有制企业已占35%。单一的所有制结构已有了显著的改变。而多种经济成分的发展,对于有效地调动各方面的积极性,促进竞争、发展经济、方便生活、安置就业等,都起到了良好的作用。

（二）国有经济的改革开始体现实质性突破,企业经营机制的根本转换已有一定基础,制度创新全面展开,企业逐渐摆脱行政隶属关系走向自主经营、自负盈亏。搞活企业特别是搞活国有大、中型企业,一直是我国经济体制改革的中心环节。围绕这一中心环节,政府在做好相关的配套改革的同时,把重点放在国有企业改革本身。在1991年前,企业改革多在"放权让利"上,即从调整国家和企业的分配关系入手,实行多种形式的利润留成和经营责任制,扩大国有企业的生产经营自主权。这期间,经历了非制度化的浅层次放权让利和以较固定的契约形式界定国家和企业的关系的深层放权让利两个阶段。前一阶段的主要措施是实行"经济责任制"和"利改税";而后一阶段的主要措施则是从1987年起在全国推行,今天仍然陆续存在的"承包经营责任制"。承包制较大地触动了传统的政企合一的国有企业体制,从而使国有经济的改革迈出了重要的一步。承包合同对于责、权、利关系的一定程度的界定,拓展了企业的行为能力与空间,从而较大幅度地提高了生产效率。但是,它也存在"负盈不负亏"、过度耗费国有资产以及往往只重视承包者利益和承包期利益,不重视社会效益和长远利益等问题,更重要的是它仍然以旧的行政框架为支撑点,难以在必需的限度内摆脱行政机构对企业经营活动的支配权。因此，在完善承包制特别是健全科学的承包指标体系的同时，1991年起，开始把企业改革的重心从放权让利转到转换企业经营机制，让企业走向市场上来。除了继续还权于企业外，重点抓了两方面：一是立足于理顺产权关系，探索能够实现企业自主经营、自负盈亏的富有活力和效率的国有经济的实现形式和产权制度，在这方面特别重要的是：一度试而没推开的股份制有了长足的发展，这使得国有经济的改革开始体现实质性突破。据不完全统计，到1994年6月底，全国共有各类股份制试点企业12000多家（不包括乡镇企业中的股份合作制企业和中外合资、国内联营企业），其中公开发行股票并可上市交易的有250多家。另外，20多个定向募集公司的法人股也挂牌上市交易。还有一些公司的股票在境外发行、上市。今天，以股份有限公司和有限责任公司为主体的各类股份制企业仍在各地区各领域以较快速度增长。此外，各种形式的企业联合、兼并以及企业集团的规范化组建也在加速推进，在企业组织结构的调整过程中进一步完善了国有经济的运营形式。各地在转换企业经营机制的实践中，还进行国有资产授权经营，仿私营、"三资"企业经营等试验。二是在保证国有资产不受侵害的前提下着手调整国有资产的行业分布结构，通过改、转、租、包、卖等多种方式，将国有投资从那些没有必要管，没有精力管，没有能力管的行业撤出来，转向那些重要的，关系到国计民生的行业。三是按照市场经济的要求抓紧进行以劳动、人事、分配为重点的企业内部管理制度配套改革，把竞争机制、风险机制和优胜劣汰机制引入企业。目前，全国已有相当一部分企业进行了上述三项制度改革的试点，涉及数千万职工。这些改革，初步改变了国有企业作为政府主管部门附属物的状况，使之逐步转换成为自主经营、自负盈亏、自我发展、自我约束的法人实体和市场竞争的主体。与此同时，城乡集体企业的转轨改制取得了有效的进展，非国有经济企业显示出强大的活力。

　　（三）开放、竞争、完整的社会主义市场体系已现雏形，市场机制对资源分配的作用显著增强。15年来我国进行的改革，从本质上说是破除高度集中的计划经济体制，以经济运行市场化为基本取向的改革。针对传统体制统得过死，排斥价值规律和市场作用的弊端，我们重点推进了两个方面的改革:一是在改革流通管理体制的基础上促进各类市场的发育,以建立和健全市场体系,为各种产品、资源的交换与分配提供舞台;二是着力改革价格制度,理顺价格关系,强化以价格作用机制为核心的市场机制对社会资源分配的功能。在前一方面,采取的主要措施是,改革商业经营管理体制,在发挥国有商业和供销合作社商业主渠道作用的同时,积极发展集体、个体商业及私营商业,支持生产企业自销,形成多种经济成分、多条流通渠道、多种经营方式并存和少中间环节的流通新格局。改革物资经营管理体制,变生产资料的调拨分配为商品交换,取消工业产品的统购包销和主要农产品的统购派购办法,扩大市场调节的范围。改革流通企业经营制度,归还其经营自主权。在此基础上,积极建立培育各类市场。目前,包括农产品、工业消费品和生产资料在内的商品市场已经形成且发育较好,大多数商品价格和商业经营已经放开;国民经济活动的资金积聚源结构已发生重大变化,各个经济活动主体自我积聚和通过证券市场融资、社会集资的资金比重已达一半左右,金融市场特别是间接融资市场有了较大程度的发展;非国有企业的劳动就业已基本实现"双向选择",国有企业的就业来源、方式也有很大改观,劳动力的流动性、选择性有了很大提高,就业的市场化与开放化进程显著加快;土地使用权有偿转让市场迅速发展,约有10%的土地从行政划拨与批租转入公开市场交易;技术已开始进入市场,交易额迅速增长。此外,同企业改革和国有资产管理体制改革的进程相适应,资产的有偿转让的速度加快,规模增长,形式也日益多样化。与此同时,包括郑州中央粮食批发市场,深圳有色金属交易所,上海、深圳证券交易所等在内的一些新型的、较高层次的市场组织形式陆续出现。在后一方面,自1979年首先大幅度调整农副产品价格后,十多年来,政府采取"调放结合,以放为主"的价格改革方式,陆续放开了小商品价格、绝大部分工业消费品价格和农副产品价格,多次调整了重要生产资料的价格,使之向市场靠拢。过去高度集中的国家管理价格的体制已发生很大变化。据最新资料,在农产品收购总额中,国家定价的比重已由1979年的92%下降为现在的10%;在工业消费品零售总额中,国家定价的比重已由95%下降为5%。市场调节价和以市场调节为基础的国家指导价合计,在商品零售总额中已占到90%以上。市场机制已对社会直接生产品的生产和分配产生基础性作用。

（四）以经济政策和经济杠杆为主要调控手段的宏观经济间接管理体制的建设取得重要进展，新的经济运用格局初显轮廓。改革行政命令协调为特点的高度集中的直接管理体制，实现宏观经济调控的间接化，是我国经济体制改革一项十分重要的内容。为此，中央着力进行了计划投资、财政税收、银行金融和经济管理机构等方面的改革。在计划投资体制改革方面，最主要的，一是较大幅度地缩减了指令性计划范围，在率先取消农业生产方面的指令性计划，实行合同定购后，又逐渐分类取消或减少工业生产方面的指令性计划，目前，国家指令性计划在全国工业产值中的比重已由1979年以前的95%，减少到10%以内；二是分化投资主体，扩大地方和企业的投资权力，与此相应，改固定资产投资的无偿拨款制为有偿借贷制；三是转变计划管理的重点，把主要是定指标、批项目、分钱物转到对社会经济活动进行预测、规划、指导、调控以及提供有效的服务上。在财政税收体制改革方面，重点是变财政的统收统支为多种形式的包干制，继而进一步推进规范的"分税制"，清晰界定中央和地方的事权与职能，逐渐理顺中央和地方的利益分配关系；变过去单一的工商统一税为产品税、增值税、营业税、所得税等多税并存的复合税制，强化税收的经济调节功能，同时，还实行了财政的复式预算制。在银行金融体制改革方面，初步建立了以中央银行为领导，各类专业银行为主体、多种金融机构并存的金融体系，在强化中国人民银行稳定币值、实施货币政策，依靠再贷款、准备金、利率等手段间接调节金融活动的职能，把其逐渐改造成为真正中央银行的同时，实行专业银行的企业化管理使之成为真正的商业银行。与此同时，建立以银行同业拆借为主的短期资金市场和以各种债券为主的长期资本市场，在一些大中城市开放证券交易市场和外汇调剂市场。目前在外汇管理体制改革的基础上，已建立了以市场为基础的有管理的浮动汇率制度，并继续向统一规范的外汇市场方向发展和转变。在政府管理经济的职能转换方面，适应建立新体制的需要，政府于1982年、1988年和1993年先后三次对中央的机构进行了重大的改革，合并裁减专业管理部门、综合部门及其内部的专业机构,加强综合管理、间接调控的职能,地方政府机构也进行了相应的改革。在这方面,县级综合改革取得了较大的进展,到目前为止,全国已有400余个县(市)按"小机构、大服务"的改革方向进行了综合改革试验。这些改革,大大削弱了传统的宏观经济直接调控的基础,有力地推动了宏观管理从直接调控转向间接调控的进程。

(五)竞争性、开放性劳动就业制度及与此相应的按劳分配为主体,多种分配方式并存的收入分配格局的基础初步确立。我国在劳动就业制度方面,长期采取的是国家统包统分的捧"铁饭碗"的"终身制"。而在分配上,则是以"按劳分配"名义出现的平均主义"大锅饭"。1979年以来,这种制度得到了逐步改革。首先,打破了国家统包统分的劳动就业格局、实行"劳动部门安排就业、自愿组织起来就业和自谋职业"三结合的方针。这一措施,不仅解决了"文革"中知识青年下乡后陆续返城形成的就业压力,而且也较好地处理了每年新增数百万的劳动力的就业问题,社会待业率显著下降,在充分试点的基础上,于1986年开始,在全国推行了合同制为主要内容的劳动用工制度。今天,合同制职工在全国职工中已占相当大的比重。在试行劳动合同制的同时,进一步改革企业人事制度,在部分地区、企业对厂长(经理)等实行招聘制。今天,这方面的改革全面展开并取得明显成效。在这一时期,对传统的收入分配制度也进行了相应改革,除了通过多次工资调整,解决人均工资水平过低的问题外,还实行了符合不同职业特点的工资制度:在政府机关实行了以基本工资+职务工资+工龄工资为内容的结构工资制;并在试点的基础上,于1993年10月开始推行公务员工资制。在企业则实行工资总额与上缴利税等经济效益指标挂钩的效益工资制。并在一些企业进行了岗位技能工资制试点。在分配方式上,在合理确定劳动内容,坚持按劳分配的基础上,还允许如按资分配、按效益分配等多种分配方式存在,鼓励一部分地区一部人先富起来,以带动越来越多的地区和人们逐步达到共同富裕。总的说,通过改革,已经初步确立了以劳动为主要依据,以经营效益为基础的符合不同职业特点、体现各种能力效果的灵活多样的收入分配格局的基础。同劳动制度、分配制度的改革相适应,以养老保险、待业保险、医疗保险为主体的社会保障制度的改革被摆到了重要位置，这一方面的改革目前已有了一定程度的进展并呈现加快势头。

（六）全方位、多层次、多形式的对外开放态势基本形成。中国在对内进行经济体制改革、搞活经济的同时，采取了对外全面开放的方针。迄今已取得了显著成就。最主要的，一是形成了"经济特区—沿海、沿江、沿边开放城市和地区—内陆开放城市和地区"多层次、全方位的开放格局。15年来，已兴办了5个经济特区，开放了14个沿海港口城市，全部沿江城市、13个沿边城市和一大批内陆城市，建立了32个国家水平的对外开放的经济技术或高新产业开发区。二是开创了多形式、多途径利用外资的局面。1979年以来，通过对外借款和吸收外商直接投资方式和建立独资、合资、合作三种企业形式，大大推动了外资经济的发展。与此同时，利用外资的领域不断扩大，已从一般生产领域发展到金融、保险、旅游、商业服务业等多个领域与行业。三是实行了对外贸易的大发展。开放的不断扩大与外贸体制的深入改革，有效地促进了中国对外关系的发展和外贸的增长。迄今已同世界180多个国家与地区建立了经济技术交流与合作关系。1993年中国进出口总额已达1957.62亿美元。

改革开放极大地解放了生产力，中国的综合国力显著增强，人民生活水平迅速提高。改革以来的15年，国民生产总值平均每年增长9%，比改革前增加3个百分点，其中仅用了10年，就实现了国民生产总值增长翻一番。1993年增长更快，全年国民生产总值增长达13.4%。农村和城市人均年收入分别由1978年的100多元和300多元提高到1993年的921元和2337元。在社会经济发展取得长足进步的同时，人们的思想观念、价值准则，行为方式也发生了深刻的变化。

四、我国经济体制改革的基本特点

经济体制改革是一项极为复杂的社会系统工程，要建设好这一"工程"难度很大。在中国这样一个人口众多、经济基础不发达，各地区情形千差万别的大国进行改革，难度更大。15年的改革探索，尽管有曲折、有失误，但是，我国政府和人民坚持从自己的实际出发，大胆试验、勇于创新，在实践中走出了一条新路子，摸索出许多值得汲取的改革经验，

也使经济体制改革具有许多鲜明的特点。从基本的方面看,这些特点是:

(一)以科学的理论指导改革实践,用丰富的实践进一步完善改革理论。改革,首先是对传统理论与思想观念的革命。面对着刚刚结束的"文化大革命"留下的还很浓厚的"左"的思想氛围,改革的启动选择了以"实践是检验真理的唯一标准"的思想大讨论为发端,从而提高和统一了人们的认识,为改革开放的实践铺平了最初的道路。以后,从确认中国处于社会主义的初级阶段、现阶段的中国经济是有计划的商品经济,到提出"国家调节市场、市场引导企业"的新的经济运行机制的思路,又到明确提出建立社会主义市场经济体制的改革方向,一次次的重要的改革实践行动,都以思想理论的这种一次次的发展和革新为先导。而思想理论的每一次革新,都带来了改革实践的突破性进展。反过来,发展了的改革实践,又充实、丰富与完善了改革理论,从而使之进一步贴近客观实际,愈益科学化,逐渐形成了较为系统的建设有中国特色的新经济体制的改革开放理论。

(二)紧紧扣住经济建设这个中心,把改革开放与经济发展密切结合起来。改革的最终目的是为了解放和发展生产力。因此,中国特别重视改革实践中改革与发展的结合。最主要的:一是在整个改革开放过程中始终以经济建设为中心,把是否有利于生产力发展,促进经济上新台阶,作为选择改革措施的最根本的依据;二是在制定改革的规划和方案及推出某些改革措施时,既考虑有利于解决经济发展中的深层次问题,又考虑现实经济发展状况提供的环境与基础;三是用生产力发展的标准来检验改革的总体战略与具体方针的成败得失,并根据这种标准不断对改革措施与政策进行调整。

(三)充分尊重人民的首创精神,坚持自下而上的改革与自上而下的改革的统一。中国的一系列影响巨大的整体改革措施的推出,都是以基层单位的人民群众首创的具体改革经验与做法为基础和依据的。实行家庭联产承包,是以安徽凤阳为代表的中国农民的伟大创造;而现今仍在全国范围内存在的工业企业的承包经营责任制,则是一些工业企业在借鉴农村承包制形式在1982年和1983年自发试验的,中央政府及其有关部门根据经济体制改革的要求,考虑自身的国情,在进行总结、比较、选择并进一步完善的基础上，对一些人民自己创造的具有局部特点的改革措施、办法与形式在全国范围内推行。这种上下结合的改革，大大减少了改革措施的主观性、盲目性。

（四）积极动作，稳步前进，把区域性改革试点与有效的改革措施的全面推进一致起来，在坚持总体的渐进改革方式的同时，对关键环节进行重点突破。改革的复杂性及在中国改革的特殊困难性，使中国采取了"一切重要改革的全面施行都必须先在局部试验"的主要操作方式和"逐步推进、分步实施"的渐进式总体改革战略。这些方式减少或弱化了一些艰难改革措施推行的社会震动性与风险性，保证了其顺利开展，同时也取得了进行相关改革的正反两方面的经验。例如，在价格改革上，有关部门曾考虑实施一揽子价格改革方案，在较短的时间内一举闯过价格关，经过试验未取得预期效果后，改行按轻重缓急把握时机分阶段推进，使价格改革取得了重要进展。但同时，为了尽可能缩短新经济体制的建设进程，也为了使一些改革措施能顺利推出，中央政府力求及时将某些实践证明具有成效的局部改革措施尽快地推向全面，并抓住一些关键的体制环节进行重点突破。比如，改革伊始，就把搞活国有大中型企业作为经济体制改革的中心环节，围绕它来进行配套改革。而在企业改革上，则不断突进，实现了通过建立契约关系给企业"放权让利"到通过改革国有经济实现形式、实现制度创新把企业推向市场的重大转变，从而使国有企业制度改革获得了长足的进展。

（五）把握社会经济环境和条件的变化，灵活调整改革措施。在处理复杂的改革实践中，人们逐渐认识到，某项改革措施能否产生预期效应，跟其推出时机与推进过程中的灵活调整密切相关。因此，政府特别重视社会经济环境或条件对改革的制约。在环境较好时，抓紧出台一些重要的改革措施。例如，在社会总供给与总需求基本平衡，社会经济环境较好的1990—1991年，大力度地出台了一些价格改革措施，收到了良好的效果。当环境发生变化时，则对已出台的措施进行相应的调整与完善。反过来，政府在考虑推出一定的改革措施时，也尽量采取有效的措施，创造有利的社会经济环境。

（六）科学吸收和利用世界资源条件和先进文明成果，在对内改革与对外开放的结合中实现两者的相互促进。政府在下决心对内改革以指令性计划为主体的计划经济体制的同时,一开始就采取了对外开放的方针。除了吸引和利用外资、外技,同世界绝大多数国家和地区建立起经济技术合作关系外,还特别注意借鉴和吸取那些有利于我国新经济体制建设的世界各国,包括资本主义发达国家所创造的先进文明成果。我们派出大批专业人员出国考察和进修,同时也利用各种国际活动场合同国外专家讨论中国的改革与发展问题。这样,对外开放不仅促进了国内经济活动同世界市场及高效率的经济管理体制和政策的对接,也使建设中的新体制有效地摆脱旧体制落后、封闭的特性而容纳了世界一些先进管理体制的优点。反过来,改革中逐渐采取的新政策、新制度又在深度和广度上大大地促进了对外开放的发展,两者相互促进,相得益彰。

(七)边改革、边规范,通过经济立法,进行改革措施的规范化、制度化建设。通过经济立法,巩固已有的改革成果,是保证经济体制改革走向成形、走向成功的重要一环。在改革探索中,中国逐渐加强了改革初期有所忽视的这个薄弱环节,注意到把一些经过实践证明收效良好,比较成熟的改革措施,尽可能及时以规范的制度或法律的形式确定下来,以防止良好的改革措施变形,同时为新的改革措施的推出,新体制的进一步发育提供坚实的基础。有些重要改革措施的推行,一开始就以法规的形式来颁布,如为了使企业改革沿着正确的方向进行,政府颁布了《企业法》和《全民所有制工业企业转换经营机制条例》等。在今天着手建立以公司制为主要形式的现代企业制度时,又颁布了《公司法》。除此外,政府在改革中,还根据需要与实际可能,制定了一些必不可少的最基本的法规,为改革的进一步深化创造了一个初步的法制基础。

除上述七个方面外,我国经济体制改革还呈现出其他一些特点,如从中国是一个有9亿农业人口的大国的实际出发,特别重视深化农村经济体制和经营机制的改革,以提高农村生产力发展水平,为城市经济体制改革的推进提供宽松的环境和稳固的基础;注意把经济体制改革与政治、科技、教育、文化等方面的体制改革结合起来,以创造适应新经济体制的上层建筑,同时实现经济体制改革的实质性突破;在着力抓好某些单项改革时，注意经济体制改革的整体配套与协调性；等等。这些特点，使中国的经济体制改革在总体上走了一条健康的道路，从而取得了虽是初步的却是巨大的成功，同时也为深化中国经济体制改革积累了经验，创造了条件。

五、我国经济体制改革的若干不足

任何事物的发展和运行都不可能是十全十美、一帆风顺的。15年来，中国不仅以改革所带来的巨大社会经济成就为世界各国特别是发展中国家所惊叹，所称道，而且以富有特色又非常成功的改革策略与技巧在世界独领风骚，令改革中的国家特别是那些正陷入进退维谷境地的国家所折服、所羡慕。但是，改革毕竟是前无古人的、具有风险的探索。回头看这15年，我国的经济体制改革在取得了辉煌无比的业绩、创造出一系列成功做法的同时，也存在若干不足的方面。主要的有：

第一，虽然注意到以科学的理论指导改革实践，但对实现体制转变所要进行的思想上的改革的深刻性、彻底性认识不足，思想转变的不到位和反反复复，导致了某些改革措施的过渡性和某些方面改革进程的曲折性，从而影响了改革措施的实施效果和体制转轨的速度。体制改革从根本上说取决于思想的革命，然而后者是极为艰难的事情。尽管每一次的思想解放都成为改革上的重大突破的先导，但囿于主、客观条件，思想上的革命还没有成为改革的常规内容和人们的自觉行为，没有达到必要的高度，在一些方面，传统的观念仍然占据重要地位。这种状况从不同方面影响着改革的健康进行。首先是导致了改革的不到位。比如，改革一开始，我们就正确地把搞活国有大中型企业作为经济体制改革的中心环节。但由于思想认识上的局限性，改革一直致力于寻找各种手段和形式放权让利，而未能放在通过理顺产权关系、建立新的企业制度以真正"还权"于企业上，使国有大中型企业最初存在的问题至今没有根除。其次是导致改革的走形变样。比如长期以来我们在理论上排斥"资本市场""劳动力市场"一类概念，在思想上视资本流动、劳动交换为大逆不道，从而不仅抑制了市场体系的发育，也导致了一些行政色彩很浓，弃计划经济与市场经济体制之优而集其之弊的假市场的出现，妨碍了生产资源的优化配置。其三是导致了改革措施的不配套。思想认识的不到位及在有关方面的差别，使那些亟待推出的改革措施难以推出，必然形成改革举措力度上的参差不齐和支配规则上的不一致。一些股份制企业的内部领导体制仍然沿袭老一套做法，即是由思想认识原因造成的改革不配套的典型例子。而上述所有这些，都会影响到改革措施的最终效果和体制转轨的速度。

第二，虽然十分重视改革和发展的结合，但还不善于从深层次把握改革和发展融通的操作点，也并不总是能选择适当的手段来协调两者，从而使改革与发展一定程度脱节的现象在一些地方时有发生。这种脱节在如下几方面较为突出地反映出来：一是在为解决经济发展中的矛盾而实施"整顿"时，忽视推出实质性的改革措施。而旨在实现某种调控目标的行政手段的强化，事实上又销蚀了业已推出的改革措施的功效，呈现出不应有的"复归"。二是对推出的或即将推出的改革措施可能带来的经济发展的"含量"未加考虑或缺乏科学的估量，单纯地为改革而改革。三是在某些地方改革和发展的结合体现在一些非实质性的领域，其结果是改革表现出肤浅性，有"花架子"的味道，发展则表现出虚浮性，有"泡沫"色彩。从总体上说，虽然这些年来我们已摸索到把改革与发展有机结合起来的一些好做法，但是至今仍没有找到实现这两者融为一体，互相促进和带动的深层次的、根本的途径。

第三，过分注重行政手段对新体制建设的作用，在自觉利用市场自然成熟机制和规则促成新体制发育，因势利导推出改革措施方面既缺乏努力，也缺乏经验。我国商品经济发展和市场发育程度很低，要在此基础上建立现代市场经济，必然要实现较大程度的"跨越"，因此在新体制的建设过程中，政府自觉主动地培育与扶植是十分重要的，但这应建立在最大限度地运用市场自然发育机制和规则的基础上。这些年来，出于加速建立新体制的热情并由于缺乏经验，一些地方过多地依靠政府的行政力量，通过运动式的办法实施改革措施，推进体制建设，结果是事与愿违，打乱了经济体制进化与成熟的内在机制与序列，造成了经济关系的新的扭曲和较大的浪费。在这方面，比较典型的例子是，一些部门和地方不顾条件、不问需要，贪大求洋，盲目争办各类市场，并追求市场的所谓"级别"。结果是开张红红火火，运营冷冷清清，除造成了许多矛盾外，只留下一个空场地。

第四，在对外开放中，一些地方过分依靠优惠政策招商引资，忽视良好的投资环境和法制基础的建设，更忽视构建同国际上成熟的市场关系对接的机制与体制。有的把开放简单理解为招商。对外商，有时还没见影儿就先给一大堆优惠政策。有的甚至是比照所有地区给"特区"政策。这类不加区别仅靠低价批租土地，减免税收、牺牲本方利益等优惠政策"招商引资"造成的结果大多是机制依旧，而国有资产大量流失，真商实资进得少，却导致了大量"仿洋皮"的假外商的出现。

第五，虽然注重强化经济改革过程中的法律环境的构建，但自觉地进行改革的法律规范，依靠法律手段推进改革仍显不够，并且，在法规的制订和实施方面也表现出一些明显的缺陷。最主要的，一是一些急于制订的重要法规没能及时推出；二是立法表现出相当程度的滞后性，往往在社会经济生活中矛盾表现得比较突出，已造成巨大的社会经济代价时才开始考虑相关法的制订；三是有法不依的现象比较普遍，使一些重要的法规形同虚设。这些缺陷大大影响了改革措施实施的真实性、完整性和有效性，导致改革过程中的成本急剧增大。这也是这些年来我们推出的许多改革措施走形变样的一个重要原因。

应该指出，我国经济体制改革过程中存在的这些不足是局部的、阶段性的，并且已为人们所认识，在实践中正逐步得到校正。随着改革进程深入而积累的经验增多和技巧的提高，我们的失误将会大大减少，建立新体制的改革将会按照科学的原则和正确的方向健康、扎实、快速地向前发展。

六、我国经济体制改革目标模式的选择

无论是对于我国经济体制改革的初始阶段，还是对于业已改革15年后的今天，都有个目标模式的选择与确定问题。而这一问题一直在经济体制改革的诸多问题中处于头等重要的地位，是因为它不仅决定着经

济体制改革的基本方向，而且决定着建立新体制的基本原则和具体的改革内容，在这个至关重要的问题上，经过15年的探索，我们已在总体上廓清；然而关于具体的目标模式的选择，我们虽有初步的认识，但仍存在一些难点，需要做艰苦的探索。

（一）社会主义市场经济体制目标的确立。在一定意义上，对于15年的中国经济体制改革来说，最大的收获是通过探索，在总体上廓清了经济体制改革的目标。然而回头看这个探索过程，充满艰辛，有曲折，有反复，我们的认识是在实践中不断清晰和深化的。

中国经济体制改革，从主体和实质上说，是改革高度集中的计划经济体制，强化市场机制的作用，因而关于改革目标的探索是围绕计划和市场的关系展开的。改革初始，针对着传统的经济管理体制"权力过于集中"的弊病，中央指出，"应该有领导地大胆下放，让地方和工农企业在国家统一计划的指导下有更多的经营管理自主权"，并强调要坚决实行按经济规律办事，重视价值规律的作用，在这一认识的基础上，逐渐形成了"计划经济为主，市场调节为辅"的经济体制改革的指导原则，并在党的十二大确立下来。现在看来，这一提法虽有较大的局限性，但较之传统的认识，它无疑是朝正确的方向迈开了关键性的一步。随着改革实践的发展，自1984年后期起，关于计划和市场关系的认识又有了进一步的发展，党的十二届三中全会通过的关于经济体制改革的决定，在总结改革以来的实践经验、吸取有关卓越的理论成果的基础上，对于计划和市场的关系作出了进一步的阐述，指出我们的经济是有计划的商品经济，我们要建立的新体制是有计划商品经济体制。有计划的商品经济不是完全由市场调节的市场经济，但市场调节在国民经济中起着辅助的然而是不可缺少的作用。而且，计划不等于指令性计划，也包括指导性计划，指导性计划主要依靠运用经济杠杆，指令性计划也必须运用价值规律。在这些阐述中，"主、辅"原则虽然仍贯彻其中，但我们已经看到了计划和市场关系的更为丰富的内容，从而为计划和市场关系理论的进化与政策的发展打下了基础。正是在这个基础上，1987年10月召开了党的十三大，扬弃了"主、辅"原则，对经济体制改革的基本方向作出了新概括，这就是，社会主义有计划商品经济的体制，应该是计划与市场内在统一的体制。在这种体制下，计划和市场的作用范围都是覆盖全社会的，新的经济运行机制，总体上来说应当是"国家调节市场，市场引导企业"①的机制。这种概括，标志着计划与市场关系实践的新发展，也标志着关于经济体制改革目标认识进入到一个新的阶段。1988年和1989年，我国社会经济政治生活呈现出较为严峻的局面。与此相适应，计划与市场关系的探索思路进一步发生变化，"国家调节市场、市场引导企业"的方向受到一些人不光是学术上的否定。这一表述终于为"计划经济与市场调节相结合"的提法所替代。尽管这一时期关于计划、市场关系的总体认识上存在一定程度的局限，但在关于其具体的结合的讨论方面，却提出了许多精湛之识。随着实践的进一步发展，社会主义等于计划经济、资本主义等于市场经济的传统观念终于被打破，把计划经济和市场经济看作属于社会基本制度范畴的思想束缚得以解除。1992年10月召开的党的十四大，明确提出我国经济体制改革的目标是建立社会主义市场经济体制，并对社会主义市场经济体制内涵与特点作了科学的论述。这些论述，大大丰富了马克思主义的思想理论宝库，成为中国计划与市场关系理论探索与改革发展进程中一个具有划时代意义的新的里程碑。经济体制改革的目标在十多年艰苦探索的基础上终被科学确立。

把我国经济体制改革的总目标确立为建立社会主义市场经济体制，绝不是随心所欲的冲动之举。归根结底，它是历史发展的客观要求，是现阶段最大限度地发展我国生产力的必然选择。在相当长的一段历史时期中，世界大多数资本主义国家实行的是完全依靠"看不见的手"起作用的自由放任的市场经济。尽管这种市场经济是一种初级形态的、存在着相当多且相当严重的缺陷的市场经济（这种严重缺陷终于使它为有国家干预的较为成熟的市场经济形态所代替），但它还是推动了资本主义社会生产力的迅猛发展。本世纪40年代以来，随着国家干预和经济计划纳入市场经济，以及以指令性计划为主体的计划经济吸收市场调节，整个世界大体上形成了两种经济运行模式：一种是在实行高度集中的计划

---

①参见《沿着有中国特色的社会主义道路前进》。

管理的同时适当引进市场调节，以求得计划的控制力与市场的效率性两方面优点的计划经济模式；另一种是建立在竞争性市场决定社会资源的分配与流向的基础上，运用财政、货币和收入分配政策影响或干预微观经济以促进总量平衡与结构合理，保证国民经济均衡发展的市场经济模式。而事实广泛地表明，选择市场经济体制格局比选择计划经济体制格局更有效益。其中更为典型的是，一些曾经较为落后的国家和地区，由于实行了良好的市场经济体制而迅速发展，日趋发达；而另一些生产力发展水平本来较高的国家和地区，由于否定市场经济排斥市场机制作用而出现停滞甚至走向衰落。我们自身经济发展的实践更是有力地证明了发展市场经济、利用市场机制对生产力发展的重大促进作用。这一点众所周知，无须赘述。需要指出的是这样一个事实，在15年的以扩大市场机制作用为基本取向的改革过程中，越是那种面向市场程度高、市场机制发挥作用程度大的地区如沿海开放地区，产业如农业、第三产业，企业如乡镇企业、合资企业等，经济发展就越好，经济效益也越高，相关的经济矛盾也解决得好。实践表明，比之计划经济体制，市场经济体制是符合现阶段特点，能实现高水平的生产力或经济效率的体制。而社会主义的本质从根本上说，是解放生产力、发展生产力，最终达到全社会人民的共同富裕。不能实现比资本主义优越的生产力，不能达到效率与公平的高水平的统一，社会主义最终就不具有存在的价值。就中国来说，不迅速提高我们的生产力水平，不大大增强我们的综合国力，不显著地改善和不断提高人民的生活水平，中国社会主义制度的稳固和国家的长治久安就会遇到极大的困难。因此，实行市场经济是解决中国政治问题即巩固和发展社会主义制度、实现中华民族的繁荣昌盛的根本环节。显然，确立建立市场经济新体制之改革目标，是中华民族和中国社会主义之幸。

（二）纷繁市场经济体制下中国具体模式的选择。确立市场经济的总的目标，并没有解决全部问题。实行市场经济，还有一个对具体目标模式的选择问题。在当今世界上，绝大多数国家和地区实行了市场经济，但并不都取得了成功。因此，从总体上说，我们要在认真研究那些运转效率较高的市场经济国家和地区经济的基础上，博采众长，从我们自己的实际出发，确立较为理想的市场经济模式。

从这一认识出发，中国市场经济的具体模式的选择所必须考虑的前提至少有这样几个方面：第一，市场经济的一般规定。这是任何市场经济模式都必须具有的共性，否则，就不成其为市场经济体制。第二，中国社会政治经济制度的基本特点，这些特点最集中的体现是生产资料所有制的性质。第三，包括生产力发展水平、经济结构、人口状况、自然条件等在内的中国基本国情的特点。这两个方面决定了中国市场经济模式所特有的个性。因此，概括地说，我们所要建立的社会主义市场经济体制应当是市场经济的一般规定、社会主义基本经济制度和中国基本国情有机结合、内在统一的产物。这也就是说：

新体制必须体现公有制与市场经济的内在统一。公有制是当今中国社会制度的基础，它的出现是社会历史发展的必然。无论愿不愿意，市场经济建设都必须以客观存在的公有制为基础，因而必须实现两者的有机结合，这既是难点之所在，更是意义之所在。实现两者结合的关键在于公有制，它必须适应市场经济本质要求的有效的实现形式。任何违背市场经济的内在规定，破坏市场经济机制运作功能的实现形式，既不会造就富有活力的市场经济体制，也难以发挥公有经济的巨大潜力。

新体制必须实现市场经济的一般规则和我国国情的有机结合。在长期的发展与进化中，市场经济已形成了一套较为成熟的运行规则和特征，我国要建立的新体制，必须符合这些规则，体现这些特征。但是，市场经济的一般原则与规定，只有通过一定的国情特点才能在实际生活中具体表现出来并发挥作用。因此，必须把两者密切结合起来，否则，就难以形成高效率的市场经济体制。我国的基本国情是：生产力发展水平低、市场发育不充分；地区经济发展不平衡；农业人口多，就业压力大，总体人口素质比较低；城乡差别很大；等等。在相当长的时期内，这种状况不可能根本改变。这些基本国情，决定了我国经济成分的多样性，决定了公有制具体实现形式的多样性，决定了农村在经济发展中的重要地位，决定了政府在培育市场、调整产业结构，缩小地区差别、防止两极分化中的重要作用，而这些都必然形成我国市场经济模式的特点或特色。但在强调中国国情特点时，决不可良莠不辨尽皆囊之，主次不分笼统顾之，也不可借口"从实际出发""灵活运用"而无视市场经济的一般原则，我行我素。

新体制必须实现市场经济原则与科学的思想观念，优良的政治、文化传统的完满协调。建设新体制，不仅要改革在本质上与之对立的计划经济体制，而且要相应改革现行的社会政治体制，革新思想文化观念。但这并不意味着同时放弃我国思想政治和社会文化方面的优良传统。市场经济并不排斥优良情操与民族美德，政府对企业的主动性服务、企业间的相互合作，管理者与被管理者间的平等关系、企业内部劳动者的集体主义精神、科学的思想政治工作等等，是我们在长期的社会实践中形成的一些良好的道德风尚与行为方式，有一些已被国外广泛借鉴。正确利用与合理发挥这些优势，既可以增强企业和整个国民经济的运行效率和竞争力，进一步丰富市场经济体制的内容，还可以减少和克服市场经济存在的某些消极影响，大大提高新体制的理想程度。

在上述原则中，市场经济的一般规则是所有与之结合的其他方面所考虑的前提和调整的依据，因而占有特别重要的地位，具有不可违逆性。但是，对于市场经济的具体目标模式的选择来说，还有一个对这些一般原则的正确运用和科学体现的问题。除了社会政治、经济基本制度的差别外，这种从各国具体实际出发（如果它不被滥用和庸俗化的话）而形成的纯市场经济一般原则运用和体现上的差异，是决定各国所选择的市场经济模式的优劣与理想程度的最根本的因素。理想的市场经济模式并不僵硬地表现着市场经济的一般原则。比较世界上各类运转较好的市场经济模式可以看出，尽管它们无一例外表现着企业的自主、市场的开放、政府的间接干预等体制上的共性，但同样也表现出明显的个性。例如，从宏观管理上看，在不同国家，不同发展阶段，政府干预经济的程度、着眼点，采用调控手段的侧重点有较大差别。有的干预力度较强，有的则较弱；有的除了运用财政、货币政策外，还重视用强有力的产业政策对资源配置与生产活动进行结构导向，有的则没有明确的产业政策。从市场体系的特点看，有的十分强调国内国际市场的一体化，有的则更重视完善国内市场体系，对生产要素的市场国际化持比较慎重的态度。从微观层次上看，在各类企业享受的自主权方面、企业制度模式方面、企业内部管理与运作方面都不尽相同，如在企业内部管理、运作方面，有的重视个人价值，有的则更强调团队精神。从我国经济成长的阶段、市场发育的现状、社会政治文化基础以及面临的国际经济环境看，东亚国家和地区市场经济运作的成功经验更值得我们重视和借鉴。

党的十四届三中全会通过的《中共中央关于建立社会主义市场经济体制若干问题的决定》，在总结我国的实践经验和借鉴国际上成熟做法的基础上，提出了新体制建设的基本原则和总体思路。概括地说，我们所需要建立的市场经济体制，将是市场经济与公有制内在统一，企业自主经营、平等竞争，在积极有效的国家调控下，市场机制对资源配置起基础性作用，能够实现效率与公平高水平结合的经济体制。其主要特点是：

1. 公有制为主体，多种经济成分共同发展的生产资料所有制格局。在积极促进国有经济和集体经济发展的同时，鼓励个体、私营、外资经济发展。公有制经济在财产组织和经营上表现为多种形式。公有制的主体地位主要体现在国家和集体所有的资产在社会总资产中占优势、国有经济控制国民经济命脉及其对经济发展的主导作用等方面。所有经济成分在健全的法制环境下共同发展、平等竞争。

2. 产权清晰、权责明确、政企分开、管理科学的现代企业制度。实行符合社会化大生产和市场经济本质要求的企业财产组织形式、资产经营形式和内部管理、运作制度。企业原则上实行公司制。除少数特殊行业采取国家独资经营，部分支柱产业、基础产业实行国家控股外，大部分企业改造成为法人交叉持股、各种机构和个人混合持股的多种形式的规范化股份公司，实现自主经营、自负盈亏。

3. 开放有序的市场体系。绝大部分商品、劳务、生产要素价格放开，形成市场供求决定价格的机制。建立发达的商品市场和劳动力、资本、土地、技术等生产要素市场，市场规则健全、市场组织完备、市场主体行为规范。形成多种经济成分、多类经营方式、多条流通渠道并存、内外资融通、国内外市场相互衔接、促进资源优化配置的统一开放的市场格局。

4. 积极主动，以间接手段调控为主的完善的宏观管理体系。宏观调控职责明确，主要任务是：保持经济总量的基本平衡，促进经济结构（产业、地区、收入分配结构等）的优化，引导国民经济持续、快速、健康发展，推动社会全面进步。宏观调控手段科学，以经济手段为主体，多种间接调控手段综合运用，形成各调控政策与手段（特别是经济政策与手段）间相互配合和制约的机制。

5. 以按劳分配为主体，效率优先、兼顾公平的收入分配制度和多层次的社会保障制度。在完善劳动力市场和相关法律环境的基础上，形成由市场确定、分配、调节劳动者所得的机制。允许非直接劳动要素参与收益分配，并依法进行管理。形成集社会保险、社会救济、社会福利、优抚安置和社会互助、个人储蓄积累保障于一体，保障方式有别、资金来源与结构合理的完善的社会保障体系，把完备的社会保障和对社会成员的强有力的激励和约束有机结合起来。

6. 健全的法规管理与监督系统。法律规章健全，内容科学，执法组织完备、手段有力。所有的经济活动都按照相关的法规来进行，整个经济运行有一个完备的法制基础。

显然，体现了上述特点的经济体制，将是一个充满活力、富有特色的社会主义市场经济体制。但是，在社会主义条件下建设市场经济，是一项前无古人的事业，难度很大，而要在这个基础上正确把握自己的特点，科学体现市场经济的共性，其难度就更大。无论从哪个意义上说，实现这一目标都要做极为艰苦的工作。

七、我国市场经济体制建设的重点环节及其操作思路

我国的改革是一项极为复杂而艰巨的系统工程。要实现建立市场经济新体制的目标，需要各环节、各方面的配套改革，协调动作。但是，制约市场经济发展进程的，还是那些作为体制支撑的基础环节。因此，在坚持改革的系统性、整体性的同时，必须抓住支持旧体制或确立新体制起决定性作用的环节与方面进行重点突破。从现实体制格局及建立新体制的要求出发，新时期改革必须紧紧扣住如下方面展开：

（一）以理顺产权关系为核心，分类改革现存国有企业。从根本上

说，微观经济活动是其他一切经济活动的基础，对于建立市场经济新体制这一目标来说，企业的自主实际上是形成有效的竞争性市场和科学而规范的宏观管理与协调的前提。因而在以"国家（政府）——市场——企业"三要素为主构成的经济体制总体中，企业与企业制度及其改革处于更为基础的地位。更进一步说，企业是唯一的生产源，从而是创造社会财富的主要源泉。在当前的中国，国有企业占主体地位，是国民经济的脊梁和国家财政收入的主要来源。因此，搞活企业，特别是搞活国有企业在新体制的建设中占有特别重要的地位。

改革伊始，我们十分正确地把搞活国有企业特别是国有大中型企业作为经济体制改革的中心环节。十多年来陆续推出的一系列改革措施，一定程度地提高了企业的自主性，其活力和效率有所增强。但总的看，未能达到预期的效果。原因在于，受主观（如认识上的偏差、旧有利益关系约束）、客观（如体制转换固有的渐进性）条件的限制，"搞活"的措施在较长时期内一直集中在"放权让利"上，没能牵住解决问题的"牛鼻子"，把着眼点放在理顺国有企业的产权关系上。事实上，不以理顺产权关系为前提的"放权"只会是一种有限度的放权，不仅权力放得不实在，放不到位，一些机构还会截留上面下放给企业的权力，或以新的方式收权。不仅如此，在目前产权关系不明确、国有资产事实上缺乏负责任的主体的状况下放权，还会铸成一种导致国家资产向少数人非法转移的"逆机制"。国有企业改革的根本点应该是理顺产权关系，只有在这个前提下，企业的自主性才能真正实现，国有资产保值增值的目的才能真正达到。

理顺国有企业产权关系，必须着眼于企业财产组织制度创新和资产行业分布结构调整两个重要方面。企业财产组织制度是现代企业制度的核心构件，它涉及的是财产权的归属及构成状态，出资者与企业的关系等，因此，它直接关系到产权关系。其创新本身，实际上说是明确产权归属及其存在形式。从世界经济发展实践看，如果着眼于财产权归属，则在企业财产组织制度创新方面要把握两点：第一，在主体上不能再搞国有国营；第二，在主体绝不能搞分资到人，一一对应的私有制。因为从根本上说，从长远发展看，这两种产权形式都无法实现企业的高活力和高效率，难以同市场经济结合。前一种形式的弊病我们已有直接体验，而后一种形式曾作为西方不成熟的市场关系的产权基础，目前已被发展了的市场经济所淘汰。在高度集中的计划经济体制下，同政企不分的企业制度相对应，我国的国有资产不论需要、不分情形、遍及各个行业，国有经济占绝大比重，这既因产权形式的一律化束缚了某些领域、行业的发展，同时也因财力、精力分散而导致大小事情都难做好的后果。不仅如此，国家还陷入了对某些企业没完没了、越来越大的财力和精力投入的困境中而难以拔脚。因此，理顺产权关系，还必须合理调整国有资产的行业分布结构，收缩国有经济运作战线，把国家的财力、精力集中到那些最重要、最必要的行业或领域上来，真正搞活这些关键部门的资产，实现国有经济的主导作用。把握住这两个方面并立足于企业制度改革的公司制方向，目前对现有国有企业的改造可以配套采取如下途径：

对极少数非国家完全所有独家经营不可的特殊企业，如大型金矿、钻石矿、人民币制造厂、非常重要的军工企业和科技企业，仍实行国有国营。根据情况，可以改造成为国有独资有限公司，并相应建立科学、规范的内部经营和管理制度。

对那些涉及国计民生，且具有较强的自然垄断性的行业的国有企业，如邮电、交通、电力等行业的国有企业，实行以国有控股的股份制改造。但从发展方向上看应把握这样几点：第一，国家拥有的股份额以达到有效实施控制力为限，并不一定要绝对规定为51%以上；第二，国家控股不等于国家的某个部门独家垄断经营，一般地说，应形成多家部门竞争经营的格局；第三，国家控股不等于政府直接经营，根据情况可以采取委托经营，或者国有民营等多种经营形式。

对那些属竞争性行业的少部分比较重要，或从某种特殊要求（如出于对幼稚工业的保护）出发特别必要管理的企业，可实行以公有法人控股的股份制改造。

对那些不符合产业政策要求，且长期亏损、挽救无望，国家财政为之付出沉重代价的企业，对于绝大部分从事一般性生产、经营、服务活动的小企业，应主要通过拍卖的方式，转为非国有企业，或实行国有民营。

（二）立足于加快资金（本）、劳动力、土地的流动，着力推进要素市场建设。组织严整、规则健全、功能完备、机制灵活的开放性市场体系是市场经济新体制的关键部分和主要构件。作为经济活动的载体和经济关系的凝结点，市场体系的完善与成熟程度实际上决定和反映着市场经济体制的完善与成熟程度。推进新体制建设，必须着力推进市场体系的建设。进一步说，市场经济体制的核心是市场资源配置，归根结底，是通过市场机制把生产要素配置到最合适的环节上去。因此，市场体系建设的重点就是生产要素市场。

要素市场是相对于商品市场而言的。改革15年来，我国商品市场有了较大的发展，然而要素市场的发育却严重滞后。这除了有思想认识不足、操作方式失当等主观方面的原因外，还在于要素市场建设客观上具有特殊艰难性。比之商品市场，无论在质的规定上还是发育过程上，要素市场都更具深层性。从性质上说，要素市场直接体现的是社会生产活动的最基本的条件的联系或交往关系，这不仅使它成为市场配置资源的基础，而且成为市场化经济关系凝结和成长的舞台；从发育过程上说，正因为其质上的这种特点，要素市场的发育不可能通过简单提供"场所"的办法（这对于商品市场的建设在一定程度上是必要的）来实现，其功夫在市场之外，需要进行一系列旨在彻底改变行政分配资源体制的深层次改革。而这些改革的核心，在于实现各生产要素的自由的同时是有规则的流动，形成市场化的经济关系。

在所有生产要素中，资金（本）、劳动力和土地处于更为基础的地位，一定意义上说，其他要素都是这三方面的派生和延伸。因此，构建要素市场体系的重点应放在培育资金（本）市场、劳动力市场、土地市场上。

在资金（本）市场的发育上，最为关键的是做好一些基础性的改革：第一，积极推进利率形成机制的改革，建立以中央银行基准利率为基础的、灵敏反应资金供求关系的利率形成机制，实现利率决定的市场化；第二，重塑资金市场主体，规范各类金融机构的运作职能，在健全市场法规，加强金融监管的基础上，形成各经营性金融机构平等发展，相互竞争的格局，实现融资途径和信用形式的多样化；第三，弱化资金市场培育与管理上的直接行政运作,充分运用各类经济杠杆和发挥各类金融中介服务机构的作用,实现资金市场的健康发展。从资金市场本身看,在短期货币市场方面,重点是进一步发展规范的银行同业拆借市场,可转让存单市场,商业票据承兑贴现市场,建立全国性和区域性资金拆借中心和票据结算中心。培育资金市场的重点应放在长期资本市场上。在资本市场方面,应进一步开拓债券、股票市场。适时放开企业特别是有偿还能力的企业进入长期债券市场的行政性计划限制。允许政策性银行发行金融债券,进一步改进国债发行办法,在完善债券市场的基础上,实行并强化中央银行的公开市场业务运作,强化企业股份制改造和股票上市交易的市场选择性。适当发展个人股的店头交易,适时沟通国有股、法人股和个人股、A股和B股交易市场。

在劳动力市场的发育上,就目前实际出发,应在进一步转换思想的基础上,深化用工制度及相关制度的改革。最重要的是做好这样几方面的工作:其一,改革各种阻碍劳动力合理流动的规章制度(包括现行户籍管理制度)和管理办法,把所有劳动者推向市场并创造平等竞争的就业环境。其二,采取得力措施,加快规范、健全社会保障制度、特别是失业保险制度和养老保险制度的建设;其三,广开就业门路(包括拓展国外就业机会),建立统一的、多层次的劳动就业社会服务网络,加快劳动者(特别是失业者)同就业机会间的选择与结合速度,有效引导劳动就业;其四,建立健全相关的法律与规章,完善劳动仲裁调解机构,保障劳动力市场主体各方面的合法权益。

在土地市场的发育上,其核心是将绝大部分土地推向市场交易,变无偿、无限期、无流动、无规则的行政划拨制度为有偿、有限制、可流动、有规则的市场配置制度。下一步发展与规范土地市场的重点应在如下方面:第一,进一步扩大国有土地使用权的出让面,除少数确需采用行政方式划拨的土地外,一切商业性或经营性用地均应通过市场拍卖方式有限制地出让使用权;第二,进一步活跃土地市场交易活动。国家垄断土地使用权转让一级市场,全面放开二级市场;第三,强化土地市场的宏观管理与法律规范,建立与从土地市场交易主体资格确认到交易收入纳税全过程相应的一整套法律体系与规章制度,引导土地市场的健康发展，防止土地收入的非法流失和耕地的大量浪费；第四，依法积极推进土地市场中介服务机构的建设，培养一批技术娴熟、法律知识完备的高素质的土地市场运作者与经纪人。作为当务之急，目前应着力做好土地资产的权属界定、价值评估等基础性工作。

（三）抓住财政、金融体制改革两个关键环节，构建科学的宏观经济调控体系。宏观调控体系是高效率的现代市场经济体制的重要构件。从我国的具体情况看，政府除了承担所有高效率市场经济体制下政府应承担的一般性调控职责外，至少还要承担如下职责：第一，充分利用国际上的有利条件，积极培育市场和提供相关的服务，精心组织，跨过原始的、紊乱的市场经济发展阶段，实现对现有不发达的市场基础的超越，缩短走向现代市场经济的过程。第二，采取有效的措施，调整产业结构、缩小地区差别，提高就业水平、推进农村城市化过程、防止两极分化。因此，宏观管理在中国市场经济发展中占有非常重要和特殊的地位。

总的看，宏观经济管理体系的建设处于滞后局面。现存的主要问题，一是调控主体关系不清，形不成合力。妨碍了宏观管理的整体性和有效性；二是调控措施不顺，一些措施或带有明显的过渡色彩，或缺乏有机联系，造成现有调控机制的进一步扭曲；三是调控手段不科学，行政办法仍起重要甚至是主体作用。从现实状况和新体制的需要出发，构建新的宏观经济调控体系，应着眼在如下三个方面下功夫：其一，着眼于构造对经济活动调控的间接性格局。就主体看，一切调控行为都不能直接损伤市场机制的运作功能和剥夺企业经营活动的自主性。因此，体制、方式的选择均应以保证和实现间接调控为前提。其二，着眼于理顺中央和地方、国家和企业的关系，严格划清中央政府、地方政府、企业活动的范围，能由企业和社会办的事，政府不再管；能由地方政府办的事，中央政府不管，相应划清各方面的利益界限，在此基础上建立各经济活动主体间的合理交往关系。其三，着眼于形成强有力的整体调控功能。各调控主体职责明确，各体制部分对接严整，运转有序，确保宏观调控措施的有效贯彻。

宏观经济调控体系的构建牵涉到方方面面。就这一体系本身来说，最重要的是推进财政、金融体制的改革。这是因为，财政的实质是社会资财的分配，而财政体制则涉及参与资财分配的各经济主体间在收支及管理上的权、责、利的划分，金融的实质是货币、资金的配置，而金融体制则涉及货币、资金配置和管理的形式。显然，财政、金融活动集中反映了社会利益的分配与转移，因而是宏观调控的根本点所在，故也最能体现调控的功能与效用，所以，在市场经济国家中，财政、货币政策都是最重要的宏观调控手段。并且，理顺了财政、金融体制，也就理顺了各主要的经济关系，形成了社会财富与资金合理分配和流动的良性格局，从而有利于经济持续、快速、健康的发展。

财政体制改革的核心是适应市场经济的要求实行分税制。这一改革的基本要点是：第一，科学合理地划分中央政府和地方政府的事权，据此划分各自的财政支出范围。第二，根据事权及支出状况，同时考虑各税种的功能特点，将现存税种分为中央税、地方税和共享税，合理确定中央和地方的收入范围。第三，准确核定地方财政收支数额，建立规范的中央财政对地方的返还和转移支付制度。第四，适应收入划分的要求，分设国税征收局和地方税征收局两套税务机构。第五，按照中央和省级政府事权财权划分及税种分配的一般原则，相应改革省对市县的财政包干制。适应财政体制改革的要求，相应改革税收体制。

金融体制改革的基本方向是：建立在国务院领导下独立执行货币政策的中央银行宏观间接调控体系；建立公有商业银行为主体，多种性质、多种形式的金融机构共同发展、平等竞争的金融组织体系；建立统一开放、有序竞争、机制灵活、运作规范的金融市场体系。这一改革的基本点是：第一，在相应调整组织机构的基础上，规范现有国家银行的运作职能。即，改造中国人民银行，把其办成以稳定币值为根本目标，主要运用货币政策和金融杠杆调节金融活动的真正的中央银行；组建若干承担不同经济领域的政策性投融资业务的政策性银行；在将其承担的政策性职能转移给相关的政策性银行的基础上，将现有专业银行改造成为专事商业性金融业务的商业银行。第二，积极推进利率和汇率的市场化进程。第三，进一步发展和完善资金市场。第四，适时适当发展非银行金融机构和非公有金融机构。

（四）理顺管理和运营体制，加快建立完善的社会保障体系。健全的社会保障制度不仅是市场经济新体制的重要的组成部分，而且是健康快速地推进新体制建设的重要条件。无论是政府机构的调整，职能转换，企业制度创新，还是劳动力的流动，产业结构的升级等，都离不开强有力的社会保障制度的支撑。加快社会保障制度的建设，在改革进入"整体推进、重点突破"的现阶段，具有特别重要的意义。

总的说，目前社会保障水平较低，范围较窄；资金来源不稳固，结构不合理；资金运用不及时，且浪费严重，远不适应发展市场经济、建设新体制的需要。导致这种状况的一个重要原因是管理和运营体制不顺：多头管理，令出几门，各自为政，相互制约；同时，政事统一，管理和经营融合，难以规范地从事社会保障基金的筹集和支付，导致了有限的基金的流失与浪费。因此，推进社会保障制度的建设，当务之急是理顺管理和运营体制。

社会保障制度总的改革思路是：保障水平和模式与经济发展水平相适应，城乡有别。强制保险与自愿保险相结合。逐渐加大社会保险基金中个人交纳的部分，在总体上减少国家和企业的负担。既发挥共济互助功能，实现公平目标，又使享受社会保障的水平与个人对社会的贡献、预先提供的积累合理挂钩，激励劳动者创造性劳动和自愿保险的积极性。发展商业保险作为社会保险的补充，商业保险采取自愿原则，国家在政策上给予适当支持。统一社会保障管理机构、规范制度、统一政策、强化监督；实行政事分开，建立社会性的经办机构，依法从事社会保障基金的筹集、支付与合理运营，实现其保值增值。社会保障制度建设的重点是建立较为完善的城镇职工的养老保险、医疗保险和失业保险制度。养老和医疗保险实行社会统筹与个人账户相结合的制度。目前应采取有效措施促进现行的现收现支制度向预筹积累制度过渡。在职职工养老金的历史欠账部分，可结合国有企业产权制度的改革，将部分资产拍卖转变成保费来解决。进一步扩大失业保险范围，尽快建立统一的失业保险制度，完善失业保险金的计发办法，使其成为解决失业困难同时又促进尽快就业的有效手段。

八、我国市场经济体制建设方式与策略的选择

我国的改革进入了建立市场经济新体制的关键历史时期。在这一时期，旧体制将得到根本性改革，社会主义市场经济体制的框架将确立起来。与这一历史性任务相适应，改革也呈现出一些新特点。主要是：第一，改革将从浅层转入深层。已经进行的改革，大体说还是浅层的：或者集中在那些相对容易的方面，或者虽触及关键性的环节但作业程度仍辖于表层。这种状况既同改革经验不足，难以一下子触及本质的主观素质特点相符，也同改革只能由浅入深的客观实践要求相符。在新的阶段，改革将直接触及各种基本的经济关系，直接对准那些关键的环节的深层次部分。例如，所有制结构的调整将从构造多种经济成分并存的格局，深入到探索它们的多种实现形式、多种财产组织形式的有机结合与平等发展层面；国有企业的改革将从着眼于经营权的转移深入到理顺产权关系；市场的发展将从主要是开放商品市场深入到要素市场的建设；宏观经济管理将从主要取消指令性计划和审批制度深入到构造间接管理的手段体系和运作机制；等等。第二，改革将从着眼于推出相对独立的措施转向着眼于形成全面的经济关系。这主要包括两方面的含义；其一，主要是从事分领域的改革将让位于主要是实现系统的配套的全方位改革的全面推进。在今天，某方面改革的可能性与有效性在主体上已决定于其他方面的协同推进而不再主要取决于自身。其二，主要是推出改革措施本身将让位于主要是建立这些改革措施间的内在联系及促进它们间的有机动作的条件。比如说，建立市场体系，其含义不是用行政方式办几个市场（事实上这样做也难以如愿以偿），而是从根本上消除传统的计划经济基础，理顺各种基本关系，形成以市场为枢纽的各经济活动主体间交往和各生产要素间交易的新格局。与改革的这些新特点相适应，改革的方式和策略也应作适当的、科学的选择。

（一）努力实现改革方式的科学转变。显然，新时期的改革任务既是以往改革内容的继续，又与之有本质上的区别，因此，改革方式理应在继续采用业已被证明是成功的一些做法的基础上，作适合新阶段和改革新特点要求的调整。并且，过去十多年的探索，从缺知到有知的实践，

也应有利于我们进一步完善新时期改革的推进方式。归结起来，主要是实现这样几个转变：第一，从主要靠"摸着石头过河"的带有某种盲目性的探索转向审时度势的理性指导。早期，在改革的对象与重点都不明确的情况下，只能走一步看一步，免不了曲折和因为缺乏经验而付出代价。从这方面说，业已进行了十多年的改革经历分两个阶段：从最初的盲目性较大的探索阶段（1984年前）到盲目性探索和理性指导并存的阶段（1985—1991年）。今天，在改革的目标与框架已经廓清，各体制环节间的内在关系已暴露得较为清楚，改革的重点已很明白，改革的风险与复杂程度已可估价的情况下，改革有条件而且必须进入完全理性指导的阶段。这方面的一个重要内容是：在审时度势的基础上，根据市场经济要求和中国国情制定完备、系统、科学而可行的改革方案，以指导全局，使新体制的建设健康而扎实地推进。第二，从主要是自下而上的自发推动转向主要是自上而下的自觉推动。这一点与上一点是密切相关的。从总体上说，这些年我国的改革是自下而上的自发推动与自上而下的自觉推动相结合的，但后者主要是建筑在对前者的总结、规范及推广上。一些重要的改革措施如农村联产承包制、企业承包制以及股份制等都是在群众自发实践的基础上得到领导部门的确认而推向全面的，领导部门显示出一定的被动性。群众的创造性实践在下一步的改革中仍是十分重要的，但同新的改革形势相适应，来自上面的自觉的理性指导与改革内容的主动推出应占主导地位。改革的深层推进及其措施配套上的严整性，既要求充分发挥各方面的积极性，又不允许从局部利益和暂时利益出发各行其是。第三，从主要是临时性的改革转向规范性的法制化、制度化建设。同前一些阶段改革探索的浅层性、不稳固性、盲目性以及以破旧体制为主的改革内容相联系，改革措施的颁布推行主要依靠的是具有较强过渡性的改革政策规定。今天，改革已从浅层进入深层，从以破为主转向以立为主，从着眼于改变旧形式、推出一些零散的改革措施转向形成市场化的经济关系，因此应更多地注重制度化、法制化建设，把一些较为成熟的改革措施和较为合理的经济关系，及时以规范的制度和法律的形式确定下来，以防扭曲变形；同时尽量以法律的形式推出那些重要的且确系科学的改革措施。第四，从主要是平稳的渐进性改革转向在保持大体稳定下积极进行重点突破。渐进的改革战略与前些年改革特点是相符合的，在一定程度上它是由我们对改革缺乏经验和改革需要稳定的社会环境双重状况所决定的。今天，改革仍需要稳定的社会环境，因而，渐进战略应合理继承。但在以"攻坚碰硬"为基本特点的现阶段，过分强调渐进和稳定，就会贻误战机，人为延长过渡时期，最终增加改革的风险和成本。必须抓住关键环节，把握住有利时机进行重点突破。

总结我国15年来的改革探索，一条十分重要的经验是，充分发挥各方面的积极性，形成健康而快速地推进改革的合力。这一点，对于新时期更为必要。因此，换一个角度，我们可以把改革的方式作这样的概括：把指导权留给政府；把试验权留给地方；把自主权留给企业；把创造权留给群众。

（二）从策略角度考虑应把握的几个改革重点。正确把握改革的策略，能够收到事半功倍的效果。从改革的现状及下一步所面临的任务，并结合这些年积累的经验教训看，下一步的改革在策略上应立足于如下几个方面：一是立足于攻克薄弱环节。从现状看，改革的发展很不平衡，一些改革环节严重滞后。而这种滞后状态的形成，大多是因为这些方面关系复杂，牵涉面宽，涉及深层利益的调整，改革难度大。这就是说，这些薄弱环节恰恰也是对新体制主导地位的确立起决定作用的关键环节。抓住了这些薄弱环节，也就抓住改革的机遇，抓住新体制建设的重点。二是立足于疏导。改革就是理顺关系，重新调整已有的权力和利益格局，从本质上看，是要与旧的格局"对着干"。但是，这并不意味着，在方式上必须无一例外地采取"剥夺"的办法。事实上，适当照顾已经形成的某些合理的既得利益，旁敲侧击、因势利导地推出一些实质性的调整利益关系的措施，不仅能够有效地达到深化改革的目标，而且能够最大限度地减少改革的成本与风险，防止因改革方式上的唐突而导致社会的巨大震动。三是立足于科学规范。发展市场经济没有先例可循。因此要调动各方面的积极性，鼓励进行大胆的创新与探索。但同时，要特别注重按市场经济原则进行规范。各项新出台的改革措施，应尽可能地以法令、法规的形式推出。抓紧根据中国自己的情况建立一批法规，同时对那些比较成熟、反映市场要求的世界通行的法规，要大胆借鉴引进，力求为改革的深化创造良好的法制基础。四是立足于完善环境。这除了上面涉及的强化薄弱环节的改革，制止或堵死因各体制环节发展不平衡导致的各种非法行为泛滥和漏洞外，还有两个重要的方面：一是减少并最终取消在早期改革中曾起过重要作用的关于某些地区、某些经济成分的特殊优惠政策（极个别情况特殊的地区如贫困地区等除外），创造真正平等、公正竞争的体制和政策环境；二是在推进市场经济发展和体制建设进程中，正确把握行政行为的"度"和方式，防止看似"合理"的行政行为导致的盈利机会不均、地区发展不平衡和经济体制建设中的不配套（包括地区性落差）与扭曲变形。

九、我国市场经济体制建设的难点、风险和基本对策

在一定意义上说，15年的改革历程，实际上是克服困难、解决问题、化解风险的过程。尽管既有的实践已在各方面打下了良好的基础，但对于步入攻坚阶段的中国经济体制改革来说，在充满机会和希望的同时，也充满着困难、存在着风险，这种困难和风险甚至比以往更大。无疑，需要花更大的努力，采取更为科学的措施，来攻坚克难、消化风险，保障市场经济体制建设的顺利进行。

从根本上说，中国市场经济体制建设的艰难性是由这样两个方面决定的：第一，在社会主义公有制条件下建立市场经济体制。这是前无古人的事业，长期来的教条一直是：要么是公有制，要么是市场经济，二者必居其一。第二，这种市场经济，并不能按照历史发展的逻辑顺序自然成长，而必须在一个本质上与之对立的计划经济的基础上通过改革这一基础而实现。这不仅使每一项新的措施的推出都要以对相关的旧体制的革命为基础，从而增加了改革的困难，同时会使改革陷入两难选择。而由这两方面所决定的艰难性，具体地表现为实际生活中的一系列绕不开、弃不掉、拖不得，又不易找到合适的解决途径的操作难点。这些难点反映在改革过程或体制建设的每一个步骤，每一个环节，难以一一列举。但最主要的，是这样一些难点：

第一，如何保持在总体上增进公有资产和社会稳定的条件下，实现

国有制向符合市场经济需求的其他有效的公有制形式的转变？

第二，如何既科学地继承发扬中华民族的传统美德、现代风范，吸收其他民族的优良思想文化成果，又有效地摒弃历史遗留下来的糟粕，抵御外来不良习气的侵袭？

第三，如何克服传统计划经济体制的惯性，创造条件，实现市场机制配置资源的基础性作用，又防止经济运行的无政府状态，实施科学的宏观调控？

第四，如何适应改革过程不可避免的渐进性特点，在前进中实现各体制环节内、外部的协调配套动作？

第五，如何在既存的历史因素和社会包袱的牵制中，实现改革的大力度推进与机制的快速更新？

第六，如何在实现改革的突破性进展的同时，保持经济的快速发展和社会的基本稳定？

第七，如何既保持改革过程中必不可少的带有政策优惠的超前试验或优先行动，又有效克服这种政策优惠及所产生的"马太效应"导致的区域差别，实现改革的大体同步推进？

无论是主要的，还是次要的，影响面宽的，还是影响面窄的，体现在改革过程的方方面面的这些难点，都对改革者提出了尖锐的挑战，不加解决或解决不当，都会给下一步的改革造成风险。比如，如果不改革国有制，或者不着眼于理顺产权关系来改革国有制，则不仅难以实现公有制同市场经济的结合，反而会在市场经济的推进过程中，导致国有资产的大量流失，使国民财富非公开、非公正地流向极少数人的腰包；如果在实现土地、资金、劳动力流动市场化的同时缺乏相应的法规约束、宏观政策引导，就会大大增加资源配置的成本，造成严重的社会经济波动。因此，同改革的难点无处不在一样，风险也不同形式不同内容地存在于改革的各个方面。必须正确认识和估价改革过程中存在的风险，采取得力措施，化解风险。其中最主要的是防止这样一种情形的发生，名义上搞市场经济，实际上搞的是计划经济表现的权力与市场经济体现的利益联姻的东西，改革走形变样，新体制建设归于失败。

这种危险性是存在的。从现实生活看，影响市场的经济体制建设顺利展开，导致改革措施走形变样的因素为数众多，其中最为直接和严重的是如下四方面的因素：

陈旧的思想氛围。我们历来的理论指导都是计划经济的思想观念，且一直生活在计划经济的环境之中，习惯了与计划经济相关的思维与语言。今天，尽管市场经济已不再是异端，社会主义市场经济成了我们的改革目标，但市场经济的观念并没有彻底取代传统的计划经济观念，新的思想氛围远远没有形成，更缺乏系统的市场经济知识结构和娴熟的市场经济运作技巧，这样，就会自觉不自觉地用传统的思维方式和观念评价和对待新兴起的改革行为和措施，或者去考虑下一步的举措，有意无意地把市场经济的发展推向歧路。

不利的双重体制格局。现有双重体制格局于新体制建设不利的根源在于：它不是由相互在逻辑上承接的两个体制由低向高进化而成的（如果是进化而成的，客观存在的进化机制将成为扼杀旧体制、发育新体制的强大自然力量），而是两个在本质上相对立的体制由一个取代另一个形成的。因此，在更适应现存生产力发展水平的新体制取得主要地位之前，这种双重体制格局往往会造成如下情形：一是管理上的漏洞，出现经营行为的肆无忌惮和运行法规的软弱无力；二是形成两套机制都单独地又交叉地发挥作用的格局，导致运行规划紊乱、经济活动主体职能混杂、角色错位；三是形成各自的某些规定融合一体而发挥负作用的状况，最突出的是行政权力与营利性经营行为的联姻。所有这些，都会带来改革措施的走形变样。对此，改革十几年来，我们已有足够的体验。

不正当的权力和利益关系。改革就是要调整不合理的旧有权力和利益关系格局，这不仅意味着一部分社会经济活动主体的权、利的增进，也同时意味对一部分社会经济活动主体的某些权、利的部分或全部剥夺。但这绝非易事，某些主体不仅想尽力维护已有的权、利，并且企图在所增利益中多捞一块特殊利益。而这都只能在直接或间接对改革措施的抗阻中实现，或明修栈道，暗度陈仓，把私货塞在改革措施中，甚至以改革的名义推出；或者李代桃僵，在"灵活运用"的幌子下另搞一套；或者借改革措施不规范之便，钻空子、挖墙脚、假公济私……在局部利益、个人利益或眼前利益的驱动下，抱残守缺，我行我素，是导致市场经济在建设进程中走形变样的直接也是最深层的因素。

失当的推进方式。建设新体制，不仅是对原有体制构成部分内容上的更新，也是对改革中、形成中的各体制环节按照市场经济要求的序列与规则进行组合与构造。改革措施不协调、不配套、操作方式不科学，必然使改革步子不到位，改革"成品"变形，并且使改革过程中的成本大幅度增加。而或由于体制发展必然的不平衡，或由于既有权利关系的约束，或由于某些思想政治观念的牵制，很难保持推进方式的科学性和合理性。

显然，要卓有成效而又健康扎实地推进新体制建设，防止改革的走形变样，必须有针对性地展开工作。事实上，化解风险的过程同时也是攻克难点的过程。根据十几年改革经验，下一步，要紧紧抓住改革的目标和新体制的本质要求，着力做好这样几方面的工作：

第一，深刻认识由计划经济转向市场经济的艰巨性，复杂性，尽快形成与市场经济相适应的思想氛围与知识结构，切实掌握驾驭市场经济的本领。新体制取代旧体制的进程，是一场涉及根本性制度的革命，绝非轻而易举之事。要推进或实现体制的转变，需要的是造就与这种转变相适应的思想氛围与知识结构。因此，要在深刻认识由计划经济向市场经济转变的历史必然性及其重大意义的基础上，进一步转变思想，真正走到市场经济的思维轨道上来。与此同时，抓紧学习市场经济的基本知识，掌握市场经济的运作语言，准确把握社会主义市场经济的本质特征，确保市场经济在科学的思想和完备的知识的指导下发展。这是扎实而健康地推进市场经济体制建设的最基本的也是最主要的一环。

第二，立足于治本，抓住问题产生的根源，进行深层攻坚。旧体制向新体制的转换过程，同时是新旧思维观念、行为方式、活动程序等发生猛烈撞击的过程，大量的新情况，新矛盾，新问题将随之出现。对此，一味考虑眼前利益，简单采取安抚性的权宜之计加以处理，不仅会因弊端淤积而终致大患，而且会给旧体制改头换面和新体制的游移变性留下较大的空间。必须树立治本的意识，在制定相应的配套条件和应急措施、并实施最为必要的治标的办法的同时，把握市场经济的本质要求，通过体制机制的深层改革，从根本上消除矛盾与问题发生的源头。这样做有一定风险，但却有利于迅速而健康地实现新体制对旧体制的取代，防止大的社会震动的出现。

第三，正确处理好政府自觉培育与市场自然发育的关系，既快又好地推进新体制的建设。由于众所周知的原因，我国商品经济发展和市场发育的程度较低，在此基础上建立起现代市场经济，必须要实现较大程度的"跨越"；同时，完全依靠自然发育，则难以避免使市场经济陷入无序发展的陷阱之中。因此，在新体制建设过程中，政府自觉主动地培育与扶植是十分重要的。但包括体制进化在内的事物的发展，有自己内在的进化序列与作用机制，不适当的过多的行政行为，不仅会打乱事物发展的内在机理，导致"拔苗助长"的后果，而且会造成新的扭曲。因此，既要通过积极的政府行为促进市场经济体制迅速成长，减少或克服市场经济自然发育所固有的盲目性、无序性和缓慢性，又要最大限度地利用市场自然进化机制的作用，并且，那些必不可少的政府行为也应采用不直接损害这种机制作用功能的合理的形式。

第四，进一步强化经济改革中的法律规范，把新体制的建设纳入法制的轨道上。借助法的力量，推出深层改革措施，大力度调整旧的权力和利益关系格局，约束改革过程中的不良行为，巩固已有的改革成果，防止已有的和新推出的改革措施走形变样。同时，也应根据改革措施的变化及其实践效应，不断修改、充实和完善已有的法规，防止法律对新的不合理利益格局或已过时、负效应较大的某些措施的固化。

建立社会主义市场经济体制的确不易。但是，中国已经迈出了艰难的然而却是相当成功的一步。我国15年来经济体制改革所取得的成就向世人昭示：只要我们善于利用国际、国内的有利条件，充分发挥各方面的能动作用，紧紧抓住新体制的本质要求积极而有序地进行一系列改革，扎扎实实地做好每一项工作，我们就一定能克服前进中的困难、问题与风险，打好改革的攻坚战，建立起充满活力、富有特色的市场经济新体制来。

国有企业改革的难点与对策笔谈[①]

（1995 年 1 月）

近两年来，我国国有企业的改革适应建立社会主义市场经济体制目标的要求，已跨进了理顺产权关系、实现制度创新的新阶段。从总体上说，改革正紧紧扣住这样两个基本方面展开：第一，重新构建企业财产组织制度，即在理顺政企关系，打破简单按所有制性质规定企业形式的基础上，按照市场经济的要求，建立有助于强化企业产权约束，增进企业活力的以公司制为基本形态良好的财产组织制度；第二，合理调整国有资产的行业分布结构，即适当收缩国有经济运作战线，把国家的财力、精力集中到那些最重要、最必要的行业或领域，真正搞活这些关键部门的国有资产，实现国有经济的实实在在的主导作用。从这两个重点出发，在新一轮的企业改革中，公司制建设、兼并、破产、拍卖等直接触及产权关系的措施的推进力度将显著增强，步伐将进一步加快。

但是，要沿着这一思路推进国有企业改革，并非易事。除了仍需要进一步解放思想外，关键的还在于有一些同一时难以发生有利变化的国情特点、同体制转换这一复杂过程密切相关的具体操作上的难点。概括地说，主要体现在这样几个方面：

一是如何准确地评估企业资产。无论是界定财产权属，还是进行转轨改制，企业改革都必须以清产核资、准确界定企业法人资产占用量及其盈利能力为前提。至少由于下述原因，很难对企业资产进行准确的评估：（1）长时期计划经济运作，事实上使资产"价格"严重背离价值，难以成为核资计量的依据。今天资产的配置虽已纳入市场机制的作用范

---

①本文原载《光明日报》1995 年 1 月 17 日。

围中，但现存不完全、不发达、不统一的市场很难提供衡量资产的准确的价格信号；（2）计提折旧方法的多次变动、计提折旧时对资产使用年限估价上存在的误差等因素，使资产的账面净值同实际价值间往往有很大的距离；（3）相当一部分资产（特别是土地等资产和无形资产）还没有进入市场；（4）部分国有企业运营不景气的现状易于导致资产及其增值能力评价与预测上的偏见。

二是如何合理地界定资产归属。改革开放后，随着一系列改革措施的推行，使国有企业单一的财产格局发生了变化，也使资产归属的界定变得困难起来，如企业税后留利形成的资产与原来意义上的国有资产构成性质上的差别。由国家财政拨款改成银行贷款后形成的企业资产，企业和银行均据理说明自己的权利，形成产权归属上的争议。而在关于"优惠政策"环境下滚动生成的资产的归属的认识上，更是仁者见仁，智者见智。

三是如何有效地卸除"历史包袱"。由计划经济转向市场经济，一些原本"合理"的东西变成了亟待卸除的"历史包袱"，其中最主要的是企业的债务、冗员和"企业办社会"这三大包袱。不卸掉这些包袱，企业转轨改制难以进行，但要卸掉这些包袱，又受到现有经济社会条件的制约。比如冗员的排除受到整个社会劳动力过剩的制约；解决"企业办社会"的问题则受到社会化服务水平不高，体系不完备的现状制约。

四是如何防止资产非法流失。在企业转轨改制过程中，根据情况向社会出售一部分股权，或者通过拍卖将一部分国家没有必要管、没有精力管的企业转移给集体或个人是十分必要的。但在产权关系比较模糊，企业事实上缺乏负责任的产权主体，产权市场发育不充分、不完善的情况下，极易发生企业资产非公正、非公开地向少数人转移的状况。而部分企业在机制上权责分离、负盈不负亏的特点，更是为某些人捞取不义之财提供了条件。

五是如何尽快地建立健全社会保障制度。健全的社会保障，是顺利推进企业转轨改制的前提条件。然而良好的社会保障制度的建设，不仅受到现存不合理的管理体制的制约，更受到经济发展水平的制约。特别是，长期的计划经济运作使目前已经退休或即将退休的老职工，缺乏应有的养老保险基金的储备。如何筹集必要的基金补偿老职工保障费用不足，以及形成良性的机制解决日益众多的老人的保障需要是一个难题。

国有企业改革深入的程度，或者说，以理顺产权关系、实现制度创新为特点的企业改革总思路实施的程度，在很大程度上取决于这些难点解决或化解的程度。近几年来，各地区各部门从自身实际出发，大胆探索，在解决这些难题上已有一些初步的经验，而且今天这方面的探索仍在进行中。在此，简要地谈如下几点看法。

不难看出，这些难题的产生固然有一般的社会经济时代背景和共同的原因，但在相当程度上起源于本地本部门的特殊环境与做法；另外，前面已讲到，这些问题同一定的国情特点、同复杂的体制转换过程联在一起。它们的解决虽然是企业转轨改制乃至新经济体制建立的前提，但其真正解决，却最终取决于后者的成功。有鉴于此，我认为，在寻求解决这些难题的操作思路时，应把握这样两点：第一，应当寻求解决难题的某些共同的办法与措施，但更多的是应从各地各部门的实际出发，寻求符合实际的灵活多样的解决办法；第二，解决问题时要尽可能彻底一些，但也要根据可能，充分考虑各方面制约因素，实事求是地贯彻循序渐进、逐步解决的原则。从这样两点出发，解决上述难题可以考虑的基本思路分别是：

关于资产评估：对于一般清产核资性的资产评估，要根据不同资产（固定资产、流动资产、无形资产、债权、在外投资、在建工程等）的特点，尽量采取贴近的方法进行评估。有些资产应采取多种方法进行综合评估。评估时要力求准确地核计折旧与通货膨胀等因素对资产价值增减的影响，同时把对资产现值的计算与其潜在的盈利能力的合理估价结合起来。而对于涉及产权交易的资产的评估，还应借助市场招标拍卖的方式。此类资产评估，应全面考虑各类资产，同时严格清理债务。

关于资产归属的界定：一是依出资者定，尽量追溯原始的投资者；二是考虑历史和社会的原因，如在确定劳动者对某一资产的权益时，应考虑其历史上是否对这一资产的形成做过特殊贡献而又未曾有过补偿；三是考虑对资产形成发生过直接而重要影响的一些因素。而后依据这些因素的决定者界定资产归属。

关于历史包袱的解除：在债务处理上，应区分不同情况，采取不同处置办法：（1）予以豁免；（2）冲销一批；（3）挂账停息；（4）债权转股权；（5）随产权流动转移；（6）托管、承接；等等。在冗员的处理上，应多种方式配套进行，如：分流一批从事别的产业；轮训一批；助资放走一批另谋职业；企业间调剂安置一批；随产权流动转移一批；提前退休一批；等等。在解决"企业办社会"问题方面，应逐步创造条件，将企业长期自办的学校、医院、生活后勤等社会服务事业分离出来，视情况分别交给政府和相应的社会服务机构，或转为完全独立的企业法人自负盈亏。在目前，应从实际出发，量力而行，不应强制剥离。

关于防止企业资产流失：一要清理、界定企业产权，在清产核资、准确评估的基础上，确立企业或个人经营、使用、处置国有资产的责任；二要加快产权交易市场的建设与培育，使资产的转移、买卖、保值增值通过市场公平、公开、公正地进行或实现；三要建立健全相应的法规，并严格执法。

关于社会保障基金的补偿：可以考虑的选择有：（1）逐渐加大个人交费的比重，建立个人账户，享用水平与积累水平挂钩；（2）结合资产分布结构的调整和企业的转轨改制，从资产转让中划出一定量的收入作为保障基金，特别是补充养老保费的不足；（3）适当增加一部分财政拨款（亦可通过发行国债的方式）填充社会保障基金；等等。

国有企业改革将是1995年经济体制改革的重点。而上述问题的解决将成为企业改革中的重要内容。尽管对它们的彻底解决还要一段时程，但成功的端倪已经显现。我们有理由相信，中国国有企业的改革能够按照正确的方向达到预期的目标。

国有企业改革三论^①

（1995年7月）

一、国有企业改革的总思路：配套动作、深层创新

国有企业的困难日益严重与明显地表现出来。国有企业的特殊地位，使深化国有企业的改革不仅成为实现国民经济持续、快速、健康发展的基础，而且成为建立新体制的关键。从一定意义上说，国有企业的困难是必然的，它是由计划经济向市场经济转变这一特殊历史过程所决定的，其出路是打破原有的与计划经济相适应的企业运行形式与格局，建立符合市场经济要求的企业运行形式与格局。因此，国有企业改革不能是某个方面的修修补补，而必须进行全方位的根本的革命。16年的改革实践也充分证明了这一点。要取得国有企业改革的成功，必须在16年改革的基础上，配套动作，深层创新。具体地说，要着眼于如下几个方面：

（一）把推进思想转换与解决操作难点结合起来。思想的彻底性决定着实践的深刻性。在有关国有企业的改革上，我们还没有真正摆脱传统的计划经济和以生产关系为检验思路、选择行为的标准之思维的束缚，从而妨碍了国有企业改革实践的深入展开。因此，应真正把握生产力标准和市场经济的本质要求，在涉及国有企业改革的一些重大思想理论问题上，如如何坚持公有制、如何保持国有经济的主导地位、怎样才能使国有生产保值增值、如何实现社会的根本稳定等，确立科学的认识。对这些问题认识不清楚，不科学，国有企业改革不仅迈不开实质性步伐，

---

① 本文原载《新长征》1995 年第 7 期。

还会走偏路。在解放思想，树立科学认识的同时，应采取切实可行的措施（这些措施的选择同思想上的解放程度也密切相关），解决国有企业转轨改制中面临的一些操作上的难点，如怎样合理评估资产、科学界定法人财产权、明确国有企业的资产权属、有效卸掉历史包袱和社会负担、尽快建立社会保障体系、构建良好的国有资产管理和运营体制、防止国有资产流失等。在有了比较科学的思路并且得以付诸实施后，国有企业改革深入的程度就主要取决于这些难点解决或化解的程度。

（二）把宏观改革与微观改革结合起来。宏观改革的重点要放在转变、规范并减少政府对企业干预职能上。根据具体情况，分别采取有效措施：第一，理顺资产关系职能。对目前国家占有全部或部分资产，但从改革方向看不应再保留资产关系的企业，应通过市场公开合法地将国有资产让渡给非国有者或非公有者，通过这种让渡割断政府部门直接干预这类企业的生产经营活动的脐带；对目前国家占有全部或部分资产，从改革方向看也必须保留这种资产关系的企业，应从改革国有资产管理投资体制着眼，构建代表不同利益主体进行投资的若干国有生产投资运营公司，通过这些公司，把政府部门的管理行为"净化"为纯资产关系行为。并通过把现存需要继续保留国有身份的国有企业改造成为由多个国有资产投资运营公司投资形成的国有"独资"公司或国有资本占主体的公司，使国有投资者（背后是政府）对企业的干预不仅保持在董事会董事干预的水平（只管大事）上，而且限制在合法、规范的程序内。第二，约束、减少非资产关系职能。由政府部门作为社会行政主体或经济管理者等产生的非资产关系职能，是一种适用于包括国有企业在内的所有企业的必要的政府职能，理顺这方面的职能的重点是规范内容、完善形式、减少范围，但这方面的一个关键是：把法制建设与政府职能转变结合起来，强化法规对政府职能部门非资产关系职能的约束、规范与替代力度：一是把必要的政府干预企业的行为尽可能法律化；二是保持法律调整和规范企业行为的优先权。微观改革的重点是，通过理顺产权关系，建立真正能实现企业自主经营的企业制度（有点"无主管企业"的味道，但这种企业制度应该是由机制、体制保证的"无主管"，而不是政府部门通过行政指令或契约形成的"无主管"）。

（三）把体制内解决与体制外解决结合起来。即考虑国有企业本身的特殊性，从国有企业的运转实际出发，寻找解决国有企业困难的对策，又要跳出就国有论国有的思维框框，从而跳出"问资问社"的认识氛围，在同运转较好的非国有企业、非公有企业的比较中拓展国有企业改革的思路。顺便说一句，在对比中，还可以认识到加快国有企业改革的紧迫性。从目前情况看，非国有经济特别是非公有经济发展得较快，有其同国有企业比较处于优势的体制、机制、管理方面的原因，但也有由其利用国有企业体制、机制管理上的劣势蚀夺国有企业本身资财的原因。从这个角度说，非国有经济的发展在很大程度上是由国有经济的不发展支撑的。因此，不加快国有企业改革，国有企业的状况将进一步恶化，相当一部分企业将被淘汰。

（四）把经济办法解决与非经济办法解决结合起来。搞活国有企业是一项系统工程，不仅需要经济体制各环节的协同配套改革，而且需要非经济体制环节的配合。这就是说，经济办法解决是必要的，但仅仅靠经济办法解决是难以实现国有企业机制转换的。要看到非经济办法在最终解决问题时的决定性作用。在这方面需要加强的，是推进政治体制改革特别是干部制度改革和法律制度的建设。

二、思想上的障碍是国有企业改革徘徊不前的主要原因

应该说，经过十多年的探索，我们基本上廓清了国有企业改革的思路。但这个思路涉及产权关系的变动、资产结构的调整、企业制度的创新等关键内容，这就遇到了现行思想观念的挑战（这种思想观念实质还是"生产关系决定论"）。因此，国有企业的难点不在于思路不清晰，而在于思想不解放。按既定的思路推进，国有企业的改革固然存在着很多操作上的难点，但关键是克服思想上的障碍。从目前的实际看，尤其要克服这样几个方面的不正确认识：

（一）把企业理顺产权关系，实行制度创新等同于私有化的认识。十多年的"放权让利"的企业改革实践表明，在对绝大部分社会资产实行国有国营的情况下，要使政府部门放弃原有的权力，使国有企业摆脱

其干预实现自主经营，在逻辑上不合理，在实践上也做不到。并且，在目前国有产权关系实质上表现为"人人都所有，人人不负责，个个是主人，个个不关心"的情况下，少数人还会利用政府部门下放的权力，钻体制不顺、法规不严的漏洞，利用各种手段，将公有资产非法攫为己有，导致国有资产大量流失。因此，国有企业改革的重心必须放在理顺产权关系、实行制度创新上。而国有企业理顺产权关系、实行制度创新的含义在于：（1）通过建立新的企业组织形式或制度——符合市场经济要求的新的公有制的实现形式，并借助于强有力的法规约束，使除必须保留国有国营外的绝大部分国有企业形成真正负责任的产权主体并实现较高的活力和效率；（2）适当收缩国有资产的分布面，使国有投资从那些非重要的竞争性较强的领域部分地或全部地退出来，将那些国家没有必要管，没有精力管的企业（绝大部分是中小企业）合法公开地让渡出去（让渡给非国有的公有企业或非公有企业），从而把国家的财力和精力集中到经营好那些关键部门上来，实现国有经济的主导作用。前一点可概括为国有企业的财产组织形式的创新，后一点可概括为国有资产分布结构的调整。就前一方面说，它是国有或公有形式的变换，与私有化无关。何况，人们所指的"一一对应，分资到人"的私有制在本质上是与社会化大生产和现代市场经济的要求相背离的，即便容许选择它，也不能选择它。甚至在西方，这种曾作为不成熟的市场关系的产权基础的所有制，已在主体上被淘汰了。而且从我们现有的基础看，在主体上也实现不了这种选择。就后一方面看，的确有一部分资产需要让渡出去，但从让渡方看，让渡的只是非关键性领域的资产，而让渡所获得的资金，又进一步强化了这些关键领域的建设，这不仅没有削弱公有制，反而有利于强化公有制；再从接受方看，不一定都是非公购买者，即使都是非公购买者，也无碍大局。所以，理顺产权关系，实行制度创新不等于私有化，不可能私有化，只会强化国有经济的真正地位和作用。否则，国家资财与精力分散，导致抓大事没财力，抓小事无精力，又陷入了对亏损企业没完没了的无回报的资金投入之中，加之在现有产权关系下，必然出现国有资产流失，其结果才真正会是私有化的。

（二）把公有资产的流动特别是国有资产的流动，等同于公有资产的流失的认识。同计划经济体制相适应，长期以来国有资产是分布且固定在行政关系属于不同的地区、部门的各个企业之中而难以流动的，这一体制基础造成了"资产固化合理"的意识。致使一些人把市场经济条件下所必需的资产流动同资产的流失等同起来。这是一种误解。资产流动并不必然造成资产流失。这几年在强调"实现公有资产保值增值"的呐喊与努力之中，公有资产却呈现出加速非法流失势头的原因恰恰在于公有资产不能公开地、合法地流动：（1）公有资产不能合法、公开流动，就失去了通过产权市场或股票市场保值增值的机会，而且这种保值增值的机会对于占资产主体且其所有者属集有高度信誉和权力的国家的公有资产来说应该是十拿九稳的；（2）在目前公有经济缺乏实实在在负责任的产权关系主体、体制处于转轨过程留有大量漏洞的情况下，利用多种手段掠取公有资产成为必然。表面上没有流动的资产实质上因为少数人的非法（其形式上不一定是非法的）掠夺，在存量上正患"空壳症"，在增量上正患"萎缩症"。由掠夺本身还伴生了许多腐败行为。非法掠夺所以愈演愈烈，恰恰在于资产没有公开流动。如果合法地进入市场流动。非公开的地下交易就会被有效制止，见不得阳光的东西就会逃遁；随着产权关系的理顺，其他流失的渠道也会在很大程度上被堵塞住。与其让资产在表面上不动的状态下私下悄悄流向少数个人的腰包，还不如让其在健全的法律约束和规范的政策指导下通过竞争性市场公开流动实现公有资产的保值与增值。使公有资产流动起来，不仅可以避免其非法流失，实现保值增值，还可以调整和优化资产结构，引导国民经济的发展。如果不使公有资产尽快地公开流动，则避免不了公有资产流失进一步加剧，最终"流"垮公有制的后果。应当强调的是公有资产进入市场公开流动应与国有企业负责任的产权主体的确立和建立相应的法规（其中包括购买者身份、购买范围等的规定）结合起来。

（三）把加大改革力度等同于造成社会不稳定的认识。改革是一场革命，必然要对传统的权力和利益关系格局进行调整，这种调整有可能引起某种局部的波动。因此，改革必须冒一定的风险。但有的同志把改革同稳定对立起来，以为加大改革力度必然会导致社会的不稳定，因而在实践中，不敢推出涉及制度创新的企业改革措施，对推进国有企业改革方面往往采取被动应付的态度，即出了问题才解决，着眼于"治标"的对付性解决，能安抚就安抚。实际上，只要制定了相应的配套条件和应急措施，适当加大改革力度，不仅不会影响社会稳定，相反，只会有利于社会的稳定。而不敢大力推进改革，无疑是延缓新体制建设进程，扩展了新旧体制对峙并存的时间，为大量矛盾、问题的滋生与恶化提供了机会。唯恐社会不稳定而实施的"小打小闹，表面上似乎既把矛盾解决了，又没有产生社会震动，但实际上，并没有从根本上消除矛盾与问题发生的源头，最后因矛盾淤积而致大患，导致社会的大震动。因此，牺牲实质性改革而消极地求稳定，最终必然带来真正的不稳定。

三、走出就国有论国有的思维框框，
确立推进国有企业改革的新视角

自改革开始，我们就十分正确地把国有企业的改革作为重心，但由于把眼光仅盯在国有企业的本身，结果带来了一系列问题，造成事与愿违。

（一）陷入了为坚持国有制而改革的思维窠臼，于是在搞活国有企业的思路的选择上自觉不自觉地袭用老一套办法，实际上排斥在各种所有制企业运行状况的比较中形成的、不受现存观念约束的突破性思路。在具体操作上自觉不自觉的采用微调式的修修补补的措施，实际上排斥大力度的深层制度创新。相应的，对国有企业运行的成就也容易满足，增长一点甚至少亏一点就津津乐道，缺乏真正解决困难的亢奋与超群（其他经济成分）发展的动力。

（二）妨碍了用新的眼光来看经济运行全局，自觉不自觉地在宏观调控中把国有企业当成了主要的监控对象。导致了该控的控不住，不该控的被控住了的后果。经济生活中一出现问题，就想到控制作为"国民经济主体"的国有企业。并且，由于目前宏观调控的手段还带有较浓厚的行政色彩，而国有企业的运行机制在主体上还没转过来，正好"门当户对"，调控也就实际上控到了国有企业的身上。非国有企业机制比较灵活，想控也不一定控得住，故往往在国有企业被控而展不开手脚时通过"挖"国有企业又发展了一把。

（三）致使一些单位自然而然地把国有企业当成了取利对象，利用各种手段包括以改革名义、搞活的名义谋取私利，进一步加重了国有企业的负担。而某些政府部门往往集管理、执法处罚、审批等权力于一身，即使企业拥有法律赋予的某些权力，一来由于企业产权与己无关，挖也是挖的老"公"的；二来怕得小权而遭大罚，所以明知属于不合理取利，也乖乖拱手相送。一边是企业缺乏负责任的产权主体下的内部流失，另一边是胃口愈来愈大、形式更多样但也更隐蔽的外部取利，等于八方都在捞国有企业，国有企业能活、能发展才是怪事。所以我们看到了实际生活中国有企业亏损面增大，资不抵债的企业越来越多的状况出现。因此，必须从就国有论国有的思维框框中走出来，重新确立推进国有企业改革的视角。只有这样，才会有真正搞好国有企业的思路与举措。

加速推进社会保障体系建设[①]

（1995年9月）

中国改革已经到了最终确立新体制的关键时期。要把建立新体制的改革仗打好，需要各方面的协调工作，但就经济体制本身来说，最重要的是要抓好三个关键性的改革：第一是宏观体制中的财政金融体制的改革。财政、金融活动集中反映了社会利益的分配与转移，理顺了财政、金融体制，也就理顺了各主要的经济关系，形成了社会财富与资金合理分配和流动的良性格局。第二个是微观体制中的国有企业改革。在当前的中国，国有企业占主体地位，其体制状况决定着能否形成有效的竞争性市场和科学而规范的宏观管理体制。第三个是市场体制中的要素市场建设。市场经济体制的核心是市场资源配置，归根结底，是通过市场机制把生产要素配置到最合适的环节上去。这三个方面的改革直接制约着市场经济发展进程或新体制建设进程。不抓这三个方面的改革、抓不好这三个方面的改革，实现改革目标就是一句空话。但这三个方面的改革进展快慢好坏，都与另外一个方面有关，这就是社会保障制度的建设。它是健康快速地推进上述三方面改革的重要条件。社会保障制度改革极为重要，但它在以"国家（政府）—市场—企业"三要素为主构成的经济体制总体中，不是一个独立的要素，所以可称为半个重点。

换一个角度说，要攻坚碰硬建立新体制，无论怎样做，都必须具备两个前提。第一个前提是思想前提。建立新体制需要有适应其要求的思想水平，思想不解放，没有新思路，按照老套数解决新问题，就会导致

南辕北辙，越搞越被动，不仅体现在大的方面，也体现在很具体的方面。比如钱的问题，思想转换与否，与有没有钱关系很大。第二个前提是物质前提，从根本上说就是要钱，做任何事都要付出成本，改革亦是如此。必须有一定的资金或财力、物质保证改革的进行，或者说，我们改革必须付出必要的资金成本或财力成本。物质成本，就涉及钱的问题。从体制建设的角度说，就是要有一笔钱搞社会保障、建立社会保障体系。可以说，对于新体制建设来说，最大的物质前提就是社会保障了。

那么我们的社会保障搞得如何？尽管社会保障体系建设搞了这么多年，特别近两年呼声很高，政府非常重视，措施有所加强，但实际进展却很缓慢。从保障资金的筹集看，数量很有限，而且有限的保障资金又没有有效地用到社会保障的各项事业中去，流失与浪费很严重。为什么会出现这种情况？原因是多方面的。我以为，主要是由于以下四个方面制约：

第一个方面的制约是体制制约。在体制上主要存在着两个问题。一是在管理上各自为政，令出多门，相互制约。目前的格局是，五个部门主管社会保险，另有多个行业按照自己的规则搞统筹。从新建的这块看，执行的也是几套方案。二是在运营上，政事不分，管理和经营融合。这种体制，不仅难以形成经营管理者推动社会保障基金良性循环的责任，即规范地从事社会保障基金的筹集与支付，通过购买国债等安全投资的形式实现社会保障基金的保值与增值，而且为权力与金钱的结合创造了条件，导致了已筹到的资金的流失。

第二个方面制约叫作利益制约。为什么各自为政、政企不分而又很难调整过来，原因就在于利益制约。社会保障基金数以亿计，是很大一笔钱。对于有些人、有些机构来说，有了钱，既可以搞社会保障，也可以干别的事。一旦钱到手，主动权就操在了自己手中。于是，在小集体利益和个人利益驱使下。这些机构，这些人就狂花滥用。所以，在总体上我们看到了这样一个事实：已筹到的社会保障费实际用在社会保障上的比率很低。比如，失业保障基金的相当一部分并未用到失业救济上去。有的地方用社会保障基金买小轿车、建大楼，挪用现象很严重。

第三个方面的制约是财力制约。我国的社会保障体系包括社会保险、社会救济、社会福利、优抚安置等许多方面，内容广泛。我们的人口队伍又十分庞大，哪怕只是搞水平不太高的社会保障，在财力上也体现为一个巨额的天文数字。即使就眼前说，急需要的城镇已退休职工的养老金，和一般性企业职工分流形成的失业者的失业金的数量就不少。而总的看，我们的生产力发展水平低，财力本来就不富裕，加上经济正处于转轨中，我们揽的事又太多，社会成员自我解决最必要的自身事务的机制迄今为止还没建起来，所以，各方面都要钱，不可能拿出太多的钱来搞社会保障，这必然制约社会保障体制的建设进程。何况，我们已积累的一点社会保障资金又被明挪暗用呢。

第四个制约是最根本的制约，这就是思想制约。前三个制约可以说都跟这个制约相关，或者说，归结于这个制约。比如说财力制约吧。钱可不可以来？从总体上看，我们的财力有限，钱确实紧，我国目前正处于由不发达经济转向发达经济、从封闭经济走向开放经济、从计划经济转向市场经济，这种特殊的转变时期，各个方面都要钱。农业是基础，打好这个基础需要钱；科教兴国是基本国策，发展科教需要钱。连搞计划生育也要钱。推动国有企业转轨改制就更需要钱。其实，再富的时候，钱也不会想要多少就有多少，正如一位领导同志所说的那样，缺钱可以说是一个永恒的主题，问题是用什么思路来筹钱。思路转不转换，情况会大不一样，好的思路可以变成钱。比如，我们现在对于亏损企业不论具体情况一般采取"输血"的办法，银行贷"安定"贷款，财政拨"扶贫"资金，结果是钱花了，企业没有救活，窟窿越来越大，包袱甩到了政府这边，政府陷入了没完没了的"投钱扭亏"的陷阱中无法拔脚。如果把银行的贷款、财政的拨款都变成社保基金和安置基金，让那些没有必要管的亏损企业破产，由此斩断"亏损"、斩断"扶助"，岂不是一举多得？我们再想想，我们搞保障缺钱，搞建设缺钱，但大吃大喝却不缺钱，规模和档次都在升级，每年要花掉上千亿。如果把大吃大喝抑制住，用这部分钱来搞社会保障，我想几年之内就解决了社保资金不足的问题。再进一步说，社保资金的现实积累很有限，目前财政一时也拿不出资金，但并不是没有潜力可挖。可不可以考虑结合体制的转轨，利用由计划转向市场中物品的价值增值，把国有企业资产切一块用于充实社会保障基金。不过若这样办，可能会遇到一系列挑战。比如，有人会说这是国有资产流失，是划公为私，等等。这里就涉及思想观念的转变了。

我国社会保障体制改革进展不快主要是上述这么四个制约，这四个制约是相互联系的，它们是问题的关键所在。

如何解决这个问题？应该看到，我们现在解决这个问题的环境相当紧，不宽松。既有思想上的不宽松，也有财力上的不宽松，还有体制转轨过程中犬牙交错的复杂关系的制约。如在双轨制并存的条件下必然有权钱结合，这种结合就可能使改革走形变样，把钱挪用到不该用的地方去。这是可能的，要把它作为一种前提考虑。环境不宽松，但又要在这种不宽松的环境中找到解决问题的出路，这就是我们面对的题目。我以为解答这个题目应该确立这么两个观点：第一，不要指望开几个会就可以解决问题；浅层次地推出几项措施，良好的社会保障制度就可以建立。这需要一个过程。第二，在目前特殊环境中解决社会保障问题要有特殊思路。特殊在哪里？在于我们应该把社会保障体制建设的重点放在理顺新体制过程中间迫切需要的现实社会保障问题的解决上。这个问题解决了，就为随着体制的逐渐理顺建立长远的完善的社会保障体系提供了基础。基于这种考虑，我认为，下一步解决社会保障问题在总体思路上要把握这么四个结合：

第一个结合，要把社会保障体系建设同思想转换结合起来。思想转换的关键在于：要按照市场经济的要求思考问题，而不能继续以计划经济观念来考虑社会保障基金的筹集、支付与运营；要站在发展生产力的高度认识问题，而不能以似是而非的生产关系标准来考虑社会保障途径选择与措施取舍；要跳出就保障论保障的思维框框，从经济体制改革的整体、国民经济发展的全局来认识问题。只有这样，我们对涉及社会保障进展的一些重大问题，如能不能结合转轨改制把国有资产（包括土地使用权转让收益）切一块来搞保障、如何弥补曾长期工作在计划经济环境中，对其工作的企业乃至整个社会作过重要贡献，而今已退下来的老职工养老保障金不足等问题形成正确的思路，提出可行的解决办法。只有这样，我们也才能从穷于应付搞保障的困境中解脱出来，变被动为主动；才能超出有限的财力制约，积聚起丰厚的社会保障基金。

　　第二个结合,要把社会保障体系建设与调整国有资产行业结构结合起来。最初是由特殊环境造成的经济上的需要,尔后则是把所有制的级别直接与生产力水平高低等同起来的一类错误认识的指导,改革前的几十年间,我们通过一浪高一浪的所有制升级运动,造就了国有经济占绝大比重、国有资产不论需要不分情形遍及各个行业的大一统格局。这种格局在改革后虽然作了一定程度的调整,但并没有得到实质性改变。漫长的国有经济运作战线,使政府陷入了"按下葫芦起了瓢"的穷于应付的境地,使大事因为财力分散没钱办好,小事因为无精力也没办好。继续维持这种状况,不可能有富足的钱来搞社会保障。因此,应该按照"抓住关键的、放掉一般的"这种思路,合理调整国有资产的行业分布结构,适当收缩国有经济的运作战线。这样,不但可以把通过市场"放掉一般的"获得的钱的一部分用于搞社会保障,从长远看,还可以因为政府财力精力的集中搞好了关键项目的建设积累了资金、因为被"放掉"的那些小企业自我膨胀发展使政府取得了越来越多的税收、因为这些小企业膨胀性自我积累了很多收益而取得了建设良性的社会保障体系所必需的资金。

　　第三个结合,要把社会保障体系建设与发挥现有社会潜力结合起来。应该明确这么一个认识,政府在建立社会保障制度中起着主导性作用。国家必须投一部分财力来搞社会保障。但是,仅靠有限的国家财力是难以解决好社会保障问题的,必须着眼于挖掘社会财力泉源,充分发挥各个方面的积极性。党的十四届三中全会通过的《决定》提出了一个非常好的思路,即社会统筹与个人账户相结合。个人账户这方面除了政府、企业拨一块外,主要是鼓励个人投入,投多少得多少。投得越多,今后养老、健体等越有保障。事实上社会的资金潜力是很大的。统计资料表明,今年上半年城乡居民储蓄存款新增加了四千多个亿,估计全年可能增加八千个亿。到年底,居民储蓄存款加手持现金有可能突破三万两千亿。这是一个巨大的数目啊!国家有关部门公布1993年底国有资产总量大体为3.5万亿,如把个人储蓄存款都提出来,差不多能把国有资产全部买下来了。我们要想方设法使其中的一部分转化为社会保障基金,使其投入个人账户。同时,在建立基本保障的同时,要适应市场经济的要求，大力发展各种商业保障，利用它们，把社会民间资金引过来。光靠政府财政不行，这个蛋糕各方面都要切一块，这种切法再持续几十年，建社会保障体系需要的资金也到不了位。

第四个结合，要把社会保障体系建设与下狠心理顺现有管理运营体制结合起来。在目前五马分肥、九龙治水、各谋利益，政事统一、权钱结合的条件下，不会形成一个良性循环的社会保障基金的管理、运营的好体制。因此，必须下决心理顺体制关系。理顺体制的方向应该是统一社会保障管理机构，规范制度、统一政策、强化监督；实行政企分开，建立社会性的经办机构，依法从事社会保障基金的筹集、支付与合理运营，实现其保值增值。显然，这直接涉及机构改革，而机构改革比较直接、比较深层次地触及权力和利益关系的调整，故十几年多次改革都没能达到预期的效果，是一个大难点。但这个难点非攻破不可，否则建立有效的社会保障体系只能是天方夜谭，并且还会把事情搞糟。

良好的社会保障体系的建设迫在眉睫。乏力的或畸形的"社会保障"不仅会拖新体制的后腿，还会在经济体制转轨这种特殊的历史时期，带来社会不稳定、抑制或破坏生产力发展等严重后果，对此我们应保持十分清醒的头脑。

十六年经济改革理论探索论评①

（1995年11月）

无论是经济发展还是体制转换，中国都以自己独到的做法和杰出的成就，向世人交出了一份圆满的答卷。然而，经济发展和体制转换这种卓尔不凡，从根本上说得益于科学的理论的指导。改革前特殊的理论氛围与思想基础，使中国的改革首先表现为传统理论与思想观念的革命。16年来，适应改革开放实践的要求，我国人民特别是改革理论工作者们进行了卓有成效的理论探索，从而使一次次的思想理论上的突破成为一次次重大改革实践行动的先导和动力。而改革理论探索也在实践的推动下不断走向深入、成熟，逐渐形成了较为系统的建设有中国特色的新经济体制的改革开放理论，回溯经济改革理论探索的历史，可以这样说，其行程充满艰辛，其成就灿烂辉煌。

一、走向深沉：对经济改革理论探索历程的回顾

中国的经济体制改革是在比较特殊的社会历史环境中起步并一直在其制约的状态下展开的。这使自十一届三中全会开始的改革理论探索在总体上渐进深入的同时，在重点选择上体现着明显的阶段性，在方法运用上具有浓重的转换特色。

（一）"拨乱反正"——经济改革理论探索的重要准备阶段。我国社会主义经济理论探索在十多年的改革开放中获得了前所未有的成就，这是众口皆碑的事实。然而用历史的眼光看，这一成就的取得获益于它

---

①本文原载《管理世界》双月刊1995年第5、6期。

良好的开端，而这种良好开端的出现是因为它所依托的特别背景：发生在1976年10月至1978年12月间的思想理论战线上的"拨乱反正"，为改革理论探索积极的、日趋健康和深入的展开，提供了有益的准备和基础。

应该说，在我国社会主义制度建立后的相当一段时期内，适应逐渐展开的社会主义革命和建设实践的要求，我国经济理论和实际工作者们依据马克思主义经典作家的论述和社会经济发展的一般规律，在构建几乎是处于空白状态的社会主义经济理论体系方面做出了巨大的努力，也取得了相当明显的成就。仅从经济理论界看，在涉及从社会主义政治经济学的基本范畴、基础理论到社会主义经济的若干重大关系的范围宽广的研讨中，理论工作者们就社会主义条件下的所有制结构、商品生产和流通、国民收入的创造与分配、经济核算、物质利益原则、基本经济规律等提出了许多有益的见解，其中一些即使今天看来仍不失为真知灼见，如孙冶方"把计划和统计放在价值规律的基础上"的观点、卓炯的社会主义条件下"商品经济的特点是计划商品经济"的观点等，尽管这一时期的讨论存在从某种经典论述出发、以逻辑推演立论等一些缺陷，然而，这种大体说比较宽松、比较公正的探索并没能继续下去，随着行之有效的民主集中制原则的逐渐破坏，经济工作中"左"的指导思想占据主导地位，随着政治斗争和政治批判成为社会生活的主旋律，一切行为都同立场、政治倾向联系起来，随着形而上学的假马克思主义论调充斥思想领域，理论专制主义横行学术界，独立、科学和正常的理论探讨与争鸣被追风式的诠释、为我所需的寻章摘句和无限上纲的政治攻讦取代了。原本科学的理论观点受到恶意歪曲，一些荒谬至极的论调堂而皇之地登上学术殿堂。到"文化大革命"后期，这种状况已发展到极点。因此，随着"文化大革命"的结束，包括经济学界在内的思想理论战线的拨乱反正便走向前台，这包括如《贯彻执行按劳分配的社会主义原则》《马克思主义怎样看待物质利益》等一批意在正本清源的重要文章的发表，批判"两个凡是"解除思想禁锢为目的的"真理标准"的大讨论等等。这一阶段的主要任务集中在对一些非马克思主义经济理论、反经济规律要求的极"左"观点的批判、清理上，还难以谈得上对社会主义经济实践提出的问题，特别是属于经济改革范围的如管理体制的调整、市场调节的作用及其地位等一类的问题进行理论探讨,但这种批判和清理对于两年半后展开的经济改革理论探讨起到了十分有益的作用:其一,构筑了相对科学的研究基点。通过拨乱反正,恢复了那些一度被颠倒、被曲解、被混淆的理论认识成果的本来面目,把有关社会主义的基本理论和实践问题的看法拉回到原有的较为科学的结论上,从而使新的理论探讨避免了在荒谬起点上越走越歪的后果。其二,提供了一定程度的理论准备。这一阶段主要涉及的经济理论问题包括:政治和经济的关系问题,"唯生产力论"问题,所有制的性质、结构及其过渡问题,按劳分配与资产阶级权利问题,社会主义生产目的及物质利益原则问题、国民经济有计划按比例发展问题,商品生产、流通和价值规律的作用问题等,理论家们在对这些问题认识上的荒谬观点进行批判的同时,重新阐述了马克思主义经典作家的科学思想,并对已有的研究成果进行了梳理和概括,从而为新一阶段的理论探索提供了一定程度的知识与理论的准备。其三,营造了初步正常的探索环境。对思想理论认识问题上的拨乱反正,同时是对理论专制主义的清算,以明辨是非为特点对客观真理或事物本来面目的追求,同时是对见风使舵的依附性"研究"的否定。相应的,经济理论研究的政治化色彩、"棍棒"加辱骂型的"学术争鸣"风气等与科学、公正的学术探讨格格不入的东西,也开始淡化并发生转变,从而为科学地、客观地探索社会主义经济问题,尤其是那些同经济制度密切相关的"敏感"问题营造了初步宽松的社会环境和思想氛围。这使得在改革理论探索刚起步的1979年,就有了大力推进国有制的改革、把计划经济建立在市场经济的基础上等重要而大胆的理论观点的出现。囿于当时仍然特殊的大环境,拨乱反正的力度尚弱,这种作用的直接效果并不十分明显,但其体现的"缺口"效应正是十一届三中全会后不断深入、开放的改革理论探索的本源。

(二)经济改革理论探索的发展阶段。在充分审时度势的基础上,党的十一届三中全会决定"对经济管理体制和经营管理方法着手认真的改革"。自1979年初起,一系列重要的改革措施陆续推出。与这场日趋广泛、深入的伟大革命相伴的理论探索也开始了自己的征程。16年来,这一探索大体经历了三个阶段。

从改革开始启动的1979年初到《中共中央关于经济体制改革的决定》颁布是第一阶段,这是一个结合经济学基本理论和范畴继续正本清源,适应启动改革的需要对有关改革的基本理论问题进行探讨的阶段。这一阶段,仍是思想理论战线拨乱反正的重要时期。实践是检验真理的唯一标准的大讨论,和在此基础上于1979年初开始的党的理论工作务虚会,大大地解放了人们的思想,也激发了在"文革"期间受到严重压抑和制约的理论工作者们探索的积极性与创造性。在经济理论界,更多的经济学家披挂上阵,对包括社会主义政治经济学研究对象这类基础理论探讨在内的经济学研究更趋活跃,似有闸开浪涌之势。与此同时,面对着三中全会决定的重心转向经济建设、着手进行体制改革这一具有划时代意义的主题,经济学家们同经济实践者们一道,结合这些基础理论的研究,开始对正在或将要展开的复杂而又陌生的社会主义新的经济实践方向及运作过程进行探讨,以期提供扎实的理论依据和科学的操作思路。同改革启于特殊的政治经济环境,改革是我们既定的符合历史发展要求的选择,必须提供科学的理论依据这种特殊背景与要求相关,这一阶段探索的重点主要集中在有关改革的一些大的基本的理论问题上,同为什么要改革、改革的方向是什么,怎样进行改革等联系在一起,其中包括:改革前经济体制模式的弊端与新经济体制模式的选择意向、我国现阶段社会主义的性质与经济的本质、市场调节在社会主义经济中的地位与作用、计划经济和市场经济(商品经济),有计划按比例发展规律和价值规律等的关系、社会主义生产目的及与经济体制改革的关系,现阶段生产资料所有制格局及按劳分配的特点,国外经济改革的经验教训与启示等等。同这一阶段自安徽起开展的农村改革的实践,自四川起开始的城市国有企业扩权试点的实践相联系,改革理论探索也较多地集中在农村联产承包责任制的性质、形式,扩大企业自主权的必要性、内容、途径及相关配套条件等问题上,提出了建立双层经营体制、发展合作经济、实行企业本位等一些有影响的观点。就涉及面看,未来经济体制改革所集中解决的一些关键性问题,这一阶段都基本上提出来了,并在很多方面的认识上取得了明显的进展。主要的如:我国的社会主义还处于不发达阶段,由这种不发达性导致的所有制基础的非单一全民所有制性，使商品生产和交换不可避免，全民所有制内部的关系，是商品关系；价值规律对社会主义经济起调节作用，计划经济和商品经济或市场经济可以结合起来；在坚持公有制和按劳分配的前提下，社会主义经济运行制度可以有多种模式；传统经济体制模式是一种同社会生产力发展要求不适应的僵化模式，新的经济体制模式的选择，必须处理好集权与分权、计划与市场、行政办法管理与经济办法管理这三个重要关系；企业是相对独立的商品生产者，应通过所有权和经营权的分离，赋予企业相应的生产经营自主权；社会主义生产目的是为了满足人民日益增长的物质和文化生活的需要，必须兼顾生产和消费，改革是实现社会主义生产目的的基本途径；等等。正是在充分肯定和吸收这些重要理论成果的基础上，党的十二届三中全会的《决定》确立了"商品经济的充分发展，是社会经济发展的不可逾越的阶段，是实现我国经济现代化的必要条件"、"社会主义计划经济是有计划的商品经济"、"增强企业活力是经济体制改革的中心环节"、要通过改革实现政企分开，使企业真正成为相对独立，具有自主经营、自负盈亏、自我改造和自我发展能力的经济实体等对于后续经济改革实践发生根本性影响的重大论断，推动了改革的全面的深入的展开。从总的发展过程看，这一阶段的改革理论探索尽管仍显得虚一些，并且带有浓重的旧的认识的痕迹，但同社会处于重大的转折关头和久被压抑的思想一发必速这种环境和特点相关，这种探索体现为明显的、幅度较大的突破，并且表现为全面的突破。因此，它是我国改革理论探索具有里程碑意义的一个重要阶段。

从改革全面展开的1984年底、1985年初到1991年底、1992年初治理整顿结束，邓小平在中国南方就改革和发展的若干重要问题发表谈话前夕是第二个阶段。总的说，这是经济改革理论紧紧围绕改革实践向更为宽广、深刻、具体的方向拓展的阶段。在继续立足于重大改革问题的研究，对已有的基本理论成果进一步审议的同时，着眼于探讨和解决经济改革与发展过程中提出的新问题，即"务实"，是这一阶段的重要特点。但具体地看，这一阶段的发展同特殊的社会政治经济环境联系在一起，表现出前后两个时期在探索内容与重点上的明显的差异。

至1988年9月党的十三届四中全会召开是这一阶段的前期。这一时期,是我国改革在全方位拓展并在重要领域纵深推进的主要时期。经济体制改革,除了继续推进以完善双层经营体制、建立健全相关的社会化服务系统为主要内容的农村经济体制改革外,紧紧围绕这样相互联系的三个方面展开:"第一,进一步增强企业特别是全民所有制大中型企业的活力,使它们真正成为相对独立的,自主经营、自负盈亏的社会主义商品生产者和经营者;第二,进一步发展社会主义的有计划的商品市场,逐步完善市场体系;第三,国家对企业管理逐步由直接控制为主转向间接控制为主,主要运用经济手段和法律手段,并采取必要的行政手段,来控制和调节经济运行"。[①]相应推出的主要改革措施有:在实行"经济责任制""利改税"的基础上,进一步通过承包、租赁等较为规范的契约制度实现财产所有权和经营权的分离,扩大企业自主权;采取"调、放、管"相结合的方针和"改、转、租、包、卖"一体化的办法,理顺商品比价关系,改善流通企业经营机制,推动商品市场的发育;通过大幅度缩小指令性计划、对部分城市实行计划单列、实行各种形式的财政包干制,强化中央银行金融调控职能和专业银行企业化管理等改善宏观调控体制,等等。与经济体制改革相适应,中央陆续颁布了其他配套改革的决定,政治、科技、教育、文化等各领域的改革相继登台。这一时期,又是我国国民经济实实在在地进入经济体制转轨状态下运行的时期,对不合理的体制环节的改革,排除了经济顺利发展的障碍,然而经济改革不可避免的社会震动体制裂变、规则异位又会给习惯了传统轨道运行的经济发展带来困难。在改革被推向全面的1984年末期,国民经济生活中出现了工业生产增长速度过快、固定资产投资规模过大、信贷资金和消费基金增长过猛,部分商品价格上涨过多、国家外汇储备下降以及经济秩序混乱等一些新矛盾与新问题。为解决这些问题,中央在强化经济体制配套改革的同时决定通过实施从紧的财政、货币政策与其他配套改革,进行以稳定经济为目标的经济调整。经济改革深入展开和国民经济的发展亟待纳入良性运行轨道的背景,及自1976年底以来逐渐形成,并不断得到强化的宽松理论探索气氛,促成了这一时期经济理论探

---

① 《十二大以来重要文献选编》(中卷),第821页。

索空前热烈的态势，可谓学派林立、观点纷呈。这一时期主要涉及的方面包括：生产力标准与现阶段社会主义的定位、中国经济体制改革的基本思路与主线、经济改革与经济发展的关系、宏观调控体系的构成要素及建设方式、有计划商品经济条件下计划和市场结合的式样、产权制度改革与国有企业两权分离的途径与形式、商品经济条件下按劳分配的特点与实现机制、经济发展的战略、通货膨胀的治理，对资本主义的再认识，等等。所讨论的问题极为广泛。在相当开放的讨论中，一系列重要的理论见解得到了进一步深化，其中包括：提出生产力不发达的我国社会主义正处在初级阶段；认定我国有计划商品经济的本质是商品经济，计划和市场的结合体现为两者内在的统一；强调经济体制改革应当抓住中心环节配套推进；认为现阶段我国所有制和分配关系的特点是"一主多元"（即公有制为主体，多种分配形式并存），告诫在推进改革的同时要构建较为宽松的环境，考虑社会的承受力，把改革、开放和稳定有机结合起来；等等。与此同时，传统的政治经济学理论体系发生了根本性的革命，一些原先只见诸西方经济学说中的理论概念如宏观、微观、股份制、破产、劳动力市场等和理论观点如不均衡理论、成本推动需求拉动说等融入经济发展与改革的实践分析、阐述之中。而这些理论探索成就大部分被直接地或间接地写入1987年10月召开的党的十三大的报告之中。从而使这个"集体创作，集中了几千人的智慧"的报告不仅是一部总结和指导改革开放实践的具有丰碑意义的政策文献，也是一部集改革理论探索之精华富于独创性的经济学教科书。

　　1988年9月后是这一阶段的后期。由于种种原因，旨在解决1984年末出现的矛盾和问题的改革与整顿两方面的努力都没能达到预定的效果，反而，机制紊乱、漏洞频出的残损体制伴随事实上的扩张性宏观政策，把已经发生的矛盾与问题进一步推向严重的程度，最终造成了通货膨胀严重，经济效益低下，经济秩序混乱、收入分配不公及腐败现象蔓延的严峻社会经济政治局面。针对这些问题，1988年9月召开的党的十三届四中全会决定用三年左右的时间进行治理整顿，1989年政治风波发生后，中央进一步作出了强化治理整顿力度的决定。因此，尽管根据需要和可能，有关方面进一步推出了一些方面特别是价格方面的改革措施，但这一时期的主题是治理整顿：通过加强宏观管理，实施财政、货币"双紧"政策，解决过旺的社会需求、过多的信贷和货币投放、过快的加工工业的增长、过大的物价波动，同时通过有效的经济、行政和法律手段解决流通领域秩序混乱和腐败问题。这一时期的理论探讨明显地受到了这一主题的影响和有关政治环境的约束。趁特殊环境而生的批判之风，使涉及改革道路、方向等方面的一些"敏感"问题的探讨明显减少，相反，在某些已有基本结论的问题的认识上发生了一定程度的回归。这一时期比较大的问题的探讨，主要集中在同治理整顿这一基本任务密切相关的计划与市场关系的讨论上。这一讨论是以中央在一系列文件中对于计划和市场关系的新表述（其中主要的是指出经济改革的基本目标，是建立计划经济与市场调节有机结合的管理体制和经济运行机制）为基础和前提下进行的，主要涉及的议题是：计划经济和市场调节的关系（包括提法的科学性），计划和市场结合的理想方式及在不同领域、企业、地区、时期结合的特点，计划和市场有机结合的配套条件，等等。由于中央的号召，从上到下，从理论部门到实际部门几乎各方面都加入了对这一问题的讨论，参与度高、涉及面宽，提出了资本主义有计划、计划和市场的结合是现代社会发展的一般特点等精诣之识。而这为后来发生的有关重大突破奠定了有利的基础。

除了涉及面较宽、开掘度较深、务实性较高外，第二阶段的改革理论探索还有一个重要特点：随着中国独到而效果显著的改革实践受到国外的日益重视，国外学者陆续进入中国改革论坛，和中国学者面对面地进行探讨，这对于更好地借鉴国外实践经验和理论成果深化中国改革的理论探讨，具有积极的意义。

1992年年初至今，是改革理论探索的第三阶段。这是改革理论探索在继承上一阶段前期成果，清理后期认识基础上，适应改革"攻坚"要求重点突破，全面创新的阶段。可以说，这是经过上一阶段后期短暂徘徊后经济理论探索的又一个亢奋期，而契机是1992年年初邓小平视察南方后发表的重要谈话，泉源则是以这一讲话为基础，在党的十四大确立的关于社会主义经济是市场经济的认识。1992年1月18日至2月21日，邓小平在视察武昌、深圳、珠海、上海等地时，对多年来争论不休，反反复复，经常围绕和束缚人们思想的许多重大认识问题作出了明确的回答，提出要抓住有利时机，加快改革开放和经济建设步伐。根据邓小平的谈话精神，中央结束了历时三年多的治理整顿，作出了加快改革开放、促进经济发展的一系列决定；与此同时，在总结十多年改革开放实践经验和理论成果并进一步听取各方面意见的基础上，1992年10月召开的党的十四大明确提出，我国经济体制改革的目标是建立社会主义市场经济体制。在这种强劲的改革呐喊声中，蓄势已久的改革再度伸出锐角，全面向深层挺进：国有企业的改革从着眼于"放权让利"转向着眼于理顺产权关系，实现制度创新；市场的发展从主要是开放商品市场转向重点建设要素市场；宏观经济管理改革从主要是取消指令性计划和审批制度深入到构造间接管理的运作机制与手段体系，一系列相关的改革措施陆续推出，改革气氛十分浓烈。解除了思想束缚的理论工作者们，面对期盼已久的改革高潮，精神饱满地投入到似熟悉还陌生的新的改革实践的理论探讨之中。这一阶段的探讨是围绕社会主义市场经济这一主题展开的，涉及的论题包括：社会主义市场经济的本质规定性，市场经济与商品经济的关系，中国市场经济模式的特色与基本内容，建设社会主义市场经济体制的基本途径，市场经济体制建立的难点、风险及其化解办法，向市场经济过渡中改革、发展、稳定的关系的处理，等等。并在此基础上对一系列相关的具体问题如现代企业制度建设与国有企业的转轨改制、产权的转让与流动、要素市场的培育、劳动力属性、适应市场经济要求的新型计划投资、财政金融、外贸外汇体制的建设等进行了更为深入的研究。除此之外对社会主义的本质、所有制的属性、公平与效率的关系等基础性理论问题也展开了广泛的讨论。把社会主义与市场经济联系起来，不仅意味着中国独到的改革实践和发展道路的确立，而且意味着对包括传统的社会主义理论和西方经济学的重大革命，使中国改革理论的探索者们站在一个独领风骚的舞台上，享受着开拓全新的经济理论境界的快乐。由社会主义可以搞市场经济这一理论上的重大革命带来的一系列富有独创性的见解，凝结成《中共中央关于建立社会主义市场经济体制若干问题的决定》，使这部在十四届三中全会通过的文献以其对社会主义市场经济的全面的开创性论述和包括科学确立公有经济的地位，明确国有企业的"法人财产权"、确认"资本市场""劳动力市场"等重要概念、合理区别宏观调控任务与一般政府职能、提出"效率优先、兼顾公平"的收入分配总原则等在内的一系列重大突破名标青史，成为指导史无前例的市场经济新体制建设的新政治经济学。

（三）经济改革理论探索的主要特点。十多年经济改革历程蕴含着日渐深刻、成熟、完善的理论进化。透过这一历程，我们能够看到支持这一理论进化的在探索中体现的若干重要特点，主要是：

1. 这一探索始终紧扣着改革开放和经济发展这个社会经济活的主题进行。换句话说，它不过是经济体制转轨和经济现代化建设过程中内在矛盾与问题的理论表现。十一届三中全会以来的前无古人的改革开放的实践把一个个亟待解决的课题提到探索者面前，而思想理论上的每一次突破，都带来了改革开放实践上的飞跃，反过来，发展了的实践，又充实、丰富和完善了改革理论，并推动其进一步朝深层拓展。

2. 这一探索同对国外实践经验和理论成果的总结、借鉴密切结合在一起。鉴于改革的复杂性，也为了少走弯路、少付代价，适应从计划经济转向市场经济这个大背景，在探索过程中，十分注意对国外实践经验的分析、研究，以期通过各国实际的比较研究，找出那些可为我借鉴的有益的东西；与此同时，也十分注重对在市场经济大背景下产生的西方经济理论的学习与研究，运用西方比较成熟和科学的理论与原理分析中国经济问题，探索新体制的建设思路，一些长期被认为是西方社会独有的经济学概念如今已大量运用于中国经济改革理论论坛。

3. 这一探索推动着传统经济学理论体系的革命和新经济学的建设，传统经济学是建立在计划经济体制和政治斗争基础上的，这不仅使它体现的是计划经济一套的思想观点和语言体系，而且有强烈的政治斗争色彩和政策痕迹。改革呼唤更新的经济学，而丰富多彩的改革实践也促成着经济学的改革。随着体制的转轨，建立在社会主义市场经济这一总基调基础上的新的经济学的框架已基本形成，一批批新学科随着社会实践活动的扩展而陆续诞生，经济学面貌焕然一新，从具体内容、阐述重点到语言表述、体系结构都发生了重大的变化。

4. 这一探索促成了改革理论研究方式的重大转变。适应改革向深层扩展的要求并伴随这一过程的延伸,改革理论探索在向前推进的同时也实现了探索方式的转变。这大体包括:从主要作概念、范畴和基本原理的分析转向具体改革思路、操作技巧和相应的政策措施的研究;从主要做"应该是什么"的理想化的逻辑的、规范的分析转向主要作重视国情特色、地区特性、行业特点的"可能是什么"的历史的、实证的分析;从主要是引经据典,在"语录"中寻真理式的分析开始转向不唯书,不唯上,只唯实的研究;从主要是作政策的注解转向为政策、决策提供依据,开始体现"实践第一性、理论第二性、政策第三性"的特征,在理论探索上表现出相当程度的独立性;从就事论事,寻找牵一发动全身的"总纲"的研究转向既重"这一个",又重其他,既找重点,又把握其相关前提条件和配套环境的全面的综合的分析;从追求单一的"最优"理想目标的研究转向从实际出发考虑到特定的环境制约的多样化"较优"目标的研究;从舍我其谁、唯我独尊的排斥性研究转向相互借鉴的兼容性研究;从主要是作抽象的质的分析开始转入借助现代经济科学方法和科学工具作相关数据测算和量的分析。这些转变表明,中国理论和实际工作者关于改革理论探索的方法和技巧日臻全面、科学与成熟,它既是这种探索深化的产物,又推动着这种探索进一步走向深化。

5. 这一探索直接影响着国家基本政策的变化。由于改革这种前无古人的事业的要求及由改革实践本身造成的宽松气氛,也由于改革理论研究本身的务实性,使改革理论不再像改革前的理论那样只积在学者的案头而直接服务于实践,改革理论研究不再像改革前的理论研究那样只是政策的诠释而成为政策设计和相关决策的重要依据。十多年来,尽管某些方面的理论见解(这些见解后来被证明是正确的),一度曾遭冷遇,但随着实践的发展最终都得到了公正的评价。大部分理论讨论的成果都被吸收进党在各个时期制订的重要文献之中,成为指导下一步改革的行动纲领,有的甚至直接成为政策措施本身。反过来,被确认并演变成政策本身的理论成果又成为新的理论建树的基础和起点。

历时16年的中国改革理论探索走过了一段不平凡的里程。其间,由于种种原因,曾有徘徊;如今,尽管硕果累累,仍显粗糙,但总的说,正在走向成熟,走向深沉。这不仅包括这一过程中出现的探索方式朝着科学化方向的转变，更包括，这一过程中陆续实现的一系列重大理论突破——中国以其特殊的独到的理论建树，走到了世界改革理论探索的一个新阶段。

二、展现辉煌：经济改革理论探索的若干重大突破

过去的十多年，是我国理论研究特别是经济理论研究最为活跃、建树也最多的一个时期。从计划经济向市场经济转变这一宏大时代背景，赋予了理论探索繁荣与创新的不绝泉源。面对着前所未遇的各种艰巨而复杂的难题，理论工作者们从中国的实际出发，大胆探索，实现对传统社会主义经济理论与西方经济理论的双重超越，取得了一个个重大的突破，在推动改革开放实践向前发展的同时，创造出有中国特色的改革开放理论与社会主义经济学体系。十一届三中全会以来的理论突破表现在方方面面，其支撑新的经济学理论架构、对改革开放和社会主义现代化建设实践发生根本性影响的突破主要反映在如下方面。

（一）确立了社会主义初级阶段的理论，实现了改革开放之社会时代背景的科学定位。实现改革开放的科学立论与正确行事，根本的环节与首要的前提是廓清它所发生的社会时代背景，即准确把握我国目前所处的社会历史阶段。因此，改革伊始，这便成为改革理论探索的重点。其杰出成就，是确立了社会主义初级阶段理论。

社会主义实践是建筑在马克思、恩格斯社会主义的构思基础之上的。马、恩认为，在资本主义社会自然灭亡后，作为其否定物同时也是后继物的共产主义社会由两个阶段组成，第一阶段即社会主义阶段。依据当时的历史条件，依据与其相应的事物内部发展规律，在批判地借鉴空想社会主义学说的基础上，他们提出了关于社会主义的构想，其中包括实行单一的全社会的公有制、依靠计划调节经济、实行按劳分配等。十月革命胜利后，在前无古人的特殊历史条件下，苏联大体套用了这一构想，建成了世界上第一个社会主义国家。其后许多国家又效仿苏联建立了社会主义。然而，这一构想的实现，是有着严格的前提条件的，在马克思、恩格斯看来，最主要的条件是，社会主义社会作为随着生产力

高度发展而自然灭亡的资本主义社会的后继物出现,而此时生产力高度发展的一个重要表现是:生产者不再交换自己的产品,著名的价值关系不再介入生产资料和劳动力的分配。因此,这些在生产力发展水平相当低下,商品经济很不发达基础上通过暴力革命建立起来的社会主义国家,在呈现出同特殊历史环境相契合的短暂然而是巨大的效应后,随着正常的运行过程的展开,简单套用和照搬的负效应日益严重地显现出来,陆续踏上改革之途,从实际出发,寻找符合现阶段生产力发展水平的社会主义的存在模式与建设道路。

中国也是在生产力发展水平很低的情形下进入社会主义社会的。由于对社会主义实践经验的缺乏,也由于特殊的政治经济环境所迫,我们还是把以生产力充分发达立论的马、恩构想和依其建立的苏联模式作为现阶段所需建立的社会主义的标准,并以此来确定具体的方针政策。面对不发达的生产力水平而又需尽快建成社会主义的渴求,使由革命胜利而生的热情逐渐培育成"左"倾指导思想。于是,从20世纪50年代后期起,除了通过突击生产、群众大会战(如群众性"炼钢"运动、超英赶美运动等)的方式寻求生产力短时期急剧提高外,在主体上选择了一条非发展生产力的、依靠生产关系的不断革命使其拔高与净化而尽快实现社会主义的道路。一些超乎现实条件,不利于甚至束缚生产力发展的东西,被当作"社会主义原则"加以固守;而许多在现阶段有利于生产力发展和生产商品化、社会化、现代化的东西,被当作资本主义因素与痕迹加以批判或铲除,由此形成了过分单一的所有制结构、平均主义的分配方式和僵化的经济体制,以及同这种经济体制相联系的权力过分集中的政治体制。结果是欲速则不达,到改革开放前夕,生产力发展水平仍很低下,社会产品严重匮乏,国民经济发展到了崩溃的边缘,使社会主义理论与实践面临严重挑战。

面对着社会主义实践的困境及在生产力落后的基础上能否建立社会主义,目前的社会是否真正的社会主义,如何立足于现实建设社会主义等来自各方面的种种质疑,自1979年开始,结合改革实践的要求,理论界进行了大胆而广泛的探索,包括对于马、恩构想的形成背景、思想基础、实现前提的重新审视和对构想本身各基本规定的科学性、现实可能性分析等在内的一系列努力，形成了初级阶段理论的基本框架。为初级阶段理论的提出与确认作了重要的准备。1981年6月，中央通过的《关于建国以来党的若干历史问题的决议》，肯定了理论界初步探索的成就，提出了社会主义还处于初级阶段的思想；以理论界进一步的讨论成果为基础，党的十三大正式提出并完整地论述了社会主义初级阶段的理论。概括地说：（1）经过多年的努力，我们已确立了社会主义所需要的基本经济、政治制度和意识形态，剥削制度和剥削阶级已经消灭，国民经济实力有了巨大增长，教育科学文化事业有了相当发展，因此，我国社会已经是社会主义社会。我们必须坚持而不能离开社会主义。（2）我们的生产力还很落后，决定了在生产关系方面发展社会主义公有制所必需的生产社会化程度还很低，商品经济和国内市场很不发达，自然经济和半自然经济占相当比重，社会主义经济制度还不成熟不完善；在上层建筑方面，建设高度社会主义民主政治所必需的一系列经济文化条件很不充分，封建主义、资本主义腐朽思想和小生产习惯势力在社会上还有广泛影响，并经常侵袭党的干部和国家公务员队伍。所以，我们的社会主义还处在初级阶段——这是我国在生产力落后、商品经济不发达条件下建设社会主义必然要经历的特定阶段。我们必须从这个实际出发立论行事，而不能超越这个阶段。

社会主义初级阶段理论的提出，标志着社会主义经济理论的创造性发展。科学社会主义理论的创始人虽有把他们称之为共产主义社会的未来社会划分为若干阶段的思想，但是，囿于研究重点特别是历史条件，他们未能作更为具体的划分并对各阶段的具体特征及其差异做系统的说明。在社会主义付诸实践，其生产力发展同马、恩所设想的生产力前提表现出较大差异时，苏联等国的学者曾以这种差别把社会主义作了不发达阶段的划分，但是，这种划分总体说没有脱出马、恩划分的影响；没有把曾被马、恩视为非社会主义规定的商品经济及其发展水平作为社会主义的内容及阶段划分的依据，从而从实质上说没有把由不发达生产力及其决定的不成熟不完善的经济制度、不充分不健全的民主政治制度等构成的初级阶段的社会主义当作真正的社会主义；当然，也不可能对初级阶段社会主义经济、政治、文化等规定（或生产力水平、生产关系、上层建筑等规定）及这一阶段的来源、走向等作完整的科学的说明。中国基于自己的实际情况，明确提出和科学表达社会主义初级阶段理论，丰富和发展了马克思主义的科学社会主义学说，为构建科学的社会主义经济理论体系奠定了重要基础。这一理论的建立，排除了传统社会主义理论在实践面前的种种困难，科学地解答了中国或类似中国这样生产力落后的国家如何建设社会主义这个马克思主义发展史上的新课题，为顺利推进社会主义实践、大胆深入地进行改革开放提供了依据，指明了方向。

（二）确立了社会主义本质规定中生产力第一的内涵，明确了改革开放之根本目的及实现这一目的巨大作用。社会主义的本质是什么？这是在社会主义实践出现曲折后，人们对原有社会主义理论科学性的反思所提出的若干问题中的一个重大问题。它因与改革开放的目的及具体措施的选择密切相关而成为改革理论探索的热点。在这一问题的认识上，除了在革新简单以"区别"论本质（即把同资本主义社会的区别当作本质）的观念方面有相当程度的突破（虽然目前还尚存争议）外，最重要的且获得一致意见的成就是：在重视从生产关系的角度认识社会主义本质的同时，把生产力放在认识社会主义本质的首位，把解放生产力、发展生产力，最终实现社会生产力的高度发达当作社会主义本质的最主要的内容。

长期以来，社会的本质被当作纯生产关系的范畴，由于技术上和政治上的原因，本来有不同生产力发展水平背景的社会制度的区别，事实上被看作是生产关系特性上的区别。因此，对于社会主义本质的认识，一直立于生产关系的角度。相应的，社会主义生产关系区别于资本主义生产关系的特征，就自然成为社会主义本质的内容。这样，社会生产力的发展对于社会主义的认识变得无关紧要，社会主义本质变成了纯生产关系方面的规定，以致发展到后来，主张发展社会主义社会生产力的观点被斥之为"唯生产力论"屡遭批判。而"宁要社会主义的草，不要资本主义的苗"一类荒谬至极的东西充斥思想理论战线，在社会主义本质认识上的这种"唯生产关系论"，不仅因对关于社会主义的本质、具体特征、某一阶段的特征认识的混同（这种认识同时还受到某一时期特殊的政治思想倾向的影响)而导致社会主义本质说法的多种多样与此一时彼一时的游移不定，还造成了生产关系（具体特征）决定社会主义，实现马、恩设想的以发达的生产力为基础的社会主义，就必须通过不断的变革优化和升华生产关系的逻辑，从而导致了实践中体现这种"变革"的一浪高一浪的政治运动和各式各样的"穷过渡"。因此，对"唯生产关系论"（即"上层建筑决定论"）的批判和对生产力的重要性的确认成为拨乱反正的重要内容，而它一开始就同对社会主义本质的认识连在一起。早在1978年，一些理论家就提出：发展生产力，建立日益雄厚的物质基础是直接关系到社会主义经济制度、政治制度能否巩固和发展的问题。所以，无产阶级取得政权并大体上完成镇压剥削者反抗任务以后，就要把发展生产力的任务放在首位。只有生产力的高度发展，才能最终巩固政权，消灭阶级，使社会主义社会生产方式不至于停滞和衰落。随着改革的开始和展开，这一讨论同关于社会主义发展阶段的划分、现阶段社会主义经济性质、改革的目的等的讨论结合在一起进一步走向深入，逐渐获得了许多重要的共识。主要是：第一，发展生产力应该是社会主义的题中之义。作为建立在社会化大生产和生产资料公有制基础上的迄今为止最先进的社会制度，它本身应该是富裕和发达的载体与化身，发达的生产力是社会主义的主要标志，贫穷不是社会主义。因此，社会主义社会的首要任务是发展生产力，搞社会主义一定要使生产力发达。第二，社会生产力的高度发展是社会主义优越于资本主义的真实体现。不是作为替代物而是作为并存的对立物出现的现阶段的社会主义，一开始就把自己推向同资本主义竞争的境地，它唯有以更高水平的生产力等来体现对资本主义的优势从而证明自己存在的价值和替代地位。社会主义的优越性归根到底体现在它的生产力比资本主义发展得更快一些、更高一些。第三，不发展生产力，社会主义就坚持不住，不迅速提高生产力水平，显著地提高人民的生活水平，社会主义的巩固和国家的长治久安就会遇到极大的困难。这些共识奠定了生产力在认识"什么是社会主义"中的首要因素的地位，并最终促成了"社会主义的本质，是解放生产力、发展生产力，消灭剥削，消除两极分化，最终达到共同富裕"这一著名的科学论断的诞生。

从生产力角度认识社会主义本质并把发展高水平的生产力作为社会主义本质内容具有重大的意义,它不仅使对社会主义本质的认识从一条条地罗列区别于资本主义的具体规定（特征）转向探讨那些最根本的东西,上升到社会和时代发展的高度,有利于科学揭示社会主义这个人类历史长河中特定历史阶段的真正的、不易导致歧义和游移的内涵,而且使关于社会主义的表述进一步完善。事实上,没有发达的生产力,任何反映特定生产关系的具体原则或规定都难以贯彻,这种生产关系也难以发展下去。社会主义亦是如此。更重要的还在于,它矫正了"唯生产关系论"的理论,把认识和建设社会主义的重心引导到大力发展生产力上,从而使生产力的发展同社会主义紧密地结合起来,使坚持和发展社会主义实践紧扣在发展生产力这一主题上而不再游移晃荡。这不仅标志着一种建树和突破,它事实上意味并推动着一种转变：从斗争到建设的转变,从一个缺乏优越性、难以同资本主义真正较量的没有资格的"社会主义",向一个充满活力,充分体现出同资本主义的比较优势的真正社会主义的转变。

在认识什么是社会主义问题上生产力第一地位的确立,也廓清了改革的根本依据与最终目的。社会主义的根本任务是发展生产力,而要促进生产力的发展,从体制上说,必须建立符合国情的富有活力和效率的社会主义模式,这就必须对社会主义的传统模式进行根本的改革。因此,改革也是解放生产力,改革的最终目的是为了发展生产力。只有排除各种思想障碍,摆脱姓"资"姓"社"类的教条主义纷争,以发展生产力为根本标准,大胆放手的改革,才能真正发挥社会主义制度的生机和活力,最终建立起生产力高度发达的社会主义来。

（三）确立了社会主义市场经济的理论,指明了改革开放的推进方向与战略目标。唯有建立富有活力和效率的社会主义模式,特别是经济体制模式才能促进生产力的发展,然而从中国实际出发,这样的模式是怎样的,或者说,改革开放应该朝什么样的方向推进,应该实现怎样的战略目标？这是改革的首要问题。因此,自改革启动始,对它们的研究同有关社会主义经济性质的认识结合在一起,构成了改革理论探索的一条主线,最终实现了对传统社会主义经济理论和西方经济学说的超越，创造性地提出了社会主义市场经济理论，科学地确立了建立社会主义市场经济的改革目标。

出于对马、恩构想中"经济计划"思想的误解，长期以来，我们认为社会主义经济是计划经济，并相应建立了高度集中的计划经济体制。因此，改革的对象正是这种高度集中的计划经济体制。然而这一改革从根本上说，则涉及对社会主义经济性质的科学确认。在改革初期，从社会主义是计划经济，但传统的计划经济体制排斥市场的作用、权力过于集中的认识出发，"计划经济为主、市场调节为辅"的改革指导原则被提出并在党的十二大上确立下来。随着改革实践的发展，在对历史与现实的深层反思的基础上人们进一步认识到，商品经济的充分发展是社会主义社会经济发展的一个不可逾越的历史阶段，现阶段我国社会主义经济是有计划的商品经济，与此相应，我们要建立的新体制应该是有计划的商品经济体制。这一认识成果在十二届三中全会通过的决定中得到肯定，三年后召开的党的十三大根据改革理论探索的新成果作了更深刻的表述，把有计划的商品经济体制概括为计划与市场内在统一的体制，其经济运行机制的特点是"国家调节市场，市场引导企业"，从而把对经济体制改革目标的认识提高到一个新阶段。尔后的一段时期，受特殊的政治经济环境的影响，在社会主义现阶段经济性质和改革目标的认识上出现了某种徘徊反复的局面，计划经济明确作为社会主义的一个基本特征再度被强调，"计划经济与市场调节相结合"成为这一时期关于经济体制改革方向论述的基调。但在对这一提法科学性的论辩中，某些方面的探索仍然取得了一定程度的进展。随着实践的发展，尤其是经济改革与发展中的许多深层矛盾与问题以混乱的形式表现出的经济体制内在自动进化要求的推动，经济改革目标理论探索走出徘徊出现新的飞跃：1992年初，在邓小平南方谈话精神的鼓舞与指导下，有计划的商品经济的思想进一步发展成为社会主义市场经济的思想，一系列改革初期就曾论及、后来几度拓展但却一直受到责难的重要理论观点应时而生。主要包括：（1）计划和市场都是手段，不是区别社会性质的标志；（2）计划经济不等于社会主义，资本主义也有计划；市场经济不等于资本主义，社会主义也有市场；（3）社会主义和市场经济之间不存在根本矛盾，社会主义也可以搞市场经济；（4）选择什么样的手段应以是否更有力地发展社会生产力为标准，不搞市场，连世界上的信息都不知道，是自甘落后，社会主义必须搞市场经济；等等。这些观点及其他相关论述，构成了较为完整的社会主义市场经济理论。正是在这个基础上，党的十四大提出了建设社会主义市场经济体制这一反映历史发展必然性的科学改革目标。

社会主义市场经济理论的创立，标志着经济理论研究领域的重大突破。长期来，无论是社会主义的反对者、拥护者，还是社会主义者本身，都把市场经济看作社会主义的异物。自托马斯·莫尔发轫，后经马、恩进行革命性改造的社会主义学说，认为社会主义社会将不再存在商品价值关系，生产经营将"按照总的计划"由整个社会来管理。这种"经济计划"的思想几经扭曲演变成一套复杂的社会主义计划经济理论；而在历史悠久的西方经济学说中，同样认定社会主义不应存在市场："要么是社会主义，要么是市场经济，二者必居其一。"作为实践经验总结和历史发展客观要求体现的社会主义市场经济学说，实现了对传统社会主义理论和西方经济理论的双重革命。直接地说，它打破了社会主义等于计划经济，资本主义等于市场经济的传统教条，在对"计划"与"市场"属性的科学甄别的基础上，第一次向人们揭示了社会主义同市场间存在的逻辑联系，从而排除了传统理论留在其上的种种误解。从更高层次上把握，它使经济改革理论探索及至全部经济理论探索从制度特性的束缚中，从而也从困境中解脱出来，置放在生产力基础之上，把经济理论研究特别是社会主义经济理论研究带入了全新的领地，为其繁荣与创新注入永不枯竭的源泉，成为全新的经济理论体系创立的基础与开端。理论上的这种重大突破，对改革开放的实践乃至整个社会主义的实践具有极为重要的意义。它排除了附于改革开放之上的种种思想束缚，使其从以生产关系论是非的小心摸索中走出来，跃上依生产力为标准大胆探索的舞台，从而开辟了改革开放的光辉前景；它把社会主义的建设放在真正科学的基础之上。为其广泛吸取人类创造的共同文明成果、呈现寓高度发达与高度文明于一体的先进模式提供了依据。

（四）确立了"一主多元"等所有制与分配关系理论，提供了改革开放具体政策措施选择的制度基础与依据。按照传统的社会主义理论，生产资料公有制、按劳分配和高度集中的计划管理即计划经济一道，被作为社会主义的基本特征而付诸实践，构成了传统经济模式的特色。因此，对传统经济模式的改革一开始就把对既有的生产资料所有制关系及由它决定的分配关系的重新审视提到重要位置。事实上，作为经济模式的基础和其中具有决定性意义的构件，所有制和分配关系的转换不仅构成了经济模式转换的前提，同时也决定着改革开放具体政策措施选择的内容和力度。这就使这方面的探索成为当务之急。因此，关于现阶段我国生产资料所有制及其分配关系的探讨与其他重大问题的探讨同伴而行，贯穿既有的改革过程，取得了包括"一主多元"在内的一系列丰富的理论成果。

生产资料所有制关系是整个经济制度的基础与核心。因此，传统的社会主义理论在给予其极大关注的同时也留下了深深的误解。主要是：认为所有制越"公"越好，把全民所有制或国家所有制当作最高的或最好的所有制，甚至把集体所有制这类公有制的"低级形式"都当作社会主义的异物；认为公有制形式越"单一"越好，只承认国有制是正宗的形式；认为公有制形式越"统一"越好，强求所有权和经营权的高度集中；等等。这些误解源于对科学社会主义理论创造人有关论述的不加分析的僵化理解，又强化于因特殊政治经济环境形成的有意无意的附加，导致了实践中所有制关系的不断革命，所有制形式由非公到公、由低到高的"穷过渡"，给生产力的发展造成了极大的破坏。随着丰富多彩的改革实践的展开，理论界从所有制含义的辨析、地位的确定到实践形态的选择、结构的调整等各方面进行了广泛而深入的探索，把社会主义所有制关系的研究拉回到现实基础上，实现了一系列重要突破。这包括：（1）在所有制形式与格局的选择标准上，突破了唯意志论，重新确立了生产力论，即所有制形式与格局的选择不应当依主观愿望来决定，而应当由生产力发展水平，生产力组织的客观性质及发展生产力的客观要求来决定，应当有利于现实生产力水平的提高。在这个基础上，一些经济学家进一步提出了"生产力是目的，所有制是手段"的见解。（2）在所有制格局的确定上，突破了单一的公有制观念，确立了"一主多元"的思想，即我国现实生产力水平不高，发展不平衡，地区差别较大，由此决定了现实所有制关系不可能是单一的公有制，而是"以公有制为主体，多种经济成分并存"，在积极促进国有经济和集体经济发展的同时，应鼓励个体、私营、外资经济的发展，并依法加强管理。（3）在公有制形式的确认上，突破了唯有国有经济才是公有制的观念，确立了公有制形式多种多样的思想，即公有制经济不仅仅是国有经济，而且也包括集体经济、乡镇经济、国有控股的经济、公有法人持股为主体的经济等；而且不仅仅是国有国营的经济，也包括国有民营的经济。（4）在国有经济的地位估价上突破了简单看比重大小的观念，确立了重控制能力与实际效果的思想，即国有经济是否发挥了主导作用，关键看它是否能对基础产业和其他关系国计民生的重要领域起实际控制作用和对经济发展起引导、推动作用上。（5）在公有制权利的占有上，突破了越集中越好的观念，确立了所有权、经营权可以分离应当分离的思想，即所有权和经营权在公有制条件下高度集中统一，不利于调动企业和劳动者的积极性、创造性，应当适当分开。在这一认识基础上，进一步形成了"法人财产权"理论。

伴随着所有制关系理论的进化，有关社会主义个人消费品分配关系的理论也走出传统的认识误区取得一系列突破。这方面的进展主要体现在如下两个方面：第一，突破了纯"按劳分配"的框框，确立了"以按劳分配为主体，多种分配方式并存"的思想。在逐步深入的探索中人们认识到，纯粹的"按劳分配"模式是同单一的全民所有制，不存在商品价值关系的集中计划管理相适应的。在全民所有制占主体而非唯一的所有制形式、公有制的现实存在形式多种多样、商品货币关系仍然存在、对劳动的计量还必须借助"价值"进行的今天，个人消费品的分配方式必然体现出以按劳分配为主体的多样性，其中包括按经营成果分配、按能力分配、按机会与风险分配等，也包括一直被认为与"按劳分配"相对立的"按资分配"。在总结理论界研究成果的基础上，十四届三中全会明确提出"允许属于个人的资本等生产要素参与收益分配"。第二，突破了"平均主义"的分配模式，确立了"效率优先，兼顾公平"的原则。改革前，被过度强调的社会主义条件下人与人之间的平等性，经过一些"左"倾思想指导下的政治运动的多次扭曲，在分配方面演化成严重的平均主义，使城乡各业普遍出现了干多干少、干好干坏、干与不干一个样的不正常状况，严重抑制了劳动者力求上进、争创佳绩的积极性。改革后，平均主义得以否定，物质利益原则得到强调，按劳分配逐渐恢复，与此同时，一部分人先富起来带动所有人共同富裕的构想被提出并付诸实践，在此基础上最终形成了"效率优先、兼顾公平"的思想。人们达成了这样的共识：从根本上说，只有生产力的高度的发展，才可能达到共同富裕。因此，在高效率基础上实现社会公平和共同富裕才是社会主义的本质规定性。在现阶段，效率是第一位的；就目前而言，公平主要体现为机会的平等与公正，体现为赋予全体人民获得收益的同等的竞争机会与条件。

所有制关系及分配关系理论研究上的这些突破，不仅大大推进了社会主义所有制与分配关系理论的发展，而且成为新时期有关所有制和分配制度改革措施与政策方针选择的基本理论依据，在实践中产生了十分积极的效应。

（五）确立了一整套独特而卓有成效的改革方略，保证了改革开放的顺利进行。在中国这样一个人口多，各方面的情况十分复杂的大国进行改革，面临的风险是十分巨大的。如何保证改革开放快速进行而又不出现大的波折，如何兼顾其他方面发展尽量减少改革的成本，这是直接同改革过程密切相关、关系到改革开放前途命运的大问题。因此，改革方略的研究与抉择作为比基本理论问题更为现实的课题成为改革理论探索的一个极为重要的内容。经过十多年的探索，初步形成了一套有中国特色具有独创性的改革方略，丰富了建设社会主义的理论宝库，为处于改革过程中的国家，特别是那些正陷入进退维谷境地的国家提供了有益的经验。十多年来涉及改革方略选择的理论探索体现在很多方面，其中争论较为激烈，比较关键的是以下一些方面。

1. 关于改革经济环境的塑造。这一问题的实质是合理处理改革与发展的关系。改革需要一个比较宽松的经济环境：总供给略大于总需求的买方市场，有利于市场竞争机制较充分地发挥作用，从而推动改革，并为改革提供必需的物力财力的支撑。但是，正因为原有体制难以形成真正宽松的经济环境才需要改革。因此，从根本上说，宽松的经济不可能是改革的前提而只能是改革的结果。在相当长的时期内，中国经济改革总的看只能在经济环境不太宽松的条件下进行？如何在"需要宽松"与"不宽松"间作合理的抉择？在总结实践经验教训的基础上，理论界形成了比较一致的看法，即经济发展与经济改革必须相互协调、相辅而成，为了保持改革措施的推出的必要力度与良好效果，应当采取适宜的经济发展的战略方针，努力塑造相应的经济环境；改革措施的力度、时机的选择，应充分考虑经济环境的制约。这一理论成果构成了改革中形成的"把握社会经济环境和条件的变化，灵活调整改革措施"之策略的重要内容，成为政府制定有关发展与改革政策，处理两者关系的重要依据。

2. 关于改革突破点的确定。经济体制改革的启动与带动需要有突破点。在以"国家（政府）—市场—企业"三要素为主构成的经济体制总体中，哪一要素是突破点？这在经济改革策略探索中构成了一个重要争鸣内容，一时期形成了"宏观—政府改革中心""市场—价格改革中心"和"企业—所有制改革中心"三种不同的观点。其中又以后两种观点间的交锋更为热烈。前一种观点认为，以市场为取向的改革关键在于价格改革。放开价格从而建立起竞争性市场体系，是让新体制的整体功能得以发挥的最基本条件。在价格扭曲且僵硬的条件下，企业不可能成为自主经营、自负盈亏的商品生产者。后一种观点则认为，商品经济下的价格制度，与其说是政府放给企业的，还不如说是企业真正成为商品生产者之后自我创造出来的。价格改革只能是企业改革的归宿。作为全部经济体制改革的核心，只能是企业制度的重新改造。随着经济体制改革的深入，人们在改革的突破点选择上形成共识：（1）经济体制改革是一项系统工程，新的经济体制与运行机制的形成取决于三个主体构件在协调一致的基础上的全面更新；（2）从企业是生产的主体，企业活动是其他一切活动的基础与前提的角度说，企业与企业制度改革处于更为基础的地位。但这并不意味着它在任何时候都居于领先地位，选择哪一方面的改革做突破口，应根据当时改革的要求与特定的政治经济环境来确定；（3）选择某一方面作突破口，绝不等同于它可以孤单突进，其进展的可能性与有效性最终取决于其他各项改革的配合程度，任何一个方面的单项突进都不可能取得成功。这一认识对于这些年改革平衡而快速的推进起了重要作用。在此基础上形成的"整体推进，重点突破"的思想被确定为新时期建立市场经济体制的基本推进战略。

3．关于改革力度的把握。基于改革的复杂性和风险性考虑，中国在推进体制转轨上排除了短时期集中用力的"激进"方式而选择了较长时期平缓用力的"渐进"方式。然而"渐进"也有一个力度把握的问题。由渐进而出现的双重体制并存的格局，使经济调节规则双重化，既造成了经济运行的紊乱，又留下了管理上的"真空"，从而成为各种病灶滋生和发展的根源，因而需要大力度推出改革措施，结束双重体制并存的局面；然而大力改革又受到社会稳定的制约。如何把握改革力度，在一段时期内存在着不同的认识。随着双重体制的弊端的日益公开化、严重化，人们形成了比较一致的看法：应在避免社会发生大的震动的前提下，采取积极有效的措施，进行深层攻坚，尽快结束双重体制对峙并存的局面。对体制转轨中出现的矛盾与问题，应立足于治本；在制定相应的配套条件和应急措施、实施最为必需的治标办法的同时，通过体制机制的深层改革，从根本上消除其发生的源头。否则，弊病淤积成大患，最终影响到社会的稳定。

4．关于改革手段的选择。受传统思想观念的束缚，在改革开放后的相当一段时期内，理论研究的重点放在对改革措施和手段的性质即姓"资"还是姓"社"的抽象争论与分辨上，股份制、破产、市场经济等都因袭传统认识而被贴上了资本主义的标签，导致了实践中一系列行之有效的重大改革举措难以及时推出，严重影响了改革开放的进程。随着一系列重大理论认识问题如社会主义的本质、经济性质等的廓清，相关的思想束缚得以解除，在改革手段的选择上，突破了"生产关系判定"论，确立了"三个有利于"的标准。从而把改革措施的选择放在科学的基础与广泛的舞台上，为加速改革进程，建立博采众长、富有活力和效率的新体制创造了有利条件。

中国改革理论探索的成就远不仅反映在上述五个方面。然而这已经充分显示了中国改革理论探索的勃勃生机与绚丽风采。这些突破寓示着从稚嫩走向成熟，从混沌走向清晰，从粗糙走向精细，从谬误走向科学，因而它们也寓示着中国改革理论探索的更美的前景。

三、迎接挑战：经济改革理论探索的前景展望

过去的十多年，经济改革理论探索伴随对传统的僵化、封闭体制的全面冲击的伟大实践不断向纵深发展，显示出空前的活力，取得了巨大的成就。今天，全面建立社会主义市场经济体制的征程已经开始。这一伟大的实践对经济改革理论探索提出了更高的需求。一个尖锐的问题提到人们面前：经济改革理论探索能否把握时代发展节拍，迎接新的挑战，再度创造辉煌？

（一）经济改革理论探索的新的历史机遇。回答无疑是肯定的。深化经济体制改革理论探索有着难得的历史机遇：社会主义市场经济体制建设为改革理论探索提供了深厚的基础、丰富的题材和广阔的空间。

这首先是因为这是一种前无古人的尝试。实行市场经济是现阶段最大限度发展生产力的必然选择。然而迄今为止的实践，是市场经济与资本主义私有制联袂的实践。把社会主义公有制与市场经济结合起来，是一项开创性的事业，无先例可循，难度极大。但正因为如此，这一探索也就极富有意义，一旦成功，市场经济体制的演进将表现出质的飞跃和广阔的前景。

这还是因为这一尝试是在特殊的社会环境中进行的。资本主义私有制与市场经济的结合，是按照历史发展的逻辑顺序在封建生产关系的基础上完成的，体制进化的内在动力成为推动这种结合的自然力量。然而，我们是在计划经济的基础上转向建立市场经济新体制的。计划经济与市场经济在本质上的对立，不仅使实际改革过程中每一项新的措施的推出都要以对相关的旧体制的革命为基础，而且要以思想观念、价值标准等的更新为前提。这种非逻辑性的转变虽然难度很大，却极富开拓性。一旦成功，它将为计划经济与市场经济的相互交融与转变提供难得的经验。

因此，更为具体地说，经济改革理论探索所面临的新的历史机遇在于：由市场经济与公有制的结合和计划经济向市场经济转变这种创造性的实践，要求人们对由其而生、涉及方方面面而又前所未遇的复杂思想与实践难题作出理论上的说明与解答。而这些难点正是新时期经济改革理论探索的突破点，因而是经济改革理论探索可能再度辉煌的依据与源泉。

由经济体制转换所提出的新的难点从而可能推进经济改革理论探索进一步走向深层的突破点很多，最为关键的方面包括：（1）适合市场经济要求的公有制形式具有怎样的特点？国有产权关系应该做怎样的调整？如何实现国有制向符合市场经济要求的其他有效的公有制形式的平衡、有序而快速的过渡？（2）如何克服传统计划经济体制的惯性与制约，创造条件，实现市场机制配置资源的基础性作用，又防止经济运行的无政府状态，实施科学的宏观调控？（3）如何有效遏制体制转轨过程中计划经济体现的权力和市场经济体现的利益（金钱）的联姻（负效联合），防止新体制建设的走形变样？（4）如何适应从事开创性事业的要求，鼓励地方、企业、个人在新体制建设中的自主探索，大胆创造，但同时又把改革行为的选择、措施的推出、方案的实施纳入法律法规的指导、推动、规范与约束之下？（5）如何既在新体制中融入中华民族的传统美德、现代风范，吸收其他民族的优良思想文化成果，又有效地摒弃历史遗留下来的糟粕，抵御外来不良风气的侵袭？（6）适应新经济体制建设的要求，现有政治体制应该做怎样的调整？如何建立既符合中国国情、又与市场经济本质要求相适应、有利于建立高效率的经济体制的政治制度？（7）如何适应改革进程不可避免的渐进性特点，在前进中实现各体制环节内、外部的协调配套动作？（8）如何有效地克服历史因素和社会包袱的牵制，实现改革的大力度推进与机制的快速创新？（9）如何在实现改革的突破性进展的同时，保持经济的快速发展与社会的基本稳定？（10）如何既保持改革过程中必不可少的带有政策优惠的超前试验或优先行动，又有效克服这种政策优惠及所产生的"马太效应"导致的区域差别，实现改革的大体同步推进？（11）如何适应新体制建设探索性和平稳性的双重要求，把大胆创造和合理规范有机结合起来？（12）如何利用新体制建设有利的国际环境，容纳一些较为成熟的市场经济体制的"辐射"，促进新体制的尽快发育，提高新体制的"先进"（成熟）程度，同时又有效防止这种"辐射"带来的负面影响（如不合国情的规则的强加或渗透、过早对接可能造成的发展利益上的过多损害等）？

社会主义市场经济体制建设的速度与效果（理想程度），在很大程度上取决于理论上对这些难点的攻克与突破状况。这表明，面对着伟大的改革实践所提供的千载难逢的历史机遇，经济改革理论探索是大有作为的。

（二）经济改革理论探索潜在的危险。然而，我们也要清醒地看到，无论是从经济改革理论研究本身看，还是从这种研究所依赖的社会背景看，都存在某些不利的因素，经济改革理论探索的深层拓展面临某种潜在的危险。

第一，经过十多年的艰苦探索，一些涉及社会主义社会基本制度的重大问题大都在激烈争辩和反复讨论中形成共识。尽管仍然需要对某些基本理论问题作更深刻、彻底的说明，但理论研讨的主题已经开始转移到经济运行层面，主要涉及如经济体制的某一环节之规定，某一改革措施实施的途径及配套办法的选择等具体问题。而在这些具体方面，各家设计的方案往往具有替代性或互补性，因而一般不会产生严重的分歧。因此，曾在十年多的探索中由理论流派的激烈争辩产生的理论拓展力可能会在以后的时期明显减弱，从而会影响改革理论探索深化的质量与速度。

第二，随着研讨对象从基本制度层面转变到具体运作层面，要求在改革理论探索的方法上由主要从事质的分析转向主要从事量的测算。这使以论证经济关系和规律体系为特色的经济学理论和擅长于质的分析的经济学家们难以适从。这种状况改变的非瞬时性、非规范性必然会影响到经济改革理论探索的深化。

第三，随着一些重大理论和认识问题的解决与突破，研究氛围日趋宽松，理论探索已表现出一定程度的独立性。但是，长官意志、政治观念抑制学术研究，依附、诠释政策的状况并没有完全改变，思想上的革命还没有成为改革的常规内容和人们的自觉行为，没有达到必要的高度。这种状况将给经济改革理论探索的深刻性与彻底性带来不利影响。

第四，受主、客观条件的限制，在前些年，理论往往跟不上改革实验发展要求而显示出一定程度的被动性。随着思想束缚的解除以及改革主题的日趋微观化、具体化，地方、企业、个人直接介入改革实践的自主力度、运作范围都已呈加速提高与扩大的态势，这有可能导致理论探索与实际操作间离差的进一步增加，从而大大降低理论探索对实践的指导作用。

这些表明，中国改革理论探索要保持强劲的势头，还要有针对性地做一系列工作。

（三）契合改革实践节拍，把改革理论探索推向新高度。面对着伟大的变革，中国改革理论探索能够大有可为，也必须大有可为。契合改革实践节拍，把握历史机遇，克服潜在危险，把改革理论探索推向新高度，这是正在进行中且跨入关键阶段的中国建设社会主义市场经济的实践对理论工作者的要求。根据改革理论探索的历史经验，适应新时期改革实践的特点，要做到这一点，必须进一步把握住这样一些方面：

第一，进一步解放思想，排除禁区，强化理论探索的独立性与彻底性。我们正在进行前所未有的伟大的历史性的转变，这不仅要求从实际出发，大胆地试，大胆地闯，更要求作为实践先导的改革理论探索排除禁区，大胆"思考"。从这个意义上说，理论探索的成效取决于思想解放的程度。为此，需要从两个方面进一步努力：一方面，经济理论工作者要继续摆脱陈旧的思想观念的束缚，不唯书，不唯上，为追求真理而大胆探索，独立思考，研究新问题，提出新思路；另一方面，有关部门要创造更为宽松的学术研究气氛，鼓励闯理论禁区，触"敏感"问题，依靠学术讨论和社会实践来解决理论问题的是非，避免对学术研究的行政干预。依靠这些努力，进一步提高改革理论探索的独立性，从而增强其客观性与彻底性。

第二，紧扣改革实践，抓住难点热点。改革理论的源泉在于改革实践，其作用在于指导改革实践，其价值与力量也只有在实践中才能充分显示出来。因此，改革理论研究要紧扣改革开放的实践进行。尤其要抓住制约改革进程，影响改革环境的难点、热点问题进行，为有关政策措施的制订提供可行的思路与科学依据。作为前无古人的事业，建立社会主义市场经济所面临的新矛盾、新问题必然会层出不穷，而这无疑难以用既有的理论作出解答。因此，理论工作者要深入群众、贴近生活，加强实地调研，掌握第一手资料，在实践中寻求解决问题的思路与办法。

第三，进一步强化数量分析与比较研究。从改革实践看，改革已从浅层转入深层，相应的，所触及的问题越来越具体，比如企业的过度负债如何解决，冗员如何排除等。从改革理论研究看，建设新体制的大的框架与思路已经确定，下一步更需要的是对操作性程序、方案、政策的设计，需要形成将这些原则性思路导入实践活动的具体策略与对接措施。这种状况要求改革理论探索更多地进行量的分析。与此同时，由于经济改革理论研究内容的具体化，对策研究的选择与比较的余地大大拓展了，而尽量降低实施风险与成本的要求，需要对解决同一问题提供多种方案。根据这种状况，在今后的改革理论探索中要大力强化数量分析与比较研究（包括对类似问题的国别比较研究）。当然，这需要与经济学本身的改造与研究者素质的提高结合起来。

中国经济改革理论探索以空前的活跃与卓越的建树告别了过去16年。新的伟大的改革开放和现代化建设的实践的推动及伴随这一过程出现的自身研究态度、触角、方式的良性转变，必将使她牢牢把握住未来，实现更大的繁荣与辉煌。

中国产权交易的地位、前景与具体运作①

（1996年5月）

我想从以下三方面谈产权交易地位、前景及操作：第一，从国有资产的流失看产权交易的重要性；第二，"抓大放小"的企业改革战略与产权交易的前景；第三，健康推进产权交易需要研究解决的若干操作问题。

一、从国有资产的流失看产权交易的重要性

产权交易重不重要？答案是肯定的。可以这么说，没有产权交易，社会主义市场经济体制就难以建成。在这里，我不打算比较全面的从各个角度说明产权交易的重要性。我仅从大家比较关心的一个热点问题即国有资产的流失问题来探讨产权交易的重要性。

大家知道，在前些年人们对国有资产是否流失的认识是不一致的。相当一部分同志否认国有资产在流失，对国有资产的保值增值持乐观态度，把国有资产正在大量流失的说法视为无稽之谈。但近几年来，在这方面已不存在争议。无论是理论工作者还是实际部门的同志、无论是政府官员还是企业家都认识到中国的国有资产正在大量流失。流失的规模究竟有多大，由于对流失的内容认识不一、对流失的口径把握有别，从而对流失的量的界定也很不一样。按照国有资产管理部门的说法，1982—1992年这十年间大约流失了5000亿左右的国有资产。国有资产的流失及其加速的状况可以从另外的角度也就是下面两个方面看得清清

---

①本文原载《中国软科学》1996年5月，此次收录有删节。

楚楚：

　　第一方面，从城乡居民储蓄的急剧增长看国有资产的流失。从1995年公布的数字看，到1994年底，包括事业单位资产在内、但不算地下资源部分，不算土地的价值的全部国有资产总量大约为42000亿左右，这些资产是几十亿甚至是更多的劳动者（累计相加）干了四十多年的结果。这是一方面的情况。从另外一方面的情况看，资料表明，到今年元月，我国城乡居民储蓄存款的余额为29000多亿，加上手持现金和其他金融资产如股票债券就更多了，恐怕要超过国有资产的总量。也就是说，个人把现有的国有资产全部买下来是完全有可能的。再仔细分析我们就能发现，个人储蓄的增长速度和规模超出常理。我们来看看1988年。1988年是一个比较特殊的年份，别的方面不说，至少有两个方面很特殊：一是连续发生四次大的抢购风，一浪高一浪，席卷全国，把什么东西都抢得差不多了，造成短缺；二是这一年的通货膨胀指数特别高，超过以往任何一年，社会零售物价指数达18.5%，这种状况给人的感觉是这一年钞票很多、老百姓手里很有钱。那么老百姓手里有多少钱呢？这一年个人储蓄余额大约3500个亿左右，再加上手持现金也就5000个亿左右。到1994年底，我国的个人储蓄存款余额就达到21000亿元，加上手持现金恐怕有25000亿至26000亿元，短短六年间就增加了20000个亿。单1994年就增加了6300个亿。1995年增长得更多，年初估计会增加近8000个亿，现在已经超过了。一边是国有资产在47年的时间内才形成这么一个规模，另一边是城乡个人储蓄存款在这么短的时间内增长这么快，两个比例很不一致，原因是什么？细细分析就可以看出一些名堂。

　　1995年新增个人存款8000多亿元，加上其他金融资产、手持现金的增长量，还会高出许多。有关资料表明全年城镇职工的工资总额为7000到8000个亿。加上农民的纯收入，可供储蓄资金规模可能会更大一些。可以看出新增的存款量同居民的收入总量差不多。这种对比似乎能使我们作出这样一个假设：差不多所有的工资，一领回来就无一例外地全都存到银行里去了。这事实上是不可能的，人们不可能不消费、不买东西。这说明现有的银行个人存款增长中有相当一部分来自于非工资收入。这些非工资性的收入无非包括两个方面，一是合法收入，二是非法收入。

可以断定合法收入的量不会太大，相当一部分来自不合法收入。再往深处看一看，银行的存款结构表明，并不是所有的人都拥有同量的存款，也不是所有的人都在同比例地往银行里面存款，而是少数人占有存款的大部分。无疑，他们不可能通过自己的工资形成这么大的储蓄，主要的来源是工资外的不合法收入。不合法收入从哪里来？从根本上说都是由国有资产转移过来的。这种转移的途径是多种多样的，不在这里一一论述。只说一个方面，改革过程中的双轨制就使国有资产大量流失，有些人利用双轨制大量转移国有资产，从而大发横财。到目前为止至少出现了两次大的高潮，第一次是1987年前后，特点是利用双轨制倒生产资料，大约在半年左右的时间内兴起了一批百万富翁；第二次发生在1992年下半年和1993年上半年，特点是利用双轨制倒生产要素，主要是倒资金、土地等，在更短的时间内造就了一批千万富翁。这两次转移的特点都是用国家的钱赚钱，赚了归自己，亏了算在国家的账上。目前第三个高潮已经到来，这就是利用双轨制倒集生产资料和生产要素于一体的企业。倒企业会使有些人一下子成为亿万富翁，从实际情况看，有些人小试于此即大获其利。

第二方面，从国有企业亏损面大幅度提高看国有资产流失。大家知道，前些年我们国有企业形势还是不错的，盈利企业还比较多，资产负债率也不太高。但这些年这方面的情况却很不尽人意，很多原来盈利的企业开始亏损，原来亏损的企业变成资不抵债，国有企业的资产负债率越来越高。1994年我们曾对12万个企业进行清产核资，材料显示平均负债率达75%，如果加上资产损失挂账这一块更是高达85%以上。1995年的情况更为严重。有人说，西方有的发达国家的企业负债率也很高，然而我们的高资产负债率跟人家是两回事，人家是为了发展生产增加规模而负债，我们则是为了生计而负债，资产负债率的提高在本质上表现为企业亏损面的扩大，亏损程度的严重化；表现为国有资产的流失。从总体上说，我们今天国有企业状况是，相当部分的资产存量正在空壳化，增量正在萎缩，流失的规模越来越大。

显然，以上两个方面的情况足以表明国有资产流失的严重性，以致很多人特别是一些经济学家充满忧郁地发出警告：再不采取有效的措施，"流"完公有资产、"流"垮公有经济只是一个时间性的问题。问题的核心还不在于国有财产变成了非国家所有，关键是这个变化过程很不公平、很不规范，它使属于大家的财产通过不合法的途径变为少数人所有。颇为奇怪的是，这种愈益严重的状况，是在流失问题已经引起从社会公众到政府部门的广泛关注，在上上下下的"制止国有财富流失，实行公有资产保值增值"的呐喊与一系列努力中出现的。这逼迫我们反思这样一个问题，为什么我们充分重视国有资产流失、采取那么多措施制止国有资产流失，流失不仅没有停止，反而加速？只能得到一个结论：现有的努力还没有触及根本上。要制止流失必须摸清导致流失的原因。

导致国有资产流失的原因是多方面的，有客观的也有主观的。但大量的事实表明，国有资产的流失途径在主体上表现为各种形式的以权（包括职业特权、行业特权、行政特权等）谋私，化公为私，这种谋私欲望不断膨胀，其满足受不到有力的遏制。显然，根本的原因是，在市场经济所体现的原则已经发挥作用的新的经济环境下，我们仍然按照原有的计划经济一套僵化的财产管理与运作方式对待国有资产，对待公有制，从而，导致了国有资产的流失。概括地说，体现为这么三点：

一是固守传统的财产分布形式，使国有资产处于粗放状态。长期以来，我们在思想上把生产力水平的高低、社会主义的成熟程度同国有经济的比重大小、国有企业的多少联系起来，误认为国有经济的面越大越好，国有企业越多越好。于是，通过一浪高于一浪的所有制升级运动，造成了国有经济占绝大比重，国有资产不分必要、不分轻重遍及各个行业、各个领域的格局，大的小的企业都管起来，实行国有国营。改革后虽然对生产资料所有制结构作了一些调整，但国有资产分布的"粗放"状态并没有根本改变。而任何试图缩小国有经济的比重和减少国有企业的做法都被视为推行私有化。国有资产分布的这种"粗放"状态，使政府陷入了"按下葫芦起了瓢"的穷于应付的境地，该抓的大事虽然抓了，但是没有钱没有抓好；不该抓的小事也抓了，但是没有精力同样没有抓好。最后是大小事都没有抓好。国有资产没能集中到能够把握、应该把握的领域，实际上处于一种失控的状态，既没能实现应有的效率，也因没法管理最后造成流失。

二是固守传统的财产组织形式，使国有资产处于"虚置"状态。长期以来我们只承认国有国营的地位，而否定国有经济存在其他实现形式。与此相应，只看产权归属与经营主体是否是国家，而不问其运转的结果是否能实现国有资产的保值增值。然而传统的国有国营的财产组织形式，实际上缺乏真正为国有资产保值增值负责的责任主体，说是国务院来代表，但是国务院那么大，离直接的资产经营又那么远，所以实际上负不了责。因此，说是全民所有制，客观上却是"人人都所有，人人不关心；个个是主人，个个不负责"，一有机会，个个都想捞一把。举个简单的例子，一辆自行车是属于公家的还是属于自己的结果会大不一样，如果属于公家，80%至90%的可能是在几个月或者半年内被偷、被损坏；如果属于自己，则会倍加爱护，少则可以骑上五六年，多则可以骑上十来年。这些年来，我们在国有经济实现形式的多样化方面也作了一些探索，然而视国有国营为正宗的认识并没有根本改变，产权关系没有理顺、不够明晰。顺便说一句，有些人把产权明晰等同于私有化，这是不正确的。我们说的产权明晰，最基本的一个含义就是造就国有资产保值增值的负责任的主体。说现在产权不明晰实际是说现在还没有这样一个主体，产权明晰决非一定要走私有化的道路。国有资产处于"虚置"状态，无人负责，自然就避免不了流失的命运。

三是固守传统的经营方式，使国有资产处于呆滞状态。长期以来，我们只强调国有资产物质形态重要性，而否认它的货币形态也是实实在在的国有资产。同时把国有资产的流动与流失等同起来，因而阻碍国有资产的合法公开的流动。我们知道，在市场经济条件下，资产的流动实际上具有资本经营的内容，是一种高超的经营技巧。因此，阻碍国有资产合法公开的流动，阻碍对国有资产货币形态的有效利用，不仅使国有资产失去了在流动中调整和优化行业、领域分布结构，和通过市场保值增值的机会，而且在层出不穷的漏洞和空子中被一些人通过直接和间接的手段非法掠为己有。从目前的情况看，产权虽然合法公开的流动不多，但实际的流动却并不少，只不过是在暗暗地流，被少数人通过"暗道机关"捞到自己的腰包里。这是悄悄的不平等的私有化，它还不如像俄罗斯、保加利亚等国那样一人平均分配一些钱的那种公开的、较为平等的私有化，因而它会带来很大的危害。

国有资产之所以流失，根本原因就在于固守传统的财产管理与运作形式。其中一个特别重要的方面就是国有资产没有能够合法地、公开地流动起来。解决流失问题就必须在改革传统的国有财产管理和运作形式上做文章，关键的一点就是使国有资产能够合法公开地流动起来。流动就是交易，显然，产权交易涉及国有资产的流失能否制止，涉及公有经济是否继续存在和发展，其地位十分重要，在这个问题上马虎不得。

二、"抓大放小"的企业改革战略与产权交易的前景

产权交易非常重要，那么在下一步的改革中间产权交易的前景究竟怎样呢？产权交易涉及企业特别是国有企业的改革。因此，我想从国有企业改革的发展思路来谈这一问题。

毫无疑问，无论从建立市场经济新体制的要求看，还是从国有企业存在的问题看，国有企业的改革都到了一个关键的时刻。如果不下决心改，如果改革的战略选择不当，国有经济就可以面临灭顶之灾。几年前，一些有识之士就警告过，留给国有企业的时间不多了，今天的发展状况更证明了这一点。在认真总结过去改革经验的基础上，去年中央提出了"抓大放小"的改革思路，这个思路里面贯穿对传统的国有财产的组织、管理与运作形式改革的内涵，是对以往思路的重大战略性调整，具有非常积极的意义。当然，这个提法还可以更为准确一些，即抓住关键的放掉一般的。但我想它实际上表达的就是这么一个意思。如前所述，把什么都管起来，所有的企业都搞成国有并不能解决问题，把关键的抓起来了、搞好了，把小的放活了才能真正巩固和发展社会主义。按照这个思路，五中全会的决定已明确提出对国有企业的结构进行战略性改组。"抓大放小"这个思路包含着国有企业改革的两个基本内容即制度创新和结构调整。也就是说，下一步的国有企业改革将围绕制度创新和结构调整这两个关键环节进行，对现存的国有企业进行分门别类的改造。那么，分类改造后的格局将是怎样的呢？

下面简单谈谈制度创新问题。在国有企业的制度创新方面达成了一

个基本的共识，这就是建立现代企业制度。现代企业制度的主体是公司制，所以国有企业改造后的组织形式大部分应是公司制形式。目前，我们在这方面已经开始了行动，取得了一定的进展，关键的问题是要搞规范。改革以来，我们推行了股份制试点，已搞了几万家股份制公司。但国有企业并没有走出困难的局面，于是有人指责说，不是迷信股份制吗？怎么没有一股就活呀？那么事实究竟怎样呢？前不久国家体改委和中国证监会组成联合调查组对股份制的运转情况进行了考察，提供的资料表明，不管是有组织的进行的试点，还是自发的进行的改造，其总体效益都还是好的，改造后的效益胜过原有的效益，这就说明股份制的方向是正确的，不能动摇。但是我们也不能否认股份制的改造并没有能够起到我们希望起到的那种效果。有些企业的效果还不如改造之前。在一次股份制的研讨会上我曾经说过，有些企业搞的股份制是换牌子而不是换机制，弄了一个四不像，集计划经济条件下企业的弊病与市场经济条件下企业的弊病于一身，结果是既没有达到原来企业的效果，也没有达到西方企业制度的效果。但问题不在于我们推行了公司制搞了股份制，而在于我们搞得不规范。举一个例子，我们的企业内部治理结构上就搞得很不规范，原来企业是"两心"，要把"两心"变为"一心"，想了多少办法也没搞的太好，最严重的情况反而是党委书记把厂长的党籍开除了，厂长反过来把党委书记的厂籍开除了。今天我们一些企业搞股份制，由于照顾了原来的体制基础，弄成了在内部治理结构上"八架马车"把持：老三会、新三会，外加一个总经理，再加一个外部监事会。这么多头能把企业治理好吗？有一个发达地区就出现了这么一个令人啼笑皆非的例子。总经理可能不称职，董事长要炒总经理的鱿鱼，总经理不买账，说：你董事长是市委组织部管的副局级干部，我总经理也是市委组织部管的副局级干部，你一个副局级干部怎么能炒掉我一个副局级干部？最后终于没有炒掉。这虽然是一个比较特殊的例子，但却从一个侧面反映了我们的股份制的不规范性。其实，很多股份制企业组建时就不规范，往往是把董事长总经理先定了再说。在实际的操作过程中间，有多少是按股东大会选择董事会、董事会推举董事长，运用竞争机制招聘总经理这种规范的程序进行的呢？不规范的股份制当然不可能达到良好的效果。所以，制度创新一定要在基本点上符合国际惯例，要按照市场经济的本质要求构建现代企业制度，即那种能够使企业成为真正的市场主体的、能够充分施展活力并能实现较高效率的企业制度。把制度创新和结构调整结合起来，并立足于企业制度改革的公司制方向，我想下一步国有企业改革大体上应该是这么一个思路：

其一，对极少数非国家独家所有独家经营不可的特殊企业，这主要是涉及国家主权、国家安全、特种产品如人民币制造厂、大型珍稀宝矿、非常重要的企业和科技企业要实行国有国营，这类企业不能放。根据情况可以改造成为国家独资有限公司，并相应建立科学、规范的内部管理和经营制度。

其二，对平常我们所说的那些涉及国计民生的企业和部门如银行、交通、邮电、铁路、民航等部门应该实行以国有控股为特点的股份制改造。这些行业主要是基础设施与公用事业部门，现在基本上是国家独有独营，其实这样做并不利于这些行业的发展，应当适当地让一部分出去，并造成适度竞争的格局。所以，在国家资本占大头处于控股状态的情况下，从方向上看，还要把握这么三点：（1）国有控股不等于国家的股本一定要占到51%以上，要看具体的领域，看环境的变化。一般地说，国家拥有的股份额以达到有效实施控制力为限；（2）国家控股不等于搞国家独个部门的经营垄断。一般地说，应该形成多个部门竞争经营的格局，这样可以提高工作效率、改善服务质量、减少腐败行为；（3）国家控股不等于都要政府直接经营，根据情况可以采取委托经营、租赁经营等多种经营方式。

其三，对竞争性行业中的少部分比较重要的企业，应当实行以公有资产控股为特点的股份制改造。这里的所谓重要企业主要涉及这么两类：一是涉及幼稚性产业的企业，如汽车企业、电子企业等，从长远看这类企业应该放开，但眼前如果放开，很可能在国外企业的强烈竞争下生存不下去，生长不起来，需要暂时加以保护。保护的措施有产业政策、税收政策等等，所有制关系上公有资产占大头，也是一种保护措施。二是涉及营利企业。从方向上看，国家不宜与民争利，即便是营利企业，如属于竞争性行业也应放开，但从眼前看，为了推动整个经济的发展，有效发挥国家配置资源以快速实现现代化的作用，也应该通过适当的形式掌握起来，公有控股就是一种形式。

其四，对竞争性行业中的一般性国有企业，原则上应该采取多种形式放开，从公司制的角度说，可以通过各种规范的募集投资的形式，改造成为自由并股、交叉持股的股份制企业，搞成什么样就是什么样，不应该有股本方面的份额规定。

其五，对那些长期经营亏损、挽救又无望的企业，对那些国家没有必要管，也没有精力管，管不了也管不好的企业，主要是小企业，也包括一部分其他规模的企业，应该实施以拍卖为主体的改造。这种改造把握两点就够了：（1）在健全的规则下按市场方式进行；（2）管好用好拍卖所得资金。至于拍卖给谁，我个人认为，不应该有什么限制。

从总体上说，通过这五种办法的分类改造后，国有企业的组织形式、运行机制也就基本上转过来了。同时从资产分布结构看，国有资产就从那些无关紧要的行业部分或全部退让出来，而集中到主要属于特种产业、基础产业和公益事业的那些行业和领域。这就是"抓大放小"，或者说抓住关键的放掉一般的。

在此，顺便强调一句："抓大放小"不会威胁公有经济的主体地位。同时，"抓大放小"应该有正确的操作思路。有人担心"放小"会放垮公有制，说小企业都在县和地市这一级，放了小就等于放垮了县、地市级公有经济特别是国有经济，而经济是基础，放掉了这个国有经济基础，政权也就保不住了。这其实是误解。"大"的是支撑、是真正的经济基础。这块抓住了，公有制垮不了。"放小"有多种多样的好处。首先，放不是无偿的放，要换来钱，换来的钱可以用来加强关系到国计民生的关键行业。用来加强特种行业。其次，放同时意味着放掉包袱，意味着国家不再花无意义的钱。其三，放小意味着机制转变。从实践看，非国有企业特别是非公有企业产权约束比较强，这使它在机制上表现为这样一种格局：在发展上是膨胀型的，千方百计地扩大生产规模，提高技术水平，拓展市场占有面；在开支上是收缩型的，尽量用小钱办大事。对于政府来说，它越发展，收到的税越多，何乐而不为？何况放不是放手不管。因此，"放小"不仅不会放垮公有经济，只会强化公有经济；不仅不会动摇社会主义政权，还会进一步巩固社会主义政权。在"抓大"的问题上，也有一种错误的认识，就是希望给优惠政策。这些年我们也形成了一种抓什么就给一堆优惠政策支持它的习惯，可以说这种认识是有实践基础的。但是如果用给优惠政策的方式来"抓大"，其结果必然是越抓越被动，不是把企业抓活了，而是抓死了。"抓大"要立足于制度创新，构建企业自我发展、自我约束的机制；立足于创造实现企业间有效竞争的良好环境。

从上面谈到的企业改革的战略选择中我们能清楚地看到，产权交易有着良好的前景。要抓大放小，就必然要实施兼并、破产、拍卖，就必然要求资产的流动。可以说抓大放小把我们的产权交易、资产流动推向一个新天地。尽管目前认识上还不够统一，实践中还存在一些障碍，但我们有充分的理由断言：一个新的产权交易的高潮即将到来。

三、健康推进产权交易需要研究解决的若干操作问题

我国的产权交易自改革开始就以某种形式出现了。企业间的所谓横向经济联合（其中含有资产联合的）就是最初的产权流动与交易形式。可以说产权交易的实践是比较早的。但是，由于各个方面的原因，其中包括一些操作上的障碍，其进程却不够理想。要健康推进产权交易必须克服各个方面的障碍。总结近些年来产权交易的实践，就操作上来说，我以为至少需要研究解决如下八个方面的关系问题：

（一）产权交易与股权交易的关系问题。股权实际上是企业产权以有价证券表现的货币形态。在国有企业进行公司制改造后，其产权的转让实际上是通过股权转让实现的。因此，股权和产权在理论上很难分离，在操作上更难分离。但是，从目前我国的实际看，股权和产权又并不总是一致的，如何处理好两者的关系，实际上把它们分成两个不同的交易序列，而分别按各自的规则有条不紊地进行交易，需要认真研究。从方向上来看，产权交易和股权交易的一体化是必然的。如何把它们结合起来进行，弄得井然有序，也值得研究。

（二）有形市场与无形市场的关系问题。一般地说，在市场经济比

较发达的国家，虽然广泛的存在着产权交易，但往往不存在着有形的交易市场，其产权交易活动实际上是隐藏在其他方方面面的交易活动之中进行的。但我们的情况与国外很不相同，我国的市场体系发育很不完善，要素市场的发育更是滞后，很难把目前意义上的产权交易直接融进其他市场的活动交易中间；同时我国的国有资产的规模很大，大部分没有股权化，随着国有企业改革"抓大放小"的思路的贯彻，需要发生实物性财产权益转让的国有资产量很大，这些因素决定了独立的、公开的、有形的产权交易市场相当时期内在我国存在和发展的必然性，否则难以满足对国有资产行业分布领域进行合理调整、对国有企业的结构进行战略性改组的要求。但是有形市场不可能把所有的产权交易都纳入其中，一些交易也不一定都通过有形市场进行，可能在场外进行，所以有一个处理好有形市场与无形市场的关系问题。产权交易有其特殊性，很难像证券交易那样维持持续竞价交易的火爆场面，如何根据这一特点管理好有形市场不至于开张红火，运营冷清，需要好好探索；如何管理好无形市场，使其尽量规范化运作，也要好好探索。

（三）统一产权交易市场建设与地区、部门所有的关系问题。我们知道严格规范的产权交易市场应该是开放的、竞争性的、统一的市场，但是现在遇到一个大问题就是国有资产虽然表面上是全民所有，但实际上是掌握在不同地区不同部门手中，出于利益上的考虑和其他原因，各种不正当的干预随时都可能发生，这就给统一的产权交易的市场的建设、统一的产权交易带来困难。另外，企业资产地域上的隔离也会对实物形态的财产权益的转移形成障碍。如何有效地克服地区与部门实际占有资产和地域隔离形成的障碍推进全国性统一产权交易市场的形成与运作，需要认真研究。

（四）行政行为促进和市场机制推动的关系问题。在目前国有资产量比重很大，国有企业事实上缺乏负责任的产权主体，市场特别是要素市场发育又很不充分的情况下，政府的行政行为对产权交易活动和产权交易市场建设的介入是必要的，这种介入有利于推动和规范产权交易活动。但是产权交易活动的市场化进程和产权市场的完善，从根本上说，还有赖于市场机制的自然推动。如何利用必要的行政行为克服纯粹的市场进化造成的产权交易活动扩展和产权交易市场发育中的盲目性、无序性和缓慢性，又不扼杀市场机制的作用，具有相当的复杂性和艰难性，需要认真研究，提出合适的操作思路。

（五）实物形态的权益的转移与相应的负担转移的关系问题。原则上说产权交易只是资产权益的部分和全部的有偿转让，但在实际生活中，这种转让往往同职工的安置联系在一起。职工怎么安置、债务由谁承担、有关的社会负担怎么剥离等等，往往是产权交易中重要的谈判内容，在西方国家就发生过这样的情况，价值亿元的企业在拍卖时只卖一元钱，但是就是没有人买，原因是这背后有着比这亿元更多的有形和无形的负担。如何处理好实物形态的权益的转移与相应的企业负担的转移的关系，是一个大问题，需要认真研究。

（六）特殊所有者与特殊购买者的关系问题。一般地说产权交易只着眼于交易过程本身，不应当考虑财产的属性与购买者的身份，也就是说，根据需要谁都可以买。但从我国的实际出发，这方面仍有一系列需要慎重处理的问题。从卖方说，并不是所有的国有企业的资产都能进入产权市场拍卖，如人民币制造厂就不行；从买方说，也不是所有的买者都能随意的购买进入产权市场的国有资产，特别是对私人购买者和外国购买者在购买国有资产时会有些规定。哪些资产可以进入市场交易，什么人进入市场购买要遵循什么样的规则，需要认真研究。我个人认为，进入市场交易的企业资产应有所限制，即遵循"抓大放小"的原则，但进入市场购买者的身份不应有太多的限制。

（七）实物性财产权益部分转让和全部转让的关系问题。这里涉及一个概念，实物性财产的部分性转让属不属于产权转让。有人认为部分资产的转让是一般的资产转让不属于产权交易的范畴，产权转移应当是企业的整体拍卖。这种说法对不对，值得研究。但在实际的生活中，不仅存在着企业的整体拍卖，也存在着企业的部分资产的转让，如何处理好这两者的关系，特别是在产权交易所如何操作，拍卖后的收入归国家还是归企业，值得好好研究。

（八）现货交易与期货交易的关系问题。一般来说，所谓产权交易是即时的资产权益的转让，不存在期货交易的问题。但是在我国往往具有特殊性，随着产权交易市场的发展、交易活动的深化，产权交易中期货交易的问题会不会提到人们面前，很难说。产权交易能否采取期货交易的形式，是否允许这种交易，如何加强管理，需要未雨绸缪，事先研究。

以上八个关系问题，不仅涉及产权交易的理论。更多的是涉及产权交易的操作，十分重要。限于篇幅，我只是提出了问题，没有谈解决问题的思路。有些问题提得也很简单，不一定阐述清楚了。提出这些问题，意在供专家学者和企业家们考虑，特别是供从事产权交易运作的同志们考虑，他们兼具有理论家和企业家的色彩，因而能从比较全面、比较深入的角度来回答这些问题。这些问题解决了，中国的产权交易活动就大大地前进了一步。从总体上说，我国的产权交易目前还处于初级发展阶段，存在着许多问题，这包括市场性不够、公开性不够、广泛性不够、公正性不够、灵活性不够、统一性不够等等。下一步应重点解决这些问题，健康推进中国的产权交易活动。上述八个关系处理好了，也就在一定程度上解决了这些问题。

社会主义市场经济的科学内涵和主要特征^①

（1996年10月）

为了制定科学的改革政策与方略，健康而快速地推进新体制建设，实现两个具有根本意义的转变；为了提高认识复杂社会系统的准确性和增强解决社会经济问题的有效性，必须廓清社会主义市场经济的科学内涵与主要特征。

一、社会主义市场经济内涵与特征的认识基点

科学认识社会主义市场经济的基本内涵和主要特征，应当立足于这样的基点上：

必须把握市场经济的一般规则。迄今为止的实践是资本主义市场经济的实践，但市场经济并不是资本主义的天生伴侣。从根本上说，市场经济是独立于社会性质之上的与商品经济相联系的一种经济运行方式。在长期的发展过程中，它形成了自身特有的要求与规则。这些要求与规则不能因社会性质、自然地理位置不同而变异。社会主义市场经济首先是一种市场经济，它必须体现市场经济的一般要求。

必须把握社会主义的本质规定。市场经济在社会主义条件下进行，社会主义制度必然要对市场经济的形成、发展产生影响。对社会主义市场经济内涵与特征的认识是同对社会主义本质的认识联系在一起的。社会主义的本质是解放生产力、发展生产力，消灭剥削，实现共同富裕，

---

①本文为《社会主义市场经济的科学内涵和主要特征》课题研究的主报告，完成时间为1996年10月15日。课题组组长乌杰，本书作者任副组长，并执笔主报告。

社会主义市场经济必然要体现这一本质要求。

必须把握社会经济发展的实践要求。在社会主义条件下搞市场经济是前无古人的事业,没有现存的模式可以照搬照套,只能在实践中摸索前进。对社会主义市场经济的认识,也只能通过在社会主义条件下进行市场经济的这一实践过程逐渐深化、丰富与完善;社会主义本身处在发展之中,社会主义经济运行的历史还很短暂,其经济规律体系发生作用的社会经济条件还没有成熟,这些规律的作用也未能充分展开。因此,必须依据不断发展的社会主义实践,依据进化中的社会经济发展条件来认识与揭示社会主义市场经济的内涵与特征。

必须把握社会主义发展的阶段特点。市场经济与社会主义的结合,把市场经济的发育与发展置于社会主义发展的基础之上,从本质上说,是置于社会主义的经济、政治、社会环境和条件的发展基础之上。没有这种环境和条件的进化、完善与提高,市场经济的发育与发展就十分困难。社会主义的发展表现为若干阶段性,从总体上看,社会主义市场经济的建设是同社会主义初级阶段相联系的。而社会主义初级阶段,是由农业人口占多数的手工劳动为基础的农业国,逐步变为非农产业人口占多数的现代化的工业国的阶段;是由自然经济半自然经济占很大比重,变为商品经济高度发达的阶段。与此相应,社会主义市场经济的发展也表现为若干发展阶段。因此,必须把握社会主义初级阶段经济社会条件的变化,认识社会主义市场经济的内涵与特征。

立足于上述基点认识社会主义市场经济,可以认定:社会主义市场经济的内涵与特征体现了一般性与特殊性的统一;社会主义市场经济的内涵与特征是一个发展的概念;社会主义市场经济的内涵与特征与发展生产力、实现共同富裕相联系。换言之,实现生产力的充分发展和全社会的共同富裕,是社会主义市场经济的内涵的必然规定和判断社会主义市场经济特征的基本标准。

二、社会主义市场经济内涵与特征的形成依据

市场经济的一般性是社会主义市场经济固有的规定。但是,现实的

具体的市场经济模式总是具有鲜明个性的市场经济。社会主义市场经济的内涵与特征正是这种新型市场经济的个性体现。因此，决定这种个性的因素便构成了社会主义市场经济内涵与特征的形成依据。

从最概括的意义说，决定社会主义市场经济内涵与特征的主要依据包括：

社会主义基本经济制度。在社会主义条件下搞市场经济，最直接的基础是经济制度，因此，社会主义经济制度特别是基本经济制度必然对市场经济的特性产生影响。基于马克思主义经典作家的论述与社会经济发展的实践，生产资料所有制关系及由它所决定的分配关系，是整个经济制度的实质与核心。社会主义经济制度对市场经济内涵与特征的影响，主要表现为社会主义生产资料所有制关系与分配关系的影响。

从根本上说，社会主义生产资料所有制是公有制。公有制对市场经济的影响表现为：第一，这种市场经济必须以公有制为基础。公有制的形式可以适应市场经济的要求作调整，但公有经济的主体地位不能因实行市场经济而改变。第二，市场机制发挥基础性调节作用的经济运行在本质上强化和壮大着公有制经济的实力。最主要的是强化着公有经济质的功能，即对关键领域的控制力、对非公有经济成分的引导力及对全社会经济活动的影响力。第三，在遵循市场经济本质要求的前提下，市场经济运行的组织形式与操作规章一定程度上必然体现公有制的要求，如设立国有资产投资运营公司、采取国有独资公司、控股公司、股份合作制的财产组织形式等等。

从主体上说，社会主义分配关系是按劳分配。按劳分配对市场经济的影响表现在：它要求市场经济在本质上把劳动贡献作为收入分配的基础性原则，即从本质上看，劳动是收入分配的最一般或基本的依据，是实现个人对利益的最大追求与全体人民共同富裕相统一的基础，收入的积聚与流动在总体上应体现多劳多得的原则。

社会主义基本政治制度。经济基础决定上层建筑，在社会主义条件下发展市场经济同样要求社会主义政治体制体现或不违背市场经济的本质要求，同时，不适应市场经济要求的政治体制与制度必须加以改革。但反过来，社会主义政治制度特别是它的基本方面在一定程度上影响着市场经济模式的选择，决定着社会主义市场经济的内涵与特征。我国的政治制度包括人民代表大会制度、政治协商制度、民主选举与监督制度、中国共产党领导下的多党合作制度、民族区域自治制度等许多方面，核心是人民民主专政。其实质是高度民主和完备法制的统一。这种政治制度对于社会主义市场经济性质的影响，至少表现在这样两个方面：（1）它要求市场经济模式的具体框架能从根本上保证劳动者的"主人翁"地位和包括对经济活动的参与、监督等在内的多方面的民主权利，并且其运行能体现绝大部分人的利益要求；（2）它有助于强化市场经济体制内在制衡体系的建设，从而保证市场经济的健康运作，最终实现社会经济生活的稳定。

国家现有的经济状况即基本国情。无论在什么样的所有制基础上发展市场经济，一国国情都是制约具体的经济模式选择特别是其现实选择的关键因素。生产力发展水平、经济结构、人口状况、自然条件等表现一国特点或状态的最重要、最基本的东西，必然要对经济模式的内涵与特征发生决定性的影响。我国当前的基本国情特点是，我们还处于社会主义的初级阶段，现代工业与落后于现代水平上百年的工业同时存在，一部分经济发达地区和广大的不发达地区与贫困地区同时存在，少量具有先进水平的科学技术，同普遍的科技水平不高的状况同时存在，部分生产手段先进、生活条件较好的城市同大部分运用手工工具谋生计的农村同时存在，生产力水平不高，商品经济与市场发育程度较低；人口多，农业人口比重大，相当一部分属文盲半文盲，总体素质不高，就业压力较大；底子较薄，人均资源占有不丰富，潜在经济泉源不足；等等。这些特点，表明了建立发达的市场经济模式所需要的社会经济条件较差，要建立比较完善的市场经济体制，必须有针对性地加以调整和改变，但它们同时也决定了现实市场经济模式一些构件上的鲜明个性，如经济成分的多样化、公有经济实现形式的多样性、全民所有制经济在比重上的相对有限性、要素市场发育的渐进性、政府干预的力度较大以及经济结构的不平衡性等。

民族文化、习俗与精神。一定的经济模式的建设，总是在一定的文化背景下进行的，因此，后者必然要在形成中的新经济模式上打上自身的烙印。在长期的发展中，中华民族形成了自己独特的人文精神、思想风格、价值准则与行为方式，如"仁、义、礼、智、信"的处世原则，互相帮助的集体主义精神等，无论是精华，还是糟粕，都会对市场经济的发展产生影响。建设社会主义市场经济，决不可一概排斥传统文化道德，应当把市场经济的一般原则与优良的民族文化、习俗与精神有机结合起来。比较而言，有效率、有活力的市场经济模式都是富有优秀的民族精神与良好的文化背景与底蕴的市场经济模式。

三、改革实践对社会主义市场经济内涵的发展与完善

社会主义市场经济内涵与特征的清晰与丰富是社会主义市场经济实践不断深化的结果。在十多年理论创新与实践探索的基础上，党的十四大明确了我国改革的目标是建立社会主义市场经济。十四大后按照建立社会主义市场经济体制的要求，我国在经济体制改革方面打了一系列攻坚仗，进一步深化了关于社会主义市场经济内涵与特征的认识。归纳起来，改革实践对社会主义市场经济内涵与特征的发展和完善主要表现在如下方面：

社会主义市场经济模式是具有经济与非经济内涵的多因素的有机体。市场经济体制不可能脱离社会政治环境而存在，不可能离开社会政治环境而建立。因此社会主义市场经济的内涵，不可能也不应该单纯是经济方面的，它也一定程度地反映着社会主义政治、文化等方面的特点。即使是经济方面的规定，也必然体现着深层的社会文化、政治思想内涵。换言之，搞社会主义市场经济，不仅是搞经济，必须讲政治，讲体现社会主义特有政治优势，讲中华民族的优良传统与文明，并使之融合到经济体制之中。重视社会主义市场经济体制的非经济因素的建设与培育，有利于遏制从计划经济向市场经济转变过程中极易发生的"权钱"结合和不正当谋利行为，减少市场经济发展过程中的盲目性和无序性；有利于提高市场经济本身的层次。

非公有经济是社会主义市场经济的重要组成部分。改革前，在"一大二公"的思想指导下，经过一浪高一浪的所有制升级运动，非公有制

经济几乎被消灭殆尽；改革后，非公有制有了长足的发展，基于目前生产力水平与改革实践，十四届三中全会《决定》进一步明确必须坚持"以公有制为主体，多种经济成分共同发展"的方针。事实表明，非公有制经济适合社会主义初级阶段生产力发展的要求，对国民经济的增长、财政收入的增加、社会事业的发展等都起着十分重要的作用。随着市场经济的发展，这种作用将进一步扩大，不仅仅局限在"补充"的意义上。非公有经济不是社会主义的异端，社会主义初级阶段的所有制结构是"一主多元"，非公有经济是同现阶段生产力水平相适应的社会主义经济成分的重要组成部分。应该着眼于这一认识来发展非公有制经济，拓展非公有经济发展的范围，同时用规范的制度强化非公有制经济单位对社会经济发展的责任与应尽义务。

公有制的内容、实现形式及主体的表现，都不是唯一的和固定的。公有资本不仅包括公有产业资本，也包括公有金融资本，公有制经济的实力不只体现在物质形态上，也体现在价值或货币形态上，利用货币流动性强，含金量变化大的特点，可以迅速而有效地进行产业结构调整和重组，实现公有资产的保值增值。公有制经济不仅仅是国有经济，而且包括集体经济，国家控股的经济，公有资产占主体的经济，不仅仅是国有国营的经济，也包括国有民营的经济。公有制经济的主体地位主要不是反映在比重上占多少，关键表现在它在基础产业和关系到国计民生的其他重要领域的控制力，对其他经济成分的辐射、影响力，对国民经济的带动作用与社会稳定的支撑作用。

国有企业应当建立起适应市场经济要求的公司制度。实现公有制同市场经济结合的关键在改革国有经济的财产组织形式。国有经济改革面临着双重要求：一方面，解决政企不分，企业吃国家的"大锅饭"，职工吃企业的"大锅饭"问题，使企业成为自主经营、自负盈亏、自我发展、自我约束的法人实体和市场竞争的主体；另一方面，强化产权约束，建立责任主体，使属于国家的资产在实际运作中实现保值增值。规范的公司制，是国有企业实现同市场经济有机结合的良好形式。

统一的市场是市场经济有效运行的前提。市场经济的效率在于生产要素与资源的优化配置，而生产要素与资源的优化配置的基础在于它们的充分、合理的流动。而这种充分、合理的流动又必须以统一开放的市场为前提。在一定意义上说，没有统一开放的市场，就没有市场经济。我国地区经济发展上的差别及由此类因素所决定的特殊的利益要求、原有的计划经济基础以及行政管理体制上的某些不良因素，容易形成经济垄断与地区封锁，对此应当给以充分重视，采取有效措施，促成全国统一市场的形成。

生产要素配置的国际国内市场一体化应区别对待，积极稳妥推进。市场经济体制的核心是资源特别是生产要素的市场配置，要素市场的建设是市场体系建设的重点。而要素市场建设的重点是国际国内市场一体化。但生产要素配置的国际化进程应考虑客观环境与条件。从中国目前的实际出发，劳动力市场、信息市场、土地市场等应积极推进，加大改革力度，创造条件同国际通行规则对接；金融市场，包括金融衍生品市场的发育应视条件推进，对金融市场国际化，特别是人民币在资本项下的自由可兑换等应持慎重态度。

国家干预必须更具自觉性、主动性，力度也更大。由计划经济向市场经济转化，国家的干预不仅具有必然性，而且具有必要性：依靠国家有意识的干预，可以大大加速转轨的过程，更有效解决转轨中漏洞频现所形成的种种矛盾，降低体制转轨的成本，克服市场经济发育发展过程中的盲目性与无序化。加速双重体制转轨，尽量降低转轨过程中所付的代价，决定了我们市场经济发育过程中国家干预必须更具自觉性、主动性。同时，与西方市场经济由低到高自然发育不同，我国市场经济的发育发展是在我国原有的计划经济基础上进行的，这种客观环境决定了社会主义市场经济条件下国家干预的力度与范围都较大。

宏观管理以间接调控手段为主，但直接调控手段并不能完全取消。我国地域辽阔，人口众多，地区发展不平衡以及城乡差距较大等特殊国情，决定了国家对经济活动特别是关系国计民生的经济活动的调控力度较大，这种调控权力包含着一定程度的行政支配权，或在一定程度上须靠行政支配实现。从我国国情出发，由直接调控为主转变为间接调控以经济手段调控为主，以行政手段调控为辅，才能够保证微观经济主体在追求本身利益时兼顾国家利益，在追求眼前利益时兼顾长远利益，在追求私己目标时兼顾公共目标。

以资本等生产要素为分配依据的分配方式在社会主义市场经济下占有一定地位。制度创新带来的国有企业公司制改造以及结构调整推动的资本运作，必然使资本分红或运用资本获利成为收益分配重要方式。随着个人积累的不断增长与投资方式的多样化，各式各样的个人投资行为日益成为社会主义市场经济的重要内容。这也使属于个人的资本等生产要素参与收益分配日益普遍化。

实现公平竞争是经济体制要素选择与法律规范制定的基点。实践证明，公平竞争是效率的源泉和克服不良行为的有效手段。不同经济成分间、不同市场主体间、不同地区间的不平等竞争，从根本上说是违背最大限度地发展生产力的要求的。其最终的危害是巨大的。因此，经济体制和法制构建的出发点应立足于保障与实现各经济活动主体间的公平竞争。建立在保障公平竞争基础上的经济体制要素与法制规范，才能真正支撑起一个高效率的市场经济模式。

四、社会主义市场经济的基本内涵与主要特征

社会主义市场经济的基本内涵。从上述认识出发立论，我们所要建立的社会主义市场经济，是与社会主义发展的初级阶段相联系的，市场经济的一般规定与社会主义基本经济、社会制度、中国基本国情、社会主义精神文明及中华民族优良文化传统有机结合、内在统一的产物。概括地说，它是一种依靠国家调控下市场机制对社会资源配置起基础性作用，推动生产力水平不断提高，最终实现全社会成员的共同富裕与自由、全面的发展的市场经济。

社会主义市场经济的主要特征。从主要方面看，社会主义市场经济，具有如下特征：

——以公有制为基础，公有资产在社会总资产中处于优势；

——国家投资在重要领域处于控制地位，组织公共产品生产、建设公益事业和提供公用服务为国家经济活动的基本内容；

——市场机制在资源配置中起基础性作用，政府对社会经济活动实

行间接的然而是自觉的、主动的和有效的干预；

——管理者与被管理者处于平等的地位，劳动者直接参与社会管理和企业经营决策；

——劳动是社会成员收入分配的主要依据，社会为每一个有劳动能力的人创造参与劳动的机会和条件，在收入分配上贯彻"效率优先，兼顾公平"的社会协调原则，最终实现共同富裕；

——优良公共道德制导下以经济利益为基本动力的激励制度，崇尚爱国主义、社会主义、集体主义为主体的价值观，重视家庭伦理道德建设。

社会主义市场经济内涵与特征的体制表现。社会主义市场经济的内涵与特征是通过一定的体制模式体现的。体现上述内涵与特征的市场经济体制亦即我们要建立的比较完善的社会主义市场经济体制，其特点是：

——公有经济为主体，多种经济成分共同发展的生产资料所有制格局。公有制经济在财产组织和经营上表现为多种形式。国有资产分布结构合理，在重要领域处于控制地位。集体所有制经济成为公有经济的主体形式。所有经济成分在健全的法制环境下共同发展、平等竞争。

——产权管理科学、政企功能分开的企业制度。形成符合现代社会化大生产和市场经济本质要求的企业财产组织形式、资产经营形式和内部管理、运行制度。企业主体形式为公司制。不采取公司制的企业也形成规范的有效率的企业制度。

——运转规范、机制灵活的开放的市场体系。绝大部分商品、劳务、生产要素自由交易，由市场供求决定价格，同时形成灵活有效的通货膨胀防御与抑制系统；在各个领域最大限度地形成公平竞争；建立发达的商品市场和各类要素市场。市场规则健全、市场组织完备，市场运作规范有序。

——积极主动、以间接手段调控为主的完善的宏观管理体系。调控范围适当，主要任务是，保持经济总量基本平衡，促进经济结构优化，实现国民经济的可持续发展，推动社会全面进步；调控主体职责清楚，配合有力；调控手段科学，以经济手段和法律手段为主体，多种手段综合运用，实现行政干预的法制化。形成中央和地方合理分工，有机结合，权责对称的政府管理体制。

——以按劳分配为主体，多种分配方式并存，效率优先、兼顾公平的收入分配制度和多层次的社会保障制度。形成主要由市场确定、分配、调节劳动者所得的机制，形成规范的控制收入悬殊与平衡收入差别的操作体制。形成集社会基本保障，社会救济扶助与自愿性商业保险于一体，保障方式有别，资金来源与结构合理的覆盖全社会成员的完善的社会保障体系。

——富有效率与活力的政治制度。适应经济体制的要求建立的优胜劣汰的人才选拔与激励机制，形成职责明确、协作有力的领导结构。结合理顺产权关系，建立保障人民当家作主权利和有利于把劳动者开拓进取精神和负责精神一致起来的民主政治。强化制度建设，形成阻碍权钱结合、非法经营的监督与约束机制。

——健康向上的思想文化道德体系。合理继承传统的思想文化道德成果，发展平等、团结、友爱、互助的人际关系，形成符合社会主义经济关系和现代市场经济要求的德行操守。

——健全的法规管理与监督系统。法律规章健全、内容科学、执法组织完备，手段有力，所有经济活动都按相关的法规来进行，监督管理部门按相关的法规评价、控制与处理各类经济行为，整个经济运行有一个完备的法制基础。

上述内涵与特征得以充分体现的成熟和发达的社会主义市场经济的实现，需要一个较为长期的过程，其间将经历若干发展阶段。

社会主义市场经济同资本主义市场经济的联系。市场经济是人类共同创造的文明成果，实践证明，它是适应现阶段经济特点、能够最大限度地发展生产力的一种经济运行方式。作为市场经济，社会主义市场经济必须体现和遵守市场经济的一般规定。这正是社会主义市场经济与资本主义市场经济联系的基础。社会主义市场经济与资本主义市场经济的主要联系表现在：

——必须以现代社会化大生产和发达的商品经济关系为基础。市场经济是发达的商品经济的产物和运行形式，而社会化大生产则是发达的商品经济的物质与技术基础。从资本主义市场经济运行的实践看，当机器大工业成为商品经济的物质、技术基础，商品经济铺展到社会经济生活的主要方面，一切经济关系都溶入市场活动之中，生产要素的配置主要通过市场来进行，而市场也成为一个完整的体系而不简单是一种交换场所时，商品经济就同市场经济融为一体，成为市场经济的同义语。成熟的社会主义市场经济也须以现代化大生产和发达的商品经济为基础。

——必须遵守市场经济所固有的运行规律。市场经济最基本的规律是价值规律。这一规律及由此决定的其他规律构成了市场经济的运作机制，从而使市场经济表现出独有的特性，主要的是：它是一种平等经济，不承认生产经营者社会地位的差别，不承认任何超市场的经济与政治特权；它是一种自主经济，生产经营者以获取最大利润为目的，自主地从事全部生产经营活动；它是一种竞争经济，对尽可能多的价值实现的要求，使市场经济活动主体间竞争成为自然；它是一种开放经济，不全方位进入市场，同市场所要求的规则对接，就难以实现获得最大利益的目的。成熟的社会主义市场经济，也应是体现价值规律要求的平等、自主、竞争、开放的经济。

——必须体现市场性的体制特征。在最为抽象的意义上，市场经济所依载的体制模式有如下特征：（1）企业成为行为完全自主的市场竞争主体。除接受法规的约束外，企业不再受到任何其他直接的干预，完全独立地处理全部经济活动。（2）市场机制对资源配置起主要作用。一切经济行为都直接或间接地处于市场关系之中，市场机制是推动生产要素流动和促进资源优化配置的基本的运行机制。（3）通过间接方式实现政府干预或国家调控。政府部门不直接干预市场活动主体的行为，而通过各种间接手段主要是经济手段，按既定社会目标，引导、调节和规范各类生产经营活动。（4）整个经济活动纳入完备的法规管理下。所有经济行为均应以契约关系为依据，以法律制度为保证。

社会主义市场经济同资本主义市场经济的区别。社会主义市场经济同资本主义市场经济的区别主要来源于社会主义不同于资本主义的基本经济制度和政治制度。它表现为由社会主义基本制度的公益性与先进性所带来的社会主义市场经济比资本主义市场经济更为优越。此外，社会主义市场经济的后发优势也使它能够合理借鉴资本主义市场经济的

运作成果。社会主义市场经济特点主要表现在:

——它在本质上强化和壮大着公有制经济,因而它的运行有利于推动国民经济的高速优质的增长和保障社会的稳定。社会主义市场经济的经济基础是公有制,在市场经济的发展中,公有经济的主体地位不会动摇;适应市场经济的要求,建立起来的公有经济的新的实现形式,将会克服原有制度下国有资产无人负责的弊端,在市场竞争中实现国有资产的保值增值,进一步壮大公有制经济。而公有经济为主体经济,在促进社会经济的协调发展、优化和提升产业结构、提高国民经济素质与技术水平等方面具有特殊的优势。

——它有效地保障着劳动者民主权利的发挥。生产资料公有制不仅给予了全体社会成员就业与劳动的平等和充分权利,而且赋予了劳动者的民主权利并保障着这种权利的有效发挥。在社会主义市场经济条件下,雇佣关系的基础已不存在,管理者与被管理者处于平等地位,劳动者通过职代会等组织形式与管理途径参与社会经济活动的管理,并监督这些活动公正有效地运转。

——它直接推动着共同富裕的实现。公有制为收益的全体社会成员共同享受提供了直接的产权基础,同时,公有制为主体会使私人资本的膨胀受到限制,使凭借资本参与分配保持在适当范围内。劳动力资源人人所有,没有任何其他资源能像劳动这样在分配上体现这样小的差别等特点,使按劳分配为主体不会产生两极分化。此外,在社会主义条件下,政府对于收入分配的有意识的调节更具主动性和常规性,它能够抑制收入差别的过大或把过分扩大的收入差别缩小在适当范围内。

——它在更高层次上表现着社会文明与时尚。市场经济是不仅以人类物质文明的较高发展状态为基础,而且以精神文明的较高发展状态为前提,而生产资料公有制、人民民主专政等社会主义基本制度本身寓含着集体主义、互助互爱、社会利益第一、决策民主化等最先进的思想观念与道德规范,并是这些先进的思想观念与道德规范充分发展的条件,它在本质上排斥尔虞我诈、坑蒙欺骗等不良习惯。社会主义基本制度和市场经济的结合,不仅能够吸收和借鉴人类社会创造的一切文明成果,而且能够在更高层次上表现这种文明成果,并推动其进一步发展。

五、社会主义市场经济发展现状及存在的主要障碍

发展社会主义市场经济具有较高程度的艰难性，这一是因为它是在公有制条件下建立市场经济，无先例可循；二是因为它在计划经济环境中建立市场经济，受制约较大。弄不好，会陷入误区，或走形变样。经过十多年的改革，特别是十四大明确市场经济目标以来的"攻坚"性改革，我国市场经济新体制建设取得了很大进展。但由于各方面的原因，也存在一些不足。目前经济体制的总体格局大体是：

公有制经济为主体，多种经济成分共同发展的格局初步形成，但公有经济主体性质的质表现不够充分，各种经济成分平等竞争的环境尚未形成。据有关资料，到1994年，在工业总产值中，国有经济和集体经济分别占40.1%和40.8%，非公有制经济占19.1%；在全社会商品零售总额中，国有经济和集体经济分别占31.9%和21.2%，非公有经济占46.9%。在关系到国计民生的重要领域仍控制在国家手中的前提下，公有经济一统天下，国有经济占绝大部分比重的状况得到显著改变。与此同时，公有经济的表现形式也日益多样化。但公有经济的主体地位仍集中体现在量的比重占绝大部分上。国有资产的布局与结构不合理。从实际情况看，公有经济的机制的灵活度、财产与风险的约束性及表现在技术创新、资产增值、经济增长等方面的运作效率同非公有经济比都表现出较大的差距，从而影响了其在国民经济和社会发展中协调能力、导向能力等质的作用的体现。从本质上看，目前这种以量大为特点的公有制主体性，不仅难以抵御大的社会波动、还可能成为效率低下的基础。与此同时，各种经济成分平等竞争的格局尚未真正形成，公有经济特别是国有经济一方面普遍存在历史包袱过大、社会负担过重的问题，另一方面部分企业又享有特殊政策优惠；个体私营经济一方面其发展在产业准入、银行贷款等方面受到甚至高于外资经济的限制，另一方面对其规范的力度如税收征管等又大大松于国有企业；外资经济则是超国民待遇与非国民待遇并存。

企业机制转换已有一定基础，活力明显增强，但企业制度建设很不规范，结构调整步伐很慢，国有资产保值增值主体没有形成。企业的经

营自主权得到一定程度的落实，对市场的适应能力大大提高；制度创新全面展开，国有经济的实现形式探索进展明显。但是，企业自主权的保障还缺乏体制基础，来自行政部门谋利型干预和来自企业要求的应急型干预仍很严重。现代企业制度建设进展缓慢，相当一部分企业的机制没有转换。市场竞争能力较差。企业改制力度有所加强，但企业改制形式比较单一，且新旧因素融合，名实不符，很不规范，结果是传统的行政约束关系被打破，新的约束体系没建成，从而使效率低下的老毛病没解决，国有资产流失等新问题又产生。在结构调整方面，受思想观念、企业属性、行业管理、地区分割等因素制约，全局性资产与企业结构调整的力度不足，局部性调整虽进展明显，但运作较乱，缺乏规则。

开放、竞争的市场体系已现雏形，市场机制对资源分配的作用显著增强，但商品流通的社会化、高效率的体系尚未形成，要素市场发育相对迟缓。行政配置和地区封锁仍起重要作用，权力障碍市场发育、侵蚀市场规则的状况比较明显。我国市场体系的发育从商品市场伸展到要素市场，从着眼于推出一般扩大市场调节的措施深入到构建市场化的经济关系，至目前，较为完整的市场体系初步形成，市场机制的调节作用大大增强，国民经济的市场化程度明显提高，85%以上的生产资料价格、90%以上的农产品价格、95%以上的工业品价格已由市场决定，要素交易的市场化程度日益提高，一部分基础性行业已开始引入竞争机制。但市场体系的建设存在两个问题：一是行政力量干预市场体系建设特别是要素市场建设的色彩仍显浓重，致使要素市场化进程过于缓慢而客观上促成了混乱无序的"黑市场"的发达；二是超经济特权侵入市场交易，破坏了市场规则的贯彻，阻碍了市场化经济关系的发育。

宏观经济间接管理体制的建设取得重要进展，新的经济调控格局初显轮廓。但宏观调控主体职责不清，调控形不成合力，一些方面行政调控的成分过重。用分税制取代财政包干制，建立以增值税为主体的新税制，初步分离政策性金融和商业性金融、推动汇率并轨等重要改革措施，初步建立了新的宏观调控体系的框架。但担负调控职责的机构职能重复交叉、相互挤占，或各自为政、相互掣肘，妨碍了宏观管理的整体性和有效性。宏观调控间接化程度虽有提高，但实施调控时仍习惯于采用行政手段，运用经济手段时也带有强烈的行政性。许多新推出的改革措施过渡色彩比较明显，这种状况使它在作用于企业特别是国有企业时往往表现出明显的"背离"效应。

按劳分配为主体、多种分配方式并存的收入分配格局的基础初步确立，新的社会保障体系着手建设。但规范的收入分配制约机制与统一的正当收入渠道尚没形成，社会成员间收入差距悬殊。良好的社会保障体系建设的环境尚没形成。收入分配制度改革带来的最重要的变化，一是分配自主权的提高，二是多种分配方式的形成。总的说，通过改革，已初步确定了以劳动为主要依据，以经营效益为基础的符合不同职业特点、体现各种能力效果的灵活多样的收入分配格局的基础。与此同时，以养老、失业、医疗保险为主体的社会保障制度的改革被放到重要位置，确立了在城镇实行社会统筹和个人账户相结合的养老、医疗保险制度的改革基本思路。但收入分配途径极不规范，非工资分配、非显形分配居主体地位，地区间、行业间收入分配差距悬殊，统一规范的收入分配机制与有效的约束与调节机制没有建立。从社会保障体制建设方面看，管理体制不顺，多头管理，令出几门，政事不分，运营不当；资金来源不稳固，结构不合理，运用不适当，且浪费严重，严重制约着市场经济新体制建设的进程。

封闭的经济运行系统已被打破，多层次的对内对外开放格局大体形成。但地区间经济体制建设水平差距较大，同国际上成熟市场关系对接的体制发育还很不充分。市场取向的改革，打破了传统的计划经济的封闭运行格局。从体制上确立了各地区相互开放的基础。各地区的经济交往、协作显著增强，但受思想观念的约束及不均衡改革政策的影响，各地区改革进程快慢悬殊，新体制的基础参差不齐，以及未形成统一的全国性市场，给平等的开放和经济发展上的互补带来了困难，从而影响了各地区经济的协调的发展。在对外开放方面，开放的地域已从沿海、沿边、沿江走向全国范围，开放的领域已从一般工贸领域走向重要服务领域与基础性建设行业，开放的形式已从一般资金、技术投入等转向直接参与国有企业的体制构建与经营管理，但总的看，仍然存在着过分依靠优惠政策招商引资、忽视良好的投资环境与法制基础建设的状况。从体制建设的角度看,促进企业竞争平等化的条件与实现与国际上成熟的市场关系连接,和国际经济互接互补的机制与体制的发育还很不充分。

从总体上说,目前我国经济体制的特点是:市场机制已在商品交易、资源配置等各经济领域发挥着广泛的调节作用,但在整体上尚没处于基础性地位;市场经济新体制的雏形已经显现但基础很不稳固;市场经济的一些基本经济规定体现得相对充分,但中华民族特有的优良价值准则与精神风尚体现明显不足。新体制建设已进入一个按照正确的方向与操作思路继续前进即可赢得胜利,否则就会功亏一篑的"关键时期"。

从现实生活看,当前存在着一系列阻碍社会主义市场经济健康发展的因素,主要有:一是传统的思想观念与行为习惯。从总体上说,尽管建立社会主义市场经济已成为改革目标,但市场经济的观念并没有彻底取代计划经济观念,新的思想氛围还没有形成,更缺乏系统的市场经济知识结构和娴熟的市场经济运作技巧,因而往往自觉不自觉地用传统的思想观念评价和对待新兴起的改革举措,在处理复杂问题与推进新体制建设时,往往习惯于运用过去的一套老办法。给旧体制的改头换面和新措施的游移变性留下了较大的空间。二是不正当的权利关系。对既有利益的维护,并企图在新增利益中多捞一块特殊利益,使某些利益主体利用各种方式直接或间接阻抗或干扰改革进程,把改革推向斜路。三是体制发展的不平衡与不配套。体制发展不平衡,主要表现为在经济体制系统中,国有企业、金融、社会保障、政府机构等关键性改革滞后;在社会体制系统中,干部制度改革滞后;从全国范围看,西部地区体制改革滞后。体制发展的不平衡与不配套,不仅会制约改革的进程,增加改革的成本,而且会导致新体制建设的走形变样。

六、准确把握社会主义市场经济的基本内涵与特征, 健康推进市场经济新体制建设

从现实体制格局及建立新体制的要求出发,下一步改革要在准确把握社会主义市场经济的基本内涵和主要特征的基础上,紧紧扣住如下两个方面展开:

第一方面：以从整体上搞活国有经济、强化国有经济的主导作用为重点，抓住关键和薄弱环节，推进经济体制改革。

——站在最大限度发展生产力的战略高度继续调整生产资料所有制结构。重点是在发展壮大国有经济的同时，进一步发展非国有经济。非国有经济运行机制灵活，经济成本的自我约束力和经济发展的内在膨胀力较强，同国有经济一样，能够起到推动经济增长、增强财政实力、支持社会事业的作用。特别要注重结合国有资产分布结构的调整，发展多种形式的集体经济，并建立规范的财产组织形式与运行制度。进一步克服非公有经济特别是个体私营经济在银行贷款、项目投资等方面的体制与政策障碍，在健全运行法制与管理规则的基础上，推动其进入更广泛的领域，实现与其他经济成分的公平竞争。要通过改革，逐步形成以各种形式的集体经济为主体的生产资料所有制结构。

——正确贯彻"抓大放小"的原则，加快国有企业的分类改革。按照市场经济规律的要求，立足于制度创新，搞好大企业。抓住"关键的少数"，以公司制改造为主体推进现代企业制度建设。除对其中性质比较特殊的少数企业进行国有独资公司改造外，其他企业一般应通过资产的流动和重组改造成为多个主体投资的国有公司或国家资本处于控制地位的股份有限公司和有限责任公司。相应地按照规范化的要求改革企业内部组织制度与管理体制，建立有效的约束机制与激励机制。在近期，可以按照吃"新饭"不吃"偏饭"和有利于推动机制转换的原则，对国有大中型企业给予适当的政策扶持。但不能以给"优惠"为本，一"保"了之。在推进制度建设的同时，采取积极措施，推动大中型国有企业资产结构的调整和战略性改组，鼓励企业间的相互投资、并购，加大资本经营的力度，促使存量资产在流动中实现优化配置。按照有利发展生产力的原则，采取多种形式放开放活小企业。原则上，目前效益不高，属国家没有必要管、没有精力管的小企业，都可以进行非国有化改造。围绕"抓大放小"，以降低企业过度负债为重点，采取积极的措施和办法，解决国有企业面临的各类实际问题。

——以搞活资本为重点，大力推进要素市场建设。要素市场发育状况，不仅关系着市场经济体制的完善与成熟程度，而且制约国有企业转轨改制的进程。应采取积极措施改变目前要素市场发育严重滞后的状况。要在健全劳动用工法规、发展就业中介组织、完善社会保障制度的同时，进一步改革各种阻碍劳动力合理流动的规章制度（包括现行户籍管理制度）和管理办法，真正形成用人单位和经营者、劳动者双向选择、合理流动的环境和市场决定劳动力价格即工资的机制。按照市场供求关系确定土地使用权出让价格，将商业性用地依法纳入有偿使用的轨道。与此同时，理顺土地所有者与土地使用者间的关系，实现土地管理与经营的分离、构建为国有土地资产保值增值的责任主体。要素市场的枢纽是资本市场，应着眼于搞活资本，积极推动资本市场的发育。其重点一是进一步深化利率改革，逐步形成市场决定资金价格的机制，实现利率市场化；二是进一步拓展融资渠道，在坚持以间接融资为主的前提下，适当扩大直接融资的比重。

——着眼于增强货币政策运用功能，深化金融体制改革。目前间接性宏观调控体制构建的最大制约因素是金融体制改革滞后。经济生活中的许多矛盾也集中反映在金融体制不顺方面。推进金融体制改革，应着眼于增强货币政策运用功能，提高金融资源配置的市场化程度。重点是：改进贷款限额管理办法，对国有商业银行实行以资产负债比例管理为基础的信贷规模管理，建立公开市场操作业务，广泛运用货币政策工具调节货币供应量，形成根据货币供应量增幅调控基础货币，防止和克服通货膨胀的运作系统。改革利率管理体制，逐步扩大银行存贷利率的浮动幅度，有步骤地实现利率的市场化，形成以中央银行基准利率为基础，以拆借利率为核心的可调控市场利率体系。与此同时，进一步完善政策性银行运营机制，加快国家专业银行向真正的商业银行的转变步伐，培育公有商业银行为主体的多种金融机构并存的金融组织体系。

——抓住构建国有资产的责任主体和转变政府职能两个关键点，扎实推进机构改革。在分离国有资产行政管理职能与营运职能的基础上，强化并规范国有资产管理部门依法享受的管理职能；尽可能采取市场化的方式多途径构建国有资产营运机构，通过委托代理，确立国有资本营运的责任主体。建立健全相关的法律、经济和道德约束规章，理顺所有者和代理者间的关系，实现真正的授权与有效的代理。切实按照政企分开、精干、效能的原则和市场经济的要求，通过减缩、合并、转移、改造等多种形式，改革政府机构，特别要加快专业经济管理部门向不具有政府管理职能的经济实体、行业协会的转变步伐，加速职能重复交叉的综合经济管理部门的机构的合理调整。

——下决心理顺管理和运营体制，抓紧建立多层次的社会保障。完善的社会保障体制，不仅仅是新体制的重要构件，而且是其他改革得以顺利进行的支撑。社会保障制度建设的重点是建立较为完善的城镇职工养老保险、医疗保险和失业保险制度。养老保险和医疗保险实行社会统筹和个人账户相结合的制度，当前的任务是抓紧建立个人账户。失业保险体制的改革，要在扩大覆盖面、完善资金筹集结构、调整使用方向及探索失业者再就业途径上做文章。转轨时期养老保障金和失业保险金不足的问题，可以考虑从现有国有资产和土地出让收益中划出一定比例解决。在加快基本社会保障建设的同时，要积极发展社会救济、社会福利、优抚安置、社会互助、商业性投保、个人积累等多形式与多层次的保障体系。为推动社会保障的体制的尽快建设与高效运转，要坚决改革多头管理、各自为政的状况，建立社会保障管理体制。统一管理体制的工作可先从城市开始。同时根据政事分开的原则，抓紧建立不依附行政主管部门的法定社会保障基金经办机构，依法从事社会保障基金的筹集、支付、运营与检查监督。

第二个方面：高度重视与社会主义市场经济相适应的政治、思想、文化、道德环境的建设，构建社会主义市场经济的政治优势和优秀的民族文化底蕴。主要是：

——继续推进政治体制改革，建立高度民主、法制、富有效率、充满活力，有利于推动经济发展、抑制腐败的政治体制。

——进一步加强思想道德和文化建设，继承与弘扬中华民族的传统美德，重视社会公德、职业道德和家庭伦理道德教育，树立起义与利、道德与经济相统一的新观念，发展平等、团结、友爱、互助的人际关系，提倡科学、文明、健康的生活方式，形成良好的社会风尚。

在推进社会主义市场经济发展建立新体制的过程中，要特别重视转换思想，站在建立完善的社会主义市场经济体制、最大限度地促进生产力发展和社会全面进步的高度，立足于治本，抓住问题产生的根源，进行深层攻坚。一味考虑眼前利益、被动应付，简单采取安抚性权宜之计解决矛盾，推进工作，其结果必然是贻误改革，葬送发展社会主义市场经济之光明前途。

国有小企业改革：进展与问题①

（1996年12月）

一、国有小企业的现状

（一）国有小企业分布面广、数量多、资产大，在国民经济中占有重要地位。我国国有企业广泛分布在工业、商业、建筑业、运输业、服务业等众多领域，数量庞大。据1995年的统计资料，我国8万多家国有独立核算的工业企业中，小型企业有6.6万家，占总数的82.6%（加上中型企业，占近95%），职工占60%；24万家国有独立核算的商业企业和归口管理的大集体企业中，95%左右是中小企业。国有中小企业特别是小企业构成了全国2000多个市、县经济的主体，其总资产占全部经营性国有资产存量的一半以上。国有小企业在增加税收、创汇、扩大就业，活跃市场、改善人民生活及稳定社会等方面，发挥着独特的优势，在国民经济的发展中起着重要作用。

（二）国有小企业运营状况不好，全面改革迫在眉睫。从总体上说，国有小企业中，有相当一部分是在"五小"工业基础上发展起来的，企业组织结构不合理，管理素质与技术水平较低，资金设备投入不足。经营机制呆滞且社会负担沉重，因而运行状况较差，存在许多突出的问题。其一，亏损面大。从总的来看，小企业盈利面不到1/3。1994年亏损的2.4万户国有企业中，95%以上是中小企业，其中小型企业占82.1%；在1995年增加的亏损户中，绝大部分是中小企业。其二，资产流失多。据考察核算，国有企业财产权益损失占净资产的比重，大型企业为15.2%，

---

① 本文原载《中华工商时报》1996年12月30日。

中型企业为59.4%，小型企业高达82.8%。改制时山东诸城市对32户市属企业进行清产核资，发现资产流失竟达1亿元，流失率则为63.7%，企业呆账、死账达1000万元，占应收账款的10%。其三，负债率高。在国有小企业中，相当一部分已资不抵债。平均资产负债率均达70%以上。其四，运转度低。很多企业已处于停产状态，严重影响到大批职工的生活。因小型国有企业亏损而给各级财政带来的负担已经越来越重，若任由此种局面继续下去，小型国有企业中的国有资产将损失殆尽，还会引发许多社会问题。加快推进国有企业改革已刻不容缓。

二、国有小企业改革的进程与特点

国有小企业改革与整个国有企业改革的进程相一致，起步很早。大体说，可以分为三个阶段：

20世纪80年代中期是第一个阶段。这个阶段的改革特点是：（1）基本上是地方自发进行的，国家尚无相关的政策规定；（2）寓含在整个国有企业改革之中，从规模上看还不大；（3）改革的主体主要是国有商业企业；（4）改革的形式主要是"改、转、租、包"，"兼并、售卖"等涉及产权关系变化的形式比重较少。

从80年代中期（1986年）至1991年是第二个阶段。这一阶段的改革特点是：（1）地方自发性的改革开始纳入中央有关部门的指导之下，有关部门就几省中小型企业改革颁布了专门的政策规定。如，1986年国务院发布的《关于深化企业改革增强企业活力的若干规定》中，专门列有国有小企业改革的政策规定。相关的文件还有：1988年国务院发布的《企业承包暂行条例》和《小型企业租赁暂行条例》；1989年国家体改委会同有关部门发布的《企业兼并暂行办法》和《出售国有小型企业暂行办法》等。（2）已形成相当规模，国有小型生产企业已陆续进入改革范围，但国有小型商业企业转制仍占主体地位。（3）兼并、出售等形式的运用比重显著提高。（4）县属小企业改制比重较高，力度较大。这一阶段改革势头较猛，后期则有所减弱。

1992年起，国有小企业改革进入全方位，多层次探索的新阶段。这一阶段的主要特点是：

（1）自上而下，上下一致行动。总的说，改革是在中央的指导下进行的，党的十四届三中全会通过的《决定》和五中全会提出的《建议》中，都有专门段落阐述国有小企业改革的具体思路，并强调要"加快国有小企业的改革步伐"。1995年中期，中央确立"抓大放小"的思路，号召要"放开放活一般国有小型企业"。根据中央精神，主管企业改革的国家体改委和国家经贸委分别于1996年7月和1996年9月发布了关于放开放活国有小型企业的有关文件。具体说，可分为前后期。前期是遵循中央有关改革思路由地方自觉进行的，但由于某些原因，有的探索引起了争议。相当一部分地方是"只干不说"。后期则是在中央"放开放活"的号召下进行的。各地均明文颁布了有关改革规定，是"又说又干"。

（2）改革力度大，推进速度快。改革领域已从商业企业为主转向生产企业为主。并由部分起步较早的改革县（如四川广汉市、宜宾县、广东顺德市、黑龙江宾县、辽宁的海城市、山东诸城市、湖北的浠水县等）带动，迅速扩展到大中城市。近两年来，各级政府都将本地区国有小型企业的改革工作作为深化改革发展区域经济的一个重头戏，通过典型企业试点，总结经验，制定办法，全面铺开，一次完成。国有企业改革已在全国范围内取得重大进展。据不完全统计，山东、安徽、四川、广东、河北、黑龙江、上海、天津、武汉、重庆等省市，已全面推开国有小型企业改革。部分地区改制完成面已达50%以上。

（3）因地制宜，各具特色。各地根据自己不同的产业结构和企业特点，不拘一格，采取多种形式，放开搞活国有小企业，形成了不同的改革特色。但股份合作制、兼并、售卖等已成为主体形式。并且从改革内容看，大部分地区是紧扣理顺产权关系之上的。

（4）各项配套改革同步推行，全面展开。为了降低改制代价，减少社会振动，实现有序衔接，各地在小企业改革的过程中，将建立职工养老失业保险、完善劳动力市场、改革政府机构和转变管理者职能、理顺国有资产和集体资产的管理运营体制、推进资产流动重组和产权市场建设等改革与之配套起来，全方位深化改革。

（5）把制度创新与结构调整密切结合起来。各地在改革企业制度的同时，注重进一步改革所有制结构，优化产业结构和产品结构，并注意把本地国有小型企业的做法和成功经验及时移植到乡镇和农村。按照城乡结合、配套联动的方式操作，将企业改制和注重发挥当地资源优势相结合，根据国家、地区经济发展战略和市场经济的要求重新调整区域经济结构，强化本地区内的支柱产业，培育经济发展的新的增长点。

（6）进一步强化企业管理，转换企业内部经营机制。各地着眼于建立富有活力和效率的企业体制和运行机制，在注重理顺企业财产组织形式的同时，注重理顺企业内部经营机制，把改制与管理密切结合起来，政府对改制企业并未放任自流，而是对企业进一步加强了监督管理，帮助企业提高财务管理、质量管理、技术管理、成本管理等方面管理水平，帮助企业建立科学的管理新机制，特别重要的是，一些地方合理借鉴"放小"的成功经验"抓大"，把"放小"看作是为大企业注入活力的一次契机，有效地促进了大企业的改制。

（7）结合改革进程不断完善改革政策。为了解决企业改革中遇到的深层次矛盾和难以解决的问题，各地政府本着解放思想和"三个有利于"的原则，在遵循国家总的改革思路前提下，从地方实际出发，分别制定了有关政策，以保证企业改制工作的顺利进行。

三、国有小企业改革的主要形式

归纳各地进行国有小企业改革的形式，大体上分为两类：一类是对企业经营方式进行改革，在主权归属不变的情况下放开企业经营。如：承包、租赁、委托经营等。另一类是从企业产权制度改革入手，对国有企业资产存量进行重组，涉及企业产权归属变化问题。如：联合、兼并、出售、拍卖，实行股份合作制、公司制改制等。具体说，主要有以下12种：

（一）股份合作制。原企业职工和其他法人按照资产评估确认价，出资购买部分国有资产，企业性质相应改为股份合作制，这是改制的主要形式。股份合作制是一种由群众自发创造的带有典型的中国特色的企业组织形式。从资产关系上看，它是企业职工集体共同的部分与职工按份共有并存；从职工身份来看，即是出资者，又是劳动者；从经营管理方面看，是股东大会决策与职工民主管理结合；从分配制度上看，是按资分配与按劳分配共用。

（二）改组联合。选择生产名、特、优产品并有长远发展优势的国有小型企业，按照现代企业制度和《中华人民共和国公司法》的要求，进行公司制改革，通过吸收社会法人股，兼并、收购、合资、控股等形式发展壮大国有小型企业。

（三）划转产权，资产重组。对那些与国有大企业生产关联度较大、配套性强、自身又难以生存发展的国有小企业，集体划转归入大型企业集团或国有大中型企业，实行资产经营一体化。

（四）企业兼并，产权转让。对亏损企业或负债率较高的微利企业，由优势企业进行兼并。具体又有收购兼并、承担债务兼并等多种方式。

（五）资产租赁经营。对产品有市场、经济效益呈增长趋势，但暂不具备改组为股份合作制条件的国有小型企业，实行资产租赁经营。

（六）国有民营。对具备条件的国有小型企业，主要是商业企业在国有资产所有权、企业隶属关系和职工身份不变的前提下，实行国有民营。

（七）委托经营。企业的投资主体或主管部门通过契约形式，将国有小型企业法人财产交由经营管理能力强并能承担相应经济责任的法人或自然人有偿经营。委托经营往往坚持互惠互利和被委托经营的企业资产保值增值的原则，委托方和被委托方订立书面合同，并经过法律公证。

（八）分块搞活。对整体难于搞活，局部还有优势的国有小型企业，在合理承担相应债务的前提下，将企业部分资产与母体分离，组建成新的法人实体，逐步解决原企业遗留的问题。

（九）拍卖出售。视情将国有小型企业整体或部分资产拍卖出售。选择作为拍卖对象的企业：一般有这样几类：一是按城市建设规划需要搬迁，因缺乏资金长期难以实施的企业；二是有闲置厂房、设备，企业发展急需资金的企业；三是长期经营不善、扭亏无望的企业。主要办法是：将评估后的企业净资产，按公开、公平、公正的原则，以竞价方式出售给本企业职工或其他法人，自然人。对资产存量不大的企业，实行一次性出售，对规模较大，一次性出售有困难的企业，可将部分资产出售，剩余部分折为国家资本金。拍卖对象，可以是企业、设备，也可以是产品或技术。

企业产权拍卖政策，主要包含产权界定、资产评估、作价原则、拍卖所得的归属、职工安置以及政府部门搞好服务方面的内容。

（十）嫁接改造，合资经营。对一批产品有市场但批量不大，企业有效益但发展资金不足，同时对境外投资者有吸引力的企业，多途径对外招商引资，利用老企业的存量资产实行合资、合作经营。

（十一）土地置换，易地改造。对地处市区内繁荣地段，交通要道的工交、城建企业，一般采取退城进郊、退二（产业）进三（产业）的方式进行改造，即利用区位优势和级差地租，将原厂房、场地转卖或租赁出去，获得资金，另辟新址，重新建厂上生产项目，或直接退出第二产业，改营第三产业。

（十二）破产、淘汰。对少数长期亏损、资不抵债，不能偿还到期债务的企业，按照《破产法》的规定实施破产。

各地强调，企业破产要首先考虑企业在职职工和离退休职工的安置。要依法保护出资者和债权人的权益。

四、国有小企业改革的初步成效

各地推行国有小型企业改制工作时间并不长，但已收到明显的效果。突出的是明晰了产权关系，强化了企业的经营意识，调动了经营者的积极性，明显地压缩了非生产人员，实现了政企分开，转换了企业经营机制，提高了企业的经济效益，保证了国有资产的不断增值，推动了本地区域经济的健康发展。从几个省有代表性的地区来看，分别取得了可观的成效。

——山东省诸城市1995年全市完成国民生产总值，财政收入、工业总产值、城镇居民人均生活费收入、国有工商企业实现利税分别比改制前的1992年提高87.3%、104%、237%、96%和390%。改制时国有工商企业亏损总额为11564万元，改制后1995年没有亏损。不仅如此，国有资产还实现了保值增值。1995年末，全市国有资产总量达16亿元，比改制前的1992年增长45%。

广东顺德在企业转制过程中，实行"抓一块、转一块、放一块"。即抓住高科技企业，规模企业，垄断性企业和公用产品企业，实行国有资产控股，有的实行国有独资；一般竞争性企业实行合资、合作经营；放掉扭亏无望、资不抵债的企业，实行拍卖、破产清算。通过改制和改组，盘活了劣势企业的呆滞资产，增加了优势企业的要素投入，突破了国有企业改革的难点，优化了产业结构。改革、改组后，顺德地区经济成分中公有制仍然占60%以上。

——四川省宜宾的企业改革四年后，使财政收入翻了一番。改革前的十个特困亏损大户已全部扭转，有的已成为利税100万元大户，全县利税100万元大户已增加到20户，三年多来全县工业投入三亿多，为"七五"期间总投入的30倍。

——黑龙江省宾县1994年（改后有效运行八个月）工业产值比上年增长49.7%，财政收入增长19%。改革使非生产性人员精减51%，全年1—4月全口径工业产值比上年同期增长39%，乡镇企业产值增长108%，财政收入增长75%。

——湖北省浠水县改组建立的2家股份有限公司和6家有限责任公司基本实现了"一无二增"，即无亏损，利润增加，职工收入增加。改制企业比未改制企业利税多出16.5个百分点；改制企业与未改制前比利税平均增长46.8%，资产负债率由改制前的94%下降到66.6%，平均下降27.4个百分点。1995年，全县工业共实现产值26.8亿元，比上年增加25.65%；实现财政收入10510万元，比改制前的1993年净增5000万元，接近增长一倍。

——四川省广汉市的45家企业，经过六年股份制运作，企业净资产已经从原来的170万元增加到700万元，实现利润从1987年的16万元上升到1993年的470万元。上缴税金由1987年的17万元上升到1994的172.9万元。

这些地区的国有小型企业改革，为本地的企业结构调整和国有资产的重组创造了成功的经验，带动了区域的经济发展，解决了诸如社会保障、富余人员、政府行政管理等方面的问题，使得企业形成了较为灵活的经营机制，适应社会主义经济发展的要求。

五、国有小企业改革中存在的主要问题

从中央到地方，放开放活国有小企业的呼声都很高。通过多种形式改组国有小企业已合法的成为改革的重头戏。但从目前看，扎扎实实地推进国有小企业改革，从思想上到操作上都存在着一些问题，有待澄清与解决。主要包括：

（一）放开放活的思想认识仍不统一。从理论战线到操作部门，在怎样看待国有小企业的放开放活这一问题上仍有争论。主要涉及：多种形式放开国有小企业会不会削弱社会主义的经济基础继而威胁到政权的稳固；国有小企业放开放活的制度选择上是否仍要坚持公有制为主体甚至国有制为主体；在目前环境中放开国有小企业会不会导致国有资产流失与社会分配不公；以地方为操作主体的"放开搞活"是否会"放死放乱"？在放活国有小企业的过程中政府该管些什么不该管些什么；等等。

（二）资产营运管理体制不顺，规则不清。目前，新型国有资产的管理体制还未完全建立，致使国有资产运营主体的建立和改制后国有产权代表的委派等问题难以落实，而且使国有小型企业的操作不顺。例如，按有关的法律规定，县属国有企业的所有权不在县里，那么县政府是不是有权出让国有小型企业，尚无法律根据。另外，国有小型企业不同于国有大中型企业，其投资来源比较复杂，且转制时面对着贡献大的职工是否应给予补偿，原承担的社会负担有偿剥离等与资产分割密切相关的问题，如何合理界定与分割，尚无统一的规定。目前，往往是各地自定规则。妨碍了改制整体上的公正性、公平性。

（三）社会保障体系建设亟待建立和加强。主要问题是现在社会保险的覆盖面过窄，保障基金积累不足，结构不完善，同时也存在新老社

会保险特别是改制前后职工养老、医疗保险的有效衔接的问题。有些方面问题的解决不仅受到认识方面的约束，而且也受到客观条件的限制。比如目前国有企业中的退休职工和一部分年长一些的在职职工，受原有体制的影响，他们的劳动贡献大都反映在企业净资产中，体现在自己身上的现有保险金不足，按理应当从国有净资产中划出相应份额作为其保险予以补偿。但有人认为这样做会导致国有资产"合法"流失。从实际情况看，有的企业资不抵债，有的企业只有少量净资产，真正有较多净资产的企业为数不多。这样，若是采取一厂一法，则不符合保险的社会均衡性；采取统一的政策和标准，有的企业实际上无法参保。由于大部分企业缺乏资金，即使参加保险，也只有划资产变股权，但社会保险部门无力以现金支付职工的保险金，同时也难以保证保险基金的安全可靠。

（四）产权市场建设滞后。国有小型企业的改制直接与国有产权关系理顺相关，小企业财产组织形式的改造与资产的重组也与产权市场相依相存。但目前产权市场的建设和管理严重滞后，使各类股份制企业的法人股以及个人股权不能流动，企业很难利用证券市场、产权市场进一步优化资本结构，客观上阻碍了小企业的改制进程和改制的规范性、有效性。

（五）与国有小型企业改制相关的政策还不配套。如对个别因政府决策失误和政策性亏损造成的对银行负债，市县级政府还无权实施停息和挂账，而如前所述，绝大部分国有小企业集中在市县级地区；股份合作制已成为国有小企业改制的主要形式之一，但股份合作制企业还没有法律地位，相应的一些问题的处理也缺乏改革依据。改制后为股份有限公司和有限责任公司的企业，普遍反映，改制后反而比改制前负担加重，除按规定上缴利得税外，还要交纳国有、集体股分红及非经营性资产占用费等，与未改制企业相比，竞争环境不平等。特别是经济效益较差的企业，面对股东的分红压力特别大，有的企业对改革失去兴趣，有的改制企业甚至提出退回去的想法。另外，企业由国有转为非国有时，国有土地如何处置，无形资产如何界定并在资产账户上得到合理体现等，也缺乏统一的科学的政策规定。

理顺产权关系是国有企业机制转换的基础环节①

（1997年8月）

理顺产权关系是国有企业机制转换的基础性环节。要搞活国有经济，必须把改革的重心放在理顺产权关系上。

一、国有企业改革效果不佳的根本原因是产权改革不到位

国有企业改革基本上是与农村经济体制改革同时启动的。19年来由浅入深的改革努力，在较大幅度提高国有企业生产经营自主权的同时，也一定程度地改善了国有经济的状况与实现形式，因而大大强化了国有企业进入市场参与竞争的能力与条件，国有企业的运行机制开始发生质的转换。但是，总的看，国有企业改革的效果明显不如农村经济体制改革。国有企业存在的活力与效率不足的旧弊没能有效医治，国有资产受到外掠内夺大量流失且日益加剧的新病又严重显现。

造成国有企业旧病不治新病又生的原因是多方面的。但受既有利益的限制和传统思想观念的束缚，不重视甚至排斥产权改革，致使产权改革不到位从而影响到其他改革举措的到位是根本的原因。

企业的活力，归根到底是良好的产权关系的活力。改革前，国有企业是政府部门的附属机构，其全部生产经营活动都由政府行政指令安排。这种高度集中统一的经济体制，必然压抑企业的生机与活力。因此，剥离政府非正当干预职能，把属于企业的权力还给企业，相应改变政府

① 本文原载《国有企业：你的路在何方——50位经济学家谈国有企业改革》，经济科学出版社，1997年8月第1版。

管理企业的方式，就成为增强国有企业活力与效率的重要改革内容。有鉴于此，改革后，各级政府部门陆续采取了一些"放权让利"的措施。但是，基于原有体制的弊端有针对性地采取的这类"放权"措施不能造成这样的误解：企业的活力来自于政府的放权。撇开带有特殊性的传统体制背景而把我们的眼光投向体制关系常态，我们就能看到：企业的活力不是外部赋予的，而是企业内部自生的。这种内部自生的活力不是来自别处，而是来自于保障企业真正成为完全自主的市场活动主体的企业制度。而这种企业制度的最根本、最核心的规定就是产权清晰。对资产的所有权或建立在利益制衡基础上的对资产的实际支配权，从根本上形成了所有者和支配者自觉的、充分的责任，也从根本上排除了非所有者和支配者对资产本身以及相关活动参与、干涉的权利。而产权的组织架构，也从根本上规定了财产所有者和支配者履行责任的范围、内容与程序。这就是说，唯有产权清晰，才能从根本上切断各种不正当，不合理、不规范干预的"纽带"，并同时切断企业依赖于外部的"脐带"；也唯有产权清晰，才能产生推动企业积极参与市场竞争、创造性地开展生产经营活动的压力、动力与亢奋。

自然，实现企业资产的保值增值，也必须以形成良好的产权关系为前提。企业的活力来自于良好的产权关系的活力，而企业活力同时就是资产增长的源泉。不仅如此，由清晰的产权关系所造成的财产所有者或实际支配者的自觉的、充分的责任，不仅从根本上筑起了内部攫取的堤防，也同时形成了抵御外部掠夺，壮大资产规模的动力。

显然，提高企业活力、实现资产保值增值的基础都是建立良好的产权关系。十多年的国有企业改革历尽艰辛却出现旧病未治又生新病的后果，恰恰就在于没有抓住理顺产权关系这个关键环节。这主要表现在两个方面：第一，在相当长的一个时期内，忽视立足于构建产权清晰、权责明确的现代企业制度来提高企业的活力和效率，从而实际上排斥了政府部门立足于"还权"——这种还权与其说是解除政府部门对企业的不正当、不合理、不科学的干预，还不如说是给企业以制度创新的条件和机会——来"还"活企业的正确努力。我们看到的是，政府部门长时期把工作重点放在通过"放权"来增加未经制度改造的旧式企业的活力上，这种不以理顺产权关系为前提，只对传统体制进行"修补"的"放权"的结果其实是可以预见的，它必然是一种不情愿的有限放权。放权的主动权在政府部门而不在企业，而政府部门本身所具有的"管"的特性（政府部门因"管"而生，是"管"的代名词）及长期形成的"企业主管"部门的意识，使其考虑的不是管错了而是管多了，这不仅导致权力的下放上以我为据，也使放权成为政府部门对企业的一种"施舍"，从而使放权放不实在，放不到位。不仅如此，受自身利益的驱使，不仅难于放掉已经掌握在手中的权力，上级部门下放的权力也会被不同程度的截留，并且还会以新的甚至是以"改革"的名义收回已被下放的权力。这种有限的放权是难以提高企业的活力和效率的。第二，在相当长的一个时期内，忽视了对有着内在制衡机制、存在为国有资产保值增值负责的主体的新型国有经济运作体系的建设，从而实际上排斥了对传统的国有国营产权运作制度的实质性改革。传统的国有国营的产权运作制度，在总体上说是超乎于现阶段生产力发展水平要求的。它虽然在法律上排斥了任何私人的占有，但却也使真正为它的维护与发展，为它的资产保值增值的主体处于虚无。因而，它实质上是一种"人人都所有，人人不关心；个个是主人，个个不负责"的产权运作制度。这种产权关系，难以对实际运作者产生自觉的、充分的责任。因此，它不仅无法促使生产经营者为国有资产保值增值努力，反而提供了掠夺国有资产的机会和鼓励掠夺的诱惑力。受传统思想观念和既得利益关系的限制，这方面的改革并没有深入地展开。因此，我们看到，渐渐加大力度的"放权"举措给一些人带来了利用这种松弛的产权关系"捞一把"的条件，最终的结果是带来了国有资产的大量流失。

所以，国有企业改革的根本点应该是理顺产权关系，只有在这个前提下，企业的活力才能提高，且这种活力才是持续不断的；也只有在这个前提下，国有资产保值增值的目标才能真正实现。

二、产权清晰是建立现代企业制度的基础

在十多年艰苦探索的基础上，我们找到了国有企业改革的正确方

向：根本改变同高度集中统一的计划经济体制相适应的传统企业制度，建立起充分体现现代社会化大生产和现代市场经济本质要求，有助于生产经营者充分施展活力并能实现较高效率的企业制度，即现代企业制度。党的十四届三中全会的决定，把现代企业制度所应具有的本质规定概括为"产权清晰、权责明确、政企分开、管理科学"四句话，这四句话是一个有机联系的统一体，应该全面按照这四句话的要求推进国有企业改革。但必须强调，在这四句话中，产权清晰处于更为重要的地位，它是实现后三个方面的前提、基础和必要条件，是有效建立现代企业制度的关键性环节。对于各个国有企业来说，可以针对具体情况选择不同的操作重点，但对国有企业整体来说，必须把产权清晰放在建立现代企业制度的首要位置。

权责明确是以理顺产权关系为基础的。强有力的产权约束必然造成严格的与自觉的从而也是充分的责任。从根本上说，尽职尽责是由严整、清晰的产权关系所造成的一种自觉行为或内在冲动。改革前后的实践生动地反映了产权关系对权责状况的影响。改革前，从产权关系看，如前所述，国有制产权约束松弛，实质上是一种"人人都所有，人人不关心，个个是主人，个个不负责"的产权制度，客观上存在着"一有机会，人人都想捞一把"的可能。从权责角度看，同高度集中统一的计划经济体制相一致，企业依附于政府，听命于行政指令，没有必要的权力。企业的责任通过行政隶属关系来约束，体现为执行上级发布的指令，完成上级下达的任务。产权关系的松弛与经营权政府的高度垄断双重特点，一方面抑制了企业经营者的创造精神与经营冲动，无法对企业经营者产生自觉的充分的责任，但另一方面也抑制了企业经营者的胡作非为，使一些道德素质不良的人没有得到"捞一把"的机会，没能直接造成国有资产的大量流失与浪费。改革后，产权关系仍没发生实质性变化，仍没能对企业经营者产生自觉的、充分的责任，但一系列的放权措施，却使企业特别是企业的经营者有了生产经营和其他方面的权力。松弛的产权关系的缺陷因为这种放权而失去了行政约束的屏障，于是，除开一部分政治、业务素质均高、责任心强的企业经营者运用"下放"的权力将企业经营得十分出色外，拥有权力而又无须履行责任的机制，使一些居心不良者把所控制的企业弄得一贫如洗，自己却在短时期内成了暴发户。所以，权责明确的前提是理顺产权关系，建立对于企业经营者形成强有力约束的产权制度。只有产权清晰，才能形成权责对称，有权有责。

产权关系不顺，无法理顺政企关系。政府与企业的关系涉及两个方面：一是建立在非资产基础上的关系即政府作为社会经济管理者对企业实行的管理；二是建立在资产基础上的关系即政府作为企业资产的拥有者而对企业实行的管理。处理好前一种政企关系的重点主要是缩减政府管理的范围，规范管理的内容，转变管理的形式，调整管理的程序。由于政府对企业的这种管理不具备资产基础，因而处理起来相对容易一些：在管理范围、内容、形式、程序等依照社会运行的基本规律与具体国情科学定位的基础上，运用规章与法律加以约束。后一种政企关系的处理比较困难，原因在于政府的后一种管理具有刚性：既然国有企业的资产属于国家，那么作为投资者的国家（实际的代表是各级政府）就必然要对其实施管理。理顺以资产为基础的政企关系需要区别对待：第一，从经济发展的全局看，无论做怎样的调整，都必须保持国家（政府）对一定领域、一些企业的资产关系。对这些国家必须投资、必须管住的领域或企业，理顺政企关系所要做的工作是，政府选择尽量有效的形式（如委托、寻找代理人、建立专司国有资产投资运营的机构等）构建"中间层"，在弱化政府管理行为的直接性的同时，"净化"和规范政府的管理职能。第二，对那些不宜由、不必由国家投资或单一投资的国有企业，处理政企关系的关键是实现政资分开。国家的投资应根据具体情况从这些企业全部或部分地分离出去，使其由国有企业变成非国有企业或国家控股、参股的企业，并按照相应的规则实施管理。显然，无论是构建"中间层"，还是实行政资分开，都是理顺产权关系的基本内容。

不理顺产权关系，不能形成强有力的科学的管理。多年来的实践证明，名义上属于国家，而实际上处于虚置的产权关系，难以对管理者产生实在的制约作用，也无法对管理者实施科学管理提供动力。同模糊的产权关系相适应，上级部门任命管理者就成为一种必然。在这种情况下，管理者就往往只向自己的主管部门或主管领导负责，而不是对企业本身负责。这就必然会导致管理者行为的扭曲，其工作重点就不会放在研究市场状况、千方百计开拓市场，提高经营效益上，而是放在经营之外的事情如协调好同主管部门或主管领导的关系上。由于产权关系、利益关系同主管部门（其实是主管领导）间的非直接约束性，任命制不可能保证任命者总是优秀的；即使任命者不带任何私见，由于视角局限等客观条件的约束，也很难使企业领导岗位上永远配备的是优秀的管理者。相反，在这种状态下，优秀的管理者的出现往往具有偶然性。一般情况是，或是业务能力强而思想品德不好；或是思想品德好但业务能力差；或是思想品德与业务能力均差。而对劣者的替代从时间上看也极为迟缓，劣者本身也不一定受淘汰，很大的可能是异地异厂任职。反之，清晰的产权关系对管理者的选择及赋予管理者的管理动力都是实实在在的。在产权关系明晰的公司制下，董事会是所有者的代表，出于维护和增进自身利益的需要，选择管理者往往十分慎重，将管理者的经营能力作为主要标准择优录用，并在实践中加以考评，一旦不符合要求，就要被淘汰。通过这种强有力的产权约束机制，使管理岗位上永远立着优秀的管理者，因此，优秀的管理者和良好的企业管理可以说是建立在产权清晰基础上的一种派生效果。良好的产权关系本身寓含着遴选优秀管理者的机制。在这种机制下，搞好企业经营管理就真正从政府行为内化为企业行为；由外部压力造成的被动的不情愿的行为，变成企业经营管理者的一种强烈的自我冲动。

产权清晰是权责明确、政企分开、管理科学的基础。不理顺产权关系，其他方面就无从谈起。事实上，从一定的角度看，理顺产权关系的过程同时也是解决其他方面问题的过程。但这绝不等于前一个方面可以取代后三个方面，在理顺产权关系基础上展开的有利于实现权责明确、政企分开、管理科学的一切举措，都是必要的、不可忽视的。

三、明晰产权不等于走"分资到人"的私有化道路

现在有必要回过头来研究一下理顺产权关系本身了。必须指出的是，理顺产权关系不等于走"分资到人"的私有化道路，也不能走"分资到人"的私有化道路。

　　所谓产权，最基本的内容是指财产所有权，即财产的所有者依法对自己的财产享有的占有、使用、收益和处置的权力。随着社会经济运行实践的发展，适应更大限度地获得经济利益的需要，发生了财产所有权权能与法律上的所有者相分离的状况，即在财产的法律上的所有权的基础上衍生出经济上的所有权或所谓"法人财产权"——非财产的所有者由于实际上经营属于财产所有者的财产而对其享有的占有、使用及在一定限度内依法享有的收益和处置的权力。因此，就有了关于产权的更宽泛的内涵，即不仅包括法律上的财产权，而且包括经济上的财产权。概括地说，产权即是指财产所有权和建立在其基础上的派生的财产权。由于财产权权能与法律上的所有者的分离，就相应产生了财产所有者与财产的实际支配者间的关系，产生了财产的聚合及其形式，产生了财产的法律上的所有权与经营上的所有权（或法人财产权）及相应的主体在经济活动中的地位、作用及其在经营性组织中的行使、运用的制度安排等。科学而规范地界定各种权利及权利主体间的关系并做出适宜的制度安排，就成了理顺产权关系的内涵。严格地说，所谓理顺产权关系之说，实际上是建立在所有权权能与所有者发生分离的基础上的，核心是解决在资产所有者与资产分离后能否实现资产的保值增值的问题。一种良好的产权关系，最基本的特征，就是通过责、权、利一体化的体制架构与运行机制，实现对财产所有者的资产的保值增值。这一点在财产所有权的法律属体为自然人或明确的法人的情况下基本上是不成问题的，因为由于产权属体明晰、具体，财产所有者对财产的直接支配者始终保持着硬约束或最后的约束。然而，这对于国有企业却是一个问题，因为财产虽属国家所有，但却缺乏真正的负责任的主体。所以，对于国有企业来说，所谓理顺产权关系，就是通过合理的制度安排，确立为国有资产保值增值的主体。

　　关于"产权"及"理顺产权关系"的说明，事实上使我们看到，在财产的所有权权能与所有者发生分离之前，责任主体就是所有者本身；而分离之后，实际的责任主体就是非所有者了。也就是说，所有者和非所有者都可以成为资产保值增值的责任主体，而非所有者之所以能成为别人财产的责任主体，则是在所有者最终制约下，通过一套权、责、利清楚且科学而规范的体制架构与运行机制实现的。这就是说，理顺产权关系实际上有两种途径，一种是具体明晰资产的所有者，一种则是建立权、责、利明确的体制与机制。所以，理顺产权关系并不一定要走"分资到人"的产权私有化的道路。顺便指出，认为产权明晰就是要搞私有化是一种误解，认为产权明晰是要走西方资本主义私有化道路就更是一种误解。其实，在"私有制"的概念下，西方资本主义社会的产权制度、财产组织形式已发生多次变化，今天的产权制度、财产组织形式已大不同于早期"一一对应"、财产权属个人化的产权制度与财产组织形式。应该科学地研究这种变化及其依据。

所以，理顺国有企业的产权关系，不等于要走"分资到人、一一对应"的私有化道路；并且在主体上也决不能走"分资到人、一一对应"的私有化道路。这不仅是因为它不符合中国国情，而且是因为，这种产权关系是同现代社会化大生产和现代市场经济的本质要求相违背的，无法实现企业的高活力和高效率。事实上，如前所述，它作为西方原始的或不成熟的市场经济关系的产权基础，目前已随着市场经济关系的进化、成熟而基本被淘汰。理顺国有企业的产权关系，在主体上应当走一条建立一套能够实现国有资产的实际支配者责权对称，并强化对其利益激励与约束的体制和机制的道路。

对于国有资产来说，在市场经济条件下，合理的产权关系必须满足这样两方面的要求：一方面，使国家拥有法律上的所有权，但又要使这种所有权的实际支配权掌握在市场竞争主体——企业手中，并能通过支配权的这种让渡实现国有资产的保值增值；另一方面，使直接从事经营国有资产的企业对国有资产没有法律上的所有权，但却能使它像拥有法律上的所有权那样有完全的支配权利，并真正履行保值增值的责任。实现第一方面要求的关键是构建接受国家委托、介乎于国家和企业之间的专司国有资产经营的"中间层"——国有资产投资运营公司。这方面要注意的，一是国有资产投资运营公司的形成应体现市场经济的本质要求，建立在竞争的基础之上；二是对国有资产投资运营公司及其责任人应实行严格的经济、法律约束和道德、行规约束。实现第二方面要求的关键是构建符合市场经济要求的、能保障企业真正行使"法人财产权"

的企业制度，核心是形成良好的财产组织形式。这样，从体制架构上看，它是一个建立在制度创新基础上的由国有企业、国有资产投资经营公司与国有资产管理部门三层次组合并相互作用、相互制约的能动系统；国家通过委托把国有资产的运营权交给国有资产投资经营公司代理行使，并采取经济、法律、道德的手段激励与约束其为实现资产保值增值进行创造性的投资经营；国有资产投资经营公司以资本增值、获取高额利润为目的，将代理的国有资产以一定的条件（包括激励与约束条件）投资于企业，企业接受条件自主地支配投资者所投资形成的"法人财产"，创造性地开展生产经营活动，并承担起国有资产保值增值的实际责任。

应当强调的是，在理顺国有企业产权关系时，也应合理利用资产权属的人格化、具体化界定的方式来强化经营者和劳动者履行对国有资产保值增值的责任。目前实践中出现的"增量资产有偿有限量化法""虚拟股份法"，及"职工持股法"都是这种探索的具体形式。不过，这种方式的利用应是依附于非资产权属划分方式的，并且着眼点也应放在增强劳动者和经营者为国有资产保值增值的责任心上。

进一步确立改革新突破的思想与理论根基①

（1997年9月）

改革是解决中国各方面问题的基本途径，是我们的事业立于不败的根本保证，关系到眼前，关系到长远。我国的经济体制改革已进入用新体制取代旧体制的最后"冲刺"阶段，要如期建立起较为完善的社会主义市场经济体制，必须实现经济体制改革的新突破。然而改革突破的前提是思想的解放、观念的转变与理论的创新。十几年的改革历程表明，一次次重要的改革实践行动，都是以思想理论的一次次发展与创新为先导的，加快改革，实现经济体制改革的突破性进展，必须进一步解放思想、更新观念，或者说，必须进一步确立改革新突破的思想与理论根基。

从根本上巩固关于经济体制改革的
正确的思想基础和科学的认识观

尽管十几年的经济体制改革给我们提供了大量的思想理论成果，但今天深化改革仍然面临一些思想障碍。这种状况不仅表明，思想解放不可能一步到位、一劳永逸，而且也表明，思想解放的真正内涵是确立形成科学认识的思想根基。只有这样，才能走出每行一步都须论"资"论"社"、问"公"问"私"的思维窠臼，也才能实现思想转变的自觉性、深刻性、彻底性。因此，对于实现转换经济体制的突破性进展来说，进一步解放思想不单是对某些具体思想认识问题做符合实际和客观规律的解答，重要的是进一步树立并从根本上巩固关于经济体制改革的正确

①本文原载《宁波日报》1997年9月2日。

的思想基础和科学的认识观。而最重要的是这样几点：以社会主义初级阶段学说立改革之论行改革之事；以"三个有利于"标准来判断改革措施的成败得失；用发展论的观点看待改革推进中存在的问题与不足；用系统论的观点来拓展深化改革的思路与操作方式。

十一届三中全会以来，我们党正确地分析国情，作出了我国还处于社会主义初级阶段的科学论断。这是邓小平建设有中国特色社会主义理论的重要基础，是我们制定路线、方针、政策的根本出发点，这也必然是我们改革立论行事的基本依据。以社会主义的初级阶段学说作为改革立论行事的依据，最为重要的是把对经济体制改革的目标特色、框架特征及具体构成要素的特点的认识建立在社会主义初级阶段的认识基础上，既不能脱离实际超越阶段寻求过"高"过"纯"的模式，亦不能简单照顾被动迁就承袭落后的体制与机制架构。我国现阶段的基本国情特点是，现代工业与落后于现代水平上百年的工业同时存在，一部分经济发达地区和广大的不发达地区同时存在，少量具有先进水平的科学技术同普遍的科技水平不高的状况同时存在，部分生产手段先进、生活条件较好的城市同大部分运用手工工具谋生的农村同时存在。生产力水平不高，商品经济与市场发育程度较低；人口多，农业人口比重大，相当一部分属文盲半文盲，总体素质不高，就业压力较大；底子较薄，人均资源占有不丰富，潜在经济泉源不足；等等。这些特点不仅决定了我们必须走建设市场经济的道路，而且决定了现实市场经济模式一些构件上的鲜明个性，如经济成分多样化、公有经济实现形式多样性、全民所有制经济在比重上的相对有限性、要素市场发育的渐进性、政府干预的自觉性以及经济结构的不平衡性等。从这些特性出发，我们就能正确看待各种不同于旧体制的新的事物的出现，我们也才能形成推进改革，通过改革体现这些特性的正确思路。

生产力的充分发展，是社会主义的根本与支撑。社会历史发展的实践表明，没有发达的生产力，任何反映特定生产关系的具体原则或规定都难以贯彻，这种生产关系也难以发展下去。社会主义也是如此。正因为这样，邓小平同志反复告诫我们：社会主义阶段最根本的任务就是要发展生产力，社会主义的优越性归根到底体现为它的生产力比资本主义发展得更快一些、更高一些。"三个有利于"是社会主义性质的集中体现。因此，它是我们选择改革措施、衡量改革成败得失的根本标准。最重要的是把握这样几点：第一，要以"三个有利于"为标准，寻找新型的公有制形式。生产关系一定要适应生产力的发展水平，公有制是社会主义生产关系的核心规定，坚持社会主义必须坚持公有制。但我们坚持公有制，不是坚持公有制的某种具体形式。相反，对那些已不适应生产力发展的公有制的具体形式，要坚决加以变革。公有制的实现形式是多种多样的。改革以来，公有制实现形式的探索已有很大的进展。我们要继续努力，以寻找到能够极大促进生产力发展的公有制的实现形式。第二，要以"三个有利于"为标准，对待人类社会经济活动中已有的文明成果。社会主义要利用一切行之有效的方法来发展生产力。必须大胆吸收和借鉴人类社会创造的一切文明成果，吸收和借鉴当今世界各国包括资本主义发达国家的一切反映现代社会化生产规律的先进经营方式、组织形式和管理方法。学习资本主义的某些好东西，包括经营管理方法，不等于实行资本主义。第三，要以"三个有利于"为标准，对待改革与发展过程中涌现出来的新生事物。改革或发展的实践主体是群众，新生事物的创造主体也是群众。十多年来改革开放的实践表明，一切行之有效，对新体制建设起了重大促进作用的改革举措都是群众发现和创造的。解放思想，实现经济体制改革的新突破，要继续鼓励地方、企业和广大人民群众大胆创新，用足用活用好改革探索权、试验权。等待观望、亦步亦趋不会带来体制改革的新突破。只要是符合"三个有利于"的创新和创造，都应予以肯定。创新难免有失误，在一定意义上说，创新中的失误是实现体制转换必须付出的代价。出现问题，及时纠正就是了。对改革中出现的一些新事物、新做法，要观察一段时间再作出结论，不要先入为主地盲目判断，不要脱离"三个有利于"的标准做那些利少弊多的无谓争论。

我们的经济体制正在转换之中，打破旧体制，建立新体制是一场涉及权力和利益关系调整的深刻革命，不可能一蹴而就。因此，需要用马克思主义的发展观看待改革。要用发展的观点看待过去：已有成绩只是一段时期改革的阶段性成果，而原有的改革措施只是特定历史阶段的产物,某些原有的操作方式已不适应现在改革任务的需要。不能停留在原有的认识水平上用旧的思维方式来看待与解决新问题;不能躺在已有的改革成就上睡大觉;不能止于原有的认识、经验、思维习惯而沾沾自喜。要用发展的观点看待现在:体制尚未理顺,存在这样和那样的问题是必然的;即使体制理顺了,也不能奢望一切矛盾与问题都解决了,建立社会主义市场经济是前无古人的事业,我们所面对的经济社会环境又十分复杂,改革中出现某种程度的失误是难免的,对此,既不要大惊小怪,也不要怨天尤人。要用发展的观点看待未来,服从特殊环境的需要,在一定阶段,我们还要采取一些有助于新体制建设但也存在一定程度的负效应的改革措施,要敢于采取这样一些措施,并正确看待这些措施的出台。用发展的观点看待改革,才能对改革保持清醒的认识,才能最大限度地理解和支持改革,才能提出符合实际的深化改革的措施。

解放思想,还必须坚持用系统论的观点看待改革。在这里,解放思想的真正内涵是开拓改革思路,扩展改革视野,从而寻找到科学的改革的方式方法,推进经济体制的最终转换。经济体制改革是一项复杂的系统工程,而今天,我们已进入初步建立新体制的攻坚阶段,在这一阶段,主要是从事部分领域的改革必须让位于主要是实现系统的配套的整体改革,因为某方面的改革的可能性与有效性在主体上已不再主要取决于自身而是决定于其他方面的协同推进。因此,在今天,必须进一步注重用系统论的观点看待改革,实现改革的新突破。这就要求,在深化改革的内容的选择上,在紧扣关键环节实施突破时,要更加注重综合配套。不仅注重经济体制各环节的配套改革,而且要相应深化政治体制和其他方面的改革。在深化改革方式的选择上,要从被动应付、浅尝辄止、就事论事的老套路中解放出来,立足于把某一问题的认识置放在整个大系统中,在"联动"思维的基础上用"联动"的操作途径来推进改革,真正做到居高着力、配套用功。

进一步明确关于社会主义市场经济的一些重要理论观点

改革实践发展以理论创新为先导,而改革实践的深入展开又孕育并最终揭示出新的理论。党的十四大前的十多年的改革实践，使我们跨过了从"计划经济为主、市场经济为辅"到"有计划的商品经济"的理论认识空间，最终走到"建立社会主义市场经济"的科学境地，并在十四大上确立为我国改革的目标。十四大后按照这一目标要求，我们在经济体制改革方面打了一系列攻坚仗。这些触及体制深层的实践活动，大大丰富和完善了我们关于现阶段社会主义特征、关于有中国特色的社会主义市场经济的认识。十四大以来关于社会主义市场经济的理论认识成果体现在众多方面，特别重要的是要明确这样一些理论观点：

非公有制经济是社会主义市场经济的重要组成部分。改革前，在"一大二公"的思想指导下，非公有经济几乎被消灭殆尽；改革后，非公有制经济有了长足的发展。基于目前生产力水平与改革实践，十四届三中全会《决定》进一步明确必须坚持"以公有制为主体，多种经济成分共同发展"的方针。事实表明，非公有制经济适合社会主义初级阶段生产力发展的要求，对国民经济的增长，财政收入的增加，社会事业的发展等都起着十分重要的作用。随着市场经济的发展，这种作用将进一步扩大。非公有制经济不是社会主义的异端，它是同现阶段生产力水平相适应的社会主义经济成分的重要组成部分。应该着眼于这一认识来发展非公有制经济，拓展非公有制经济发展的范围，同时用规范的制度强化非公有制经济单位对社会经济发展的责任与应尽义务。

集体经济是现阶段社会主义经济成分的主体。基于特殊经济、政治与社会环境采取的所有制改革措施，和建立在新制度取代旧制度基础上的革命热情的结合，带来了新中国成立后一段时期我国生产力的长足发展。然而这种带有浓重历史环境色彩的结果却造成了长期的指导思想上的认识误区：脱离特定历史阶段生产发展水平的要求把生产资料所有制人为地分成低、中、高三种级别，又把所有制的级别与社会主义的完善程度和社会生产力的发达程度等同起来，于是有了改革前一浪高一浪的所有制升级运动。集体经济被看成是比较低级的和过渡的形式，从而被逐渐"升级"为国有经济，留下来的也完全按照国有经济的运行规则进行管理，成为准国有制经济或"二全民"经济。事实上，所有制没有高低之分，而只有适宜与否：是否适应生产力的发展、是否有利于市场竞争是选择所有制的基本标准。实践证明，以国有经济在量上占绝大部分比重为特征的所有制结构不利于最大限度发展生产力,适应现阶段生产力发展水平和经济结构、地区差异、人口素质等国情特点要求的所有制的主体形式是各种各样的集体经济。从目前情况看,集体经济已在一些地区占据主体地位。应当把握这一特征,大力发展各种形式的集体经济,特别是注重结合国有资产分布结构的调整,逐步形成以各种形式的集体经济为主体的生产资料所有制结构。

公有制的内容、实现形式及主体的表现,都不是唯一的和固定的。公有资本不仅包括公有产业资本,也包括公有金融资本;既包括有形资本,也包括无形资本。公有制经济的实力不只体现在物质形态上,也体现在价值或货币形态上,利用货币流动性强,含金量变化大的特点,可以迅速而有效地进行经济结构调整和重组,实现公有资产的保值增值。公有制经济不仅仅是国有经济,而且包括集体经济,国家控股的经济,公有资产占主体的经济;不仅仅是国有国营的经济,也包括国有民营的经济。公有制经济的主体地位主要不是反映在比重上占多少,关键表现为它在基础产业和关系到国计民生的其他重要领域的控制力,对其他经济成分的辐射、影响力,对国民经济的带动作用与社会稳定的支撑作用。适应生产力发展的要求和服从特殊的经济社会环境及经济运作目标的需要,公有制的内容、实现形式乃至主体性的表现,都是会发生变化的。

以股权多元化为主要特征的公司制是符合社会主义市场经济要求的良好的企业财产组织形式。建立社会主义市场经济体制的关键在于建立富有活力和效率的企业体制。而企业体制建设的关键是建立良好的财产组织形式。世界经济运行与发展的实践证明,以各式各样的股份制为基本制度形式的公司制,是适应于现代社会化大生产和市场经济要求的、能最大限度地促进生产力发展的企业制度。运用公司制改造我国国有经济的初步实践表明,规范的公司制有利于解决政企不分,真正确立企业自主经营、自负盈亏、自我发展、自我约束的法人实体和市场竞争主体地位,有利于强化产权约束,建立责任主体,使属于国家的资产在实际运作中实现保值增值,是国有企业实现同市场经济有机结合的良好形式。规范的公司制应当成为社会主义市场经济条件下企业的基本财产组织形式。从我国的现实出发,企业的公司制改造应在主体上体现股权多元化的特征。即使是国有独资公司,也应尽可能地分散国有投资主体。

资本运作是社会主义市场经济活动的重要内容。建立在计划经济基础上的产供销是由行政部门包揽起来，不讲经济效益、不讲价值核算的为生产而生产的产品运作。社会主义市场经济作为市场经济是一种主要受市场机制支配，以实现经济效益最大化为基本目的的经济。这不仅使产品运作建立在以低消耗、高质量、优式样获取更多的利润的基础上，而且使依于产品经营、甚至在一定程度上脱离产品经营的资本运作——利用市场法则，通过资本本身的技巧性运作实现资本增值成为必然。资本运作不是资本主义条件下市场经济的专有物，它也是社会主义市场经济活动的重要内容。资本运作对企业从财产组织形式到经营效果全过程都能产生革命性影响，应该创造条件，推动资本运作，以充分发挥其在调整经济结构，开拓市场范围，获取外部利益，实现资产增值方面的特殊功能。

以资本为依据的分配方式在社会主义市场经济条件下具有合理性。除非公有制经济体现的明确的按资分配的色彩外，制度创新带来的公有企业公司制（包括股份合作制）改造，以及结构调整等推动的资本运作，必然使资本分红或运作资本获利成为收益分配重要方式。随着个人积累的不断增长与投资方式的多样化，各式各样的个人投资行为日益成为社会主义市场经济的重要内容。这也使属于个人的资本等生产要素参与收益分配日益普遍化。

物质利益是规范社会成员经济行为的最基本的手段。现阶段生产力的不发达性与物质财富供给的相对有限性，决定了社会成员对物质利益的较强的依赖性，谋取尽可能多的物质利益成为大部分社会成员行为的第一目的。因此，物质利益也必然成为规范社会成员经济行为的最基本的手段。应充分尊重现阶段的人性特点，在不断增进全体社会成员日益增长的物质利益需要的基础上，有效利用物质利益手段，即通过物质利益的单个剥夺或增进，并辅之以其他手段规范社会成员的经济行为。在坚持生产资料公有制的条件下，科学运用物质利益手段，能够使社会成员产生如同生产资料个人所有那样的生产经营活动的自觉性和实现资产保值增值的责任心。

实现公平竞争是经济体制要素选择与法律规范制定的基点。实践证明，公平竞争是效率的源泉和克服不良行为的有效手段。不同经济成分间、不同市场主体间、不同地区间的不平等竞争，从根本上说是违背最大限度地发展生产力的要求的。其最终的危害是巨大的。因此，经济体制和法制构建的出发点应立足于保障与实现各经济活动主体间的公平竞争。建立在保障公平竞争基础上的经济体制要素与法制规范，才能真正支撑起一个高效率的市场经济模式。

从根本上说，这些观点只是发展了的社会主义市场经济实践的理论体现。确立这些观点是社会主义市场经济发展的必然。而这些观点的确立必然推动经济体制改革朝更深更阔的方向拓展，必然带来社会经济生活的积极变化。

必须进一步指出的是，要实现思想上的真正解放和观念上的不断更新，还必须把握这样两个方面：一是要加强学习。学习马克思主义正确的认识观与科学的方法论，学习市场经济的基本知识，学习国外的反映社会化大生产规律的先进的管理经验与运作技巧。二是要排除私利。心底无私天地宽。为私人利益、本位利益和短期利益所囿，必然导致抱残守缺，甚至藏污纳垢，千方百计阻碍新的改革思路与举措的执行。反之，站在增进社会利益、向历史和人民负责的高度，必然是走在改革队伍的前列，大胆开拓，自觉创新。

关于国有企业及其改革的五个警示性判断[①]

（1998年1月）

一、近二十年的改革，已使国有企业原有的运作环境与制约条件从根本上被打破。国有企业已走入自动裂变的惯性运动轨道上。无论是否进行主动的改革，其结果都必须依市场经济所要求的方向到位。但是否主动进行改革则决定着我们付出代价的大小和延续时间的长短

传统的国有企业最深层最重要的弊病，是由企业制度本身造成的企业国有资产保值增值的主体缺位和自我创造性拓展与积极的约束机制的缺乏。但在现象上却表现为政府部门高度集中的行政管理所导致的企业活力与效率的缺乏。而高度集中的政府直接管理又的确同企业的活力效率低下之间存在着逻辑上的联系。因此，传统的"国有国营"制度所存在的"人人都所有、人人不负责，个个是主人，个个不关心"这种影响企业发展的根本性缺陷被政府高度集权管理、政企不分的比较表象的弊病掩盖了，以致妨碍了人们认识的深化。这种认识上的不到位与当时的思想氛围和体制环境相契合，国有企业的改革被自然而然地放到理顺政企关系、通过"放权让利"给企业"松绑"上。然而正是这种认识上的不到位，使长达十多年的企业改革一直在"放权让利"上做文章，不仅没有解决活力不足、效率低下的老毛病，还出现了国有资产大量流失

---

①本文原载《经济改革与发展》1998 年第 1 期。

且日益加剧的新疾。这其实是传统企业制度在变化了的外在环境下的一种必然反应。改革前,尽管"国有国营"的企业制度产权约束松弛,但企业经营权的高度垄断,一方面抑制了企业的活动,另一方面也抑制了某些道德素质低劣的企业经营者的胡作非为,因而没有直接造成国有资产的大量流失和浪费。改革后,国有企业深层次的弊病没有消除,"国有国营"的企业制度没有发生根本变化,但一系列放权措施,却使企业特别是企业的经营者有了生产经营和其他方面的权力。依然松弛的产权关系的缺陷由于这种放权而失去了改革前拥有的行政约束的屏障,而下放的权力又因松弛的产权关系而终于使一些人有了"捞一把"的机会。这样,为国有资产保值增值的自觉性、责任心没能产生,却使直接的国有资产的大量流失和浪费成为现实。这种旧病不治新病又发的事与愿违的后果,把改革初被掩盖被忽视的企业制度根本性创新这一本质性问题以消极的方式揭示出来。它使人们终于看到了解决问题的根本,并把推进企业制度根本性改革的紧迫性提到人们面前,同时也昭然警示,国有企业已走入自动裂变的惯性运动轨道,已获得的权力与松弛的产权约束结合将使其更加负向膨胀:正当的放权因松弛的产权关系被不正当使用而恶性扩充,变成侵蚀国有资产的愈刺愈锋的利刃;松弛的产权约束因权力的不正当使用而变得更加松弛,于是国有经济运作战线全面受到侵害,国有资产被掠夺以至对某些人来说,实际是将国有资产"私有化"。这种现实使社会上关于"私有制终成气候"的判断得到强化,从而诱发了"不捞白不捞,迟捞不如早捞"的掠夺心理。这就是说,国有企业已走向了裂变的不归之路。目前在这方面出现的一系列矛盾和问题不过是对不到位的改革的一种消极的反抗。在这种客观情势下,明智的选择是,主动地立足于建立符合市场经济要求的企业制度的改革。唯有如此,方能遏止国有资产的流失,并能实现国有资产的保值增值,不断壮大国有经济的实力和提高国有经济的控制力。党的十五大已经作出了正确的决策,我们要攻坚而上,坚定前行。

二、国有企业改革已经形成了一套成功的正确思路。现在国有企业改革面临的主要问题不是思路不清，而是思想不解放，而思想不解放的背后则是既得利益作祟

在国有企业改革之中，常有这样的问题提出：国有企业还能不能搞好？搞好的思路是什么？有些人还断言，到目前为止，我们尚未找到搞好国有经济的成功思路和方法。这种说法是不正确的。经过十多年特别是近些年国有企业改革由放权让利深入到制度创新的探索，我们已经形成了一套搞好国有企业，振兴国有经济的正确思路，这个思路既是理论界的学术成果，更是中央的决策。概括地说，就是结构调整、制度创新。结构调整，就是合理调整国有资产的行业分布结构，适当收缩国有经济的运作战线，使国有投资从那些竞争性较强的领域部分或全部地退出来，把那些国家没有必要管、没有精力管，管了也管不好的企业（绝大部分是小企业）合法公开地让渡给非国有者或非公有者。国家则集中财力和精力，经营好那些关系国民经济命脉的重要行业和关键领域。而制度创新，就是按照市场经济要求，以公司制为基本组织架构，建立多种形式、有着为企业资产保值增值责任主体和旺盛的内在经营冲动的规范的企业制度——真正的现代企业制度。只要融结构调整与制度创新于一体来改革国有企业，就必定能搞好国有经济。现在的问题不是企业改革思路不清，而是这个思路的贯彻总是受到传统思想观念与思维习惯的干扰，以致无法全面到位地付诸实施。如问"资"问"社"、论公论私始终困扰着经济体制改革特别是国有企业改革的实践。这使包括国有企业改革思路在内的一系列正确的改革思路的贯彻或止于治标的层次，或出现走形变样，结果是越治越乱，越"改"越被动，不见成效。这正是这些年国有企业改革状态的写照。但思想认识问题的背后是利益问题。结构调整、制度创新的结果势必成为凭借原有企业制度本身侵吞掠夺国有资产的利益者的阻障。这意味着，改革攻坚过程也就是一些主体利益被剥夺的过程，这样，国企改革也就变得异常艰难了。

三、实施国有企业改革正确思路的主要障碍不在国有企业，而在某些有权制约国有企业的政府权力部门

从理论上说，包括企业组织形式调整、企业资产运作内容的确定与改革等在内的企业活动，都是企业自己的事，应由企业来办。但事实上，这些企业活动都同政府部门紧密联系在一起，企业本身难以自主从事属于企业的活动。由于国有企业改革在相当长时间局限在政府对企业的放权让利上，而不是立足于产权关系基础上的企业制度创新，因而似乎是选择对头、牵住了"牛鼻子"的理顺政企关系的放权让利只是一定程度上扩大了企业的权利，适当缓解了政府与企业的关系，并没有从根本上斩断政府直接干预企业的脐带，其实并没有真正牵住"牛鼻子"。企业实际上仍然在政府部门的控制之下，不仅一般的经济活动是如此，企业的改革也是如此，改不改、改什么、改多少，怎么改的决定权都在政府部门手中。由于问题的实质没弄清楚，因此政府对企业的"放权"始终建筑在放多放少的认识上，实施有限度的放权，而不是建筑在政府干了企业的事，须向企业彻底还权的认识上。也就是说，往往放权的前提不是解决政府对企业的权力该不该占，而是围着该占多少的问题转。这种认识基点不仅使整个企业的改革无法深入或出现偏差，也必然使即使处于改革过程中的企业，其生产经营行为和改革实际上都受制于政府部门。而由于既得利益作怪，这种控制还会导致这样一些情形：第一，已确定的政府部门的放权内容往往放不到位，已放的权对政府部门来说，影响不大，不会伤筋动骨；第二，改革只在不伤害某些政府部门利益的框架内做文章，必然是浅尝辄止，某些实质性改革也只是由于"火灾"发生而"救火"出现的被动结果；第三，在改革过程还会以改革名义或新的名目立关设卡，在合法的外衣下集中更多的权力，谋取更多的利益。直到今天，数以千计的来自各权力部门的"费""税"及其他形式的索要围绕着国有企业有增多的趋势，国有企业在遭受"内掠"的同时背负日益严重的"外夺"。因此可以说，当前企业的困难在很大程度上是某些政府权力部门造成的，即因权力部门的束缚使改革无法按正确思路到位，权力部门的各种形式的"巧取豪夺"，改革不到位延缓新机制形成，

客观上造成了"内掠"及其恶性发展。所以，解铃还须系铃人。必须把改革的对象集中到阻碍改革的政府权力部门身上：某些政府权力部门应站在向历史向人民向社会负责的高度，自觉地彻底地按照正确的改革思路扎实而规范地推进国有企业改革。因此，改革初期把矛头对准政府权力部门，致力于理顺政企关系是正确的，问题在于把对政府的改革定位到"放权让利"上，而没有放在建立产权约束严密的企业体制与机制上。因此，正确的思路和做法是，把对政府的改革同建立符合市场经济要求的企业制度联系起来。而要做到这一点，除了一般性地规范政府作为社会管理者的管理行为外，需要把改革重点放在理顺资产关系上，即在最大限度内解除政府对资产的隶属关系，斩断权力部门干预（这些干预中相当一部分是负向的）企业的脐带。与此同时，通过制度约束，把那些建立在必需的资产关系基础上的政府干预严格限制在合法、规范的程序内。不抓住这一点，企业改革是难以取得成功的。

四、国有经济正处于衰亡瓦解与振兴发展的分水岭阶段，改革即振兴，似改非改则衰亡。给国有经济带来灾难的不是真正按正确思路实施改革的人，而是那些心系国有企业但却不施根本改革的人

从实际状况看，国有经济运行形势是严峻的：国有企业的亏损面越来越大，从工商业企业亏损到其他企业，从一般企业亏损到特殊企业（银行），从国内的国有企业亏损到国家在国外投资的企业，且情况日渐严重：原来效益好的企业变成了现在的亏损企业，原来的亏损企业变成了现在的资不抵债。从面上看，资产负债率普遍向高处攀升。某些城市的国有企业所谓资产负债率降低也不是通过企业资产升值、效益增长形成，而是通过所谓技术"组合"或"债务重组"——土地盲目估算增值、无形资产超高评估、银行债务"豁免"、亏损企业破产负债一风刮等等造成的，这种并非实质性的增资减债除了获得感官上的满足，并以此换来某些"荣誉"外，留下的只是更难救治的国有经济。而由于问题

的虚掩，还会使一部分人丧失警惕心和责任心，给国有经济的维护与发展造成更大的危害。国有经济运行的这种严峻局面，从现象上表现为是因竞争中被机制灵活的非国有经济特别是非公有制经济"抢"、因产权约束松弛被一些人"挖"、因政企不分被某些政府权力部门"拿"等所造成的，但从根本上说是体制不顺、机制不活造成的。正如前面所讲的，国有企业的现行制度是在已经走向市场经济的环境下导致国有经济不景气的根本原因。要使国有经济走出困境，适应市场经济的要求，实现更大的发展，必须从根本上改革这一制度。这方面改革的正确思路已经形成，关键是扎扎实实地贯彻，彻底地改革，否则国有经济便没有出路，将承受自动裂变之苦和巨大的代价。国有经济面临灾难性的危险是存在的，这里必须指出的是，造成这种灾难的根源并非是那些对国有经济揩油、挖墙脚之人，而是一些真正关注国有企业，又因某种思想观念约束，受现有利益格局限制不想改、改不到位、改的方式不对头的人。他们对改革措施的评价不以"三个有利于"为标准，动辄问"资"问"社"、论公论私；出于局部利益、眼前利益的需要对一些深层次的改革措施"明改暗顶"；由于认识不到位或一时兼顾左右的"安抚性治标性"改革，试图通过厚此薄彼的"试点"，通过特殊改革、鼓励某些地方改而又限制另一地方改的改革方式的不科学都会使国有经济的灾难成为现实，或者至少大大增加国有企业改革的成本。所以，给国有经济带来灾难的不是真正的按正确出路实施改革的人，而可能是那些心系国有企业但不施根本改革的人。我们对此应有非常清醒的认识。

五、国有企业如果不能实现"改而振兴"则很可能出现"劫后重生"

通过改革，合理收缩国有经济的运作战线，建立适应市场经济需要的现代企业制度，国有经济就不仅通过控制关系国有经济命脉的重要行业和关键领域而占据"制高点"，而且可形成国有资产保值增值，实现国有经济不断发展的富有活力的机制，国有经济因此得以振兴。这是"改而振兴"之路，否则，只能是"大劫"后的重生。重生是必然的，无论是自觉地改革，还是自发地演进，国有经济都不会从历史舞台上消失，而只会向适当、必需的行业、领域、部门或环节集中。在私有经济相当集中的西方发达市场经济国家仍然有一定比重的国有经济或政府管的经济领域就证明了这一点。虽然结果都是"生"，但付出的代价却有天壤之别。因此我们的选择和结论是：只能对国有经济主动改革使之振兴，而不能让其"劫后重生"，因为我们的国家、民族，已经禁不起大劫大难，倘因放弃或丧失改革之机，阻遏国企改革正确之路，而使我们的发展延误十年乃至数十年、上百年，那么委实就是对历史和人民的犯罪！这个代价我们怎能支付得起，这个责任又有谁能担负？

所有制问题再认识①

（1998年6月）

马克思主义者历来十分重视所有制问题。因为所有制是生产关系的基础。在经济体制改革中，所有制改革也至关重要。可以说，所有制改革方面的突破是其他改革取得突破性进展的基础和条件，所有制改革的成功是实现国民经济良性运转的基本保证。

一、所有制问题上的认识误区及其危害

对所有制这样一个至关重要的问题，相当长一段时间内我们在思想认识上陷入了误区，即把所有制的标准置于生产力的标准之上；把资本主义和社会主义的对立集中到所有制的对立之上。误区的形成，既有理论认识上的原因，也有实践方面的原因。

从理论方面看，主要有两点。一是僵化地理解马克思关于社会主义所有制的论述。马克思、恩格斯所设想的科学社会主义对所有制的规定就是要实现生产资料的公有制，所以他们说共产党人的使命用一句话来概括就是消灭私有制。然而科学社会主义在逻辑上是作为资本主义的否定物而出现的，它的公有制是在这样一种特定的生产力基础上作出规定的。而现实的社会主义恰恰不是作为资本主义的否定物，而是作为资本主义的并存物而出现的，它的生产力与资本主义大体处于同一水平，甚至还不如资本主义。但多年来，我们对此没有作过区分，一直僵化地用马克思关于生产力发达基础上的社会主义所有制标准来要求现实的社

---

① 本文为作者在中央党校一次座谈会上的发言，原载《中国党政干部论坛》1998 年 6 月。

313

会主义，结果犯了超越阶段的错误。二是机械地理解社会主义和资本主义之间的对立关系。由于把现实的社会主义等同于生产力发达基础上的作为资本主义否定物的社会主义，所以机械地把社会主义与资本主义对立起来。如资本主义是私有制，我们只能是公有制；资本主义是按资分配，我们只能是按劳分配；资本主义是市场经济，我们只能是计划经济。越过雷池一步，似乎就是资本主义了。在非此即彼的思维逻辑下，得出了现实社会主义必须遵循的三大经济特征：纯而又纯的公有制、按劳分配和计划经济。问题在于，在现有的生产力水平下，社会主义是否在所有方面都和资本主义格格不入？

从实践方面看，新中国成立后，为了尽快恢复国民经济，我们采取了没收官僚资本、对资本主义工商业进行社会主义改造等一系列特殊的所有制改造措施。同时，刚刚获得解放的人民所焕发的前所未有的革命热情，转化为对社会主义建设的无私奉献精神。这种特殊的社会环境使我们的经济在短时间内出现了奇迹，在较短时间内，建立了比较完整的工业体系和国民经济体系，实现了经济的高速增长。但是后来在总结成功经验时却产生了一种错觉，好像"一五"期间的成功主要是所有制革命带来的，自觉不自觉地把生产力的高速增长同所有制的升级联系起来，把特定历史条件下采取的所有制改革的措施固化为一种常态下的规律。最后，脱离生产力的要求和现阶段的国情基础，追求所有制上的一大二公三纯，试图通过一浪高过一浪的所有制升级运动来取代生产力的发展。到1978年改革之前，98%左右的经济是全民所有制经济和按照全民所有制经济进行管理和运行的集体经济。认识和实践上的误区使得在所有制问题上出现了三大固守状态。

第一，固守传统的财产分布形式，使国有资产处于粗放状态。国有经济在国民经济中比重过大，国有资产不论有无必要遍布各行各业，企业无论大小都由国家投资，实行国有国营。改革后，所有制结构得到不同程度的调整，但从总体上看，国有资产分散、粗放的状态并没有根本改变。

第二，固守传统的财产组织形式，使国有资产处于虚置状态。强调国有国营，只承认国有国营的地位，否定国有经济存在着其他形式。与此相应，只看产权的归属与经营的主体是否是国家，而不问其运转的结果是否能实现国有资产的保值增值。然而，传统的国有国营实际上是缺乏真正为国有资产保值增值负责任主体的财产组织形式，名义上是全民所有制，实际上却成了"人人所有，人人不关心，个个是主人，个个不负责，只要有机会，个个都想捞一把"。当然这是一种形象的说法。

在改革前，所有制上的缺陷已经存在，但并没有出现国有资产的大流失。这是因为所有权和经营权高度集中，企业事无巨细都要由主管部门来批，弥补了所有制上的缺陷，没有给某些人捞取国有资产的机会。然而，这并不等于国有资产没有流失，从表面上看，国有资产的直接流失比较少，但实际上国有资产却普遍存在着间接流失，主要表现为效率的流失和活力的流失。从1978年开始，国有企业要革除的主要弊病就是政企不分、缺乏活力和效率。解决问题的主要思路就是放权让利。从1978年到现在，企业先后经历了几次扩权。先是政策性扩权，后又上升到法律性扩权，最后，过渡到制度性扩权。毫无疑问，这种扩权的过程是对的，而且后期转向制度性扩权是抓住了根本。但由于国有企业的内在机制没有根本改变，国有资产处于虚置状态，结果随着权力的不断扩大，就给那些居心不良者提供了捞一把的机会。这样一来，国有企业改革不仅没能有效地解决效率低下、活力不足的问题，还出现了国有资产大量流失的新问题。

第三，固守传统的经营方式，使国有资产处于呆滞状态。长期以来，我们只重视国有资产物质形态，无视它的货币形态，同时把国有资产的流动与国有资产的流失等同起来，阻碍了国有资产公开、合法的流动，阻碍了对国有资产货币形态的有效利用，使国有资产失去了在流动中调整和优化自身在行业领域中的分布结构的机会。

对国有经济所持的这种态度，使我们一味追求生产关系上的高、清、纯，结果脱离了生产力发展的要求，脱离了现阶段的基本国情。

与此同时，对非公有经济则采取了简单的一味排斥的态度。新中国成立以来，我们一直把非公有经济视为异端，对非公有经济的态度可以说经过了四个阶段的变化。第一阶段，改革前，非公有经济被视为资本主义的基础，是产生资本主义的温床。因此，要铲除、要消灭。这一阶段可以叫作"消灭阶段"。第二阶段，仍把非公有经济视为社会主义的异物，但认为现阶段还难以消灭。因而在口头上不再强调要消灭它们，但在实际上仍是采取排斥的态度。这一阶段可叫作"排斥阶段"。第三阶段，认为非公有经济是社会主义的有益补充，可以并存，但在产业准入，项目贷款、政策优惠等方面实际采取了歧视态度。许多领域可以向外资开放，却不敢向资本实力比较大的个体私营经济开放。这一阶段可叫作"限制阶段"。第四阶段，个体私营经济用它实实在在的经济效益，证明了它在社会主义市场经济条件下存在的必然性，所以，党的十五大明确提出，非公有经济也是社会主义市场经济的重要组成部分。非公有经济直到今天才取得了合法地位。

解放生产力首先要解决思想观念上的问题，解决思想观念上的问题首先要解决所有制上的认识问题。党的十五大关于所有制上的突破将给我国政治经济生活带来重大变化。

二、进一步确立科学的所有制观念

党的十五大最重要的突破体现在经济上，经济上最重要的突破体现在所有制上。党的十五大关于所有制的突破主要有三点：一是强调国有经济的控制力，而不再以比重论英雄；二是强调国有经济的实现形式是多种多样的；三是强调非公有经济在现阶段条件下的合法地位。第一点和第三点实际上是所有制结构继续调整问题，体现的是适当收缩国有经济的运作战线的内涵。第二点是制度创新问题。三点突破合起来就是八个字：结构调整，制度创新。

这三点突破非常重要，对今后中国的经济、政治生活将产生深刻影响。党的十五大报告在所有制问题上的这些突破，不仅指明了所有制改革的基本方向与操作路径，更进一步的意义在于，它使我们把对于所有制问题的认识建立在科学的基础上，使我们能够把握这样一些思想基础：

1. 所有制问题的确十分重要，它是经济体制系统诸要素中最重要的因素，要把对所有制问题的认识与所有制的改革放到十分重要的位置上。

2. 对所有制问题的认识必须是立足于生产力基础之上。社会主义之所以存在是因为它能够形成比资本主义更高的生产力；我们之所以要坚持公有制，也是因为公有制比私有制更能够促进我国生产力的大发展。

3．实现对私有制的突破，与其说是突破，不如说是复归。所谓突破，只是对以往形成的僵化的私有制观念的突破，但对我们的国情和生产力发展水平而言，不过是把离谱的东西，重新拉回到它应有的轨道上来。

基于上述三点认识，可以得出这样一些关于所有制问题的思想观念。

1．要辩证地看待公有制和私有制的关系。公有制的内涵和形式是不断发展变化的，私有制的内涵和形式也是在不断发展变化的，它们的内在依据都是适应生产力发展的要求。有些人对改革开放中的许多事情不理解，特别是在建立现代企业制度、产权清晰这个问题上，认为是搞私有化，搞资本主义。问题是我们长期批判的资本主义私有制，与今天的资本主义私有制是不是一回事？实际上，资本主义的私有制也在随着生产力的发展不断调整，不断变化，这种变化概括而形象地讲经历了以下几个阶段：（1）最初的典型的资本主义私有制阶段，其特点是产权一一对应，直接归资本家个人掌握。这个阶段可称之为"一个人的资本主义"。我们长期批判的就是这种资本主义。（2）随着生产力的发展，一个人出资很难适应生产力扩大规模的需要，于是在组织形式上出现了合伙公司，有限责任公司和股份有限公司。这时，"一个人的资本主义"进化到"几个人的资本主义"。（3）后来，情况又发生了变化，出现了公众持股，即所谓的人民资本主义。（4）随着所有权和经营权的分离，西方国家又出现了大量的非财产董事、专家董事、顾问董事等等，通过智力的联合，演变成了"没有资本的资本主义"。当然，这里所用的概念并不是严格的理论概念，但却形象地说明，从"一个人的资本主义"到后来的"没有资本的资本主义"，这种变化本身清楚地表明了资本主义也是随着生产力的发展不断进行调整的，没有这种调整，资本主义早就像马克思早年说的那样被推翻了。所以，私有制从形式到内涵都是在不断变化的，我们在批判别人搞私有制时，一定要对私有制本身有详尽的了解和分析。

2．公有制和私有制没有天然的好坏之分，好不好是由生产力决定的，能够促进生产力发展的私有制肯定比不适应生产力发展的公有制好。反之，适应生产力发展的公有制肯定比不适应生产力发展的私有制好。

3．公有制和私有制也不是截然对立的，它们有一些受生产力制约的超出各自所有制性质的共同属性，因此，它们不是绝对不可结合的。

4．公有制和私有制不是绝对不可以转换，在一定条件下，同为一定时期生产力水平所要求的公有制的某种形式与私有制的某种形式之间是可以相互转换的。利用证券市场、产权市场随时可以使同一个企业股权结构发生变化。因此，如果从性质上核定的话，它今天可能是国家控股的公有制企业，明天就可能变成私人持股的企业。所以，随着市场经济的发展，我们对企业将逐渐形成一套规范的概念，不再动不动就问你是国有企业还是非国有企业，而是问你是什么样的股权结构的企业。计划经济条件下形成的带有强烈的论公论私色彩的教条主义的概念将逐渐被取代。

总之，公有制和私有制不是绝对对立、绝对排斥的，而是在一定条件下交叉、相容、相互转换的。因此我们不能用僵化的观点看待所有制问题。由此，可以进一步得出以下五个观点。

第一，正确认识公有制和私有制之间的关系，用辩证的眼光看待它们，这不仅有利于克服因公有制和私有制之间非常规性变化所引起的意识上的恐慌、困惑和担心，还有利于我们在实践中积极探索和拓展所有制选择的范围。

第二，所有制没有高级与低级之分，只有适宜与不适宜之分。从社会发展的轨迹来看，所有制有一个从低级到高级的进化过程。但在同一个历史阶段，在同一种生产力水平之下，不存在所有制的高级与低级之分，只有适宜与不适宜之分。正如公有制和私有制没有天然的好坏之分一样，所有制的好与坏只能取决于生产力的要求，适宜则好，不适宜则不好。

第三，所有制的结构不是固化的，竞争决定所有制的格局。一个地方究竟应有怎样的所有制结构，只能取决于生产力发展的需要，切忌从主观意愿出发，先入为主地说我这地方就要坚持以某种所有制为主。其实，我们改革的过程就是所有制结构不断调整变化的过程，我们今天的一些提法，以及所作出的一些政策规定无非是对实践中不断变化的所有制结构的一种确定、归纳和提炼。在现实中所有制结构本身就不是固化的，由此我们的观念也不能是固化的。

第四，各种所有制因其自身的特点，不仅有共同的适宜领域，又有各自相对排他性的适宜范围。所以和前面讲的第三个观点结合起来就是：竞争决定所有制结构，同时各种所有制又有能发挥自己特殊优势、相对排他性的领域。因此，非公有经济的发展不会威胁公有经济的发展，有些领域让非公有经济进入它也不进，国家资本将始终自然而然地占据主导地位。

第五，从某种意义上讲，各种所有制都可以起到一样的作用。长期以来，我们一直认为只有国有经济才能在财政增长、经济增长、安排就业等方面起到重要作用。毫无疑问，直到现在，国有经济为中国的发展起到了主体的作用。但是，这并不意味着其他经济成分就不能起到和国有经济一样的作用，问题在于你让不让它发挥这样的作用，你怕不怕它发挥这样的作用。从20世纪90年代开始，特别是1992年南方谈话之后，经济增长很快，从1978年到现在，平均增长速度在10%左右。但如果仔细研究一下国家统计局发布的信息，不难发现，近几年国有经济的增长并不令人乐观。那么，支撑这个高增长速度的是谁？国家统计局的数字告诉我们，有80%来自非国有经济。而在非国有经济中，非公有经济的增长速度又是非常快的。事实说明，非国有经济完全可以起到经济增长主体的作用。此外，非国有经济也能成为财政的主要来源。资本主义国家没有我们这么多国有经济，为什么基础设施和公用事业比我们发达？一个重要原因是税收制度健全，政府控制得好。这说明，钱本身没有姓社姓资之分，无论是公有经济创造的还是非公有经济创造的，只要能收到政府手中，都可以拿来为国家服务。最后，非国有经济对社会事业和社会义务也可以起到支撑作用。现在，群众性集体事件增多，其中大约一半以上来自国有企业的职工。在一些人看来，企业是国家的，工人是主人，企业搞糟了，当然要找政府。但个体私营经济把企业搞垮了不会去找政府。国有企业改革加快步伐，每年有数百万下岗职工需要安置，同时还有近千万的新增劳动者，非国有经济实际上已经成为解决就业和下岗职工再就业的重要渠道。非公有经济、非国有经济在社会稳定方面发挥了重要作用。

基于上述三个判断，我们需要在所有制问题上进一步解放思想，明确一些新的观念，正确看待所有制改革中出现的新问题。

三、立足实际，实现所有制改革的新突破

党的十五大关于所有制改革的突破，以及一套政策体系的建立，为我们以"三个有利于"为标准，推进所有制改革提供了最重要的思想理论和政策保障。在此基础上，我们应立足实际，大胆突破。为此，要着力抓好以下几个方面。

首先，要抓国有经济的战略调整。抓国有经济的战略调整是实现经济良性运转的重要措施。那么，国有经济进行战略调整最核心的问题是什么？就是把国家的投资从竞争性较强的领域，部分或全部退出，将那些国家没有必要管和没有精力管的企业，通过合法和公开的途径让渡给非国有者和非公有者，重新把国家的财力和精力集中到经营好那些关系到国民经济命脉的重要行业。按照此思路，要实行五种配套的改革。

（1）对少数涉及国家主权、国家安全的特殊产品，如大型矿藏的开采、军工企业、高科技企业、人民币的印刷等，可以国有国营。

（2）对平常我们所说的涉及国计民生的企业，如银行、交通、邮电、铁路、民航等等，可以由原来国家独资变成由国家控股为特点的股份制企业。这些领域过去一向是国家独资经营的，这样做不利于这些行业的发展，应当让出一部分造成适度竞争的格局。这里要指出的是：国家控股不等于国家的股本一定要达到51%以上，一般地说，国家拥有的股份额以达到有效实施控制为限；国家投资不等于某一个部门直接投资，搞独家垄断经营，而应变成多个部门的股权结合，形成竞争格局，以有利于制约和决策科学化。国家控股不等于都要搞政府直接经营，可以搞委托经营或其他形式的经营。

（3）对于竞争性行业中少数比较重要的企业，应当实行以公有资产控股为特点的股份制改造，这主要有两类：一是幼稚产业，如汽车、电子等行业，目前还不具备放开的条件，一旦放开，会受到国外市场的冲击；二是营利性企业，从长远来看国家不应与民争利，但目前还做不到，还要保护营利性企业，以集中更大的财力促进国民经济的发展，支付改革所需的巨大成本。

（4）对于竞争性行业中的一般性企业，原则上应采取多种形式放开，从公有制的角度说，可以通过各种规范的募集投资的形式改造成为

自由并股、交叉持股的股份制企业。在企业制度的选择上，应由市场来决定，搞成什么样就是什么样，不应有股本方面的限制。

（5）对那些长期亏损、挽救无望的企业，以及国家没有必要也没有精力管的企业，这其中主要是小企业，但也有一部分中型企业，甚至包括个别大企业，应通过各种形式进行改造。在改造过程中要注意两点：一是在健全的规则下，按照市场的方式来进行；二是管好用好拍卖后的资金。

通过以上五种办法进行改造，国有企业的组织形式和运行机制将发生改变，同时从资产分布结构看，国家资产就会从那些无关紧要的行业中部分或全部退出，集中到特殊行业、基础设施、公用事业等领域。这就为国有经济实施控制力提供了资产基础。这样做的结果不仅不会削弱公有制，还会坚持和完善公有制，因为我们抓住了关键领域的企业，控制了经济发展的命脉，集中财力把这些领域和行业搞好了，把这些部门的资产搞活了，公有经济的优越性和在国民经济运行中的主导作用就发挥出来了。这种位置与效率的统一，才是公有制得以巩固和发展的基础。光有位置没有效率，最后是坚持不住的。

其次，要强化国有经济资本运作的力度与技巧，鼓励国有资产参股到非国有制企业，多形式地搞活国有经济，提高国有经济的运行效率。要改革以前那种国家一投资就要独占或控股的做法，善于利用那些产业有优势、制度有活力、发展有潜力的非公有制企业，借"机"（制）生"蛋"。通过这些企业的发展来壮大国有经济。

与此同时，要积极鼓励非公有经济的发展。发展非公有经济不需要政府做多大投入，政府要做的主要是两件事，一是制定一套法规来约束它，让它规范地向前发展；二是收好税，把税收上来，用到最需要的地方去，这只能有利于社会主义的发展。当然在发展非公有经济的同时，要注意对非公有经济进行规范化管理，在制度上和管理上不断创新。

走向规范而有效率的市场经济^①

——对处于关键时期的中国经济体制改革的
若干重要问题的认识

（1998年11月）

　　旨在建立社会主义市场经济体制、推进经济现代化行程的中国经济体制改革，已经走过20年的历程。总体上看，20年来由点到面，由浅入深的改革，已经取得了这样的效果：市场机制已在商品交易、资源配置等经济领域起着广泛的调节作用，在其中的一些领域已处于基础性地位，市场经济新体制的雏形基本显现。这表明，改革已进入用新体制初步取代旧体制的最后"冲刺"阶段。这是一个关键时期，稍有不慎就会酿成不测，导致前功尽弃。因此，在这个关键时期，需要在一些直接制约"冲刺"行程的重要问题上进一步明晰认识，廓清思路，以实现操作上的科学、灵活、精细与到位，真正走向规范而有效率的市场经济。

一、公有制、社会主义本质与改革推进的依据

　　20年的改革明显地表现了这样一个事实：多元的所有制结构适宜于市场经济的发展。在20年的改革历程中，单一的公有制经济格局被打破，分布面宽广的国有经济的运行战线有所收缩，非国有制经济特别是非公有制经济发展很快，在日益进化的市场经济中体现出强劲的竞争力。显然，随着市场经济的发展，所有制结构还将继续沿着缩小国有经济的比

---

① 本文原载《管理世界》1998年第6期。

322

重从而一定程度地缩小原有意义上的公有制经济成分比重、扩大非国有制经济尤其是非公有制经济比重的方向改变。因此,加速改革不可避免地面对这样的问题:如何看待国有制经济进而公有制经济的这种变化?如何对待公有制?公有制在社会主义市场经济中处于什么样的地位?而对于现实的处于关键时期的改革来说,实际上是进一步解决这样一个问题:应当以什么为根据来选择改革措施?

显然,上述问题联系到这样一个根本问题,即社会主义的本质是什么?因此,搞清楚这些问题的前提,是搞清楚什么是社会主义本质。在相当长的时间里,甚至在今天,人们一直是把公有制看作社会主义最重要最根本的规定的。这种认识是有一定的思想渊源的。所有制问题,一直被马克思主义的创始人们放在极为重要的位置。马克思、恩格斯在《共产党宣言》中明确告诉人们:共产党人"特别强调所有制问题,把它作为运动的基本问题"[①],他们把作为资本主义社会的逻辑后继物的社会主义社会的所有制规定为与资本主义私有制相对立的公有制,指出共产党人的全部理论所在是"消灭私有制",建立社会主义公有制[②]。这样,公有制在社会主义社会的特殊地位就清楚地凸现出来,很自然地被当成了社会主义的本质。

那么公有制是否是社会主义的本质呢?要搞清这个问题,我们需要在更广阔的范围上认识社会主义,特别是搞清楚这样几个问题:社会主义应该是怎样的?我们为什么要坚持社会主义?人民要社会主义干什么?社会主义怎样才能坚持下去?事实上,回答这样的问题并不复杂,按照马克思、恩格斯所揭示的人类社会发展的一般逻辑,社会主义应该是资本主义的否定者或替代物,当曾经带来生产力巨大发展的资本主义生产关系无法带来生产力的更大发展反而成为这种发展的桎梏时,它就为社会主义生产关系所代替而成为历史的陈迹。因此,在最抽象最基本的意义上,社会主义至少应该具备比资本主义高一些的生产力水平并能促进生产力的更大发展。否则社会主义就没有存在的价值。我们所以要社会主义,是因为社会主义制度优越于资本主义制度,而"社会主义的

①《马克思恩格斯选集》第 1 卷,第 285 页。
②《马克思恩格斯选集》第 1 卷,第 265 页。

优越性归根到底要体现在它的生产力比资本主义发展得更快一些、更高一些"①。对于人民来说，什么样的社会制度能给他们带来幸福，他们就拥护什么样的社会制度。反之，他们就会不赞成甚至要推翻这种制度。他们拥护社会主义制度，也是因为他们希望或相信社会主义能够满足他们日益增长的物质和文化生活的需要。自然而然，不发展生产力，社会主义就坚持不住。"社会主义如果老是穷的，它就站不住"②，"搞社会主义，一定要使生产力发达，贫穷不是社会主义。我们坚持社会主义，要建设对资本主义具有优越性的社会主义，首先必须摆脱贫穷"③。特别要指出的是，现阶段社会主义不是产生于建立在高度发达的生产力基础上的资本主义行进的尽头，而是诞生在资本主义发展的薄弱环节，与甚至低于资本主义一般水平的生产力之基础相伴，因此，它在与资本主义相并存的同时一开始就把自己置于与资本主义相竞争的位置。它唯有以更高水平的生产力来体现对资本主义的优势，从而证明自己存在的价值和对资本主义的无可争议的替代地位。所有这些关于社会主义的认识都表明了这样一个内容：社会主义的第一原则或首要内容是发展生产力。所以，"社会主义的本质，是解放生产力，发展生产力，消灭剥削，消除两极分化，最终达到共同富裕"④。

因此，应当明确指出：公有制是社会主义制度的基本规定，实事求是地分析也能很清楚地看到，在科学社会主义创始人的思想中，公有制是作为社会主义制度的基本特点提出来的。但公有制不是社会主义的本质。事实上，把公有制作为本质，也不符合一般的逻辑原则：第一，所谓本质，应该是能反映内在的规定性或属于内核的东西，而不应是某种具体的规定。换言之，本质应该是这些具体的制度规定所能实现的东西。"公有制"是社会主义制度的具体规定，它并不像发展生产力和"共同富裕"那样具有内核的意义而处于最深层次。第二，对于社会主义来说，其本质具有不变性。"发展生产力"和"实现共同富裕"对于社会主义

---

① 《邓小平文选》第 3 卷，第 63 页。
② 《邓小平文选》第 2 卷，第 191 页。
③ 《邓小平文选》第 3 卷，第 225 页。
④ 《邓小平文选》第 3 卷，第 373 页。

就具有永恒的意义。一般地，在社会主义条件下，坚持公有制是不变的，但并不存在抽象的"公有制"，实际存在的是公有制适应不同阶段生产力和经济形态特性的各种具体形式。这就是说，公有制的存在形式是处于不断变化之中的。把"公有制"作本质，就可能固化公有制的某些具体形式，导致盲目坚持已不适应生产力发展要求的公有制形式，为坚持"公有制"（实质是公有制的某种具体形式）而牺牲生产力的发展。并且，"公有制"的实施范围也会因经济结构的变动、竞争的发展等原因而处于变化之中，不会固定在一个绝对比重上。

那么，公有制在社会主义条件下究竟处于什么样的地位，为什么科学社会主义的创始人那样重视公有制？从最根本的层面看，如前所述，公有制是社会主义的基础，是社会主义不同于资本主义的一个根本点。但是，科学社会主义的创始人提出社会主义要实行公有制而不是私有制，绝不是建筑在执意要同资本主义唱对台戏的基础上，而是建筑在对生产力与资本主义生产关系矛盾运动过程的分析和对资本主义实践发展趋向揭示的基础之上的：资本主义私有制已无法容纳生产力进一步发展的要求反而成为其发展的桎梏，生产力在抵抗私有制的障碍中顽强发展，造成了私有制由旧的形式向新的形式转变，而这种转变逐渐体现出"公有"的色彩（从形式到内容）。从根本上说，公有制的出现是生产力社会性增长的必然结果。因此，马克思主义者不是、不会、也不应该因为公有制与私有制的相对立、有区别才坚持公有制，即不是、不会、也不应该为公有制而坚持公有制。固然公有制是社会主义制度的基本规定，但是，坚持和发展公有制的最深层的原因，是因为或者说人们坚信公有制比资本主义私有制能给社会主义带来超过资本主义的发达的生产力并最终实现全社会的共同富裕。这样我们就能较为准确地认识公有制在社会主义社会的地位：我们必须坚持公有制，这不仅是因为它是社会主义的基本规定，更是因为它有利于促进生产力的发展，实现社会主义的优越性。但我们必须把对公有制的坚持建立在生产力的标准之上：根据生产力的现实水平和发展状况来选择、调整公有制经济的比重和实现形式，根据生产力的发展状况来衡量公有制存在形式的是非得失。只有这样，才真正抓住了社会主义的本质，才不会僵化地对待公有制，也才能在公有制存在形式、比重发生的变化时保持平静的心态而不致引起意识上的恐惧、困惑和担心。由此，需要顺带加以强调的是，必须正确对待科学社会主义创始人的公有制思想。下述两种情形是十分有害的：其一，只强调他们的公有制思想，而不论其公有制思想的历史前提；只强调应当实现某种形式的公有制，而不论这种公有制形式得以实现的生产力基础；其二，僵化理解他们的公有制思想，把公有制同某种形式的公有制等同起来，而忽视生产力发展水平决定公有制的形式、程度的思想，不论公有制的类型、具体存在形式及存在范围在生产力发展状况制约下的变动性。

既然社会主义的本质的首要内容是发展生产力，既然科学的对公有制的坚持应当是把公有制的标准置于生产力的标准之上，把公有经济具体实现与运动形式纳入生产力发展要求的制约之下，那么对于现实的处于关键时期的改革来说，选择改革措施的最根本的依据只能是生产力发展之标准。一切有利于长远的生产力发展的改革措施，只要社会经济条件允许，都应该积极推出。决不能再以是否"公"（其实这种"公"是形式和内容都僵化的"公"）画线。在这方面，"宁要社会主义的草，不要资本主义的苗"而把中国与世界的距离越拉越大，造成样样"短缺"、处处"排队"，国民经济处于崩溃边缘的历史教训，我们应该深深地记取。

顺便要提及的是，由于今天的社会主义缺乏马克思和恩格斯所设想的作为资本主义替代物的那种社会主义所拥有的高度发达的生产力水平之前提，因而，作为社会主义一个基本特征的公有制至少会具有这样的一些特点：其一，它不会是唯一的所有制；其二，它的实现形式是多种多样的，而那种与发达生产力相联系的形式不会占据主体；其三，其实现形式是处于不断变动之中的，这包括：一种新的形式取代旧的形式；不同公有制形式间的相互转换；公有制形式与私有制形式间的相互转换。把握这些特点，有利于我们牢牢扣住生产力标准来推进改革，也有利于把改革置于科学坚持公有制的环境下使其顺利地向前推进。

二、新经济体制建设的基点与深化改革大思路的定位原则

我们究竟要建设什么样的新体制？笼统地说要建立社会主义市场经济体制是很不够的。笔者曾经对市场经济新体制的规定性提出过这样的认识：作为市场经济一般，中国的市场经济必须具备这样四个特征：经济关系市场化、企业行为自主化、宏观控制间接化、经营管理法制化；作为市场经济特殊，中国社会主义市场经济应当体现这样三个结合：公有制与市场经济的结合、中国特殊国情与市场经济一般规则的结合、市场经济原则与中国优良人文精神的结合。从目标上看，社会主义市场经济应该是一种在国家科学的宏观调控下市场机制对社会资源的配置起基础性作用，推动生产力水平不断提高，最终实现全社会成员的共同富裕与自由、全面发展的市场经济。这些年的实践表明，我国新体制建设大体是沿着这个方向前进的。但也存在着一些偏差。这些偏差的形成有诸如改革经验不足、既得利益作祟、操作方式不科学等方面的原因，但也同我们对社会主义市场经济体制的特征认识不清晰、不具体，把握不准确、不一致有直接联系。总的说，我们对新体制建设的基点把握得还不够准、不够一贯。而"基点"的把握涉及改革思路与操作方式的定位。在改革处于"造型塑体"的关键时期，为避免走形变样，需要进一步明确新体制建设的基点。从这些年我国改革的实践看，要减少乃至避免走形变样，需要把新体制建设重点扣在体现市场经济一般特征与基本要求上。基于计划经济与市场经济两种体制的对比分析和资本主义发达国家市场经济发展的经验教训的总结，着眼于一般来把握我国市场经济新体制建设的基点，主要应在以下几个问题上作出科学的思考与合理的选择。

其一，主要依靠外部力量和政府行为来推动经济发展，还是主要依靠生产经营活动的直接操作者的自觉行动来实现经济发展？这一问题背后涉及的实际是这样的问题：经济发展的动力主要来自何处，经济活动的主体究竟是谁？很明显，主要依靠外部力量或政府行为来推动经济运行是计划经济的思路与计划经济体制的特色。在计划经济条件下，政府行为代替一切，生产经营活动的直接操作者成了政府的附属物，事无巨细都听命于行政部门，修建一个厕所都要打报告，政府主要靠压力来

推进经济活动。这种做法实际上是以经济活动的主体是政府、经济发展的动力来源于企业外部这样的认识为基础或前提的。多年来计划经济实践的低效率、低活力告诉我们，这种认识是错误的。经济活动的主体应当是直接从事生产经营的企业，经济发展从根本上说依靠企业自身的自觉的、创造性的行动。发达市场经济国家的实践告诉我们，使企业真正成为经济活动的主体，依靠企业的自觉行动来实现经济发展，正是市场经济的思路与市场经济体制的特色。这本该是很清楚的事，但是从我们今天的实践看，政府对企业的管、卡、压仍然以不同形式严重存在，政府越俎代庖包办企业事务的情形并不鲜见：给不给企业权力、给多少权力、怎么给权力的决定权在政府部门手中，企业制度改不改、改什么、改多少、怎么改的决定权也在政府部门手中；政府部门仍在管企业领导者的配备，仍在帮助和要求企业抓内部管理……显然，究竟谁是经济活动的主体，是主要依靠政府的外力作用还是依靠企业的内力作用推动经济发展的问题还并没有真正解决。要搞真正的市场经济，必须确立应立足于启发企业内在力量来推动经济发展的意识。

其二，人们的行为特别是领导者、管理者的行为是向某个个人负责、向上级领导负责、向自己的"乌纱帽"负责还是向企业、市场、消费者和广大人民群众负责？与长官意志、命令经济与指令性计划配置资源相适应的必然是前一种情况。而在市场经济条件下，市场是天平，消费者和广大人民群众是判官，这就逼迫行为者唯市场需求是瞻，以消费者和广大人民群众的偏好为准。要搞真正的市场经济，必须确立向企业、市场、消费者和广大人民群众负责的认识基点。

其三，人们经济行为的规范与协调是通过"人治"实现还是依靠"法治"实现？计划经济下资源配置的特点必然要求"人治"，也必然是"人治"。而市场经济必然是"法治"。它排斥任何非经济的强制，要求经济活动的运行、监督与评价建立在相关的法律法规约束的基础上。要搞真正的市场经济，必须确立依靠法制来规范、协调人们的经济行为的意识。

这就是说，生产经营者的自我发展和自我约束的冲动，以市场要求与人民愿望为标尺和建立在科学完备的法律制度基础上的"法治"是市场经济的基本特征。因而，提供保障它们实现的条件就成为新体制建设的基点。既然如此，改革的思路及相关的操作必须紧扣于此来定位。只有依此来定位，新体制建设才能从根本上消除旧体制中的关键弊病而避免走形变样，中国的社会主义市场经济才能真正实现并成为有效率的市场经济。而按照上述基点来定位改革思路与行为，就是：一切有利于实现上述要求的思路都是正确的；一切改革措施的推出都应有利于建立保障上述要求的体制与机制。最重要的是这样几点：第一，调整与完善所有制结构，合理收缩国有经济的运作战线，使国有投资从那些竞争性较强的领域部分或全部退出来。将那些国家没有必要管、没有精力管的企业合法公开地让渡给非国有者或非公有者，把国家的财力、精力集中到经营好那些关系国民经济命脉的重要行业和关键领域。同时按照"扩展、规范并重"的要求，加快发展非国有经济。确立从根本上排除国家直接干预，激发直接生产经营者能动性，服务市场与大众，实行法治的所有制结构；第二，扎实推进制度创新，走出"放权让利"的思路，按照市场经济要求，以公司制为基本组织架构，建立多种形式的有着为企业资产保值增值责任主体和旺盛的内在经营冲动的规范的企业制度。建设规范的企业制度是最终实现政府和企业角色合理"复原"的基础。如同现行企业制度下政府的过宽、过细、过直接插手甚至取代企业事务具有必然性和必要性（政府不管就无人管；政府如不管，企业垮得就更快）和企业不负责任，处处依赖政府具有必然性一样，规范的制度创新，将使企业创造性经营活动和政府的理智调控与服务成为必然。第三，在对国有经济实施战略性改造和对国有企业进行制度创新的基础上，按照市场经济的要求，理顺政府管理经济的职能与途径，相应精简政府机构。第四，站在向历史、向人民负责的高度，适应新经济体制的要求，推进以干部制度为核心的政治体制改革。第五，进一步强化相关法制建设。严格遵循市场经济要求，科学定法，合理立法，严格执法，以法行事。要注重把立法和改革有机结合起来，及时把正确的改革举措用法律形式肯定下来，最大限度地为推进改革措施与巩固改革成果创立良好的法制条件。防止任何人、任何单位凌驾于法律之上，导致改革走形变样。

三、改革的风险估价、风险控制与改革内容的选择，
改革力度、方式的把握

　　市场经济新体制建设愈是向前推进，风险也愈大。改革进入新体制行将取代旧体制的"决战"时期，面临的风险也将达到最高程度：在过去20年的时间里，易改的、好改的方面——相对说独立性较强，涉及的关系不太复杂，触及利益层次不深的改革项目都差不多得到了改革；留下的绝大部分无论从哪一方面说都是难啃的"硬骨头"——制约着新体制最终形成的关键领域与关键环节。而这些"硬骨头"弃不掉，也绕不开，所以，改革到了真正的"攻坚碰硬"的阶段；改革进入了新体制各构成要素（部件）的"整合"期，因而体现的风险是整体风险；从改革的支撑条件看，在新旧体制最终转换的这一关键时期，由新体制支点已有雏形、人们的改革心理素质大大提高、改革技巧趋于娴熟、改革经验进一步丰富等一系列因素组合成的改革的支撑力、承受力显著提高，但辩证地看，这一时期亦可能是改革支撑力、承受力最脆弱的时期。"攻坚碰硬"作为全面理顺经济关系、体制关系的力度很大的改革行动，在"成功"之前面临的阻力无论在广度上还是深度上都将是空前的；由于客观上的体制渐进性过渡所产生的"摩擦""漏洞"与由于主观上的既得利益维护、思想禁锢、方式失当等所造成的改革内容上的偏差和时间上的延续，使改革成本达到（或积累到）最大化，然而全面的"攻坚"所需要的包括改革内容推出本身和相关的支持、保障条件的建立所形成的直接与间接"开支"又将臻于顶峰，这就使改革处于成本支付的耐力的极限；由现有利益格局的调整所导致的"失落感"，改革"成功"后所带来的利益给予的不清晰、"不现实"性也会使相当一部分特别是广大劳动者心理上的不适达到顶点；等等。因此，应当给予处于关键时期的改革之风险以特别的重视。

　　改革过程的风险的表现是多种多样的，然而在笔者看来，最大的风险来自于由于各种原因导致改革措施的走形变样。名义上搞市场经济，实际上搞的是计划经济表现的权力与市场经济表现的金钱联姻的东西，最后就必然付出巨大的社会代价。如此断言，不仅仅是因为，走形变样

会带来或在一定程度上包容其他风险，甚至可以说是其他风险的根源，而且还因为，一旦走形变样，要矫正它极其不易，而且事实上还堵塞了重整步履，从头再来的通途。因为在走形变样的情况下，一些人尤其是那些市场经济改革的否定者易于或会刻意把改革不到位的失误即走形变样的失误归咎为市场经济改革之不可行。

着眼于具体的改革操作过程，改革内容的选择不准，改革力度把握不好，改革措施出台时机不适当，改革方式不科学都会招致局部的或全局的风险从而不同程度地付出社会代价。在这方面，国有企业改革的实践提供了鲜明的例证：如果我们的改革重点比较早地放到"结构调整"（适当收缩国有经济的运作战线，分类改革国有企业）与"制度创新"（按照市场经济的要求与国际通则对那些必须实行国家独资和国家控股的国有企业建立规范的企业制度）上并扎扎实实地推进，就不会出现"旧病未治"（相当比重的国有企业的活力与效率没有明显提高）"新疾又生"（国有资产大量流失，好的企业被搞亏，亏的企业被搞垮，亏损面不断扩大）的结果。因此，控制和削弱改革风险与深化改革具有同等的重要性。控制的重点是矫正已有的走形变样和防止新的走形变样。而着眼于改革操作过程而言，有效地防止改革的走形变样取决于在改不改、改什么、改多少、何时改、怎样改等方面的科学铺排。这意味着，科学地推进改革与有效地遏制改革风险不仅同等重要，而且处于同一过程，是同一件事。

对于已进入"冲刺"阶段的改革来说，改不改、何时改，已无须讨论，要保持在低风险、低成本的基础上实现体制的转换，关键在于改革的内容的选择，改革力度、方式的把握上作出科学的铺排。

关于改革内容，如前所述，我国的改革已进入用新体制取代旧体制、初步建立社会主义市场经济体制框架的最后"冲刺"阶段。因此，这一阶段的改革，要更加紧密地扣住建立新体制的基本框架展开：服从建立新体制框架的要求综合考虑各个领域改革措施的设计与整体协调实施；着力于形成有利于新体制框架建立和协调的经济条件与法律条件；最重要的是，根据建立新体制框架的需要有重点地改革薄弱环节。抓住这些关键环节实现突破，新体制就能最终确立起来。除上面提及的所有制结构调整、国有企业改革、精简政府机构、推进干部制度建设、法制建设等外，需要强化的关键性改革还包括：以发展、完善资本市场为重点，推进要素市场的深度发育与规范化建设；着眼于活跃经营、提高效率、强化责任、减少风险，进一步深化金融体制与投资体制改革；扣住理顺管理和运营体制两个重要环节，抓紧建立多方出资、满足多层次需要的社会保障与人民生活支持体制；等等。

关于改革力度。改革的力度决定着改革的速度因而决定着新旧体制替代的进程。"冲刺"阶段的特性使这一阶段改革力度的显著增强具有必然性，但这一阶段的高风险又使人们在改革力度的把握上必须慎之又慎。借鉴历史的经验，在改革力度的把握上应考虑这样一些方面：第一，必须尽力保持较强的改革力度。延滞时间越长，付出的成本越大，风险发生的可能性越大，风险本身也越大。当断要断，贻误战机，不仅会付出沉重的社会代价，而且会使即将到手的胜利失之交臂。第二，保持强劲的改革力度又不招致风险的关键在于改革方式的科学正确。因而，改革力度的强弱在很大程度上取决于改革方式的科学化程度。第三，保持强劲的改革力度不等于没有用力的重点和不分场合与时间的平均用力。要根据社会经济环境和条件的变化，灵活调整改革措施的实施力度。

关于改革方式。正确的改革思路能否扎扎实实地贯彻实施，取决于有否科学的改革方式。改革措施不协调、不配套、操作方式不科学，必然使改革步子不到位，改革"成品"变形，并且使改革过程中的成本大幅度增加。20年的改革实践证明，寻求科学的改革方式与形成正确的改革思路同等重要。对于处于"冲刺"阶段的改革来说，科学的改革方式的把握至关重要。除了应创造性地运用以往行之有效的改革操作经验外，在改革方式的把握上应特别重视如下几点：（1）进一步调整和改善必不可少的行政调节；努力减少行政调节的范围，改善必要的行政调节的实施形式。改革20年，原有的经济运行环境与制约条件已从根本上被打破，过宽、过细、过僵硬、过直接的行政调节已缺乏基础。因而其实施再不会奏效，甚至会违逆市场经济发展的要求，带来较大的负效应。但长期计划经济实践造成的"惯性""攻坚碰硬"改革要求及其所需要的当机立断，很容易使人自觉不自觉地大范围强力度地运用行政调节。因而应引起特别的重视。应正确定位行政调节,尽可能缩小直接的行政调节的范围。最大限度地发挥市场机制的调节作用。对于必不可少的行政调节,一是应顺应市场自然进化机制的作用方向,使之成为有效的"催化剂";二是应尽量采取科学的形式,例如升华为法律法规的形式推出;三是经过合理的程序,例如政府部门对国有企业的干预应尽可能地采取以出资人身份通过董事会行使职责的程序来干预。(2)强化改革所必需的保障与支持条件的建设。对计划经济体制的最后冲击阶段,也是对人们所"享受"的计划经济型的优惠待遇和利益全面剥夺的阶段,由于处于"冲刺"阶段,这种剥夺所涉及的人群范围将达到最大化,给人们带来心理上和利益上冲击的力度也将达到最大化,在操作上稍有不慎,就会导致严重的社会问题。因此,这一阶段改革的保障与支持条件的建设比任何时候都重要。这既包括养老、失业保障制度,下岗人员基本生活保障制度和城市居民最低生活保障制度构成的经济保障条件的建设,如培训中心、临时安置中心、解困中心等疏导应急组织与服务系统的建设,也包括舆论导引环境的建设。(3)强化"顺水推舟"式的改革。一是顺应在实践中已经体现出来、在总体上符合市场经济规定的体制进化要求推进改革,即把混乱无序但带有必然性的自发性进化变成规范有序的自觉性改革;二是尽可能照顾无碍大局的某些合理的既得利益,旁敲侧击,因势利导地推出一些实质性的调整利益关系的改革措施;三是创造条件,尽可能"先挖渠、后放水"。

四、思想解放与改革阻滞因素的化解

与西方资本主义国家明显不同,由于客观环境的限制,中国的市场经济不能按照历史发展的逻辑顺序自然成长,而只能在一个本质上与之对立的计划经济的基础上通过改革这一基础来实现。因此,与计划经济体制相应的思想观念、利益格局、运作方式等都成为市场经济新体制建设的阻滞因素。从一定意义上说,20年的改革过程,实际上是克服困难、解决问题、排除和化解阻滞因素的过程。改革进入最后的"冲刺"阶段,旧体制及其相关因素对于改革的阻滞也达到最大程度。因而,打好改革的攻坚仗，加速新体制建设，很重要的一个方面是有针对性地克服与化解这些阻滞因素。

有效克服与化解各类阻滞因素的关键是进一步解放思想，形成真正同市场经济相对接的观念。这不仅因为，思想认识问题是诸多不利因素中最大的阻碍因素，而且因为，其他阻滞因素的形成都有思想上的根源。思想是行动的先导，思想解放天地宽。正确的改革思路，富有力度与深度的改革措施，多样化的改革途径，科学的改革方式都是在思想解放的基础上形成的。从目前的情形看，对于相当一部分人来说，思想解放还处于较为肤浅的层面，具有很强的被动性。结果是：在一般问题上明白了，在重要问题上则又糊涂了；已有的问题在实践推动和政策引导下明白了，面临新出现的问题时在认识上又糊涂了；嘴上能说出解放思想A、B、C一大套，一落实到具体实际问题的处理上又糊涂了：或者手忙脚乱、不知所措，或者不自觉地拾起了老一套办法。如此现状，是无法适应当前改革形势需要的。因此，要把进一步解放思想放在特别重要的位置。而进一步解放思想的关键是，牢牢树立并从根本上巩固关于经济体制改革的正确的思想基础和科学的认识观。最重要的是这样几点：以社会主义初级阶段学说立改革之论、行改革之事；以"三个有利于"标准来判断改革措施的成败得失；用发展论的观点看待改革推进中存在的问题与不足；用系统论的观点来扩展深化改革的思路与操作方式。

站在向历史、向人民、向社会负责的高度，基于社会主义初级阶段学说和生产力标准、发展论与系统论，我们应该在已有的思想理论成果的基础上进一步明确这样一些重要观点：

（1）公有制、私有制及之间的关系是发展的而非固化的。其一，无论是公有制还是私有制，其内涵及表现形式都在适应生产力发展发生着变化。其二，公有制和私有制没有天生的好坏之分。它们的好坏只是由生产力发展水平的当时要求所决定的。其三，公有制和私有制并非是截然对立的：在一定的生产力水平下，它们各自能以适当的形式并存；作为适应生产力发展的生产关系形式，它们有一些受生产力制约的超越各自所有制特性的共同属性；它们不是绝对不可以结合的，通过一定的财产组织形式和激励约束制度，公有制之总体可以体现某种程度的私人利益，而私有制之总体也可以出现某种程度的公有成分；它们不是绝对不可转换的，一定条件下，同为一定时期生产力水平所要求的公有制的某种形式与私有制的某种形式可以相互转换。其四，基于生产力发展要求来说，所有制没有高级低级之分，只有适应与不适应之分。

（2）非公有制经济可以起到同公有制一样的作用，非公有制经济的发展不会扼杀公有制经济。只认为国有经济是国民经济增长的主体、财政收入的主要源泉、社会事业与社会义务的基本支撑是不准确的。事实上，非公有制经济运行机制灵活，经济成本的自我约束力和经济发展的内在膨胀力较强，同国有经济和其他公有制经济一样，能够起到推动经济增长、增长财政实力、支撑社会事业发展的作用。各种所有制因其属性与存在形式不同而各具特点，其共性方面使它们可以相处并竞争于同样的领域，而其个性方面使它们各有适宜于自身具有相对排他性的活动领域。一般地说，以追求利润为第一目标的私有企业的主要活动在经济效益比较直接和利润比较丰厚的竞争性行业或领域，而国家投资的重点一般在无利或无大利可图的公益事业、公共服务与基础设施领域。对于某些公益事业，即使鼓励私人经济进入，它们也不愿进入。因而，鼓励非公有制经济的发展并不意味着公有经济的灭亡。

（3）"无为而治"是科学而有效率的政府管理的最高体现，实现"无为而治"应是政府管理体制适应日益深化的市场经济关系不断改革的最终目标。如前所述，构造保障和激发微观经济主体自我发展，自觉开拓的体制、机制是保持经济运行的高活力的基础与前提，而这种体制、机制的构造要求把过多、过死的政府直接行政管理降到最低点；而市场关系越深化，以理顺体制关系为基础的自律制度与以经济法律规章为基础的他律制度越完善，体现为外部压力的政府直接管理也就越显得多余；随着市场经济的发展和建设市场经济体制的改革的深入，政府管理范围将日益缩小，形式将更加科学。因此，建立在弥补市场机制调节不足基础上的"无为而治"，既是市场经济发展的要求，也是市场经济规范化、成熟度提高的表现。因此，尽管从我国目前的实际出发，国家对经济活动的干预比之一般市场经济国家将更具自觉性、主动性，力度也更大，但最终会而且必须走向只对经济活动保持最必要程度干预的"无为而治"。因此，应当把实现"无为而治"作为政府管理体制改革的最终目标；但"无为而治"说到底不取决于主观选择而取决于客观条件，因此，应当通过相关体制的改革与制度、法律建设，努力创造最终可以实现"无为而治"的社会、经济、法律条件。

（4）社会主义市场经济下，按资分配与按劳分配占有同等重要的地位。制度创新带来的国有企业公司制改造以及结构调整推动的资本运作，必然使资本分红或运用资本获利成为收益分配的重要方式。随着个人积累的不断增长与投资方式的多样化，各式各样的个人投资行为日益成为社会主义市场经济的重要内容。这也使属于个人的资本等生产要素参与收益分配日益普遍化。

解放思想，还包括思维方式的转变。事实上，思维方式转变是思想转变的基础与根本。而在思维方式上最重要的是实现这样三个方面的转变：第一，从依前人的思想观点立论转向依丰富多彩、日新月异的实际社会经济活动立论；第二，从唯生产关系立论转向以生产力标准立论；第三，从立足于斗争立论转向立足于建设立论。

需要强调的是，思想解放、观念更新的主体应该是政府部门，是各级领导者。在今天体制关系尚未理顺，改革的主动权即改不改、改什么、改多少、何时改、怎样改差不多仍然完全掌握在政府部门及其领导人手中的状况下更是如此。所以，要下级部门解放思想，上级部门先要解放思想；要群众解放思想，领导必须先解放思想。

要实现思想上的真正解放和观念上的不断更新，必须把握这样两个关键方面：一是要加强学习，学习马克思主义正确的认识观与科学的方法论，学习市场经济的基本知识，学习国外的反映社会化大生产规律的先进管理经验与运作技巧。广博的知识是先进的思想和务实大胆的操作的底蕴。二是要排除私利。心底无私天地宽。为私人利益、本位利益或眼前利益所围，必然导致抱残守缺，甚至藏污纳垢，千方百计阻碍新的改革思想与改革举措的执行。反之，站在增进社会利益，向历史、向人民负责的高度，必然是走在改革队伍的前列，大胆开拓，自觉创新。

关键时期中国改革的重点、难点与基点[①]

（1999年4月）

由浅入深的中国建立社会主义市场经济的改革已经走过了20年的历程。总结改革在各经济领域的进展，我们能对当前经济体制的格局作这样的判断：市场机制已在商品交易、资源配置等经济领域起着广泛的调节作用，在其中的一些领域已处于基础性地位，市场经济新体制的轮廓基本显现。由此可以进一步作出判断：中国经济体制改革已进入用新体制初步取代旧体制最后"冲刺"的关键时期。要打好关键时期改革的攻坚战，必须对当前改革的重点、难点以及改革所立足的基点保持清醒的、科学的认识。

改革重点：制约新体制框架最终确立的薄弱环节

对处于"关键时期"的中国改革来说，其"关键"性包含有这样一个重要内容：紧走几步，社会主义市场经济体制的框架就可以最终建立起来，否则，就可能前功尽弃，功亏一篑。既然如此，处于关键时期的改革，就必须更加紧密地抓住建立新体制的基本框架展开。其中，最重要的，是根据建立新体制框架的需要有重点地改革薄弱环节。从现实看，应大力推进如下几方面的改革：

第一，抓住"收缩、集中"与"发展、规范"两个方面，进一步推进生产资料所有制结构的调整。一方面，合理收缩国有经济的运作战线，继续从战略上调整国有经济布局。使国有投资逐渐从那些不重要的领域

---

①本文原载《理论视野》1999年第2期。

部分或全部退出来,把财力和精力集中到经营好那些关系到国民经济命脉的重要行业和关键领域。目前改革所要把握的一个重要方面是:加大国有企业存量资产的调整,特别是要利用证券市场,通过国有股权上市,搞活国有资本,调整国有经济布局。另一方面,继续采取有效措施,鼓励与规范非国有经济特别是非公有制经济的发展。目前特别要抓好这样两点:一是拓展非公有制经济特别是个体私营经济投资的领域与形式;二是引导和推动非公有制企业在体制、机制上实现符合现代市场经济要求的转换。

第二,按照市场经济的要求,以公司制为基本组织框架,建立多种形式的有着为企业资产保值增值责任主体和旺盛的内在经营冲动的规范的国有企业制度。为此,对现存国有企业制度的改革,应当着眼于实现两个方面的创新:一是财产组织形式的创新,形成国家控股、产权多元、以资产或利益纽带连接各责任主体的财产组织形式;二是权、责、利机制创新,有效利用经济、法律、道德手段,把有效激励与严格约束结合起来,真正建立起权、责、利对称机制。

第三,在对国有经济实施战略性改造和对国有企业进行制度创新的基础上,继续按照市场经济的要求,理顺政府管理经济的职能与途径,相应精简政府机构。政府机构改革、职能转变的根基,在于改革国有经济的财产组织形式,合理收缩国有经济的运作战线。因此,要把推进政府机构改革、职能转变同所有制结构的调整、国有经济的改造有机结合起来。

第四,以发展、完善资本市场为重点,推进要素市场的深度发育与规范化建设。这方面的当务之急有二:一是强化国有资本的市场流动性;二是扩展社会直接融资的范围、手段与渠道。

第五,着眼于活跃经营、提高效率、强化责任、减少风险,进一步深化金融体制与投资体制改革。在强化监管的同时,进一步推进金融资源市场配置的程度与投资范围、投资方式的市场化,应是金融体制与投资体制改革深化的重要内容。

第六,进一步抓住理顺管理和运营体制两个重要环节,抓紧建立多方出资、满足多层次需要的社会保障与人民生活支持体制。为有利于改革的快速推进，目前应把重点放在水平低一点但覆盖范围广、具有很强的安抚功能的应急保障与支持体制的建设上。

第七，站在向历史、向人民负责的高度，适应新经济体制的要求，推进以干部制度为核心的政治体制改革。目前，经济体制改革很多方面难以深化，改不到位，改不出效果，很大程度上是由于政治体制方面的某些环节的牵制。对政治体制改革来说，干部制度的改革是重点，而首要的是真正按照市场经济的要求，理顺国有企业的内部治理结构。

第八，进一步强化相关法制建设，严格遵循市场经济的要求，科学定法、合理立法、严格执法、依法行事。

抓住上述八个关键环节实现突破，新体制就能最终确立起来。

改革难点：思想、心理、财力、社会环境四不适应

改革进入最后"冲刺"的关键时期，相应的难度也进一步增大。从目前看，力度增大的改革面临着一系列矛盾，这些矛盾不仅加剧了改革的风险，而且使改革举步维艰。概括地说，与攻坚碰硬的改革任务相比照，目前主要存在这样四方面的不适应：

一是思想水平与知识素质不适应。从目前的情形看，对于一部分人来说，思想解放还处于较为肤浅的层面，具有很强的被动性。结果是，在一般问题上明白了，在重要问题上又糊涂了；已有的问题在实践推动和政策引导下明白了，面临新出现的问题时在认识上又糊涂了；嘴上能说出解放思想A、B、C一大套，一落实到具体实际问题的处理上又糊涂了。陈旧的思想氛围仍没有彻底消除。虽然确立了"三个有利于"的标准，但对每一种具体的改革措施和人民群众丰富的实践活动总习惯来个问"社"问"资"、论公论私，致使一些真正有利于体制转变的方针政策落不到实处。经济生活中一遇到矛盾与问题，习惯于甚至热衷于用计划经济的一套办法去处理。另一个较大的问题是，目前人们的知识素质离市场经济的要求还有很大的差距。随着中国市场经济的深入发展与中国经济融入世界经济活动的程度的不断提高，我们不仅需要面对并解析一些见所未见、闻所未闻的新矛盾、新问题、新现象，而且必然要承受

它们对中国经济的影响并作出科学对策。现有的知识结构难以适应这种要求，从而大大影响我们行为的灵敏性、准确性和科学性，不仅难以超前谋划构筑抵御外部风险的条件和在风险到来时应付自如，而且有可能错过大力发展市场经济的机会，延缓改革进程。同时，这种知识结构又易于强化市场经济条件下的计划经济方式运作。

二是人们的心理承受能力不适应。最明显的，体现在这样两个方面：其一，改革力度加大，意味着利益调整力度加大。对于原有运行规则包括思维习惯及利益刚性原则（可增不可降，可给不可拿）来说，这种利益调整在很大程度上体现为（至少人们这样以为）利益剥夺。比如，由"保证人人就业"到"下岗分流"，从发"奖金"到拿"救济金"等等。为维护既有利益，相应地会产生积极与消极的抵制；有些人不仅想尽力维护已有的利益，并且企图在所增利益中多捞一块特殊利益，而这也只能在直接或间接对改革措施的抗阻中实现。其二，由于体制转换导致的利益支配格局的调整和利益给予方式的变化，不仅给人们的现实心理承受能力产生影响，而且也影响到人们的未来心理预期。劳动就业由国家统一安排到适应市场的要求双向选择，住房体制由分配制、福利制到商品化、货币化，社会基本保障支出由国家完全包揽到个人交付部分费用，非基础性教育的个人付费的实行等等，所有这些改革造成的变化都给人们以未来困难将日益增大的心理预期。这种预期在强化人们储蓄动机、筹资欲望等的同时，也可能异化一部分人的行为，从而对已有的改革成果造成伤害，对改革的顺利推进产生阻挠，至少难以同大力度推进的改革保持心理上的默契。

三是既有的财力与物力不适应。如同做其他事情一样，体制改革也要付出相关的代价，其中包括必要的经济代价。改革进入用新体制最终取代旧体制的关键时期，使其所负载的成本也将达到最大化。这不仅是因为，客观上体制过渡所产生的"摩擦""漏洞"，与主观上既得利益维护、思想禁锢、方式失当等所造成的改革内容上的偏差和时机上的延误，会直接增加成本——"攻坚碰硬"使新旧体制的碰撞达到极致从而也大大增加了"碰撞"成本（近年来揭露出来的许多国有工商企业、国有金融机构亏空破产，国有资产大量流失的事实，就是明证），而且也因为，为了保持全面"攻坚"改革的顺利进行，我们需要拿出巨额的资金来建立相关的支持、保障条件与系统。国有企业"减员增效"，机关部门"裁员分流"，党、政、军、警、法部门与企业脱钩，剥离企业承担的社会职能等等，没有哪一种改革举措不需要付出相应的经济成本。有人估计，要使国有企业状况得到改观，少说也得拿出5万个亿。考虑到实现国民经济的持续、稳定、协调的发展也需要巨额资金（尤其是有些部门的财政投入增长是法定的），既有的财力、物力供给与现实需要间还有不小的距离。

四是相关的社会条件不适应。"攻坚碰硬"的改革受到一系列社会条件的制约。主要有三个方面的制约：其一，现有政治体制某些环节的制约。例如，如何形成公司制所要求的规范的企业内部的管理结构或法人治理结构，受到现有干部管理体制的制约。其二，不完善的法制系统的制约。新经济体制框架的确立，从根本上说是新的经济关系法律化的过程。相关的法制建设，是保证重要的改革措施得以实施并避免走形变样的重要手段。目前这方面对于改革的制约，除了表现为相关法律法规制定滞后，难以成为大力度推进改革的法律保障外，关键问题是有法不依、执法不严、司法不公。其三，不健全、不科学的政府行政管理体制的制约。几经改革政府行政管理体制已有所改善，但从目前看，行政管理中机构设置不合理、管理方式不当、运作效率不高的状况仍然存在。对于行进中的改革来说，改不改、改什么、改多少、何时改、怎样改的主动权大都掌握在政府部门手中。所以，不健全、不科学的政府行政管理体制对改革的制约是显而易见的。

对处于关键时期的改革带来负面影响的还有其他一些因素，如目前的国际环境。由于我国经济的相对不发达性和体制的不成熟性，如果处置不当，市场经济的发展从而经济关系的进一步国际化，不仅会使已有的经济财富在强有力的国际竞争面前流失，而且会因体制的脆弱极易受国际环境影响而引发社会经济危机。目前国际经济环境十分严峻，由亚洲开始的金融危机在深度和广度上进一步发展，世界金融市场和经济运行中存在很多不确定、不稳定的因素，这不仅有碍中国经济的发展，也不利于中国改革的大力推进。上述种种因素，不单会延误改革的进程，而且会导致市场经济体制在建设过程中走形变样。改革的最大危险，正是市场经济体制建设的走形变样。

改革基点：企业自主、人民至上、法治为本三位一体

为了防止市场经济新体制建设的走形变样，有针对性地采取措施化解与克服上述不利因素是必要的。但无论是对于这些不利因素的化解而言，还是对改革本身而言，最重要的前提还是科学把握新经济体制建设的基点，在"塑形造体"的时期，尤其要注重基点的科学把握。从我们20年来的改革实践看，要减少乃至避免走形变样，需要把新经济体制建设的着眼点扣在体现市场经济一般特征与基本要求上。基于传统的计划经济体制弊端的分析和资本主义发达国家市场经济发展的经验教训，把握我国市场经济新体制建设的基点，最重要的是这样三个方面：

其一，直接生产经营者自我发展、自我约束的内在冲动是整个经济发展的原动力和主动力。经济发展的真正主体是企业，社会财富创造的真正主体也是企业。计划经济与市场经济两种体制运转的实践告诉我们：作为直接生产经营者的企业如果不思发展，任何外力对其的推动作用都是有限的，这种推动所带来的经济发展也是低水平的和不长久的；同样，如果企业缺乏自我约束的机制，任何外力对企业行为的强制约束都是苍白无力的。概括地说，经济发展从根本上说依靠企业自身的自觉的、创造性的行动。外力对企业活动的引导与推动只有建立在企业自主的基础上才是积极有效的，如果引导与推动得当，就能"锦上添花"。因此，新经济体制必须是保障企业自主，有利于激发其自我发展、自我约束的内在冲动的体制。建立新体制的改革措施应该依此来安排。

其二，向市场、消费者或广大人民群众负责是人们特别是领导者、管理者的行为准则。只有向市场、消费者或人民群众负责的行为，才是公正的、经济的和有效率的。因此，逼迫行为者唯市场需求是瞻、以消费者偏好为准、奉人民为至高应是新经济体制的内在要求。

其三，"法治"是规范与协调人们经济行为的根本手段。真正的"法治"，能把经济活动纳入符合经济规律要求运行有序的环境中，避

免任何超经济特权的干扰；能把对人们经济行为的评价与处理置于同一天平上，有效排除可能导致非公正性出现的因素的介入。因此，"法治"下的经济是规范而有效率的经济。新经济体制必须是保障"法治"的体制，同样，改革措施的安排必须有利于"法治"的实现。

概括地说，企业自主、人民至上、法治为本三位一体，是新经济体制的建设基点，改革围绕这一基点进行，大方向就不会偏离。必须强调的是，为了紧扣上述基点建设新体制而避免走形变样，改革中还必须对那些于建设社会主义市场经济体制来说是必不可少的或无法舍弃的基本制约因素作出合理的铺排，予以正确的对待。这主要是：

正确对待公有制。公有制是社会主义制度的基本规定，搞社会主义市场经济，必须坚持公有制。但"公有制"的存在不是抽象的，或者说，不存在抽象的"公有制"，生活中实际存在的只是公有制的某种具体形式。因此，坚持公有制不是固守某种公有制的具体形式，应当适应生产力发展的要求，选择有利于与市场经济密切结合并能有效推动市场经济发展的公有制形式。同时，坚持公有制不等于排斥别种性质的所有制的存在。不仅应从发展生产力的要求出发，从保障市场经济的基本规定性的要求出发选择公有制的具体存在形式，还应从它们的要求出发选择其他性质的所有制的适应形式。

正确对待"中国特色"。市场经济的一般原则与规定只有通过一定的国情特点才能在实际生活中具体表现出来并发挥作用。这不仅意味着，任何国家的市场经济都是带有本国特色的市场经济，而且意味着，只有科学体现本国国情特点的市场经济才是有效率的市场经济。市场经济在中国的发展，自然而然地使之成为中国特色的市场经济。但是，必须慎待"中国特色"。融入其中的，必须是真正体现国情特点从而又不违逆市场经济本质要求的内容。良莠不辨尽皆揽之，主次不分笼统顾之，借口"从实际出发""灵活运用"而我行我素，必然导致市场经济发展的走形变样。

正确对待双重体制并存格局。核心是正确对待双重体制并存格局中的传统体制的包袱与基础。走出双重体制格局不可能一蹴而就。对于新经济体制建设来说，极为不利的状况是，曾是传统体制的一些优势的东西转眼间成为包袱与负担。如果处置不当，诸如裁减冗员、改革臃肿的政府机构、剥离企业的社会职能等卸解传统体制包袱与负担的改革，就会带来强烈的社会震荡。因此，从双重体制格局的实际出发，尽可能地照顾已有的利益格局，适当调整改革力度以降低社会震荡幅度等是必要的。但是，这不能成为一味"安抚"的理由，不能成为治标不治本的依据，更不能成为恢复旧的一套管理方式的借口。在改革攻坚阶段，不冒风险是不可能的，在创造最基本的保障与支持条件的前提下，应按照现代市场经济的要求，抓住机会，大胆突破。

对当前经济发展与改革中的
几个热点问题的认识[①]

（1999年4月）

一、1999：环境严峻　任务艰巨

关于1999年经济发展与改革的形势，可概括为两句话：一是环境将更为严峻，二是任务将更为艰巨。说环境更为严峻，是因为，国际环境方面，1997年开始的东南亚金融危机，已经波及更多的国家。从目前情况看，这一危机仍在发展，不排除再次发生较大范围的区域性震荡，进而冲击全球金融和经济的可能。国内环境方面，社会经济生活中存在着相当多的矛盾和问题，有些问题可能会进一步加剧，如市场需求不足问题、失业问题等等。而这一时期，同时又是在改革上用新体制取代旧体制的"决战"时期，相应的，改革矛盾也充分显现，改革的风险也接近或达到最高程度。说任务更加艰巨，是因为从发展上看，为了有效克服经济生活中的一些矛盾和问题如减少失业、促进政企分开，为了支持改革大力度地向前推进，我们必须实现比较高的经济增长速度；从改革上看，我们曾提出，要在2000年初步建立市场经济新体制，而且，不论是解决近期问题，还是为了长远利益，都必须加快新体制建设。时间紧迫，不容缓缓改之。而我们目前碰到的都是硬骨头。要实现既定的改革目标，1999年是十分关键的一年。

基于我们改革与发展的任务要求，基于当前经济发展与改革的形

---

① 本文原载《经济研究参考》第 37 期，1999 年 4 月 19 日。

势，我认为，1999年的政策取向上将呈现出这样三个特点：

一是中央政府对经济的宏观调控将继续保持较大的力度。大体说有三层意思：其一，各类调控手段与政策配合积极的财政政策将全面推出或运用，力度将更大。现有的信息已经表明，1999年继续采用积极的财政政策作为推动经济发展的主要政策手段，同时伴之以适当的货币政策、进出口政策、产业政策、收入政策等等。其二，政策运用上将更加体现政府的权威性。在某些方面管理权将上收，统一行动的力度将增强。其三，相关调整、整顿措施将进一步加强。如对包括关闭部分不符合开工要求、导致资源浪费、环境污染严重的小矿井、小玻璃厂、小水泥厂、小炼油厂、小火电厂、小炼钢厂等在内的重点企业的调整；对金融机构特别是城市商业银行、地方信托投资公司、证券公司、城乡信用社继续进行清理整顿等。

二是有利于直接推动经济增长的改革与发展措施将重点推出。1998年经济增长具有"三大三小"的特点：在推动经济增长的诸因素中，国内因素贡献大，国外因素贡献小；在国内因素中，投资因素贡献大，消费因素贡献小；在投资因素中，政府性因素贡献大，社会性特别是私人性因素贡献小。而这些贡献较小的因素，恰恰是能够直接推动经济增长的因素。因此，要实现1999年经济增长的目标，必须有针对性地激发这些因素的作用。考虑到1999年国际环境仍然严峻，不能指望进出口贸易对推动GDP增长作较大的贡献，着眼于扩大国内需求看，在继续保持原有的政策措施的有效运用的同时，从不同角度看，在1999年应采取措施强化这样几方面的需求，即：强化消费需求，强化居民需求，强化非国有经济需求，强化非中介性需求。另外，还应采取措施推动农村需求。从目前情况看，政府的政策措施已体现这种意向，包括扩大住房、家电、汽车等商品的消费信贷，增加中低收入层人口的现金收入，适当扩大股票发行规模，扩大社会投资的领域，进一步发展小城镇经济，发展高新技术、用高新技术改造传统产业，千方百计提高农民收入，改善农村消费环境等等。

三是将更加重视采取有效手段，保持社会经济的平稳运行。这既包括开展"三讲"（讲学习、讲政治、讲正气）、进行形势教育等一类支撑社会大势，增强人们对未来的信心和风险承受能力的旨在提高"人气"的非经济政策措施，也包括建立最低生活保障线，提高人民收入水平，积极地多渠道地安置下岗分流人员，建立完善的社会保障制度等一类实实在在给人以有力生活保障的经济政策措施，还包括在推动经济发展与深化改革中寻求更为科学的操作方式以尽量降低风险。

实现1999年的经济增长目标，改革起着关键作用。正如中央经济工作会议提出的那样，加快经济体制改革是实现7%左右增长速度的重要保证。需要强调的是，加快改革，不仅仅是加大改革的力度，同时还要特别把握好改革的走向，一定不能走形变样。在改革已进入用新体制取代旧体制的最后"冲刺"关头，一定要更准确地把握改革的基点，也就是说，要在如下三个至关新体制"体形"的问题上作出清楚的认识和明智的选择：（1）是主要依靠外部力量和政府行为来推动经济发展，还是主要依靠生产经营活动的直接操作者的自觉行动来实现经济发展？（2）人们的行为特别是领导者、管理者的行为是向某个个人负责，向主管部门负责，向自己的"乌纱帽"负责还是向市场、消费者或广大人民群众负责？（3）人们的经济行为的规范和协调是通过"人治"实现还是依靠"法治"实现？基于传统的计划经济体制弊端的分析和资本主义发达市场经济发展的经验教训的总结，应该认为，直接生产经营者自我发展、自我约束的内在冲动是整个经济发展的原动力和主动力；向市场、消费者或广大人民群众负责是人们的行为特别是领导者、管理者的行为准则；"法治"是规范与协调人们经济行为的根本手段。概括地说，企业自主、人民至上、法治为本三位一体，应是新经济体制的建设基点，改革围绕这一基点进行，大方向就不会偏离。同样，这三个方面实现的程度也是判断新旧体制转换程度或新体制完善程度的标志，从这个角度来认识，1999年的改革任务也是十分重要的。换言之，为了解决当前社会经济发展中的困难、促进经济的健康快速的发展，为了尽快建立新体制，1999年的改革力度还将进一步加大。

二、所有制改革与坚持社会主义

（一）问题的提出。生产资料所有制关系是整个社会经济制度的基础和核心。因此，推进生产资料所有制改革，理顺所有制关系是理顺其他一切经济关系的前提与条件。

20年的改革明显地表现了这样一个事实：多元的所有制结构适宜于市场经济的发展。在20年的改革历程中，党的"公有制经济为主体，多种经济成分共同发展"方针的推动，所有制改革实现了一系列重要进展，单一的公有制经济格局被打破，分布面宽广的国有经济的运行战线有所收缩，非国有经济特别是非公有制经济发展很快，在日益进化的市场经济中体现出强劲的竞争力。显然，随着市场经济的发展，所有制结构还将继续沿着缩小国有经济的比重从而一定程度地缩小原有意义上的公有制经济成分比重、扩大非国有制经济尤其是非公有制经济比重的方向改变。特别是党的十五大关于所有制认识问题上的一系列重大突破，将推动所有制改革向更深层的方向拓展。但所有制改革的深层推进不可避免地使人们必须面对这样的问题：如何看待国有经济进而公有制经济的这种变化？如何对待公有制？公有制在社会主义市场经济中处于什么样的地位？国有经济比重进而公有制经济比重的减少会不会从根本上影响社会主义性质？特别是当党的十五大在理论上明确提出"非公有制经济是社会主义市场经济的重要组成部分"，而在实践中有可能发展到非公有制经济在比重上占主体时，对这些问题的思考就显得更为急迫。必须从理论上对此作出科学的回答。

（二）坚持社会主义，其核心是坚持社会主义的本质。对这些问题科学认识的关键是要搞清楚怎样坚持社会主义。对于社会主义中国来说，坚持社会主义是毋庸置疑的。具有特别重要性的是"怎样坚持社会主义"，这个问题处理不好，中国就难以实现长足的发展，而社会主义最终也不可能坚持得住。那么，怎样坚持社会主义？我认为，坚持社会主义的核心是坚持社会主义的本质。因为，本质是事物的内在规定，因而是衡量一件事物属性的最深层、最根本也是最权威的标准。问题是，什么是社会主义的本质？

在相当长的时间里，甚至在今天，人们一直把公有制看作是社会主义最重要最根本的规定。这种认识是有一定的思想渊源的。所有制问题，一直被马克思主义的创始人放在极为重要的位置。马克思、恩格斯在《共产党宣言》中明确告诉人们：共产党人"特别强调所有制问题，把它作为运动的基本问题"，他们把作为资本主义社会的逻辑后继物的社会主义社会的所有制规定为与资本主义私有制相对立的公有制，指出共产党人的全部理论所在是"消灭私有制"、建立社会主义公有制。这样，公有制在社会主义社会的特殊地位就清楚地凸显出来，很自然地被人们当成了社会主义的本质。

那么公有制是否是社会主义的本质呢？要搞清这个问题，我们需要在更广阔的范围上认识社会主义，特别是搞清楚这样几个问题：社会主义应该是怎样的？我们为什么要坚持社会主义？人民要社会主义干什么？社会主义怎样才能坚持下去？事实上，回答这样的问题并不复杂，按照马克思、恩格斯所揭示的人类社会发展的一般逻辑，社会主义应该是资本主义的否定者或替代物，当曾经带来生产力巨大发展的资本主义生产关系无法带来生产力的更大发展反而成为这种发展的桎梏时，它就为社会主义生产关系所代替而成为历史的陈迹。因此，在最抽象最基本的意义上说，社会主义至少应该具备比资本主义高一些的生产力水平并能促进生产力的更大发展。否则社会主义就没有存在的价值。我们所以要坚持社会主义，是因为社会主义制度优越于资本主义制度，而"社会主义的优越性归根到底要体现在它的生产力比资本主义发展得更快一些、更高一些，"对于人民来说，什么样的社会制度能给他们带来幸福，他们就拥护什么样的社会制度。反之，他们就会不赞成甚至要推翻这种制度。他们拥护社会主义制度，也是因为他们希望或相信社会主义能够满足他们日益增长的物质和文化生活的需要。自然而然，不发展生产力，社会主义就坚持不住。"社会主义如果老是穷的，它就站不住"。"搞社会主义，一定要使生产力发达，贫穷不是社会主义。我们坚持社会主义，要建设比资本主义具有优越性的社会主义，首先必须摆脱贫穷"。特别要指出的是，现阶段社会主义不是产生于建立在高度发达的生产力基础上的资本主义行进的尽头，而是诞生在资本主义发展的薄弱环节，与甚至低于资本主义一般水平的生产力之基础相伴，因此，它在与资本主义相并存的同时一开始就把自己置于了与资本主义相竞争的位置。它唯有以更高水平的生产力来体现对资本主义的优势，从而证明自己存在的价值和对资本主义的无可争议的替代地位。所有这些关于社会主义的认识都表明了这样一个内容：社会主义的第一原则或首要内容是发展生产力。所以，"社会主义的本质，是解放生产力，发展生产力，消灭剥削，消除两极分化，最终达到共同富裕"。应该指出的是，邓小平同志多次谈到公有制问题，他强调，同坚持按劳分配一样，坚持公有制是社会主义的一个原则。他把公有制放到很高的位置。但是，在具有代表性也是他生命后期的思想的南方谈话中，讲到社会主义本质时没有把公有制明确放置其内，不是一种疏忽。

因此，应当明确地指出：公有制是社会主义制度的基本规定。实事求是地分析也能很清楚地看到，在科学社会主义创始人的思想中，公有制是作为社会主义制度的基本特点提出来的。但公有制不是社会主义的本质。事实上，把公有制作本质，也不符合一般的逻辑原则：第一，所谓本质，应该是能反映内在的规定性或属于内核的东西，而不应是某种具体的规定。换言之，本质应该是这些具体的制度规定所能实现的东西。"公有制"是社会主义制度的具体规定，它并不像发展生产力和"共同富裕"那样具有内核的意义而处于最深层次。第二，对于社会主义来说，其本质具有不变性。"发展生产力"和"实现共同富裕"对于社会主义就具有永恒的意义。一般地、在社会主义条件下，坚持公有制是不变的。但并不存在抽象的"公有制"，实际存在的是公有制适应不同阶段生产力和经济形态特性的各种具体形式。这就是说，公有制的存在形式是处于不断变化之中的。把"公有制"作本质，就可能固化公有制的某些具体形式，导致盲目坚持已不适应生产力发展要求的公有制形式，为坚持"公有制"（实质是公有制的某种具体形式）而牺牲生产力的发展。并且，"公有制"的实施范围也会因经济结构的变动、竞争的发展等原因而处于变化之中，不会固定在一个绝对比重上。

（三）公有制不是社会主义的本质，但搞社会主义必须坚持公有制。那么，公有制在社会主义条件下究竟处于什么样的地位，为什么科学社会主义的创始人那样重视公有利？从最根本的层面看，如前所述，公有制是社会主义的基础，是社会主义不同于资本主义的一个根本点。但是，科学社会主义的创始人提出社会主义要实行公有制而不是私有制，绝不是建筑在执意要同资本主义唱对台戏的基础上，而是建筑在对生产力与资本主义生产关系矛盾运动过程的分析和对资本主义实践发展趋向揭示的基础之上的：资本主义私有制已无法容纳生产力进一步发展的要求反而成为其发展的桎梏，生产力在抵抗私有制的障碍中顽强发展，造成了私有制由旧的形式向新的形式转变，而这种转变逐渐体现出"公有"的色彩（从形式到内容）。从根本上说，公有制的出现是生产力社会性增长的必然结果。因此，马克思主义者不是、不会、也不应该因为公有制与私有制的相对立、有区别才坚持公有制，即不是、不会、也不应该为公有制而坚持公有制。固然公有制是社会主义制度的基本规定，但是，坚持和发展公有制的最深层的原因，是因为或者说人们坚信公有制比资本主义私有制能给社会主义带来超过资本主义的发达的生产力并最终实现全社会的共同富裕。这样我们就能较为准确地认识公有制在社会主义的地位：我们必须坚持公有制，这不仅是因为它是社会主义的基本规定，更是因为它有利于促进生产力的发展，实现社会主义的优越性。事实上，无论是从生产力发展一般看，还是基于社会主义生产关系的特殊性看，公有制在现阶段的存在都具有客观必然性。事实上我们能清楚地看到，即使是以生产资料私有制为基础的发达资本主义国家，也在日益成长着某种形式的"公有制"经济成分。公有制在社会主义现阶段的发生、发展是不以人们的意志为转移的，其作用也是不可低估不可替代的。问题的关键在于，我们不是不要公有制，而在于，我们要把对公有制的坚持建立在生产力的标准之上：根据生产力的现实水平和发展状况来选择、调整公有制经济的比重和实现形式，根据生产力的发展状况来衡量公有制存在形式的是非得失。只有这样，才真正抓住了社会主义的本质，才不会僵化地对待公有制，也才能在公有制存在形式、比重发生变化时保持平静的心态而不致引起意识上的恐惧、困惑和担心。由此，需要顺带加以强调的是，必须正确对待科学社会主义创始人的公有制思想。下述两种情形是十分有害的：其一，只强调他们的公有制思想，而不论其公有制思想的历史前提；只强调应当实现某种形式的公有制，而不论这种公有制形式得以实现的生产力基础。其二，僵化理解他们的公有制思想，把公有制同某种形式的公有制等同起来，而忽视生产力发展水平决定公有制的形式、程度的思想，不论公有制的类型、具体存在形式及存在范围在生产力发展状况制约下的变动性。

还要提及的是，由于今天的社会主义缺乏马克思和恩格斯所设想的作为资本主义替代物的那种社会主义所拥有的高度发达的生产力水平之前提，因而，作为社会主义一个基本特征的公有制至少会具有这样的一些特点：其一，它不会是唯一的所有制。其二，它的实现形式是多种多样的，而那种与发达生产力相联系的形式不会占据主体。其三，其实现形式是处于不断变动之中的，这包括，一种新的形式取代旧的形式；不同公有制形式间的相互转换；公有制形式与私有制形式间的相互转换。把握这些特点，有利于我们牢牢扣住生产力标准来推进改革，也有利于把改革置于科学坚持公有制的环境下使其顺利地向前推进。

（四）结论。基于上述认识，我们能得出如下结论：坚持社会主义，最根本的是实现社会主义社会生产力更高、更快的发展。坚持社会主义，应当坚持公有制，但不是被动坚持、僵化对待公有制。所有制结构的调整、公有制实现形式的探索，非公有制经济成分的发展都不会否定社会主义，恰恰相反，适应生产力发展要求的这类变革将更加巩固和发展社会主义。更进一步说，对于现实的处于关键时期的改革来说，选择改革措施的最根本的依据只能是生产力发展之标准。一切有利于长远的生产力发展的改革措施，只要社会经济条件允许，都应该积极推出。绝不能再以是否"公"（其实这种"公"是形式和内容都僵化的"公"）画线。在实际生活中，只要是真实地实现了生产力的发展，某个地方的公有制经济成分多一点，比重大一点，不等于这里的社会主义就比别人高级或先进一些；反过来，某个地方非公有制经济比重大一些，也不等于这里就不是社会主义了。在这些问题的认识上，关键是正确把握社会主义的本质。也只有站在这个高度，才能真正按照党的十五大精神把所有制改革推向前进。

三、三年左右国有大中型企业能否走出困境

中央领导同志在1997年提出，要用三年左右的时间，采取措施使大多数国有大中型亏损企业走出困境，初步建立起现代企业制度。这等于是向全国人民立了一个军令状。人们期盼着这一努力能成功，但相当一部分人也对此表示担忧。

国有企业的改革是上上下下都十分关心的一个大问题。因为它直接牵涉到国家经济的发展、社会的稳定，直接牵涉到千家万户的实际利益。1997年东南亚金融危机发生后不久，有的记者在有关会议上问我对东南亚金融风波于中国的影响有何看法？我说，由国外金融风波直接导致中国金融风波或金融危机的可能性很小，东南亚的金融风波肯定会对中国经济产生一定的影响，像对进出口、旅游以及对中国产品的竞争力，对中国国外市场的开拓等方面都会产生影响，从而影响到我们经济的发展。但是对中国的金融不会产生太大的影响。也就是说，由于外国的原因而形成对中国金融市场的冲击，最后导致中国金融危机的可能性不大。但是，中国出现金融风险可能性又确实是严重存在的。为什么这样说？问题来于我们内部。根子在于企业特别是国有企业的不良状况。企业状况不好，从根基上影响着其他方面、其他环节，环环相逼，某个环节的链条一断，问题就爆发了。这问题还不仅仅局限于金融，还会体现在经济、社会、政治上。首先是企业"逼"财政。1994年财政税收体制改革后，国家的财力大大加强了，但仍然面临着一些问题。财政的源泉是税收，主要是企业税收，包括国有企业的税收和非国有企业的税收。现在的问题是国有企业的运行状况不太理想，相当一部分企业亏损，还需国家的支持，需要银行"安定"贷款，财政"扶贫"拨款，想交钱而无钱可交；非国有企业，特别是其中的个体经济、私营企业发展很快，我们常常见到一个规模较小的私人企业没几年功夫就发展成为一个大企业，竞争力很强的企业，赚的钱也越来越多。但是，交给国家的税收却比较少。可以说，非国有企业特别是非公有企业，相当一部分有钱交税却不想交，调查表明，大部分个体私营企业或多或少都存在偷税漏税问题。交不上钱，财政就紧张，这就形成了第一个逼迫机制：企业逼财

政。但是国家不能不干事，财政没有钱，怎么办？只有一个办法——找银行。这就形成了第二个逼迫机制：财政逼银行。财政没有钱，需通过办法向银行融资，过去是直接透支，现在是通过发行国债间接要钱。改革后，国家与企业的投资融资关系发生了较大变化，原来企业的资金都是财政拨款而投入的，改革以后，企业所需要的资金依靠银行供给。这样，就把财政的全部风险转移到银行来了。而银行是什么状况呢？一方面银行的贷款来自于社会的存款，特别是城乡居民的存款占的比重很大，自有资金不多。另一方面，由于国有企业的效益不好，加上它松弛的不负责任的财产关系，不要说欠了债没钱可还，就是有钱还也不想还，从而形成了银行大量的呆账，影响了银行的支付能力。银行现在是两难：贷吧，在国有企业产权关系、运行机制未改变之前，明显是投到老虎口，有去无回；不贷吧，企业又很难运转下去，经济受到影响。这就可能导致第三个逼迫机制：银行逼经济。一方面是银行存款主要来自于个人，另一方面贷出的是给单位，特别是国有经济单位，贷出了又往往收不回来，形成呆账、死账。但不贷，经济又无法良性运转。如果经济出现问题，导致大规模地挤银行的资金，一挤提就会造成银行的支付能力出现问题，银行付不起账就倒闭垮台，从而酿成大的社会危机，这可以说是第四个逼迫机制：经济逼社会。继而导致社会逼政治局面的发生，后果不堪设想。所以，由于我们的体制、机制不顺，特别是国有企业、国有银行的体制不顺，金融风险出现的可能性是存在的。而且一旦发生危机，不会仅止于金融危机，而会发展到社会危机，发展到政治危机，其危险性就在这里。所以我们的风险主要不是来自外部因素的影响，主要是来自我们内部，根子在于我们的现存体制，特别是企业体制。

国有企业改革起步很早，几乎与农村经济体制改革同时。从着眼于放权让利到致力于制度创新，经历了20年的时间。应该说，国有企业改革的成绩是明显的。相对于过去，我们已取得了很大的进步。重要的一个进步就是国有企业的生产经营权大大加强或者是提高了。换言之，已经把很大一部分的权力放到了国有企业，国有企业进入市场，参与市场的能力有了一定程度的提高，国有企业的运行机制已经开始实质性的转换。改革使部分国有企业的活力、效率有了不同程度的提高，崛起了一批很有生机的企业。对国有企业改革的成绩应充分肯定。但是，从总体上看，国有企业的问题并没有得到根本的解决。改革初期国有企业存在的活力不足、效率不高的问题还没有得到有效解决，又出现了新的问题，这就是国有资产的大量流失，真是旧病未愈，又添新伤。总的说，国有企业改革运行状况不能令人满意，国有企业的改革没有达到预期的效果。从目前看，国有企业运行的全过程都还存在问题：从运行起点上看，财产权约束软化，权责不对称；从运行过程看，机制呆滞，市场运作能力较差；从运行后果看，活力不足，效率不高，资产流失。眼前，我们能明显地看到这样的事实：一是从总体上看，国有企业的资产负债在不断提高；二是国有企业的亏损面在加大，亏损程度在提高。原来好的企业变成了亏损企业，原来微利的企业变成资不抵债，有相当一部分国有企业已被人为地"捞"破了产。国有企业的形势是严峻的，基于目前的情况我们能深深地认识到这样一个事实：留给国有经济自我回旋的时间已不很多，空间也不很大。"三年左右走出困境"是形势所迫，能不能达到目标，不仅仅是考验政府的能力与威信，更重要的是关系到我们的未来，关系到我们社会主义市场经济的前途与我们民族的命运。国有大中型企业走出困境，出路在改革，能否在既定的时期内达到目标，取决于"改不改、改什么、改多少、何时改、怎样改"。而其中的关键又在于"怎样改"，改的方向对头、方式正确、力度合适，就能达到目的，否则，国有企业会陷入更大的困境。

应该肯定地说，经过这么多年的探索，已经找到了一套搞好国有企业、振兴国有经济的正确思路。按通行的说法，是"三改一加强"，即改革、改组、改造与加强管理。但实质性的内容实际上是两个方面，即第一，结构调整；第二，制度创新。扎扎实实地按这两点抓到位，改到位了，国有企业就活了，国有经济也就能振起雄风，展现辉煌。

国有经济要搞好，必须解决结构调整问题。结构调整的实质和核心，就是适当地收缩国有经济运作的战线，使国有投资从那些竞争性较强的领域部分或全部退出来。将那些国家没必要管、没有精力管的企业，绝大部分是小企业，依法公开地转给非国有或非公有者，从而把国家的财力和精力集中到关系国民经济命脉的关键行业和重要领域上来。一句话，就是适当地收缩国有经济的运作战线。党的十五大报告中强调要从战略上调整国有经济的布局，核心应该就是这个意思。当然，这个调整过程应该是分步骤分类别的，更应该是规范严整的，不能乱来。

新中国成立以来，由于把所有制标准立于生产力标准之上，把所有制的性质、某种所有制的程度同社会主义的完善程度、生产力发达程度等同起来，结果是变成了通过所有制的革命来实现生产力的发展。所有制的革命一浪高于一浪，从非公有制到公有制、由低级公有制到高级公有制，不断升级，造成了个体、私有经济基本上被消灭，集体经济徒有虚名，实际上变成了按国有经济制度和规则管理运行的全民经济。这就导致了国有国营经济占了绝大比重，国有资产不分轻重遍及各领域、各行业的格局。所有的领域都搞了国有国营，所有的方面都被国家管起来了，最后是谁都没有管好。该抓的大事，像邮电、通讯、电力等虽然抓起来了，但因为钱不够，钱撒了胡椒面，没能抓好；不该抓的小事像生产鞋垫、绣花针、顶针这样的事也抓起来了，但因为没有精力抓，也没有抓好。于是全面出现了商品短缺，处处要排队、处处要票证供应，在目前生产力水平下，追求单一清纯的公有经济的结果必然是形成"粗放"经济，而"粗放"经济又必然是短缺经济。"粗放"的结果不仅不能集中财力、精力抓大事，还会导致有限的资源与资金大量流失和浪费，可以说是"雪上加霜"，恶性循环。国有资产分布上的这种粗放状态同由超生产力发展水平要求而建立的为国有资产保值增值的责任主体缺位的财产组织形式和"呆滞"的国有资产经营形式的联袂，把国有经济从而也是把国民经济逼向了困境，这正是改革前我们经济生活的写照。所以，不适当收缩国有经济的运作战线，不调整国有资产的分布结构，不对所有制形式进行改造，国有经济就不可能走出困境，国有企业就不可能真正搞活。收缩了，会不会危害社会主义？会不会弱化公有制？不会。我们收缩国有经济的运作战线，调整国有经济，不仅不会危害公有制，而且还会有利于坚持公有制。抓住了关键的领域和企业，控制了制约经济发展命脉的那些部门的资产，就使公有经济在经济体系中占据了制高点。集中财力、精力把这些行业搞好了，把这些部门的资产搞活了，公有经济的优越性及它在国民经济运行中的导向作用就会发挥出来、这种位置和效率的统一，才是公有制得以巩固、坚持和发展的基础。把人民关心的、涉及公共利益的大事抓好了，人民满意，社会主义才稳固。我们原来所有的东西都抓了，什么都没抓好，社会主义优越性没有发挥出来，最后社会主义还产生危机。改革使我们发生了翻天覆地的变化，而其中起关键作用的一个改革内容就是打掉单一的国有经济垄断格局，实行以公有制为主，多种经济成分共同发展的方针。这就是所有制结构、国有资产分布结构的调整。合理的所有制结构本身就寓含着抵御风险的机制。从我们现实的情况看，这方面的改革还要继续推进。

对于单个国有企业来说，结构调整还包括这样三方面的含义：一是根据自身的条件、潜力和未来环境的变化调整自己的产品、产业结构；二是从规模经济的要求出发调整企业规模及主体产业、产品的其他辅业、辅产品的比例；三是充分利用自身的优势，有效把握市场机遇，广泛开展包括资产置换、兼并等在内的资产重组、资本经营活动。而所有这些调整都应服从一个目的，占领现在和未来的市场，实现企业效益的最大化。

第二个关键的方面是制度创新。对于处于变革中的中国国有企业或国有经济来说，结构调整是基础，制度创新是保证。什么是制度创新？就是严格按照市场经济的要求，建立现代企业制度。什么是现代企业制度？它必须体现两个方面：第一个方面，它必须体现时代的要求，也就是体现现代市场经济的要求和现代社会化大生产的要求。第二，它必须具有效率。它不是花瓶，必须能够实现比较高的效率。归纳起来说，什么叫现代企业制度？概括地说就是那些同现代社会化大生产和市场经济本质要求相适应，有助于生产经营者充分施展活力并能够实现较高效率的企业制度。从世界经济发展和企业制度进化的实践看，这种企业制度的主体形式是公司制，但公司制不是唯一的模式。现代企业制度的形式是多种多样的。但无论是对于公司制还是对于其他形式来说，最关键的问题是规范化。制度创新的关键是两个方面的创新：一是财产组织形式的创新。这又包含三个方面的内容，即：（1）在保持国家必要的控股权的条件下，在投资上，在产权主体的设置上要尽量往多元化方向靠。尽量不搞或少搞独资的股份制企业，即使是非搞独资不可的国有企业，也要尽量搞多个国有部门联合投资，不要搞一个部门独资。因为国有独资公司很难摒弃传统财产组织形式的弊病，弄不好就是换汤不换药。国家的控股，也要保持灵活性，视情况分别采取"绝对控股""相对控股"或"一股否决制控股"等多种形式，并适应经济发展的要求和战略目标的变化灵活调整持股规模，改变控股形式。（2）往国际通行运作规则上靠。不要借"从实际出发""体现特色"而我行我素，"新瓶装旧酒"。不要把带有明显违背市场经济方向的非经济色彩的东西塞到财产组织形式的建设中去。有一个时期，这方面的问题是比较严重的，导致现代企业制度建设走形变样。比如有些地方搞的现代企业制度试点，搞来搞去搞歪了，我们总结为四个80%：80%改成的是国有独资公司；80%的企业是董事长、总经理一肩挑；80%的企业领导班子是上级指定或任命的；80%的企业在改制的过程中享受特殊优惠政策。这怎么叫制度创新，怎么能实现制度创新？所以改制时一定要遵循相关的国际惯例。我认为，走形变样的所谓股份制比传统的企业制度更糟糕。这样的股份制，不仅谈不上一股就灵，肯定是一股就歪。比如股份制下的企业治理结构的形成，其规范化的做法应是：通过市场的方式募集资本，形成投资者因而也形成股东；开股东大会或股东代表大会依一定条件推举董事会、董事长；董事长主持董事会向社会公开招聘总经理。董事长和总经理是分别承担不同责任、体现不同身份的企业代表。前者是企业资产所有者的代表，后者是企业经营活动的责任人。总经理和董事长不是上下级关系，总经理对董事会负责，而不是对董事长一个人负责。但我们一些地方的搞法却是我行我素。要么是股份制企业还没有影子至多只有一个名称时，上级部门就把董事长、总经理指定了，要么就是在股份制企业组建后委派董事长、总经理，让企业股东代表大会走走"举手通过"的形式。并且还给董事长、总经理规定行政级别。这样搞不仅不能形成对企业对股东强有力的责任，反而会造成董事长、总经理间的矛盾。在原有企业体制下，我们曾发生过"核心""中心"两心扭不到一块，发展到最严重的情况时党委书记把厂长的党籍开除了，反过来厂长把党委书记的厂籍开除了的事情。今天，在股份制改革后，董事长、总经理闹矛盾闹到不可开交的事也不鲜见，原因就在于两者都不是通过规范程序上来的，是上面任命的或指派的，他们并没有应该具有的所有者或经营者的身份，而是只向主管部门、主管领导负责的干部。他们不仅不为企业负责，也难以为企业负责；他们也很难相互配合好。相反，则会互不买账从而互相"打仗"。(3)尽量往资产制约或利益约束上靠。一是要尽量让企业的管理者、劳动者同企业之间建立有利于约束他们的行为的资产关系或利益关系。这点很重要，但要注意的是，不能因此私分国有资产，要按公正的原则进行。二是内部权责利机制的创新。对于企业员工，特别是企业的高层经营管理人员，必须建立一套权责利制约制度。对企业内部管理制度、内部法人治理结构、内部权责利机制的创新要从现阶段实现出发，从现阶段人性特点出发。首先要强调激励，然后在激励的基础上强化约束。

只要我们扎扎实实规范有序地搞好结构调整，制度创新，国有企业是可以实现摆脱困境、走向辉煌的目标的。

四、"59岁现象"与激励约束机制的建设

近些年来，一些人尤其是执掌国有企业经营管理大权的企业家因经济犯罪而被判刑甚至杀头的报道陆续见诸报刊。由于这些人大多是在接近退休年龄的工作晚期犯罪且不是个别事例，故社会上称之为"59岁现象"，这是一种令人十分痛心的现象：其一，这些出问题的人，是即将退下来的人，辛辛苦苦工作了一生，都要"盖棺"论定了，一世清名毁于一旦，十分可惜；其二，这些出问题的人，相当一部分是企业的功臣，在经营上是很杰出的有本事的人，一般都戴有很多"桂冠"，一世英名毁于一旦，也十分可惜。为什么会产生"59岁现象"，人们的认识并不一致。相当一部分人认为是个人品质不好使然，关键问题是提高管理者的思想道德素质，要采取一切手段，在企业界，特别是对企业的领导者管理者开展党性教育、爱国主义教育、无私奉献的教育。有没有个人品质、个人素质问题？当然有。应该说首先是一个素质问题，并不是所有的人都在"捞"，我们有相当一部分为人民事业奉献毕生精力却不取分文不义之财的人，更不要说雷锋、孔繁森了，他们不仅不索取，还把本

属于自己的那一块利益给了人民。因此，强化党性、责任心、奉献精神的教育是必要的。但是，为什么"59岁现象"屡见不鲜且还有蔓延趋势，除了品质问题外，还有没有更深层的原因？暂且搁下这个话题，向大家介绍两个情况——两个我在地方调研碰到的情况，它们正好完整地说明这个问题。

几年前我到浙江一个市里去调研。那天，市领导陪我到该市的一个国有摩托车制造厂去考察。总经理是一位接任不久40岁出头的同志，见面后他对我说了一番话，出人意料：说老实话，我们厂的情况目前并不太好，甚至可以说面临着危机。我问他为什么，他说，三年前在我们市新办了一个私人摩托车制造厂，对我们厂形成极大的威胁，它本身机制灵活，操作起来也自主自由。比如说，它可以通过不正当手段把信贷员、税收员收买了，给它别人搞不到的低息贷款，给它减免税；它可以用质次价低的钢材来生产，等等，这样，它的价格就会比我们厂低出很多，但式样却不会比我们差，自然老百姓就买它的。可是我不能这样干，不要说信用问题，还有一个风险问题，它冒点风险也许是值得的，而我呢，除了良心上不允许这么干，我为着公家的事去搞不正当交易，最后可能落得个进监狱的下场，我何苦啊！这位总经理满含感情地说：尽管有很大困难，但我一定想方设法通过正当手段把这个企业搞好。组织上把我推到这个位置，厂里几千人把希望系在我身上，我干不好，把厂子搞垮了，对不起组织上的信任，无颜见江东父老。但他话锋一转：假如我把这个厂子搞好了，为这个国有企业的发展也为社会的发展作出了很大的贡献，组织上也给了我很多的荣誉，比如说，我今天向你汇报的这个办公室放满了奖旗、奖状、奖杯。政治荣誉上可以说获得到了极点，但等到我退休的那一天，我就发现，除了这一屋子奖旗、奖状、奖杯外，我几乎一无所有。我像其他职工一样，面临着退休金有没有保障，看病求医找谁，医疗费支付得起支付不起等基本生计问题。然而回头看那个私营企业的老板，除了自己花天酒地一生外，还留下了大量的财产，真正造福于子孙万代。这个时候，你说我们做何感想？！我跟你说的这些话你一听就是实话实说，有这样想法的人并不少。但我们这样考虑并不是刻意向政府、向组织索取，而是希望组织也希望你们这些在上面做政策研究的同志实事求是地考虑这样一个问题，如何对那些真正为党、为人民的事业、为国有经济的发展作出了杰出贡献的同志给予应有的激励，使他们心有所定，无后顾之忧。否则，就可能引发一些问题。这位经理的一席话说得我思绪翻滚。此后不久，我在赴南方某特区的一次调研中获得了更多的东西。

那是一次了解该特区经济体制改革究竟处于什么样的程度，试图对其做一个总体评价的调研。在谈到国有企业、国有资产管理和运营体制建设情况时，该特区的领导同志说，我们大力推进这方面的改革不仅是从建立新体制的要求出发的，也是基于解决我们实践中出现的矛盾与问题的紧迫性出发的。在这项体制作根本改革之前，该特区一个突出的问题是，一些国有企业的高级管理人员以权谋私，通过各种手段掠夺国有资产，其中一部分携款潜逃，累计下来，数字还不少。相应的采取的办法是抓。但抓不甚抓，还是有人跑。在这种情况下，他们回过头来反思这种状况背后的原因，认识到，此种现象的出现，同这个人的个人素质有关，更同我们的国有资产管理运营体制有关。现有的体制，既缺乏有效的约束机制，更缺乏为国有资产自觉担负起保值增值的责任的激励机制，相反，只有客观上鼓励捞、谁不捞谁吃亏、不捞白不捞的机制。于是特区政府下决心改体制。改又碰到了几个难题：一是一般地说搞私有制，能够建立起较好的激励与约束机制，但我们不能搞私有制，也就是说，我们既要坚持公有制不动摇，又要建立对企业管理者经营者的有力有效的激励约束机制。二是要实现有力有效的约束，必须先实行有力有效的激励。要激励必须给利益，捞得越多越易于激励，但国家又没有这么多钱，这就必须寻求以尽可能少或最少的钱来实现最大的激励的途径。三是激励的目的在于企业的长远发展和国有资产的不断保值增值，闹不好，企业管理经营者得到了好处，一拍屁股走人，岂不是偷鸡不着反蚀一把米？所以，激励还必须有利克服短期行为，保持企业家们越来越高昂的能动性与创造性。这就是说，要创造实现三个方面的有机结合的良好途径：即（1）把坚持发展公有制经济同实现对管理者、劳动者的有效激励有机结合起来；（2）把尽可能少的支出与尽可能大的激励有机结合起来；（3）把真正对公有企业作出了贡献的人的有效激励同保持企业的长久后劲、克服短期行为有机结合起来。这似乎是要解"哥德巴赫猜想"，但这样的途径还真在实践中被找到了，其中一个途径是利用上市企业上市这个有利条件形成的。在按国有资产管理委员会—有关国有资产投资运营公司—国有企业（独资或控股）三层次模式对原来管理体制进行改造的基础上，对企业高级管理人员结合股权设置红利分配建立资产运营责任机制：规定上市公司的总经理、董事长或者其他高级管理人员，如果把企业的资产增值了，税收、利润增长了，就按一定比例给你股份，或给你多大比例的分红。但这个百分之多少的股份不能在企业直接变现，只能在股票市场上变现。这就形成了约束，第一重约束是你把企业的资产、把税收利润弄得越多，你得到的股份比重及绝对量也就越大。第二重约束：你的股份只能在市场上变现，而不可在自己管的企业里直接把钱拿走。所以，你拿的钱不仅仅同你的股份比重有关，而且同你的股票在市场上的表现有关。而企业股票在市场上表现又跟企业的经营有关。你经营得越好，企业的股票在市场上的表现也越好，你在市场上变现得到的钱也就越多。实践的效果很好。该特区负责同志说，改革以后基本上没有高级管理人员携款逃跑的现象了。

通过这两个例子，不仅问题解决了，而且问题产生的原因也进一步清楚了：除了品质外，根本的还有现有体制与机制问题。在一定意义上说，没有责任主体而却有权力主体，并且这种权力主体经过这些年的放权让利自由度很大基本不受约束的现有国有资产、国有企业管理运营体制，使"59岁现象"的发生成为必然。因此，必须改革这种体制，其中一个内容是实现权、责、利机制的创新，强化对管理者、经营者的激励与约束。

从根本上说，强化对管理者、经营者的激励与约束是现阶段国情特点、现实生产力发展水平以及在这个基础上的人的基本素质的特点所决定的。不承认这点，超现实地搞一套，吃亏的是我们的经济。我们的社会主义制度的理论基础是马克思、恩格斯的科学社会主义设想。按马、恩设想，社会主义应当搞全社会范围内的全民所有制。但是马、恩所设想的社会主义是作为资本主义社会的否定物出现的。创造了数百倍数千倍于以往社会的生产力的资本主义社会，其生产力的进一步发展导致了自己的灭亡而使实行的全民所有制的社会主义社会得以诞生。所以，要在社会主义条件下搞全社会范围的全民所有制，按照马、恩的说法，至少要具备这样两个条件：第一，生产力的极大发展或者说具有极高的生产力水平，即实现了社会财富的充分涌流。那么通俗地说，就是发展到你想要什么就有什么的地步。第二，人的素质要极大地提高或者说人民具有很高的素质。高到什么程度？用马、恩的话说是人摆脱对人的依赖，也摆脱了人对物的依赖，成为自由的全面发展的人。首先摆脱人对人的依赖。在原始社会、封建社会，一部分人对另一部分人有人身的依赖，一部分人是农奴、奴隶，而另一部分是奴隶主、封建主，所以有人身强制，需要摆脱。第二个阶段，人摆脱了对物的依赖，不唯钱是图，人不受物质利益的引诱。唯利是图，物质主义这就是资本主义社会或商品经济社会的特征，进入到什么阶段呢？最后进入到了第三个阶段，不依赖于任何东西的自由全面发展的阶段。在这个阶段社会就可以搞全民所有制。通俗地说，人的思想觉悟和道德水准应达到这样一个程度：你给他什么他不要什么。这两者结合起来，我们就可以搞全社会的全民所有制。但是，我国的社会主义不是在高度发达的生产力基础上建立的，相反，它建立的生产力基础比资本主义还低。我们社会主义至多处于初级阶段，在这个阶段一定要搞全社会范围的全民所有制或国有制，那就必然要出问题，这一点，几十年的实践已经给我们提供了深刻的教训。自然，在这个阶段，人的思想道德素质也没有达到"你给他什么他不要什么"的水平，从主体上看，我们还不能还没有摆脱物的束缚。

在目前这个阶段，至少在社会主义初级阶段，完全把为国有资产保值增值的希望寄托在个人素质、个人良心发现上是很危险的、靠不住的。不能希望所有人都能自觉激励自己牺牲个人利益而为国家作贡献，更不能寄希望他们都能自觉约束自己的不良行为。这同我们今天不能搞传统的计划经济而必须搞社会主义市场经济是一个道理。必须物质文明与精神文明一块抓。我们在强调要无私奉献的时候，也要从我们当前的国情和生产力发展水平的实际情况出发，在制度上建立启发劳动者、经营者、管理者为国有资产保值增值的积极性与创造力的权、责、利机制。利益激励的形式是多种多样的，并不等于一定要把国有资产量化到个人、搞私有制才能产生激励。上面我们谈到的例子，已经作了最好的说明。同时，激励要掌握"大数原则"，即要有利于发展壮大公有制经济，有利于社会利益的大幅度增进，社会要得大头，不能"损公肥私"；激励形式还应体现公正、公开、公平的原则，只要真正对国家作了贡献的都有这个机会，反过来，要得到这些利益的人都必须为国家的事业作出真正的贡献。特别要强调的是，要注意把激励和约束对接起来，在激励上要规范化制度化，在约束上也必须规范化、制度化，而且要严格。约束可以体现为三个方面或叫三重约束：第一是经济约束，搞亏了搞垮了国有企业要付出相当的经济代价；第二个是法律约束，把企业搞破产了，如果没有正当的原因，要负法律责任；第三个是道德约束，这就是建立市场禁入与逐出制度，建立相应的行规行纪。你把某个企业搞垮了，按照国际惯例，你终生不得在这个行业里混。要把激励和约束对称起来，不能光讲激励不讲约束。激励要大力度，真正促成"勇夫"出现；约束也要大力度，使那些把国有企业搞垮了，把人民的资产捞走了的人最终觉得"得不偿失"。

解决"59岁现象"是搞好国有企业、搞好国有经济的一个重要环节，而要解决"59岁现象"，根本的环节是，结合现代企业制度与相关的法制环境的建设，强化对国有企业国有资产的管理者经营者的激励约束机制的建设。

处于关键时期的中国经济体制改革①

（2000年10月）

我国经济体制改革已经进行20多年，经济体制格局已经发生了重大变化。总的看，市场机制已经在商品交易、资源配置等经济领域起着广泛的调节作用，在其中的一些方面已处于基础性调节的地位，社会主义市场经济体制的基本框架已初步确立。但是，我们的改革任务还没有完成，中国改革正处于关键性的历史时期。

一、进一步深化改革的紧迫性

我们说中国的改革正处于关键时期，不仅是说，中国的改革到了最终摒弃旧体制、全面建立新体制的关头，而且是说，这几步，得快点走。这是国内外形势和环境所迫。

我们正在步入21世纪。百年相交、千年更替的时期，难求难逢，给人以幸运，也给人以信心。世界上所有的国家和民族，都在寄盼于21世纪。在20世纪走在前头的国家和民族，希望能在21世纪继续保持这个领先优势，而在20世纪相对说处于落后状态的国家和民族，也希望能在21世纪改变落后状况，站在经济发展的前头。在这样的环境下，我们的国家无疑不会袖手旁观。我们的目标是加快发展，到21世纪中叶，建成富强、民主、文明的社会主义现代化国家，人民过上比较富裕的生活，在这个基础上，我们将继续前进，力争进入发达国家的行列。100年看前50年，前50年又看前5年、前10年。这就是说，要抓住21世纪，关键

---

①本文原载《理论视野》2000 年第 5 期。

要抓住头5年、头10年。纵观世界各国经济发展的历史进程，决定经济发展快慢、质量好坏最根本的因素是体制。因此，抓住头5年、头10年，抓住整个21世纪，关键在于构建一个富有活力和效率的经济体制。要建立这个体制，就必须大力推进改革。从目前实际看，大力推进改革迫在眉睫。

从国内情况看，我国的经济格局已发生很大的变化，经过这些年的努力，长期短缺的状况被打破，买方市场初步形成。但是，我国经济增长也进入了一个相对平缓的时期，实现持续快速健康发展，缺乏充盈的潜力，比较突出的一个问题是经济结构不合理：构置重复，水平低下，攀升能力差。这是一个老大难问题。差不多新中国成立50年来我们都在调整，其中改革开放后力度更大。通过结构调整，逐步解决了吃、穿、用、住、行的问题。但是，问题并没有从根本上解决。从目前情形看，中部与东部工业结构相似率达93.5%，西部与中部工业结构相似率达97.9%，各地在"九五"计划和2010年远景目标规划中，将汽车列为支柱产业的省、区、市有22个，将电子列为支柱产业的有24个，将机械、化工列为支柱产业的有16个，将冶金列为支柱产业的有14个，从中不但可以看出结构趋同，而且结构老化。根据我国经济发展的状况，考虑世界科学技术加快发展和国际经济结构加速重组的趋势，必须尽可能快地对我国经济结构进行战略性调整。不把这件事抓好，就难以实现快速高效的经济增长，不消说也难以在21世纪更趋激烈的国际竞争中占据有利地位。但是，结构调整从根上说要依靠改革，改革是结构调整的手段，甚至是结构调整本身。不合理的结构调整是怎样形成的？直接地说，是不负责任的粗放性投资体制造成的，而现有的不合理的投资体制的背后，是产权不清、责任不明、无人负责的原来国有企业制度和"干部出数字，数字出干部"的政府运营体制造成的。这样的体制，造成了只从眼前出发、不从长远考虑，只从本位利益出发、不从全局考虑，只从"政绩"要求出发、不从实际效益考虑的投资行为。在这样的体制下，没有人考虑结构是否雷同，是否有利于升级换代，是否能实现经济的高速增长和可持续发展。不改革这种体制，粗放型的不负责任的投资行为就不会停止；有利于结构优化和不断升级的市场机制的作用就难以发挥，结构调整就是一句空话。事实上，这些年结构调整有所进步，能够在一定程度上解决吃穿用住行的问题，背后都是体制改革推动的。下一步结构调整要朝哪个方向走？中央提出了三条：第一条，这种调整，不仅要对低水平的、污染环境和浪费资源的落后生产能力坚决进行压缩，又要加快发展短缺的、技术含量高的和有国际竞争力的生产能力，特别要发展高新技术产业；第二条，不仅要调整产品结构、产业结构和企业结构，还要对地区和城乡经济结构进行合理调整；第三条，不仅要解决当前的市场供求问题，更要提高国民经济的整体素质和效益，着眼长远发展。深入下去，我们能发现，无论哪一条，都涉及改革：淘汰旧的产业结构，发展高新技术，要靠改革；中西部地区要赶上东部地区，实现区域协调发展，关键是加快改革开放步伐；而提高国民经济整体素质和效益，实现持续稳定协调的发展，还是要靠改革构筑起良好的体制来。因此，结构调整的紧迫性与重要性实质上是加快改革的紧迫性和重要性。

我们面对的另一重要形势是：中国即将进入WTO。作为与国际货币基金组织、世界银行一道被称为世界经济"三大支柱"的WTO，有利于加入国充分利用世界资源，扩大商品的生产和交换，促进本国经济发展。加入WTO对我们是一场严峻的考验。加入WTO，意味着中国市场将全方位向国际开放，中国企业将全面面对国际企业的竞争。应对WTO，取得全面介入国际竞争后的优势，我们还有很多的工作需要做。中美就中国"复关"或加入WTO谈判了13年，可以说我们准备了13年，但是今天真的要加入WTO了，我们还是面对着这样的问题：我们准备好了吗？不能说一点基础都没有，但应该说准备还很不充分，尤其是体制准备不充分，其中最危险的是关键性领域，如银行业、保险业。人家的银行大部分都赚钱，因为人家有一个好体制、好机制，这种机制不仅使它有强烈的赚取利润的冲动，也有较强的风险抑制；不仅使它有较好的经营条件与方式，而且有非常好的服务。而我们的银行，财产组织形式不合理，缺乏为国有金融资产保值增值的主体，又没有有效的激励和约束机制，其运行在很大程度上是靠外部力量推动的。你强调要争取效益，它就给你乱放款，关系贷款、人情贷款及以权谋私都来了，导致大量的呆账、死账、烂账；你强调要防范风险，它就给你消极贷款，即所谓"惜贷"。这样的体制，只能是亏损、浪费和资产流失。如果进入WTO，过一段时间，外国的金融机构就可以像我们自己的银行一样在中国从事企业的、居民的存贷款业务，且它们又有特殊的优势，如实力强大、经验丰富、业务综合、操作灵便。我们的银行体制如果不改，就必然会在国外银行的竞争中破产、倒台。又如保险业，原来，我们只有一家保险公司，即中国人民保险公司，搞的是依靠行政权力支撑的垄断经营，后来又成立了两家由多个国有部门出资形成的股份制保险公司，国有保险公司间开始有了一些竞争；再后来，又成立了一些有非国有资本入股的股份制保险公司，并批准设立了十多家外资保险公司分公司或中外合资的保险公司。这些公司的成立与进入，给中国保险市场带来了鲜活的气息。特别是国外保险公司的进入，对国有保险公司的运营形成了很大的压力。它们手段灵活，从目前说，人家的保险单既是保险的凭证，可以领取保险金；又是投资的凭证，可以参与利润分红；还是储蓄的凭证，可以得到存款利息，一举多得，比我们单纯地做保险凭证对投保者的诱惑大得多；它们服务周到，比如说人家上门服务，提供附加服务等。尽管如此，到目前为止，我们的保险市场对国外保险公司还是有限制地放开的，国外保险公司从总体上说还是浅度介入。通过改革，中国国有保险公司的体制建设和服务质量都有很大进步，但应该说，垄断经营的地位并没有得到根本改变，因此，在体制转换和服务质量提高上还有很大的空间。从目前说，我们一些商业性保险是违背消费者意愿强制进行的。进入WTO，中国的保险市场将大幅度深层次向国外保险机构放开。我们的体制机制不转变，就会在竞争中处于被动地位。面对WTO，我们不能存任何幻想，WTO不承认中国自己的特性或特殊做法。面对WTO，我们不能慢慢改革，随我们的意愿来。尽管WTO规则允许我们某些领域的放开有一个过渡期，但从现在起，5至8年的时期内，这个过渡期就会结束。为了获得竞争中的优劣，为了使我们通过加入WTO真正获得利益，我们必须加快改革，尽快建立符合国际竞争要求的较为完善的社会主义市场经济体制。

二、进一步改革应当把握的基点

深化改革，必须进一步明晰改革的方向。这些年来，我们关于改革方向的认识是不断深化的，越来越明晰、科学。开始，我们提出"改革是为了建立充满生机的社会主义经济体制"；接着，我们进一步把这种体制具体化为"国家调节市场，市场引导企业"，凸显了市场在新的体制中的中心作用和枢纽作用；在经历了一段反复后，1992年党的十四大明确提出经济体制改革的目标是建立社会主义市场经济体制。什么是社会主义市场经济体制？1992年前后，我在撰写的有关文章中，提出了其一般性和特殊性的规定。其一般性，体现为这样四个方面：（1）企业行为自主化；（2）经济关系市场化；（3）宏观调控间接化；（4）经营管理法制化。其特殊性，一是以公有制为基础；二是体现中国民族传统美德与现代文明；三是体现我国的诸如生产力发展水平低、地区经济发展不平衡、城乡差别大、人口多等基本国情。今天，我们按照明确的建立社会主义市场经济体制的目标推进改革已经近10年了，市场经济体制建设取得了很大的进步，相应地，我们对于市场经济也有了更深的了解。对于未来的改革来说，进一步明晰市场经济的特征或明确改革的方向是必要的，因为从前20多年的改革过程中，有两个问题非常突出：一是改革措施往往在实践中走形变样，二是过分强调"从自己的实际出发"，强调自我特色，结果是我行我素。出现这样的问题的原因是多方面的，也是服从不同行为者的不同目的的，但是，与我们对于社会主义市场经济的规定性的认识不具体、不明确是有关系的。时至今日，我们的改革到了最终用新体制取代旧体制的时期，为了使"塑形造体"不走样，为了使改革时程尽可能缩短从而使改革成本的付出尽可能减少，也为了操作上的方便，应该对新体制的规定进一步作出科学的说明。这从另一角度说，也就是进一步科学把握深化改革的基点。

那么，深化改革的基点是怎样的？基于计划经济体制与市场经济体制的比较分析，基于发达市场经济国家的体制进化与经济运行实践的观察，基于我们今天经济运行的生产力基础及由此所决定的人们素质特点的研究，从综合的主体的角度看，一个少腐败、多公正、低浪费、高效率的经济体制往往能够解决这样三个核心问题：

第一，经济发展动力问题。即经济发展的主体问题，经济发展的主体是政府还是企业？如果是政府，一切行为就应该纳入政府的掌握之中，按照政府部门的统一意志、统一计划行动，企业的生产经营是在政府的指挥与压力下进行的，处于被动地位。而如果是企业，那么企业就是能动的自主的市场主体，企业为着获取尽可能多的利润，以市场需求为导向，创造性地开展生产经营活动。在计划经济体制下，经济发展的主体是由政府担当的，企业成了附属物，正因为如此，直接从事生产经营的企业没有活力，没有积极性和创造性，尽管政府使了很大劲，忙得不亦乐乎，经济还是发展很慢，所以要改。实际上，直接生产经营者自我发展的内在冲动是整个经济发展的原动力和主体力，企业动了、活了，经济就会有活力和效率。如果作为直接生产经营者的企业不思发展或进取，任何外力对其的推动作用都是起不了太大作用的，有时甚至起相反的效果。纵观所有经济发展较快、经济效益较好的国家和地区，企业都是高度自主的能动性生产经营活动主体。既然如此，我们的改革就应明确把实现企业的自主作为一个重要的分目标。但企业的自主不是靠放权让利实现的，而是要建立一套制度来实现。今天，我们企业的自主性大大增强，可是来自政府的直接干预并不少见。政府还在搞审批，政府甚至在代替企业抓管理，这在市场经济发达国家是不可思议的事。不过话又说回来，在现在这种产权不清晰，责任主体不明确，又没强有力的激励、约束手段的情况下，政府不抓管理，企业是不会认真抓管理的：反正我也没有真正的权力，抓了也得不到实惠，亏也不是亏我的，企业垮了照样当干部，能对付过去也就得了。所以，真正的自主是靠一套制度保证的，真正的发展冲动，责任履行，也是靠一套制度保证的。因此，从这个角度说，什么时候企业真正成为以追逐利益为目标、能够真正自觉自主地开展生产经营活动的能动性市场主体，什么时候我们的改革就到了位。反过来说，下一步应该瞄准实现企业自主这个基点，大力推进体制改革。

第二，经济行为的基准问题。即经济行为向谁负责的问题，是向上负责还是向下负责？在计划经济条件下，政府指挥一切，不仅决定着生产经营活动的具体内容与方式,而且决定着管理者、劳动者的升迁去留。因此,直接生产经营活动者的行为是向上级部门负责,向主管领导负责,向自己的乌纱帽负责的。在这种状况下,就谈不上遵循宏观经济规律要求,符合市场需求,以消费者偏好为准,也就谈不上资源的优化配置,谈不上积极的、创造性的生产经营活动。当然,也就谈不上经济的高速度高效率发展。而市场经济则要求行为者的行为,特别是领导者、管理者的行为,向市场、向消费者、向广大人民群众负责。也只有向市场、消费者或向人民群众负责的行为,才可能真正是公正的、经济的和有效率的。由于体制没能根本性转变,目前人们的行为,特别是处于负责岗位的人们的行为在很大程度上仍然是向上级部门、主管领导,说直白了是向自己的乌纱帽负责的。正因为如此,有些人把企业、地方搞得一塌糊涂,仍然可以悠然自得地在领导岗位上待着,甚至能够提职升官;也正因为如此,假冒伪劣甚嚣尘上,虚报浮夸屡禁不止。因此,唯市场需求是瞻,以消费者偏好为准,奉人民利益为至高,应该是改革的又一个重要基点,下一步改革措施的推出、体制的安排,都应该有利于此。

第三,经济协调手段问题。即用什么方式来规范和协调人们的经济行为问题,是靠人治还是法治?计划经济条件下无疑是靠人治的,因为整个经济运转是靠发命令进行的,即所谓"命令经济"。谁发命令?只能是掌管有人、财、物大权的"长官",所以,我们也说计划经济是长官意志经济。"人治",就避免不了随心所欲,避免不了厚此薄彼,避免不了以权谋私、贪赃枉法,避免不了经济关系扭曲,避免不了资源配置的失误和浪费。市场经济的本质是竞争,它要求所有经济活动主体除自身能力与条件之外所面临的一切外部因素如机会、软硬环境都是一样的,也要求社会以同样的规制来衡量、评价、处理它们的经济行为。因此,从计划经济转向市场经济,从一个角度说是从人治转向法治。唯有法治,才能把经济活动纳入符合经济规律要求的有序的环境中,避免任何超经济特权的干扰;也唯有法治,才能把经济活动主体的行为的评价与处置不分亲疏地置于同一天平上。我国正在努力建设社会主义的法制,经过这些年的努力,到目前为止,新型法规已涉及市场主体、市场行为与秩序、宏观调控、社会保障、对外开放、知识产权保护、市场中介组织各主要方面，基本经济活动均有法可依。但是，法制建设的道路仍然漫长。就目前情况看，虽然立法进展较快，而有法不依、执法不严的状况却很严重。深化改革，必须着眼于实现"法治"，一切改革措施的出台都应符合"法治"原则，有利于"法治"的实现。

概括地说，企业自主，人民至上，法治为本，是我们深化改革的基点。经过改革，我们的体制体现了这样三个方面的要求，它就必然是高效率的社会主义市场经济体制。

三、进一步改革的重点

实事求是地估价今天改革的状况，我们要说，改革虽然取得了长足的进步，但很多关键性的体制环节都没能真正闯过去。所以，对于下一步的改革来说，有一个全面深化的问题，更有一个抓重点的问题。

哪些是改革的重点？就当前的情况看，最要紧的是大力推进这样一些方面的改革：

一是国有企业改革。这是我们最为重视同时花力气最多的改革。长期以来，国有企业居于垄断地位，这就使国有企业改革自然而然地成为决定体制能否转换、朝哪个方面转换的关键环节。国有企业的改革涉及对于新体制建设和市场经济的发展来说极为重要的两个方面内容：一是所有制结构调整，一是经济运行的微观基础的建立。从前一个方面说，所有制是整个社会经济制度的基础和核心，我们经济生活中的一切弊病，都有所有制上的根源。国有企业的改革是使传统的不合理的所有制结构走向合理的根本举措；从后一个方面说，国有企业通过改革实现了自主经营、自负盈亏和能动性发展，社会主义市场经济健康发展和有效运行的微观基础也就建立起来了。下一步的国有企业改革，核心的内容还是两个方面：一是切实贯彻"有进有退、有所为有所不为"的方针，通过置换、出售、改组等多种途径，收缩战线，集中领域，优化国有经济的布局、结构与规模。过高比重的国有资产布局，过长的国有经济运作战线，不仅不利于经济的发展，反而使政府承担着沉重的负担和陷入巨大的社会风险逼迫之中。二是严格按照国际惯例，规范地推进国有企业的股份制改造。这里的核心是要搞规范，不能以为搞了股份制改革一切就都解决了。不规范的股份制改造，肯定比传统的企业制度更糟糕。也就是说，不能奢望"一股就灵"。所谓规范的改造，关键是要把握这样两点：第一，建立规范的公司股权结构，除极少数必须搞国家独资外，原则上都应搞多元化的股权结构，即使是国家独资公司，也应搞多个国有单位共同投资的"独资"。在目前条件下，关于股权结构的规范改造，还要把握两点：一是需要国家控股的企业，应多搞国家相对控股，少搞绝对控股；二是股权设置不可僵化，应通过证券市场和产权市场，根据经济环境变化和国家战略意图，建立国有股本增持或减持的正常流动机制。第二，建立规范的公司出资人制度和公司法人治理结构。建立规范的公司出资人制度的关键，首先是明晰国有资产的出资人和出资人代表；其次是出资人代表按规范程序进入董事会行使国有投资者的职能；其三是建立严格的责任制度，防止国有资产责任主体的实际缺位。建立规范的公司法人治理结构的关键，是按规范的也就是符合国际惯例的公司法规建立董事会、监事会，运用市场机制选聘总经理。在这个实质性问题上，还搞"上级"说了算，不会有什么好的效果。关于国有企业改革，还有一个重要的改革是建立有效的激励机制。在目前的条件下，我们不能完全把希望寄托在个人的自觉性上。"59岁现象"就说明了这一点。目前的当务之急是建立对企业经营管理者的激励机制。搞年薪制、股票期权、期权股份制等都是必要的，但是，要使它们真正的发挥激励作用，必须做相关的配套改革：第一是把企业经营管理者的选任、淘汰市场化，即建立起以市场为基础的企业经营管理者选任、淘汰机制；第二是企业职工的选择市场化，并在此基础上建立激励约束机制；第三是把激励和约束有机结合起来，做到权责对称、奖惩对称。

二是要素市场建设。市场经济体制的核心是资源的市场配置，归根到底，是通过市场机制把生产要素配置到最合适的环节。因此，市场机制配置生产要素的程度即是衡量市场经济体制建设状况的标识，也决定着市场经济体制建设本身的进程。从目前看，这方面的改革任务还很艰巨：资本市场发育很不充分且很不规范；劳动力的流动特别是高级劳动力的流动，还面临着许多障碍，国有企业经营者的选任在主体上仍是非市场方式，其他要素市场的发展也不尽如人意。在下一步的改革中，要素市场的建设必须大力推进，从主体上看是大力推进资本市场、劳动力市场、土地市场和技术市场的建设，其中特别关键的是资本市场和劳动力市场的建设。对于资本市场来说，如何建立开放、灵活的吞吐机制，通过这种吞吐机制优化资源配置、调整资产结构与企业结构，增值激活资本，实现宏观战略任务，是一切相关改革措施推出的依据和它们最终需要达到的目标。当前，应该采取推动国有股和法人股上市、发展企业债券等措施促进国有经济的战略重组和企业财产组织形式改造，推动新体制的迅速建立。对于劳动力市场建设来说，要继续采取得力措施，克服包括户籍制度、人事管理制度等在内的一些相关制度中存在的不合理之处，促进劳动力的自由流动。这里要特别提到农村劳动力的流动问题，农村劳动力流动的程度，进一步说，是农村劳动力离开土地走向城镇就业的程度，决定着城市化的进程，决定着全体人民素质的提高，标志着中国走向现代化的程度。户籍制度使同样是作为生产资料的主人的中国农民一开始就处于不平等地位，也不利于劳动资源的优化配置和劳动者素质的提高。当然，之所以采取这样的制度是同我们落后的经济发展水平相联系的。经过这些年的发展，我国生产力水平大大提高，解决这种不平等、不科学的户籍制度已经具备了一定的条件。改革开放以来，自发的劳动力的流动并没有给我们造成想象中的大灾难，相反，它从各个方面带来了好处。我们不说它增强了对城市职工提高素质、勤奋工作的压力，不说它带动了很多产业的发展，也不说它有利于农村经济结构的调整，只说它给人民生活带来了方便这一条，就功勋昭昭。目前，有的城市借口"外来人口搞坏了治安""外来劳动力影响了城市职工的就业"而采取严厉措施禁止农村劳动力和外地劳动力进来，是不妥的，说得严重一点，是违背市场经济发展方向的。没有劳动力的流动，你那个地方的社会治安是否就一定好？没有外来劳动力进城，你的就业是否就能充分，下岗的城市职工们是否就一定愿意到目前由外来劳动力或农村劳动力承负的那些高、难、险、脏、差的领域去就业？在这个问题上，要"风物长宜放眼量"，不要因小失大。

三是金融体制改革。金融体制经过这些年的改革，取得了显著进步，但相对于其他改革，仍然处于滞后状态。考虑到金融在国民经济发展中的特殊地位，加快推进金融体制改革刻不容缓。对于金融来说，目前存在着两个突出的问题：一是如何真正搞活金融，在推动经济发展的同时实现国家金融资产的保值增值；二是如何防范金融风险，使国家金融资产高效安全地运行，激活整个国民经济。解决这两个问题都涉及一个重要改革：转变国有商业银行的组织形式和运行机制，换句话说，要对现在产权责任主体缺位、缺乏有效的激励和约束机制的国有独资商业银行进行规范的股份制改造，使之成为真正的商业银行，成为自主经营、自负盈亏，有着强烈的发展冲动和强有力的风险约束机制的现代金融企业。四大国有独资商业银行是我国银行业的主体，也是金融业的主体，这种特殊地位决定了它们对国民经济的至关重要的作用，但它们运行的现状却不很理想。由于完全的国家独资，不仅使政府支配银行成为理所当然，也使银行的一些经营者不负责任自然而然。在这样的体制下，银行在发展上处于被动地位，在不负责任的行为上则处于主动地位。就像我在前面谈到的那样，你说要防范金融风险，出现了死账、烂账要撤行长的职，它就消极贷款，该贷的也找理由不贷，因为保不准碰到的又是一个赖账的或是一个败家子，没有人去考虑金融资产的增值、银行利润的增加；你说要支持经济，它就给你乱放贷款，有的甚至搞关系贷款、人情贷款，以权谋私，没有人考虑风险问题。这里的问题不在于人，而在于机制，这样的银行组织形式使其没有为国有金融资产保值增值的责任主体，也没有自觉推动金融发展的同时又有力防范金融风险的动力。金融体制改革的另一个重要方面，是要进一步发展多种类型的中小金融机构。随着改革的深入，中小企业数量日益增多，它们对国民经济的发展逐渐起到主体支撑作用，中小企业的生产经营亟须金融支持。但是，这方面的问题却很严重。受特有的财产组织形式和运行机制的限制，受长期以来支持国有大中型企业的既定任务的约束，加之担心中小企业变动快、破产多，从而风险大，国有商业银行包括国家控股的股份制商业银行往往不愿给中小企业以金融支持；原来的城市信用社本来与中小企业金融往来比较突出，但后来改组为城市合作银行后，也随着"身份"的提高而远离中小企业；农村的一些信用机构或金融形式因不规范操作在整顿中有的被关闭,有的发生官僚化蜕变,有的则消极处事得过且过。解决这个问题,除了推动国有商业银行真正商业化进程,通过对其以改善财产组织形式为重点的改革,促使其为着盈利目标像其他金融企业介入到社会经济生活的每一个层面,同每一个适宜的经济活动主体打交道外,还必须利用现有基础,规范地发展各种性质的中小金融机构。目前,金融体制改革还应着力的一个内容是,创造条件,逐渐推进利率的市场化。

四是政府管理经济的体制改革。政府管理经济的体制的改革是下一步改革的一个重中之重。计划经济的特点是政府支配企业,行政支配经济,长官意志支配一切。改革,就是有意识地改变政企不分、政指挥企的体制,于是有了"放权让利",有了"放开搞活"的说法。但是,掌握权力的政府部门要割舍能够使自己处于至高无上的地位、能给自身带来多方面的利益的权力有时是很难的。对于有些政府部门来说,迫于改革压力,尽管不得不放权,但由于放权让利的主动权操在自己手中,这种放权要么节奏步伐很慢,要么只放小权,放非关键的权,很难真正放到位。而对有些政府部门来说,改革要在政府的领导下有序地进行,更成了它们以改革的名义固守权力甚至集中权力的"护身符"。所以,政府管理经济体制的改革至今没有取得应有的实质性进展,成为今天改革中的一个"瓶颈"。因此,直到今天,人们还不得不承认这样一个事实:"可以不找市场,却不能不找市长"。所以,对于掌握着各种权力包括改革的权力的政府部门来说,形势的发展已经把其推向被改革的显要位置,到了"一夫当关,万夫莫开"的境地,不进行实质性改革,整个经济体制就难以最终进行实质性转换。政府管理经济的体制的改革,最关键的是两点:第一,按照政府运作规律和经济发展规律的要求,把政府直接从事经济活动的范围缩小到最必要、最合理的范围内。政府直接从事经济活动的范围实际是这样两类:其一,除了政府干,其他主体不愿干的;其二,除了政府能干,其他主体干不了的。因此,政府直接从事经济活动的领域,主要是"三公":组织公共产品生产、建设公益事业、提供公共服务。第二,进一步改善政府管理经济活动的方式,最大限度地取消审批项目。要结合政府直接从事经济活动范围的调整,取消一大批政府审批项目，把政府审批项目限制在最必要的范围内。必不可少的审批，也应尽可能引入市场竞争机制。政府管理经济体制改革产生的结果，不仅是富有活力和效率的经济，而且是廉洁高效的政府。

五是社会保障制度的改革。一个独立的能够满足多层次、多方面需求的社会保障体系，是其他改革赖以顺利推进的保障与支撑。目前，我们的改革到了攻坚阶段，从另外一个角度说，是到了风险最大的阶段。单从人员安排的角度说，农民转移、工人下岗、学生分配、军队减编、干部分流等等，一下子都推向了社会。如果再考虑到国有经济的战略调整，现代企业制度建设，WTO进入，外资经济的竞争加剧等这些因素，排放到社会上的人就更多，这将会带来很大的社会风险。除非我们不改革，解决这种社会风险的根本途径就只能是建立强有力的社会保障体系。社会保障至少要解决让退休的、下岗的、无业的老百姓有一个基本的生活保障。社会保障体制建设的重点，一是资金筹集，一是资金运营。对于前一个方面来说，考虑到我们的历史缺口较大，现实情形紧急迫切，在常规性筹集社会保障基金的基础上，需要采取一些特别的措施来充实社会保障资金的来源，如调整财政的支出结构，变卖部分国有资产，开征社会保障税，发行特种债券等。对于后一个方面来说，要按照市场经济的要求，委托合适的金融机构或组建专门的基金经营机构对积累性社会保障基金进行市场化的运行，推动其保值增值。

立足于创造体制优势
建立开发区发展的新优势①

（2001年10月）

　　参照经济特区的某些做法而建立的经济技术开发区，对我国经济体制改革的深入推进和国民经济持续健康的快速发展，发挥了十分重要且无可替代的作用。但新形势下开发区的发展面临着困境。其困源主要来自两个方面：其一，随着改革由局部先行走向全面推进，市场机制的调节作用铺展到差不多所有的经济领域和环节，社会主义市场经济体制建设从确立框架进入不断完善阶段，曾经拥有某些操作特权和政策优惠的开发区不应该再有这些特权和优惠，而且也无法继续拥有这些特权和优惠，这其中包括某些改革措施的率先试验权、某些重要产业的优先准入权、某些义务或负担的减免权等等；其二，我国即将加入世界贸易组织即WTO，而WTO意味着，在关键的方面，我国将不能通过异于国际通行做法的体制和政策上的特殊操作来阻挡来自国际上的竞争，我国经济将全方位向国际竞争者开放。不仅如此，为了取得竞争上的优势，从微观运行到宏观管理，必须建立起一套符合现代市场经济要求的与世界通行做法相吻合的规制。这就是说，WTO不承认我国的特殊性，不允许我国在主体上有异于国际规制的特殊做法。这也自然意味着，开发区不能具有异于世界通则的特殊规则，也不能再握有与非开发区相异的特权。

　　对于整个我国经济改革和发展而言，这无疑是利大于弊的好事。但

---

①本文原载《理论视野》2001年第5期。

对于出生和成长都有一定特殊性的经济技术开发区来说,则关乎生死存亡。一个关键性的判断是:开发区还有没有自己的存在和发展的空间?而对其作出正确的判断,最起码也应当对这样层面的问题作出准确的回答:离开了特权与优惠,开发区能不能在新形势下创造出新的优势?

回顾开发区的发展历程,实施类似于某些经济特区某些做法的开发区也发挥了类似于经济特区的某些作用:它是改革的试验场,运用"试点权"实施一些新的、难度较大的或有争议的改革措施,为所在地区的改革深化提供了经验;它是外向型经济发展的排头兵,利用灵活的政策与管理方式,及依此创造的良好投资环境,吸引来了大量外商外资,使自己成为所在地区发展外向型经济的窗口和推动源;它是科技创新和科技经济一体化发展的示范区,利用机制和技术上的优势,不断实现科技创新和科技成果的转化,有力地促进了所在地区科技发展和产业结构的提升;等等。正因为如此,开发区一般都成为其所在地区经济发展的新增长点和现代化建设的示范点。我们能肯定地说,开发区兴办是成功的,也正是因为如此,使我们对新形势下开发区的前途命运给予了深深的关注,不甘心它成为昙花一现的历史过渡物。开发区的发展历程及取得的不凡成就给了我们一种启示:开发区的优势归根到底是发展上的优势,没有发展、发展的不如别人,或者发展的与非开发区不相上下,开发区的继续存在就没有过硬的理由。在新的形势下,我们很难现在就认定开发区在未来发展中一定具有优势,但从开发区过去的发展历程中我们能看到,开发区所以成为经济增长点和现代化示范点,根本的原因在于它成为体制、技术和管理的创新点,考虑到技术创新管理创新从本质上源于体制创新,因此,我们能肯定的是:在新形势下,开发区能否继续存在决定于其是否能够取得发展上的优势,而其是否能取得发展上的优势,关键在于其是否能继续取得体制创新上的优势。

那么,在新形势下,开发区体制创新能否体现出优势来?自然,我们不能再期待获得诸如专属的闯禁区权、排他的先行试验权、利益优惠性的政策实施权等来实现体制创新上的优势,但至少在如下两个方面开发区可以保持主动,从而真正创造出优于非开发区的体制优势来:

一是在改革措施的推行上仍然可以利用时间差先行一步。建设社会主义市场经济体制的大方向与操作思路的明晰，改革探索上一系列禁区的排除，通过"试点"等形式事实上授予少数主体先行试验权的特权的制度取消，以及由迎对WTO带来的建立国际通行的规制的紧迫性，无疑会加大非开发区体制创新的范围与力度，但除非已经形成了旧体制的复归（这在少数开发区是存在的），开发区现有企业类型（股份制与外资企业占很大比重）、管理形式（直接管制少）等体制上的优势及历史包袱小、人员素质高等特点有利于其超于非开发区而进行体制创新。关键是，开发区能不能在没有政府赋予的优先权的时候，继续保持改革探索上的积极性和主动性而自立优先权。而这方面，所留下的空间是很大的。

二是在改革措施或制度的规范化建设上做足文章。二十多年来我国改革开放取得了举世瞩目的进展，但在改革开放进程中存在的一个大问题是改革措施推行中的走形变样。一些改革措施因为不能产生眼前利益而被束之高阁，更多的改革措施则在"从实际出发"或"创造性运用"的名义下被曲解、异化，为我所用。其结果不仅是付出了沉重的经济与社会代价，而且大大延缓了改革的进程。由于牵涉到的利益层面广泛，即使是在今天，改革措施推进中走形变样的状况在面上仍然会大量发生，矫正起来难度也较大。然而开发区体制基础较好，利益牵扯面相对较窄，所辖区域相对独立较易控制，因而有条件规范化地推进各项改革措施，建立真正符合现代社会化大生产和现代市场经济要求的规制。对不同的主体来说，对某些改革措施的选择上往往体现不出实质性的差异性，但在这些改革措施实施的规范性上，却往往体现出很大的差异，而这种差距，又往往带来效果上的天壤之别。这方面的作用空间也很大，开发区做好了这篇文章，则笃定能取得发展上的优势。

这就是说，在新形势下，开发区仍有可能创造体制上的优势。而立足于创造出发展上的新优势，开发区必须继续创造出体制建设上的优势。基于开发区现有基础和开发区与非开发区"点""面"关系考虑，在下一阶段的体制建设上，开发区至少应在如下方面在力（速）度与规范化程度上体现出优势：

其一，进一步规范和完善各类经济成分的组合结构、组织形式和运行环境。鉴于原有所有制结构的弊病，开发区在发展过程中强调大力发展非国有经济、形成多种经济并存的所有制结构是必要的，其成就也是明显的。但对于今天的开发区来说，各类经济成分的组合结构、组织形式的规范与完善的含义似不宜再放在补充或进一步发展某种经济成分方面，更重要的方面可能是：服从于推动科技创新，提升产业结构、增强企业能动性和市场竞争力——总而言之，是服从于经济发展的要求，改善区内各种经济成分的组合结构及同一企业产权的组合形式。后者不是公多一点还是私多一点的概念，而是基于特定目标要求的适宜不适宜的考虑。另一个值得开发区着力解决的相关问题是，创造各种经济成分公平竞争的环境。这要求开发区对各种经济成分的支持、服务一视同仁，并体现在规制上。鉴于非开发区这方面仍然存在着严重不足，开发区在这方面的努力具有强烈的示范意义和推动作用。

其二，进一步推进各类企业的规范化制度建设。企业制度是市场竞争的基础。竞争力较强的企业，除了产业选择、产品质量与品种、经营方略等方面存在比较优势外，其基础优势却在于有一个符合现代社会化大生产和市场经济要求的良好的企业制度。换汤不换药的不规范改制在今天我国企业制度建设中比较普遍。开发区要创造发展的优势，推动各类企业进行规范化的现代企业制度建设是一个关键的体制创新环节。而规范的企业制度建设的核心是建立规范的公司产权组织结构、出资人制度、法人治理结构和市场选择经营者的机制。实行股权多元化、明晰出资人代表（责任主体）并使其按规范程序进入公司治理结构、引入非资产董事并赋予特别的权力、依据竞争机制选择经营管理人员、建立强有力的激励与约束机制等则是其中不可缺少和任意变更的内容。

其三，进一步改进政府管理的组织体系与工作方式。政府管理体制改革仍是下一步理顺体制关系的一个根本环节。从我国现状着眼，适应于现代市场经济的要求，政府管理体制改革要实现如下目标：从万能的政府变成有限作用的政府；从"为所欲为"的政府变成为所必为的政府；从主要是进行干预的政府变成主要是提供服务的政府；从主要是为国有企业服务的政府转变成为所有企业服务的政府。开发区有条件也应该在这方面率先达到目标。为此，下一步改革应扣住如下几方面进行：

缩小范围——把政府直接经济活动内容集中到最必要的方面上；规范程序——通过有效的制度保持经济决策的科学性和经济活动的公开、公正性；改变方式——最大限度地取消审批方式和关卡制度；完善监管——建立强有力的行政行为监督约束机制。结合这些改革，相应调整政府管理机构，使其符合现代市场经济的要求。

其四，进一步理顺公共资源和生产要素的配置制度。市场机制调节与配置公共资源和生产要素的程度，实际上反映着我国经济体制与国际经济规制衔接的程度，当然也反映着社会主义市场经济体制的完善程度。从整个面上看，这方面的改革在目前仍是一个薄弱环节。开发区也好不了多少。因此，全面推行国有经营性土地使用权公开拍卖制度，依法实行公共工程项目招投标制度，在特殊产品、重要物资与经营项目的配置过程中最大限度地引入市场机制等应该作为开发区制度建设的重要内容。

其五，进一步完善保障企业自主运作和市场公正运行的法制环境。企业是开发区发展的真正主体，而企业能动性是开发区发展的真正动源，从开发区与企业的关系而论，启发企业动力源的根本性因素，不是优惠政策，而是稳定的、公正的运行环境。因此，除了相关的体制建设外，开发区应着手营造企业自主经营、公平竞争的社会环境。在这方面，有两点值得特别重视：一是科学用法立规，严格按照已颁布的符合市场经济发展要求的法律法规规范与清理环境，同时立足于服务而不是钳制建立开发区发展规章；二是严格执法履规，依法行使政府权力，以法规范政府行为。

正视WTO的严峻挑战，扎实推进经济体制改革①

（2002年1月）

中国加入WTO面临的挑战很多，但主要表现在某些产业和企业的发展、人们的思想与行为方式、现行的法律规章以及人才结构与素质四个方面，因此中国入世带来的最大挑战即是对现行体制的挑战。而要应对挑战，就需要从两方面着手，即抓住关键，灵活操作，在改革的内容和方式选择上体现主动性。

一、应对入世带来的挑战在于深化改革

加入WTO对我们来说有很多的好处，比如说，有利于扩大出口和利用外资，有利于加快国内经济结构调整；有利于我国参与国际贸易新规则的制定，维护我国民族的正当权益，提升我们国家的国际地位；有利于我国参与国际经济全球化，等等。但如果实事求是地审视中国的现实，我们不能对此过于乐观，应该保持清醒的头脑，应该把面临的问题看得更清楚一些，把形势估计得更复杂一些，把困难想得更多一些。有备无患，总比过多地看到益处而盲目乐观好。从这个角度看，有这么两点应该引起注意：一是我们往往一厢情愿地认为，加入WTO利大于弊，机遇大于挑战。相当多的人并没有认识到，加入WTO，弊是客观存在的，利却要靠我们自己争取；机遇是潜在的，而挑战却是实在的。不具备一定的条件，机遇并不能成为真正的机遇，不具备这样的条件，不通过努力达到这样的条件，潜在的机遇就不可能变成现实的机遇，利也不

---

①本文原载《经济研究参考》2002年第19期。

一定就大于弊。二是从复关到入世，中国已整整谈了15年。这15年的谈判历程，按有关方面的说法也是15年的准备历程。但如果要真正抓住机遇，化弊为利，我们相关的准备工作还有很大的差距。不要说实质性的准备，即便是对加入WTO的相关信息的了解和掌握这种最起码的东西，我们做得也不是太好。比如说，我们跟美国、欧盟、日本这些主要贸易伙伴谈了一些什么，双方承诺了一些什么，估计相当一部分人并不熟悉。因为相关的信息披露并不充分，披露了的东西也不一定引起一些人的重视，这一点国外做得就比我们好。不了解我国开放什么，开放多少，我们又怎么去应对？应对绝不仅仅是领导人的事情，应对最终要落实到我们的每一个行业、每一个单位甚至每一个人。认真审视现实，就WTO所规定的原则和我国要求通过加入WTO所要实现的利益来看，我们还面临着一系列的挑战。

（一）我国的一些产品、企业和产业的发展面临着严峻的挑战。对此，不要说我们没有优势的产品和产业，即便是那些我们认为有优势的产品和产业，情形也并非人们想象的那样。现举例说明之。

1. 纺织业。一般认为，中国入世后纺织业是有优势的。纺织业属于劳动密集型产业，而中国的劳动成本比较低，另外，外国对我国纺织品进口的配额将取消，相关的贸易壁垒会大大减少，各成员国间贸易自由化程度将进一步提高，这有利于中国纺织品出口市场的多元化，从而推动出口数量的稳步增长。这样的认识不能说完全没有道理，但似乎过于乐观。有一份比较权威性的材料提供了很有说服力的一组数据，说明配额的取消并不意味着中国出口纺织品的增长：我国纺织品、服装出口贸易虽然已占到全球市场份额的1/8，但20世纪90年代以来的出口增长，主要来自于非配额地区的增长。如对日本的出口，1989年为19.9亿美元，1998年增至88.2亿美元，10年间增长3.4倍，而对美国的出口则呈下降的趋势。近几年被动配额产品占全部出口的比重为20%左右，非配额产品则占到80%左右，我国每年对美国配额出口增长仅1.6%，加入WTO以后，可以享受的增长率微乎其微，每年额外享受成员国的配额增长率仅为0.4%。所以，今后我国纺织品、服装的出口主要出路仍然是非配额地区。这说明对加入WTO的机遇不能估价过高。有形的贸易壁垒取消了并不等于无形的贸易限制就不存在了，我们就可以大规模挺进或长驱直入了。这份材料同时指出，作为纺织大国，中国并不是纺织强国。从现实看，中国的纺织业有这样一些特点：（1）产品的技术含量、附加值总体上不高，棉纺行业、印染行业设备陈旧、工艺落后，产品竞争主要靠量而不是质；（2）缺少品牌，特别是知名品牌，很多产品在国际上销售打的是外国经销商的品牌，其大头利润都被别人拿走了；（3）出口服装所用的面料50%以上是进口面料，每年要花六七十亿美元；（4）技术开发能力弱，创新动力不足。这非常清楚地说明了入世以后，如果不采取措施，纺织行业的发展也是堪忧的。前不久还有信息表明，我国的棉花价格比国外纱的价格还要高，再加上体制和机制上存在的问题，我们对未来纺织业在国际市场的竞争力要有清醒的认识。

再比如，我国曾经很有优势、是中国国粹级水平的几个产品的发展状况也不乐观。一是瓷。外国人了解中国很大程度上是从知道中国瓷开始的，瓷就是china。但是今天的中国瓷在国际上竞争力并不强，受青睐的是法国瓷、意大利瓷，等等。中国的一些"大款"装饰家居的时候，买的也是国外的瓷，中国瓷出口并不多。二是景泰蓝制品。这也是我们的国粹，但是这些年景泰蓝泛滥成灾，国有企业、乡镇企业、个体私营企业都在搞，粗放型生产，大规模低价格地呈现在外国人面前。再加上一些出访的团队总是带一堆景泰蓝制品，逢人就送，把本来好的东西也给弄得不值钱了。这还是次要的，关键是我们的景泰蓝制造技术不仅已被日本人掌握，而且经过新的科技工艺改进，结果是日本的景泰蓝制品做得比中国的还好。譬如日本制造的景泰蓝制品在威尼斯就很受青睐。三是直接跟纺织业相关的丝绸产品。中国是生产丝绸的古国，也曾经是丝绸制品的强国，由此才有辉煌的"丝绸之路"。勿须说，这也是国粹，但现在丝绸面料我国也要大量地进口，洋品牌不仅占据了中国市场好大一块，而且中国自己的产品出口有的还要用外国的名牌，白白流失了大量的外汇。所以说，中国的优势产业在加入WTO后也不一定能保持优势。

2. 农业。一些人说中国是农业大国，农产品品种多，价格也便宜，利用这种优势，我们不仅能稳固自己的市场，还能利用WTO占领国际市场，所以加入WTO后农业的发展会有很大的机遇。还有人干脆说，入世对中国农业负面影响不大。这种看法未免也太乐观了。这是因为中国是一个农业国家，其发展、社会稳定的基础就建立在农业与农村上，对待农业的事马虎不得。同时，中国农业的发展状况并不占多大的优势。中国加入WTO后，进口的配额将要转化为关税，税率会在五年期内由31.5%逐步下降为14.5%，这就挡不住国外农产品的进口。而对于出口，尽管中国有"绿箱"补贴，"黄箱"补贴也有一定的空间，但这并不表明中国的农产品就一定能出得去，出去了就一定会有竞争力。最近美国《洛杉矶时报》专门发文谈中国农业加入WTO后可能受到的冲击，文章以果农为例讲了两件事情：一是2001年春季，上海从美国进口了1800箱橘子，不到两个小时就销售告罄；第二个是大连进口了16吨美国柑橘，三天之内被抢购一空，其价格比中国产品高出好几倍。这足以证明已不能简单地说国内的产品价格低，消费者就一定会买。《洛杉矶时报》的文章得出结论说，在中国加入WTO以后，外国水果将充斥市场。而这意味着中国果农的利益将受到损害，且中国果农因为缺乏生产技术和推销技巧而难以与外国果农展开竞争。这里还不仅仅是讲产品本身存在的问题，实际上，应对WTO，农村、农业、农民所要解决的问题还很多。"三农"问题是中国21世纪所面临的最大的经济问题，其中包含着复杂的社会问题。中国入世对农业的冲击不仅仅是对农村经济的冲击，也不仅仅是对中国经济的冲击，它还会引起一些别的问题，我们应该对此研究得更细一些，不要盲目地、一厢情愿地讲自己的优势。

3．银行业。这是中国没有优势的产业，也是比较关键的领域，问题可能更为严重一些。按照有关承诺，加入WTO后五年的时间内，外国银行可以在中国的任何地方设点，可以从事包括人民币在内的所有存贷款业务。国外一些大的银行实力雄厚，机制灵活，服务周到，信誉又好，在这种情况下，国内银行的机制不改、服务不好，又怎么能与此竞争。比如说机制，我国的银行现状是，你不约束它，它就乱贷款，导致银行资产大量流失；你约束它，它就不给你贷。在这样的机制下，国内的银行之所以能运转下去，一是因为缺乏竞争；二是因为有源源不断的储蓄存款。倘若外国银行在中国加入WTO后大举进入，现在这种安稳状况就会发生变化。如国内银行现有大量的不良资产，而这些沉淀的资产主要来自储蓄存款，如果哪一天经济上出现问题，比如说恶性通货膨胀，造成挤兑，银行就可能出现支付危机。这种情况也可能会在外国银行进入中国后国民将储蓄存款"搬家"时发生，那时就措手不及了。所以，我们不看到这些问题的严重性不行。

（二）我们的思想与行为方式面临着严峻的挑战。这包括两个方面：

1.仍然袭用老一套思维模式、习惯于传统的管理方式。从思维方面讲，企业热衷于找政府的"等、靠、要"，政府不放心企业的"管、卡、压"的思维；"帮助"就是给优惠政策的思维，"倾斜"就是厚此薄彼的思维；还有寻求行政保护的思维，追求垄断特权的思维，等等，都还严重存在。从管理方面讲，仍然习惯于通过立关设卡的方式来干预经济活动，往往用关闭代替整顿，用审批代替管理。其结果一是造成决策迟缓，二是导致无人负责。集体决策的结果是谁也不负责；层层请示使责任人越来越模糊。与此相关的一个问题是，实际存在于我们一些企业和地方的无信誉的做法，这种做法让外国人很是恼火。这也反映在我们的对外贸易中，像俄罗斯本来是我国很好的贸易出口地，开始俄罗斯人很欢迎中国产品，后来一些人搞假冒伪劣，毁坏了我国的信誉，结果是给国家带来了损失。

2.不熟悉应对国际竞争的规则，缺乏同国际竞争者周旋的经验。我们追求复关入世已经15年了，现已进入WTO，但包括我们的官员在内，对WTO本身的规则又了解多少？况且这还只是明的规则，至于那些暗的技巧，就更不熟悉了；而不知道国际的规则和要求，又如何去应对？经济的事最好还是用经济的办法来处理，这不仅能够使我们保持主动，不把问题复杂化，还能使我们真正得到实惠。处理国际经济争端，政治眼光是需要的，但更多的是熟悉经济规则，熟悉经济技巧。在这方面，我们还有很大的差距。

（三）我国现行的法律规章面临着严峻的挑战。加入WTO、应对WTO需要有一个统一的、公正的、透明的法律规则体系。这不仅是保障国内外投资活动正常进行的基础，也有利于我们规范地处理各类经济活动。但在这方面，我国目前至少存在着三个方面的问题：

1．过时、陈旧。我国现行的法律规章有的还带有计划经济色彩，体现了原来管理方式的要求；有的甚至是带有浓重的部门权利和利益的色彩。有些单位借立法之机，把自己的权利扩大化、固化，以前是以权谋私，现在可以说是以"法"谋私。这些体现旧的管理方式的法律，个别体现部门利益的法规是与WTO的要求格格不入的。有关部门初步清了一下，仅该废止的、不合时宜的涉外经济法规就有六七百件之多，更何况涉及地方上的可能就更多了。

2．不具体、不透明。我国缺乏有些必要的法规，有些法规的规定也很抽象，碰到具体的事情很难找到规范的处理依据。有些约束事项只是在一些文件中零零散散地提出，不仅外国人不知道，就连中国人也不清楚，更何况由于历史的原因，我国公民的法律意识普遍淡薄，虽然有些法律法规已见诸报纸，但人们也不一定清楚。

3．游移性大、变动快。大家都认为法重要，但在实际生活中，往往是权力大于法，文件大于法。这不仅使法失去了严肃性，同时也给严格执法带来了很大的难度，使法变成了任人解释的今天是这样、明天是那样的游移性很大的东西。有的地方的规定变化大，透明度又不高，搞得外国人摸不着头脑。这样一个法律法规体系又怎么能够应对WTO。WTO要求以公布的法律法规为准，任何世贸组织的成员，企业、个人都能很容易查到公布的法规及其变化的情况，并以此作为行为处事的依据。而我们习惯了以批示为准，这一点不改过来，在同国外竞争者的交往中就会被动，迟早会吃大亏。

（四）我国的人才结构、人才素质面临着严峻的挑战。在这方面我们存在很大的问题。总体说来，我国公民的文化素质较低，有一部分还是文盲。从理论上说，我国进行市场经济已经二十多年，但是大部分人其中也包括一部分领导干部并不懂市场经济，不懂WTO规则，更不要说具备运用和应对WTO规则的素质。就是在有知识的人中，具有市场经济所要求的适宜知识的人也并不太多。我国花了很多财力和精力培养出来的人才相当一部分流到了国外。加入WTO以后，人才的竞争会进一步加剧，大量进入的外资公司会以工作条件、收入报酬、出国服务或深造等多种手段与我们争夺人才。有信息说，外国的电信公司已经放出风来：一旦中国加入WTO，他们有机会进入中国市场，在中国电信、中国联通等企业工作过一定时期的员工，他们将优先录用，高薪以待。靠给待遇，我们恐怕难以比过国外公司。当然，我们的很多人才并不把待遇问题放在第一位，而更多的是要平等竞争的机制，要被公正对待和使用的机会。而在这方面我们做得并不好。

进入WTO，我们面临的挑战还有很多，从主要方面看，是上述这四个方面的挑战。然而，所有的挑战都可以归结为一个方面，这就是对我们体制的挑战。WTO意味着什么？意味着中国市场的全方位开放，意味着我们面临着全面的竞争，意味着我们的体制经受着全面的考验。所以，根本的是体制。一个不好的体制可以把勤快人变成懒人，可以把一个好的企业搞垮，也可以去让我们有些部门高高在上，醉心于权术搞审批，囿于利益设关卡。所以，加入WTO带来的最大挑战是对我们现行体制的挑战，而我们应对WTO最关键的方面是理顺体制关系，建立起符合市场经济规律的、有竞争力的体制；或者说最大的应对应该是体制应对，体制不解决，其他问题就难搞好。

二、实现改革内容和方式选择上的主动性

下一步围绕WTO的应对来解决体制问题，需要从两个方面着眼。

（一）抓住关键，在改革内容的选择上体现出主动性。体制问题是多方面的，如果除开作为所有改革顺利进行的保障条件——社会保障体制的改革与建设之外，最关键的是要进行两个方面的体制改革，这两个方面的体制改好了，完善的市场经济就有了，其他方面也都有了。

所有制结构的调整和相应的国有经济运行体制的改革。所有制结构的调整与国有经济运行体制的改革是相辅相成的。从理论上说，经济的活力，来自于合理的所有制结构和适宜的所有制形式。众所周知，所有制问题在马克思主义理论中占有十分重要的地位。马克思、恩格斯把所有制直接等同于生产关系，恩格斯认为，所谓生产关系，就是人类各种社会进行生产和交换并相应地进行产品分配的条件和形式。而斯大林则把所有制看成是生产关系的基础。无论是把所有制看成是生产关系的全

部，还是看成是生产关系的基础，都证明了所有制非常非常重要。概括地说，生产资料所有制关系是整个社会制度的基础和核心。所以，所有制的改革对经济的发展起着至关重要的作用。对中国改革前后做一对比，我们就会清楚地看到这一点。改革前，由于主客观原因，我们在所有制问题上产生了两个误区，一是把所有制标准立于生产力标准之上。二是把社会主义同资本主义的对立集中到所有制的对立上。正是这两个认识上的误区，导致了我国实践中的所有制由低向高地不断"升级"，不断地改造，非公有制经济被消灭到最低限度，结果是造成了"短缺经济"，人们手中限购商品的各式各类的票证越来越多，排队现象越来越严重。与此不同，改革开放以来，我国按照以公有制为主体多种经济成分并存的方针进行所有制改革，非公有制经济得到了长足的发展，公有制经济形式也适应生产力的要求不断调整，其结果是生产力的大发展，人民生活水平的大提高，综合国力的大增强。从国家整体上说是这样，具体到各个地方上看也是这样，哪里的所有制结构比较合理，哪里的经济发展就快，人民的生活水平提高也快，哪里的社会就稳定。

大体来说，改革开放以来，我国形成了四种比较典型的所有制结构。

第一种是以东北为代表的国有经济占主体的所有制结构。由于历史的原因，东北三省国有经济的比重特别高，而这个结构在改革开放前的计划经济时期，为中国国民经济体系的建立和国民经济的发展起到了十分重要的作用，其历史功勋不可抹杀。但总的来说，效率不高，活力低下，随着改革开放的进行和市场竞争的展开，相应的问题也就严重暴露出来了。由于国有企业产权不清晰，机制不灵活，人员负担重，导致市场竞争力不强，其结果是生产下滑，相当一部分企业停工停产，职工下岗待业。与非公有制企业不同，国有企业的职工没有工资下了岗，他就要去找政府，相应地就带来了一些社会问题，给社会稳定带来了负面影响。这就是国有经济比重太高，国有企业数量太多带来的问题。

第二种结构是以江苏为代表的乡镇集体经济结构。大概从1985年左右开始，乡镇经济异军突起，成为国民经济发展的一匹黑马，尤其是江苏等地，乡镇经济发展更是迅猛异常，一时间，"苏南模式"等享誉全国。乡镇经济为什么能有长足的发展，跟当时的特殊环境和自身的体制特征有关系。当时的情况是，一方面国有企业改革还没有深入展开，国有企业的运行机制比较呆滞；另一方面，非公有制经济还受到一定程度的打压，没有能够成规模地发展起来。而相对于国有企业来说，乡镇企业产权主体比较明确，机制较为灵活，所以，趁机发展起来了，这个发展势头一直保持到1996年前后。江苏经济发展比较快，经济实力比较强，在很大程度上是乡镇企业蓬勃发展的结果。但1996年以后，在日益变化的体制环境中，乡镇企业的发展陷入了困境。非公有制经济迅速发展起来，在体制和机制方面显示出超于乡镇企业的活力与灵活度；而国有企业通过兼并重组和制度创新也不同程度地转变了机制，提高了市场竞争能力。比较而言，乡镇企业政企不分、产权不清、管理责任不明确的问题就暴露出来了。这使它在国有经济改革后代替了原来国有经济的位置，变成第二国有经济。认识到这个问题，乡镇企业从1997年左右开始进行体制创新。有的把乡镇集体所有制企业改造成为股份合作制或股份制企业，有的则转变成私有企业。乡镇企业的制度创新使乡镇经济走出低谷，实现了进一步发展。

第三种是以广东前期和以上海后期为代表的外资经济结构。改革开放以后的一个时期，广东依靠它毗邻发达地区的优良的地理环境，依靠历史上长期积淀而成的重商意识，也依靠国家给予的试点政策，通过"三来一补"等多种形式引进外资，形成了外资经济成分很重的所有制结构，这种结构有力地带动了广东经济的发展，使广东在相当长的一个时期里，走在了全国经济发展的前头。上海的高速发展是从20世纪90年代初开始的。中央审时度势，赋予上海浦东比经济特区更为开放的政策。当时邓小平同志说，对上海的开放迟了一点。但也得益于这个迟了一点，上海吸取了经济特区的许多经验来推进对外开放，同时吸收的外资档次也更高，从而后来居上，在短短的10年时间内，建成了一个繁荣的浦东新区。

第四种是以浙江为代表的以私人资本为主体的混合经济或股份制经济结构。这种经济产权清晰，责任主体明确，有类似于业主制私人经济的机制，又有不同于业主制的私人经济的体制。但其最初的形态的确是业主制经济或家庭经济。最典型的代表是浙江的温州和台州。特别是温州，当时搞家庭经济的时候，受到了各个方面的指责，这其中不仅包括政府官员，也包括许多学者。当时大部分学者并不看好温州，就更不要说政府官员了。当时的指责主要有三点，一是说温州发展以家庭为主的私营经济是走私有化的道路。二是说温州信用关系废弛，商业道德沦丧，假冒伪劣产品横行；很多人把温州人等同于骗子。三是说公益事业的发展受到挫伤，大家都发展自己的私营经济，没有人管公家的事。但是也有少数人看到了温州经济发展的希望。他们认为，以追求私人利益和实现利润最大化为目标的温州所有制结构和温州人，一定能够在发展中改造自己，完善自己，向国际通行的规则看齐。我们看到，今天的温州在这三个方面全都发生了革命性的变化。所有制的结构从原来的家庭经济变成了股份制经济，而且这个变化还没有停止，在产权结构、法人治理结构等方面进一步向现代公司制度靠拢；原来的温州人在制假，现在的温州人却在打假；原来的温州人只忙乎自己那一摊子，现在却在积极发展公益事业，集资修马路，集资建大桥，等等。私营经济的发展有一种内在的动力，这个动力就是赚更多的钱，这是它的目的。为达到这个目的，就迫使它去解决产权上"吃独食"的问题，解决人们对它的不信任问题，解决它和社会大环境相融的问题。这就是市场经济规律的内在要求。这种所有制结构，带来了温州经济的发展，也带来了整个浙江经济的发展。今天，浙江的经济在主要指标上已从原来的落后状态跃居前几位。2001年上半年，受世界经济发展速度明显减缓大环境的影响，也由于我国本身存在的某些问题，一些地区的经济增长不够理想，但是浙江的经济却表现很好。我们现在正在学习"三个代表"，"三个代表"的提出是在广东的高州，但是它的形成是建立在深厚的马克思主义理论基础和丰富的社会实践之上的，而其中就包括浙江的实践。

综上所述，问题的关键不在于搞什么样的所有制，而在于所搞的这种所有制是否符合当地的实际，是否符合生产力发展的要求，是否有内在的发展经济、争取效益的动力和活力。所以，从微观上看，也是这么一个道理：哪里的所有制结构比较合理，哪里的所有制形式适合生产力的要求，哪里的经济发展就快，人民的生活水平就能不断提高，相应的社会也就稳定，政府也比较"轻松"。这也表明，在改革中，应当把所有制改革和相应的国有企业的改革放在十分重要的位置上。这方面怎么改？关键是两点：

（1）按照中央"有进有退"的精神，从战略上调整国有经济的运作战线，合理收缩国有经济的运作规模。目前，我们正在研究政企分开、转变政府职能的问题，深入地研究就能发现，政企分开、政府转变职能的基础是政资分开。而政资分开就是使政府作为所有者所进行的投资范围有所限定，把那些不宜投资的领域里面的资本撤出来，转投到那些最重要、最关键的领域。从总体上说，国家的投资或者说政府的投资，应该主要集中在两个领域：一是国家不投资就没有人投资的领域，即公益性极强的领域，哪怕亏本补贴也要投资。这样的领域个体私营经济是不愿意干的，他们不会做赔本的买卖，但是国家要做赔本的买卖。二是他人想投资但国家不能让其投资的领域，我们可以称作生产特殊产品或提供特殊服务的领域，这主要是跟国家安全、国家主权有关的产品的生产和服务。当然，这不意味着国家只能在这两个领域投资，对于其他的领域，国家投资可以从实际需要出发，服从特定的目标，比如说调整产业结构、筹集社会保障资金等，通过产权市场和证券市场，保持进出的灵活性，该投入的时候投入，该撤出的时候撤出。所以，从现实讲，国有经济的战略调整可能退的成分要大一些，但是，退不是全面的退出，不能简单地把国有经济的战略调整看成是国有经济的全面退出，或者全面的非国有化。那样理解，从经济学的角度来讲，也是不科学的。

在国有经济战略调整中，一定要规范有序，最紧要的是把握这么四个字，一是"公开"，二是"有偿"。有的地方下文件要求在三个月或半年内把全部国有经济非国有化，这种"刮风"式的搞法，最容易导致国有资产流失。实际上，有的地方在操作过程中已经造成了国有资产的流失，把本属于国家的财产界定为少数人所有，又运用各种借口、采取各种手段把这些财产瓜分到自己的腰包里，这样搞下去，最终是要出大问题的。在对国有经济进行战略性调整的同时，要按照现代企业制度的要求对保留下来的国有企业进行规范化的改造。这些年，我们明确了国有企业改革的方向是建立现代公司制后，许多企业开始进行股份制改造，但普遍存在的一个问题是不规范，换汤不换药。现在的关键已经不是强调大家搞股份制，而是强调大家搞规范的股份制，最重要的是这样几点：

一是建立规范的企业股权结构。这里要把握两点，其一要努力形成多元化的产权结构，能不搞国有独资的尽量不搞国有独资；非搞国有独资不可的，尽可能搞多个国有单位的联合投资的独资。其二要尝试国家控股的多种形式，有些需搞绝对控股的不可不搞，但不宜过多、过滥。要多搞相对控股。还要尝试搞"黄金股"式的控制，即在百分之百的股权中间，我只占一股，但我这一股有特权，平时我不干预你，但在关键问题上我有否决权和决定权。"黄金股"的做法来自英国，但是现在很多地方应用了。采取"黄金股"式的控制有很多好处，一是吃小亏占大便宜。非国有资本占主体，民营机制在那里起作用，它在那里使劲发展，你不花气力也跟着发财。二是四两拨千斤，你不需要投很多资本，却能实现你的控制力，使它发展的大方向偏不了。三是船小好调头，能够及时根据需要调整自己的股权，进退灵活。对"黄金股"的问题，我们在理论上研究不够深入，实践上似乎还处于空白状态，其实这是一个很好的招数，应该尝试一下。

二是建立规范的出资人制度。这方面要把握这样几个要点：一要明晰出资人代表而不能大而化之。二要建立严格的责任制，权责利要真正对称，出了问题就要处罚责任人，处罚了责任人他还有积极性继续干好。当然，他把这个企业搞好了以后，也能得到不菲的回报。

三是建立规范的法人治理结构，这非常重要。我们现在大部分企业法人治理结构不合理，其原因有主观的也有客观的。现在很多人注意到了这个问题，都在想办法解决。有的学者系统地研究了国外的法人治理结构，概括了六十多种模式。但是万变不离其宗，无非是理顺董事会、监事会和执行层的关系。从这三者关系来讲，世界上代表性的模式有三种，即美国模式、日本模式和德国模式。实际上，我国建立规范的法人治理结构的难点是处理好总经理、董事长和党委书记的关系。在企业领导关系的协调上我们走了很艰苦的路，在没搞股份制之前，在处理党委书记和厂长的关系上动了不少脑筋。先是搞厂长负责制，后来为解决厂长独断专行的问题，又改变成党委领导下的厂长负责制，但结果是变成了"两心"：一个是中心，一个是核心，并且"两心"也常闹矛盾。在公司制的条件下如何解决好法人治理结构问题也是一个难题。虽然可以让董事长把党委书记兼起来，但董事长和总经理的关系又该如何协调，有两点应该明确：其一，董事长并不比总经理高一级，他们是不同的责任人，都应该在董事会或股东会的领导下忠实履行自己的责任；其二，为了使他们真正负起责任来并真正是能人，都应该通过市场选择。不仅总经理应该市场选择，在国有企业董事长也可以而且应该通过市场选择。因为从理论上说，全民所有制使人人都有权成为国有资产的代表，但只有通过市场选择才能真正寻找到能力强且责任心强的代表，从而真正有利于国有企业的发展。

四是建立规范的激励和约束机制。目前的条件下，我们需要党性教育，需要精神鼓励，需要有无私奉献的品德，但是决不可以把我们事业发展的希望完全寄托在个人的道德觉悟和良心发现上。完全寄托在个人的良知和觉悟上是比较危险的。关键是要靠制度。我们可以把人都设想为有很高觉悟来善待，但绝对应该基于人的弱点来立规。今天的生产力发展水平决定了我们的人还主要是利益的人、经济的人，所以要把精神激励和物质激励有机结合起来，而且应当把物质激励放在更基础的地位。激励机制的建设要把握两点：一是应当同企业家的职业化、企业家的市场选择结合起来，否则激励就会落得个得不偿失的后果。因为不这样做，一则解决不了为什么给他激励而不给我激励的不平衡心理（对总经理有了激励，副总经理和职工不干了；而都给激励，就起不到激励的作用了），只有市场选择才能确定谁有资格获得激励；二则给多少激励没法确定（对于个人当然是多多益善，但国家没有那么多钱，何况有钱也不能那么干，职工也不会同意），只有市场选择，才能真正确定激励标准，你值多少钱跟你的能力贡献有关，你按合同达到了目标，就可以拿到应得的奖励，反之就得惩罚，该撤职的撤职，该赔偿的赔偿，该坐牢的坐牢。这就把责权利真正结合起来了。二是一定要坚持国家得大头、个人得小头的原则。激励的目的是为了使我们的国有资产保值增值，如果个人得了大头，这个激励就没有意义了。

（2）要进一步支持鼓励非公有制经济的发展。所有制改革的另外一个重点是按照党的十五届五中全会的精神"支持、鼓励和引导私营、个体企业尤其是科技型中小企业健康发展"。对非公有制经济的发展问题，其政治社会地位应该说已基本解决。党的十五大明确非公有制经济是社会主义市场经济的重要组成部分，这一论述也写进了宪法。但在实践中还存在着一些障碍，在我们一些人的头脑中间仍然对非公有制经济的发展存有偏见和担心。事实上，发展非公有制经济有利于国民经济的发展，有利于扩大就业，还有利于社会稳定。这些年来的实践证明了这一点。众所周知，"八五"期间经济发展很快，甚至出现了过热，为解决过热，国家采取了一系列政策，但还是难以压下来，原因在哪里？笔者记得当时国家统计机构的负责同志有一个说法，主要是非公有制经济高速增长压不下来。统计数字说，经济增长的80%来自非国有经济，其中又主要来自非公有制经济。这几年，我们的内需不足，影响经济增长速度，其中一个薄弱环节是民间投资未能有效启动起来。2001年上半年，我国全社会的固定资产投资增长17.9%，这其中非国有投资增长7.5%，连一半都不到，而个体投资只有6%，非常之低。这与我们有7万亿元的居民储蓄存款和大量的手持现金这个状况是很不相称的。这也从另外一个角度说明，民间投资的增长，非公有制经济的发展对国民经济的发展起着越来越大的作用。另外，非公有制经济渗透力强，深入到各个领域，包括国有经济不愿干或者不想干、想不到干的事情，这样，它也就成了扩大就业规模，安置国有企业下岗职工的重要经济领地。所以，发展非公有制经济有很多好处，我们应该采取更有利的政策来支持其发展，当然，也应该按照市场经济的要求来规范它，给它提供一个公正的法制环境。在这方面，国家已推出了一些政策措施，包括放宽私营经济的产业准入，给私营企业进出口权，等等。一些地方也做得不错，像北京市推出了鼓励个人、私有经济发展的条例，引起了很好的反响。

2. 政府管理经济体制改革，或者说政府行政管理体制的改革。这也是一个很重要的改革，其重要性不亚于所有制改革。在这方面中央提出了一个目标，即建立廉洁、高效、运转协调、行为规范的行政管理体制。2001年，我们开始从经济体制的角度研究建立反腐败的机制问题，这个问题的重要内容也是行政管理体制的改革。在行政体制改革的相关方面，国家正在大力推进，机构改革已扩展到县、乡层次；审批制度改革在各地自觉进行的基础上，也逐渐成为全国的统一行动。

关于政府管理经济的体制改革涉及很多方面，但关键有两点：第一点是要缩小我们现有的管理范围，把管理重点放在搞总量平衡，搞"四公"即组织公共产品生产、建设公益事业、提供公用服务和建立公共保障，以及提高就业水平上；第二点是完善我们的管理形式，尽量发挥市场机制的作用，尽量依靠经济手段和法律手段。

综合地看，政府部门要实行四个方面的转变。第一个转变，从为所欲为的政府变成为所必为的政府（"为所欲为"在这里是指想干什么就干什么，而不是指"胡作非为"）。即要从原来的想干什么就干什么，变成该干什么就干什么。这里就有一个政府管理范围和内容的科学定位问题，同时也有把所该管的事情干好的问题。

第二个转变，从万能的政府转变成有限作用的政府。政府不是万能的，政府也不需要万能，否则就会眉毛胡子一把抓，最后是按下葫芦起了瓢，什么都没抓好，还弄得大大小小的领导都很忙。

第三个转变，从主要是通过管制、审批等方式提供"干预"的政府变成主要通过健全法规、改善环境提供服务的政府。我们一说干预就把它理解为管卡，就要强化审批，其实干预更重要的内涵是服务。这方面的转变不仅包括思想的转变，也包括制定规则的角度的转变。我国的立法角度同西方的立法角度有很大的差别，我国侧重于允许你干什么，而西方发达的市场经济国家侧重于禁止你干什么，这样导致的后果是完全两样的：允许你干什么，意味着不允许干的你都不能干。但允许的总是少数，不允许的是大多数，你不知道哪些是不允许的，所以你的活动空间很小，你的创造性和能动性就不能充分发挥出来；而禁止的法规则不同，禁止你干的你不能干，不禁止的你都可以干，干了不会找你秋后算账，这就大大地发挥了企业和个人的能动性和创造性。"允许"造成的是一个被动的主体，一个得过且过、多一事不如少一事的主体，而"禁止"培养的则是一个能动的主体，一个奋发向上的主体，所以要把主要是提供干预的政府变成一个主要是提供服务的政府。这并不是说一点审批都不要了，审批要保留在特别关键的方面，要限制在最小的范围内。

第四个转变，从主要是为国有经济服务的政府，变成为现阶段有必要存在的所有经济成分或为整个国民经济服务的政府。所有的经济成分只要它是现阶段有必要存在的，也就是说有利于生产力发展的，都应该是我们政府服务的对象。为它们服务也就是为国民经济的发展服务，原来我们把所有制成分分优劣亲疏，是从思想上的认识误区出发的，现在应该是转变的时候了。国有经济是好样的，非国有经济，包括非公有制经济也是现阶段社会主义经济的重要组成部分，它们有利于经济发展，有利于社会稳定，它们也是好样的。政府是管全民的，除非有人干坏事，你不要人为地把它们分成高级低级；政府是管整个国民经济的，你不要先入为主地把经济成分分优劣予以区别对待。

围绕建立完善的社会主义市场经济体制，需要推进的改革是多方面的，但最关键的是上述这两个方面。还有一个关键的方面是多层次的社会保障体制的建设，这是其他改革赖以顺利进行的保障，在此不再多叙。

（二）灵活操作，在改革方式的选择上体现主动性。如何灵活操作，在改革方式的选择上体现出主动性？应该往这样四个方面"靠"：

第一个"靠"是要尽量往国家已经定下来和即将定下来的改革思路、发展思路中最关键、最超前的方面靠。为了有效地推动改革开放和经济发展，每过一个时期中央都要出台相关的文件，其中一些方面不仅十分关键，而且具有很强的超前性，往这些方面靠了就会抓住主动，就拓展了新的空间。先行一步就是机遇，就是优惠政策。实际上，我们的很多改革都是先做试点的，争取到了试点，你就争取到了很多权力。没有争取到试点，但是国家已经有了思路，你也可以自行试点，这样你就自行创造了先行一步的机会，道路就会越走越宽广，后面的问题就好解决了。像非公有制经济的发展，中小企业的出售转让，有很多地方做得比较早，所以就赢得了主动，现在这些地方经济发展快，历史包袱轻，老百姓过得安安稳稳，政府也显得轻轻松松。你老是等待，你的路子就会越走越窄，困难就越来越多。

第二个"靠"是要往自己的权力和能力上靠。一级政府不要说一个省级政府、副省级政府，就是一个县级政府、乡级政府，权力都是很大的，因而发挥能力的空间也是很大的。关键是大胆地、充分地、正确地运用好党和人民所赋予的这种权力。这就是真正以"三个代表"为指导，以向历史、向人民、向子孙负责的精神，从实际出发，大胆地试，大胆地闯，千方百计地把本地经济和人民生活水平搞上去。这些年，像深圳特区的政府的确用足用活了国家赋予的权力，总在不断地创新。最近两年，他们把审批制度改革率先搞起来了，把从制度上防腐反腐的廉政体系建设率先搞起来了，现在这些都变成了经验。但是在有些地方创新就比较少。怎样充分发挥好自身的权力和能力，大有文章可做。

第三个"靠"是往自己地区的优势、特色和特点上靠。无论是改革和发展，都不宜跟风赶浪随大流，都要从实际出发，充分利用和发挥自己的优势。脱离了优势去随大流，就有可能是最后一名；利用优势求发展，就有可能出奇制胜。其实优势就是竞争力，优势就是巨大的发展空间，优势也就是生产力。不抓住自身的优势和特点去搞改革与发展，就不会有什么大的业绩。

第四个"靠"是要往老百姓的积极性和创造性上靠。20年的改革开放带来了国家的繁荣昌盛，然而回顾一下，这些年行之有效的改革和发展措施，像承包制、股份制等等，差不多都是基层人民群众发明和创造的，政府的作用主要在于完善、规范、引导和推动。我们也能看到，由老百姓自发创造的许多改革和发展的措施最初都受过责难，包括来自政府部门的责难。虽然这些措施最后都被采用和推广了，但是由于这些责难和相应带来的查禁却延缓了这些措施发挥作用的时间进程，降低了它们的效果。总结经验，我们应该能变得聪明一些了，就是老百姓创造的东西让他们先试试再说，多疏导和引导，少堵塞和禁止。集中多方面的智慧，发挥多方面的积极性，才能形成改革和发展的生动活泼的局面。换一个角度说，这也是拓展改革空间的一个重要手段。

新形势下深化经济体制改革的思路和举措①

（2002年9月）

深化经济体制改革，是建立完善的社会主义市场经济体制的需要，我国加入WTO以后更加增强了改革的紧迫性。在新的形势下，深化经济体制改革重点是哪些？我认为，主要是八个方面。

一、国有经济的战略调整与规范化的公司制改造

首先是国有经济的战略调整。党的十五大提出了国有经济的战略调整思想和任务，十五届四中全会又进一步作了细化。各地对国有经济或国有企业开始各种形式的调整，有的力度还挺大。国有经济战略调整方面有一些难点不可回避，需要认真探索，找出路径。

一是国有资本是否应该逐渐退出竞争性领域？我个人认为，国有经济是应该集中在一些关键的领域、关键的行业，国有资本应在竞争性领域相当高的程度退出，但也不宜在竞争性领域全面退出。为什么？这不仅仅是从政治的角度考虑，也是从经济的角度考虑。国家为了实现自身的某些特殊目的，如经济结构调整、企业规模整合、资产结构重组、社会保障资金筹集等，可以利用资产和资本在产权市场或证券市场的灵活进退来实现这样的目的，所以从经济上考虑也不宜提国有经济从竞争性领域全面的退出。

二是国有经济的调整应不应该有具体比例限制？国家强调公有制主体地位的一个主要体现是公有资产在社会总资产中占优势，并指出公

①本文原载《安徽工作》2002年8月、9月。

有资产占优势，"要有量的优势"。但量的优势的具体含义是什么？国有资本在作调整时在总量上应不应该有比重的限制？国家还强调：国有经济必须占支配地位的是关系国民经济命脉的重要行业和关键领域。这样的行业和领域，我把它们概括成这样两类：一类是国家不搞没有人搞，即无利或无大利可图、公益性极强的；另一类是有人想搞，国家不能让他们搞的特种行业，或特殊产品的生产。

三是怎么解决国家是所有者、而各级政府是调整主体，怎么实现权利上的有机协调问题。国家是所有者，国务院是所有者的代表，但国有资产又是分级管理、授权经营的，在具体调整过程中，地方政府是不是可以自主决定相关的事宜，比如，是继续保留公有制形态还是改成私有企业，是送还是卖，等等。如果不能自主决定，怎么调？这在理论上是一个结。有了这个结，实践中就不好操作。

四是在国有经济战略调整中本企业职工是不是应该享有特殊的利益优惠？在实际调整过程中，有些地方利用各种名义给企业职工优惠，有的甚至是无偿分配，导致了国有资产的流失。国有企业资产的形成是本企业职工劳动的结果，但它也是很多政策支持的结果，还有其他企业，也包括农村的支援，所以本企业的财产不一定就是你企业的贡献，只给本企业职工优惠就有不公平之处。另外一个，如果都在本企业搞优惠的话，那么各企业因为规模大小不同，人数多寡不同，资产数量不同，在优惠的时候就会造成严重的不均等。同时，在同一个企业搞优惠，新职工和老职工，退休的职工和在职的职工也会摆不平。这个问题很复杂，需要在政策上有一个科学合理的说法。

五是要不要利用资产调整建立经营者持大股的制度？理论界一般认为，经营者应该持大股。但也有人提出疑问，认为经营者持大股不利于公司股权结构的规范化建设。另外，由谁来持大股？持大股是不是意味着本企业的人特别是原领导人有优先权，而且有优惠权？这些问题，都是我们在国有经济战略调整中碰到的亟待解决的问题，需要努力地探索，找出解决问题的最终途径。

其次是现代企业制度建设。十四届三中全会以来，建立现代企业制度一直在向前推进，并取得了明显的成效。但由于各种各样的原因，大部分企业的改制不够规范，现代企业制度建设实质性进展还不够大。

一是国有资产出资人代表的落实问题。是否应明确国有资产在企业的代表是自然人，而不是一个组织、一个机构、一个班子？但现在没到这个层次，实行的是集体领导，集体负责，结果是谁也不负责，谁也无法负责。企业也有法人代表，但是法人代表代表不了法人，他受到很多约束。这就明确提出了一个问题，我们国有资产的出资人代表要落到实处，进入企业一定是自然人，给他权力，也给他责任，搞好了奖他，搞不好罚他。

二是国有企业（控股企业）的董事长的选用问题。我们现在对公开招聘总经理已没有什么异议了，尽管实践中还没有推开。不仅总经理，如果把董事长定为国有资产在企业的出资人代表，那他也应该公开招聘。国家的企业是全民企业，全民企业意味着每个人都拥有它的资产，意味着每个人都可以做国有资产的代表，但我们只能把那些最优秀的人选拔出来作为国有资产的代表，做国有企业的董事长，而政府的选择方式就是市场竞争选择的方式，要说特色，这就是中国特色，跟外国的情况不一样。

三是关于CEO制度问题。美国的CEO制度，有两种情况：一种情况，所谓CEO就是总经理；另一种就是CEO接受董事会的部分特殊授权，比本来意义上的总经理的权力要大一些。我想，如果CEO就是总经理，实在没有必要一定要称CEO；如果是属于权力比较大的那种，我想今天的中国未必适合设立，现存的政企关系未必使其具有这样的权力；现存的产权关系也不允许我们赋予其这样大的权力。

四是独立董事制度问题。建立独立董事制度是必要的，但要搞规范。独立董事的作用主要两点，一是有利于决策的公正化，代表一些没有权力或权力比较小的股东的利益。二是有利于决策科学化，把专家的决策融入了经营者的决策中，尽量使这个决策科学化。现在我们设立独立董事，关键是人怎么选择？独立董事最重要的是两点，第一要独立，他不独立无法公正决策；第二要"懂事"，他不懂管理无法帮助决策。

五是总经理以下的管理人员应该怎么定？目前，包括副总经理都是行政任命的，有的是董事会来决定的，副总经理以下的需不需要董事会来批准？我认为市场机制是选择国有企业经营管理者的良好机制。事实上，不通过市场机制选择经营者，我们现在的很多改革，如激励、约束机制建设，都不可能达到应有的效果。但我们又必须坚持党管干部的原则，怎么办？中央提出将党管干部和市场机制有机结合起来。怎样结合，现在正在探索，我想这两者是可以有机结合起来的：党组织提出基本的条件，比如，应是共产党员，在大企业工作过多少年，等等，在新闻媒体上公布条件公开招聘，全国符合条件的都可报名，由组织把关层层筛选，最终确定，这是不是党管干部和市场机制选择结合的一种思路呢？

二、审批制度和政府管理经济方式的改革

随着改革的深入，特别是加入WTO后，政府管理经济体制改革的紧迫性更进一步增强。而改革行政审批制度是其中的重要内容。但这项改革推进的状况并不尽如人意，存在一些问题。从技术层面上讲，审批改革的范围怎么确定，这是碰到的一个难点。第二个难点，如何认定是否"合理"？"合法"好定，据法行事，很好判断。但怎样叫作合理？不好定。从利益层面上看，既得利益的制约直接间接地扭曲了审批制度改革。

一是玩数字游戏，俗语叫作"打包"，专业术语叫拼装。有些部门不进行实质性的改革而玩数字游戏。例如，有的部门实实在在的审批有几百项，但报上来只有十多项，一核实，实际上是十多个类别，几百项审批权被打包成十多项。十多项审批权，够少的了，怎么能再减？

二是减软的不减硬的，保留关键的，减掉无关紧要的。有的借口会引起混乱而不愿取消某项审批。其实，很多审批是可以不搞的，取消只会有好处。

三是一边减一边变相增加。我们说取消审批，向核准制、登记制转变，但现在有的部门把核准也变成了审批。审批制度改革不能玩花架子，搞形式主义，要触及本质，搞规范，建立起一套扼制乱审批和实现责任审批的机制。如何做好做到这一点，是我们面临的一个重大任务。

三、垄断行业及事业单位的改革

对垄断行业进行符合市场经济本质要求的改革，有利于提高效率，改善服务，抑制腐败，推动竞争，方便人民的生活，促进社会经济发展。比如民航，我国有大大小小的航空公司30多家，没有哪一家算得上真正的大型的航空公司。统计资料表明，我国民航业全部运量总和抵不上美国进入前三名的任何一家航空公司。由于体制、管理等方面的原因，民航企业普遍经济效益低。此外，民航机票的价格高也是人所共知，因而常常为老百姓所抱怨。圈外的人都说要改，但圈内的人特别是圈内管理层说你们不了解情况，不好改。除了电信、电力、民航和铁路这些部门以外，垄断的行业还很多，像军工、金融、医疗、传媒、教育等，这些部门也需要改革。

与此相关的一个改革是事业单位的改革。事业单位的性质也特殊，可以说它兼具有行政和企业的特征。有的事业单位不是行政单位，却比行政单位的权力大，不是企业却比企业的收入高，而且是铁饭碗。有的事业单位在待遇上不受行政约束。总体上看，事业单位兼具目前行政单位和国有企业存在的弊病，亟须改革。目前一些地方已开始摸索这方面的改革经验，如浙江推出了一个事业单位管理体制改革的方案，深圳在着手推进文化单位的改革。这是个大事，也是个难事，怎么推进？我个人的看法是四个字："分化瓦解"。除极少数仍需保留事业单位性质的外，大部分事业单位，有的可变成从事执法监督工作的行政部门，有的可转换成规范的中介组织，有的则可改造成竞争性企业。

四、包括行业协会发展在内的中介组织的发育、规范

政府职能的转变，现代企业制度建设，应对WTO，都需大力发展行业协会以及其他各类市场中介组织。进入WTO后，我们应该高度重视利用行业协会的协调、行业协会的壁垒保护国家经济安全和产业安全。在这方面，目前存在着两个方面的问题：第一，从数量上看发展还很不够，结构上也不合理。从大体上看，综合类的多，专业性的少；政

治性的多，经济性的少；务虚的多，务实的少；工业类的多，农业类的少；发达地区多，不发达地区少。第二，从性质上看发展极不规范。中介组织是以社会经纪人身份来沟通政府和社会、政府和企业的关系，从而帮助政府合理决策，帮助企业高效率经营，推进国家经济的发展和企业效益的增进，它的特点应该是"独立、公正、协调、沟通"。但是我们的中介组织却很不规范。一个是形成上不规范，有的是政府部门撤并换牌而来，有的是为安置分流人员派生而来，有的虽然是社会形成，但其后面都有政府部门或政府官员的背景。再一个是行为上不规范。往往是利用有利条件垄断相关业务。一些中介组织成了"二政府"，不仅比原来的政府干预企业还多，还可以在合法的名义下巧取豪夺。有行政背景的这些中介组织，可以说其能力的比较实际是政府部门权力的比较；所获利益的比较实际上是其所依附的政府部门掌握资源的比较。

五、收入分配制度改革

收入分配方面目前的确存在许多问题，在平均主义仍然严重的同时，又出现了严重的分配不公，而相当一部分问题是体制不顺造成的。比如，垄断行业工资普遍比较高。据有关部门测算，我国的基尼系数已经达到0.39，学者们的估计更高一些，已进入国际公认的收入分配警戒线。如果考虑农民的状况，这个问题就更严重。除了收入差距扩大和平均主义并存以外，收入分配方面还存在以下一些问题：初次分配秩序混乱，名目繁多的工资表外收入接近甚至超过工资表内的收入；低工资和高职位消费普遍存在，特别是国有大中型企业的负责人，职位消费超标准，把职位方面的消费都加起来，恐怕不比外国企业家收入低；个人收入分配隐性化、多元化；生产要素参与分配很不规范，在一些地方成为有权人以权谋私的手段。生产要素参与分配是必要的，但由于没有规则，造成了腐败，导致了国有资产的大量流失。

六、提升就业水平和推进社会保障制度建设

我国人口多，就业问题始终是影响我们经济发展和社会稳定的一个大问题。我们应该提高认识，把扩大就业看成是社会保障制度的一个重要内容。当前我国就业形势非常严峻。这些年我国职工下岗人数是不断增加的，1996年达到下岗的最高峰，约1000万人，这些年累计是2300万，现在还有余额是600万左右，这还不包括新增的该就业而没就业的人员。这些年领失业救济金的人数不断增加，而且增长比例相当快。1988年只有58万，1999年就有109万，2000年190万，2001年底350万，成倍增长。估计明年是失业的又一个高峰年。为什么？一是出口形势不容乐观，影响到相当一部分出口产品企业的生产而导致下岗。二是入世年开始，一些产业调整或升级会使吸纳就业状况发生一定程度的变化。三是农村人口因城市户籍制度改革更大规模进城会对城市就业产生压力。四是民间投资因某些改革措施不到位同时加上外资的冲击，难以激活而影响就业。五是相应的所有制结构调整进一步导致用人在总体上下降。六是新增劳动力又在扩大。"十五"期间估计每年增长850万—1000万人。从另一个角度，我们也能看到就业问题的严重性。随着产业结构升级以及有关体制创新，吸纳劳动力的比重在不断下降，用经济学的术语说，叫就业弹性下降。GDP增长1%，"九五"前可以安排100万—120万人就业，"九五"期间下降到能安排80万，目前只能安排30万左右。去年GDP增长8%，但是新增劳动力就业不到300万。专家们预测，明年失业可能超过1000万。

七、中小企业金融服务或者融资体系建设问题

中小企业的主体是民营企业。融资难又是我们今天中小企业发展面临的一个主要问题。近些年我国的民间投资增长不快，我以为有三个方面的原因。一是政策和体制上仍然存在障碍，其中包括我们一些产业准入始终没有能够有效放开。能够让外资进入的许多领域，现在还没让民间资本进入。二是由于各种原因导致的强烈的储蓄心理，城乡居民储蓄存款已达7.3万亿，其中相当一部分为具有投资能力的人所有。三是缺

乏有力的金融支撑。基于我国国情，大部分同志倾向于给中小企业以特别的政策支持，为它们融资开辟一些新的渠道。目前我国的中小企业在国民经济发展中起着非常重要的作用，比重也很大。从实现经济的可持续发展说，也应给予积极支持。

八、农民收入提高与农村经济体制创新

我曾提出过这样的观点：本世纪面临的最大的经济问题是"三农"问题。这几年"三农"问题越来越受到重视。从近期看，农民的收入增长受到抑制。从远期看，促进农村经济持续发展的体制基础不完善、不牢固。相应地，农村当务之急是要研究解决这样三个问题：

第一，解决农民收入增长缓慢，提升消费能力，扩大农村消费需求问题。现在提出解决农民收入增长，保持农村经济可持续发展的一个重要招数，就是调整农村经济结构。首先往哪里调？今年这个产品好，明年那个产品好，怎么调法，是不是要农民老跟着变？其次谁来调？谁给钱调，调错了以后谁负责？这里涉及很多很多的问题。农村经济战略调整的战略方针是很正确的，但是近两年我们实施这个战略，取得了多大的成效，要有深入的研究和量的分析。增加农民收入，人们还提出了其他一些招数，比如互联网上就有建议，取消农民交的几种税如农业税、特产税之类。但如何实施，仍有难题，是一刀切，还是只对部分地区的农民取消？如果一刀切，可能还是富的富，穷的穷，解决不了问题；是有时限的取消，还是长期取消？如果有时限的取消，又恐重新征收时难度太大。

第二，进一步深化农村经济制度改革问题。农村经济制度需要进一步完善，核心的一个问题是土地制度。这里说的土地制度不是指所有权问题，而是土地的经营权怎么搞活的问题。关于土地制度改革，当前的一个共识是：明晰所有权、稳定承包权、搞活经营权或使用权。怎么搞活经营权，经营权搞活与实行规模经济又有什么关系，规模经济的推行会不会导致强行的土地合并、剥夺这样情形的发生？这一问题实际上涉及农民的生存保障问题。农民保障目前从根本上还是土地保障，如果把农民的土地搞没了，会不会出问题？对于进城的农民来说，有较稳定生

活来源的问题不会太大。没有稳定生活来源的，如果再回到农村怎么办？但不作土地制度创新，不作土地调整，农村经济发展的潜力就会受到限制，农村经济实现可持续发展就没有基础，看来农村土地制度变革不可不为，但又要瞻前顾后，谨慎而为、科学而为。再一个，农村基层的行政管理体制建设问题。人们对乡镇干部非议较多，一些新闻媒体也大量曝光乡镇干部的不良行为，但你与乡镇干部交谈，他们也是牢骚满腹。有一点恐怕是对的，就是不能简单责怪农村基层干部。现在农村干部的工作重点发生了变化，有的同志把现在乡镇干部的工作职能概括为三句话，第一句叫作"烧老子"，即推行火化。第二句叫作"刮儿子"，即计划生育。第三句话叫作"收票子"，即催粮催款收税。职能变化是干群关系不顺的重要原因。实事求是地看，农村基层干部大多数是好的，而且非常辛苦。现在推行的费改税可能是一个好的方式，最起码把收的东西搞明确了。这是从一个方面看农村基层管理体制问题。还有另外一个方面的问题：乡镇作为一级政权，现在是机构膨胀，人员臃肿，工作效率差。人多，管理成本必然高，在财政不能保障的情况下，就可能向农民摊派，而制度不健全，必然为行为扭曲、以权谋私创造条件。总之，农村基层行政管理体制包括组织体系、管理方式的改革是解决农民负担过重，实现农村经济可持续发展的基础性问题之一，值得在理论和实践上深入探索。

第三，改善农村金融服务问题。由于各种原因，农村经济发展得不到良好的及时的金融支持，农村还缺乏规范的金融服务组织。因此，其他非规范的金融形式就伺机而生了。比如高利贷在许多地方就普遍存在。在农村，一个可能影响基层政权巩固和社会稳定的重大问题是巨大的乡村债务。资料显示，全国乡镇平均负债400多万元，村均负债20多万元，总量很惊人。乡村级债务的特点是既重又滥，有欠银行的，有欠信用社的，有欠企业的，有欠村民的，而相当一部分借的是高利贷，而且债务雪球还在滚，越滚越大。债务的背后就有农村金融服务问题。解决农村金融服务问题，除了各大商业银行放下架子，采取得力措施支持农业、农民外，关键的一个问题是发挥农村信用社的作用。而要使农村信用社发挥作用，恐怕得在产权关系、责任制度等方面下功夫。

以体制创新为关键环节和根本动力
加快老工业基地调整改造步伐^①

（2003年8月）

中央作出"支持东北地区等老工业基地加快调整和改造"的战略部署非常及时，温家宝同志最近视察黑龙江、吉林时作出"用新思路、新体制、新机制、新方式，走出加快老工业基地振兴的新路子"的指示非常重要，体制创新是调整、改造、振兴东北等老工业基地的关键环节和根本动力，下面我重点就老工业基地的体制创新问题谈三点认识。

一、体制创新是实现老工业基地调整、
改造和振兴的关键环节

党的十六大提出新世纪头二十年全面建设小康社会的奋斗目标，并将"支持东北地区等老工业基地加快调整和改造，支持以资源开采为主的城市和地区发展接续产业"作为实现这一目标的重大举措之一。东北三省原油产量占全国的2/5，木材提供量占全国的1/2，商品粮占全国的1/3，电站成套设备占全国的1/3，汽车产量占全国的1/4，造船产量占全国的1/3，钢产量占全国的1/8，重型装备及重要军品生产的相当部分集中在东北，极具发展潜力。实施老工业基地调整、改造与振兴，是我国新世纪、新阶段全面建设小康社会的重大历史任务，体制创新是完成这一任务的关键环节和根本动力。

---

① 本文为作者在"老工业基地国有企业改制改组及有关政策研讨会"上的讲话，原载《经济体制改革信息》第 6 期，2003 年 8 月 29 日。

第一，加快体制创新，是促进老工业基地成为新的经济增长点的制度保证。全面建设小康社会，最重要的标志就是到2020年实现国内生产总值比2000年翻两番，相应要求年均经济增长速度达到7.2%左右。实现这一增长速度，必须促进区域经济社会协调发展，培育新的经济增长极。改革开放以来，我国通过创办经济特区，创造了珠江三角洲的经济发展奇迹；通过开发浦东这个"龙头"，促进了长江三角洲整个"龙身"的腾飞；通过引进外资、改造传统产业，发挥城市与产业的联动效应、实现资源互补与优势整合，增强了"环渤海"这个具有"东来西往、南联北开"区位优势地区的经济发展活力和潜力；通过实施西部大开发战略，逐步把西部推入了健康发展的快车道。加快东北这个GDP总量占全国1/10、具有很强发展潜力的老工业基地的调整、改造与振兴，必将形成继"长三角""珠三角""环渤海"地区以及西部大开发之后的又一富有活力的增长极，大大拓展我国经济增长空间。

培育这个新的经济增长极，政府应当给予必要的支持、促进政策，但更重要的是必须发挥市场机制在资源配置中的主导性、基础性作用。这些年的实践证明，哪里的改革搞得好，体制创新力度大，市场化程度高，哪里的经济发展就快。因此，应当以改革开放促进结构调整、促进企业改组改造，以体制创新带动管理创新、科技创新和观念更新，以经济体制转轨推进经济增长方式转型，一句话就是坚持"先改革、后改造"的原则，主要通过体制创新、依靠市场机制培育东北老工业基地成为国民经济的重要增长极。

第二，加快体制创新，是使老工业基地在新型工业化进程中发挥中坚作用的基本条件。实现工业化，走科技含量高、经济效益好、资源消耗低、环境污染少、人力资源优势得到充分发挥的新型工业化路子，是我国推进现代化建设的历史任务和必然选择。东北老工业基地作为新中国工业的摇篮，其主导产业是以装备制造业为主体的重化工业，在推进国家工业化和走新型工业化道路中应当发挥十分关键的作用。并且，老工业基地本身的振兴，也必须走新型工业化的路子。要实现上述目标，老工业基地自身首先必须焕发青春，增强活力，真正成为中坚力量，其首要途径就是实现体制创新。否则，老工业基地不仅无法在推进新型工业化过程中担当起重任，自身也很可能会走向衰败。

第三，加快体制创新，是老工业基地获得经济全球化带来的新机遇的有效途径。随着经济全球化的推进，国家间的产业结构调整和转移不断加快，为我国融入国际产业分工提供了巨大空间，我国将可能成为世界主要制造业基地之一。东北老工业基地集中了相当部分民族工业，特大型、大型企业分布集中、配套能力较强，具有利用大好的国际环境，整合资产、技术、人才等各类生产要素，壮大实力，提高产业和企业竞争力的良好基础。

经济全球化的基础是市场经济规则的全球化，换句话说，经济全球化的利益是通过市场经济规则传导的。要使老工业基地获得经济全球化导致的产业结构变化带来的机遇，成为技术先进、实力雄厚的重化工业基地，并有力地带动周边经济乃至全国经济，根本的途径是加速市场化改革，建立一整套符合国际经济规则的、具有活力和效率的经济体制和运行机制。

第四，加快体制创新，是老工业基地自身改革发展的根本出路。随着改革开放的不断深入，东部沿海地区工业基地经济结构调整步伐加快，经济和社会发展逐渐步入良性循环轨道，而东北老工业基地体制性和结构性矛盾却日益显现，与沿海发达地区的差距扩大，在整个国民经济发展中的地位也有所下降。之所以如此，原因是多方面的，但根本的原因是：东北老工业基地体制创新的步伐比较而言还不够快，特别是在国有经济布局战略性调整与国有企业改制改组方面，步伐还不够快，从总体上说，还未能有效摆脱计划经济体制及其思想观念的束缚。沿海地区工业基地重新焕发生机的经验表明，必须以体制创新为动力，深化国有经济改革，推进国有经济战略性调整和国有企业的战略性改组，推进现代企业制度建设，借此带动城市功能的加快转型和产业结构的迅速升级。一句话，体制创新是东北老工业基地自身改革发展的必然出路。总之，要使老工业基地重振雄风，再现辉煌，实现可持续发展，关键是深化改革，推进体制创新和机制创新，消除经济发展和调整改造的各种体制障碍。

二、以国有企业改制改组为重点
全面推进老工业基地的体制创新

体制创新涉及方方面面，从东北老工业基地以及类似地方的实际出发，应当以推进国有经济布局的战略性调整和国有企业的改制改组为中心，全面推进其他方面体制的创新。

（一）以建立地方国有资产出资人制度为契机，推动国有资本在更大范围的流动和重组，加快国有企业股份制改造和公司制改革步伐，建立比较完善的现代企业制度。十六大提出了深化国有资产管理体制改革的要求，按照这一要求，上半年国务院成立了国有资产监督管理委员会，颁布了《企业国有资产监督管理暂行条例》。国资管理体制改革的意义，决不仅仅是建个独立的机构，搞一支专门的队伍，而是要落实国有资本出资人代表，维护国家作为资本所有者的权益，搞活国有资本经营。这中间，涉及政府社会公共管理职能与国有企业出资人职能分开、政企分开、所有权与经营权分离；涉及中央和地方国有资产的划分、国有资产运营体制建设；更涉及国有经济的战略性调整，公有制尤其是国有制多种有效实现形式的拓展，现代企业制度建设等，这将为各个地方实施国有企业改制改组提供广阔的空间。东北等老工业基地要抓住深化国有资产管理体制改革，建立地方国有资本出资人制度这一有利机会，着力推进以下改革：

1. 加快老工业基地国有经济的战略性调整，以提高经营效益为中心，建立国有资本灵活进退的机制。总体上说，要抓住"整合"——优化国有资产配置、"搞活"——活跃国有资本运营两个关键点，打破单个企业、单个行业、单个区域调整重组的局限，在更大范围、更大空间、更大规模统筹实施国有资本的流动与重组。具体看，要着力推进三个方面的改革：

第一，通过存量资产结构调整和增量资本倾斜，适当收缩投资面，进一步将优质国有资本集中到关系国家经济命脉的重要行业和关键领域，提高国有资本的控制力。

第二，创造条件，使一般竞争性领域的国有资本，在市场公平竞争中实现优胜劣汰。社会上有一种说法认为国有资本都要从竞争性领域退出，或者至少要从一般竞争性领域退出，我想这样做不一定符合市场经济原则。就像我们对非公有制经济的发展不要进行歧视性限制一样，对竞争性领域的国有资本，也不应要求全面退出，其进退应该由市场机制决定，即由其在市场的竞争力来决定。

第三，对目前负担沉重、资不抵债、预期效益差、无发展潜力的国有企业，国有资本应尽快坚决退出。退出的方式要从当地实际出发，可以是整体出售，可以是引进民营资本和外资参股，还可以在保证公开、公正的前提下搞"管理层收购"等等，具体采取什么方式要因企制宜。

在上述改革的基础上，建立国有资本灵活进退的机制。根据国家和地区的战略需要和经营目标，通过产权和证券市场搞活国有资本，整合和优化资本结构，实现国有资本保值增值和推进公益事业发展的目的。

2．加快规范化的股份制改造和公司制改革，大力发展混合所有制经济。什么形式能搞好国有企业、搞活国有资本，我们就应该采取什么样的形式。这些年的实践表明，股份制改造和公司制改革，是使国有企业转换机制、提高活力和效率的良好途径，是公有资本特别是国有资本的有效实现形式，应该继续大力推进。能进行股份制、公司制改革的要尽可能按需要进行改革。通过改革，大力发展国有或公有资本控股、参股的混合所有制经济。股份制、公司制改革的关键是要规范化，特别重要的有三个方面：

第一，建立规范的企业财产组织形式。要大力推进股权多元化，除特别重要的领域外，能不搞国有全资的尽量不搞国有全资；必须搞国有全资的，也尽量不要搞单一国有机构的独资，要吸收国有股和多个国有法人股形成联合"独资"；能够不控股的，尽量不控股；可以相对控股的，尽可能不搞绝对控股。某些适宜企业特别是竞争性领域中比较重要的企业，可以试行"黄金股"的办法。这样做不仅可以实现以少量国有或公有资本控制、影响大量的非公有资本的目的，还可以使国有或公有资本利用以非公有资本为主要比重的多元产权架构和市场化的企业运行机制"借鸡生蛋"，获得利益。这样做，还使国有或公有资本在进退上保持了主动地位，从而依此实现了特定的经济和社会目标。

第二，建立规范的法人治理结构。实行股份制改造的企业，要依规确立股东会、董事会、监事会和经理层的职责，既不形同虚设，亦不相互侵占，真正做到各负其责、协调运转、相互推动、有效制衡。从我国实际出发，国有企业改制中推进规范的法人治理结构建设，特别要处理好两个关系。一个是党管干部与市场机制选择经营管理者的关系。要努力探索在坚持党管干部原则下，通过市场机制选择企业经营管理者的有效途径。能否考虑，党组织管选择标准、选择程序以及选择后的监督，而具体的选择过程则通过公开招聘或市场推选的方式进行，依此形成优秀经营管理者脱颖而出而又不断提升自身素质的良性机制。另一个是"新三会"与"老三会"的关系。要通过"双向进入、交叉任职"等方式，尽可能将多头管理归并到规范的所有者、经营者制衡框架上来，减少掣肘，形成合力，推动企业良性运营。

第三，建立规范的激励制度。激励是促使企业经营者尽职尽责并创造性开展经营活动的重要保证。推进企业激励制度建设，要把握两个关键方面：一个是年薪制、持有股权等分配激励措施的实行应该与经营者的市场选择有机结合起来，这样才能实现合理激励与有效激励；另一个是激励和约束要相对等，在激励中约束，通过约束形成激励。

3．按照国家深化垄断行业改革的要求，积极推进老工业基地的基础设施和市政公用事业改革。垄断行业改革的方向是，实行政企分开、创新企业制度、强化竞争机制、实现规模经营、改善政府监管。老工业基地在按照国家统一部署，结合实际搞好电力、电信等行业改革的同时，要着重抓好市政公用事业改革，解决其投入不足、设施老化、机制僵化、效益低下的问题。要放宽市场准入，鼓励社会资金、外国资本采取独资、合资、合作等多种形式，参与市政公用设施的建设。对供水、供气、供热、污水处理、垃圾处理乃至城市交通等经营性市政公用设施的建设，应公开向社会招标选择投资主体，从而实现投资主体多元化和经营市场化。

4．按照政事分开的原则，改革国有事业单位管理体制。长期以来，国有事业单位为经济社会发展作出了巨大贡献，但也积淀了大量的体制问题。在某些事业单位，甚至集中了目前政府和企业两方面存在的所有体制弊端。它们不是政府，但拥有相当的行政权力；不是企业，却能自由地开展营利性经营活动。形象地说，是"既可以得计划经济的好处，又可以揩市场经济的油水"，国有事业单位的现行管理体制已成为经济和社会发展的障碍，一些地方已着手展开改革。老工业基地实行体制创新，应当把推进事业单位的改革作为重要组成部分。改革的基本思路是，采取分类推进的办法，将必须由政府提供与完全或部分可以由市场提供的社会事业区别开来，相应将国有事业单位改为政府机构、企业或社会中介组织等。老工业基地可特别注重把由政府机构转变而来的"二婆婆"类事业单位作为改革重点，为企业发展创造良好的市场环境。

（二）以审批制度改革、投资体制改革、完善公共管理体系为重点，加快推进政府职能转变。改革政府经济管理体制、转变政府职能已成为当前和今后改革的重心。这对于需要创造良好软硬件环境的东北老工业基地尤为重要。建立高效、廉洁、服务型的政府，实现决策透明、政策公开，建立投资绿色通道，优化企业发展的政务环境，可比给企业优惠政策重要得多，其效应也大得多。老工业基地应以此为重点，抓住关键性环节，着力推进政府职能转变。

总的看，从传统的计划经济体制转向社会主义市场经济体制，相应要求政府管理实现三个方面的转变。

第一，要从"无所不为"的低效政府转变为"为所必为"的高效政府。"无所不为"，面面俱到，事事都管，不仅会抑制市场竞争主体的活力，也会使政府部门自身因精力、财力有限而处于捉襟见肘、手忙脚乱之中，其结果必然是机构臃肿、职能交叉、人浮于事、效率低下。要结合机构调整，调整政府管理范围，切实将政府工作重心转变到经济调节、市场监管、社会管理和公共服务上来。"为所必为"，才能大有作为。

第二，要从热衷于"管、审、批"的干预型政府转变为致力于"扶、帮、助"的服务型政府。计划经济体制下，政府部门主要是借管制、审批等手段对企业等进行干预，总体上是把微观主体视为对立面的。适应市场经济的要求，政府要变干预为服务，把工作重点放在定规立制、扶优惩劣、排难解困上。只有从服务的角度去管市场和企业，管理的内容和方式才会适当，也才能真正达到促进生产力发展的目的。

第三，要从为国有经济服务的"倾斜"政府转变为整个党的国民经济服务的"全面"政府。这是坚持和完善基本经济制度，贯彻十六大提出的两个"毫不动摇"精神的需要，也是促进国民经济持续发展、社会全面进步的需要。

围绕政府管理经济的体制改革，转变政府职能，当前要着力推进如下三个方面的改革：

一是深化行政审批制度改革。总体上讲，我国现行审批制度集中了很多弊端：从审批对象看，审批事项过多、审批范围过广，政府管了很多不该管的事情；从审批主体看，审批的权力主体过多，同一件事"多头有责"与"无人负责"并存，"多头审批"与"实际上的一个人说了算"并存；从审批过程看，审批的条件、内容、环节、标准、时限、程序不规范、不明确，公开性、透明度不够，效率低下；从审批性质看，重事前审批、轻事后监管现象严重，重收费轻服务；等等。这些过多、过滥、不规范的行政审批，已成为推进政企分开和转变政府管理经济方式的主要障碍，阻碍了市场体系的正常发育和有序运行，带来了高昂的管理成本，强化了重复建设和结构畸形，甚至导致严重的腐败行为与社会不公，必须下大力进行改革。

行政审批制度改革的方向是，充分发挥市场机制在资源配置中的基础性作用，坚决将不符合政企、政事、政资分开原则，妨碍市场开放和公平竞争以及实际上难以有效发挥作用的行政审批，予以取缔；将可以用市场机制代替的行政审批，通过市场机制运作；对于需要保留的行政审批，要建立健全监督制约机制，做到审批程序严密、审批环节减少、审批效率明显提高、审批责任追究得到严格执行。概括起来，就是实现行政审批的法制化、合理化、科学化、制约化、公开化。

去年以来，国务院先后两批分别取消了789项、406项行政审批项目，并将若干行政审批项目移交行业组织或社会中介组织管理。各地区、各部门也在积极推进这项改革。东北等老工业基地受传统体制的影响程度较深，因此，推进行政审批制度改革，紧迫性更强。要进一步解放思想，把改革的步子迈得比别的地方更大一些，推出的措施也可以更坚决、彻底一些。

二是大力推进投资体制改革，牢固确立企业的投资主体地位。投资体制改革的核心是投资审批制度改革，而这也是行政审批制度改革的重点内容。目前国务院有关部门正在制定投资体制改革方案，改革力度前所未有，年内可望出台。实现老工业基地的振兴，必须建立适应市场经济的投资体制，要按照相应的政府管理权限，推进这一改革：进一步缩小政府审批范围，确定企业的投资主体地位；规范政府投资行为，推进政府决策的科学化、规范化，增强透明度和公开性，简化程序，提高效率，建立健全政府投资决策的约束机制；改进投资宏观调控方式，实现主要借助行政审批向综合运用经济、技术、法律和必要的行政手段的转变，注重间接调控方式，发挥规划指导、政策引导、信息发布和规范市场准入的作用。

三是以建立完善的突发事件应对机制为切入点，完善公共管理体系。目前国家正在建立完善的突发事件应对机制，老工业基地也应将之作为转变政府职能、完善公共管理体系的重要措施，重点强化公共产品供应能力、公共政策绩效考评机制，健全政府信息披露机制，增强快速执行能力。

（三）以加快生产要素市场化步伐为重点推进现代市场体系建设，为老工业基地的国有企业改制改组创造良好的市场环境。从全国看，东北等老工业基地与西部地区一样，市场化程度特别是要素市场发育相对比较滞后，制约了国有资本布局的战略性调整和国有企业的改制改组。要抓住重点，加快东北等老工业基地市场体系建设。

一是加快资本市场建设。首先，要进一步规范发展机构投资和投资基金，促进货币市场与资本市场的对接，增强证券市场的资源配置能力，逐步扩大企业直接融资比重。提高东北等老工业基地符合条件的企业进入股票和债券市场直接融资的比例，这是必要的。其次，要规范发展期货市场，经过1999年以来的整顿，我国期货市场的规范化程度不断提高，增加符合条件的期货交易品种已成大势所趋。在这方面，地处东北老工业基地、具有区位优势的大连商品交易所是可以有所作为的。当然，具体上什么品种、何时上，要遵循国家统一安排，我们要积极做这方面的推进工作。

相应地，要加快金融体制改革，与老工业基地调整、改造直接相关的是：在完善监管的前提下，根据国家统一政策，通过改组和新建，适当发展民营金融机构特别是地方性民营金融机构；推进中小企业融资支持工程，拓宽多种形式的中小企业融资渠道；探索建立企业信用担保体系和独立信用评价体系，推动企业和个人信用服务体系建设。

二是进一步规范发展产权交易市场。发展产权市场，能够活跃企业产权交易，丰富企业配置生产要素的方式，降低企业重组成本，有利于建立优胜劣汰机制，优化存量资源配置，促进产业结构的优化调整和行业整合。因此，产权市场是推进国有资本战略性重组、实现企业产权多元化、促进企业建立规范的现代企业制度的必要平台。老工业基地要大力发展产权交易市场，为更大范围推进企业重组提供产权交易服务。要防止画地为牢的做法，努力在竞争中形成立足东北、联通全国的产权交易市场。

三是规范发展土地市场。东北老工业基地的调整、改造，土地问题十分重要，要通过"退城进郊""腾笼换鸟"等多种方式，盘活土地资源，多在存量上做文章。要全面推行国有经营性土地使用权招标、拍卖、挂牌出让制度。最大限度减少协议转让，并增强其透明度。实现城镇规划的法制化和科学化，杜绝建设用地的随意性。

四是大力推进流通现代化。积极发展连锁经营、物流配送、电子商务等现代流通方式，促进其向规模化、规范化方向发展。要通过现代流通方式推进传统商品批发市场的转型和改造，整顿和规范流通秩序。东北老工业基地的城市，素来就有面向大市场、参与大流通的传统，要大胆引进外资流通企业特别是零售企业，通过竞争，促进区域内传统流通企业的制度创新。

（四）围绕促进就业和体制创新的顺利平稳推进，加快社会保障体系建设。目前东北老工业基地调整、改造面临最困难和敏感问题，大概就是"人往那里去"，既包括下岗职工的再就业、新增劳动力的就业，也包括国有企业职工的身份转换及社会保障问题。在这方面，辽宁省完善城镇社会保障体系的试点取得了积极成效，到上半年已在下岗职工基本生活保障向失业保险并轨、做实基本养老保险个人账户两个重点上取得突破，基本实现了100多万国有企业职工的平稳转移。辽宁的经验值得其他老工业基地借鉴。

进一步完善东北老工业基地社会保障体系，一是推进国有企业下岗职工基本生活保障向失业保险并轨，做好"三条保障线"衔接。工作中要优先保证社会保障体系正常运转，全力做到"两个确保"。二是重点解决重点行业、企业职工生活最困难群众的社保问题，下决心解决一批历史欠账。三是多渠道筹措社保基金，通过减持国有资产等方式充实社保基金。四是政府部门要给予必要帮助，切实解决企业办社会负担，有步骤地剥离重点大企业办社会职能，实现主辅分离。现在有一种观点和意见，就是大企业通过办社会消化了一部分政府负担，可否不一刀切划出去？对此，可以讨论，但如果按规范的市场机制运作，还是应该尽量分离，交给政府或中介组织。五是把扩大就业作为老工业基地改革发展的重中之重，清除各种不利于增加就业的体制障碍，建立有利于促进就业与创业的机制。要积极发展现代服务业等劳动密集型企业，认真落实促进再就业的各项政策措施，千方百计扩大就业和再就业。这里需要强调的是，不但要着力解决有形的障碍，而且要特别注意消除无形障碍。比如说，在某些地方，办一个餐馆就很不容易，这个证那个证，还有注册金额标准等，好不容易办起来了，无形的障碍更多，随便哪一个政府部门的随便一种什么检查，就可以把它搞垮。解决就业问题，一定要从根本上解决创业门槛高、外部环境不宽松的问题。

（五）毫不动摇地鼓励、支持和引导民营经济发展，促进以公有制为主体、多种所有制经济共同发展，进一步完善老工业基地的所有制结构。党的十六大提出两个"毫不动摇"，意义重大。在毫不动摇地巩固和发展公有制经济的同时，毫不动摇地鼓励、支持和引导民营经济发展，有利于解决东北老工业基地所有制结构较为单一、国有经济比重偏高的问题，可以为老工业基地提供新的经济增长点，缓解就业压力，实现投资主体多元化，创造充分竞争、充满活力的环境。在老工业基地，要结合国有资本的战略性重组以及国有企业的公司制改造，大力发展个体、私营等非公有制经济。

发展民营经济的重点是通过体制创新营造一个宽松的环境。要清除各种歧视性规定，在市场准入、税收政策等方面给予多种所有制经济同等国民待遇。要扩大民营资本的投资领域，鼓励和支持其投资参股能源、交通、电信和供水、供热、供气等基础产业和基础设施领域。要借助东北雄厚的产业基础和突出的制造业优势，在石油化工、装备制造、汽车零部件、信息产业等领域，着力培养一批经济实力强、技术层次高、有地区特色的大型民营企业。要支持民营资本和外国资本参与国有、集体企业改制，参股或控股现有竞争性领域的国有企业。要鼓励、支持民营企业做大做强，积极引导它们逐步建立规范的现代企业制度。

（六）进一步扩大对外开放，促进国内外市场对接。调整、改造老工业基地，必须扩大对外开放。沿海地区经济快速发展的重要经验之一，就是以开放促改革、促发展，将开放作为改革和发展的重要手段。只有在更大范围、更广领域和更高层次上参与国际经济技术合作和竞争，全面提高对外开放水平，才能不断拓展老工业基地改革和发展空间，实现老工业基地的振兴。

实现对外乃至对内开放，最关键的是要从立足于或把重点放在给优惠政策，转变到主要是提供良好的和规范的制度环境上。这不仅是加入WTO后对各种所有制经济、各种类型的企业实行一视同仁的国民待遇的要求，也是经济全球化带来的转变政府职能的要求。要通过建立联通国内外市场、符合国际惯例和通用规则的市场体系环境和制度环境，保障对外开放的全方位、宽领域、深层次。这里需要强调的是，在招商引资中，一定要实事求是，决不能采取引资前"求之若渴"、对外方提出的条件"满口应承"，引资后反而"束之高阁"，对需要解决的问题和要求"不理不睬"的做法。

要着眼于利用国内国际两种资源、两个市场，以推动东北亚经济合作为中心，构筑东北地区对外开放的新格局。要按照入世承诺，有序开放市场，进一步拓宽外商投资领域，不断推进物流配送、连锁经营以及金融、保险、证券、电信、外贸等服务业的对外开放工作。要加快实施"走出去"战略，利用老工业基地的产业优势，重点培育自己的跨国公司。在这些方面，有着对外开放老传统的哈尔滨有很多经验是值得大力推广的。

除上述六个方面的体制创新外，调整、改造老工业基地，还要深化农村经济体制改革，促进城乡经济社会联动协调发展：一是全面推进农村税费改革及各项配套改革，促进农民增收减负。二是积极推进粮食流通体制改革。东北老工业基地是我国重要的商品粮基地，要积极探索与促进粮食流通市场化和农村税费改革相配套的保护性补贴机制，对粮农实行直接补贴，放开粮食价格和市场。三是在户籍、就业、教育、社会保障等制度层面，打破制约农民工进城的体制性障碍，取消歧视性政策，鼓励农村富余劳动力向非农产业和城镇转移，引导农村劳动力合理有序流动。四是推进以土地、户籍、投融资、行政管理体制改革为重点的综合改革，促进小城镇健康发展，加快老工业基地城市化进程。五是积极探索农业产业化经营的新路子。农产品深加工企业要在"公司加农户"的基础上，根据农民自愿原则，发展多种形式的农村合作经济组织，塑造服务型农业合作经济体系。

三、正确把握和处理体制创新与振兴
老工业基地其他举措间的关系

体制创新最终是为老工业基地的经济社会发展服务。所以，体制创新的过程，应该是一个服从于生产力发展的目的与其他重要举措联动的过程。因此，要正确处理体制创新和其他方面的关系，或者说，以体制创新为基础，实现体制创新与老工业基地调整改造几个重要方面的有机结合。只有实现这些有机结合，体制创新才更有针对性，才能发挥更加积极的效应。

第一，把体制创新与产业结构调整有机结合起来。产业结构调整是实现老工业基地振兴的重要环节。从大的方面讲，调整包括四个方面的内容：淘汰落后产业，用高新技术改造提升传统产业特别是大力振兴装备制造业，积极发展高新技术产业，加快发展现代服务业。推进老工业基地的产业结构调整，一定要从实际出发，按照以下原则：一是体现资源优势，发展优势产业。不能离开自己的优势另搞一套。由于多种原因，地区产业同构成为我们国家产业体系的一个突出问题。过去一哄而上搞汽车、冶金工业，在制订"九五"计划时，全国居然有二十多个省区市将汽车工业列为支柱产业，不少城市更是提出了打造"世界级"汽车城的宏伟构想。现在一说IT产业是朝阳产业，各地又争先恐后把IT产业作为支柱，如提出要建"数字地区""数字城市"，目前在计划或规划中把发展信息产业作为本地区产业重点的比例可能丝毫不低于过去把汽车作支柱产业的状况。其实，很多地方，是脱离实际，没有资源优势的。二是发展连带产业。要加强资源的综合利用和精深加工，拉长产业链条，不断提高附加值。三是发展潜力产业。有潜力的产业绝不只是大家公认的IT一类的朝阳产业，其实，适宜地区经济、社会、自然基础的产业，有资源优势包括潜力资源优势的产业都属于有潜力的产业。要转变观念，运用战略眼光，既要善于挖掘显性资源的潜在价值，更要重视那些宝贵的隐性资源。当我们换个角度观察问题时，今天的劣势常常会变成明天的优势。四是发展特色产业。特色就是优势，就是竞争力，就是市场的"通行证"。一个地方的产业没有特色，市场竞争力终究有限。

从根本上说，产业结构调整与体制创新有关。所有制结构的调整、企业组织体系的重组、企业的优胜劣汰等直接制约产业结构的变化、产业的提升和产品的升级换代。而政府管理经济体制的变革、政府职能的转变，则意味着产业结构调整、变化的机制的根本变化，因而从根本上决定产业发展状况和产业结构形态。在西方特别是美国的宏观调控与管理中是没有产业政策的，主要是实施货币政策和财政政策，但美国的产业结构之所以不存在长时期的重复建设并且能够不断攀升，与其能动性的企业制度有着根本的关系，也就是企业一切照市场原则办事，什么赚钱就生产什么、经营什么。虽然也有一时的重复建设，比如说出现一哄而上的局面，但很快在激烈的竞争中实现了调整和淘汰。而企业或者说微观有没有能动性，与政府实施什么样的管理体制密切相关。所以，必须把体制创新与产业结构调整有机结合。注重通过推进所有制结构的调整、现代企业制度建设、改革政府管理经济的体制，推动产业结构的调整和升级。

总体来说，产业结构调整要坚持市场调节为主、配之以科学有效的政府宏观调控的原则。要在建立健全现代企业制度和完善市场秩序的基础上，使产业结构调整主要依靠市场来决定，政府把工作重点放在营造有利于投资创业和发展的良好环境上，并通过合适的政策手段包括规划信息发布、财政税收政策等引导产业结构的合理调整和不断升级。

第二，把体制创新与解决历史包袱有机结合起来。东北老工业基地下岗失业人员多，就业和再就业矛盾突出，企业办社会负担重，社会保障欠账多，债务包袱大。这在资源枯竭的城市和矿山尤为突出。这些都是非常棘手的问题，一定要慎重操作，否则就会带来复杂严重的社会问题。比如说，在职工身份转换问题上，给钱的办法是不能彻底解决问题的，近些年来，一些地方对下岗职工采取了用钱"赎买"或"买断"的方式"解除劳动关系"，但因为没有从根本上解决职工的吃饭问题，没有从机制体制上解决问题，不仅企业没有彻底解脱，并且，政府又背上了沉重的负担。

解决这些问题，需要付出必要的改革成本，但关键还是要立足于改革，立足于建立新的机制，把必要的成本支付与体制创新有机结合起来，花了钱必须买个新机制。用体制创新的办法解决历史包袱，操作思路要得当，可以考虑的途径至少有三个方面：一是立足于整合和盘活资本存量，一方面搞活企业，另一方面为分流安置富余人员提供必要的社会保障积聚资金；二是把重点放在寻求历史包袱根本解决的体制环境的构造上，如主要不是为下岗职工提供重新就业的岗位，而是致力于改善其自主创业的条件；三是建立体制性"隔火墙"，力争用市场办法处置历史包袱，使已处置的历史包袱完全纳入新机制轨道，防止反弹。总之，解决历史包袱不能只看到困难，不能只依赖政府，不能只消极被动等待，要更多地用改革的思路和办法来考虑问题、解决问题。

第三，把体制创新与城市发展功能定位有机结合起来。城市经济社会的发展乃至功能的扩展和提升，从根本上说受制于体制。一个富有活力的城市在体制上必然占有优势，换句话说，体制的活力决定着城市发展的活力与动力，从而决定着城市的功能定位。从大的层面看，采取什么样的所有制结构、企业财产组织形式、政府管理方式，决定城市发展的特色、活力和潜力。从具体的层面看，户籍制度、就业制度、教育制度、住房制度、社会保障制度、投融资制度等等，都与城市发展和功能拓展密切相关。如户籍制度改革，其意义绝不止于让农民进城，让外来人口落户，在理念上，它涉及是开放性经营城市，还是封闭性经营城市；在实践上，它决定着城市是否能适应市场经济的发展，不断扩充内容、拓展功能。很多城市，户籍制度改革后，产业面扩大了，尤其是服务业拓展了，劳动者效率提高了，整个城市的活力和效率也提高了。改革户籍制度所带来的某些问题并不像一些同志认识的那样严重，石家庄的改革就是明证。而即使有些问题，说到底也是个管理问题。

老工业基地的很多城市与资源的生产开发密切相关，随着资源数量的变化、三次产业比重及产业内构成的变化、就业以及消费结构的变化等等，都迫切需要调整城市发展功能乃至重新定位。推动老工业基地资源型城市的经济转型，发展接续产业，增强可持续发展能力，有赖于体制创新，有赖于企业的能动性、个人的创造性和整个市场的活力。

所以，老工业基地的城市，要从现有基础出发，站在体制创新的高度，以开放的思想来谋划城市、经营城市，用市场化的办法来解决城市发展中遗留的老问题和面临的新挑战。一方面，在高度注重规划城市、建设城市、塑造城市新形象、改善城市环境的基础上，通过体制创新，特别是所有制改革等关键性体制创新，增强城市细胞的能动性和创造力，增强城市的吸引力和凝聚力，自主创造和借用外力相结合，促进城市发展。另一方面，要着眼于城市的所有资源，运用市场经济手段，盘活资产存量，特别要通过生产要素的市场化配置，把资源转变为资本，实现土地、资金、人才等生产要素的优化配置和效益提升，提高城市经济质量。总之，只有把体制创新作为发展城市的第一要件，才能大幅度地提升城市整体功能，形成城市新的生存支持系统、发展支持系统、环境支持系统、社会支持系统、智力支持系统以及相应的产业体系、服务体系和管理体系，进而带动整个区域经济社会加速发展。

第四，把体制创新与政策扶持有机结合起来。调整、改造老工业基地，的确需要中央与地方各级政府的通力合作及必要的政策支持，目前国家有关部门正在研究相关的扶助支持政策。从国外看，一些国家为了推动产业结构调整，也采取一些诸如免税、贴息的政策。但必须看到，扶持政策毕竟是过渡性的、时效性的和有限的，可以解老工业基地燃眉之急，却不可能解决其长期积存的问题和包袱，更不可能从根本上解决问题。因而，只有紧紧抓住体制创新这个"牛鼻子"，才是老工业基地调整、改造、振兴的治本之策。也只有实现体制创新，国家的扶持政策才能真正派上用场、落到实处、取得成效。否则，国家投入再多的政策扶持，也不能激起联动效应，形成不了永久的"造血机制"。政府部门推出的各项政策，也一定要考虑以体制创新为前提，以挖掘老工业基地内部潜力为基础，以激发广大干部群众的积极性、创造性为着力点，以建立老工业基地内在、自主、良性循环的振兴体制为目标。

党中央最近作出决定，将于今年10月召开党的十六届三中全会，主要讨论研究完善社会主义市场经济体制问题，并明确指出，要坚持社会主义市场经济的改革方向，注重制度建设和体制创新。这为我们调整、改造、振兴老工业基地进一步指明了方向。只要我们进一步解放思想、创新体制、扩大开放、加大调整力度，老工业基地就一定能够重振雄风，在新世纪全面建设小康社会的伟大征程中焕发青春，发挥越来越重要的作用。

建立现代产权制度的重要意义与操作思路^①

（2003年12月）

  党的十六届三中全会通过的《决定》把产权问题放到了十分重要的位置，在多处从不同角度论述了产权。尤其是第一次明确提出建立健全产权制度，这是我们党在产权问题认识上的进一步深化，是关于社会主义市场经济理论的一个重大突破。

  产权制度是关于产权界定、运营、保护等的一系列体制安排和法律规定的总和。产权是适应现代市场经济发展要求而出现的经济范畴，现代产权制度则是现代市场经济的本质规定。现代产权制度的主要特征是：归属清晰，权责明确，保护严格，流转顺畅。

建立现代产权制度，是建立完善的社会主义市场经济体制的重要内容，是坚持和完善基本经济制度的内在要求，是促进我国经济、社会和人的全面发展的基本条件，具有多方面的重要意义

  第一，建立健全现代产权制度有利于增强企业、经营者和劳动者创业、创新和创造性劳动的积极性，促进一切劳动、知识、技术、管理和资本的活力竞相迸发。追求产权，以其产权获得更多的经济收益从而拥有更多的产权，是市场经济条件下包括企业、经营者和劳动者在内的各类市场主体创造性开展生产经营活动的动力所在。清晰界定产权、明确

①本文原载《党建》2003 年 12 月。

权责关系和依法严格保护产权，为追求产权、实现尽可能多的经济收益提供了制度保证。我国改革的实践有力地证明了这一点。长期以来，我们僵化地理解公有制，通过"穷过渡"，消灭个体和私营经济、改造集体经济，追求纯而又纯的国有制经济，结果是国有和集体产权归属表面清楚，实际模糊，资产所有者虚置、责任主体缺位，公有制经济发展面临严重困难。改革开放后，农村推行联产承包责任制，把土地的使用权及收益权交给农民，大大提高了农民生产经营的积极性，推动农村经济发展不断跃上新台阶；一些国有企业按照"产权清晰、权责明确、政企分开、管理科学"的要求推进规范现代企业制度建设，实行所有权和经营权分离，有效激发了企业和劳动者的创造性，企业效益大大增长，市场竞争力明显增强。建立健全现代产权制度，将有助于全面增强企业和大众的创造力，充分调动全社会各个方面的积极性，让所有要素的活力竞相进发，让一切创造社会财富的源泉充分涌流，推动经济的持续快速健康发展和社会的全面进步。

第二，建立健全现代产权制度有利于规范生产经营行为，形成良好的信用基础和市场秩序。产权是信用和秩序的基础。为追求产权，就必须诚实履行信用并遵守市场秩序，从而形成诚实守信和谨言慎行的动力；有了产权，也就有了履行信用的能力；有了产权，不守信用和违背市场秩序就会被剥夺产权，不守信用就会因为谁也不愿与其往来、经营环境恶化而无法继续经营导致破产，这也就形成了履行信用和遵守秩序的压力。毋庸置疑，产权的清晰界定，自由流动和严格保护，是增强生产经营冲动，稳定投资预期，规范投资行为和其他经营行为的基础和条件。我国现实生活中存在的制假售假盛行、逃废债务和违约失信行为严重，私人投资不活跃甚至外流等问题，与没有形成良好的产权制度有密切的关系。因此，树立诚信为本、操守为重的观念意识，形成全面完善的现代社会信用体系，建立良好的市场秩序尤其是形成各市场主体在市场运作中的自律机制，必须加快建立健全现代产权制度。

第三，建立健全现代产权制度有利于提高资本的运行效率，实现社会资本的优化配置。在健全的法制环境下，产权的获得和扩展只能在市场运动中实现，因此，产权的流动、重组和融合是市场经济发展的必然现象。改革开放以来，随着国有经济的战略调整、国有企业的战略重组、个体、私营等非公有制经济的发展，以及现代企业制度建设的推动，各种形式的产权流动蓬勃展开，市场化产权交易的程度不断提高，但仍然面临着许多体制障碍和制度缺陷，建立健全现代产权制度，将大大提高产权交易的市场化进程，从而有效提高企业效益和大幅度增进社会财富。

第四，建立健全现代产权制度有利于改善企业资本组织形式，建立规范的现代企业制度。产权清晰是建立规范的现代企业制度的首要条件，只有产权归属清晰，才能有效形成有一个个明确的资产所有者的企业法人财产权，从而使企业成为享有民主权利、承担民事责任的法人实体，企业也才能以其全部法人财产，依法自主经营、自负盈亏，对出资者承担资产保值增值的责任。而产权的自由流动，不仅有利于企业依据自身实际和市场需要灵活开展资本运营，提高企业效益，而且有利于推进各种性质的资本间的收购、兼并、相互参股，实现投资主体多元化，形成良好的企业财产组织形式和规范的法人治理结构，真正建立起适应市场经济要求的管理体制和运行机制。因此，建立健全现代产权制度，是建立现代企业制度的基础，否则，现代企业制度的建设就会流于形式，走形变样。这一点已在一定程度上为十多年来企业改革的实践所证明。

第五，建立健全现代产权制度有利于坚持和完善基本经济制度，促进多种所有制经济在市场竞争中发挥各自优势，相互促进，共同发展。随着改革开放的深入，公有制一统天下的状况得到显著改善，以公有制为主体、多种经济成分共同发展的格局基本形成。除国有和集体资本外，个体、私营、外资等非公有资本和城乡居民私有财产迅速增加，单一的公有产权制度也已被包括国有产权、集体产权、个体私有产权、外资产权、混合所有制产权等在内的多元化的产权制度取代。面对这种形势，在过去工作的基础上，十分迫切地需要进一步形成对各类财产包括界定权属、依法保护等在内的制度安排。建立健全现代产权制度，有利于维护公有财产权，巩固公有制经济的主体地位；有利于保护私有财产权，促进非公有制经济的发展；有利于各类资本的流动重组、交叉持股，推动混合所有制经济发展，从而真正把各种所有制经济的发展统一于社会主义现代化建设的进程中，共同造福于社会和人民。

建立归属清晰、权责明确、保护严格、流转自由的现代产权制度是一个系统工程，需要推进一系列改革

首先，要根据谁投资、谁所有的基本原则，依法依规、合情合理认真清产核资，理清产权属性。各类财产权归属清楚，是建立现代产权制度的基础环节，要采取有力措施，积极解决目前转制过程中集中反映出来的产权关系不清问题。在产权界定中，要充分考虑出资者权益，尽量追溯原始投资者并确认其出资性质；要充分考虑历史因素，具体情况具体分析，实事求是，讲情讲理；要严格遵循法律规章，有法可依有章可循的，一律依法按章行事；要依法维护国家、集体和个人三方权益，平等对待各方资产，既要防止国有或公有资产流失，又不可把属于集体或私人的资产随意划分或上收为国有、公有。对实难清晰界定的资产，应立足于企业的长远发展来明确归属或采取其他适当方式处置。

其次，要结合国有资产管理体制改革和现代企业制度建设，保障国有资本出资人权益，落实企业作为市场主体和法人实体应享有的各项权利。长期以来，国有资产缺乏明确而具体的出资人代表和直接的责任主体，国家统一所有或全民所有名义之下国家资产或"全民资产"的产权主体实际上处于虚无状态，致使国有资产运营效率低下，流失严重。按照党的十六大要求深化国有资产管理体制改革，首要的是解决国有资本出资人真正到位并切实负起责任的问题。要建立中央和地方政府分别代表国家履行出资人职责、享有所有者权益，权利、义务和责任相统一，管资产和管人、管事相结合的国有资产管理体制，通过组建专司国有资产管理的机构和建立明确有效的责任制度，把国有资产产权主体和责任主体落到实处，切实维护国有资产权益，推动国有资产保值增值。但企业是生产经营活动的主体，国有经济的发展壮大，国有资产的保值增值，从根本上说是通过国有企业的创造性经营活动实现的。因此，在强化监管的同时，必须坚持把政府公共管理职能和国有资产出资人职能分开，把所有者职能和经营者职能分开，确保企业应享受的各项权利，使之真正成为自主经营、自负盈亏的法人实体和市场主体。规范的现代企业制度是实现国有企业权责利统一，推动企业经营者创造性开展生产经营活

动的基本制度保障，要抓住形成多元化的财产组织形式和建立股东会、董事会、监事会、经理层各负其责、协调运转、有效制衡的公司法人治理结构这两个关键环节，对国有企业实行规范的公司制改革。通过深化国有资产管理体制改革和建立现代企业制度，把维护出资者权益和维护法人财产权益有机结合起来，在国有资产管理机构督促和国有企业自觉努力的互动中，真正达到国有资产保值增值和企业可持续发展的目的。

再次，规范发展产权交易市场，健全产权交易规则和监管制度，推动产权有序流转。产权流动是市场经济发展的必然要求；产权在健全的法律、规章和制度环境下自由流动，是现代产权制度的重要内容。通过拍卖、收购、兼并、租赁、投资参股、债权转股权等多种形式进行产权交易和流转，有利于优化企业和社会的资产结构，实现生产资源的合理配置；有利于提高资产或资本的运营效率，增进企业效益和社会财富。在当前，产权流动在不断展开的同时也存在一些问题：一是受思想观念、体制环境、技术手段、产权清晰状态等主客观因素的制约，产权还不能全部自由顺畅地流动。例如，个体、私营资本在产业准入上还面临许多限制，还不能自由地从事投资或收购活动；上市国有企业的相当一部分资本无法在市场上流通；股份合作制企业的产权因其资本与劳动联合的特点而难以有效流转；等等。二是产权市场发育不规范，产权交易缺乏健全的规则和有效的监管。近些年，随着国有经济战略调整、国有企业战略性改组的力度和速度的提升，产权交易的形式日益多样，规模不断扩大，相应带动了产权交易市场的发展，许多地方都成立了产权交易机构。其中一些应时赶急而生，缺乏必有的人才与技术基础，操作极不规范；在面上，又没有统一、严密、规范的法律法规约束和强有力的监管，严重制约了交易的公正性，在一些地方，甚至造成了国有资产的大量流失。因此，要着眼于克服薄弱环节，立足于增强公开性、公正性、市场性和统一性，推进产权健康有序地流动。当前要抓紧做好如下两个方面的工作：其一，进一步清除产权流动中由思想观念、政企关系、所有制性质、地域位置等诸多因素形成的体制和政策障碍，促进各类产权在更广阔领域、以更高的效率流动；同时努力革新技术手段，形成交易机构中联通、开放和统一的交易市场和竞争性交易系统。其二，清理交易机构、规范交易机构行为，建立健全涉及交易主体资格确认、交易过程操作规范、交易结果合理处置等交易全过程的一整套法律与规则，加强交易监管，促进产权市场的健康发展，保证产权交易的公正性和有序性，防止交易资产特别是交易中的公有资产的流失。

最后，建立健全产权保护法律法规，确保各类产权不受侵犯，维护其合法权益和平等发展的权利。保护产权的法律法规完备、系统和实施有力，是现代产权制度的一个重要特征。依法严格保护各类产权的安全和平等权利，有利于维护公有财产权，巩固公有制经济的主体地位；有利于保护私有财产权，促进非公有制经济的发展；有利于规范投资行为，稳定投资预期，增强企业和公众创业的动力，形成良好的社会信用基础和市场秩序。从我国目前的实际情况看，产权保护是一个薄弱环节。公有资产的保护虽然受到了高度重视，然而由于国有产权制度上的缺陷及保护的法律法规不具体或执法不力，国有资产、公有资产被侵犯、被掠夺的状况仍然比较严重；对私有财产保护的意识还很薄弱，相关的法律法规很不完备，个体、私有经济应有的权利得不到有效保障，在有的地方，私有产权屡屡受到侵犯。因此，要抓紧建立健全保护各种性质、各种形式的产权的法律法规，完善产权法律制度，规范和理顺产权关系，依法打击各种侵犯正当产权权益的犯罪活动。

努力使股份制成为公有制的主要实现形式[①]

（2003年12月）

公有制是社会主义制度的基础，是国家引导、推动和促进社会经济发展的基本力量，对发挥社会主义制度的优越性，增强我国的经济实力、国防实力和民族凝聚力，实现最广大人民群众的根本利益和全社会成员的共同富裕，具有关键性的作用。但公有制是否真正起到这样的作用，取决于采取什么样的实现形式。这些年来，我们在实践中积极探索公有制的多种有效实现形式，有力地推动了国有企业的改革，大大提高了公有制经济的活力和效率。在这个探索过程中，对股份制在促进生产力发展、增强公有制经济的活力和实力的重要功能的认识不断提高，推进股份制的力度也不断加大。党的十六届三中全会《决定》进一步强调推行公有制的多种有效实现形式，明确提出"要适应经济市场化不断发展的趋势，进一步增强公有制经济的活力，大力发展国有资本、集体资本和非公有制资本等参股的混合所有制经济，实现投资主体多元化，使股份制成为公有制的主要实现形式"。这一关于公有制实现形式探索上的重大突破，是对马克思主义股份制经济理论的继承和发展，是总结这些年来股份制和混合所有制经济实践所作出的科学论断。

股份制是适应社会化大生产和市场经济发展要求而出现的一种有效的企业资本组织形式。马克思、恩格斯对股份制资本、股份制经济给予了很高的评价。他们认为，股份制的出现，一方面带来了国民经济的迅速增长和生产力的空前发展：股份企业"是发展现代社会生产力的强大杠杆"，"它们对国民经济的迅速增长的影响恐怕估价再高也不为

---

①本文原载《经济研究》2003 年第 12 期。

过";另一方面有效地推动了生产关系的变革:股份公司的成立,使"那种本身建立在社会生产方式的基础上并以生产资料和劳动力的社会集中为前提的资本,在这里直接取得了社会资本(即那些直接联合起来的个人的资本)的形式,而与私人资本相对立,并且它的企业也表现为社会企业,而与私人企业相对立。这是作为私人财产的资本在资本主义生产方式本身范围内的扬弃。"股份制度"是在资本主义体系本身的基础上对资本主义的私人产业的扬弃"。"资本主义生产极度发展的这个结果,是资本再转化生产者的财产所必需的过渡点"。

改革开放以来,特别是党的十六届三中全会《决定》提出建立现代企业制度以来,我国的股份制和以股份制为基础的混合所有制经济得到了长足的发展。据国家统计局的统计调查,截至2001年底,占全国国有控股企业净资产70%的4371家国有大中型骨干企业中,已有3322家企业实行了股份制改革,改制面达76%。在已改制的国有大中型骨干企业中,有限责任公司和股份有限公司占69%。520家国家重点企业中的514家国有及控股工业企业已有430家进行了公司制改制,改制面达83.7%。其中一部分还改造为上市公司。股份制在经济生活中发挥着越来越突出的作用。从地区经济发展状况看,哪里股份制经济比较发达,哪里的经济就充满活力。实践证明,公有制通过股份制实现,不仅能有效克服纯国有制、纯公有制存在的诸如产权主体实际上虚置、经济责任不落实、运行机制呆滞等体制缺陷,而且有利于巩固和发展公有制经济:第一,通过国有和集体资本吸纳其他性质的资本或公有资本进入其他性质的企业等交叉持股的方式,改善国有或公有企业的产权结构,有利于国有或公有企业在产权多元化的基础上建立规范的现代企业制度,并真正落实国有或公有资本权益;第二,公有资本参股其他性质的企业,能够依托非公有资本占主体的多元产权架构和富有活力的运营机制增长自身利益,即做到所谓"搭车快行""借鸡生蛋";第三,公有资本和其他性质的资本的融合并以适当形式处于实质性控制地位,有利于凝聚和推动更多的社会资本,从而有效放大公有资本特别是国有资本的辐射功能,提高公有经济的控制力、影响力和带动力,提升整个公有经济的竞争力。总之,相对于其他形式,通过股份制实现公有制,有利于充分发挥公有经济的活力和优势，有利于推动生产力的发展。把股份制作为公有制的主要实现形式，解决了把公有制特别是国有制与市场经济有机结合起来的历史性难题，使我们找到了公有制在市场经济条件下巩固和发展的有效途径。

"使股份制成为公有制的主要实现形式"的科学决策，将对下一步我国所有制结构的调整完善特别是国有经济的改革产生巨大的推动作用，并将深层次地影响甚至决定其他方面改革的方向和速度。而它本身也寓含着十分丰富的改革内容。因此，为了保证各项改革的健康推进，必须科学地把握它的科学内涵及操作指向。笔者以为，要特别把握如下一些重要方面：

第一，要把股份制作为公有企业特别是国有企业改革的基本形式。要通过各种有效的形式，将宜于实行股份制的公有企业特别是国有大中型企业，包括其中的优势企业，改造成为股份制企业。由国家资本投资新办的企业，除极少数必须采取国有独资的外，都应采取股份制的资本组织结构。国有独资公司，也应尽量改造成为多个国有单位共同投资入股形成的联合"独资"。

第二，把公有企业改造成为股份制公司，必须是把它们改造成为国有资本、集体资本和非公有资本等参股或交叉持股的混合所有制企业。国有企业或其他形式的公有企业的弊端就在于产权结构单一、责任主体缺失。只有吸纳非公有资本、外资参股，才能有效改变这种状况，达到增强公有经济活力、提高公有资本运行效益的目的。也就是说，只有这样，才能实质性地改进公有企业特别是国有企业的管理体制和运行机制，使之适应市场竞争的需要。我国现阶段以公有制经济为主体、多种经济成分并存的格局，成为实现各种性质的资本交叉融合、发展混合所有制经济的所有制基础。要采取有效的政策措施，消除体制性障碍，推动公有企业特别是国有企业通过多种形式和渠道吸纳个体、私营资本以及国外资本进入。受思想观念约束，在一个相当长的时期里，非公有资本无法涉足基础设施、公用事业等领域，在当前，要特别注重推动这些领域的国有企业吸纳非公有资本入股，实现投资主体多元化，发展混合所有制经济。与此同时，也应允许国有资本和集体资本根据经营的需要和利益最大化原则,通过适当形式和渠道并秉持市场原则参股私有企业和外资企业。

第三,对公有企业特别是国有企业实施股份制改造重在规范。走形变样的所谓股份制比传统的企业制度会更糟糕,这些年的实践已给了我们这方面许多的教训。股份制规范的重点,一是形成合理的股权结构。公有股或国有股的比重不宜过大,能够不控股的,尽量不控股;可以相对控股的,尽可能不搞绝对控股。二是建立有效的法人治理结构。股东会、董事会、监事会和经营管理者之间职责明确,真正做到各负其责,协调运转、相互推动、有效制衡。从我国实际出发,国有企业股份制改造中推进规范的法人治理结构建设,特别要处理好两个关系:一个是党管干部与市场机制选择经营管理者的关系,要努力探索在党管干部原则下,通过市场机制选择经营管理者的有效途径。可以考虑,党组织管选择标准、选择程序以及选择后的监督,而直接的选择过程则按照市场推选,公开竞聘的方式进行。另一个是"新三会"与"老三会"的关系,要通过合理归并,适当兼职的方式,把众多的治理者简化到规范的公司制的治理框架上来,减少掣肘,形成合力,实施有效治理。三是形成有力的激励约束制度。在这方面要把握好两个基本原则:其一,实施年薪制、持有股份等分配激励措施要与企业经营管理者的市场选择有机结合起来,这样,激励的标准就会比较合理,同时也才能真正实现有效激励,起到四两拨千斤的作用;其二,利益激励和利益约束要对称,在激励中强化约束,通过有力的约束形成有效激励。

改进方式　提高素质
切实做好经济体制改革工作①

（2004年3月）

　　党的十六届三中全会通过的《中共中央关于完善社会主义市场经济体制若干问题的决定》（以下简称《决定》），以邓小平理论和"三个代表"重要思想为指导，全面贯彻党的十六大精神，根据全面建设小康社会新阶段的客观要求，提出了完善社会主义市场经济体制的目标和任务，对今后一个时期的改革作出全面部署，是指导我国经济体制改革的纲领性文件。贯彻落实好《决定》，要求我们不断加深对深化经济体制改革重要性和紧迫性的认识，准确把握改革的目标、方向和主要任务，努力完善指导和推进经济体制改革的方式，着力提高改革工作者的素质和操作水平，把思想和行动真正统一到《决定》的精神上来。

　　新时期、新阶段对改革工作提出了新要求，对改革工作者赋予了新使命。我们要认真学习贯彻《决定》精神，把握方向，求真务实，以高度的责任感和严谨科学的方式，认真做好经济体制改革工作。

一、推进改革要着力"五个结合"、立足"三个把握"

　　（一）把"五个结合"贯穿于经济体制改革的过程中。深化和推进经济体制改革，必须坚持和落实好《决定》提出的"五个统筹"要求和

---

①本文是作者结合学习党的十六届三中全会精神和有关领导同志的讲话精神，对新时期新阶段如何进一步完善推进改革的方式、提高改革工作者的素质撰写的体会文章，并在所负责司全体干部大会上提出要求，原载《经济体制改革信息》第 4 期，2004 年 3 月 1 日。

"五个坚持"原则。在操作过程中，要努力做到"五个结合"：

第一，努力把改革和发展有机结合起来。发展是硬道理，社会主义的根本任务是发展生产力，特别是在社会主义初级阶段，要解决社会诸多方面的矛盾，关键在于发展。在当代中国，要发展就必须改革，改革是经济社会发展的强大动力，只有改革那些不适应生产力发展要求的生产关系和上层建筑，排除生产力发展的障碍，才能为经济持续快速协调健康发展和社会全面进步创造条件。机构改革后，改革与发展工作更加紧密结合。我们要针对经济社会发展中存在的深层次矛盾和突出问题，提出明确、具体的改革措施，理顺体制关系，不断增强经济社会发展的活力和动力。

第二，努力把改革的阶段性目标和总体目标有机结合起来。完善社会主义市场经济体制，是新时期、新阶段改革的总体目标，每一项改革都要朝着这个目标努力，都要服从于这个目标。同时，改革又是连续性与阶段性的统一，在不同的阶段，有着不同的特点。因此，一方面，我们要高度重视改革措施的方向性，做好各项改革方案的设计、论证和协调，确保各项改革方向正确、政策衔接、利益平衡；另一方面，改革措施的制定要注重可操作性，整体考虑当前与长远、需要与可能、全局与局部、中央与地方的关系，考虑不同阶段经济社会发展的实际需要，做到全面部署、分步实施。

第三，努力把实行重点突破和统筹兼顾有机结合起来。改革是个长期、艰巨、复杂的过程，不可能"毕其功于一役"，不可能在短期内把所有的改革任务都完成。贯彻《决定》精神，必须围绕经济体制中的薄弱环节，突出重点、抓住关键，首先在解决长期以来制约发展的重点、难点和人民群众最关切的问题上取得新突破。同时，又要从全面完善新体制着眼，充分考虑各项改革措施之间的联系和各方面的利益关系，加强统筹兼顾和综合配套，为重点、难点问题的解决创造整体条件。总之，要坚持统筹推进宏观管理体制改革和微观主体创新，统筹考虑经济领域改革和社会领域改革，统筹协调城市改革和农村改革，促使各项改革协调有序推进。

第四，努力把推进改革和维护社会稳定有机结合起来。改革越向纵深推进，风险和困难也越大。世界经济发展的历程表明，在经济体制转轨、经济结构转型和经济高速增长的时期，如果在一些关键问题的处理上把握不得当，很容易发生经济风险和社会动荡。因此，当前比任何时候都要更加重视处理好深化改革和保持稳定的关系，把改革的力度、发展的速度和社会可以承受的程度有机统一起来。对风险较大的改革项目，要精心部署，制定多种应对预案，确保改革符合群众利益，切实做到在社会稳定中积极稳妥地推进改革发展，通过改革发展促进社会稳定，确保改革和各项工作的有序进行。

第五，努力把政府合理引导、积极推动和充分发挥群众改革创新的自主性、能动性有机结合起来。政府部门要站在改革的前沿，采取得力措施推动改革，通过有效的方式指导改革。同时，要尊重群众首创精神，鼓励广大人民群众从切身利益出发，对生产方式、交换方式、分配方式的变革进行不断探索、大胆创新。对改革中出现的新做法、新事物，只要方向正确，就要坚决支持，并在制度上、法律上给予保障。通过各种方式，集中群众智慧，调动群众投身改革的自觉性和积极性。要鼓励各地区、各部门根据实际情况和需要，积极主动地开展改革试点，并给予必要的政策和财力支持。

做到了这"五个结合"，我们就能比较好地贯彻好《决定》指出的"五个统筹"和"五个坚持"精神，按照完善社会主义市场经济体制的方向，把经济体制改革扎扎实实地向深层推进。

（二）着力"三个把握"，保障各项改革顺利推进。建成完善的社会主义市场经济体制是实现全面建设小康社会宏伟目标的基本保障，但是，要在不到20年的时间里完成这一伟大任务，需要我们把改革放在更加突出的位置，开创改革工作的新局面。为此，需要不断探索新形势下指导和推进经济体制改革的途径，重点做到"三个把握"：

第一，正确把握改革的方向和原则。《决定》是做好经济体制改革工作的行动指南和根本依据。按照《决定》要求，我们要牢牢把握改革的方向和原则：必须坚持以公有制为主体、多种所有制经济共同发展的社会主义经济制度，积极推行以股份制为主的公有制的多种有效实现形式，鼓励、支持和引导非公有制经济发展；必须坚持按劳分配为主体、多种分配方式并存的制度，正确反映和兼顾不同方面群众的利益，使全体人民朝着共同富裕的方向稳步前进；必须坚持以人为本，把实现最广大人民群众的根本利益、促进人的自由的全面的发展，作为改革的根本目标；必须坚持市场取向的原则，充分发挥市场机制在资源配置中的基础性作用，提高国民经济市场化程度；必须坚持审时度势、因地制宜，努力实现改革措施和实际经济社会环境间的有机协调，规范地进行机制创新和制度建设，防止改革措施在实施中走形变样，避免和减少改革过程中的曲折和失误。

第二，科学把握指导和推进改革的方式。改革能否平稳健康地向前推进，不仅要求把握正确的改革方向和原则，同时也要求把握良好的操作方式。要及时总结改革经验，努力探索行之有效的改革途径。当前要特别重视以下几个方面：

一要加强改革的组织领导。各项改革能否深入扎实地向前推进，领导是关键。各级领导"要进一步增强改革意识，把改革和发展放到同等的位置，拿出更多的精力和时间研究改革、指导改革"。目前，一些地方正在或准备进行机构改革，要结合机构调整，强化改革职能，健全改革机构，充实领导力量，提高队伍素质。

二要加强改革的政策指导。要通过制定总体改革和专项改革。实施意见，明确操作思路，落实改革任务。要通过政策信息发布，引导改革方向，鼓励自主创新。要深入进行调查研究，及时把握改革进展，发现问题，提出有效对策，不断完善改革思路，拓展改革实践。要加强改革经验沟通交流、总结推广，适时将成熟的做法加以制度化、法律化。

三要加强改革的综合协调。从实践看，改革进入完善社会主义市场经济体制新阶段，整体性、配套性和综合性越来越强。因此，要在继续充分发挥各部门、各地方自主推进改革的积极性、创造性的同时，加强改革方案制定和实施的统筹协调。改革工作者要主动做好改革的协调工作，避免在改革方案的制定中掺杂不适当的部门利益，防止出现不同改革方案的相互矛盾。

四要加强改革试点工作。国务院领导同志要求继续"抓好改革的试点工作"。实践证明，试点是有效推进改革的重要方式。在完善社会主义市场经济体制的过程中，对一些涉及面广、触及利益层次深、风险大的改革领域，仍要通过试点的方式，积累经验。一要积极组织好各类试点，对国家已经有明确改革要求和思路的改革事项，宜鼓励各地结合实际自主组织试点；对符合市场经济方向，但突破现行政策框架、跨行业跨领域且风险较大的重大改革事项，则需要国家发展改革部门组织论证和进行相关协调。要切实制定好相关改革试点方案，确保改革试点顺利进行。

此外，还要加强改革政策和方案实施的监督检查。监督检查改革实施情况，有利于及时发现问题，有利于控制风险，也有利于加速推进改革。

第三，合理把握改革推进的力度和时机。当前，我国经济发展正处于一个关键时期，一些涉及群众切身利益的重大改革将陆续出台，把握好改革推进的力度和时机至关重要。改革力度的把握，要充分考虑经济社会环境和人民群众的承受能力。要审时度势，分清轻重缓急，成熟一个，推出一个。必须加快进行的关键性改革措施，应努力创造相关配套条件，并切实做好应对风险的准备。要按照中央统一部署和总原则、总思路推进改革，但同时要因地制宜，不搞"一刀切"。

二、改革工作者要恪守"六则"、铸就"五气"

（一）改革工作者要"忠诚于党，俯首于民，精勤于业，躬耕于事，诚挚于人，磊落于世"。国务院有关领导要求，发展改革部门要坚持不懈地推进转变观念、转变职能、转变作风"三个转变"。委领导要求我们做到"民为本、国为重，人求进、事求实，懂大局、讲团结，淡名利、守清廉"。改革工作者要为完善社会主义市场经济体制当好参谋、助手和直接推动者，必须塑高素质、练真本领。按照国务院和委领导要求去做，应该恪守这样六个方面的"规则"：

第一，忠诚于党。要坚定政治立场，在大是大非问题上与党中央保持高度一致，自觉实践"三个代表"，认真贯彻执行党的基本路线和各项方针政策。

第二，俯首于民。要牢记党的宗旨，全心全意为人民服务，心为民想、情为民系、权为民用、利为民谋、责为民负。并带着这个思想观念、这种情感意识去做好每一项改革工作。要强化公仆意识，关心同志，服务大家。

第三，精勤于业。要努力学习，认真钻研。学习马列主义、毛泽东思想、邓小平理论和"三个代表"重要思想，提高理论与政策水平；学习各种现代知识，提高分析问题、解决问题的能力。与时俱进，常学常新。

第四，躬耕于事。要向人民负责，向组织负责，向历史负责，兢兢业业地做好每一件改革工作；勤于思考，勇于创新，创造性地开拓改革工作新局面；有交办有落实，有布置有检查，重要的事项要亲力亲为；要求别人做到的，领导者要首先做到。

第五，诚挚于人。要维护集体利益，加强沟通配合，诚恳待人，宽厚行事，敢于当面批评，乐于背后助人。讲团结，顾大局，不说假话、瞎话；不跟同志斤斤计较，不与组织讨价还价。

第六，磊落于世。要树立正确的权力观、人生观和事业观，牢记"两个务必"，遵纪守法，廉洁自律。经得住考验，抵得住诱惑；待遇同下比，要求往上攀。勇于负责，不卖乖讨巧；敢于碰硬，不"趋利避险"；光明磊落，不左右逢源；踏实正直，不沽名钓誉。

（二）改革工作者要铸就"锐气、正气、灵气、勇气、大气"。改革工作复杂而艰巨，富于挑战而又充满风险，全面落实《决定》指出的各项改革任务，实现建立完善的社会主义市场经济体制的改革目标，要求改革工作者具备一些特殊的品质。概括起来，是要铸就这样"五气"：

第一，要始终保持与时俱进、敢于创新的"锐气"。改革是一场伟大的革命，改革也是一个长期的过程。按照建立社会主义市场经济体制的方向，我们对传统的计划经济体制进行了一系列改革，取得了举世瞩目的成绩，经济体制格局已经发生了深刻的变化。但总的说，离建立完善的社会主义市场经济体制的目标还有较大差距。

一是一些深层次的改革尚未触及，一些关键性的改革还有待进一步突破，一些已出台的改革由于缺乏有效的配套措施而难以推进。比较突出的是：统筹城乡发展的体制和机制尚未形成，制约农业、农村经济的发展和农民收入的增加；现代产权制度尚未完全建立，妨碍国有企业改革的深化和多种所有制经济的进一步发展；国有经济战略性调整尚未完成，国有资产监督管理体制还需要进一步完善，规范的现代企业制度尚未建立；收入分配关系尚未理顺，社会再分配调节不够有力；市场体系还不健全，资本等生产要素市场发育相对滞后，社会信用体系有待健全；政府职能转变还不到位，"越位、错位、缺位"现象仍比较突出。所有这些问题的解决都有赖于深化改革。

二是引致经济社会生活中深层次矛盾和问题的体制性基础还没能根本性消除。当前，我国经济发展势头良好，但也存在着一些深层次问题，包括：农民收入增长缓慢，城乡、地区差距扩大；就业形势严峻，社会保障压力大；投资与消费的比例关系不够平衡，消费需求不足；经济结构仍不合理，部分行业和地区盲目投资、低水平重复扩张严重；信贷投放一度偏快，金融风险隐患增加；经济社会发展不够协调；等等。这些问题，从根本上说，与体制不顺密切相关。

三是对外开放对改革提出了新挑战、新课题。随着改革的深入和加入世界贸易组织，我国已形成全方位、多层次、宽领域的对外开放格局，国民经济融入世界经济的程度不断提高。我们既面临着大好的发展机遇，也面对着前所未有的挑战。经济体制尤其是涉外经济体制还有许多不适应国际惯例和通行规则的环节。世贸组织给予我国一些行业和产品的过渡保护期即将结束，但有效的应对机制和保护体系还没有完全建立起来。

四是社会主义市场经济体制的内涵不断丰富。在世界多极化、经济全球化以及科技创新日新月异的今天，人们对经济社会发展的认识不断丰富，对社会主义市场经济体制的基本内涵和本质特征的理解不断加深。城乡协调发展、区域协调发展、经济社会协调发展、人与自然和谐发展、国内发展与对外开放相协调等新课题、新任务不断显现，并亟待进行相关的体制改革和制度安排。

有鉴于此，我们要始终保持敢于创新的锐气，与时代节拍相协调、与经济规律相契合、与实践发展相衔接，与时俱进，不断研究新情况、新问题，探索改革的新思路、新办法。

第二，要牢固树立不畏艰难、敢于碰硬的"正气"。我们已经初步建立起社会主义市场经济体制，正在向建立完善的社会主义市场经济体制目标迈进。随着改革的向前推进，改革的难度也越来越大：越来越深入到计划经济体制的核心，越来越涉足于敏感领域和风险地带，也越来越触及改革者自身，对改革工作者提出了严峻的挑战。

无论遇到什么困难和风险，无论形势怎样变化，我们都要能够担当起重任，经得起风浪考验。要以"苟利国家生死以，岂因祸福避趋之"的浩然正气，把实现、维护和保护最广大人民群众的根本利益作为一切改革工作的出发点和归宿，把最大限度地解放和发展生产力作为改革的根本要求，开拓进取，奋发有为，知难而上，敢于碰硬，按照党的十六大和十六届三中全会的要求，坚决冲破一切妨碍发展的思想观念，坚决改革一切束缚发展的做法和规定，坚决革除一切影响发展的体制弊端。

第三，要努力塑造善于改革、务实操作的"灵气"。改革的艰难性和复杂性不断增强，不但要求改革者有把握全局、敢于在挑战中寻求机遇的战略眼光，还要求改革者有灵活务实、善于在困难中实现突破的操作艺术。如何抓住有利时机加速推进改革，如何正确把握改革的节奏和力度，增强改革的预见性、针对性和有效性，健康地推进改革；如何充分考虑环境的约束和兼顾各方利益，体现改革的宏观性、综合性、系统性，顺利地推进改革，这些问题既是在实践中深化改革所要力求解决的难题，也是制定改革方案和思路中所必须充分考虑的问题。

我们要始终立足于造福人民，紧紧围绕发展的主题、结构调整的主线和完善社会主义市场经济体制的目标，坚持从实际出发，做到深入实际、反映实情、做好实事、讲求实效，把原则性和灵活性有机结合起来，提出切实可行的改革方案，科学地推进和指导改革。

第四，要不断增强自我革命、自我提高的"勇气"。改革工作者本身的素质在很大程度上影响着改革的进程和质量。要把改革工作做好，一要有磊落正直和与时俱进的品格，二要有扎实的理论素养和丰富的实践知识打造能力。

适应新形势下深化改革的要求，改革工作者要自觉实行自我革命，革自己思想的命，始终保持思想观念的先进性；革自身既得利益的命，始终保持立场行为的公正性；革自己陈旧知识的命，始终保持知识结构的时代性。从而做到，思想上不断有新解放，立场上不断有新提高，理论上不断有新建树，实践上不断有新创造。只有这样，才能不断提高科学判断形势的能力、驾驭市场经济的能力、应对复杂局面的能力、依法行政的能力、总揽全局的能力，扎实做好各项改革工作。

第五，要切实弘扬淡泊名利、无私奉献的"大气"。改革工作者从事的是向旧有体制挑战，实质是向旧有权力利益格局挑战的事情，在很多人看来，这是风险大、实惠小，得罪人、出力不讨好的苦差事，但这也正是改革的意义所在和改革工作者的价值所在。没有既得利益，才可能在公正的立场上立言行事；不图当前名利，才可能干出彪炳千秋、经得起历史检验的大事情。作为改革工作者，我们要努力形成为国家和人民的事业敢于牺牲自己一切的大气，说实话，办实事，尽全力做好每一项改革工作。

2004年是贯彻十六届三中全会精神的第一年，也是实现"十五"计划目标的关键一年，做好2004年的经济体制改革工作，意义重大。国务院赋予了国家发展改革委指导和推进总体经济体制改革的重要职能，而经济体制综合改革司又承担着研究经济体制改革和对外开放重大问题、组织拟订综合性经济体制改革方案、协调有关专项改革方案、提出推进经济体制改革和完善社会主义市场经济体制的建议的具体职责，责任重大，使命光荣，我们要认真学习《决定》精神，进一步明确推进经济体制改革的指导思想、基本原则和主要任务，以更饱满的热情、更奋发的姿态，切实做好经济体制改革工作，为建立完善的社会主义市场经济体制、实现全面建设小康社会的宏伟目标，作出我们应有的贡献。

关于事业单位改革的思考^①

（2004年4月）

　　事业单位改革是中国经济体制改革的重要组成部分，与国有企业、政府管理体制改革一样，对建立和完善社会主义市场经济体制起着十分关键的作用。在国有企业和政府管理体制改革已深入进行并取得积极进展的今天，推进事业单位改革显得非常迫切。但中国事业单位性质模糊、职能混杂，分布广泛、涉域交叉、利益关系复杂、责任边界不清等特点，使得对它的改革又极为艰难。全面深化事业单位改革，有必要在一些关键问题上理清思路，形成共识。

事业单位的地位

　　中国事业单位形成及演进至现状的原因极为复杂，但大体上说两个方面起了关键作用。一是基于提高政府效率和减少财政负担的目的，必须尽量减少政府机构和行政人员，但同时又必须提供不断增长和日益多样化的公共服务。这是导致中国事业单位分布广、数量多、规模大的主要原因。二是基于解决经费短缺窘况和保障既有利益的目的，必须创造性地开展业务活动，但同时又必须保持现有的体制架构。这是导致中国事业单位政事不分、事企不分、职能繁杂、行为混乱的主要原因。

　　迄今为止，中国全部事业单位130多万个，其中独立核算的事业单位95.2万个。纳入政府事业单位编制的人员近3000万，各项事业经费支出占国家财政支出的30%以上。一般地，可以把现有中国事业单位分为

---

① 本文原载《中国经济时报》2004 年 4 月 12 日。

如下三类：一是直接承担政府行政职能、为政府服务的事业单位，主要从事的是监管、资质认证、质检、鉴证及机关后勤服务等类的活动；二是承担公共事业发展职能、为社会服务的事业单位，主要从事的是科教文卫等社会事业和与公共基础设施建设、公用事业服务相关的活动；三是承担着中介沟通职能、为市场和企业服务的事业单位，主要从事的是咨询、协调一类的活动。但是，从实际运作看，其性质则极为复杂。譬如，有的享受着事业单位的待遇，却完全从事着与政府部门一样的行政管理活动，拥有比一般政府部门大得多的行政权力；有的挂着事业单位的牌子，却直接从事着如企业一样的经营活动；有些并非法定承担政府职能的事业单位，却实际上拥有由主管部门直接和间接转移过来的行政职能；有些单位全部或者大部分受国家财政资金供养，却仍然变相地从事着收费性经营活动；等等。

从总体上看，事业单位对中国经济社会发展作出了重要贡献，尤其是在推动社会事业发展和扩大公益服务供给方面起着十分重要的作用。但也有一些事业单位，占着国家资源、受着财政支持，却没能充分有效地提供相应的服务和积极公正地履行应尽的职责，反而利用事业单位性质上非政非企又亦政亦企的模糊空间，最大限度地运用、享受着政府部门与企业两者拥有的权力和利益，又最大限度地游离于政府部门所受的行政约束和企业所承受的市场压力之外。其结果是扰乱了经济运行规则，破坏了社会资源的合理配置。许多事业单位甚至成了腐败现象滋生的良好土壤和国有资产流失的有效渠道。

这就有一个在改革中对事业单位地位重新确认的问题，也就是说，在未来改革的进程中，事业单位还有没有必要继续存在？答案无疑应当是肯定的。第一，在经济社会活动中，的确存在那些既不适宜于政府部门直接从事，也不适宜于企业直接经营的事务，处理这些事务为事业单位的存在提供了根据。第二，在某些情况下，作为除政府和企业之外的"第三部门"，事业单位在处理许多经济社会事务时具有比政府和企业更便利、更富效率的优势；而在另一些情况下，作为介于政府和企业之间的"第三者"，事业单位在协调和沟通方面具有不可替代的作用。第三，作为一个庞大的群体，中国的事业单位承载了巨大的就业量，并为政府和企业分担了巨大的社会负担。从中国实际出发，事业单位的这种功能决定了其存在的必要性和走完全消除之路的不可行性。否则，不仅会加剧旧有矛盾，而且会引发新的问题，从而形成社会危机。

这就是说，事业单位在中国社会主义市场经济发展中仍然占有重要地位。解决现有事业单位存在的问题必须依靠改革，但改革的方向不是也不可能取消全部事业单位，重点在于调整和规范。

事业单位的性质

我国事业单位改革走调整、规范之路，需要准确界定其性质。我国学者对事业单位的性质众说纷纭，莫衷一是；外国学者对中国事业单位更是说不清道不明。造成这种状况的原因，不仅是由于事业单位这一名词本身具有模糊性——在国外，类似于中国事业单位的一些组织或机构，要么与政府相比称之为非政府组织（NGO），要么与企业相比称之为非营利机构（NPO），还由于中国的许多事业单位职能繁杂、角色混乱。更为特殊的原因则是一些事业单位实际的运作与其本身的定位大相径庭，甚至是背道而驰。因此，如果继续采用"事业单位"这个在我国已经深入人心的提法的话，则明确界定事业单位性质的重心应该是划定其涉足的基本领域、履行的基本职能，并对其正常运行的筹资模式、取利边界作出规定。

既然事业单位作为既非政府又非企业的第三方存在，那么很显然，它所存在的基本领域：首先，应该是政府和企业都不能和不宜涉足的领域。其次，有些领域虽然明确属于政府和企业运作的范围，但由事业单位进入可能使相关的运作更为便利、协谐，成本也更为低廉。根据国情需要、经济社会发展总任务要求以及不损害经济运行秩序的原则规定，事业单位可以代替政府或企业，长期存在于这些领域，也可以接受政府或企业的委托，阶段性地涉足这些领域。第三，事业单位还应该存在于并非专属于政府运作的领域，以及不属于政府运作范围但企业干不了、干不好或不愿干的领域。从这种认识出发，事业单位存在的空间主要应该是与公共事业、公益服务、社会共济、慈善救助以及政府和企业间服务相关的一系列领域。

依此，事业单位的主要组织形态包括三类：第一类主要是从事社会服务和公用事业服务的机构；第二类主要是从事推进社会保障、社会救济、慈善施助事业发展的服务机构；第三类主要是从事政府和企业之间沟通协调服务的机构。相应地，它们分别承担着以下的职能：推进公共产品的生产和公共服务的提供，不断满足社会日益增长的公共消费需求；推动扶贫济困事业的发展，促进全社会成员的共同富裕与和谐相处；通过沟通协调，促进政府目标和企业行为之间的对接，最大限度地帮助政府和企业满足自身的需求。

事业单位的正常运行和可持续发展需要有必要的经费保障，而经费来源应当依据不同事业单位的职能及与政府、企业之间关系的具体状况来确定。

大体上说，事业单位的资金筹集模式似可分为如下几种：第一，从事必需的纯公益性社会服务的事业单位，如从事基础教育、公共卫生、基础性科技研究等的事业单位，仍应采取政府财政全额拨款的方式。一般地说，这样的事业单位，宜由政府组织设定。在特殊情况下，也可由社会依法组织设定。第二，从事推进扶贫济困事业的事业单位，可以依法从所募集的捐赠款项中按一定比例提取运作经费，并控制使用方向和接受严格的审计监督。第三，接受政府委托从事公益性服务活动的，除政府组织的财政全额拨款的事业单位外，其他事业单位可根据委托工作量从政府部门获得相当的资金支持或补偿。换句话说，政府部门通过购买的形式使某些政府性质事务和政府需要推动的事务交由事业单位委托办理。第四，从事政府与企业间中介服务的事业单位，可以在其职能范围内通过自身的主动服务或委托服务依规获取相应的收益或报酬。

很显然，从事纯公益社会服务的事业单位不可能盈利；从事扶贫济困服务的事业单位不应该以盈利为目的。复杂一些的，是从事政府和企业间沟通协调服务诸如行业协会一类的事业单位，在某些特殊情况下，它们是可以通过自己的努力实现盈利的。但是，如果这些事业单位以盈利为目的，势必造成其职能的异化，行为的不规范和协调中的不公正性。因此，不盈利应该是这类事业单位法定的取利边界。

综上所述，改革后的中国事业单位，其性质应当是：主要从事社会事业和公益事业的独立于政府和企业之外的非营利组织。其基本特点是：非政府（也非"二政府"）、非企业（也非准企业）、非盈利（也非变相盈利）。

事业单位改革的路径

明确了事业单位在未来的地位和性质后，其改革方向也就比较清楚了。从操作路径上看，我国事业单位的改革应从两个方面着力展开。

（一）分类改革，大力调整事业单位结构。按照改革后事业单位的性质定位，清理、甄别现有事业单位，从总体上收缩规模、调整结构，是推进事业单位改革的第一步，也是关键性的一步。总的调整思路是：其一，能够撤销的，在做好相关善后工作的基础上坚决撤销。其二，目前已承担着政府职能且不宜撤销的，应明确转变为政府部门。公益性事务较少、可以改制为企业的，或者目前已从事大量市场经营活动，企业色彩比较浓重的事业单位，应明确转变为企业。承担着非沟通协调职能，其服务与市场经营活动密切相关的中介性事业单位，应明确转变为市场中介组织。其三，把国家财政全额拨款的事业单位减少到最必要的限度，依此原则，对现有全额拨款的事业单位，通过合并、重组进行整合。对承担着一定公益事业职能和任务的差额拨款事业单位，视具体情况，可以全部或部分整合到保留的全额拨款事业单位中，也可以通过剥离相关公益服务，或者通过政府有偿委托进行相关公益性服务的途径，取消对其的财政差额拨款，从而推动其规范转制。其四，不宜再由政府出资兴办，且有市场前途的事业单位，可通过招标拍卖的方式，让渡给其他投资者。

（二）创新机制，强化事业单位内部管理。在通过分类改革对现有事业单位压缩规模、调整结构、规范职能、恢复性质的基础上，必须适应社会主义市场经济的要求，着力推进事业单位内部管理体制改革，形成富有活力和效率的管理运营机制。一是建立新型的法人治理结构。原则上，对财政全额拨款的事业单位，实行理事会领导下的执行人日常负责的制度。考虑到财政全额拨款事业单位资产关系的特殊性，其理事会应由通过竞争方式选出的，包括出资者、业内专家等在内的若干有代表性人士组成。日常运营由执行人负责。执行人由理事会向社会公开招聘选出，并向理事会负责。建立科学的效绩评估制度，由事业单位监管机构依据对全额拨款事业单位的具体评估状况，会商有关部门决定是否对其持续进行财政拨款和是否增加财政拨款数额，以及决定理事会成员的更换和奖惩。形成事业单位监管机构、理事会和执行人相互间的有效制衡机制。由多元投资形成的事业单位，可以参照企业建立董事会领导下的总经理负责制度。二是建立竞争性的劳动人事制度。取消事业单位的行政级别和管理者的干部身份。全面实行管理者聘任制和全体职员竞争上岗、优胜劣汰的制度。三是建立有效的激励和约束制度。实行区别于政府部门的薪酬制度和奖励制度，根据事业单位完成任务的总体情况和具体业绩，实施对理事会、执行人的奖励和惩罚。

事业单位的监管

确保改革后事业单位的运营既富活力、又合规范，关键在于实施有效的监管。事业单位往往拥有重要的公共权力、特许经营权利，承担着与公众直接相关的社会服务，因而有必要对其是否合理地行使了权利、充分履行了义务，所提供服务的内容、质量与价格是否符合要求等依法进行严格监督，从而达到规范其行为的目的。缺乏监管、监管无法可依，是导致目前中国一些事业单位行为混乱并不断加剧的重要原因。因此，从推进事业单位改革一开始，就应同时推进相关监管制度建设，形成符合国际惯例，体现中国国情，规范、严整和健全的事业单位监管体系。

一是科学设立监管机构。从中国事业单位分布广、战线长的实际出发，宜于把政府各行政部门依不同职能进行的具有普遍意义的一般性监管和独立的事业单位监管部门的专门监管有机结合起来。因此，有必要在科学划分事业类型的基础上，分别设立专门的事业单位监管机构。

专门监管机构的主要职责是：制定具有法律效力的行为规则和管制标准；颁发和修改事业单位服务准入许可；对相关事业单位的服务内容、

质量、价格进行监督和依法依规处罚；调查事业单位的运营状况并合理公开相关信息；听取专家和社会人士对相关事业单位提供服务情况的意见并适时提出改进意见；等等。

二是切实做到依法监管。只有建立在法律法规基础上的监管，才是公平、公正和强有力的。为此，要抓紧建立事业单位从资格准入到服务运营再到撤销退出全过程的一整套法律法规。特别要加强以下两个方面法律法规的建设：其一，针对事业单位非营利性等特点设立的约束性法规；其二，根据事业单位的不同类别设立的专业性法规。

我国事业单位的改革已着手展开，但事业单位的改革是一个复杂的系统工程，风险性较大。因此，从操作过程看，有两个方面显得特别重要。第一，应当注重总体规划、统一推进和综合协调。至目前为止，我国事业单位的改革还主要是由部门和地方自主推进的，改革的内容、重点、方式、目标并不完全相同。这一方面有利于探索经验、减少风险，有利于从实际出发，因地制宜、开拓创新，但另一方面也容易带来偏离改革方向，损害全局利益和不利于全社会资源优化整合等问题。从现在起，对事业单位的改革应该从主要由部门、地方自主的分散推进转向主要由中央统一部署、领导组织的自上而下推进。第二，应当注重统筹兼顾、平稳衔接和合理配套。我国事业单位改革既面临着长期形成的传统思维观念的挑战，又面临着众多人员分流、复杂债务处置等沉重历史包袱的制约。因此，要充分考虑历史基础，在制定改革方案和政策措施时要兼顾各个方面的利益要求，体现过渡性，同时推进各项配套改革，做好必要的保障工作，把改革的力度和社会的可承受度有机结合起来，平稳有序地推进我国事业单位的改革。

建立健全现代产权制度的基本思路[①]

（2004年5月）

改革开放以来，我国关于产权问题的理论研究和实践探索不断深化，取得了丰硕成果。我们党在有关重要文献中，对产权问题也做过深刻论述。在这个基础上，党的十六届三中全会通过的《中共中央关于完善社会主义市场经济体制若干问题的决定》明确提出建立健全现代产权制度，并从理论和政策上作了阐述，这是我们党对社会主义市场经济理论的又一重要发展，必将对完善社会主义市场经济体制改革的实践产生深刻的影响。

一、产权和现代产权制度

产权主要指财产权或财产权利。从权利本身看，它是以财产所有权为主体的一系列财产权利的总和，包括占有、使用、收益和处分等权利。产权作为一个理论范畴出现，其历史并不遥远，从世界范围看，它是市场经济的产物；在我国，它则是伴随着改革开放进程而生的，而这个过程，也正是由传统的计划经济体制转向社会主义市场经济体制的过程。市场经济作为一种依靠市场机制配置资源和以追求尽可能多的利润为目标的经济，赋予了产权一些基本的特性：其一，独立性。产权权属与责任一经明确，产权主体就拥有了自主运用产权的权利，不受非财产主体的干扰，也不受同一财产的其他财产主体的非程序性干扰。这种独立性是以产权权属的清晰界定和权责的明确授予为前提的，但自主运用产

---

① 本文原载《国有资产管理》第 5 期。

权的主体并不一定是财产的法律所有人。其二，可分性。从财产权利本身说，产权是以财产所有权为主体的一系列行为性权利的总和，是一个权利体系，包括占有权、经营权、收益权、处置权及让渡权等等，服从获取利润或经营的需要，产权主体可以将这些权利分割组合使用，不同的产权主体也可以分别使用其中的某些权利。此外，依靠良好的信用制度的支持，财产的价值形态运动与使用价值运动也可以分离开来为不同产权主体所控制。其三，流动性或运动性。在市场经济条件下，增值是产权的本性，而产权增值的途径就是运动或流动。产权主体通过推动产权流动、重组，谋求自身利益的最大化。其四，排他性。产权一经明确，就具有不可侵犯和剥夺性，除非经过合法的途径，产权主体不容更换。适应产权的这些特性，需要进行一系列工作，如产权归属的清晰界定，产权运营障碍的排除，产权流动的有序进行，财产权利的依法保护等等。而关于产权界定、运营、保护等的体制安排和法律规定的总称，就是产权制度。

产权作为财产所有权，与所有制有着密切的联系。所有制是一个古老的概念，它是与生产相伴而生的。马克思说："一般说来，人们（不论是孤立的还是社会的）在作为劳动者出现以前，总是作为所有者出现，即使所有物只是他从周围的自然界中获得的东西。"[①]所有制是指生产资料等归个人、阶级、集团或社会所有的制度。按照马克思主义经典作家的说法，所有制是"生产关系的总和"。马克思在谈到私有制时指出："私有制不是一种简单的关系，也不是什么抽象概念或原理，而是资产阶级生产关系的总和。"[②]他甚至说，"给资产阶级所有权下定义不外是把资产阶级生产的全部社会关系描述一番"。在所有制中，最重要的是财产关系或财产关系的法律形式——财产所有权，而产权是以财产所有权为主体的一系列财产权利的总和。因此，产权是所有制的核心和主要内容。产权作为独立的范畴出现之前，它的内涵实际上已包容在所有制之中；而它的产生，不过是将所有制中的这一内容独立体现而并非将其分割出来，它仍然是所有制的核心和主要内容。但是，作为独立的理

---

① 《马克思恩格斯全集》第 26 卷第 3 册，第 416 页。
② 《马克思恩格斯全集》第 4 卷，第 352 页。

论范畴，它与所有制间存在着明显的区别：所有制中体现的财产所有或占有关系，表面看来是人对物的关系，但其实质却是通过人对物的关系表现出来的人与人的关系，除非进行社会革命，这种关系的实质是无法轻易改变的。而产权直接表明的则是所有人对财产的关系，甚至可以说，它是人和物间依法形成的一种组合方式。而在市场经济中，这种组合方式是适应谋取经济利益的需要不断改变的。所有制与产权的这种区别表明了一个重要的特点：产权制度涉及的是所有制的实现形式，同一所有制可以容纳不同的产权制度，不同的所有制也可以采用同样的产权制度。把握产权与所有制的这种关系，自觉推动产权制度改革，有利于探索所有制的最有效实现形式，促进生产力的发展。

随着市场经济的深入和经济社会的发展进步，产权的内涵也在不断丰富和发展。传统意义的产权，是纯粹的法律财产权，即财产的占有、使用、收益、处分者就是财产的法律上的所有者；财产的形式也主要是土地、房屋、设备及存款现金等不动产和动产。股份制的产生和以机器为代表的社会化大生产的出现，使传统的市场经济转变为现代市场经济，也使传统意义的产权转变为现代产权。与传统产权相比，现代产权至少有两个明显的特点：第一，股份制资本组织方式使财产的所有权和经营权出现了分离，从而在财产法律所有权的基础上衍生出了"法人财产权"，非财产所有者能够实际经营财产所有者的财产并对其享有占有、使用及在一定限度内依法拥有的收益和处置的权利。这也就是说，现代产权的基本内涵中，实际上还富含着更宽泛的内容，即不仅包括法律上的财产权，而且包括"法人财产权"。所有权和经营权的分离，法人财产权的形成，使产权流动成为必然，流动的方式也丰富多样，成为获取经济利益的重要手段。第二，财产的形式更加丰富，除不动产和动产外，还有专利、商标、名誉、商业秘密等构成的无形资产，此外还有股票、债券等证券财产。也就是说，从财产类型看，现代产权是包括物权（对物的所有权及相关权利）、债权（要求债务人履行债务的权利）、股权（对股份、股票等财产的所有权及相关权利）和知识产权等在内的一系列财产权利的总和。

显然，所谓现代产权制度即是与社会化大生产和现代市场经济相适应的产权制度。从主要方面看，现代产权制度在产权界定、运营、保护等的体制安排和法律规定上具有这样一些特性：第一，归属清晰。各类财产权的具体所有者得以准确界定，并为相关法律法规（或经过相关的法律程序）所明确认定。第二，权责明确。产权具体实现过程中各相关主体权利到位、责任落实。第三，保护严格。保护产权的法律制度系统、完备，各类性质、各种形式的产权享有平等的法律地位，一律受到法律的严格保护。第四，流转顺畅。各类产权以谋求利益最大化为目的依法在市场上自由流动、有效运营。

二、建立健全现代产权制度的重要意义

搞市场经济不可能回避产权。建立现代产权制度，是建立完善的社会主义市场经济体制的重要内容，是坚持和完善基本经济制度的内在要求，是促进我国经济、社会和人的全面发展的基本条件，具有多方面的重要意义。

第一，建立健全现代产权制度有利于增强企业、经营者和劳动者创业、创新和创造性劳动的积极性，促进一切劳动、知识、技术、管理和资本的活力竞相迸发。追求产权，以其产权获得更多的经济收益从而拥有更多的产权，是市场经济条件下包括企业、经营者和劳动者在内的各类市场主体创造性开展生产经营活动的动力所在。清晰界定产权、明确权责关系和依法严格保护产权，为追求产权、实现尽可能多的经济收益提供了制度保证。我国改革的实践有力地证明了这一点。长期以来，我们僵化地理解公有制，通过"穷过渡"，消灭个体和私营经济，改造集体经济，追求纯而又纯的国有制经济，结果是国有和集体产权归属表面清楚，实际模糊，资产所有者虚置、责任主体缺位，公有制经济发展面临严重困难。改革开放后，农村推行联产承包责任制，把土地的使用权及收益权交给农民，大大提高了农民生产经营的积极性，推动农村经济发展不断跃上新台阶；一些国有企业按照"产权清晰、权责明确、政企分开、管理科学"的要求推进规范的现代企业制度建设，实行所有权和经营权分离，有效激发了企业和劳动者的创造性，企业效益大大增长，

市场竞争力明显增强。建立健全现代产权制度，将有助于全面增强企业和大众的创造力，充分调动全社会各个方面的积极性，让所有要素的活力竞相迸发，让一切创造社会财富的源泉充分涌流，推动经济的持续快速健康发展和社会的全面进步。

第二，建立健全现代产权制度有利于规范生产经营行为，形成良好的信用基础和市场秩序。产权是信用和秩序的基础。为追求产权，就必须诚实履行信用并遵守市场秩序，从而形成诚实守信和谨言慎行的动力；有了产权，也就有了履行信用的能力；有了产权，不守信用和违背市场秩序就会被剥夺产权，不守信用企业就会因谁也不愿与其来往经营环境因此迅速恶化而无法继续经营导致破产，这也就形成了履行信用和遵守秩序的压力。毋庸置疑，产权的清晰界定、自由流动和严格保护，是增强生产经营冲动，稳定投资预期，规范投资行为和其他经营行为的基础和条件。我国现实生活中存在的制假售假盛行、逃废债务和违约等失信行为严重，私人投资不活跃甚至外流等问题，与没有形成良好的产权制度有密切的关系。因此，树立诚信为本、操守为重的观念意识，形成全面完善的现代社会信用体系，建立良好的市场秩序尤其是形成各市场主体在市场运作中的自律机制，必须加快建立健全现代产权制度。

第三，建立健全现代产权制度有利于提高资本的运行效率，实现社会资本的优化配置。在健全的法制环境下，产权的获得和扩展只能在市场运动中实现，因此，产权的流动、重组和融合是市场经济发展的必然现象。从微观角度看，产权的自由流动是企业和创业者实现经济效益、扩展产权的重要手段。从宏观角度说，产权的自由流动有利于资本在全社会的优化配置。改革开放以来，随着国有经济的战略调整、国有企业的战略重组，个体、私营等非公有制经济的发展，以及现代企业制度建设的推动，各种形式的产权流动蓬勃展开，市场化产权交易的程度不断提高，但仍然面临着许多体制障碍和制度缺陷。建立健全现代产权制度，将大大提高产权交易的市场化进程，从而有效提高企业效益和大幅度增进社会财富。

第四，建立健全现代产权制度有利于改善企业资本组织形式，建立规范的现代企业制度。产权清晰是建立规范的现代企业制度的首要条件，只有产权归属清晰，才能有效形成有一个个明确的资产所有者的企业法人财产权，从而使企业成为享有民主权利、承担民事责任的法人实体，企业也才能以其全部法人财产，依法自主经营、自负盈亏，对出资者承担资产保值增值的责任。而产权的自由流动，不仅有利于企业依据自身实际和市场需要灵活开展资本运营，提高企业效益，而且有利于推进各种性质的资本间的收购、兼并、相互参股，实现投资主体多元化，形成良好的企业财产组织形式和规范的法人治理结构，真正建立起适应市场经济要求的管理体制和运行机制。因此，建立健全现代产权制度，是建立现代企业制度的基础，否则，现代企业制度的建设就会流于形式，走形变样。这一点已在一定程度上为十多年来公司制改革的实践所证明。

第五，建立健全现代产权制度有利于坚持和完善基本经济制度，促进多种所有制经济在市场竞争中发挥各自优势，相互促进，共同发展。随着改革开放的深入，公有制一统天下的状况得到显著改善，以公有制为主体、多种经济成分共同发展的格局基本形成。除国有和集体资本外，个体、私营、外资等非公有资本和城乡居民私有财产迅速增加，单一的公有产权制度也已被包括国有产权、集体产权、个体私有产权、外资产权、混合所有制产权等在内的多元化的产权制度取代。财产的类型随着市场经济的发展和企业、公众创新力度的加强而日益丰富，知识、专利等无形财产的比重逐渐增大。面对这种形势，在过去工作的基础上进一步形成对各类财产包括界定权属、依法保护等在内的制度安排十分迫切。因此，建立健全现代产权制度，有利于维护公有财产权，巩固公有制经济的主体地位；有利于保护私有财产权，促进非公有制经济发展；有利于各类资本的流动重组、交叉持股，推动混合所有制经济发展，从而真正把各种所有制经济的发展统一于社会主义现代化建设的进程中，共同造福于社会和人民。

三、建立现代产权制度要推进一系列改革

建立归属清晰、权责明确、保护严格、流转顺畅的现代产权制度是一个系统工程，需要推进一系列改革。主要方面有：

第一，要根据"谁投资、谁所有"的基本原则，依法依规、合情合理认真清产核资，理清产权属性。各类财产权归属清楚，是建立现代产权制度的基础环节，要采取有力措施，积极解决目前转制过程中集中反映出来的产权关系不清问题。在产权界定中，要充分考虑出资者权益，尽量追溯原始投资者并确认其出资性质；要充分考虑历史因素，具体情况具体分析，实事求是，讲情讲理；要严格遵循法律规章，有法可依有章可循的，一律依法按章行事；要依法维护国家、集体和个人三方权益，平等对待各方资产，既要防止国有或集体资产流失，又不可把属于私人的资产随意上收为国家和集体所有。对实难清晰界定的资产，应立足于企业的长远发展来明确归属或采取其他适当方式处置。

第二，要结合国有资产管理体制改革和现代企业制度建设，保障国有资本出资人权益，落实企业作为市场主体和法人实体应享有的各项权利。长期以来，国有资产缺乏明确而具体的出资人代表和直接的责任主体，国家统一所有或全民所有名义之下的国家资产或"全民资产"的产权主体实际上处于虚无状态，致使国有资产运营效率低下，流失严重。按照党的十六大要求深化国有资产管理体制改革，首要的是解决国有资本出资人真正到位并切实负起责任的问题。要建立中央和地方政府分别代表国家履行出资人职责、享有所有者权益，权利、义务和责任相统一，管资产和管人、管事相结合的国有资产管理体制，通过组建专司国有资产管理的机构和建立明确有效的责任制度，把国有资产产权主体和责任主体落到实处，切实维护国有资产权益，推动国有资产保值增值。但企业是生产经营活动的主体，国有经济的发展壮大，国有资产的保值增值，从根本上说是通过国有企业的创造性经营活动实现的。因此，在强化监管的同时，必须坚持把政府公共管理职能和国有资产出资人职能分开，把所有者职能和经营者职能分开，确保企业应享受的各项权利，使之真正成为自主经营、自负盈亏的法人实体和市场主体。规范的现代企业制度是实现国有企业权责利统一，推动企业经营者创造性开展生产经营活动的基本制度保障，要抓住形成多元化的财产组织形式，建立股东会、董事会、监事会和经理层各负其责、协调运转、有效制衡的公司法人治理结构这两个关键环节，对国有企业实行规范的公司制改革。通过深化国有资产管理体制改革和建立现代企业制度,把维护出资者权益和维护法人财产权益有机结合起来,在国有资产管理机构督促和国有企业自觉努力的互动中,真正达到国有资产保值增值和企业可持续发展的目的。

第三,规范发展产权交易市场,健全产权交易规则和监管制度,推动产权有序流转。产权流动是市场经济发展的必然要求。产权在健全的法律、规章和制度环境下自由流动,是现代产权制度的重要内容。通过拍卖、收购、兼并、租赁、投资参股、债权转股权等多种形式进行产权交易和流转,有利于优化企业和社会的资产结构,实现生产资源的合理配置;有利于提高资产或资本的运营效率,增进企业效益和社会财富。在当前,产权流动在不断展开的同时也存在一些问题:一是受思想观念、体制环境、技术手段、产权清晰状态等主客观因素的制约,产权还不能全部自由顺畅地流动。例如,个体、私营资本在产业准入上面临许多限制,还不能自由地从事投资或收购活动;上市国有企业资本的相当部分还不能在市场上流通;股份合作制企业的产权因其资本与劳动联合的特点而难以有效流转,等等。二是产权市场发育不规范,产权交易缺乏健全的规则和有效的监管。近些年,随着国有经济战略调整、国有企业战略性改组的力度和速度的提升,产权交易的形式日益多样,规模不断扩大,相应带动了产权交易市场的发展,许多地方都成立了产权交易机构。其中一些应时赶急而生,缺乏必有的人才与技术基础,操作极不规范;在面上,又没有统一、严密、规范的法律法规约束和强有力的监管,严重制约了交易的公正性,在一些地方,甚至造成了国有资产的大量流失。因此,要着眼于克服薄弱环节,立足于增强公开性、公正性、市场性和统一性,推进产权健康有序的流动。当前要抓紧做好如下两个方面的工作:其一,进一步清除产权流动中由思想观念、政企关系、所有制性质、地域位置等诸多因素形成的体制和政策障碍,促进各类产权在更广阔领域、以更高的效率流动;同时努力革新技术手段,形成交易机构中联通、开放和统一的交易市场和竞争性交易系统。其二,清理交易机构、规范交易机构行为,建立健全涉及交易主体资格确认、交易过程操作规范、交易结果合理处置等交易全过程的一整套法律与规则,加强交易监管,促进产权市场的健康发展,保证产权交易的公正性和有序性,防止交易资产特别是交易中的公有资产的流失。

第四，建立健全产权保护法律法规，确保各类产权不受侵犯，维护其合法权益和平等发展的权利。保护产权的法律法规完备系统和实施有力，是现代产权制度的一个重要特征。依法严格保护各类产权的安全和平等权利，有利于维护公有财产权，巩固公有制经济的主体地位；有利于保护私有财产权，促进非公有制经济的发展；有利于规范投资行为，稳定投资预期，增强企业和公众创业的动力，形成良好的社会信用基础和市场秩序。从我国目前的实际情况看，产权保护是一个薄弱环节。公有资产特别是国有资产的保护虽然受到了高度重视，然而由于国有和集体产权制度上的缺陷及保护的法律法规不具体或执法不力，国有资产、集体资产在实际生活中被侵犯、被掠夺的状况仍然严重存在；在一些政府部门和政府工作人员的思想中，保护私有财产的意识还比较淡薄，关于私有财产保护的法律法规也很不完备，个体、私有经济的应有权利得不到有效保障，在某些地区，私有产权和私人的合法权益屡屡被侵犯。因此，要抓紧建立健全保护各种属性、各种形式产权的法律法规，完善产权法律制度，规范和理顺产权关系，依法打击各种侵犯正当产权权益的犯罪活动。

政府职能转变的方向及改革任务[1]

（2004年6月）

中国政府职能转变的基本方向是：从无所不为的万能政府转变成有所必为的有限政府，把工作内容最终集中到规划制定、经济调节、市场监管、区域协调、社会管理和公共服务等方面上来；从热衷于"管、审、批"的干预型政府转变成致力于"扶、帮、助"的服务型政府，把工作任务集中到保障人民群众身心健康和财产安全、帮助企业排难解困上来；从主要是为国有经济服务的倾斜政府转变成为整个社会服务的全面政府，把工作基点落实到解放和发展生产力、实现经济、社会和人的全面发展上来；从不受约束的自由政府转变成依法行政的法治政府，把工作规范统一到相关的法律法规上来。

中国是在行政管理权力高度集中、管理方式非常直接的计划经济体制基础上开始建立社会主义市场经济体制的。因此，政府管理体制的改革成为整个经济体制改革的十分重要的组成部分，市场经济发展的每一步都与政府职能的转变密切相关。政府管理职能发生重大转变是今天社会主义市场经济体制得以初步确立的一个根本原因，而建立完善的社会主义市场经济体制，必须进一步推进政府管理体制改革，转变政府职能。

一、政府管理体制改革的进程与政府职能转变的特点

早在1978年12月举行的党的十一届三中全会就提出，我国经济管理体制的一个主要缺点是权力集中，应该有领导地大胆下放，让地方和企

---

①本文原载《学习时报》2004 年 6 月 7 日。

业有更多的经营管理自主权，认真解决党政企不分、以党代政、以政代企的现象，充分发挥中央部门、地方、企业和劳动者个人四个方面的主动性、积极性和创造性。自那时起的25年来，我国政府管理体制改革不断向前推进，政府职能转变取得了显著成就。概括地说，围绕转变政府职能，理顺政府与企业、市场的关系，主要推进了如下方面的改革：

（一）积极推进政府机构改革。政府职能与机构设置相辅相成、相互影响。宽泛繁杂、无所不包的政府职能必然要求臃肿庞大、重叠交叉的政府机构，反过来，层次过多、人浮于事的机构体系又会进一步集中权力、扩展事务。因此，政府机构的改革成为转变政府职能的一个制度性环节。25年来，按照精简、统一、效能的原则，围绕政企分开、下放权力这一中心内容，我国于1982、1988（明确提出政府职能转变）、1993、1998和2003年先后五次进行了不同力度的政府机构改革，这些改革对理顺关系、减少重复、明确职责、降低行政成本、提高行政效率、增强机构活力，都不同程度地起到了积极作用。

（二）不断调整政府管理的内容。改革前，政府部门宏观微观事务一把抓，包揽了许多不应由政府管的事，企业实际上成了行政机构的附属物。经过这些年的改革，政府管理经济的重点逐渐从微观转向宏观，属于企业的权力逐渐归还给了企业，应该由企业自己解决的问题交给企业解决。政府管理经济的范围从遍及各行业、各领域、各环节，逐渐转变到经济调节、市场监管、社会管理和公共服务上来。就业、各领域的协调发展、资源保护、信用体系建设等成为政府履行职能的重要内容。

（三）大力改进政府调节经济活动的方式。直接干预与行政命令是改革前政府管理经济活动的唯一方式，审批与管制成为政府管理的基本手段。这不仅严重抑制了企业和劳动者的积极性、创造性，也使政府因为对千差万别、瞬息万变的企业情况和市场活动难以作出准确了解和迅速反应而导致瞎指挥。这些年来，通过以投资项目审批削减为重点的审批制度的改革及经济法制建设等一系列制度创新，政府管理经济活动的方式大大改善，以经济手段和法律手段为主、辅之以必要的行政手段的经济调控体系正在形成。目前，行政审批制度改革正在大力推进。近两年，国务院连续两次共取消审批事项1195个，第三批取消审批项目也已出台。在推进行政审批行为的公开化、规范化方面也迈出了重大步伐。

（四）积极推进政资分开。政资不分是政府职能难以从根本上转变的资产基础。改革前，对社会主义国家所有制及国家与资产关系认识上的误区，事实上使政府融经济社会管理主体与所有者、经营者于一身。这使得政府部门乐意于、同时也是不得已去直接干预公有企业特别是国有企业的生产经营活动或微观事务。这既妨碍了企业作为市场竞争主体的自主行为，也使政府陷入了为企业承担无限责任的境地。这些年，通过党政军机关与所办企业脱钩、国有经济的战略性调整、以投资主体多元化为主要内容的现代企业制度建设等改革举措，大大优化了政府职能转变的资产基础，促使政府部门把工作重心转向宏观管理和公共服务方面。

（五）依法规范政府行为。从依照长官意志办事到实行依法行政，是这些年改革的一个重要内容。改革以来，关于政府部门行政权限、行政行为、行政程序和行政责任的一系列法律规范陆续颁布，这些法规尤其是《行政许可法》的颁布，既为政府施政行为提供了强有力的法律保障，又有效地规范了政府管理职能，减少了主观随意性，避免了公共权力的滥用。

从总体上说，经过二十多年的改革，中国政府行政管理体制，特别是政府管理经济的体制发生了显著变化，政府管理职能呈现出一些新的特点：直接从事和干预具体生产经营活动的职能大大削弱，经济调节、市场监管和综合协调的职能明显增强；不计代价单一追求高增长目标的现象得到一定程度的抑制，工作重心逐渐集中到统筹经济社会协调发展、人与自然和谐发展上来；服从于长官意志的行政内容的随意性和行政裁量的自由化得到限制，政府行为的法定化、规范化程度不断提高；以人为本的管理内容不断丰富，政府的政策方针更多注重人的自由的全面发展。

二、政府职能转变的基本方向及主要改革任务

建立完善的社会主义市场经济体制要求进一步推进政府职能转变。从社会主义市场经济发展和社会主义民主政治的本质要求出发，我国政

府职能转变的基本方向是：从无所不为的万能政府转变成有所必为的有限政府，把工作内容最终集中到规划制定、经济调节、市场监管、区域协调、社会管理和公共服务等方面上来；从热衷于"管、审、批"的干预型政府转变成致力于"扶、帮、助"的服务型政府，把工作任务集中到保障人民群众身心健康和财产安全、帮助企业排难解困上来；从主要是为国有经济服务的倾斜政府转变成为整个社会服务的全面政府，把工作基点落实到解放和发展生产力、实现经济、社会和人的全面发展上来；从不受约束的自由政府转变成依法行政的法治政府，把工作规范统一到相关的法律法规上来。为此，需要推进一系列改革，其主要方面是：

（一）加快调整国有经济的布局和结构。进一步推动国有资本更多地投向关系国家安全和国民经济命脉的重要行业和关键领域，实现一般竞争性领域国有企业面向市场在公平竞争中优胜劣汰。大力发展国有资本、集体资本和非公有资本参股的混合所有制经济，通过国有产权制度改革、资产流动重组和国有企业资本结构调整，优化政府管理的资产结构，大幅度缩小政府直接干预经济活动的范围。

（二）推进国有企业人事制度改革。努力实现企业管理人员由行政任命向市场选择的转变，从根本利益上解除政府对企业的直接干预。

（三）继续推进机构改革。要根据社会主义市场经济条件下的政府职能定位，进一步调整各级政府机构设置，减少层级、压缩部门，精减人员，实现政府职责、机构和编制的法定化。

（四）深化行政审批制度改革。该取消的审批项目，要坚决取消；已取消的审批事项，要建立后续监管制度，防止反弹；能改为登记备案的，不搞审批、核准；对保留的审批事项，要建立程序严密、制约有效、公开透明、责任明确的管理制度。

（五）加快推进行业自律组织的发育与规范。积极发展独立公正、规范运作的市场中介服务机构，按市场化原则规范和发展各类行业协会、商会等自律性组织，将现行的一些不宜由政府承担的职能转移给社会中介组织或规范的行业自律机构。

（六）建立健全科学的政府效绩评价体系。清理各类行政考核指标，凡不符合市场经济条件下政府职能定位、导致各级政府搞形象工程、做表面文章甚至弄虚作假的，一律取消。在此基础上，着手制定一套有利于政府职能转变，保证政府公正、高效履行职能的效绩评价体系。

（七）建立有利于政府公正履行职责的财政保障制度。调整财政支出结构，保障政府公务活动的正常支付，建立有利于充分而公正地履行职责和抵御腐败的公务员薪俸制度。

（八）强化规范政府行为的法律体系建设。在完善有关市场主体和市场秩序的法律法规的同时，进一步建立健全政府行政方面的法律法规，将政府行为和对政府行为的监督、约束全面纳入法制轨道。

现阶段社会保障体制改革的政策取向[①]

（2004年7月）

对于转型期的社会保障，我们应做怎样的制度安排和政策设计？阐述这个问题首先应强调两点：第一，我们谈论社会保障问题，不能就保障论保障，至少应该同讨论收入分配、就业问题结合起来。收入分配问题、就业问题实质上也是保障问题，很多社会保障的手段实际涉及收入分配或就业。第二，很多人把社会保障问题归结到钱上，这有道理，但决不能只谈钱，光谈钱在中国是没有出路的。社会保障方面资金的缺口很大，目前我们掌控的这点钱是解决不了问题的。需要把谈钱同谈体制改革和政策安排有机结合起来，只有这样我们才能构造出一个符合世界通行规则，又能体现中国实际的富有特色的社会保障体系。基于这两点认识，从以下五个方面展开分析。

（一）在高度重视效率的同时高度重视公平。也就是说，要从现在的效率优先、兼顾公平的原则逐渐调整到效率与公平并重。这个观点跟现行的原则有所不同，这是下一个发展阶段的要求。即下一步，我们应该根据现实状况和未来的需要，对这个大原则做一些适当的调整。我们仍然要重视效率，没有效率就没有经济的发展、生产力的进步。我国解决一切问题的关键都要靠发展，要发展就得讲效率，而解决公平的前提也是发展、是效率。没有效率，就没有发展，也就没有解决公平的物质和资金基础。但这并不等于说我们在强调效率的时候可以忽视公平，在新的发展阶段，我们要把注重公平放在与效率并重的位置。这是因为目前两极差别已经显现并且不断扩大，按照国际通行的测算法，如按基尼

---

① 本文原载《中国党政干部论坛》2004 年 7 月。

系数测算法、欧希玛五等分测算法测算，目前收入差距已经超过了公认的警戒线。这些年我们采取了很多措施来解决这个问题，但并没有能够有效地遏制扩大的趋势，任其下去就会带来严重的社会风险和社会后果。所以，要充分考虑现状，适应新阶段发展变化的基本特点，在总的指导原则上，逐渐进行调整，调整到效率公平兼顾或并重上来。这是我的个人观点。

（二）坚持机会公平优先、兼顾结果公平。也就是说，要将注重公平的重点放在过程公平、机会公平上，同时兼顾结果公平。这是在强调下一阶段要坚持效率和公平并重原则的基础上关于重视何种公平的认识。众所周知，经济学中对公平的理解是不一致的，有平均主义式的公平，有注重过程中机会均等的公平，有大家在意识上认同的公平，还有把收入差距控制在合理限度意义上的公平，可能还有别的含义的公平。我在这里讲的既有过程公平，也有结果公平。下一阶段，我们处理公平的政策取向应该是高度重视过程公平或机会公平，适当兼顾结果公平。包括以下三层含义。

第一，对大部分人来说，目前条件下收入差距悬殊主要是过程不公或者说机会不公造成的，而机会不公的实质是体制障碍或体制不公。一是行业垄断。有些行业的收入水平大大高于其他行业，比如金融部门的工资水平一般都较高。这种差距从总体上说，不是行业间劳动者的能力差别造成的，而是体制垄断、行业垄断造成的。各行业的劳动准入条件并没有完全市场化，劳动者不能自由进入各个行业。二是职位垄断或者叫岗位垄断。以国有企业的经营者为例。鉴于国有企业活力不足的状况，这些年我们在国有企业搞年薪制、股票期权、期权股份制等试点，旨在提高国有企业经营者的待遇，激励他们为国有资产保值增值而尽职尽责，这是必要的。但问题是，我们没有一个建立在市场竞争基础上的企业经营管理者市场，企业的领导人往往是行政任命的，在某些情况下，甚至是少数人和个别人决定的。这种体制就形成了职位垄断或岗位垄断，接着就带来了收入差别。并不是所有的人都有争取这个岗位的机会，让你做这个企业的管理者，就意味着你的年收入可以达到50万—100万元，甚至更高。三是身份垄断。最典型的表现是在农村人和城市人之间。我们是社会主义国家，按理说无论是农村人还是城市人都是社会的主人，但是实际上主人和主人的地位不一样，一生下来注定了身份，也就决定了享受权利的天壤之别。在现有的体制下，农民天生就低人一等，他们不仅不能享受城镇化、工业化进程所带来的利益，甚至要为这个过程付出高昂的代价，有时候，连平等地去争取利益的权利都没有。所以说，机会不公是目前最大的不公，机会不公的根本原因在于体制不公。以上列举了三种形式的体制不公，实际上还有很多。所以下一个阶段，我们要特别重视解决体制问题、解决机会不公问题。

第二，对大部分人来说，除非结果不公危及生存，一般注重的都是过程不公或是机会不公。事实上，现阶段绝大部分人对结果不公是认同的，不认同的是结果十分的不公，而原因主要在于过程的不公。只是在难以生存的情况下，才会注意到结果不公的问题。在绝大多数情况下，他们抱怨的是自己没有平等的取得收入的机会，抱怨的是别人依靠不平等的机会取得了非能力之外的高收入。所以，从这个现实心理出发，应该把重点放在解决过程不公或机会不公上。

第三，兼顾结果公平，不是要搞平均主义分配，而是要通过有效的调节手段，使社会成员间的收入水平保持合理的差距。如前所述，搞平均主义不是真正的公平，还会损害效率；对绝大部分人来说，是承认并且需要由能力差别而非机会差别造成的结果不公。但是从全社会的角度看，需要有一个合理的收入差距，差距太大，会影响到社会稳定。同一职业、同等身份的人的收入差距也要合理，否则，会影响到一部分人的积极性。从目前来说，兼顾结果公平不是消灭差别，而是缩小差别，缩小到经验数据限度内，缩小到国际公认的警戒线内。而解决过程不公问题，实际就是一定程度解决结果不公问题。所以重点还是要放在解决过程不公或机会不公上。

（三）把收入分配政策和社会保障政策的关注重点始终放在农民和城镇贫困人口身上。对这两类人群既要重视机会公平，又要重视结果公平。目前的两极差别已经比较明显，在新的体制和发展环境下，极易进一步扩大两极差别从而形成两极分化。而解决两极差别过大问题的关键，是解决社会的弱势群体即农民和城镇贫困人口收入过低的问题。目前这两部分人群已处于社会的最底层，收入水平很低，享受的社会保障很少甚至没有保障。在转轨时期如果没有特殊的政策关注，他们的状况还将进一步恶化，而这两部分人又占据全社会人群的主体。为什么对他们不仅要注重过程公平，还要注重结果公平？这也是从他们的弱势地位出发考虑的。比如农民，长期的体制分割，导致了他们严重的能力偏差，即便给了他们公平的机会，很多人也并不能够依靠自己的能力来享受城镇化、工业化的成果，来争得社会发展进步的利益，很可能仍然局限在他那块土地上，而那块土地能不能产生好的收益，不仅取决于他的劳动，还涉及政府的管理、政策的安排，甚至很大程度上还取决于天气。所以对于这部分弱势群体，光注重过程公平是不够的，还要注重结果公平。同样，我们所说的结果公平，不是说要使他的收入水平必须达到一个什么样的高度，而是说要提供给他基本生存和基本发展的权利保障，就是说使他们的收入水平与社会中高层人群的收入水平之间保持一个合理的距离、合理的比例关系。在这两部分人群中，农民是更应该引起重视的。因为农民在社会中所处的特殊地位、特殊环境，使他们最有可能被忽视。

对于农民来说，解决过程不公、结果不公，主要应当采取三条政策措施：一是使他们在工业化和城镇化进程中被剥夺的利益得到补偿，这是应该给农民的最基本的权利。目前，我们有成千上万的开发区，其中的大部分没有经过国家批准，这还是次要的，问题在于我们相当一部分开发区是圈而不开、开而不发，最后是把大量的农田给占领了、毁掉了，造成了上千万的失地失业又失保障的农民。有的地方没有给被占地的农民任何补偿，有的即便给了补偿，也很微薄，只是象征性质的，解决不了农民的长远生计问题。所以保护和关怀农民，首先要采取措施，使他们在工业化和城镇化进程中被剥夺的利益得到合理补偿。二是要使他们获得平等的创造成果并取得收入的机会，不再有户籍制度的限制，不再有公共政策的区别，不再有就业岗位的歧视。改革开放以来，农民的境遇已经有了比较大的改善，但歧视农民的做法仍然很多，许多是无形的。中央一再强调取消对农民就业的限制性规定，然而这种规定在很多城市仍严重存在。不要说享受国民待遇，有时候连基本的人权都没有能够得到保障。所以，保护和关怀农民，还要使农民真正享受一个普通公民的权利，能够获得平等的参与创造财富并取得收入的机会。三是使他们能够合理享受城镇化、工业化进程的成果，即享受全社会经济发展和社会进步的成果。也就是说不仅要创造条件使他们得到该得到的那一块、争取那些他们有能力争取的那一块，还要尽可能使他们从其他人群创造的财富中间获得相应的利益，使他们和其他人群一样共享发展改革的成果。

对城市低收入者，重要的是建立稳定的最低生活保障制度，使符合条件的城镇居民能及时享受应有的生活保障。

（四）始终把尽可能实现劳动者的就业作为社会保障体制建设的重要内容。中国人口多，社会保障资金缺口大，解决这么多人的保障问题，需要"曲线救国"，就业就是最重要的、最基本的保障。对城市人口来说，只要有工作，基本生活就有了保障。因此，必须把扩大就业作为城市社会保障体系建设的重要内容。在这个问题上，至少有五个方面的工作要做。一是调整和改善经济结构，推进经济增长，努力扩大就业的总量。二是改善就业环境，降低就业门槛，支持自主创业，鼓励广开就业门路。政府的工作不是直接给失业者提供就业岗位，而是创造良好的就业环境。三是统筹改革改组，努力减少下岗失业人员数量，推进再就业工作。四是根据市场需要，推动大规模劳动力培训，努力提升劳动者素质。五是着力扶持弱势群体，给困难群众提供特殊的就业照顾和就业援助。

对于农村来说，一定要重视土地的保障，通过土地保障来解决农民的就业问题。改革开放前，不存在所谓农民的就业问题；改革开放后，随着农村人口向城镇的转移，农民的就业问题也相应地出现了，应该说现在是该从农村、城市一体化角度考虑就业问题的时候了。党的十六届三中全会提出要建立有利于逐步改变城乡二元经济结构的体制，这其中包括推进户籍制度改革，解决农村、城市人口的两重身份问题，也包括推进财政、金融、卫生等公共政策的改革，使之平等地惠及广大农民。这样，农村的就业问题也就会越来越突出。但是对于农民来说，有一点是很重要的，就是只要有土地，哪怕在城市失了业也不会有生计之虞。所以，要特别注重农村劳动力在城乡流动过程中的土地保护问题。随着城镇化的推进，土地减少可能是必然的，但是，保障农民基本生活需要的最必要的土地不能在城镇化的过程中搞没了，这应该是一条基本的红线。在我国现阶段，在农民占大多数的国情下，要时刻把握这一点：土地是农民的就业手段，土地是农村保障的基础，有了土地，社会稳定的基础就有了。除此之外，有条件的地方，也可以探索建立农村最低生活保障制度。

（五）下一步社会保障体制建设的重点应该是抓紧做实个人账户。从总体上说，我国社会保障制度建设应坚持两条腿走路、多管齐下的方针。一方面政府要直接抓好基本养老、医疗和失业保险的建设；另一方面要努力改善体制和政策环境，促进各类商业保险的发展。此外，还要运用财政政策、货币政策、就业政策、收入分配政策、土地政策等多种政策手段，建立多种形式的社会保障制度。这里要强调的是，就推进基本社会保险制度而言，在操作层面上，关键是做实基本养老保险和基本医疗保险的个人账户，其中特别是做实基本养老保险的个人账户。从国情出发，同时借鉴国际经验，我国基本养老保险和基本医疗保险都采取的是社会统筹和个人账户相结合的模式。目前这个工作正在大力推进，但进展并不是很理想。改革前，我们的职工没有专门的保障基金积累，到目前这些人都陆续退休了。为了解决他们的保障金的支付问题，只能动用在岗职工交的保险费，这样，改革后我们搞的养老基金积累制实际上变成了现收现付制，出现了个人账户不实的问题，而这将给我们带来很大的风险。从现在起，就应该采取措施强制落实，不然就晚了。原来一些行之有效的办法，以后可能就不奏效了，比如原来国有企业、集体企业一包到底的制度，虽然并不叫保险，实际上却把大家保得舒舒服服，这套东西随着市场经济的发展不能再保留了。另外，长期以来在中国很起作用的家庭保险，也就是通过儿孙有赡养老人义务法则来维系的养老保险，随着计划生育政策的实施，人口结构的变化也可能难以为继。所以在坚持基金积累制的同时，既要搞好社会统筹，更要做实个人账户。这是我们解决未来"银发中国"的根本途径，也是维持转型过程中社会稳定的重要保障。

努力打好改革攻坚战[①]

——进一步改革面临的新形势和新课题

（2005年5月）

《国务院关于2005年深化经济体制改革的意见》指出："2005年是改革攻坚的关键一年，要抓住当前有利时机，把改革放到突出位置上，用更大的力量推进经济体制改革。"改革进入攻坚阶段，面临着新的形势，体现着新的要求。正确把握攻坚阶段改革的特征，明确攻坚阶段改革的重点，是打好改革攻坚战的前提和基础。

攻坚阶段改革面临的新形势

1978年开始的改革迄今已经走过27个年头，传统的计划经济体制已被打破，社会主义市场经济体制初步建立，并逐步走向完善。但从现实生活来看，有的改革进展不快，处于滞后状态；有的改革仍止于表层，整体上没有实现质的突破；有的改革思路清晰，但在推进中出现了扭曲；有的改革带有浓厚的部门色彩，推出时就有明显的缺陷。从总体上说，改革在领域间、行业间、地区间表现得不平衡，改革的任务还十分艰巨。

当前，经济社会发展对加快改革提出了迫切的要求。近年来的宏观调控实践表明，我国经济生活中许多矛盾和问题之所以得不到解决，并不时出现反弹；一些地区之所以一味追求GDP增长速度，忽视发展的质量和效率；一些企业之所以热衷于追逐眼前利益，不思制度创新、技术

[①] 本文原载《人民日报》2005 年 5 月 13 日。

改造和信用建设，其深层原因都在于体制和机制没有从根本上理顺。我国改革发展已进入关键时期，这既是"黄金发展期"，又是"矛盾凸显期"。国际经验表明，在这个时期，能否实现经济持续快速协调健康发展，避免大起大落、徘徊不前；能否顺利实现城镇化、工业化，避免出现"城市病""工业病"；能否逐步缩小收入差距，为实现共同富裕打下良好基础，避免造成贫富差距扩大；能否形成以自主技术、自主品牌和自主创新为支撑的可持续发展能力和高水平竞争力，避免因产业空心化和技术边缘化而导致自我发展能力和国际竞争力的丧失，关键在于是否有一个良好的体制和机制。因此，不深化改革，经济社会生活中的深层次矛盾和问题就难以从根本上解决，社会主义市场经济体制就难以高效有序地运转；不深化改革，经济结构就难以得到有效调整和优化，经济增长方式就无法实现根本性转变，科学发展观就不能真正落实，经济社会协调发展、构建和谐社会就会陷入空谈。

由此可见，当前发展已进入关键时期，改革已进入攻坚阶段。进入攻坚阶段的改革，呈现出一些新特点。从总体上看，改革形势空前复杂，改革难度大大增加。

从改革内容看，目前面临的主要是一些涉及面宽、触及利益层次深、配套性强、风险较大的改革，改革到了真正啃"硬骨头"的时期。不仅如此，很多问题的解决，包括经济体制改革本身的深化，已与政治、文化、社会等方面的改革连在一起，改革真正成为庞大的系统工程。

从改革动力看，一方面，在改革初期，人心思变和良好预期形成的广大人民群众的改革热情十分高昂，社会的动力与政府的牵引力紧密结合，带动改革快速推进。然而，随着改革不断深化，由于改革的渐进性以及改革操作过程中出现的某些失误和不规范行为等，人们对改革成果的分享存在差异，其中有些差异是不合理的，这在一定程度上影响了人民群众改革热情的充分发挥。另一方面，伴随着改革的深化，一直作为改革组织者、推动者的政府部门，自身也成了改革的对象。自己改自己，甚至是大幅度放弃自身拥有的权力和利益，这毕竟不是容易之事，其积极性也会受到影响。

从改革方式看，改革初期，由于时间和地域推进上的差别，改革探索的空间和政策应用的空间都比较大,政府可以通过给予优惠政策和赋予地区在整体或某些方面的探索权力来推进改革,政府的主导性很强。随着改革领域的广泛化和改革探索权的普遍化,随着社会经济成分、组织形式、就业方式、利益关系和分配方式的日益多样化,由政府给予优惠政策进行改革的空间非常有限,政府通过行政手段主导改革的能力也受到挑战。

从改革要求看,人们对改革效应的预期普遍提高,对改革成果分享的要求明显增强,改革的目的性日趋清晰和强烈。改革到了现阶段,已从以"破"为主转变到"破""立"并重和寓"破"于"立",其建设性要求明显增强;已从主要是利益调整转向利益调整和利益增进并重,从利益倾斜转向利益兼顾,要求使广大人民群众都能分享改革发展的成果。

改革攻坚需要解决的体制性课题

市场化改革的过程,是从封闭走向开放、从单一主体走向多元主体的过程,因而也是利益关系日益复杂的过程。建立适宜的体制,兼顾多元利益主体合理的利益诉求,是改革的要求,也是改革的难点和关键。深化改革,要求认真梳理复杂的利益关系,着力解决一些影响经济社会发展和新体制建设的体制性课题。

（一）建立健全保障农民收入稳定增长的体制和机制问题。农村经济体制改革的目的是促进农村经济稳步发展和农民收入持续增长。改革开放以来,农民收入增长速度几起几落,去年农民收入增长创1997年以来的新高,达到6.8%。但应该看到,这一高增长相当程度上来自强力的扶持政策和优惠性改革措施。继续采取大力度优惠政策的支持已没有太大空间,关键是真正建立起保障农民收入稳定增长的体制和机制。而要做到这一点,有几项改革相当重要:一是基层行政管理体制改革,尤其是乡镇机构改革。3.8万多个乡镇有120多万吃财政饭的各类人员,其庞大的公务支出形成对农民增收的沉重压力。二是农村土地制度改革。在坚持土地家庭承包经营这一基本经营制度的前提下,应从实际出发,探索搞活土地经营权的有效途径，实现规模经营、集约经营。三是农村公共服务体系建设。应以财政、金融、科技、社会保障为重点，建立为农民提供公平、优质、快捷和价格相对低廉的公共服务体系。四是继续改善农村富余劳动力转移就业的体制环境。通过进一步改革户籍制度、取消农民进城就业的限制性规定等措施，探索建立城乡平等就业制度，推进城乡劳动力市场一体化。

（二）城乡一体化进程中社会管理和公共服务体制创新问题。逐步改变城乡二元结构，推进城乡一体化，既是社会主义市场经济的本质要求，也是生产力发展的必然结果。推进城乡一体化，一个关键内容是使农民在社会管理和公共服务中享受平等待遇，包括与城市人口平等的户籍管理制度，就业与转移流动制度，社会保障制度，财政、税收制度，金融与科技、教育、文化、卫生服务制度等。但这一改革至少受到两个方面的制约：一是政府以财力为基础的公共服务能力的制约；二是城市容纳能力的制约。因此，在把握经济快速发展的有利时机、推动城乡一体化的进程中，社会管理和公共服务体制创新必须从我国国情出发，注重同社会稳定的有机衔接，坚持试点先行，在充分积累经验的基础上分步提升、稳步推开。

（三）产权多元化格局下保持国有经济控制力问题。从发展生产力的要求出发，这些年国有经济领域的改革从两个方面不断向前推进：一是结构调整。适当收缩国有投资的分布面，推动国有资本投向关系国家安全和国民经济命脉的重要行业和关键领域。二是制度创新。按照建立现代企业制度的要求推进国有企业改革，大力发展国有资本、集体资本和非公有资本参股的混合所有制经济，实现投资主体的多元化。在国有经济的分布面总体收缩和国有独资企业数量逐渐减少的情况下，始终保持并不断增强国有经济的控制力，是改革面临的一个重要课题。毫无疑问，我们必须始终坚持国有企业改革的大方向，同时更加科学规范地推进国有经济改革，不断增强国有经济的活力、效率乃至控制力。首先，完善一般竞争性领域国有资本通过市场公平竞争而灵活进退、合理流动的机制，使竞争性领域国有企业的进退由市场来决定。其次，保持国有资本在涉及重要行业和关键领域企业中的控制地位，视情况实行绝对控股、相对控股或其他控制形式。第三，建立国有资本出资人代表的责任制度和约束机制。通过国有资本出资人代表的市场遴选和强有力的激励与处罚制度，促使其切实负起维护国有股权和国有资本保值增值的责任。

（四）非公有制经济发展中无形障碍的克服与有形监管体系的建设问题。经过多年探索，鼓励、支持和引导非公有制经济发展的政策法规体系已大体建立起来，但不少非公有制企业仍感觉面临许多体制性障碍。问题主要出在两个方面：一是缺乏具体的制度安排；二是没有能在操作层面把有关政策法规落到实处。因此，关键是要把党和国家关于非公有制经济发展的政策法规体现在各个行业、各个领域的规制和社会管理的各项措施中。从现实看，有两个薄弱环节值得高度重视：第一，非公有制经济发展的有形障碍往往受到关注从而被着力排解，但有规不依、滥用职权和敷衍拖沓等无形障碍在很多地方严重存在，这种无形障碍往往比有形障碍危害更大；第二，寻求非公有制企业与其他企业的平等权利往往受到高度重视，但对非公有制企业自身的制度和管理缺陷，如损害劳动者权益、缺乏诚信等，往往监督、约束和引导不力。有鉴于此，必须加大相关配套改革的力度，建立起有效排解无形障碍和积极实行指导监督的制度体系。

（五）地区发展与全国统一大市场构建问题。加快建设全国统一市场，是建设完善的社会主义市场经济体制的重要任务。当前存在的主要问题是，一些地区和部门为求得自身的发展，往往设置行政壁垒，实行行业垄断，实施地区封锁，其结果是重复建设严重，资源浪费巨大，假冒伪劣盛行，市场分割加剧。解决这些问题，经济处罚、法律惩治、行政干预都是必要的，但根本的是理顺体制和机制。为追求地区发展而不惜妨碍全国统一大市场建设，从体制上说主要根源于与职务升迁密切相关的领导干部政绩考核体系和与地方事权不对称的财政税收体制。因此，必须加快相关体制改革，促使资源更有效率地配置，使地区经济发展与全国统一大市场建设的一致性尽快成为现实。

（六）收入分配体制改革中效率与公平的协调问题。地区之间和部分社会成员之间收入差距过大的问题，已影响到经济发展和社会和谐，需要采取有效措施加以解决。但收入分配问题牵扯面广，其体制创新必须统筹兼顾社会各方面群众的利益，必须考虑到我国生产力发展的现实水平，同时应在公平和效率间寻求合理的协调。从维护中华民族的长远利益和紧紧抓住重要战略机遇期考虑，我们仍然需要高度重视效率。但当前应把公平放在更加突出的位置，综合运用多种手段，依法逐步建立以权利公平、机会公平、规则公平、分配公平为主要内容的社会公平保障体系，使全体人民共享改革发展的成果，朝着共同富裕的目标稳步前进。从现实情况看，在体制建设上应把握这样几点：第一，从总体上说，注重公平应把重点放在维护过程公平和机会公平上，同时兼顾结果公平。特别是要打破行业垄断、岗位垄断、身份垄断等体制性障碍。第二，整顿和规范收入分配秩序，应把重点放在从体制和机制上解决运用公权力把整体利益和公众利益合法却不合理地转化为局部利益或个人利益的问题。第三，在收入分配政策和社会保障政策方面，应把关注和关怀的重点始终放在农民和城镇贫困人口身上。对他们既应重视机会公平又应重视结果公平，建立起稳定的支持、扶助机制。第四，始终把尽可能实现劳动者就业作为解决收入差距过大和推进社会保障体制建设的重要内容。

（七）混合所有制经济格局下政府的有效管理和调控问题。随着国有经济领域改革的不断深入以及非公有制经济向纵深领域的迅速拓展，混合所有制经济在一些地区已占据主体地位，并将继续不断发展，逐渐在全国占据主体地位。政府在自主性很强、缺乏外部直接约束依据的混合所有制经济格局面前，如何继续实施有效的管理和调控，是深化改革面临的一个重大课题。这实质上是一个政府管理和调控方式的改革问题。混合所有制经济的发展，要求政府从直接的指令性管理和行政干预转向间接调控，从直接办企业转向通过市场引导企业。实现这个转变，并确保政府对能动的微观基础实施有效的管理和调节，必须推进这样一些改革：一是建立灵敏、协调的经济手段调节体系；二是依照事前约定、违约严办的精神，进一步健全保障市场主体权益、强化市场主体责任的法律法规体系；三是建立健全社会信用体系和失信惩戒制度，加强对企业、个人信用信息的征集、分析与监督评价；四是积极发展独立公正、规范运作的行业协会、商会等市场中介组织与服务机构，加强政府与企业间的有效沟通。

（八）政府职能转变的体制和机制建设问题。政府职能转变是行政管理体制改革的核心，也是建立完善的社会主义市场经济体制的重点。经过这些年的探索，政府的职能已得到科学界定，但"错位""越位"和"缺位"的现象仍然存在。政府职能转变是一个复杂的系统工程。使政府职能真正转变到经济调节、市场监管、社会管理和公共服务上来，不仅要推进政府管理体制本身的改革，更要推进相关配套改革。一是继续推进国有经济的战略性调整和国有企业的股份制改革，使混合所有制成为经济成分的主体，从体制和机制上割断政府对企业或微观经济活动的直接干预；二是继续推进干部人事制度改革，建立全面落实科学发展观的领导干部政绩考核体系；三是推进财政税收体制改革，在科学划分中央政府和地方政府事权的基础上，建立与之匹配的财政支持和税收分割体制；四是推进金融体制改革，形成直接融资与间接融资相结合的多层次融资体系和方便快捷的金融服务体系。

（九）在扩大开放中实现自我保护的制度保障问题。随着对外开放的扩大，我国经济融入世界经济的程度不断提高，经济管理体制和运行机制与国际通行规则逐步实现连接融通。这给我们既带来了机遇，也带来了挑战。当前，发达国家仍然把握着国际规则制定的主动权。因此，在扩大开放中实现自我保护并建立起有效的制度保障，是涉外经济体制改革中需要着力解决的一个课题。一是遵循世贸组织规则，抓紧制订和完善市场准入标准与技术贸易标准，利用反垄断、反倾销、反补贴和保障措施等手段，合理保护国内产业；充分利用多边规则和世贸组织争端解决机制，打破贸易壁垒，应对贸易摩擦；积极参与多边经贸活动和世界重要经济政策的制定，完善与发达国家的对话机制，推动建立新的多边经贸规则。二是有效运用资本控制、知识产权保护等方法，增强对关键行业和领域的控制力；有效利用财政、税收、投资、金融、外汇等多种政策手段，构建扩大开放与合理保护的自主调控机制。三是进一步发展和规范各类行业协会、商会，建立非政府机构解决贸易争端的机制。四是强化对商品进出口、资源性产品转移、资本跨境流动的监测，建立健全外贸运行监控体系和国际收支预警机制。

（十）经济体制改革与其他改革的相互衔接问题。鉴于传统体制的突出弊病，我国的改革直接从经济领域展开。经济体制改革在推进过程中越来越触及其他领域的改革，越来越要求推进其他领域的改革，以与之相配套。例如，建立健全现代企业制度，要求推进干部人事制度改革；推进全国统一大市场的形成，需要改革全国执法体制和司法体制；等等。改革越向深层推进，各方面、各领域的联动性就越强，而各方面改革能否协同配套推进，不仅制约着经济体制改革的进程，而且决定着经济体制改革的成效。因此，从整体上考虑，在出台经济体制改革的各项措施时，应从落到实处和务求实效上着眼，积极配套推出其他方面的改革措施。与此同时，在操作中应充分考虑国情特点，把握好相关改革措施出台的力度、时机与节奏，并充分考虑改革措施实施中可能出现的风险，切实做好应对准备。

着力推进行政管理体制改革①

（2005年1月）

　　我国改革正处于攻坚阶段，行政管理体制改革是改革攻坚的一个主要领域。党的十六届五中全会指出："要着力推进行政管理体制改革。"以形成行为规范、运转协调、公正透明、廉洁高效的行政管理体制为目标，着力推进政府行政管理体制改革，是适应经济发展和改革形势的新特点新任务、全面贯彻落实科学发展观的迫切需要。

加快行政管理体制改革是全面深化改革和提高对外开放水平的关键

　　在当前形势下，全面深化改革、完善社会主义市场经济体制，解决经济社会生活中的深层次矛盾和问题、促进科学发展，不断提高对外开放水平、增强应对国际局势的能力，都要求把行政管理体制改革放到突出重要的位置上。

　　着力推进行政管理体制改革，是完善社会主义市场经济体制的关键环节。政府所拥有的权力和作为经济社会管理者所处的特殊位置，决定了政府在改革中的主导地位和政府管理体制对整个经济体制的特殊制约作用。改革初期，针对国有企业缺乏自主权、市场机制不能发挥作用等突出的体制问题，改革的重心主要集中在企业、市场等方面。随着改革不断向纵深推进，政府行政管理体制改革对其他改革的牵制作用日益明显地表现出来，加快政府行政管理体制改革已成为全面深化改革的关

---

①本文原载《人民日报》2005年11月9日第九版。

480

键。政企不分、政资不分的问题不解决，政府与企业的行政关系、资产纽带直接存在，规范的现代企业制度就不可能完全建立，企业也难以成为真正的能动性市场主体；行政性垄断及地区性封锁不打破，统一、开放、竞争、有序的现代市场体系就不可能最终形成；不理顺庞杂、错位的政府职能，不改变以行政手段为主管理经济的方式，就不可能建立灵敏有效的宏观调控体系，也不可能建立完善的社会保障制度。尽管这些年行政管理体制改革已有一定程度的进展，但相对于完善社会主义市场经济体制的要求来说还处于滞后状态，改革的任务仍非常艰巨。

着力推进行政管理体制改革，是解决我国经济社会生活中深层次矛盾和问题的根本手段。长期以来，我国经济社会生活中一直存在着投资盲目扩张、低水平重复建设严重、社会事业发展不充分等突出矛盾和问题，直接影响国民经济持续快速协调健康发展与社会和谐进步。经济社会生活中的突出矛盾和问题之所以长期存在且不断发展，根本原因在于体制机制不顺，特别是政府行政管理体制不顺。主要是：政府机构设置不合理，导致政府管理职能错位；政企不分、政事不分，导致政府直接干预国有企事业单位的生产经营活动和具体业务；政绩考核体系不科学、公务员选拔任用制度不合理，不仅加剧了政企不分，而且导致政府单纯追求经济增长速度，并且因此而盲目投资、重复建设，实施地区封锁和市场分割。要遏制并最终解决经济社会生活中的深层次矛盾和问题，就必须以转变政府职能为核心，加快推进政府行政管理体制改革。

着力推进行政管理体制改革，是全面提高对外开放水平的有效保障。对外开放的广度、深度、质量与水平，都与政府行政管理体制的状况直接相关。目前，我国对外开放面临着新的形势：一方面，经济全球化进程不断加快，世界科技迅猛发展，发达国家产业结构加速调整，以及我国加入世界贸易组织等，都为我国广泛参与国际合作和竞争提供了更好的机遇；另一方面，经过多年努力，全方位、宽领域、多层次的对外开放格局基本形成，外商直接投资规模已达到相当水平，改善利用外资的质量、提高对外开放的水平和争取国际经济交往活动的主动性、切实维护国家经济安全，成为我们面临的重要课题。抓住机遇，应对与化解风险，全面提高对外开放水平，迫切要求推进政府行政管理体制改革，使政府管理的内容、方式及相关制度与国际通行做法相衔接。只有这样，我们才能统筹好国内发展和对外开放，增强在不断扩大开放条件下促进发展的能力。

加快政府职能转变是深化行政管理体制改革的核心

政府行为是否适当，取决于政府职能的定位是否准确；而政府行政管理体制改革的成败，在很大程度上取决于政府职能转变是否合规到位。因此，加快政府职能转变是深化政府行政管理体制改革的核心。

加快政府职能转变，重要的是明确界定政府职能。基于政府的性质、地位，并结合世界市场经济运行的实践经验，社会主义市场经济条件下政府所应履行的基本职能主要是四个方面，即经济调节、市场监管、社会管理、公共服务。所谓政府职能的转变或归位，就是要使政府从宏观微观都管、大事小事都抓转移到主要做好这四个方面的工作，真正承担起对这些工作的责任，从无所不为的全能政府转向为所必为的责任政府。

加快政府职能转变，关键是理顺政府与企事业单位和市场中介组织的关系，实现政企分开、政事分开以及政府与市场中介组织分开。理顺政府与企事业单位和市场中介组织的关系，应在理顺体制机制上下功夫。直接地看，有两项改革至关重要。一是实现政资分开，割断政府干预企事业单位生产经营和具体业务的资产纽带。对于理顺政府与企事业单位和市场中介组织的关系来说，政资分开的内涵是双重的：一方面，应把由各级政府代表国家行使出资人职能的国有投资控制在必要范围内，通过"割断"资产关系，杜绝政府部门对非国有投资领域的直接干预。为此，必须完善国有资本有进有退、合理流动的机制，通过存量调整和增量倾斜方式，进一步推动国有资本更多地投向关系国家安全和国民经济命脉的重要行业和关键领域。另一方面，对那些由各级政府代表国家行使出资人职能的国有企事业单位，实行所有权与经营权或运营权分开，通过"割断"资产关系，防止政府的直接干预。为此，必须加快推进现代企业制度建设，大力发展国有资本、集体资本和非公有资本等参股的混合所有制经济，使股份制成为公有制的主要实现形式。对必须采取国有独资形式或国有资本必须绝对控股的企业，应通过建立特殊形式的董事会或设立资产经营公司等途径，使政府的出资人职能通过合理的制度架构规范行使。必须分类推进事业单位改革，在推动社会事业不断发展的同时，把国有投资的事业单位控制在最必要的范围内。二是加快政府管理法制建设，全面推进依法行政。通过建立健全相关法律法规，明确政府职能，规范政府行为，强化对政府行为的法律监管。在认真贯彻《行政许可法》、进一步健全行政监督法律法规的同时，调整对政府行为约束与监督的立法角度，即从"禁止性"立法转变为"允许性"立法：政府只能做法律法规允许的事项。与此同时，把法律监督、行政监督和群众监督、社会舆论监督有机结合起来，多管齐下，促使政府部门的行政行为在正确履行职能的轨道上运行。

加快政府职能转变，还应着力推进两个重要方面的改革。一是建立健全科学的政府绩效评价体系，完善公务员特别是行政领导干部的选拔任用制度；二是建立有利于政府公正履行职责的财政保障制度。在合理界定各级政府事权的基础上，建立健全与事权相匹配的财税体制，同时建立正常的行政资金供给机制，建立有利于充分而公正地履行职责和抵御腐败的公务员薪俸制度。

继续推进行政管理体制其他重要环节的改革

在着力推进政府职能转变的同时，还应积极推进行政管理体制其他重要环节的改革，主要包括：

进一步完善行政管理方式。完善行政管理方式，在思想上需要进一步提高认识，特别是正确认识政府与企事业单位的关系、行政管理方式改革与其他方面改革的关系。企事业单位是经济社会发展的主体，企事业单位的活力是经济增长、社会进步的源泉；政府管理经济社会事务、调节市场活动，是为了给企事业单位创造良好的发展环境。从本质上说，政府的调节就是服务。改革的目的，不是取消政府对经济社会活动的管理与调节，而是适应社会主义市场经济的要求，形成以经济和法律手段调节为主，辅之以必要的行政手段调节的新型管理调节方式。这种新型管理调节方式的形成，不仅要立足于在一些重要领域和方面尽可能减少行政手段的运用，而且要努力为经济和法律手段的调节与运用创造必要的条件。为此，应着力深化以下几方面的改革：第一，继续推进行政审批制度改革。进一步缩小行政审批的范围，完善行政审批的方式，规范行政审批的程序。市场主体能够自主解决和市场机制能够有效调节的事项，一律不再纳入行政审批的范围。必要的行政审批，可以上升为法律法规的应尽量通过法律法规的形式来体现。已取消的行政审批事项，要建立后续监管制度，防止反弹。凡能通过核准和登记备案方式管理的，一律实行核准和登记备案制度。审批程序的安排要简单快捷、公开透明、科学严谨，尽量纳入法制轨道。需要特别指出的是，投资活动是关系国民经济和社会发展全局的重大活动，而投资审批是各类审批中的关键部分。因而，深化行政审批制度改革必须着力推进投资审批制度改革。第二，规范推进现代企业制度建设。通过规范的制度，使企业既能理性地开展生产经营活动，又能对政府的调节特别是经济手段的调节作出灵敏的反应。第三，发展和完善市场中介组织。当前应着力解决中介组织总体数量不足、结构分布不合理以及管理体制、组织形式、运作方式行政色彩浓厚的问题。第四，建立健全市场运行秩序。废止妨碍公平竞争、设置行政壁垒、排斥外地产品和服务的各种分割市场的规定，打破行业垄断和地区封锁；健全市场准入与退出制度，完善规范市场主体行为、保护市场主体权益的各项法规；加快建设企业和个人信用服务体系，努力形成以道德为支撑、产权为基础、法律为保障的社会信用制度；完善行政执法、行业自律、舆论监督、群众参与相结合的市场监管体系，强化对违法违规、失信失范行为的处置与惩戒。

深化政府机构改革。科学合理地设置政府机构，应把握如下要求：一是社会主义市场经济的本质要求。社会主义市场经济的基本特征是市场在资源配置中起基础性作用，政府主要从事经济调节、市场监管、社会管理和公共服务。二是提高党的执政能力的要求。党的领导主要是政治、思想和组织领导，党领导经济工作主要是把握方向、谋划全局、提出战略、制定政策、推动立法、营造环境。三是充分发挥中央和地方两个积极性的要求。基于这些要求，推进机构改革的主要着力点是：第一，进一步调整政府机构设置。加强和完善从事经济调节和社会管理的机构，撤销那些直接从事或干预微观经济活动和社会事务的机构。第二，规范党政机构设置。撤并党委和政府职责相同或相近的部门。明确职责分工，进一步整合政府职能部门。第三，理顺上下级政府机构设置。根据经济社会事务管理权责的划分，理顺中央和地方在财税、金融、投资和社会保障以及工商、质检、国土资源管理等领域的分工和职责，调整一些领域中央对地方的垂直管理体制，赋予省及省以下地方政府更多的权责。第四，减少行政层级。减少行政层级的改革牵涉面宽、风险大，一定要深入研究、科学决策，并坚持先易后难、逐步推进、区别对待、不断完善的操作原则。当前，可以结合农村税费改革，进一步推进县乡机构改革，整合乡镇，压缩部门，精减人员。

建立健全科学决策、民主决策机制。近年来，决策科学化、民主化的进程不断加快，决策者的民主意识明显增强，相关组织体系不断完善，各项制度逐步健全。但是，决策中仍然存在一些明显的问题，主要是决策的随意性较大，民主化程度不够，透明度不高，责任机制不健全。针对这些问题，必须积极采取有效措施，建立健全科学决策、民主决策机制。一是建立重大决策的调查研究制度。对涉及经济社会发展全局的重大事项的决策，都应以充分扎实的调查研究为基础。二是完善重大事项集体决策制度。在深入调查研究、广泛听取意见的基础上，涉及经济社会发展全局的重大事项一律经过领导班子集体讨论，按少数服从多数的原则决定。同时，相应明确责任主体，划清责任界限。三是推行重大决策事项公示、听证制度。四是健全重大事项专家咨询制度。五是建立健全决策失误责任追究制度。在明确界定决策责任主体和责任界限的基础上，推行决策失误引咎辞职、经济赔偿和刑事处罚制度，严厉惩治决策失误行为。同时，健全纠错改正机制，采取多种方式及时发现错误，通过科学的程序有效纠正错误，预防和减少决策失误，把决策失误造成的损失减少到最低限度。应当强调，要保障决策的科学化、民主化，除了完善决策的规则和程序，还要求决策者转变决策观念，确立群众观点和民主意识，不断提高理论政策水平和专业知识水平。

着力形成落实科学发展观的体制保障[①]

——学习《中共中央关于制定国民经济和社会发展第十一个五年规划的建议》的体会

（2006年1月）

　　《中共中央关于制定国民经济和社会发展第十一个五年规划的建议》（以下简称《建议》）是指导未来一个时期特别是未来五年国民经济和社会发展的纲领性文件。它既是一个关于发展的《建议》，也是一个改革的《建议》。突出改革，强调用改革的办法解决发展中的问题，通过一系列改革措施的安排促进和保障科学发展，成为《建议》的鲜明特色。

把深化体制改革放在十分突出的位置

　　《建议》把深化体制改革放在十分突出的位置。具体来说，体现在如下几个方面：

　　第一，在"十一五"时期经济社会发展的目标中，提出"社会主义市场经济比较完善，开放型经济达到新水平，国际收支基本平衡"的要求。关于在2010年建立比较完善的社会主义市场经济体制的目标要求，早在1995年党的十四届五中全会通过的《关于制定国民经济和社会发展"九五"计划和2010年远景目标的建议》中就已明确提出。这次的《建议》作了进一步的重申。

---

①本文原载《改革与市场》2006 年第 1 期。

第二，把深化改革开放作为全面贯彻落实科学发展观的重要指导原则。《建议》提出，要坚持社会主义市场经济的改革方向，不断深化改革开放。《建议》在阐述必须保持经济平稳较快发展、必须加快转变经济增长方式、必须提高自主创新能力、必须促进城乡区域协调发展、必须加强和谐社会建设五个原则之后，提出必须不断深化改革开放，我理解不是说改革开放处于第六的位置，恰恰是因为深化改革开放对于上述这些方面都起着关键的作用，不通过改革理顺体制机制，其他五个方面都是难以实现和巩固的。

第三，改革是"十一五"规划基本思路中的主要构件。《建议》从"十一五"时期我国发展的实际出发，提出了"立足科学发展、着力自主创新、完善体制机制、促进社会和谐"的基本思路。完善体制机制就是要深化改革。

第四，关于改革的内容在全文中占有特别重要的分量。《建议》用专门的篇章论述深化体制改革和提高对外开放水平，在全文的十个篇章中间，其文字分量是最重的。不仅如此，全文的每一个篇章中都有关于改革的论述。在16000余字的《建议》中间，"体制""机制"和"改革"等属于出现频率最高的一类词。

第五，强调了改革对于促进科学发展的保障作用。改革是促进发展的强大动力，也是促进科学发展的有力保障。《建议》强调，要完善落实科学发展观的体制保障，通过改革形成有利于转变经济增长方式，促进全面协调可持续发展的机制。

第六，对改革的力度提出了明确的要求。《建议》强调，我国正处于改革的攻坚阶段，必须以更大的决心加快推进改革，使关系经济社会发展全局的重大体制改革取得突破性进展。

为什么《建议》把改革放在这么突出位置？我理解，这是以改革和发展的当前形势和未来需要作为依据的，至少有三方面的原因。第一，是建立完善的社会主义市场经济体制的需要。经过这些年的改革，我们虽然初步建立起社会主义市场经济体制，但距离改革的目标还有比较大的差距，改革的任务仍很艰巨。与此同时，改革进入新阶段，复杂性、艰巨性大大增强。一方面，比较容易的改革相当一部分已经完成，目前面临的主要是一些触及面宽、涉及利益层次深、配套性强的改革事项；另一方面，人们对改革效应的预期普遍提高，分享改革成果的要求明显增强，也需要使广大人民群众都能并更多的分享到经济发展和社会进步的成果。未来五年，我们要建立比较完善的社会主义市场经济体制，未来十五年，我们要建立完善的社会主义市场经济体制，时不我待，必须加快改革。第二，是实现经济社会全面、协调、可持续发展和构建和谐社会的需要。近年来我们针对投资膨胀、重复建设、农民增收困难、就业不足等问题进行了宏观调控，并取得了一定的成效。但我们也能看到，这些问题其实一直存在于经济社会生活之中，为什么这些问题久治不愈，关键是体制没有理顺。今天，我国国民经济和社会发展已进入一个关键时期，正如人们所分析的那样，这既是一个经济社会发展实现质的转变，跨上新台阶的黄金发展期，又是一个深层问题滋生蔓延，胶着交织的矛盾凸显期。在这个时期，能否实现经济的高速发展、平稳运行，而避免大起大落、徘徊不前；能否顺利实现工业化、城市化，而避免出现"工业病"和"城市病"；能否逐步缩小收入差距，为实现共同富裕打好基础，而避免造成严重的贫富差别和两极分化；能否形成以自主技术、自主品牌和自主知识产权支撑的可持续发展能力和高水平的竞争力，而避免在盲目引进和一味模仿中导致产业的空心化和技术的边缘化，从而丧失自我发展能力和国际竞争力，关键都取决于是否有一个良好的体制。所以，无论解决现实问题还是未来问题都需要深化改革。第三，是不断提高对外开放水平的需要。面对全球经济一体化深入发展，贸易保护主义明显增强，以争夺技术、资源、人才、市场为主要内容的国际竞争日趋激烈的新形势，面对我国加入世界贸易组织、对外开放和融入国际经济生活的程度不断提高的新格局，要抓住机遇、化解挑战、赢得利益就必须推进体制创新，从制度上保证对外开放水平的不断提高。

对深化体制改革提出了许多新的重要的要求

"十一五"《建议》对深化经济体制改革和其他改革作出了全面的周密的部署。尤其是在"深化体制改革和提高对外开放的水平"这一部分，对推进行政管理体制改革、坚持和完善基本经济制度、推进财政税收体制改革、加快金融体制改革、推进现代市场体系建设等提出了明确具体的要求。学习《建议》，我们能看到，《建议》在重申或者强调党的十六大、十六届三中全会、四中全会提出的许多重要改革内容的同时，又适应新形势的需要，提出了许多新的改革要求和任务。

《建议》把行政管理体制改革放到了下一步改革的首要位置。指出加快行政管理体制改革是全面深化改革和提高对外开放水平的关键。的确，推进体制创新，建立完善的社会主义市场经济体制；解决现实生活中的深层矛盾和问题，促进国民经济平稳较快发展；不断提高对外开放水平，增强应对国际局势的能力，都要求把政府行政管理体制改革放到突出重要位置上。从改革角度看，政企不分、政资不分的问题不解决，政府与企业的行政关系、资产纽带直接存在，规范的现代企业制度就不可能完全建立；行政性垄断与地区性封锁不打破，统一开放、竞争有序的现代市场体系就不可能最终形成；不理顺庞杂错位的政府职能，不改变以行政手段为主的管理经济的方式，就不可能建立灵敏有效的宏观调控体系，也不可能建立起完善的社会保障制度。从发展角度看，政事企不分，政府就必然直接干预企业和事业单位的生产经营活动或具体事务，甚至直接代替企事业单位管理运作；不科学的政绩考核体系、不合理的公务员选拔任用制度特别是不合理的行政领导干部选拔任用制度，不仅会加剧政企不分，而且会促使政府单纯追求经济增长速度，搞"形象工程""政绩工程"，并且因此而盲目投资，搞重复建设、实施地区封锁和市场分割。而直接干预企事业单位的生产经营活动和具体业务，政府就难以有足够的精力和财力去从事经济调节、市场监管、社会管理和公共服务，就会导致大量的社会事业发展的欠账，造成"一条腿长，一条腿短"，也会导致大量的涉及人民切身利益和长远利益的重要问题得不到有效解决。从开放的角度看，对外开放带来的挑战，首当其冲的是对政府管理规则和管理能力的挑战。抓住机遇，应对与化解风险，全面提高对外开放水平，要求通过改革使政府管理的内容、方式及相关制度与国际通行做法相衔接。

　　《建议》要求，着力推进行政管理体制改革。除了强调转变政府职能等重要内容外，还提出了减少和规范行政审批，完善投资核准和备案制度等重要改革任务。特别是提出要深化机构改革、优化组织结构、减少行政层级、理顺职责分工。这是一项十分艰巨的改革任务，特别是其中的减少行政层级的改革。据我所知，这是中央在党的重大文件中第一次明确提出。十六届三中全会的《决定》提出"深化地方行政管理体制改革"，这一次的《建议》进一步提出了深化改革的具体内容。

　　我理解，《建议》中关于机构改革的这段话，其改革内容是十分丰富的，至少包括如下一些方面：一是要进一步调整政府机构设置。加强和完善从事经济调节和社会管理的机构，撤销那些直接从事和干预微观经济活动和社会事务的机构。二是要合理规范党政机构设置。撤并党委和政府职责相同和相近的部门，确需党委政府共同承担的职能，尽量采取合署办公的形式。明确职责分工，将分散在不同部门的必要的政府职能整合到同一部门。的确需要几个部门参与的，要明确分工，分清职责。要规范各类领导小组和协调机构，一般不设实体性办事机构。三是要理顺上下级政府机构设置。根据经济社会事务管理责权划分，理顺中央和地方在财税、金融、投资和社会保障以及工商、质检、国土资源管理等领域的分工和职责。调整一些领域中央对地方的垂直管理体制，赋予省及省以下地方政府更多的权责。四是要减少行政层级。政府层级过多，不仅大大增加了行政运行成本，降低了行政效率，也抑制了各层级政府能动性的充分发挥。随着政府职能的转变，统一市场的逐步推进，经济一体化的深入发展以及交通、通讯等基础设施的显著改善，有必要从我国实际出发，适当减少行政的层级。

　　《建议》对其他方面的改革也提出了许多新的重要的要求。农村体制改革，除强调稳定并完善以家庭承包经营为基础、统分结合的双层经营体制等外，重点提出要巩固农村税费改革的成果，全面推进农村综合改革，基本完成乡镇机构、农村义务教育和县乡财政体制改革等改革任务。这不仅丰富了关于这方面的原有改革思想，而且对"十一五"期间农村综合改革提出了明确的目标要求。

关于国有企业改革，这次《建议》把重点放到了大型国有企业的制度建设上，提出要加快国有大型企业股份制改革，完善公司治理结构。对垄断行业的改革也提出了明确的要求。指出要深化垄断行业改革，放宽市场准入，实现产权和投资主体的多元化。

关于财税体制改革，《建议》把重点放到了如何建立有利于经济增长方式转变、结构调整、科技进步和能源资源节约的财税制度上。提出合理界定各级政府的事权，调整和规范中央与地方各级政府间的收支关系，使财权和事权相匹配。同时提出，要完善相关税收制度。还特别提到，规范土地出让收入管理办法。

关于金融体制改革，《建议》提出要推进国有金融企业的股份制改造，这里的金融企业不仅仅指银行，同时也包括其他的金融机构。《建议》第一次明确提出，要稳步推进金融业综合经营试点。从我国实际出发，长期以来，我国金融行业一直实行的是分业经营，当前从国内看，经济社会关系已经发生了很大的变化，从国际看，世界金融行业混业经营已成为一种潮流，我国金融行业是否适应这种变化进行综合经营或者混业经营，是摆在我们面前的重要课题。进行金融业综合经营试点，正是从形势发展的需要所提出的。这样做可以积累经验，测试风险。另外，在发展资本市场方面，《建议》提出要"加强基础性制度建设，建立多层次的市场体系，完善市场功能"，这些都有丰富的改革内涵。

在推进现代市场体系建设方面，《建议》作了充分论述，其中有两点值得特别重视。一是在前面谈到全面贯彻落实科学发展观必须坚持的原则时，提出要建立反映市场供求状况和资源稀缺程度的价格形成机制。显然，这一改革是紧紧扣住落实科学发展观，致力于利用经济手段推进经济增长方式转变、建设节约型社会而作出的部署。二是对构建良好的社会信用体系提出了新的要求。三中全会的《决定》提出，形成以道德为支撑、以产权为基础、以法律为保障的社会信用制度。这次《建议》提出的要求更为具体，指出要以完善信贷、纳税、合同履约、产品质量的信用记录为重点，加快建设社会信用体系。

关于收入分配体制的改革，是《建议》关于改革部署中的一个重点，也是一个亮点。在坚持原有一些重要原则的同时，把改革重心放到了解决公平问题上，提出要有效调节过高的收入，规范个人收入分配秩序，努力缓解地区之间和部分社会成员收入分配差距扩大的趋势。要注重社会的公平，特别要关注就业机会和分配过程的公平，加大调节收入分配的力度，强化对收入分配结果的监管。

在社会领域改革方面，特别是科、教、文、卫体制改革方面，《建议》也提出了一些重要的改革内容，这里不一一说明了。

对新时期改革的推进方式作出了科学的安排

《建议》把改革放在非常重要的位置，对新时期推进改革作出了周密的部署，《建议》提出了很多重要的改革理论、思想和政策，但关键在于将其落到实处。回顾一下，在"九五"《建议》中，中央就明确提出要实现经济增长方式和经济体制"两个转变"，并进一步提出，经济增长方式的转变依赖于经济体制的转变。"九五"《建议》还对体制转变提出了一系列的重要措施。"十五"《建议》提出把调整经济结构作为主线，这实际上也是经济增长方式转变的问题，围绕经济结构调整也提出了改革的要求。但十年过去了，经济增长方式转变与结构调整并没有取得特别明显的成绩，在某些方面甚至在朝不好的方面发展，导致这种状况的体制机制仍然在发挥着重要作用，没有得到实质性改革。所以，关键在落实。而落实好改革措施与改革方式的完善又密切相关。

"十一五"《建议》对改革的方式作出了科学的安排，提出了两个很重要的方面：一是强调要加强改革开放的总体指导和统筹协调。这对进入攻坚阶段的改革来说，非常必要。只有这样，才能有效调整深层次的权利和利益关系，使改革措施在推进过程中不致出现走形变样，成为牢牢坚持社会主义市场经济的改革方向；只有这样，才能把改革的重心集中到影响社会主义市场经济体制完善的重要领域与关键环节，并且促使各项改革措施有机衔接、综合配套，从而全面有效地推进改革；也只有这样，才能正确处理好改革中的各种重大关系，合理兼顾各方面的利益，从而平稳有序地推进改革。总之，防止不改革、慢改革、泛化改革、异化改革或受某种利益约束而出现的伪化改革等情况的出现，都必须加强改革的总体指导和统筹协调。二是强调要注重把行之有效的改革措施规范化、制度化和法制化。这一点既是对已有改革成果的巩固，对改革业绩的确认，防止妖魔化科学的改革理论、丑化富有创造性的改革实践，也是为深化改革提供良好的制度和法律保障，从而使改革达到事半功倍的效果，加快建设社会主义市场经济体制的进程。

中国经济体制改革的历史进程和基本方向[①]

（2006年2月）

改革开放是决定中国命运的重大决策，改革开放使中国的面貌焕然一新，经济社会发展蒸蒸日上。要实现新阶段的发展任务，把中国特色社会主义事业继续推向前进，必须坚定不移地深化改革、扩大开放。

一、中国经济体制改革的进程、成就和经验

从某种意义上说，中国是在客观环境的逼迫下走上探索建设社会主义市场经济这一全新历史性道路的。通过执着的努力，我们成功地实现了公有制与市场经济的结合。中国改革在铸就自身辉煌的同时，也开辟了人类社会新的发展路径。

（一）中国经济体制改革的进程。中国经济体制改革始于1978年，至今已走过28年光辉历程。28年的改革大致经历了4个阶段。

第一个阶段：改革启动和局部试验阶段（1978—1984年）。以1978年12月党的十一届三中全会召开为标志，拉开了中国改革的序幕。农村经济体制改革率先展开，家庭联产承包责任制、统分结合的双层经营体制取代"三级所有、队为基础"的人民公社制度，开始在全国农村普遍实行。这一改革极大地调动了亿万农民的积极性，有力地促进了农业和农村经济的发展。

与此同时，其他方面改革的试验也开始起步。开展了扩大企业自主权试点，推行两步"利改税"，逐步推进"划分收支、分级包干"的财

---

①本文原载《经济研究参考》2006 年第 48 期（总第 2008 期）。

政体制改革，废除了农副产品的统购统销制度，不断减少的集体经济和几乎绝迹的个体经济逐步恢复和发展，兴办了深圳、珠海、汕头、厦门4个经济特区。

第二个阶段：改革全面探索阶段（1984—1992年）。这一阶段的改革重点从农村转向城市。1984年10月，党的十二届三中全会通过的《关于经济体制改革的决定》，确定社会主义经济是"公有制基础上的有计划的商品经济"，提出改革的目标是建立具有中国特色的、充满生机和活力的社会主义经济体制。1987年10月，党的十三大进一步提出，"社会主义有计划商品经济的体制，应该是计划和市场内在统一的体制"，"新的经济运行机制，总体上来说是国家调节市场，市场引导企业的机制"。从理论上确认了市场机制作用的中枢地位，为进一步深化改革指明了方向，奠定了理论基础。

改革实践以搞活国有企业为中心环节全面展开。着眼于探索建立自主经营、自负盈亏、富有活力和效率的企业体制，实行承包制、租赁制等措施，进一步扩大企业自主权。积极进行以厂长负责制、工效挂钩、劳动合同制为内容的企业领导、分配、用工等管理制度的改革，增强企业的内在活力。

围绕搞活企业，加快建立以统一开放、运转有序的竞争性市场体制和以经济手段调节为主的宏观间接管理体制为目的的相关改革。采取"调、放、管"相结合的方针，理顺比价关系，改革商品和服务价格形成机制；改革商业经营管理体制，发展非国营流通企业；大幅度缩小指令性计划，改革银行组织体制，实行各种形式的财政包干制，变单一税制为复合税制；对部分城市实行计划单列，减少管理层次，扩大地方自主权。与经济体制改革相适应，政治、科技、教育、文化等领域的改革也开始启动。

对外开放也迈出了重要步伐。开放了沿海14个港口城市，在长江三角洲、珠江三角洲、闽东南地区、环渤海地区开辟经济开放区，批准海南建省并成为经济特区，在利用国外资金、技术、管理经验来发展中国经济方面进行了有益尝试。

第三个阶段：初步建立社会主义市场经济体制阶段（1992—2000

年）。以党的十四大确立社会主义市场经济体制的改革目标为标志，中国经济体制改革进入以制度创新为主要内容的新阶段。党的十四届三中全会通过的《关于建立社会主义市场经济体制若干问题的决定》指出，"建立社会主义市场经济体制，就是要使市场在国家宏观调控下对资源配置起基础性作用"，并提出社会主义市场经济体制的基本框架。1997年，党的十五大确立了公有制为主体、多种所有制经济共同发展的基本经济制度，实现了思想理论上的一系列新突破，推动以建立社会主义市场经济体制为目标的改革进一步向纵深发展。

这一阶段的改革仍然以国有企业为中心环节，制度创新的力度显著加大。按照建立现代企业制度的方向，中央和地方选择若干有代表性的国有企业进行了建立现代企业制度的试点，一批国有大中型企业被改造成国有独资公司、有限责任公司或股份有限公司；许多全国性的行业总公司被改组为控股公司，发展了一批以资本为纽带跨地区、跨行业的大型企业集团；众多的小型国有企业，通过改组、联合、兼并、租赁、承包经营和股份合作制、出售等形式进行了改革。积极推进鼓励兼并、规范破产、下岗分流、减员增效和再就业工作，推动企业优胜劣汰的竞争机制的形成。从战略上调整国有经济的布局，使国有资本逐渐集中到关系国民经济命脉的重要行业和关键领域。适应国有企业改制和国有经济布局及结构调整的需要，多种形式的国有资产监督管理体制探索在一些地方积极展开，取得良好效果。

其他方面的改革继续向前推进。（1）财政、税收、金融、外汇、计划和投融资体制改革进一步深化。确立了以分税制为核心的新的财政体制框架，建立了以增值税为主体的流转税体系；强化了中央银行对货币供应的调控能力和金融监管方面的职能，开始分离政策性金融与商业性金融；建立了以市场供求为基础，单一的、有管理的浮动汇率制度，实现了人民币在经常项目下可兑换；国家计划管理从总体上的指令性计划向总体上的指导性计划转变；推行项目法人制、资本金制度和招投标制度，加强投资风险约束。（2）市场流通领域的改革向纵深发展。商品市场进一步发展，要素市场逐步形成；取消了生产资料价格双轨制，进一步放开了竞争性商品和服务的价格；在健全市场规则、整顿市场秩序方面取得了新的进展。（3）社会保障制度改革迈出了重要步伐。在试点的基础上，逐步建立起社会统筹和个人账户相结合的养老、医疗保险制度。适应深化企业改革的需要，建立了失业保险、社会救济制度及城镇居民最低生活保障制度。（4）所有制结构调整力度逐步加大。公有制经济的实现形式日趋多样化，国有控股的经济不断扩大，非公有制经济的发展势头更加强劲。（5）科技、教育、卫生体制改革取得重要进展。按照"稳住一头，放开一片"的方向，推进科技体制改革；以调整学校布局结构、改革高校招生和分配制度为重点，加快教育体制改革步伐；实行医疗机构分级分类管理制度，扩大卫生机构的经营管理自主权。与此同时，农村经济、对外贸易、城市住房等方面的改革，也取得了新的进展。经过全国人民共同努力，社会主义市场经济体制初步确立。

第四个阶段：完善社会主义市场经济体制阶段（2000年至今）。在已有成就的基础上，2002年召开的党的十六大提出，本世纪头二十年改革的主要任务是完善社会主义市场经济体制。即在2020年建成完善的社会主义市场经济体制和更具活力、更加开放的经济体系。党的十六届三中全会通过的《关于完善社会主义市场经济体制若干问题的决定》对建成完善的社会主义市场经济体制进行了全面的部署。中共中央提出树立科学发展观和构建社会主义和谐社会的重大战略思想，为完善社会主义市场经济体制提供了理论指导。按照统筹城乡发展、统筹区域发展、统筹经济社会发展、统筹人与自然和谐发展、统筹国内发展和对外开放的要求，积极推进各个领域的改革。

这一阶段把行政管理体制改革放到了突出的位置，按照建立行为规范、运转协调、公正透明、廉洁高效的行政管理体制的目标着力推进改革。政府职能转变取得重要进展，政府的社会管理和公共服务职能进一步加强；政府机构改革继续推进，国务院新设立和组建了一批经济调节和监管机构，提升了一些监管部门的行政级别，完善了国有资产等部门的管理体制；围绕完善省以下行政管理体制，地方政府加大了县乡机构改革以及扩大县（市）管理权限的力度；行政审批制度改革步伐加快，国务院部门分三批取消和调整了近1800项审批项目；全面推行依法行政，颁布实施了《行政许可法》和《公务员法》等行政管理法律法规。

与此同时，农村改革继续向纵深推进。农村基本经济制度进一步巩固，农村税费改革试点全面展开，全国彻底取消实行了长达2600年的农业税；粮食流通体制改革进一步深化，市场化的棉花流通体制基本确立。国有企业改革取得新进展。国有资本进一步向关系国家安全和国民经济命脉的重要行业和关键领域集中，国有经济的控制力和竞争力进一步增强；国有大型企业股份制改革力度加大，完善法人治理结构工作取得进展，选人用人机制改革迈出重要步伐，国有控股上市公司股权分置改革稳步推进；电信、铁路、民航、烟草、电力等垄断行业改革迈出新步伐；国家设立了专门的国有资产监督管理机构，加强了对国有企业特别是大型、特大型国有企业的资产运营状况的监督。非公有制经济发展的体制环境进一步改善。放宽了非公有制经济的市场准入，允许非公有资本进入法律法规未禁入的行业和领域；清理和修订限制非公有制经济发展的法规、规章和政策性规定，加强了对私有产权的依法保护，为非公有制经济发展提供制度保障。财税、金融、投资体制改革不断深化。公共财政体制不断健全，增值税转型试点和出口退税机制改革稳步推进；金融体制改革力度加大，国有商业银行股份制改革加快推进；汇率形成机制改革迈出重大步伐；政府投资的范围进一步缩小，企业投资自主权逐步扩大，投资审批制度不断规范。市场体系建设步伐进一步加快。商品市场的种类和数量逐年增加，土地、劳动力、技术、产权、资本等要素市场进一步发展，水、电、石油和天然气等重要资源价格的市场化步伐加快。社会保障体系不断完善。社会保障覆盖面不断扩大，城镇基本养老保险制度基本确立，基本医疗保险制度改革全面推进，失业保险制度建设明显加快。科教文卫体制改革稳步开展。中央和地方所属1200多家科研院所分两批转制；积极推进农村义务教育经费保障机制改革，鼓励和支持发展民办教育；加大公益性文化事业单位内部机制改革力度，积极开展经营性文化事业单位转企改制；新型农村合作医疗制度改革试点稳步推进。

（二）中国经济体制改革的主要成就。经过28年的改革开放，传统计划经济体制已被打破，新型的社会主义市场经济体制的基础得到确立，呈现出新的面貌。

所有制结构不断完善，以公有制为主体、多种经济成分共同发展的基本经济制度已经建立。国有经济的结构和布局得到显著改善，国有资本在关系国家安全和国民经济命脉的重要行业和关键领域处于优势和控制地位。国有和国有控股企业户数减少40%，但营业总收入、净资产总额和利润总额都在稳步增加。公有制实现形式发生了较大变化，国有资本、集体资本和非公有资本等相互参股的混合所有制经济不断发展，逐渐成为公有制的主要实现形式。与此同时，重点发展了个体、私营和外资等非公有制经济，非公有制经济的数量和规模迅速扩大。目前，1/3的GDP和4/5的新增就业岗位都是由非公有制经济提供的。多种经济成分的发展，对于促进竞争、发展经济、方便生活、安置就业等，都起到了良好的作用。

国有企业改革取得重要突破，国有经济竞争力不断提高。目前，50%以上的国有重点企业实行了规范的公司制改革，权力机构、决策机构、监督机构和经营管理者之间的制衡机制逐渐形成，绝大部分国有中小企业进行了多种形式的改制。电力、电信、民航等行业独家垄断局面基本打破，市场竞争格局初步形成。竞争性领域国有经济比重显著下降，一批历史遗留的困难企业通过政策性破产退出市场，通过资产重组形成了一批具有较强竞争力的大公司大集团。国有资产监督管理体制框架已经确立。2005年，全国国有企业累计实现销售收入11.5万亿元，同比增长19.2%；实现利润9047.2亿元，同比增长25.1%；实现税金9957.1亿元，同比增长20%。

统一开放、竞争有序的现代市场体系初步形成，市场机制对资源配置的基础性作用显著增强。多层次、多门类、多形式的商品市场格局已经形成，以连锁经营、物流配送、电子商务为代表的现代流通方式发展迅速。资本、土地、劳动力等要素市场化程度明显提高，股票、债券等多层次资本市场体系不断发展，劳动者自主择业、市场调节就业的体制已经建立，土地使用权有偿转让市场迅速发展，知识产权交易规模迅速扩大。商品价格基本上由市场决定，目前，在社会商品零售、农副产品收购和生产资料销售总额中，市场调节价所占比重已分别达到95.6%，96.5%和87.4%。市场在资源配置中明显地发挥基础性作用。

政府职能转变取得积极进展，与社会主义市场经济体制相适应的行政管理体制逐步形成。政府职能逐步向经济调节、市场监管、社会管理和公共服务转变。以间接手段为主的经济调控体系趋向成熟，国家计划、财政政策和货币政策相互配合的机制初步形成；建立了行政执法、行业自律、舆论监督、群众参与的市场监管体系，政府依法对市场主体及其行为进行监督和管理，用法律手段打击制假售假、商业欺诈等违法行为；政府通过制定社会政策和法规，依法管理和规范社会组织、社会事务，化解社会矛盾，维护社会公正、秩序和稳定；政府通过直接举办、特许经营等方式，向人民群众提供教育、科技、文化、卫生、体育等公共产品和服务，为社会公众生活和参与社会经济、政治、文化活动提供保障和创造条件。

社会保障体系建设不断加强，以城镇职工养老、医疗、失业保险为主要内容的社会保障制度基本建立。在养老保险方面，形成了社会统筹与个人账户相结合的企业职工基本养老保险制度。在失业保险方面，建立了面向城镇企业职工的失业保险制度，实现了国有企业下岗职工基本生活保障向失业保险并轨。在基本医疗保障方面，建立起了基本医疗保障、企业补充医疗保障和商业医疗保障等多层次的保障制度。城镇最低生活保障制度进一步健全。截至2005年末，全国参加城镇基本养老保险、失业保险、城镇基本医疗保险的人数分别为1.74亿人、1.07亿人、1.37亿人，年末全国领取失业保险金人数为362万人，全年共有2233万城镇居民领取了最低生活保障金。

经济社会法制化程度明显提高，与社会主义市场经济相适应的法律法规体系初步建立。改革开放以来，中国在实施一系列经济体制改革措施的同时，加强市场主体、产权制度、市场交易制度、劳动就业、社会保障、市场调控、经济调节和监管方面的立法，把一些比较成熟的制度用法律法规的形式固定下来，形成了由200多部法律、300多个行政法规和数以千计的地方法规、行政规章组成的较为完备的法律法规体系。

对外开放水平不断提高，全方位、宽领域、多层次的对外开放格局已经形成。对外贸易管理体制不断完善。形成各种所有制经济、内外资企业共同参与的多元化进出口经营格局；建立了中央和地方共同负担出口退税的机制；大幅度减少外商投资的地域和行业限制，形成较为完善的外商投资和境外投资项目管理体制；内外贸易一体化改革稳步推进，国有内外贸企业改制、改组、改造和建立现代企业制度取得积极进展；建立起了符合中国国情和国际通行做法，并与WTO规则相适应的涉外政策法规体系。包括涉外经济体制在内的整个经济体制改革的不断推进，极大地促进了中国开放型经济的迅速发展。

经济体制的根本性转变极大地解放和发展了社会生产力，大幅度地提高了人民群众的物质文化生活水平。从1978年到2005年，中国GDP从3624亿元增长到18.23万亿元，列世界第五位，年均增速超过9.4%；财政收入从1132亿元增长到3.16万亿元；外贸进出口总额达到1.42万亿美元，居世界第三位；年末外汇储备8189亿美元，居世界第一位；全年实际使用外资603亿美元，居世界第二位。改革开放以来的28年是居民收入增长最快、群众得到实惠最多的时期。从1978年到2005年，城镇居民人均可支配收入由343元提高到10493元，农村居民人均纯收入由134元提高到3255元；城市人均住宅建筑面积和农村人均住房面积分别从6.7平方米和8.1平方米，增加到26平方米和29.7平方米；城乡居民家庭的恩格尔系数，分别从57.5%和67.7%，减少到36.7%和45.5%。居民消费结构不断升级，总体上从以"吃穿"为重点向以"住行"为主体，教育、文化、旅游、娱乐等多层次消费转变。

（三）中国经济体制改革的基本经验。中国的改革开放是前无古人的，我们大胆探索，稳步推进，经过28年的努力，不仅实现了经济体制上的重大转变和经济社会的巨大发展，而且丰富了对社会主义市场经济的认识，积累了建设社会主义市场经济的一些重要的经验。主要有：

第一，不断创新改革理论，以科学的理论指导改革实践。改革首先是对传统理论和思想观念的革命，必须通过理论创新解放人们的思想，统一人们的认识，为改革开放的实践提供思想保证。改革实践证明，每一次重要改革实践行动，都以思想理论的不断发展和革新为先导。思想理论的每一次革新，都带来了改革实践的突破性进展。没有正确的改革理论，就不可能有成功的改革实践。

第二，紧扣经济建设这个中心，把改革开放与经济发展密切结合起来。改革的目的是为了解放和发展生产力，我们特别重视改革与发展的结合，始终以经济建设为中心，把是否有利于生产力发展，促进经济上新台阶，作为选择改革措施的最根本的依据。始终用生产力发展的标准来检验改革的总体战略与具体方针的成败得失，并根据这种标准不断对改革措施与政策进行调整。

第三，充分尊重人民群众的首创精神，始终维护人民群众利益。改革过程中一系列影响巨大的改革措施的推出，都是以基层单位的人民群众创造的具体改革经验和做法为基础和依据的。不仅如此，改革的推进始终注重维护和增进人民群众的利益，把人民愿不愿意、满不满意、答不答应作为改革措施选择与调整的基准与标尺。

第四，先易后难、循序渐进，实行重点突破与整体推进的有机结合。改革的复杂性及在中国改革的特殊困难性，使政府采取了从实际出发、先易后难、由浅入深、循序渐进的渐进式总体改革战略。与此同时，为了尽可能缩短新经济体制的建设进程，也为了使一些改革措施能顺利推出，我们抓住一些关键的环节进行重点突破，以此来带动全面改革。循序渐进的改革战略和整体推进、重点突破的改革方式，既使改革保持了必要的力度、速度和连续性，又使改革逐步适应社会承受能力，避免了大的社会动荡的发生。

第五，试点先行，在不断推动改革突破的同时确保社会稳定。改革是一项前无古人的开创性事业，具有探索性，选择一些具有代表性的地方、行业、企业进行相关改革试验，有利于防止改革出现大的曲折和失误。同时，改革也是一项复杂的系统工程，涉及各个方面利益调整，处理不好就会引起社会的震荡和不稳定，试点是把改革引起的负效应控制在最小范围的有效办法。通过试点推进改革是改革取得成功的一个重要原因。

第六，把握社会经济环境和条件的变化，灵活调整改革措施。推出改革时，特别重视改革的社会经济环境或条件。在环境较好时，抓紧出台一些重要的改革措施。当环境发生变化时，则对已出台的改革措施进行相应的调整与完善。反过来，政府在考虑推出一定的改革措施时，也尽量采取有效的办法，创造有利的社会经济环境。

第七，积极扬弃，科学对待原体制基础，着力增进新体制的优势。在实现从计划经济体制向市场经济体制转变的过程中，十分注意吸取传统体制中一些有价值的做法，以增进新体制的优势。同时，还十分注重把市场经济的一般原则与优良的民族文化、习惯和精神有机结合起来。反映中华民族精神风貌的传统美德与现代文明，已广泛地体现在或蕴含于社会主义市场经济体制与机制之中。

第八，寓政府管理于市场调节，把充分发挥市场配置资源的基础性作用与加强和改善宏观调控有机结合起来。采取有效措施，科学有效地处理好宏观调控与市场的关系，既充分发挥市场的积极作用，使经济活动遵循价值规律，体现竞争原则，又努力加强和改善宏观调控，促进经济总量的平衡和结构优化，保持国民经济持续、协调、健康发展。这一做法既使中国社会主义市场经济体制体现出不同于其他市场经济模式的特殊优势，也保证了计划经济体制向市场经济体制转变的顺利进行。

第九，科学吸收和利用世界资源条件和先进文明成果，把对内改革与对外开放有机结合起来。在对传统的计划经济体制进行改革的同时，积极实施对外开放的方针。对外开放不仅促进了国内经济活动同世界市场及高效率的经济管理体制和运作规则的对接，也使建设中的新体制有效地摆脱旧体制落后、封闭的特性而容纳了世界一些先进管理体制的优点。反过来，改革中逐渐采取的新政策、新制度又在深度和广度上大大地促进了对外开放的发展，两者相互促进，相得益彰。

第十，边改革边规范，通过经济立法，推进改革措施的制度化建设。通过经济立法，巩固已有的改革成果，是保证经济体制改革走向成功的重要一环。在改革探索中，逐渐加强了改革初期有所忽略的这一薄弱环节，注意到把一些经过实践证明收效良好，比较成熟的改革措施，尽可能及时地以规范的制度或法律的形式确定下来，以防止良好的改革措施变形，为新的改革措施的推出、新体制的进一步发育提供坚实的基础。有些重要改革措施的推行，一开始就以法规的形式来颁布。

除此之外，我们在经济体制改革中还采取了其他一些有效方式，如从中国农业人口较多的实际出发，特别重视深化农村经济体制和经营机制改革；注意把经济体制改革与政治、科技、教育、文化等方面的体制改革结合起来，实现经济体制改革的实质性突破；在着力抓好某些新的单项改革时，注意经济体制改革的整体配套与协调性，等等。所有这些，对于我们做好下一步的改革，都是极有价值的。

二、中国经济体制改革的新形势、新任务和新要求

中国改革取得了举世瞩目的成就，但改革的目标并没有最终实现。面向未来，完善社会主义市场经济体制的任务仍然十分繁重。

（一）改革面临的新形势。从总体上说，建立完善的社会主义市场经济体制的改革正处于攻坚阶段。这一阶段，改革面临着新的形势，呈现出新的特点，其艰巨性、复杂性、系统性和风险性都大大增强。

从改革内容看，目前面临的主要是一些涉及面宽、触及利益层次深、配套性强、风险较大的改革，改革到了真正啃"硬骨头"的时期。不仅如此，很多问题的解决，包括经济体制改革本身的深化，已与政治、文化、社会等方面的改革连在一起，改革真正成为庞大的系统工程。

从改革动力看，一方面，在改革初期，人心思变和良好预期形成的广大人民群众的改革热情十分高昂，社会的动力与政府的牵引力紧密结合，带动改革快速推进。然而，随着改革不断深化，由于改革的渐进性以及改革操作过程中出现的某些失误和不规范行为等，人们对改革成果的分享存在差异，这在一定程度上影响了人民群众改革热情的充分发挥。另一方面，伴随着改革的深化，作为改革组织者、推动者的政府部门，自身也成了改革的主要对象。自己改自己，甚至是大幅度放弃自身拥有的权力和利益，这毕竟不是容易之事，其积极性也会受到影响。

从改革方式看，改革初期，由于时间和地域推进上的差别，改革探索的空间和政策应用的空间都比较大，政府可以通过给予优惠政策和赋予地区在整体或某些方面的探索权力来推进改革，政府的主导性很强。随着改革领域的广泛化和改革探索权的普遍化，随着社会经济成分、组织形式、就业方式、利益关系和分配方式的日益多样化，由政府给予优惠政策进行改革的空间非常有限，政府通过行政手段主导改革的能力也受到挑战。

从改革要求看，人们对改革效应的预期普遍提高，对改革成果分享的要求明显增强，改革的目的性日趋清晰和强烈。改革到了现阶段，已从以"破"为主转变到"破""立"并重和寓"破"于"立"，其建设性要求明显增强；已从主要是利益调整转向利益调整和利益增进并重，从利益倾斜转向利益兼顾，要求使广大人民群众都能分享改革发展的成果。

改革面临的新形势和体现出来的新特点，要求我们抓住关键方面，坚定不移地推进改革，也要求我们不断完善改革方式，提高改革的科学性和针对性。

（二）深化改革的主要任务。2005年10月，党的十六届五中全会通过了《关于制定国民经济和社会发展第十一个五年规划的建议》。根据该建议制定、经十届全国人大四次会议讨论通过的《国民经济和社会发展第十一个五年规划纲要》，对今后五年经济体制改革作了全面阐述和总体部署。中央要求，以更大决心加快推进改革，使关系经济社会发展全局的重大体制改革取得突破性进展。要以转变政府职能和深化企业、财税、金融等改革为重点，加快完善社会主义市场经济体制，形成有利于转变经济增长方式、促进全面协调可持续发展的体制机制。适应新形势的要求，下一步要积极推进如下一些方面的改革：

第一，着力推进行政管理体制改革。一是推进政府职能转变。按照政企分开、政资分开、政事分开以及政府与市场中介组织分开的原则，合理界定政府职责范围，加强各级政府的社会管理和公共服务职能。同时，进一步推进行政审批制度改革，减少和规范行政审批，继续完善政府管理方式。二是深化政府机构改革。进一步调整政府机构设置，加强和完善从事公共服务和社会管理的机构，减少或撤并那些直接干预微观经济活动和社会事务的机构。合理划分中央与地方及地方各级政府间的权责，优化组织结构，减少行政层级。三是健全政府决策机制。健全科学民主决策机制，完善重大事项集体决策、专家咨询、社会公示和听证以及决策失误责任追究制度。推行政务公开，完善政府新闻发布制度，提高政府工作透明度。全面推进依法行政，实行综合执法，推行政府问责制。四是深化投资体制改革。落实企业投资自主权，逐步缩小政府对投资项目的核准范围。改进和完善决策规则及程序，建立政府投资项目决策责任追究制和完善投资调控体系。

第二，坚持和完善基本经济制度。一是进一步巩固和发展公有制经济。继续推动国有资本向关系国家安全和国民经济命脉的重要行业及关键领域集中，完善国有资本有进有退、合理流动的机制。加快国有大型企业股份制改革，着力完善股本结构、公司治理结构和激励约束机制，加快形成一批具有较强竞争力的大公司大企业集团。加大国有独资企业和垄断行业的改革力度，放宽市场准入，推进投资主体和产权多样化。推进集体企业制度创新，发展各种形式集体经济。二是继续大力发展和积极引导非公有制经济。认真落实鼓励、支持和引导非公有制经济发展的各项政策措施，鼓励和支持非公有制经济参与国有企业改革，进入金融、公用事业和基础设施等领域。加强和改进对非公有制企业的服务和监管。

第三，推进财政税收体制改革。一是完善财政体制。调整财政支出结构，加快公共财政体系建设，完善中央和省级政府的财政转移支付制度，理顺省级以下财政管理体制。继续深化部门预算、国库集中收付、政府采购和收支两条线管理制度改革，建立财政预算绩效评价体系，加强政府债务管理，完善非税收入管理制度。二是完善税收制度。推进增值税由生产型转为消费型改革，调整和完善资源税，研究统一各类企业税收制度。

第四，加快金融体制改革。一是深化金融企业改革。推进国有商业银行综合改革，合理确定政策性银行职能定位，稳步发展多种所有制中小金融企业，积极稳妥推进金融业综合经营试点，加快金融资产管理公司改革步伐，深化保险资金运用管理体制改革。二是加快发展直接融资。积极发展股票、债券等资本市场，稳步发展期货市场，建立多层的资本次市场体系，发展创业投资，提高直接融资比重。三是健全金融调控体系。建立健全货币市场、资本市场、保险市场有机结合、协调发展的机制，推进利率市场化改革，完善有管理的浮动汇率制度。四是完善金融监管体制。建立金融风险识别、预警和控制体系，提高金融监管水平，建立健全银行、证券、保险监管机构间以及同宏观调控部门的协调机制。

第五，完善现代市场体系。一是健全全国统一开放市场。进一步打破行政性垄断和地区封锁，完善商品市场，大力发展资本、土地、技术和劳动力等要素市场。二是积极稳妥地推进资源性产品价格改革，完善资源性产品价格形成机制。三是规范市场秩序。规范市场主体行为和市场竞争秩序，清理整顿乱收费，加强价格监管。以完善信贷、纳税、合同履约、产品质量的信用记录为重点，加快建设社会信用体系，健全失信惩戒制度。

第六，全面深化农村改革。一是全面推进农村综合改革。积极稳妥进行乡镇机构改革，加快农村义务教育体制改革，推进县乡财政管理体制改革。二是完善土地制度。稳定并完善以家庭承包经营为基础、统分结合的双层经营体制，充分保障农民对土地承包经营的各项权利。有条件的地方可根据自愿、有偿的原则依法流转土地承包经营权，发展多种形式的适度规模经营。三是深化农村金融体制改革。规范发展适合农村特点的金融组织，建立健全农村金融体系。

第七，加大就业、社会保障和收入分配制度改革力度。一是深化就业体制改革。继续改善就业环境，促进自主创业和自谋职业。进一步打破各种形式的就业垄断，保障全体社会成员公平就业的权利。实行积极的就业政策，统筹城乡就业，努力控制失业规模。二是扩大城镇基本养老保险覆盖范围，逐步做实个人账户，逐步提高社会统筹层次，推进机关事业单位养老保险制度改革，健全多层次的医疗保障体系，完善城市居民最低生活保障制度，建立对困难人群的社会救助制度。三是加快推进收入分配制度改革。整顿和规范收入分配秩序，加大调节收入分配的力度，维护分配过程和机会公平。要抓紧建立规范的公务员工资制度，严格规范职务消费，完善国有企事业单位收入分配规则和监管机制，控制和调节垄断性行业收入水平。

第八，深化社会事业体制改革。一是深化科技体制改革。加快应用开发类科研机构建立现代企业制度的步伐，推动公益性科研机构建立健全现代科研院所制度，推动建立以企业为主体，市场为导向，产、学、研相结合的体制架构。二是加大教育体制改革力度。以建立和完善各级政府责任明确、财政分级投入、经费稳定提高、管理以县为主的农村义务教育体制为重点，普及和巩固义务教育。完善中央和省级人民政府两级管理，以省为主的高校教育管理体制，推进现代学校制度建设。完善职业教育体制，大力发展职业教育。继续推进教育行政管理体制改革，改善管理方式。三是加快文化体制改革。推进经营性文化单位企业化转制，推进公益性文化事业单位内部劳动人事、收入分配等制度建设，推进文化领域所有制结构调整，推进文化行政部门管理职能和管理方式转变。四是加快医疗卫生体制改革。分类改革医院体制，强化公益性医疗服务主体，推进公立医院产权制度和内部管理体制改革，促进社会资金和各类医疗资源举办各种性质的医疗机构；深化药品流通体制改革，逐步实现医药分开，进一步控制药品价格；大力发展农村卫生事业，积极推进新型农村合作医疗试点。

此外，还要进一步加大对外开放的力度，加快政治体制、社会管理体制等方面的改革。

（三）推进改革的新要求。总体上说，改革的任务越来越重，改革的要求越来越显，改革的难度越来越高，改革的风险越来越大。这种新的形势要求进一步创新和完善改革方式，积极稳妥推进改革。主要是：

第一，要注重效果，立足于"务实"推动改革进程。改革触及的领域与环节越艰难，就越要求把工作着眼点放在取得实效上。而要取得实效，就必须更加注重务实地推进改革。下一步推进改革，要更加注重如下三个方面：一是在提出改革思路和方案的同时，要明确改革的责任主体、目标要求和完成时限，并加强跟踪督促和检查评估。二是在提出改革的指导方针和基本原则的同时，要提出具体、实在、具有可操作性的改革措施。三是在提出具体的改革措施的同时，要提出或建立确保改革措施落实的条件与制度。

第二，要有效疏导，立足于"协调"加大改革力度。改革越是向深层挺进，越要求有强有力的改革动力。基于当前的形势，增进改革动力，加速改革进程，主要应围绕利益关系进行体制协调和政策疏导。当前的着力点，一是抓紧解决好广大群众最关心、最直接、最现实的利益问题，特别是切实做好就业、社保、医疗、安全生产等工作，坚决克服在土地转让、房屋拆迁、企业改制等方面侵害群众利益问题，使广大人民群众能够分享到改革和发展带来的成果,特别是拥有分享成果的平等权利和公平机会。二是通过明确有力的制约规则和务实有效的协调机制推动各个方面,特别是相关职能部门站在社会发展的高度和公正的立场上,积极谋划与扎实推进各项改革。三是采取有效的措施,着眼于增量、着眼于结构来调整改善利益关系格局,化阻力为动力,最大限度地调动一切积极因素。

第三,要合理兼顾,立足于"多赢"实现改革突破。适当照顾现有利益基础,因势利导地推出一些关键性改革措施,不仅能够有效地达到深化改革的目的,而且能够较大程度地减少改革成本与风险,防止因改革做法过激带来社会震动。改革进入攻坚阶段,随着社会经济成分、组织形式、公民身份等的日益多元化,利益关系更加复杂,调整利益关系所产生的反应更加强烈,改革需要充分考虑现有的利益基础,需要立足于"多赢"来调整权力和利益关系,从而实现改革实质性突破。

过去28年,我们克服重重困难,一步一步走出了一条光辉的改革道路。今天,改革的条件已大大优越于28年前,尽管未来的改革任务繁重艰巨,我们有信心、有能力攻克新的难关,实现建立完善的社会主义市场经济体制的最终目标。

"十一五"时期改革开放总体部署[①]

（2006年4月）

改革开放是决定中国命运的重大决策，二十多年来，我国社会发展取得的一切成就都是同坚决地推进经济体制改革和对外开放分不开的。"十一五"时期要实现国民经济持续快速协调健康发展和社会全面进步，取得全面建设小康社会的重要阶段性进展。要达到这一目标，必须继续坚定不移地深化改革、扩大开放。中央把深化体制改革和提高对外开放水平放在突出重要的位置，对改革开放的力度、内容和方式等方面作出了科学的部署。

力度：以更大的决心加快推进改革开放，使关系经济社会发展全局的重大体制改革取得突破性进展

未来五年是我国经济社会发展和社会主义市场经济体制建设的关键时期。中央强调"十一五"时期必须以更大的决心加快推进改革，使关系经济社会发展全局的重大体制改革取得突破性进展。这是充分考虑到我国改革、发展所面临的任务作出的正确决策。"十一五"时期，经济社会发展的基本思路是，立足科学发展、着力自主创新、完善体制机制、促进社会和谐，全面提高我国的综合国力、国际竞争力和抗风险能力。我们要站在历史、现实和未来统一的高度，从改革与科学发展、体制完善、社会和谐等的深层联系来认识大力推进改革开放、加快改革开放进程的重要性。

---

① 本文原载《中国经济时报》2006 年 4 月 27 日、28 日。

大力推进改革开放，是实现科学发展的重要保障。这些年来，我国经济在保持高速发展的同时，也存在着经济增长速度与质量、效益不协调，社会领域发展相对滞后，经济增长主要靠增加投资、消耗资源、损害环境作支撑等问题。在总结国内外经济建设经验教训的基础上，从新时期、新阶段党和国家事业发展的全局出发，中央提出了以人为本、全面协调可持续发展的科学发展观。科学发展成为未来经济社会发展的主题和必然选择。但是，造成上述一些问题的根本原因在于体制不合理。例如，不科学的政绩考核体系、不合理的领导干部选拔任用制度、事权财权不匹配的财税体制，必然推动一些地方政府单纯追求经济增长速度，搞"政绩工程""形象工程"，并因此而盲目投资、搞重复建设、实施地区封锁和市场分割。为追求短期行为，也必然不惜牺牲资源、破坏环境、竭泽而渔，以牺牲长远的发展换来一时的繁荣。精力和财力主要投放到经济发展方面，社会事业的发展就必然形成大量欠账，从而出现一条腿长、一条腿短的问题。因此，要全面贯彻落实科学发展观，加快转变经济增长方式，实现科学发展，必须推进改革开放，完善落实科学发展观的体制保障。通过强化制度约束和完善激励机制，把政府、企业和其他主体的行为切实转到节约资源、保护环境、提高经济质量和效益上来，促进城乡、区域、经济社会、人和自然的协调发展。

大力推进改革开放，是完善体制机制的根本手段。经过二十多年的改革开放，我国社会主义市场经济体制建设取得了重大进展：公有制为主体，多种所有制经济共同发展的基本经济制度已经确立；经济、法律手段为主体，社会管理和公共服务为重点的政府调节和管理体系不断完善；商品市场为基础、要素市场为骨干的现代市场体系大体建立；以城镇基本职工养老、医疗、失业为主体，社会救济、扶助等为补充的社会保障制度初步建立。但是，离建立完善的社会主义市场经济体制的目标还有很大的差距：国有经济战略性调整和国有企业规范的公司制改造任务远没有完成；非公有制经济发展仍面临着诸多体制性障碍；市场体系特别是要素市场发展很不完善，维护诚实守信和公平竞争的市场规则与秩序尚未真正建立；政府职能转变仍不到位，政企、政事、政资不分的状况比较严重，宏观间接调控体系还不健全，经济调节和法制管理仍显薄弱；部分社会成员间收入差距悬殊，有效的收入分配调节机制和完善的社会保障体系还没有形成；等等。解决这些体制问题，唯有深化改革。当前，改革正处于攻坚阶段，艰巨性、复杂性、系统性大大增强。在未来的5年中，我们要建立比较完善的社会主义市场经济体制，在此基础上，再经过10年努力，真正建立起完善的社会主义市场经济体制。时间紧迫，要达到预期目标，必须以更大的决心，花更大的气力推进改革开放。

大力推进改革开放，是提高开放水平的有效途径。对外开放是改革的重要内容，又是改革的强大促进力量。提高对外开放水平是完善社会主义市场经济体制的内在要求，也是促进经济结构调整和经济增长方式转变，实现国民经济持续健康快速协调发展的重要途径。经过20多年的努力，全方位、宽领域、多层次的对外开放格局已基本形成。当前和未来的关键是统筹国内发展和对外开放，不断提高对外开放的水平。从现实看，制约对外开放水平提高的体制性障碍还严重存在：审批管理制度与税收制度、税收政策等不统一，各类企业在外贸活动中的自主权和平等地位还没有真正确立；涉外经济法规不完善，统一、公平和可预见的法制环境还没有真正形成；外贸风险管理手段单一，妥善应对国际贸易争端的机制还没有有效建立；对外贸易增长方式粗放，涉外经济活动缺乏统一协调和有效监管的体制等等，深化改革的任务仍然艰巨。

大力推进改革开放，是推动自主创新的基本动力。自主创新是提升科技水平和经济竞争力的关键，也是调整产业结构、转变经济增长方式的重要环节。"十一五"期间，国家把增强自主创新能力放在更加突出的位置，强调把增强自主创新能力作为国家战略，动员全党全社会力量，致力于建设创新型国家。但是，自主创新的基础是良好的体制机制。长期以来，由于产权不清晰、责任主体不明确、管理不到位，作为应用技术开发主体的企业创新主动性不够、动力不足，作为基础研究、前沿高技术研究和社会公益研究主体的科研院所创新积极性不高、能力不强。从总体上说，我国科学技术总体水平同发达国家相比还有较大差距，主要表现为：关键技术自给率低，发明专利数量少；在一些地区特别是中西部农村，技术水平仍比较落后；科学研究质量不够高，优秀拔尖人才比较匮乏；科技应用水平低，科技与经济结合的问题没能完全解决。据有关资料，我国科技进步对经济增长的贡献度不足30%，明显低于发达国家60%—70%的水平；在全世界近50个主要国家中，我国科技创新能力仅居第24位，排在印度和巴西之后；全国科技研究开发经费不足2000亿元，不足美国的1/20和日本的1/7，研究与开发支出占国内生产总值比重为1.35%，与美国2.8%和经合组织国家2.26%的水平相比仍有较大差距；我国对外技术依赖度高于50%，而发达国家都在30%以下，美国、日本则仅为5%左右。在占固定资产投资40%左右的设备投资中，有60%以上需要进口，而高科技含量的关键装备基本上依靠进口，关键技术和核心技术受制于人的状况十分突出。因此，提高自主创新能力，完善体制机制是关键。必须深化科技体制改革和经济体制改革，进一步消除科技进步和创新的体制机制性障碍，强化企业在技术创新中的主体地位，有效整合全社会科技资源，推动经济与科技的紧密结合，形成以企业为主体、市场为导向、产学研相结合的技术创新体系和自主创新的基本体制架构。

大力推进改革开放，是促进社会和谐的内在要求。构建社会主义和谐社会是经济社会发展的重要内容，也是实现以人为本、全面协调可持续的科学发展观的重要保障。从目标上说，我们所要建立的和谐社会是一个民主法治、公平正义、诚信友爱、充满活力、安定有序、人与自然和谐相处的社会。从过程上说，建立和谐社会就是要努力寻求现有基础和社会需求间的平衡，妥善处理好不同利益群体关系，着力解决好广大人民群众最关心、最直接、最现实的利益问题。当前主要是解决就业、社会保障、分配、教育、医疗卫生、环保、安全等问题。而改革就是调整和协调利益关系，通过合理的体制机制兼顾各社会群体的合理利益，保障广大人民群众分享经济社会发展成果的权利。例如，解决就业和收入分配问题的关键不是政府包揽每个人的就业和在收入分配上搞绝对平均，而是要实现就业机会和分配过程的公平，现存的行业垄断、岗位垄断和身份垄断等则是造成就业机会和分配不公的根本体制性障碍，唯有通过改革才能消除这些障碍，也才能实现就业机会和分配过程的公平。因此，建立社会主义和谐社会必须着力推进改革开放，建立起公平有效的利益协调机制和灵敏有效的社会管理服务体系。

总之，加快推进改革开放是基于改革、发展的当前形势和未来趋势所提出的客观要求。在这个问题上，犹豫动摇不得、拖延迟缓不得、敷衍对付不得。

内容：以转变政府职能和深化企业财税金融等改革为重点，加快完善社会主义市场经济体制

面对着落实科学发展观、构建和谐社会和完善社会主义市场经济体制的繁重任务和"十一五"时期经济社会发展的主要目标，基于现有的体制格局及改革状况，中央对"十一五"时期改革的内容作了科学安排。这就是：以转变政府职能和深化企业、财税、金融等改革为重点，加快完善社会主义市场经济体制，形成有利于转变经济增长方式、促进全面协调可持续发展的机制。同时，进一步扩大对外开放，以开放促改革、促发展。

（一）把深化行政管理体制改革作为全面推进改革和提高对外开放水平的关键。解决我国当前经济社会生活中存在的深层次矛盾和问题，把经济社会发展切实转入全面协调可持续发展的轨道，根本途径在于深化改革，理顺体制机制。而理顺体制机制的重点又在于理顺政府行政管理体制。这些年来我国经济社会生活中长期存在着投资盲目扩张、低水平重复建设严重、社会事业发展不充分等问题，又屡治不愈，同现行政府管理体制存在较多弊端密切相关。其主要问题包括：政府机构设置不规范、政事企不分、行政管理方式不科学、政绩考核体系不合理、公务员特别是领导干部选拔任用制度不完善等。例如，政府机构设置不规范必然导致政府管理职能错位，政府部门职责分工重叠；政事企不分，政府部门就必然直接干预国有企事业单位的生产经营活动和具体事务，甚至直接代替企事业单位管理运作；不科学的政绩考核体系必然促使政府单纯追求经济增长速度，从而忽视发展社会事业，也必然注重短期行为而忽视长远发展。因此，中央提出要加快行政管理体制改革，把它作为全面深化改革和提高对外开放水平的关键。

深化政府行政管理体制改革要以转变政府职能为重点。要理顺政府与企事业单位、市场中介组织的关系，通过政资分开等根本性改革措施实现政企分开、政事分开以及政府与市场中介组织分开，切实把政府职能转变到经济调节、市场监管、社会管理和公共服务上来。要进一步完善行政管理方式，缩小行政审批的范围，简化和规范行政审批的程序，建立健全防止行政审批泛化和复归的后续监管制度，充分运用经济和法律手段实施行政管理。要继续深化政府机构改革，加强和完善从事经济调节和社会管理的机构，撤销那些直接从事和干预微观经济活动和社会事务的机构，优化党政机构设置，理顺职责分工；同时，减少执政成本、提高执政能力、适当减少行政层级。要深化党政领导干部选拔任用制度改革，建立体现科学发展观和正确政绩观要求的经济社会发展综合评价体系和干部实绩考核评价体系，以公开、平等、竞争、择优为原则，不断完善公务员制度。要完善政府决策机制，推进决策的科学化、民主化；与此同时，建立健全决策失误责任追究制度，严厉惩治决策失误行为。要加快政府管理法制建设，全面推进依法行政，通过建立健全相关法律法规，明确政府职能，规范政府行为，强化对政府行为的监管。着力推进行政管理体制改革，建立行为规范、运转协调、公正透明、廉洁高效的行政管理体制，还必须配套推进其他改革，如抓紧建立有利于政府公正履行职责的财政保障制度，大力发展国有资本、集体资本等非公有制经济参股的混合所有制经济等。

（二）着眼于转变经济增长方式深化经济领域改革。全面贯彻落实科学发展观必须加快转变经济增长方式，而经济增长方式转变的前提和关键是经济体制转变。十多年来，我们十分强调经济增长方式转变，但总体上进展并不显著，其重要原因就在于经济领域一些关键性体制未能改革到位。因此，"十一五"时期，要抓住重点，围绕转变经济增长方式，深化经济领域改革。

一是坚持和完善基本经济制度。要按照优化国有经济布局结构和建立规范的现代企业制度的要求，进一步完善竞争性领域国有资本有进有退、合理流动的机制，推动国有资本更多投向重要行业和关键领域；深化垄断行业改革，实现投资主体和产权多元化。要以明晰产权为重点，深化集体企业改革，推进制度创新，发展多种形式的集体经济。要进一步消除体制性障碍，落实鼓励支持和引导非公有制经济发展的各项政策措施，创造非公有制经济与其他所有制经济共同发展、平等竞争的市场环境。

二是加快推进财税金融投资体制改革。在财税体制方面，要合理界定各级政府的事权，相应调整和规范中央与地方、地方各级政府间的收支关系。改善中央对地方的财政转移支付制度，进一步理顺省级以下财政管理体制。推进增值税、企业所得税、资源税、物业税等改革，完善税收制度。在金融体制方面，要加快国有金融企业的股份制改造，合理调整产权结构，健全公司治理结构和内控机制。完善金融市场体系，特别是积极发展股票、债券等资本市场，健全市场功能，提高直接融资的比重。加强综合性制度建设，强化金融监管。在投资体制方面，要进一步减少投资审批的范围，真正确立企业的投资主体地位，除关系经济安全、影响环境资源、涉及整体的重大项目和政府投资类项目及限制类项目外，其他项目一律由投资主体自行决策。完善投资核准和备案制度，改进政府投资管理方式。规范政府投资行为，健全政府投资责任制度。

三是加强现代市场体系建设。要深化价格改革，建立反映市场供求状况和资源稀缺程度的价格形成机制，重点是理顺水、电、煤、油、气和运输等基础产品的价格，合理调整教育、卫生、文化及污水、垃圾处理等公共服务和产品价格，完善土地等要素价格形成机制。要进一步打破行政性垄断和地区封锁，促进商品和要素在全国范围内自由流动，推动土地、技术和劳动力等要素市场发育发展。要结合市场秩序的整顿和规范，以完善信贷、纳税、合同履约、产品质量的信用记录为重点，道德建设、产权改革和法律约束三管齐下，加快建设社会信用体系，健全失信惩戒制度。

四是积极推进就业、分配和社会保障体制的改革。把保障社会成员公平就业的权利作为深化就业体制改革的关键。要降低门槛、简化手续、放宽准入、促进自主创业和自谋职业，鼓励自觉开辟就业门路。要完善管理体制，强化政策支持，推行灵活多样的就业方式。要打破行业垄断、身份垄断和岗位垄断，形成城乡劳动者、不同行业和地区劳动者、不同层次与性质劳动者平等就业的制度。立足于维护分配过程和机会的公平，深化收入分配体制改革。要整顿和规范收入分配秩序，切实解决利用公权、动用公共财力、依靠特许经营获得的垄断利润提高少数人收入水平的问题，主要是抓紧建立规范的公务员工资制度，严格规范职务消费，完善国有企事业单位收入分配规则和监管机制，控制和调节垄断性行业收入水平。与此同时，建立健全个人收入申报制度，强化个人所得税征管。社会保障体系建设要着眼于维护全社会成员基本生存权利深入展开。扩大城镇基本养老、医疗保险的覆盖范围，切实解决进城务工人员社会保障问题；继续完善城市居民最低生活保障制度，根据经济发展水平，逐步探索建立农村居民最低生活保障制度；加快城乡特殊困难群众社会救助体系建设；完善失业保险制度，建立失业保险与促进就业的联动机制；鼓励有条件的企业建立补充保险；改善政策与服务，积极发展各种形式的商业保险。

（三）建立健全促进社会事业发展和公共服务均等化的体制基础。从一定意义上说，经济发展是手段，社会发展是目的。广大人民群众享受社会发展成果的多寡及其均等化程度，既是科学发展的重要内容，又衡量着科学发展的质量和水平，而推进社会事业发展的关键在于体制创新。相对于经济领域的改革，社会领域的改革仍处于比较滞后的状态。在深化经济领域各项改革的同时，必须着力推进社会领域的改革。

理顺社会事业发展的体制机制，关键是要解决两个问题：一是解决效率问题，使从事社会事业的各个主体发展事业的活力成分迸发出来；二是解决公平问题，使广大人民群众拥有平等享受社会发展成果的权利。从总体上说，社会领域的各项改革要充分发挥市场机制的作用，区分不同情况分类对待，强化政府的社会管理和公共服务职能。社会事业体制改革的重点在于深化科技、教育、文化、卫生等体制改革。

在科技体制改革方面，进一步推动应用开发类科研机构的企业化转制，加快其建立现代企业制度的步伐；创新从事基础研究、前沿高技术研究和社会公益研究科研机构的内部管理体制和治理机制，建立健全现代科研院所制度；深化国防科研体制改革，建立军民结合、寓军于民的国防科技创新体系；推进科技管理体制改革，促进全社会科技资源高效配置和综合集成，实现科技和经济社会发展的紧密结合。

在教育体制改革方面，继续推进教育创新，优化教育结构，全面实施素质教育；加快农村义务教育改革，建立和完善各级政府责任明确、财政分级投入、经费稳定增长、管理以县为主的农村义务教育体制；继续完善中央和省级人民政府两级管理、以省为主的高校教育管理体制，推进现代学校制度建设，形成学校依法自主管理、自我发展和自我约束的机制；深化教育人事管理制度改革，实施全员聘任和教师资格准入制度；完善职业教育体制，大力发展职业教育；继续推进教育行政管理体制改革，改善管理方式，推进依法执教。

在文化体制改革方面，推进经营性文化单位企业化转制，运用市场机制，形成一批具有国际竞争力的文化企业和企业集团；深化公益性文化事业单位内部管理体制改革，建立富有活力的劳动人事、收入分配和社会保障制度；积极推进文化领域所有制结构调整，支持非公有制文化企业发展、做强做大；进一步改革文化管理体制，切实转变文化行政部门管理职能和管理方式；强化文化领域监管，依法规范文化市场秩序。

在卫生体制改革方面，分类改革医院体制，强化公益性医疗服务主体，推进公立医院产权制度和内部管理体制改革，促进社会资金和各类医疗资源举办各种性质的医疗机构；合理配置医疗卫生资源，大力发展社区卫生服务；加强公共卫生体系建设，建立健全突发公共卫生事件应急机制，增强对重大疾病的防控救助能力和突发公共事件的处置能力；深化药品流通体制改革，逐步实现医药分开，进一步控制药品价格；大力发展农村卫生事业，积极推进新型农村合作医疗试点与普及工作，健全农村三级医疗卫生服务和医疗救助体系。

鉴于在社会公共服务方面对农村欠账过多和欠发达地区现实基础薄弱，在相当一个时期内，国家应通过改革手段和政策措施对农村和欠发达地区在科技、教育、卫生、文化服务等方面给予合理倾斜。

（四）把握重点，全面深化农村改革。落实科学发展观，全面建设小康社会，最艰巨最繁重的任务在农村。只有发展好农村经济，才能促进经济社会的全面协调可持续发展。进一步推进农村体制创新，是完善社会主义市场经济体制的重要内容，是推进社会主义新农村建设、促进农村经济社会全面进步的重要保障。"十一五"时期，要着眼于统筹城乡发展，逐步改变城乡二元经济社会结构，全面深化农村改革。

一是深化以农村税费改革为主要内容的农村综合改革。这是一项既涉及农村生产关系调整，又直接触及农村上层建筑的重大改革。积极稳妥地推进乡镇机构改革，精简机构和人员，切实转变乡镇政府职能，创新乡镇事业站所运行机制；加快农村义务教育体制改革，普及和巩固农村义务教育；深化农村学校、人事和财务等制度改革，有条件的地方可加快推进"省直管县"财政管理体制和"乡财县管乡用"财政管理方式的改革，积极探索化解乡村债务的有效途径。

二是完善土地制度。充分保障农民对土地承包经营的各项权利，健全在依法、资源有偿使用基础上的土地承包经营权流转机制，逐步发展多种形式的适度规模经营；稳定和完善以家庭承包经营为基础，统分结合的双层经营体制；加快征地改革步伐，完善对被征地农民的合理补偿机制，拓宽就业安置渠道，健全相关社会保障。

三是加快农村金融改革。进一步推进农村信用社改革，因地制宜，转换产权结构和组织形式，相应完善治理结构和运行机制；发展多种所有制的县域内社区金融机构，积极探索小额信贷组织等新型农村金融组织形式；稳步推进农业政策性保险试点，加快发展多种形式、多种渠道的农业保险。

与此同时，还要统筹推进其他改革，包括加快集体林权制度改革，深化国有粮食企业改革，推进小型农田水利设施产权制度改革。

（五）着力完善旨在提高对外开放水平的制度保障。我国加入世界贸易组织后过渡期即将结束和融入国际经济生活程度日益加深的形势，大大增强了推进体制创新、提高对外开放水平的紧迫性。"十一五"时期，要围绕转变对外贸易增长方式和实施互利共赢的开放战略，推进体制创新。特别要着力推进如下几个方面的改革：

一是加快建立公开、统一和科学的涉外经济法规体系。进一步细化和完善关于对外投资、企业并购、产业准入等的法律法规，将涉外经济活动全部纳入法规管理之下。完善促进生产要素跨境流动和优化配置的体制和政策，提高企业对外贸易和投资的自由、便利程度。加强涉外法规和政策的宣传力度，提高对外贸易管理的透明度。

二是切实保障各类企业的自主权和平等地位。取消或改革各种不平等的政策规定，推动建立统一公平的市场准入制度，保障具备条件的各类企业自主从事外贸经济活动的权利，实现外贸主体多元化。加快外贸企业公司制改造步伐，进一步推进政企分开，实现外贸企业的自主经营、自负盈亏。

三是完善外贸经济活动调控体系。运用有效方式，提高利用外资质量，促进产业升级。健全政策和服务体系，支持有条件的企业"走出去"。强化政府部门外贸服务职能，改善外贸经济活动调控方式。进一步完善国内协调机制，防止过度竞争，推进有序发展。加强境外国有资产监管，防止国有资产流失。

四是建立健全应对涉外经济活动风险的机制。切实掌握运用世贸组织规则和国际通行办法的主动权，制定和完善市场准入标准与技术贸易标准，利用反倾销、反补贴、保障措施和特保条款等贸易手段，合理保护国内产业。有效运用资本控制、知识产权保护等方式方法，增强关键行业和领域的控制力。充分运用多边规则和世贸组织争端解决机制，打破贸易壁垒，应对贸易摩擦。建立健全和规范各类行业协会、商会等贸易中介组织，建立非政府机构解决贸易争端的机制。强化对商品进出口、资本跨境流动的监测，建立健全外贸运行监控体系和国际收支预警机制。

方式：加强改革开放的总体指导和统筹协调，注意把行之有效的改革开放措施规范化、制度化、法制化

要使改革开放能够扎实有效地向前推进，不仅要把握关键环节奋力突破，而且要适应客观要求科学操作。改革进入新的阶段，呈现出一些新特点：比较容易的改革基本完成，改革集中到深层权力关系调整和关键性制度建设；人们对改革的预期普遍提高，改革要求充分兼顾各个方面的利益；社会权益更加凸显，保障公平权利成为改革安排的重要出发点；改革效果不仅要求体现在发展速度上，而且要求体现在协调发展上；

改革对象发生变化，政府自身的改革被放到了突出重要位置；改革利益增进的非及时性、机会的非均等性及操作上存在的某些偏差，一定程度上制约了社会整体特别是来自基层群众改革动力的增进；改革的直接效应愈益隐化，形成改革共识的难度不断加大；任何一项改革都难以"单兵突进"，改革的综合配套性显著增强；改革从局部扩展到全面、从单项深入到综合，运用政策优惠推动的空间越来越小；改革与经济社会环境间的联系更加紧密，协调推进改革的技巧性要求进一步提高；经济体制日益市场化、国际化，改革既需符合国内环境要求又要合理考虑国际社会反应。概括地说，改革的任务越来越重，改革的要求越来越高，改革的难度越来越显，改革的风险越来越大。有鉴于此，中央在对"十一五"改革开放的部署中对推进改革的方式也作出了科学的安排，特别强调，要加强对改革开放的总体指导和统筹协调，注意把行之有效的改革开放措施规范化、制度化和法制化。

加强改革开放的总体指导和统筹协调，有利于牢牢坚持社会主义市场经济的改革方向，有利于扎实有效、快速有力、平稳有序地推进改革。改革越往深层推进，涉及面就越宽广，就越要动员各方的力量参与，其中包括充分发挥各专业部门、各职能机构的能动性。但许多从事具体改革事项的部门和单位本身就是一个个利益主体，仅仅依靠这些部门和单位自行决策，很难避免不改革、拖延改革、异化改革等问题发生，从而使改革难以按照正确的方向、集中到关键环节、并以必要的力度积极推进，也很难正确处理好关乎经济和社会发展的重大体制关系，使各项改革相互协调、相互促进，使改革和发展、稳定有机结合起来。近一个时期的状况比较明显地体现了这一点，在一些重大的改革问题上，有关部门的认识很不一致，相关的改革措施迟迟不能推出；有些改革措施缺乏科学的论证，主要根据职能部门的利益要求制定和推出，相互间存在着抵触和冲突；对改革成就及存在的问题缺乏科学的分析与评估，存在着以偏概全和似是而非的问题。

从当前的实际情况和未来的改革要求出发，加强改革开放的总体指导和统筹协调：一是切实加强对改革开放工作的组织领导。党委、政府要把推进改革开放放到突出重要的位置上，及时研究、周密部署改革开放工作,主要领导同志要亲自抓改革开放,站在一线指导推进改革开放。二是建立健全统筹协调改革的工作机制。通过必要的组织架构和协调手段,加强改革规划与方案拟定、改革措施配套衔接、改革工作推进、改革信息传递等的组织、协调和沟通。三是做好改革总体规划和专项方案的研究制定。通过发布中长期改革规划,正确指导改革的方向;通过公正地制定各相关改革的具体操作方案,保障改革的规范化推进。原则上,综合性改革规划要由非直接利益主体组织制定,专项改革方案的制定要充分听取并吸收各方面的合理意见。规划和方案一经规范程序发布,应在执行中体现出应有的权威性。四是加强对改革的跟踪检查和评估工作。建立有效的督促检查机制,采取灵活多样的形式,对改革规划和方案的执行情况进行经常性的跟踪、督促和检查,并建立必要的责任追究制度。五是强化改革工作宣传和改革舆论指导工作。通过灵活有效的形式发布改革信息、解答改革难题、澄清改革误区、引导改革方向,从而统一改革思想、凝聚改革共识、形成改革合力。

注重把行之有效的改革措施制度化、规范化和法制化,是巩固已有的改革开放成果,保障各项改革开放措施认真贯彻落实并取得实效,从而保证社会主义市场经济体制建设走向深层、渐趋成型并最终走向成功的重要手段。二十多年改革开放的实践充分证明了这一点,在新的历史时期,要更加注重运用制度措施,特别是法律手段来推进改革、发展和巩固改革成果。要注重把一切经过实践证明收效良好、比较成熟的改革措施尽可能及时地以规范的制度和法律形式确定下来,以防止良好的改革措施变形或丢弃,同时为新改革措施的推出、新体制的进一步发育提供坚实的基础。还要注重通过法律、法规与制度的支持,甚至直接运用法律法规的形式,使那些非常重要但具有一定风险性的改革措施及时推出,并为这些改革措施的规范操作提供有力的法律和制度保障。当然,对那些不利于推进体制创新的陈旧过时的法律法规要及时进行清理和修订。

我国经济和社会发展正处在全面贯彻落实科学发展观、走向建设惠及十几亿人口的高水平小康社会的关键时期。深化改革开放,不仅是经济快速发展的动力,也是落实科学发展观、实现科学发展的保障。我们要按照中央的部署,以科学的方式、下更大的决心,不断实现改革开放的新突破,推动社会主义市场经济体制建设迈上新台阶。

关于中国土地政策改革的思考①

（2006年4月）

一、中国现阶段土地政策改革的总安排应该把握
两个基点即坚持方向和体现国情

所谓坚持方向，就是要坚持社会主义市场经济的改革方向。我国的改革是从计划经济体制转向社会主义市场经济体制，其关键点是使市场机制在配置资源中起基础性作用，因此，我们也常常把建设社会主义市场经济改革的过程简称为市场化的改革过程，坚持方向也就是坚持市场化的改革方向。当然，这个市场化不能理解为政府不管、宏观上不调控。土地是重要的资源和生产要素，它的配置无疑应体现市场机制的基础性作用。所以，土地政策的改革要按照充分发挥市场机制作用这个方向不断深化，这一点不能犹豫和动摇。今天如果仍然强调土地的行政垄断和行政配置，强调政府在土地配置中间的至高无上的权力，恐怕就跟这个方向不符合。政府管理是必要的，但要有个合适的定位。所谓体现国情，就是具体的政策安排一定要从中国的实际出发。中国有13亿人口，并且还将继续增加，每个人的生存和发展都与土地密切相关。中国农村的人口很多，经过这些年的努力，农民现在的生计问题解决了，达到了温饱水平，但是长远的生计问题或持续的生存发展问题不能说完全解决了，而土地是影响农村、农业发展从而影响农民可持续深层发展的重要因素。我们正在走向城市化和工业化，这个过程要占用大量的土地。伴随着这个过程，一些农民逐渐脱离农村，走向城镇。这些年大约转移了1.5

---

①本文原载《理论视野》2006 年第 4 期（总第 80 期）。

亿，今后还要陆续转移。这些人在城镇谋生，并不等于都有了固定的职业、住所，更不等于都有了城市的户口。也就是说，并没有解决依靠城镇实现可持续深层发展问题，其中相当一部分仍流动于城市和农村之间，土地对他们的生存发展依然十分重要。从这些实际来考虑，中国的土地制度改革、土地政策设计的总安排，不能够忽视政府的管理，仍然要强调政府的作用，强调要实行最严格的土地保护政策，不能够不加调控的完全放任于市场去调节，如此等等。具体的政策设计、制度安排都要符合这样的要求。现在耕地减少的速度很快，1997年到现在，每年平均减少耕地1300多万亩。这几年国家实行最严格的土地保护政策，每年建设用地从紧安排至少也得300万亩左右，在实际操作中这个数字是远远打不住的，如果考虑生态退耕、灾害损毁等因素，就更是一个很大的数字。现在，我们的耕地总量是18.31亿亩，要巩固这个数字是很难的。这里面涉及一个大的问题的考虑或抉择，这就是，城市化、工业化的过程从某种意义上说也是一个占有土地的过程，不占有土地实现不了城市化、工业化。城市化、工业化的过程对于中国来说，恐怕不是短时期能完成的，中国几亿农民向城镇的转移恐怕也不是短时期能完成的。那么，面对着这个过程，我们土地政策安排的底线是什么呢？是保持农民，包括仍然流动于城镇和农村之间的农民的最必要的口粮田或保命田，其他最终都可以搞城市开发、工业开发；还是保留得更多，除了保命田外还要使我们有足够的耕地实现和保证十几亿人口的丰衣足食；或者更少，到最后一亩耕地都不留？土地制度的改革或土地政策的安排不能脱离这些具体情况，不能不考虑这些重要问题，不能太理想化。所以，推进土地制度改革，一定要把握坚持方向和体现国情两个基本点。只有这样，才能使改革不断深化并真正取得成效。

二、中国土地政策改革的关键是准确界定两方面的权利即政府和土地实际占有者的权利

土地问题涉及的利益主体很多。其中，关键的主体有两个：一个是作为经济社会管理者从而也是土地管理者的政府，一个是土地的实际支

配者或土地的实际占有者。中国的土地从所有权角度看分为国家所有和集体所有，由于其都具有公有性质，所以真正的权利体现在实际占有者身上，无论是国家所有还是集体所有，政府都要承担管理的职责，从而都要与土地的实际占有者发生密切的关系。但是，由于土地的所有制的性质不同，政府与土地的实际占有者间的关系实际上应具有很大的差别。因此，准确界定政府和土地实际占有者权利的核心是明晰两个问题：即在土地配置方面，政府拥有什么样的地位，应起什么样的作用；土地实际占有者拥有什么样的地位，应起什么样的作用。从目前情况看，政府在土地资源配置中尤其是在集体土地资源配置中权力过大，而土地实际占有者特别是集体土地占有者的权力过小，形成了实际过程中权力对权益的侵害。

从政府角度说，在社会主义市场经济体制建设过程中，政府对于土地资源配置的作用是不可或缺的，而政府介入土地配置的前提是土地的公有。笔者不赞成搞土地私有化。无论是从我国土地的自然禀赋看，从我国社会制度的性质看，从我们所处的发展阶段看，还是从推进城市化、工业化过程中具体操作需要看，私有化都不行，没有益处，也不可能。但土地的公有是否意味着政府在土地配置上拥有至高无上的权力，说话一言九鼎呢？也不是这样的。搞社会主义市场经济，是基于当前我国生产力发展水平、社会发展阶段和基本经济制度要求的必然选择，而从社会主义市场经济的本质要求出发，政府配置公有土地尤其是集体土地的权力要限制在合理的范围内，政府对土地的配置应当在法律框架下进行，政府对土地的配置应通过合理的途径来实现，对这种途径的一个基本要求是非直接配置，即不应该直接经营、直接买卖。现实生活中存在着一个很不好的做法，就是一些地方政府为发展经济，推进城镇化、工业化，搞"经营城市"，而所谓"经营城市"的核心是经营土地，经营土地的核心又是经营那些土地所有权表面明确实际模糊、交易价值很大但却没有通过市场体现的那些廉价土地，主要是郊区或者农村的土地，也就是说，主要是集体所有的土地。利用行政权力，把这些土地无偿征用或者低补偿收购，再通过协议转让和招拍挂的方式高价出让，获取巨额收益。所以，政府不可以直接配置或经营土地，配置或经营应当通过规范、适当的中间机构进行，而且政府在这个过程中间还要起监管作用。概括地说，我们在肯定政府对土地资源具有一定的配置权力的前提下，对配置本身应该有如下的要求：第一，政府的配置不能够损害市场发挥基础性作用；第二，政府的配置要依法依规进行；第三，政府对土地的配置要通过规范的中间经营机构进行；第四，在委托合适的中间机构配置土地的过程中，政府要依法依规进行监管，真正起到土地守卫者、保护者的作用。一句话，对当前政府在土地配置中间的权力和作用要大大地加以限制。

从土地实际占有者的角度说，由于政府的权力过大，造成了对土地实际占有者权益的严重伤害。在很多地方，政府部门一拍脑袋就把土地拍出去了，不考虑土地是国家所有还是集体所有，更不考虑土地实际占有者的权利：无论是企业实际占有的土地，还是居民实际占有的土地，在城市改造、企业改制等过程中基本上是想征就征、想收就收、想卖就卖，企业、居民应有的权益在一些地方没有得到有效维护。当然，问题更大的是在农村。按照《宪法》规定，农村和城市郊区的土地属于集体，《宪法》还指出，农村集体经济组织实行家庭承包经营为基础、统分结合的双层经营体制。这种体制意味着农民实际上拥有土地的使用权或经营权，也可以说是拥有占有权，是由农民实际占有的。但在现实生活中，这个权利没有得到充分的发挥。一些地方政府可以随意剥夺这个占有权。当前在工业化、城镇化的过程中出现了为数不少的无地、无岗（无就业）和无保障的农民就是明证。正如有关部门指出的那样，农民这个占有权实际上形同虚设，权益非常之小。所以，在合理界定政府部门配置土地的权益的同时，也要合理界定土地实际占有者的权益。从当前看，实际上是要提升土地实际占有者的地位和作用。换言之，是要强化土地实际占有者的权益，特别是要把重点放在强化农民对土地的权益上。怎么强化？上面提到了，不是把土地通过法律形式明确到个人所有或私人所有，而是要通过法律确认农民对土地拥有这样的权利：介乎于所有权和使用权之间，具有准所有权特性。这种界定，使农民拥有支配自己占有土地的权力，有抵御政府部门乱征乱收、无偿和低偿征收的权力。这样，就形成了限制政府不合理配置土地行为的制度和法律上的屏障。当然，这也不等于说农民占有了这块土地，政府就永远动不了，关键是政府合理合规地动。如果我们把土地实际占有者特别是农民占有土地的权益上升到这么一个高度，就会带来土地的节约和优化配置，还会带来农民的增收和农村、农业的发展。

三、中国土地政策改革的推进必须双管齐下即把推进土地制度本身的改革和推进相关配套改革有机结合起来

当前政府部门之所以在土地配置上有这么大的权力，一些地方的政府之所以千方百计地膨胀自己配置土地的权力，除了土地制度本身存在问题外，与我们现行的很多体制不完善有密切关系。

第一，与不合理的政绩考核体系、不完善的行政干部选拔任用制度相关。把国家发展等同于经济发展，把经济发展等同于GDP增长，主要用增长速度来评价政绩，必然导致单纯追求GDP；主要以GDP增长状况和城市建设的面貌来衡量干部的水平和能力，并由此选拔干部，就必然推动一味追求政绩工程、形象工程，而土地配置是实现GDP增长和形象工程建设的重要手段。不改革政绩考核标准、不完善干部制度，政府部门扩张土地配置权力的冲动就得不到抑制。

第二，与事权、财权不匹配的财政体制相关。目前政府管的面很宽，既管宏观又管微观，没有集中到该管的经济调节、市场监管、社会管理和公共服务上来；进一步说，由于没有明确划分事权，没有建立起保障政府正当履行职能的公共财政体制，即便是职能转变到了经济调节、市场监管、社会管理和公共服务方面，一些地方的政府也没有足够的财力来履行这些职能。再加上追求GDP增长，追求政绩工程、形象工程等的冲动，就必然迫使他们在财政之外的途径来出资。诸如，直接干预企业甚至直接办企业、党政官员全体出动搞招商引资、千方百计实施地区封锁和市场分割等做法就都出现了，并且愈演愈烈，而通过控制土地吸取财力是一个特别重要、效果也特别明显的手段，自然也就不会轻易放弃和削弱。所以，各级政府的事权、财权不划分清楚，公共财政体系不建立起来，也不能够使土地政策改革取得成功。

第三，深化国有资产管理体制改革非常必要。一些地方的政府热衷于"倒土地"，不仅是因为非市场的土地通过市场化的配置能谋取巨大利益，而且是因为取得的这些收入并没有纳入正常的财政收入途径或者说土地收入没有财政化。政府出让的土地越多，得到的收入也就越多，自己用来搞城市建设和其他面子工程的资金也就越雄厚。所以，不改革土地收入分配制度，或者说不规范土地出让收入管理办法，仍然使其在预算外循环，也达不到土地政策改革的良好效果，必须把土地收入纳入国有资产的管理和国家财政预算。

第四，相关的法制建设也很重要。要抓紧建立健全一批规范土地资源配置权益和具体操作方式的法律法规。通过这些法律法规，不仅规范土地资源配置主体的行为，而且推进土地资源的节约，推进土地市场和其他要素市场的协调发展。总的一句话是，土地制度的改革是一个系统工程，在深化土地制度本身改革的同时需要不失时机地配套推出一系列相关改革。

继续探索推进改革的有效方式①

（2006年5月）

　　要扎实推进改革，实现改革的新跨越，不仅要把握关键环节奋力突破，而且要适应客观要求科学操作。过去二十多年来，面对建设社会主义市场经济这个全新的课题，我们从自己的实际出发，大胆试验，勇于创新，在实践中走出了一条新路子，积累了许多重要的改革经验。主要是：不断完善改革理论，以科学的理论指导改革的实践；紧紧扣住经济建设这个中心，把改革开放与经济发展密切结合起来；充分尊重人民群众的首创精神，始终维护人民利益；先易后难、循序渐进，实行重点突破与整体推进有机结合；试点先行，在不断推动改革突破的同时确保社会稳定；把握经济社会环境条件变化，灵活调整改革措施；积极扬弃，科学对待原有体制基础，大力增进新体制的优势；寓政府管理于市场调节之中，把充分发挥市场配置资源的基础性作用与加强和改善宏观调控有机结合起来；科学吸收和利用世界资源条件和人类先进文明成果，把深化改革与对外开放有机结合起来；边改革、边规范，通过经济立法推进改革措施的规范化、制度化建设；等等。这些经验不仅使我们初步建立起社会主义市场经济体制，对于继续深化改革、建立完善的社会主义市场经济体制也是极有价值的。

　　有效的改革方式是在实践中摸索出来的，也是适应实践的需要不断完善的。改革进入新阶段，体现出一些新特点：比较容易的改革基本完成，改革集中到了深层权利关系调整和关键性制度建设；人们对改革的预期普遍提高，改革要求充分兼顾各个方面的利益；社会权益更加凸显，

① 本文原载《中国改革报》2006 年 5 月 11 日。

保障公平权利成为改革安排的重要出发点；改革效果不仅要求体现在发展速度上，而且要求体现在协调发展上；改革对象发生变化，政府自身的改革被放到了突出重要位置；改革利益增进的非及时性、机会的非均等性及操作上存在的某些偏差，一定程度上制约了社会整体特别是来自基层群众改革动力的增进；改革的直接效应愈益隐化，形成改革共识的难度不断加大；任何一项改革都难以"单兵突进"，改革的综合配套性显著增强；改革从局部扩展到全面、从单项深入到综合，运用政策优惠推动的空间越来越小；改革与经济社会环境间的联系更加紧密，协调推进改革的技巧性要求进一步提高；经济体制日益市场化、国际化，改革既需符合国内环境要求又要合理考虑国际社会反映。概括地说，改革的任务越来越重，改革的要求越来越高，改革的难度越来越显，改革的风险越来越大。近些年来，基于改革的新形势新特点，基于机构调整后的新格局新要求，我们在推进改革的方式上作了进一步探索，取得了很好的效果，形成了上下联动、横纵互促、虚实结合、宏微并重，点、线、面全方位推进改革的格局。我们要充分借鉴以往的经验，认真总结这几年的好做法，继续完善和拓展改革的推进方式。

一、注重效果，立足于"务实"推动改革进程

改革触及的是制度、体制和机制的创新，其效果往往在比较长的时间里才能充分体现出来，不像项目、投资、贷款等那样显性、直观、直接，因此，许多人把改革看成是虚的东西，不可不说但不必真抓。改革是一个复杂的系统工程，既涉及各个具体的改革领域，更涉及理论的创新、理念的转变、思路的提出和方案的制定，如果不采取有效措施，的确容易把改革做虚，使改革流于形式，变成空洞的口号。因此必须提高认识：改革不是虚的东西，改革可以做实，改革必须做实。做实的改革，不仅能够真正取得实质性进展，而且能够凝聚人心，促使人们真心实意支持和推进改革。几年来，我们在这方面做了一些努力，收到了比较明显的成效。在改革的总体指导方面，不仅提出了改革的思路和方案，而且明确了改革的责任主体、目标要求和完成时限，同时加强了跟踪督促

和检查评估。这样，提出的改革思路和方案就不再仅是文件和报纸上的东西，而是实实在在的实践。把改革做实做细应该成为改革工作的一项基本要求。改革是否务实，一要看改革措施是否具体和实在，是否具有可操作性；二要看是否有强力的手段，保证那些具体、实在、具有可操作性的改革措施得到落实；三要看这些措施是否产生了实质性效果。从各级发展改革部门所肩负的改革职能看，如何继续把改革的总体指导和统筹协调做实做细，仍然是下一步努力的重点。在这方面，各地创造了不少有益的经验，如按照项目管理的要求推进改革，建立改革效果评价指标体系，把改革创新作为干部政绩考核的重要标准等，要继续发扬这种探索精神。

二、抓住难点，立足于"攻坚"拓宽改革领域

改革初期，改革的领域空前广阔，改革工作者有纵横驰骋的舞台。随着改革向深层推进，改革领域的拓展越来越难，并且，改革的许多具体任务也大都由各相关部门承担，这种情况下，发展改革部门还有没有推进改革的空间？还有没有必要拓展改革的空间？在实际工作中，一些地方的改革工作者苦于找不到改革的领地，感到无事可做，有力无处使。事实上，改革的舞台仍然宽广，改革工作者仍然大有可为。要认识到，在攻坚阶段，所谓拓展改革领域，不仅是指从事那些尚未进行的新的改革事项，更是指把已经展开的改革事项推向深入，在关键方面取得实质性进展。并且，在改革二十多年后，那些尚未触及的改革事项，也大多是十分艰难的改革事项。这就是说，拓展改革领域就是攻坚克难。还要认识到，许多从事具体改革事项的单位和部门，本身也是一个个利益主体，在实施关键性改革时，往往会受到自身利益的牵制，从而导致改革的拖沓延缓或走形变样。因此，改革部门推进改革的职能不可替代。在新的形势下，改革部门在着力把改革的总体指导做实做细的同时，要适应加快建立完善的社会主义市场经济体制的要求，围绕攻克改革的难点不断拓展改革的领域和空间，这既是我们的舞台所在，又是我们的责任所在。在具体操作中，要着眼于那些相关部门不愿改、不敢改的事项做

文章，着眼于那些囿于职能容易被部门忽视的"结合部"事项做文章，着眼于那些单个部门改不了的配套性较强的事项做文章。这里还需要强调的是，作为专事改革的职能部门，其战斗力和生命力都在于勇于开拓，要善于从一些自己已经拓展出来、改革方向清晰、相关部门能够圆满推进的改革领地中走出来，腾出精力去进行新的开拓。对于改革工作者来说，这样做是一种勇气和胸怀，更是一种有效推进改革的方式。

三、有效疏导，立足于"协调"凝聚改革力量

改革越是向深层挺进，越要求有强有力的改革动力。但是，改革越是向深层推进，增进改革动力的难度越来越大：一是，即使撇开改革过程中由于某些操作失误和不规范行为导致人们成果分享上的不公正不论，改革利益增进的程度因其基数越来越大和改革本身难度越来越高而逐渐降低，以及随着福利增长造成人们在利益享用上日益增长的"麻木"心理状态，加之人们对改革利益分享预期不断提高但又难以完满实现，社会各方面表现出来的改革积极性不如改革初期那样强烈。二是，随着改革向纵深发展，长期作为改革的领导者、组织者和推动者的政府部门本身成了改革的主要对象，其拥有的权力和利益将被较大幅度地调整甚至剥夺，其改革的自觉性和积极性也会受到一定程度的影响。三是，与改革初期绝大部分人群财富状况基本平均不同，当前社会成员间收入水平与财产状况有着比较大的悬殊，部分已占据利益制高点的人群不愿在深化改革中失去利益，其支持改革、自觉推动改革的积极性也受到了影响，其中有的甚至成了改革的阻力。显然，如果说改革初期的动力是由于人心思改和人们对改革效益的良好预期自觉自发形成的话，那么进入攻坚阶段后改革动力的这种变化特点，则意味着进一步增强改革动力需要采取理性的手段，这种手段主要是围绕利益关系进行的体制协调和政策疏导。在当前，要特别着力于这样一些方面：一是要抓紧解决好广大群众最关心、最直接、最现实的利益问题，尤其要切实做好就业、社保、医疗、安全生产等工作，坚决克服在土地转让、房屋拆迁、企业改制等方面侵害群众利益问题，使广大人民群众能够分享到改革和发展带来的成果，特别是拥有分享成果的平等权利和公平机会。二是要通过明

确有力的制约规则和务实有效的协调机制，推动各相关职能部门站在国家利益的立场上，加快推进各项改革。三是要采取有效的措施，着眼于增量、着眼于结构来调整改善利益关系格局，化阻力为动力，最大限度地调动一切积极因素。除此以外，加强改革形势宣传和信息沟通，澄清是非，矫正谬说，消除误解，指明方向，也是有效动员社会力量大力支持改革、积极投身改革的重要途径。

四、合理兼顾，立足于"多赢"实现改革突破

改革的本质是调整已有的权力和利益格局，但这并不意味着在方式上无一例外地都要采取直接剥夺的办法。事实上，适当照顾已经形成的某些既得利益，旁敲侧击、因势利导地推出一些实质性调整利益关系的措施，不仅能够有效地达到深化改革的目的，而且能够较大程度地减少改革的成本与风险，防止因改革做法的过激而带来社会的震动。这样做，还有一个重要的客观依据，就是改革必须从实际出发，充分考虑现实基础。改革不可能一蹴而就，只能循序渐进、逐步深入。改革进入攻坚阶段，随着社会经济成分、组织形式、公民身份等的日益多元化，利益关系更加复杂，调整利益关系所产生的反映更加强烈，因而改革更需要考虑现有的利益基础，需要立足于"多赢"来调整权力和利益关系，需要在给予中实现剥夺。形象地说，是通过"赎买"的办法来推进改革。这样做，容易打破改革的僵局，取得改革的实质性进展。合理兼顾现有利益，立足于"多赢"推进改革，要求在改革思路的研究上走出非此即彼、非予即夺的思维模式，既考虑到利益调整问题，又考虑到利益增进问题；在改革方案的设计上要充分考虑改革对象的现实基础和社会环境的制约，既体现社会主义市场经济的改革方向，又体现出阶段过渡性；在具体操作中，要坚持从实际出发，既恪守原则性，又与时俱进，保持灵活性。

在改革方向已很清晰、改革重点也很明确的今天，改革能否扎实推进，改革工作者能否大有作为，关键在于改革方式能否完善与拓展，这一点应该引起从事体改工作的同志们的高度重视，并对此做出更大的努力。

政府行政管理体制改革的主要进展和重点任务[①]

（2006年5月）

中国改革是20世纪80年代以来人类社会最引人瞩目的伟大事件之一。改革不仅成功实现了由传统计划经济体制向社会主义市场经济体制的基本转变，而且带来了中国经济社会的巨大发展；改革不仅改变了中国，也深深地影响了世界。政府行政管理体制改革是中国改革的重要组成部分，这一改革使政府行政管理呈现出新的风貌，有力地推动了社会主义市场经济发展的进程。中国改革正处于攻坚阶段，政府行政管理体制改革地位更加重要，任务更加艰巨，需要下更大决心，花更大气力，用更高技巧，积极稳妥地向前推进。

政府行政管理体制改革的主要成就

1978年以来，适应经济体制改革的深入展开，围绕政府职能转变，我们政府推行了政企分开、行政审批制度创新、政府机构改革、科学民主决策机制建设及国有经济布局和结构战略调整、行政法制建设等一系列改革，实现了政府行政管理体制的重大转变。其成就，大体表现为以下五个方面的"变化"。

管理理念发生变化，行政基点走向科学。随着社会主义市场经济发展和对社会主义本质的认识不断深化，与计划经济和特定意识形态相联系的不科学的管理理念得到矫正，政府行政管理的着力点实现了重大转变。而科学发展观和社会主义和谐社会战略思想的提出与贯彻，进一步

---

①本文原载《中国经济时报》2006 年 5 月 25 日。

实现了行政基点的公正、全面与务实。最重要的是两个方面的变化：一是改变了国有经济是公有制的唯一形式和社会主义的正宗经济成分的观念，政府从单纯服务于国有经济转向服务于一切有利于生产力发展的经济成分。二是改变了发展就是经济发展和经济增长速度决定社会主义发展程度的观念，政府从致力于抓GDP增长速度转向抓经济质量、效益的提升和经济社会的全面协调发展。这种变化推动了体制和政策上的一系列调整和改革：积极拓展公有制的多种实现形式，大力发展国有资本、集体资本和非公有资本等参股的混合所有制经济，逐渐使股份制成为公有制的主要实现形式；健全法律法规、放宽市场准入、改革审批限制、完善服务体系、消除政策歧视，鼓励、支持和引导非公有制经济快速发展；推进经济增长方式转变，改善经济结构，着力提高资源利用效率，积极发展循环经济，促进经济发展与人口、资源、环境相协调；实行工业反哺农业、城市支持农村，推进社会主义新农村建设，促进城乡协调发展；实施区域发展总体战略，推动建立东中西优势互补、良性互动的区域协调发展机制；完善体制并增加投入，加快发展各项社会事业，促进人的全面发展。这些调整和改革，带来了中国经济社会发展的崭新局面。

管理范围发生变化，政府职能渐趋合理。政事不分、政企不分、政府包揽一切是改革前政府管理的显著特点，政府既担负着经济社会管理职能，又承担着国有资产所有者的重任；既执掌着宏观管理和经济调节的权力，又直接从事着具体的生产经营活动。政府角色错位、职责混杂，产生了一系列经济社会问题。因此，调整政府管理范围、规范政府管理职能成为改革的重要内容。主要的，一是推进放权让利，采取多种形式扩大企事业单位的自主权，把不宜由政府管理的事务逐渐交还给企事业单位；二是推进政企分开，实现政府部门同所办经济实体和直属企业脱钩，同时，推进国有资产管理体制改革，实现政府公共管理职能和国有资产出资人职能分开；三是推进国有经济布局结构的战略调整和现代企业制度建设，努力实现政资分开，减少政府部门通过资产纽带对企事业单位的直接干预；四是推进行政干部选拔任用和政绩考核机制改革，通过完善选拔考核标准和方式，促进政事企分开，推动政府职能转变。这些改革使政府管理的范围得到了积极的调整，从宏观微观都管、大事小事都抓转变到主要从事经济调节、市场监管、社会管理和公共服务上来，从直接从事和干预具体经济活动转变到有效实施宏观调控、创造市场机制充分而健康地发挥作用的环境条件上来，从不计代价单纯追求经济的高速增长转变到促进经济速度、质量、结构与效益的有机结合，推动经济社会协调发展、人与自然和谐相处上来。

行政方式发生变化，管理手段不断完善。作为推进政府职能转变的重要手段，在政府行政管理体制改革进程中，行政管理方式的改革一直被摆放在重要位置。一是推进行政审批制度改革。重点是缩小行政审批范围，削减行政审批事项。国务院各部门先后三次取消各类审批事项达1806项，占总数的50.1%，31个省（自治区、直辖市）共取消审批事项22000多项，占原有审批事项总数的一半以上。与此同时，创新审批方式，更多地运用核准和登记备案的方式进行项目管理；规范审批程序，简化审批手续，实行一揽子或"一条龙"审批服务，积极发展电子政务，推行网上审批；强化行政审批后续管理，通过责任追究、检查评估等手段，防止反弹和复归。二是完善宏观调控方式。从依靠单一的行政手段调节转向经济手段、法律手段和行政手段并用，在实际经济生活中，坚持经济手段为首选、法律手段相配合、行政手段作补充；从主要是依靠指令性计划调节转向计划手段、财政政策、货币政策等的有机结合、协调运用，而计划手段主要体现为指导性计划、预测性计划、方向性计划和政策性计划。三是强化民主决策机制。推行政务公开，凡关系国计民生、改革开放的重大决策和管理事项，充分进行调查研究，认真听取社会各界和专家学者意见，积极探索建立重大问题专家咨询、社会公示和听证制度，把管理和决策的过程变成充分发扬民主和凝聚民心、集中民智、反映民意的过程。

行政基础发生变化，政府行为日益规范。行政基础的合理性直接决定政府行政行为的合规性。这些年，围绕政府职能转变，着力优化行政基础，取得了良好的成效。一是不断深化政府机构改革，努力完善规范行使政府职能的组织基础。机构臃肿庞大、重叠交叉必然导致行政职能的宽泛繁杂，必然导致政府对企事业单位的盲目而直接的干预，也必然导致政府部门间的摩擦和掣肘。自1982年以来，按照精简、统一、效能的总体原则，中国相继进行了五次力度不同的政府机构改革。这些改革，强化了从事经济调节监管、社会管理服务的机构，减少了部门间的职责交叉，精简了政府工作人员的数量，有效地推动了政府职能的转变和行政效率的提高，从而不同程度地规范了政府部门的行政行为。二是不断完善行政法规体系，建立健全政府规范履行职能的法制基础。鉴于计划经济条件下行政法规基本空白、行政指令主宰一切的状况，建立完备的法规体系约束政府行政行为，虽极具难度但又十分必要。这些年来，政府行政法制建设不断加强，国家陆续颁布了一些关于政府部门行政权限、行政程序和行政责任的法律规范，特别是在2003年颁布了《中华人民共和国行政许可法》。这些法规的颁布实施，既为政府施政提供了强有力的法律保障，又有效地规范了政府的管理职能和行政行为，为全面依法行政和从严治政奠定了良好的法律基础。

　　干部素质发生变化，行政能力有效提升。行政人员的素质，特别是行政领导干部的素质，不仅直接关系到行政行为的合理程度，也决定着行政能力和效率的层次水平。多管齐下推进行政人员队伍建设和素质提升，成为这些年政府行政管理体制改革的重要内容。一是建立严格的行政人员或公务员选录机制。除特殊情况外，进入国家行政机关的工作人员都必须经过严格的考试考核，这种"凡进必考"的机制有效提升了行政人员的准入门槛。二是建立科学的行政领导干部选拔任用机制。通过逐步探索，形成了民主推荐、民主测评、差额考察、任前公示、公开选拔、竞争上岗、适当范围内投票表决、辞职解聘等一系列制度。三是建立规范的行政领导干部定期轮训和持续学习的制度。通过专门机构定期对各层次的行政人员和领导干部进行脱产培训，同时，建立健全科学的学习考核与激励机制，推动领导干部结合工作实践不断加强理论学习，提高政治、业务素质。围绕行政人员的选拔任用和素质提升，相关的法制建设不断加强，而2005年颁布的《中华人民共和国公务员法》，成为公务员队伍建设和管理走向法制化轨道的重要标志。

　　可以说，改革开放二十多年来，在政府行政管理体制改革方面所做出的努力是积极的，所取得的成就也是显著的，这些成就为进一步深化政府行政管理体制改革、推动完善的社会主义市场经济体制建设创造了有利的条件。

加快政府行政管理体制改革是全面深化改革的关键

我国经济社会发展已进入一个新的历史时期，以科学发展观和构建社会主义和谐社会的战略思想为指导，全国人民正朝着新的目标迈进。在2010年，要在优化结构、提高效益和降低消耗的基础上实现人均国内生产总值比2000年翻一番；到2020年，要建立起惠及十几亿人口的高水平的小康社会，实现经济更加发展、民主更加健全、科教更加进步、文化更加繁荣、社会更加和谐、民生更加殷实。但前进的路途并不平坦，要在新的历史起点上继续推进社会主义现代化建设，实现预期目标，说到底要靠深化改革，而加快政府行政管理体制改革是全面深化改革的关键。

制约经济社会全面协调可持续发展的体制障碍，从根本上说主要是政府行政管理体制不完善。自1978年以来，我国经济保持了持续高速发展的势头，年均GDP增长达到9.4%，但城乡区域发展不平衡、经济结构不合理、经济增长方式粗放、资源环境问题突出、社会事业发展滞后、就业压力巨大以及投资盲目扩张、重复建设蔓延、地区封锁严重、农民收入增长缓慢等深层次矛盾始终伴随着这一过程。经过宏观调控，这些问题在某些时期虽有不同程度的好转，但是，一遇合适时机往往出现反弹，其中的许多问题在近些年更加凸显。经济社会生活中这些突出矛盾和问题之所以会长期存在且不断发展，关键是相关的体制机制没有理顺。而这其中的许多问题来自于政府行政管理体制不顺。例如，社会管理和公共服务职能薄弱、社会事业发展滞后、城乡区域发展不平衡性增强等问题，与政府机构设置不合理、政府间管理职责不清晰、公共财政体系不健全密切相关；单纯注重GDP增长，一味追求"形象工程""政绩工程"，相应出现投资膨胀、重复建设、地区封锁和市场分割，与各级政府事权划分不清、财权不匹配和不完善的行政人员选拔任用制度、不科学的政绩考核体系等紧密相连。在这种情况下，大量的涉及人民切身利益的重要问题也就得不到及时有效的解决。因此，通过推进改革，解决经济社会生活中存在的深层矛盾与问题，关键是深化政府行政管理体制改革。

不深化政府行政管理体制改革，经济体制改革难以顺利向前推进。政府本身所拥有的权力和作为经济社会管理者所处的特殊位置，决定了政府在改革中的主导地位和政府行政管理体制对整个经济体制的特殊制约作用。随着改革不断向纵深推进，进行政府行政管理体制改革时其他改革的牵制作用日益明显地体现出来。例如，要形成规范的现代企业制度，就必须通过有效方式割断或阻隔政府与企业间的行政关系和资产纽带，切实解决政企不分、政资不分问题；要形成统一开放、竞争有序的现代市场体系，就必须打破行政性垄断与行政主导的地区封锁；要形成灵敏有效的宏观调控体系，就必须进一步规范政府职责优化政府组织机构、创新行政管理方式；要形成完善的社会保障制度，就必须进一步理顺各级政府的事权关系，建立健全公共财政体系；要形成严密的市场法律体系，就必须依靠制度建设严格约束行政权力，推行依法行政。要推动经济体制改革的全面深化，必须把政府行政管理体制改革放到突出重要的位置。

尽管这些年政府行政管理体制改革取得了一定程度的进展，但许多关键性问题并没有真正解决：政府职能转变的任务仍很艰巨，政企、政事、政资不分的状况还比较严重；行政手段仍居重要位置，审批管理依然宽泛；政府机构仍然庞杂，职责交叉比较严重；违规行政现象时有发生，法制管理相对薄弱。中国改革正处于攻坚阶段，社会主义市场经济体制建设已进入全面完善的"总体组装"时期，必须适应经济社会发展和改革形势的新特点、新任务的需要，着力推进政府行政管理体制改革。

政府行政管理体制改革的基本任务

政府行政管理体制改革的目标，是形成行为规范、运转协调、公正透明、廉洁高效的行政管理体制。从政府本身的性质和社会主义市场经济的本质要求看，从权力与责任对称、激励与约束对称、管理与监督对称着眼，这一改革目标对政府管理所提出的核心要求是：在法制轨道上，积极有效地进行管理和调节，充分发挥市场和企业的活力和效率，及时填补市场缺陷和矫正企业偏差，为市场主体创造良好的发展环境。换言之，政府应该是切实履行好经济调节、市场监管、让会管理和公共服务职责的责任政府，是立足于服务实施管理和调节的服务政府，是全面依法行政并受法律严格制约的法治政府。有鉴于此，深化政府行政管理体制改革，应着重围绕构建责任政府、服务政府、法治政府展开，基本任务是：

继续推进政企、政事、政府与市场中介组织分开。进一步缩小政府承担事务的范围，把与政府性质及职能不相符的事务一律交给企事业单位和市场中介组织；强化制度约束与责任追究，严格制约政府部门对企事业单位和市场中介组织的经营活动和具体业务的直接干预，当前要着力解决政府有关部门对企业生产投资、人事管理等方面事务的直接干预问题；清理、回收不宜由事业单位承担的行政事务，理顺政府部门与事业单位的关系；进一步推进政资分开，直接或间接割断政府干预企事业单位生产经营与具体业务的资产纽带。

继续搞好行政审批制度改革。进一步缩小行政审批的范围，政府控制的重要产品、资源、工程、服务等的指标、额度和规模，视具体情况，或引入市场机制配置调节，或依靠法律法规规范操作，把行政审批限制在最必要的限度内，尤其要把投资审批范围严格限制在关系经济安全、环境资源、整体布局的重大项目和政府投资类、限制类项目方面；进一步改善审批方式，积极实行核准和登记备案制度，大力推行网上审批；简化审批程序，切实保障各类审批方式的便利性和效率性；加强审批事项的后续监管，建立健全审批反弹处置机制；探索建立规范的审批管理与操作机制，实现审批权力与责任挂钩、与利益脱钩。

继续深化政府机构改革。一是优化同级政府组织结构。加强和完善从事经济调节和社会管理的机构，撤销直接从事或干预微观经济活动和社会事务的机构；明确职责分工，整合分散在不同部门的相同行政职能，消除交叉重复；规范各类领导小组和协调机构，一般不设实体性办事机构。二是理顺上下级政府机构设置。按照各级政府的性质和中央统一领导、充分发挥地方积极性的原则，合理划分中央和地方经济社会事务的管理职权，在此基础上，理顺中央和地方在财税、金融、投资、社会保障及工商、质检、国土资源管理等领域的分工和职责，合理调整一些领域的中央对地方的垂直管理体制。三是着手减少行政层级。适应政府职能不断转变、统一市场逐步推进、经济一体化深入发展以及交通、通讯等基础设施明显改善的要求，着眼于提高行政效率、降低行政成本，积极进行省直管县、乡镇机构改革等探索，逐步形成科学的行政层级架构。加强行政区划与经济区域协调发展问题研究，优化行政区划结构，增强具备条件地区引领带动作用。

继续改革行政干部选拔任用制度。切实贯彻公务员法，建立健全考核录用、优胜劣汰、激励保障与监督制约机制；以扩大民主为重点，进一步落实行政领导干部民主推荐、民主测评、差额考察和任前公示制度，加大推行公开选拔、竞争上岗的改革力度；积极实行、合理运用投票表决机制，完善干部选拔任用的决策体系；严格实行领导干部职务任期制度和辞职解聘制度；抓紧制定体现科学发展观和正确政绩观要求的干部实绩评价标准，更多使用反映人民切身利益和经济社会协调发展的评价指标，相应建立保障落实制度和奖惩机制。

继续加强政府重大事项决策机制建设。完善重大事项决策的规则和程序，推进政府决策的科学化和民主化；建立重大事项决策调查研究制度，涉及经济社会发展全局和群众切身利益的重大事项，经过实际调查研究后再纳入决策程序；完善重大事项集体决策制度，在领导班子集体讨论的基础上，按照少数服从多数的原则决策重大事项；推行政务公开，实行重大决策事项公示、听证和专家咨询制度，完善政府新闻发布制度和信息披露制度；建立健全行政问责制，严格实行重大决策失误引咎辞职、经济赔偿和刑事处罚制度。

继续完善政府管理法制体系。建立健全规范经济社会活动，特别是涉及市场主体行为、产权保护、交易秩序及劳动、就业、保障等的法律法规，为政府全面依法行政创造完备的法制环境；建立健全规范政府行政活动，特别是涉及机构编制、职责权限、行为方式、奖励处罚等的法律法规，强化对政府行为的监管；强化行政人员法律素质培训，切实提高行政人员执法能力，改革行政执法体制，推进综合执法试点，实行执法责任制和执法过错追究制，做到严格执法、公正执法和文明执法。

政府行政管理体制改革是一项综合性很强的改革，在推进行政管理体制本身一系列改革的同时，还必须配套推进其他一些重要的改革，主要有：一是继续运用存量调整和增量倾斜的方式，推动国有经济布局的战略性调整，使国有资本更多地投向关系国家安全和国民经济命脉的重要行业和关键领域。二是积极推进现代企业制度建设和现代产权制度建设，加快国有大型企业股份制改革，特别是加大国有独资企业和垄断行业企业的改革力度，推进投资主体多元化，完善产权结构、公司治理结构和激励约束机制，大力发展混合所有制经济。三是分类推进事业单位改革，调整事业单位结构，把国有投资的事业单位控制在最必要的范围内；强化事业单位内部管理，构建富有活力和效率的运行机制。四是发展和规范市场中介组织，创新行业协会、商会等组织的管理体制和运行机制，充分发挥其在联系政府、服务企业方面的桥梁纽带作用和协调企业间关系、矫正企业不良行为的行业自律作用。五是推进财政体制改革，调整财政支出结构，加快公共财政体系建设，保障政府必要公务活动的正常开支；探索建立规范的公务员工资增长机制，实行有利于公务员公正履行职责、抵御腐败的薪俸制度。与此同时，还要积极推进政治、文化和社会等领域的相关改革。

推进政府行政管理体制改革需把握的重要原则

政府行政管理体制改革牵涉面宽、触及利益层次深，体现出很高的难度，必须站在正确的基点上，运用科学的方式稳妥推进。从过去二十多年的探索实践和未来政治经济社会文化发展变化的要求看，深化政府行政管理体制改革需要把握如下重要原则：

坚持正确的改革方向。政府行政管理体制改革在坚持社会主义的基本经济与政治制度的基础上进行。这一改革，必须有利于扩大社会主义民主、健全社会主义法制，有利于增强国家和社会的活力，有利于促进经济社会全面协调可持续发展，有利于降低行政成本、提高行政效率。

推进政府行政管理体制改革，在方向上应当体现如下三方面的要求：一是体现社会主义市场经济本质规定的要求。无论是职责界定、方式选择还是机构设置、程序规范，都必须既保障政府充分发挥作用，又不妨碍市场在资源配置中起基础性作用。二是体现政府行政运行客观规律的要求。政府充分、高效和可持续地发挥作用，依赖于其按照科学民主的思想理论、制度方法行政，依赖于其带头守法、严格执法，依赖于其公正清廉，政府行政管理体制改革的一切制度与措施的安排都应当保障政府民主行政、科学行政、依法行政和廉洁行政。三是体现发挥中央和地方两个积极性的要求。既坚持中央对地方的统一领导，又保障地方的主动性、积极性，是政令快速传递和有效执行、政府工作具有活力和效率的基本保证。要立足于中央和地方政府间的科学分工、合理分权来设计和安排改革措施。

坚持从实际出发。我国地域辽阔，经济社会发展很不平衡，物质文化基础千差万别，推进政府行政管理体制改革既要坚持统一设计、总体规划，同时要从各地的实际出发，在组织机构、管理模式、行政架构乃至政府层级设置上保持适当的灵活性。在推进的步骤上也应因地制宜，不宜搞一刀切、齐步走。

坚持抓关键环节。政府行为是否适当，从根本上取决于政府职能的准确定位，而政府行政管理体制改革的成败在很大程度上取决于政府职能转变是否合规到位，因此，加快政府职能转变是深化政府行政管理体制改革的核心。要把消除制约政府职能转换的体制性障碍放在突出重要位置，抓住关键环节奋力攻坚，力求取得突破性进展。政府行政管理体制改革主要是调整政府部门自身的权力利益关系，因此，要采取有力措施特别是依靠法律法规，强制推进相关重要领域的改革。

坚持积极稳妥操作。政府行政管理体制改革对完善社会主义市场经济体制和促进经济社会全面协调可持续发展、构建社会主义和谐社会起着关键作用，但这项改革复杂而艰巨，具有一定的风险性，因此，要审时度势、积极进取、慎重操作。方案制定要周密、时机选择要得当、节奏把握要稳妥、工作推进要精细。要合理兼顾现有的利益基础，有效动员各方力量，切实利用各种有利条件。要充分考虑改革中可能出现的风险，并扎实做好应对准备。

中国改革是史无前例的事业，过去二十多年来，我们依靠自己的执着努力，成功破解了社会主义公有制与市场经济有机结合的难题，初步建立起社会主义市场经济体制，并向完善的社会主义市场经济体制迈进。政府行政管理体制改革固然艰难，但只要我们精心组织、扎实工作，就一定能够攻克难关，取得最后的成功。

论市场机制与宏观调控^①

（2006年12月）

　　我国经济体制改革的目标是建立社会主义市场经济体制,这一体制的本质要求是使市场在国家宏观调控下对资源配置起基础性作用。因此,所谓社会主义市场经济体制建设,就是要通过对高度集中的计划经济体制的改革,形成市场机制充分发挥作用和政府有效实施宏观调控的体制安排。显然,建立起完善的社会主义市场经济体制,在理论上必须科学认识市场机制与宏观调控的关系,在实践中必须正确处理市场机制与宏观调控的关系。

　　第一,市场机制和宏观调控相伴于社会主义市场经济发展的全过程。市场机制是以微观主体的自主能动为基础,通过市场上各种价格的变动、供求关系的变化以及生产者之间的竞争等来推动经济运行、实现资源配置的。市场能否在资源配置中起基础性作用,是区别是否市场经济的根本标准。传统计划经济体制的特点就在于主要依靠行政手段或指令性计划配置资源,事无巨细都由政府包揽,其结果是资源浪费严重,经济效率低下。因此,从计划经济体制转向市场经济体制,必须通过相关改革,充分发挥市场配置资源的基础性作用,并把它贯穿于社会主义市场经济发展的全过程。

　　但是,至少有如下一些原因,使宏观调控在社会主义市场经济的发展中成为必要:其一,由供求关系和价格机制引导或推动的复杂多变的微观经济活动,并不能保证国民经济在整体上持续健康运行;其二,受盈利动机驱使的市场机制难以有效提供往往是无利可图而又为全社会

---

①本文原载《文汇报》2006 年 12 月 7 日。

共同需要的公共物品和公共服务，也难以对市场主体为追求自身利益而产生的一些损害他人利益与经济社会环境的行为或后果如污染环境等实行自动的约束；其三，由于各种形式的垄断造成的整个社会层面的效益低下或规模不经济，而这些垄断要么是市场机制无法克服的如自然垄断，要么是市场机制造成的如经济垄断。也就是说，宏观调控的目的在于解决市场机制造成的"失误"和"失灵"，以保障国民经济充满活力、富有效率而又健康运行。因此，在充分发挥市场在资源配置中的基础性作用的同时，必须有效实施宏观调控。

显然，市场机制对资源配置的基础性作用和国家对经济的宏观调控相辅相成，相互促进，共同作用于社会主义市场经济发展的全过程。任何时候都不能忽视两者的作用，任何时候也不能把两者割裂开来。

第二，处理好两者关系的关键是科学地实施宏观调控。但是，既充分发挥市场机制对资源配置的基础性作用，又有效实施宏观调控，在实际经济运行过程中并不是一件容易的事。

从改革开放以来的实践看，一方面，市场机制的作用虽然不断得到加强，但对某些领域和环节特别是某些关键领域和重要环节的调节仍然有限，例如土地、国有企业高级管理者等要素的市场化配置的程度还不高，某些宜于市场调节的商品和服务价格特别是垄断行业的相关价格仍然处于严格的行政管制下。另一方面，宏观调控也需要进一步加强和改善，例如，调控的方式缺乏灵活性和多样性，调控的时机与重点的把握还不够精准，及时性、针对性、差异性需要进一步增强。总体看，灵敏、规范、有效的调控体系还没有建立起来，调控效果难以保持持续性和稳定性，经济运行仍没有走出"一控就少、一放就多"的怪圈。进一步看，所谓宏观调控，实际上是政府通过一定的手段对市场整体或某个方面的某种程度的制约，因此，是否使市场在资源配置中起基础性作用，市场在资源配置中能否健康地运行，从根本上说，都同政府宏观调控直接相关。这表明，处理好两者关系的关键是科学地实施宏观调控，要着眼于充分发挥市场配置资源的基础性作用，保障国民经济总体稳定运行和经济社会协调发展，不断加强和改善宏观调控，并且要把加强寓于改善之中。

第三，改善宏观调控要在目标、重点、方式、时机、力度五个方面下功夫。我国社会主义现代化建设进入了一个新的历史时期，对宏观调控提出了更高的要求。改善宏观调控，必须切实把握社会主义市场经济的本质规定，立足于贯彻落实科学发展观和构建和谐社会，密切结合经济社会发展的具体实际。关键是：

其一，准确把握宏观调控的目标。明确的目标，既是规范和约束政府行为的标准，也是正确制定政策措施的依据。基于国际国内经济发展运行的实践经验，国家宏观调控的主要目标包括四个方面：一是促进经济又好又快发展。在坚持质量、效益、结构和速度相统一的基础上、根据需要和可能，实现经济的适度较快增长。二是增加就业。要实施积极的就业政策，广开就业门路，努力把失业率控制在社会可承受的限度内。三是稳定物价。既要防止通货膨胀，又要防止通货紧缩，保持商品与服务价格总水平基本稳定。四是保持国际收支平衡。积极发展进出口贸易，不断完善外贸与金融外汇管理体制，实现包括经常项目、资本项目和金融交易在内的国际收支的基本平衡。因此，要通过推进政资分开等有力措施实现政企、政事、政府与市场中介组织分开，切实解决政府"错位""越位"和"缺位"问题，规范政府宏观调控行为，把政府工作重心和调控重点切实转变到实现上述目标上来。

其二，正确选定宏观调控的重点。每一时期发展的任务不同，面临的主要矛盾和问题也不同，故宏观调控在把握总目标、总要求前提下，还要准确把握每一个时期的重点，这是使宏观调控取得阶段性成效的关键。每一时期调控重点的选择既要立足于当前需要，又要着眼于长远发展；既要考虑整体的统一，又要体现区域的差别；既要突出发展任务的要求，又要凸显体制保障的内容。要特别指出的是，调控重点的选择切忌泛化、随意化，也要克服被动性和盲目性。这方面的问题，我们有深刻的历史教训，而且至今也没有完全解决好。

其三，合理运用宏观调控的方式。这是确保宏观调控科学有效的保证。适应社会主义市场经济的内在要求，调控方式的运用从总体上说要实现两个转变：一是从依靠单一的行政手段调节转向经济手段、法律手段和行政手段调节并用，以经济手段、法律手段调节为主，辅之以必要的行政手段调节；二是经济调节从主要是依靠指令性计划调节转向计划手段、财政政策、货币政策等的有机结合、协调运用，而计划手段主要是指导性计划、预测性计划、方向性计划和政策性计划。这些年，通过一系列不断深入的改革，经济手段、法律手段已在宏观调控中广泛应用，国家计划和财政政策、货币政策等相互配合的调控体系已初步形成。要从形成能动性、自律性的微观主体和建立有利于政府公正履行职能的社会管理与公共服务架构两方面深化改革，牢固确立经济手段和法律手段在宏观调控中的主体地位。

其四，有效抓住宏观调控的时机。实施宏观调控，既要避免调控对象上的模糊，也要防止调控时机上的错误。要审时度势，准确把握国内外经济社会环境的变化，抓住有利时机，运用有效的政策组合，对已经出现的问题予以迅速解决，对可能出现的问题及早建立防御机制，进入新阶段，市场经济运行的复杂性和变异性大大增强，要加大对市场经济和社会发展规律的探索力度，增强宏观调控时机把握的准确性，以增强调控的主动性。

其五，科学掌握宏观调控的力度。经济社会发展千变万化，地区、行业情况千差万别，因此，在实施宏观调控时，应力求避免调控政策措施的实施在不同阶段一个样，在不同地区、行业"一刀切"；调控措施的选择既要立足于解决当前的问题，又要有利于促进下一步的发展，避免调控之"药"下得过重过猛；要根据调控中出现的新情况新问题及时进行政策调整。

完善社会主义市场经济法律制度的若干思考①

（2007年1月）

（一）世界市场经济发展的实践证明，一个比较成熟的市场经济，必然要求并具有比较完备的法制。市场经济从本质上说也是法制经济。市场经济法律制度基本作用在于以适当的法律法规对市场经济体制及其关系加以确定、引导、促进、规范、保护与制约，因而法制是市场经济有序运行和不断发展的保障。对于正在建设中的我国社会主义市场经济体制来说，法制还是推进改革向纵深发展的有力手段，是避免良好的改革措施走形变样的坚实屏障。1978年以来，伴随着社会主义市场经济体制建设的深入推进，我国法制建设也取得了长足的进步，一批重要的法律法规相继制定颁布，许多重要的经济社会关系已实现法律规范，但法律基础仍较薄弱，距离建立社会主义法治国家的目标还有很长的道路。我国已进入改革和发展的关键时期，经济体制深刻变革、社会结构深刻变动、利益格局深刻调整、思想观念深刻变化，必须适应社会主义市场经济体制建设的要求，抓紧完善法律制度，构建坚实完备的法治基础。

（二）必须进一步确立法制在规范和导引经济社会活动中的绝对权威性，坚持用法的思想、法的精神、法的原则和法的制度规定考虑或处置政治、经济、文化、社会事务与活动。中国数千年皇权统治的历史和数十年高度集中的计划经济实践，使"权治"或"人治"易于成为规范经济社会活动的基本方式，人们法律意识普遍淡化，法律在人们心中缺乏必要的分量。现实生活中存在着"法不如文件、文件不如讲话、讲话

---

① 本文原载《学习时报》2007年1月8日。

不如批示、批示不如领导现场办公"的状况。这种情况不利于国际交往和对外开放，不利于国家稳定发展和社会和谐建设，不符合社会主义市场经济发展的要求，必须努力加以改变，使依法办事，守法遵规成为全体社会成员立言行事的第一准则，使法律治理成为规范经济社会秩序的第一方式。

（三）有法可依是完备的社会主义市场经济法制体系的基础。适应经济社会发展的需要建立健全相关法律法规，应是当前和今后的基本任务。从当前情况看，一些重要领域立法滞后，无据可依；一些法律规定不够科学，或过于空泛，或指向模糊，或与道德约束相混淆；一些法律缺乏实施的客观条件，脱离基本国情与具体实际；一些法律明显过时，与时代精神与发展要求相抵触。建立健全法律法规，既包括抓紧制定新的经济社会关系所需要的法规，也包括清理、废止或修订已经整体或部分失效过时的法规，还包括在立法与修订时统筹兼顾，确保法律条款的科学性与可操作性。科学发展观和构建和谐社会是深化改革、建设完善的社会主义市场经济体制的指导思想。适应贯彻落实科学发展观和推进社会主义和谐社会建设的要求，目前立法的重点应放在两个方面：一是建立和完善坚持以人为本、促进经济社会全面协调可持续发展方面的法律法规；一是建立和完善发展民主政治，保障公民权利，推进社会事业，健全社会保障，规范社会组织，加强社会管理方面的法律法规。主要是：关于"使股份制成为公有制的主要实现形式"的法律法规，关于保护公民财产权利、规范国有资产运营、促进和引导非公有制经济发展的法律法规，关于保障公平交易和诚实守信的法律法规，关于规范政府职能、约束政府行为的法律法规，关于促进劳动就业、保护职工合法权益的法律法规，关于保障人民生存权、发展权的法律法规，关于促进公共服务均等化的法律法规，关于养老、医疗、失业、工伤、生育等社会基本保险的法律法规，关于非政府组织和市场中介机构的法律法规，关于处理人民内部矛盾、加强安全生产、保障公共安全的法律法规，等等。

（四）社会主义市场经济法制的要义是维护公平、保障正义。而公正立法是维护公平、保障正义的基础。必须坚持科学立法，确保法律法规的公正性。实现这一点，要着力解决三个方面的问题：第一，把准立法的根基。这是科学立法、公正立法的首要环节。法律法规本质上是以法的形式对一定的社会经济关系和经济社会发展的客观要求的反映和确立。在今天要使各项法律法规客观公正，必须把握现阶段社会的基本特征，即社会主义的基本特征、社会主义初级阶段的基本特征，把握社会主义市场经济的本质规定，把握最广大社会成员的共同意志和全体人民根本利益要求。要切实解决好凭主观意志立法、出于一时需要的功利性立法等问题。第二，完善立法的主体。这不仅要求拥有立法权的国家机关必须是能公正反映全体人民利益的机构，而且要求实际担任法律法规文本起草的机构和人员必须是能够站在公正立场上的非利害关系者。目前在我国，相当一部分法律法规的起草是由有直接利益关系的部门和机构进行，这使某些法律法规中掺杂了较明显的部门利益要求。这种做法影响法律的公正性和权威性，也导致了反映不同部门利益的法律法规间的相互冲突与矛盾。而不科学甚至不公正的法律法规的颁行会进一步扭曲经济社会关系，造成十分严重的社会后果。必须打破在立法思维上的局限性和由利益关系形成的障碍，有效阻止和克服在立法上可能造成的"以法谋私"。应当通过招标等合理方式，选择熟悉专业知识、立场客观公正的机构和人员承担相关法律法规文本的起草工作，同时，视情况将草案文本在一定范围公示甚至在全体人民中征求意见。第三，优化立法的角度。基本的立法原则应当是，促使政府慎重而公正行使权利，鼓励社会各方面充分发挥活力。这是因为，一方面，政府作为经济社会管理者所处的特殊位置，决定了它对社会发展所起的特殊作用，一旦行为不慎，决策失误，就会导致灾难性后果；另一方面，广大的企业、事业单位和劳动者个人，是社会财富的真正创造者，他们的活力和创造力是社会发展的源泉，增强全社会创造活力充分调动一切积极因素效力国家和社会，也正是政府管理和法律规范的重要任务。因此，要改变长期以来实际上存在的对政府部门约束较为松懈的状况，使关于政府部门的立法角度从"禁止性"转向"允许性"。政府机构及其工作人员只能做法律法规允许的事项，没有允许的行政行为一律不得实施，否则就视为违法；同时，使关于企事业单位和个人的立法角度从"允许性"转向"禁止性"，只要法律法规没有禁止的，企事业单位和个人都可以涉足，法律法规没有禁止的行为，不能随意予以追究。在优化立法角度方面还有一点值得强调，对涉及自古承续发展下来的已成为大多数甚至全体社会成员习惯性行为方式的立法，应持相当慎重的态度。这里不仅涉及如何对待千百年来形成的民风民俗问题，也涉及所谓"法不责众"引致的实施的可能性问题，这个方面处理不好，会使效果适得其反。

（五）公正执法是维护法律权威性的关键，也是维护社会公平正义的具体体现。实现公正执法，要在规范行为和完善体制两方面下功夫。当前执法中存在的漠视普通民众法律诉求、权大于法、尺度不一、以权谋私等种种不良行为，严重影响了司法制度的公正性和权威性，成为影响社会稳定的一个重要因素。要坚持公民在法律面前一律平等的原则，真正做到任何公民都平等享有宪法和法律规定的权利，依法平等而不是因人而异对公民实施保护或惩罚，任何组织或者个人都不得有超越宪法和法律的特权。领导者、执法者所处的特殊位置决定了他们的行为所带来的特殊影响与导致的特殊后果，要加强对领导者、执法者守法执法的监督，并建立健全对相关人员和机构的监督制约机制。司法体制不适应社会主义市场经济发展的要求，是影响司法为民、公正司法的重要因素。要完善诉讼制度、检察监督制度，推进监狱体制、劳动教养制度等改革；要完善司法便民工作制度，加强对普通民众的司法援助；要推进司法民主建设，强化人民群众对司法活动的参与和监督。总之，通过一系列改革，增强司法机制的严密性与民本性，保障司法制度的公正性与权威性。

（六）正确认识和处理法律和道德的关系，有效发挥法律对优良道德形成、发展与弘扬的支撑、推动作用。道德是调整社会关系、规范社会成员间行为的最基本的、最普遍的手段，也是最具人性化因而也最为社会成员接受的方式。优良的道德水平是实现法治的基础。中华民族几千年来积累形成了厚实的优良道德规范，应通过宣传教育等多种有效途径，大力弘扬传统美德，并与树立和发展社会主义道德、借鉴吸收人类社会一切优良精神文明成果结合起来。但道德对社会秩序和人际关系的规范力度有时是脆弱的，鉴评尺度有时是不清晰的，因此，优良道德的维系需要法律作支撑。换言之，法律是优良道德履行的保障。不可过高估计道德规范的力量，不能把社会协调健康发展、市场平稳有序运行、人际关系和谐、全民素质提升的希望过多地寄托在社会成员的道德觉悟上。我国正处于由计划经济向社会主义市场经济转变的关键时期，各种思想观念竞相滋生繁衍，而新旧规则正在搏击碰撞与筛选替换，道德规范处于相对薄弱与混乱的时期。正因为如此，一些领域行为失范、诚信缺失的状况比较严重。因此，法律法规的制定应更多地着眼于与道德的联系，切实加强对相关法律法规的建设力度，强化法律法规对道德提升与弘扬的推进作用。

三十年来中国经济体制改革进程、经验和展望

（2007年9月）

自1978年中国开启改革开放历史新时期，至今已近30年。改革开放是决定中国命运的关键抉择。30年来，伴随着波澜壮阔的改革开放，中国的面貌发生了翻天覆地的变化，中华民族站到了新的历史起点上。历史和现实表明，加快推进社会主义现代化，实现中华民族的伟大复兴，必须坚定不移地把改革开放继续推向前进。

一、中国经济体制改革的历史进程

中国经济体制改革是在特殊的历史环境下起步的。面对着经济停滞、百业待兴的严重局势，1978年12月，党的十一届三中全会在推动全党工作重心转移到社会主义现代化建设上来的同时，决定根据新的历史条件与实践经验，对权力过于集中的经济管理体制和经营管理方法"着手认真改革"。自那时起，中国经济体制改革一步一个脚印，不断向纵深展开，经历了起步试验、全面推进和逐步完善等重要阶段。

（一）改革的启动和局部试验。中国改革是从农村启动的，而农村改革的重点是农业生产基本经营制度。1979年前后，为改变穷困面貌，安徽、四川等省的一些农村，自发实行"包产到组"或"包产到户"，并联系产量计算劳动报酬。中央充分肯定了农村广大人民群众的创造性实践，从1983年起，在全国农村普遍推行"包干到户"和"包产到户"。相应地改革农村组织体系，在农村实行政社分设，分别建立乡镇政府和自主经营的合作经营组织，并最终用家庭联产承包责任制、统分结合的

554

双层经营体制取代了"三级所有、队为基础"的人民公社制度。这一新型经营体制为不同层次的生产力水平所容纳,既发挥了家庭分散经营的积极性,又体现了集体统一经营的优越性,呈现出无限的生机与活力。与此同时,国家大力推进农产品流通体制改革,废除农副产品的统购统销制度。从1979年开始大幅度提高粮食、棉花等主要农产品的价格,实行了超购加价政策,扩大了议价收购范围,大幅提高了猪、牛、羊肉和蔬菜等副产品的销售价格,农副产品价格逐步走向市场自行调节。农村经济体制改革的尝试,极大地调动了亿万农民的积极性,有力地促进了农业和农村经济的发展。

改革主要在农村进行的同时,其他方面的改革试验也开始起步。针对政府对企业管得过多过死、严重压抑企业和职工生产积极性的弊端,1978年,四川等地从扩大企业经营管理权限入手,开始在国有工业商业企业进行企业管理体制改革试点。在这个基础上,1979年起,国务院颁发了《关于扩大国营工业企业经营管理自主权的若干规定》等一系列文件,以放权让利为重心的国有企业改革逐步深入展开,实行了工业经济责任制、"利改税"等改革措施。不断减少的集体经济和几乎绝迹的个体经济开始恢复和发展,外商投资企业开始进入并迅速发展。对外开放积极展开,1979年,国家给予广东、福建两省在对外经济活动中实行特殊政策和灵活措施,1980年在深圳、珠海、汕头、厦门设立经济特区,1984年又开放了大连、秦皇岛、烟台、青岛等14个沿海港口城市。

(二)以城市为重点的改革的全面展开。基于农村改革所取得的巨大成就,1984年10月召开的党的十二届三中全会决定推进以城市为重点的整个经济体制改革。会议作出了《关于经济体制改革的决定》,提出"社会主义经济是公有制基础上的有计划的商品经济",确立了建立充满生机和活力的社会主义经济体制的改革目标。1987年10月召开的党的十三大进一步提出,社会主义经济体制是计划和市场内在统一的有计划的商品经济体制,而新的经济运行机制总体上来说是国家调节市场、市场引导企业的机制。这些论述从理论上确认了市场机制在社会主义条件下的重要地位,为推进改革实践指明了方向,同时为提出和建立社会主义市场经济体制的目标打下了理论基础。

增强企业活力特别是增强国有大中型企业的活力，成为以城市为重点的整个经济体制改革的中心环节。按照使企业成为真正相对独立的实体和自主经营、自负盈亏的商品生产者与经营者的要求，主要通过政策调整、对企业的放权让利开始深入到通过较为规范的契约制度扩大企业自主权的层面。这一时期，国有企业最重要的改革是借鉴农村改革的经验，推行承包经营责任制，1987年4月以后各种形式的企业承包经营责任制在全国普遍实行。与此同时，积极推进以厂长负责制、工效挂钩、劳动合同制为基本内容的企业领导、分配、用工等管理制度的改革。此外，主要针对国有小企业的租赁经营积极展开，股份制探索也着手进行。为切实扩大和落实企业自主权、推进企业经营机制转换，国家还颁布了《企业法》，这是新中国成立以来中国国有企业的第一部重要法律文件。

围绕增强企业活力，其他改革全面推进。所有制改革方面，在以公有制为主体的前提下，发展多种经济成分，积极扶植集体经济，鼓励个体私营经济一定程度发展。同时，促进中外合资企业、合作经营企业和外商独资企业发展。市场体系建设方面，采取"调、放、管"相结合的措施，理顺比价关系，改革商品和服务价格形成机制，陆续放开大部分工业消费品价格，对部分工业生产资料实行计划内和计划外"双轨制"价格；劳动力自由流动逐渐扩大，国有土地使用权的市场转让开始进行；国家批准成立了上海、深圳证券交易所，资本市场发展稳步展开。宏观经济调节体系方面，大幅度缩小指令性计划，把计划工作的重点由定指标、立项目、分钱物转向宏观总量控制和结构调整；改革银行组织体制，分离中央银行和专业银行职能，探索运用综合信贷计划、存款准备金、利率等经济杠杆调节经济活动；实行各种形式的财政包干制，变单一税制为复合税制；建立市管县体制，对部分城市实行计划单列，减少管理层次，扩大地方自主权；按照放开经营、自负盈亏、工贸结合、推行代理制的方向，逐步改革外贸体制。与经济体制改革相适应，政治、科技、教育、文化等领域的改革也陆续展开。

对外开放进一步推进。1985年2月，国务院决定分两步将长江三角洲、珠江三角洲、闽南厦漳泉地区、辽东半岛、胶东半岛及环渤海地区开辟为经济开放区；1988年3月创建海南经济特区；1990年4月宣布开发上海浦东新区，并开放了武汉、重庆、合肥、南昌等沿江城市；批准成立了上海外高桥等保税区。

（三）社会主义市场经济体制的初步建立。以城市为重点的改革的全面展开和深入推进，不仅带来了中国经济社会的快速发展，而且也进一步廓清了我国改革的方向。在总结以往改革实践经验和理论成果的基础上，1992年召开的党的十四大明确提出经济体制改革的目标是建立社会主义市场经济体制，这一体制与社会主义基本制度结合在一起，其本质是要使市场在社会主义国家宏观调控下对资源配置起基础性作用。1993年召开的党的十四届三中全会作出的《关于建立社会主义市场经济体制若干问题的决定》，阐述了社会主义市场经济体制的基本内涵，提出了建设的主要任务。经过数年的努力，2000年召开的党的十五届五中全会郑重宣布，中国社会主义市场经济体制已初步建立，市场机制在资源配置中日益明显地发挥着基础性作用，经济发展的体制环境发生了重大变化。

基于建设社会主义市场经济体制的方向，中国改革的理论和实践出现了一系列的重大突破。从理论上看，党的十五大系统阐述了社会主义初级阶段的理论及其基本路线，确立了公有制为主体、多种所有制经济共同发展的基本经济制度，提出了公有制形式可以而且应该多元化、建立现代企业制度是国有企业的改革方向、非公有经济是中国社会主义市场经济的重要组成部分等重大观点。党的十五届四中全会提出国有经济在国民经济中的主导作用主要体现在控制力上，要从战略上调整国有经济布局，要推进国有企业战略性改组，对国有大中型企业实行规范的公司制改革。从实践上看，按照建立社会主义市场经济体制的基本方向和主要任务要求，改革全方位推进、大力度展开。

国有企业改革仍然是改革的中心环节，但搞活国有企业已从着眼于放权让利转向立足于制度创新。按照建立现代企业制度的方向，中央和地方选择有代表性的国有企业进行建立现代企业制度试点，一批国有大中型企业改造成国有独资公司、有限责任公司或股份有限公司；许多全国性的行业总公司改组为控股公司，发展了一批以资本为纽带跨地区、跨行业的大型企业集团；众多小型国有企业，通过改组、联合、兼并、租赁、承包经营和股份合作制、出售等形式进行了改革。积极推进鼓励兼并、规范破产、下岗分流、减员增效和再就业工作，促进企业优胜劣汰的竞争机制的形成。从战略上调整国有经济的布局，经过努力，国有经济分布过宽的状况得到改善，国有资本逐渐向涉及国家安全的行业、自然垄断的行业、提供重要公共产品和服务的行业，以及支柱产业和高新技术产业中的重要骨干企业集中，国有经济从一些竞争性领域中退出，国有企业产权多元化和合理流动的机制逐步建立。适应国有企业改制、国有经济布局和结构调整的要求，一些地方积极探索多种形式的国有资产监督管理体制和运营机制，取得了良好的效果。在国家关于鼓励支持引导非公有经济发展的政策推动下，结合国有企业改革，个体私营经济发展迅速。

其他方面的改革继续向前推进。经济宏观管理体制改革进一步深化。确立了以分税制为核心的新的财政体制框架，建立了以增值税为主体的流转税体系，分别统一了内资企业所得税和个人所得税；着手分离政策性与商业性金融，强化了中央银行对货币供应的调控能力和金融监管方面的职能；建立了以市场供求为基础，单一的、有管理的浮动汇率制度，实现了人民币在经常项目下可兑换；推进国家计划管理从指令性计划为主向指导性计划为主转变，以年度计划为主转变为以中长期计划为主；推行项目法人制、资本金制度和招投标制度，加强投资风险约束。市场体系建设进一步向纵深推进。取消了生产资料价格双轨制，进一步放开了竞争性商品和服务的价格；颁布了《公司法》《劳动法》《房地产管理法》等一批重要法规，健全市场规则、整顿市场秩序取得新进展，资本市场、房地产市场、劳动力市场等迅速发展。社会保障制度改革迈出了重要步伐。在试点的基础上，逐步建立起社会统筹和个人账户相结合的养老、医疗保险制度。适应深化企业改革的需要，建立了失业保险、社会救济制度及城镇居民最低生活保障制度。城镇住房制度改革也取得了新的进展。科技、教育、卫生体制改革积极向前推进。按照"稳住一头，放开一片"的方针，推进部分开发应用型科研机构转企改制，开展了社会公益型科研机构分类改革试点；以调整学校布局结构，改革高校招生和分配制度为重点，加快教育体制改革步伐；实行医疗机构分级分类管理制度，扩大卫生机构的经营管理自主权。与此同时，农村经济体制、对外贸易体制等方面的改革，也取得了新的进展。

（四）推进社会主义市场经济体制不断完善。建立社会主义市场经济体制不易，完善社会主义市场经济体制更难。在初步建立社会主义市场经济体制的基础上，2002年召开的党的十六大提出，21世纪前20年改革的主要任务是完善社会主义市场经济体制，即在2020年建成完善的社会主义市场经济体制和更具活力、更加开放的经济体系。2003年召开的党的十六届三中全会作出了《关于完善社会主义市场经济体制若干问题的决定》，对建成完善的社会主义市场经济体制进行了全面部署。至此，中国经济体制改革进入完善社会主义市场经济体制的新阶段。在党的十六届三中、四中、五中全会等重要会议上提出的树立科学发展观和构建社会主义和谐社会的重大战略思想，为完善社会主义市场经济体制提供了思想理论指导。按照统筹城乡发展、统筹区域发展、统筹经济社会发展、统筹人与自然和谐发展、统筹国内发展和对外开放的要求，按照民主法制、公平正义、诚信友爱、充满活力、安定有序、人与自然和谐相处的要求，积极推进各个领域的改革，努力构建落实科学发展观和促进社会和谐的体制保障。

随着改革不断向纵深推进，行政体制改革成为深化改革和提高对外开放水平的关键。因此，加快行政管理体制改革放到了突出重要的位置。行政体制改革着眼于构建责任政府、服务政府和法治政府，取得了积极进展。加快政府职能转变，大力推进政企分开、政事分开、政府与市场中介组织分开，强化政府的社会管理和公共服务职能；不断完善行政管理方式，减少和规范行政审批，自2002年以来，国务院部门分四批取消和调整了行政审批项目约2000项，减负超过55%。机构改革继续推进，2003年和2008年先后两次改革国务院机构，合理配置宏观调控部门职能，调整和完善行业管理机构，加强社会管理和公共服务部门，探索实行职能有机统一的大部门体制；地方政府加大了县乡机构改革力度，扩大了县（市）管理权限。全面推行依法行政，不断健全科学民主决策机制和行政监督机制，《行政许可法》《公务员法》等一批行政管理的重大法律法规颁布实施。

　　与此同时，农村改革继续深化并取得重大进展。推进农村税费改革，全面取消了农业税、牧业税、农业特产税、屠宰税以及统筹提留等收费项目，结束了2600年来农民种地纳税的历史；以乡镇机构、农村义务教育管理体制和县乡财政管理体制改革为主要内容的农村综合改革稳步推进；全部放开粮食购销市场和价格，实行粮食购销市场化、经营主体多元化；推进农村金融改革，推进农村信用社等金融组织改革，增强农村金融服务；进一步巩固完善农村基本经济制度，颁布了《农村土地承包法》，全面推进农村集体林权制度改革。坚持和完善基本经济制度。毫不动摇地发展公有制经济。继续推进国有经济布局和结构的战略性调整，国有企业重组和整合力度加大，国有资本进一步向重要行业和领域、向具有较强国际竞争力的大公司大集团、向中央企业主业集中，国有经济的活力及其控制力、影响力不断增强；国有独资、大型企业股份制改革力度加大，公司法人治理结构不断完善，企业内部劳动人事分配制度改革进一步深化，一批具有国际竞争力的大企业集团不断发展壮大；电信、电力、铁路、民航、邮政、烟草等垄断行业的改革稳步推进，市场竞争程度不断提高；深入推进国有资产管理体制改革，成立了专门的国有资产监督管理机构，实行了企业经营业绩考核制度和国有资本经营预算制度。毫不动摇地鼓励支持和引导非公有制经济发展。清理和修订限制非公有制经济发展的法规、规章和政策性规定，放宽市场准入，允许非公有资本进入基础设施、社会事业、金融服务、国防科技工业等行业和领域；给予非公有制企业与其他企业同等的政策与社会服务，加强对私有产权的依法保护，鼓励有条件的企业做强做大。财税、金融、投资体制改革取得新进展。加快公共财政体制建设，调整和规范各级政府间的收支关系，统一了内外资企业所得税，改革完善出口退税机制，启动和扩大了增值税转型改革试点，调整了个人所得税政策；相继完成了中国工商银行、中国银行、中国建设银行等的股份制改造和上市，稳妥解决了上市公司的股权分置问题，实行了以市场供求为基础、参考一揽子货币进行调节、有管理的浮动汇率制度；进一步规范政府投资的范围，确立企业的投资主体地位，改善投资审批制度。市场体系建设步伐进一步加快。不断健全商品市场，进一步发展土地、劳动力、技术、产权、资本等要素市场，加快水、电、石油和天然气等重要资源价格的市场化步伐，颁布了《反垄断法》等规范市场秩序的重要法律法规。社会保障体系不断完善。社会保险覆盖面进一步扩大，由城镇职工逐渐扩大到城镇居民、农民工、城镇灵活就业人员和部分农村居民；在城乡普遍建立了最低生活保障制度；在农村全面建立了新型农村合作医疗制度；社会统筹与个人账户相结合的企业保险制度不断完善，个人养老保险账户试点不断扩大，省级统筹步伐加快；社会保险水平不断提高，多次增加企业退休人员的养老金，提高了失业保险金标准。科教文卫体制改革深入展开。科研院所改革积极推进，中央和地方先后约有1200多家科研机构完成企业化转制；建立和完善了以县级政府管理为主的农村义务教育管理体制，进一步完善了以政府投入为主、多渠道筹措教育经费的体制，完善了国家资助家庭经济困难学生的制度；积极推进公益性文化事业单位内部管理体制和运行机制改革，加快经营性文化单位的转企改制；进一步完善公共卫生和医疗服务体系，基本形成覆盖城乡、功能较为完善的疾病预防控制与医疗救助体系。

进一步扩大对外开放，以开放促改革、促发展。2001年12月，中国正式加入世界贸易组织，按照市场化的改革方向和加入世界贸易组织的承诺，深化涉外经济体制改革，推进贸易投资便利化进程，把"引进来"与"走出去"有机结合起来，更加积极地参与国际经济技术合作和竞争，全面发展开放型经济，对外开放的广度和深度达到了一个新的水平。

30年改革开放的伟大实践，创造了前所未有的灿烂辉煌，带来了中国面貌历史性的转变：

第一，改革开放使中国从计划走向市场。改革开放打破了高度集中的计划经济体制，形成了中国经济体制的新格局：所有制结构不断调整完善，确立了以公有制为主体、多种经济成分共同发展的基本经济制度。国有经济的结构和布局得到显著改善，公有制实现形式发生重大变化，个体私营经济等非公有制经济成为促进中国生产力发展的重要力量。统一开放、竞争有序的现代市场体系初步形成，市场机制对资源配置的基础性作用显著增强。绝大多数商品的价格由市场决定，资本、土地、劳动力等要素的市场化配置程度大幅提高。政府职能发生明显转变，宏观间接管理与调控体系初步形成。政企、政资初步分开，政府职能逐步转向经济调节、市场监管、社会管理和公共服务，宏观调控主要依靠经济手段和法律手段进行。社会保障体系建设成效显著，与现实经济发展水平相适应的社会保障制度基本建立。养老保险覆盖面不断扩大，新型城乡医疗服务体系逐渐建立，形成了覆盖城乡的最低生活保障制度。法制建设进展快速，社会主义市场经济的法律法规体系初步建立。注重将行之有效的改革开放措施规范化、制度化和法制化，实现改革开放与法制建设的有机结合。从总体上说，中国已基本实现了由高度集中的计划经济体制向充满活力的社会主义市场经济体制的转变。

第二，改革开放使中国从封闭走向开放。改革开放打破了自我循环的封闭半封闭经济状态，形成了全方位、宽领域、多层次的对外开放格局，并逐步建立了与国际通行做法相衔接的管理体制和运行机制。中国全面融入世界经济体系，广泛参与全球经济一体化进程，充分利用两种资源、两个市场。中国的国际地位不断提高，应对国际局势和处理国际事务的能力不断增强，在国际重大经济、政治活动中的主导协调能力和影响力不断提升。

第三，改革开放使中国从贫穷走向富裕。改革结束了中国普遍贫穷、温饱不足的状态，极大地解放和发展了社会生产力，综合国力显著增强，人民生活发展到总体小康。从1978—2007年，中国GDP从36624亿元增长到24.66万亿元，位列世界第四位，年均增速9.8%，2008年可望成为世界第三大经济体；财政收入从1132亿元增长到5.13万亿元。城镇居民人均可支配收入由343元提高到13786元，农村居民人均纯收入由134元提高到4140元；城市人均住宅建筑面积和农村人均住房面积分别从6.7平方米和8.1平方米，增加到28平方米和32平方米；城乡居民家庭的恩格尔系数，分别从57.5%和67.7%，减少到36.3%和43.1%。居民消费结构不断升级，总体上实现了以吃穿为主体向以住行为主体、从主要满足生存需要到实现全面发展需要的转变。

二、中国经济体制改革的基本经验

中国改革开放是前无古人的事业，在30年改革开放的历史进程中，依靠遵循世界通行做法与把握中国具体实际的有机结合、强调政府积极推动与鼓励人民自觉创造的有机结合、促进改革发展与保持社会稳定的有机结合、推动经济基础变革与实现上层建筑创新的有机结合、发展物质文明与促进精神文明的有机结合，成功破解了在社会主义条件下发展市场经济的历史难题，实现了社会主义基本制度同市场经济体制机制的有机统一。中国社会主义市场经济体制的初步建立及其不断完善，是对人类文明的重大贡献。30年的实践，形成了关于发展社会主义市场经济的丰富认识，积累了顺利推进社会主义市场经济体制建设的宝贵经验。

（一）坚持解放思想，不断创新改革理论。建设社会主义市场经济无先例可循，无论是打破旧体制的模式，还是探寻新体制的框架，都必须解放思想，从实际出发，建立起一套指导改革开放的新的理论体系。30年改革开放的过程，首先是解放思想、不断创新改革理论的过程，关于社会主义市场经济改革目标认识的不断深化，关于公有制的实现形式、非公有制经济的现实作用、计划和市场的关系、多种分配方式在现阶段的地位等重大问题认识上的不断突破，关于推进对外开放的重要性及把握对外开放主动权的必要性认识的不断完善，如此等等，为拓展和深化关系经济社会发展全局的重要领域和关键环节的改革、形成社会主义市场经济体制的整体框架提供了坚实的思想理论基础。可以说，每一次重要改革的实践行动，都以思想理论的发展创新为先导，思想理论的每一次创新，也都带来了改革实践的突破性进展。坚持一切从实际出发，冲破一切不合时宜的思想观念束缚，改革开放才能不断向纵深拓展，才能永葆青春与活力。

（二）坚持发展标准，紧紧扣住经济建设这个中心。发展是硬道理。改革的目的是为了解放和发展生产力，改革必须有利于经济发展。30年的改革开放，始终紧扣经济建设这个中心，注重把改革开放与促进发展有机结合起来。一方面，坚持用生产力发展的标准来制定改革决策、选择改革措施，来检验改革开放总体战略和具体方针的成败得失，并根据这种标准不断调整改革思路、政策与措施；另一方面，充分考虑现实经济发展状况来选择改革的重点，把握改革的力度和时机，积极为推进关键领域里的改革创造必要的发展基础和经济条件。

（三）坚持合理引导，正确处理宏观调控与市场调节关系。正确认识和处理计划与市场的关系，是保障改革开放顺利进行、建立完善的社会主义市场经济体制和实现经济社会全面协调可持续发展的关键。在改革开放过程中，既牢牢把握由高度集中的计划经济体制向社会主义市场经济体制转变这个基本方向，又注重在具体操作中合理界定和发挥计划和市场的作用。坚持通过体制创新，充分发挥市场机制在资源配置中的基础性作用，同时强调有效实施国家宏观调控，弥补市场机制作用的缺陷与不足，合理引导经济社会运行方向，促进经济总量平衡和结构优化，推动国民经济又好又快发展。与此同时，强调积极改善宏观调控，实施宏观调控要遵循经济规律和市场法则，主要依靠经济手段和法律手段进行。

（四）坚持依靠群众，充分尊重人民群众的首创精神。人民群众是社会发展的动力，也是社会历史创造的主体，面对建设社会主义市场经济体制这样一个全新的重大课题，在30年的改革开放实践中，党和政府十分注重发挥人民群众的积极性，充分尊重人民群众的首创精神，支持、鼓励和动员人民群众大胆探索、勇于创新，并及时总结和推广人民群众创造出来的实践经验。许多重大改革决策的制定和关键改革措施的推出，例如承包经营责任制、股份合作制等，都是以基层单位的人民群众创造的具体改革经验和做法为基础和依据的。广大人民群众积极参与改革，不仅夯实了改革开放的社会基础，也保障了改革开放措施的务实性和可操作性，给改革开放注入了无穷无尽的动力与活力。与此同时，党和政府也把改革为民作为重要的宗旨，始终注重在改革开放中维护和增进人民群众的利益，使全体人民共享改革发展的成果，并且把人民愿不愿意、满不满意、答不答应作为改革措施选择与调整的基准与标尺。

（五）坚持循序渐进，在重点突破中实现整体推进。在中国这样一个有着众多人口的大国进行前所未有的改革试验，面临着极大的困难与风险，为保障改革开放的平稳推进，中国改革开放采取了先易后难、由浅入深的渐进式推进策略。对一些情况不够明确、关系比较复杂的改革事项，采取"摸着石头过河"的办法，边推进、边观察、边调整；对于一些影响全局的关键事项，先选择一些企业、行业和地方进行改革试点，探索路径、积累经验，待比较成熟后全面推行。在注重改革循序渐进的同时，不失时机地对一些关键领域和重要环节的改革实施重点突破，以推动全面改革和整体创新。循序渐进的改革策略和先行试点、重点突破、整体推进的改革方式，既使改革保持了必要的力度、速度和连续性，又有效控制了改革成本和改革风险，保障和维护了社会稳定。

（六）坚持因时制宜，把握与创造良好的经济社会环境。改革的平稳性、有效性与改革措施所选择的时机、拥有的环境与条件等密切相关。因此，在30年的改革实践中，十分注重把握与创造良好的经济社会环境，坚持从实际出发，因时制宜、因地制宜地推出改革措施。在环境较好时，抓紧出台一些重要的改革措施。当环境发生变化时，及时对已出台的改革措施力度与节奏进行相应的调整与完善。而在谋划推进一些重要的改革措施时，也往往采取一些有效手段，优化经济社会环境，培育良好的改革基础。

（七）坚持继承创新，科学对待原有体制基础。无论是数千年的文明发展，还是几十年的计划经济体制实践，都留下了十分丰富的历史遗产。在改革开放过程中，没有采取否定一切的虚无主义态度，坚持继承创新，既大胆冲破一切妨碍生产力发展的思想观念、做法规定和体制弊端，又科学对待历史文化积淀和原有体制基础，积极继承和吸收过去形成的有价值的思想理论成果、制度规定和管理方式，以弥补市场经济的不足，形成新体制的集合优势。以"使市场在国家宏观调控下对资源配置起基础性作用"为主要内涵的社会主义市场经济体制本身就是这种继承创新的集中体现。而农村统分结合的双层经营体制、公有资本控股的产权结构、股份合作制经济以及政府对企业的主动服务、联合协作的集体主义精神、深入细致的思想政治工作等则清晰地反映了这种继承创新的实在面貌。

（八）坚持兼收并蓄，合理借鉴世界先进文明成果。人类发展市场经济已有数百年历史，积累了丰富的经验。从改革开放开始，党和政府就积极吸收和借鉴世界各国包括资本主义发达国家所创造的一切先进文明成果来发展社会主义市场经济，建设社会主义市场经济体制。一方面，在深入研究、认真甄别的基础上，将一些好的做法体现在改革的思路、方案和措施中；另一方面，积极推进对外开放，直接引进外资、外企和外国管理技术与做法，大胆运用国际规则和国际惯例。兼收并蓄、广采博收，大大缩短了中国建立市场经济新体制和建设社会主义现代化的进程，有效降低了改革的成本和风险。

（九）坚持综合配套，实行各项改革的协调互动。建设社会主义市场经济体制的改革是一项复杂的系统工程，不仅涉及面宽广，涵盖经济、政治、文化、社会等各个领域，而且每一项改革的深入展开及其成效的取得，都需要其他方面的改革密切配合。30年来，坚持总体指导和统筹协调，在根据新体制建设的需要和经济社会环境的条件合理安排改革的优先顺序和具体步骤的同时，从整体上谋划和部署改革，使各项改革有机衔接、综合配套，实现宏观经济改革和微观经济改革相协调，经济领域和社会领域改革相协调、城市改革和农村改革相协调、经济体制改革和政治体制改革相协调、深化改革和扩大对外开放相协调。

（十）坚持规范操作，推进改革措施的法制化建设。社会主义市场经济体制的建立和完善，必须有完备的法制来推动、规范和保证。30年来，坚持改革开放与法制建设的统一，一方面注重推进经济社会关系法律化，把一些经过实践证明收效良好、比较成熟的改革措施，及时地以规范的制度或法律的形式确定下来；另一方面注重通过立法支持改革向纵深推进，一些重要的改革措施一开始就提供相应的法律配套或以法律的形式来推出，以排除改革障碍，防止改革措施走形变样。此外，在推进改革过程中，还根据需要与实际可能，制定了一些必不可少的基本法规，为改革深化提供良好的法制环境。

在改革开放中还积累了一些其他经验。所有这些经验，大大丰富了人类建设市场经济的理论与实践成果，为发展世界文明作出了杰出的贡献。所有这些经验，进一步廓清了对社会主义市场经济的认识，对于深化改革、完善社会主义市场经济体制具有极为重要的价值。

三、中国经济体制改革的前景展望

30年的中国改革开放，成功实现了社会主义同市场经济的结合，把社会主义市场经济的发展推向了一个新的历史阶段，前景辉煌。但是，前进的道路仍不平坦，必须站在更高的基点上，以更加缜密的思路，用更为科学的方式，花更大的气力，把改革继续推向前进，努力建成完善的社会主义市场经济体制。

（一）深化改革开放面临的基本形势。改革开放进入新的历史时期，面临着新的环境与条件，呈现出新的特点与要求。新的形势增强了深化改革开放的重要性和紧迫性，也为深化改革开放创造了良好的基础。

深化改革是当前国际国内形势发展的需要。从国际上看，经济全球化、市场一体化的深入发展，科技进步日新月异，生产要素和产业转移不断加快，中国与世界经济的相互联系日益紧密，彼此影响不断加深。适应这个大趋势，一方面需要加快推进市场一体化进程，建立起与世界通行做法相衔接的规则与制度，以便迅速、全面、深入地融入国际经济体系，充分利用国际资源、国际市场，更多地分享经济全球化带来的利益；另一方面，又需要建立起有利于提升国际竞争力和有效防范开放风险的、富有特色的管理体制与运行机制，抵御外部势力侵蚀，维护国家经济安全，使自己在日益激烈的竞争中占据主导地位、行使优先权利。从国内来看，尽管多年来中国经济社会保持了又好又快的发展势头，但许多深层的矛盾与问题一直没有从根本上得到解决，这些矛盾与问题主要是：经济增长的资源环境代价过大，发展方式粗放；城乡、区域经济社会发展不平衡，发展协调性不强；农业稳定发展和农民持续增收难度较大，发展基础不稳固等。而发展过程中存在的这些矛盾和问题，都直接或间接与体制机制不完善相关联。而从体制机制本身看，虽然已经初步建立起社会主义市场经济体制，但距离改革的目标还有较大的差距：国有经济战略性调整和国有企业规范的公司制改造任务还远未完成，非公有经济发展仍面临着许多规制性障碍；市场体系特别是要素市场发育还不完备，维护诚实守信和公平竞争的市场规则和秩序尚未完全建立；政府职能转变仍未到位，政企、政事、政资不分的状况在一些地方还比较严重；宏观间接调控体系还不完善；经济调节与法制管理仍显薄弱；部分社会成员间收入差距悬殊，有效的收入分配调节机制和完善的社会保障体系还没有形成；等等。

改革进入新阶段，艰巨性、复杂性、系统性和风险性大大增强。一方面，比较容易的改革相当一部分已经完成，当前面临的主要是一些涉及面宽、触及利益层次深、配套性强、风险较大的改革。不仅如此，经济体制改革本身的深化，已与政治、文化、社会等方面的改革紧密联系在一起，改革真正成为庞大的系统工程。另一方面，社会对改革效应的预期普遍提高，对改革成果分享的要求明显增强，改革的"目的性"日趋直接和强烈，改革已从以"破"为主，转变到"破""立"并重和寓"破"于"立"，其建设性要求明显增强；已从主要是利益调整转向利益调整与增进并重，从利益倾斜转向利益兼顾，特别是要求使广大人民群众都能有公平的机会分享改革发展的成果。

30年后的今天，深化改革也具备了许多有利条件。第一，经过由浅入深、由点到面的一系列改革，以及对于改革成果的真实体验，广大人民群众对改革重要性的认识不断增强，对改革理念和改革方向的理解不断加深，承受改革风险的能力不断提高，参与改革的积极性和自觉运用各种有效方式从事改革的能力也有了较大的提高，这为深化改革提供了良好的思想氛围和社会基础。第二，在改革开放的有力推动下，中国的经济实力、综合国力显著增强，国内生产总值占全球的比重已由1978年的1%上升到2007年的5%以上，财政收入突破5万亿元，外汇储备目前已超过1.8万亿美元，人民生活总体已达到小康水平，这为支付必要的改革成本、化解改革可能出现的风险、支持改革顺利推进提供了坚实的经济基础。第三，社会主义市场经济体制已初步建立，公有制为主体、多种所有制经济共同发展的基本经济制度已经确立并不断巩固完善，全方位、宽领域、多层次的对外开放格局基本形成，一些重大改革举措和经济关系实现了制度化与法制化，这为深化改革提供了有利的体制基础。第四，经过这些年的反复探索、积极试验、大胆实践，在总体上已经摸索出一条适应中国国情的改革道路，在操作层面上已形成了一套适宜的推进方式，这为深化改革提供了扎实的技术基础。

（二）深化改革开放应把握的重要原则。从总体上说，建设完善的社会主义市场经济体制的改革正处于攻坚阶段。改革面临的新的形势和体现出来的新的特点，要求抓住关系经济社会发展全局的重要领域和关键环节，加快推进改革；也要求加强对改革的指导，完善改革的方式，提高改革的科学性和协调性。在深化改革开放的进程中，应当进一步明确和把握一些重大的指导原则。

第一，必须坚持解放思想。深化改革，首要的是深化思想认识。要站在社会发展和时代进步的立场上，摒弃一切不合时宜的思想观念，不断开拓社会主义市场经济理论发展的新境界。要正确认识和对待改革，把改革不到位造成的问题与改革带来的问题区别开来，把局部问题和全局问题区别开来，把改革操作问题与改革方向问题区别开来，把一般性工作措施失误与改革措施失误区别开来，把改革必须付出的成本与改革失误区别开来；要坚持从国情出发，立足实际，以与时俱进的精神和务实的作风，致力于解决现行体制中存在的突出矛盾和问题，不犹豫动摇、不拖拉延缓、不敷衍对付。

第二，必须坚持统筹协调。统筹协调是坚持社会主义市场经济改革方向、全面有效而又平稳有序推进改革的需要。适应改革的复杂性、系统性大大增强的要求，应当加强改革的总体指导和协调。要站在促进社会生产力发展和实现最广大人民群众利益的高度，引导改革认识，谋划改革思路，制定改革措施，规范改革行为。要切实解决一些重要改革受部门利益牵制、难以快速和有效推进的问题，建立健全强有力的改革协调机制，促使各项改革不失时机地大力推进。要正确处理重点突破和综合配套推进的关系，既根据需要和可能合理安排好改革措施的先后顺序，又促使各项改革措施有机衔接，综合配套，相互协调。要坚持政府谋划在前、指挥在前、行动在前，勇于面对改革难题，勇于率先改革自己。

第三，必须坚持以人为本。以人为本，是改革的目的所在，也是改革的动力之源。要把增进全体人民利益和创造平等机会让全体人民分享社会发展成果作为深化改革的出发点和落脚点。要尊重人民群众的首创精神，鼓励所有社会成员围绕改革的重点和难点大胆探索、勇于实践。要把人民群众关心的突出问题作为改革的重点，高度重视人民群众的反映和评价，及时推出和调整相关改革措施。

第四，必须坚持依法推进。牢牢坚持和大力发展社会主义市场经济，必须依法推进各项改革。要紧紧扣住改革的进程，建立健全相关法规，及时把行之有效的改革开放措施规范化、制度化和法制化。要积极运用法律手段推进改革，确保关系经济社会发展全局的重大改革及时推出和顺利进行。要严格依法行使改革权力，以法律约束借改革之名行谋利之实和在改革过程中损害人民群众利益行为的发生。

（三）深化改革开放的主要任务。按照建立完善的社会主义市场经济体制的要求，着眼于解决经济社会生活中存在的深层矛盾与问题，围绕实现科学发展和促进社会和谐，今后一个时期，中国改革开放要以转变政府职能等为重点，深入向前推进，实现关系经济社会发展全局的重大体制改革取得突破性进展，为发展中国特色社会主义提供强大动力和有效保障。

第一，大力推进行政管理体制改革。继续推进政企分开、政资分开、政事分开以及政府与市场中介组织分开，严格分离政府职能和社会职能，切实把政府的工作领域转移到经济调节、市场监管、社会管理和公共服务上。进一步完善行政管理方式，最大限度地缩小行政审批范围，最大限度地采用核准与登记备案制度，最大可能地简化和规范行政审批程序。加大机构整合与改革力度，理顺部门职能，减少行政层次，着力解决机构重叠、职责交叉、政出多门、层级过多问题。完善体现科学发展观和正确政绩观要求的干部考核评价体系，坚持民主、公开、竞争、择优原则，形成干部选拔任用的科学机制。健全科学民主决策机制，完善重大事项集体决策、专家咨询、社会公示和听证以及决策失误责任追究制度，推进政务公开，优化政府决策。全面推进依法行政，健全行政执法体制和程序，加快建立法治政府。

第二，继续深化国有企业改革。进一步优化国有经济布局和结构，运用资本转让、股权结构调整、企业整合和其他有效形式，推动国有资本进一步向重要行业和关键领域集中。深化国有企业股份制改革，重点推进国有独资企业和垄断行业国有企业改革，实行投资主体和产权多元化，完善公司治理结构，健全激励约束机制，加快形成一批具有国际竞争力的大公司、大企业集团。完善各类国有资产管理体制和经营制度，加快建立国有资本运营责任机制。

第三，积极支持非公有制经济发展。公平市场准入，统一政策待遇，促进个体私营经济加快发展。平等保护私有产权，支持有条件的非公有制企业做大做强。鼓励非公有资本参股国有资本和集体资本，推动发展混合所有制经济。加强和改进对非公有制企业的服务和监管，引导和推进个体私营经济制度创新。

第四，加快推进财税投资体制改革。围绕推进基本公共服务均等化和主体功能区建设，完善公共财政体系。健全中央与地方事权与财力相匹配的体制，推进省以下财政体制改革，实行省级直接对县的财政管理和乡财县管乡用。完善和规范财政转移支付制度，提高一般性转移支付的规模和比例，加大公共服务领域的投入。深化预算制度改革，强化预算管理和监督。全面实施新的企业所得税法，配套推进相关改革，改革资源税费制度，完善资源有偿使用制度和生态环境补偿机制。推进增值税转型改革试点，择机在全国范围内实施。对不同性质的投资实施分类管理，严格规范政府投资行为，推行中央预算内投资项目代建制。

第五，着力进行金融体制改革。继续推进国有金融企业的股份制改造，深化政策性银行改革，完善金融机构公司治理结构和内控机制。继续推进农村信用社改革，积极发展新型农村金融机构。健全和完善各类金融市场，加强基础制度建设，提高直接融资比重。稳步推进利率市场化改革，完善人民币汇率形成机制。加强和改进金融监管，强化跨境资本流动管理，维护金融稳定和金融安全。

第六，加快完善现代市场体系。进一步打破行政性垄断和地区封锁，推进市场一体化，实现各类商品和要素的自由流动。积极稳妥地推进资源性产品和生产要素价格改革，推动形成反映市场供求关系和环境损害成本的定价机制。依法规范市场主体行为，规范发展行业协会和市场中介组织，健全市场竞争秩序。加快完善社会信用体系，建立健全失信惩戒制度。

第七，全面推进农村改革。继续深化乡镇机构、农村义务教育体制和县乡财政管理体制改革，巩固发展农村综合改革成果。采取多种有效措施，积极稳妥化解乡村债务。稳定和完善土地承包关系，健全土地承包经营权流转市场，稳步发展多种形式的适度规模经营。大力发展农民专业合作组织，健全农村公共服务体系。积极推进集体林权制度改革，切实确立农民经营主体地位。

第八，继续搞好就业、社会保障和收入分配制度改革。实施积极的就业政策，促进自主创业和自谋职业，推行灵活多样的就业方式；打破各种形式的就业垄断，建立统一规范的人力资源市场，形成城乡劳动者平等就业的制度。完善社会统筹与个人账户相结合的企业职工基本养老保险制度，逐步提高统筹层次，建立全国统一的社会保险关系转续制度；全面推进城镇职工和居民基本医疗保险与农村新型合作医疗制度建设，加快建设覆盖城乡的医疗保障体系；完善城乡最低生活保障制度和失业、工伤、生育保险制度，逐步提高保障水平；建立健全住房保障体系，积极解决低收入群众住房困难。坚持和完善按劳分配为主、多种分配方式并存的分配制度，实行各种生产要素按贡献参与分配；整顿和规范收入分配秩序，加大收入分配监管力度，控制和调节垄断性行业收入水平，着力提高低收入者收入水平。

第九，稳步推进科技教育文化卫生体制改革。加快应用开发类科研机构建立现代企业制度的步伐，推动公益性科研机构建立健全现代科研院所制度，建立以企业为主体、市场为导向、产学研相结合的体制框架。建立和完善义务教育经费保障制度，确保在全国城乡普遍实行免费义务教育；深化教学内容与方式、考试招生制度、教学质量评价制度等改革，全面实施素质教育；继续推进教育行政管理体制改革，不断改善管理方式。继续推进经营性文化单位企业化转制，加大公益性文化事业单位内部管理体制改革力度；调整文化产业所有制结构，促进各类文化产业共同发展。按照政事分开、管办分开、医药分开、营利性和非营利性分开的原则，推进医疗卫生事业单位改革；建立覆盖城乡居民的公共卫生服务体系、医疗服务体系、医疗保障体系、药品供应保障体系，提高全民健康水平。

第十，全面推进涉外经济体制改革。健全涉外经济法规体系，形成公平和稳定的法制环境。改善涉外经济活动管理方式，进一步提高贸易和投资自由的便利程度。加快转变外贸增长方式,促进加工贸易转型升级。改善利用外资方式,优化利用外资结构,提高利用外资质量和效果。创新对外投资和合作方式,加快培育中国的跨国公司和国际知名品牌。健全对外开放风险应对机制,广泛应用各种适宜手段,维护国家经济利益与安全。

所有制结构改革的回顾与展望

（2008年12月）

　　建立科学合理的生产资料所有制结构是社会生产力发展的内在要求。为了寻求符合中国国情、有利于促进生产力发展的所有制结构，自新中国成立起，我们就开始了不懈的探索。经过近60年的努力，特别是改革开放30年来的大胆探索和实践，我国形成了公有制为主体、多种所有制经济共同发展的所有制格局，并作为我国社会主义初级阶段的基本经济制度确立下来。

一、我国社会主义所有制结构的演变与改革

　　所有制结构，是指各种所有制形式在社会经济中所占的比重、所处的地位以及它们之间的相互关系。所有制是社会经济制度的核心和基础，所有制性质也决定着社会制度的性质。一个社会的所有制结构是否合理，直接制约着这个社会的生产力能否迅速发展。因此，任何一个社会都存在着调整与优化所有制结构的问题。自20世纪50年代初没收官僚资本，对个体农业、个体手工业和资本主义工商业进行社会主义改造起，特别是改革开放30年来，我国所有制结构历经多次调整与改造，走过了极不平凡的探索历程。

　　（一）从新中国成立到党的十一届三中全会召开前30年所有制结构的变迁。改革开放前所有制结构的调整变化是在建立社会主义制度的实践要求和对社会主义生产资料所有制"一大二公"的认识基础上发生和展开的，大体上经历了两个阶段。

——第一个阶段：社会主义公有制的确立和多种所有制成分并存。旧中国是一个经济极端落后的国家。经济命脉和主要生产资料掌握在外国资本、封建地主和官僚资本的代表手中。新中国诞生之后，首要任务就是解决旧的生产关系与生产力之间的矛盾，其中最主要的一个环节就是变革生产资料所有制。

在中共中央提出的"没收封建阶级的土地归农民所有，没收蒋介石、宋子文、孔祥熙、陈立夫为首的垄断资产阶级归新民主主义的国家所有，保护民族工商业"的新民主主义革命三大经济纲领指引下，中国人民解放军和各级人民政府没收和接管了属于国民党国家垄断资本的金融和工商企业，从而构成了新中国最初的国有经济的主要组成部分。

实现了新民主主义革命的三大经济纲领后，新民主主义经济由国营经济、合作社经济、国家资本主义经济、私人资本主义经济、个体经济五种成分组成。在这五种经济成分中，国营经济处于领导地位，掌握国家的经济命脉。1949年，在工业生产总值中，国营、合作社营工业占34.7%，公私合营工业占2%，私营工业占63.3%。

在1949—1952年的国民经济恢复时期，我国实施"公私兼顾、劳资两利、城乡互助、内外交流"的基本经济政策，使各种经济成分在国营经济领导下"分工合作、各得其所"。国家优先发展国营经济、积极扶持合作经济、鼓励国家资本主义经济。到1952年，在工业总产值中，国营、合作社营与公私合营企业产值所占比重已达50%以上，与其他经济成分相比已占优势。

从中可看出，在这个阶段，国有经济所占比重并不太高，非公有经济成分占相当比例。这种所有制结构不仅使我国的国民经济渡过了恢复时期，弥合了长期战争的创伤，而且为1953年开始的社会主义经济建设提供了物质基础，保证了第一个五年计划的成功实施。因此，总体上说，这种所有制结构基本适应当时我国生产力状况的发展要求，推动了当时生产力的发展。

——第二个阶段：单一公有制格局的形成。1952年，中共中央提出了过渡时期总路线，其核心是"一化三改造"，即在一个相当长的时间内，逐步实现国家的社会主义工业化，并逐步实现国家对农业、手工业和资本主义工商业的社会主义改造。从1953年开始，对个体农业、手工业和资本主义工商业的社会主义改造成为贯彻过渡时期总路线的重要组成部分。对个体农业，我们遵循自愿互利、典型示范和国家帮助的原则，创造了从临时互助组和常年互助组，发展到半社会主义性质的初级农业生产合作社，再发展到社会主义性质的高级农业生产合作社的过渡形式。对个体手工业的改造，也采取了类似的办法。对资本主义工商业，我们创造了委托加工、计划订货、统购统销、委托经销代销、公私合营、全行业公私合营等一系列从低级到高级的国家资本主义的过渡形式。到1956年，全国绝大部分地区完成了对生产资料私有制的社会主义改造。1957年参加农业生产合作社的农户比重达97.5%，私营工业已全部公私合营，批发与零售商业中，私营成分分别仅占0.1%和2.7%。其后，经历"大跃进"、农村人民公社化运动和"文化大革命"，实行更加片面追求纯之又纯的公有制形式。到1978年，在全国工业总产值中，全民所有制企业占77.6%，集体经济占22.4%，个体私营经济几乎不存在。我国的经济结构基本上只剩下全民所有制和集体所有制两种公有制成分，而相当一部分集体经济实际上是按国有经济的规则管理和运行，生产资料所有制结构已成为以国有经济为主体的单一的公有制。

在这段时期，受国际国内多方面因素的影响，经济建设中"左"的指导思想不断蔓延，"左"倾错误严重泛滥开来，各种非公有制经济被看作是社会主义制度的异己物和不稳定因素。与此同时，盲目追求"一大二公三纯"所有制形式的思想认识成为当时的主流意识，公有制经济被理解为是社会主义社会的唯一经济成分，而公有制经济又主要体现为国有制经济。一方面，片面强调全民所有制的优越性，低估集体所有制存在和发展的必然性，混淆全民所有制和集体所有制的界限，搞所有制的"升级""穷过渡"和"合并"运动，将"一大二公"作为判断所有制形式先进与否的标准，即认为社会主义公有制的范围越大越好，公有化的程度越高越好；另一方面，完全排斥非公有制经济的存在。连农户搞的一些少量的家庭副业也被当作滋生资本主义和资产阶级的温床，不断地加以挞伐。

实践证明，这种公有制基本上一统天下、国有制又占绝对优势的所有制结构严重脱离了我国生产力落后、社会化生产水平低的国情，人为地拔高了所有制结构，必然使生产力和生产关系之间产生严重的碰撞，甚至破坏已有的生产力。在这种所有制的基础上建立起来的高度集中和统一的计划经济体制，否定了市场机制的作用，压抑了企业和劳动者生产经营的积极性和创造力，经济发展失去了动力与活力。这一时期也有一些突破，刘少奇提出了允许并在一定程度上鼓励个体经济与私营经济存在与发展的思想，以及陈云在党的八大发言中提出的关于我国社会主义经济三个"主体"和三个"补充"的重要思想。这些思想只是在1949—1952年的国民经济恢复时期和1959—1961年的三年困难时期，得到了短暂的贯彻执行。

（二）从1978年党的十一届三中全会召开以来30年所有制结构的重大调整和改革。作为整个社会经济制度的基础和核心，生产资料所有制改革成为1978年改革开放以来经济体制改革的重要环节。30年来，随着所有制观念的不断更新和突破，我国的所有制结构按照社会主义市场经济的要求，适应最大限度地发展生产力的需要，不断调整和改革，取得了一系列重大突破。

——第一阶段：公有制经济为主体，非公有制经济为补充的所有制格局的形成。1978年，党的十一届三中全会开启了我国改革开放的历史新时期，中国共产党和中国人民开始了波澜壮阔的创新实践，最初发展多种所有制经济的方针政策，随着改革开放的逐步推进和经济社会的迅速变化，得到不断完善和发展。1981年，党的十一届六中全会通过的《关于建国以来党的若干历史问题的决议》明确提出："我们的社会主义制度还是处于初级的阶段。""社会主义生产关系的变革和完善必须适应于生产力的状况，有利于生产的发展。国营经济和集体经济是我国基本的经济形式，一定范围的劳动者个体经济是公有制经济的必要补充。必须实行适合于各种经济成分的具体管理制度和分配制度。"这个决议正式提出了个体经济是公有制经济必要补充的论点。五届全国人大四次会议通过的十条经济建设方针，重申了这个提法。

1982年，党的十二大报告明确提出了"关于坚持国营经济的主导地位和发展多种经济形式的问题"。党的十二届三中全会作出了《中共中央关于经济体制改革的决定》。其中指出要"积极发展多种经济形式，进一步扩大对外的和国内的经济技术交流"，"要在自愿互利的基础上广泛发展全民、集体、个体经济相互之间灵活多样的合作经营和经济联合，有些小型全民所有制企业还可以租给或包给集体或劳动者个人经营"。还提出"利用外资，吸引外商来我国举办合资经营企业、合作经营企业和独资企业，也是对我国社会主义经济必要的有益补充"。以公有制为主体，多种经济成分并存的方针基本确立。

1987年，党的十三大对以公有制为主体，多种经济成分并存的方针又有所发展。党的十三大报告进一步提出要以公有制为主体，发展多种所有制经济，鼓励个体经济、私营经济、中外合资企业、合作经营企业和外商独资企业要有一定程度的发展。报告还提出"公有制经济本身也有多种形式。除了全民所有制、集体所有制以外，还应发展全民所有制和集体所有制联合建立的公有制企业，以及各地区、部门、企业相互参股等形式的公有制企业。在不同的经济领域、不同的地区，各种所有制经济所占的比重应当有所不同"。

1992年，党的十四大在确定建立社会主义市场经济体制目标的基础上，阐明了所有制结构与社会主义市场经济的关系。党的十四大报告指出："社会主义市场经济体制是同社会主义基本制度结合在一起的。在所有制结构上，以公有制包括全民所有制和集体所有制为主，个体经济、私营经济、外资经济为补充，多种经济成分长期共同发展，不同经济成分还可以自愿实行多种形式的联合经营。国有企业、集体企业和其他企业都进入市场，通过平等竞争发挥国有企业的主导作用"。1993年，党的十四届三中全会通过的《中共中央关于建立社会主义市场经济体制若干问题的决定》，在所有制结构问题上，进一步指出：随着产权的流动和重组，财产混合所有的经济单位越来越多，将会形成新的财产所有结构。就全国来说，公有制应在国民经济中占主体地位，有的地方，有的产业可以有所判别。公有制的主体地位主要体现在国家和集体所有的资产在社会总资产中占优势，国有经济控制国民经济命脉及对经济发展的主导作用等方面。进一步明确了公有制主体的含义。

——第二阶段：公有制为主体，多种所有制经济共同发展的所有制结构的确立。1997年，党的十五大则从根本上明确，公有制经济为主体，多种所有制经济共同发展，是我国社会主义初级阶段的一项基本经济制度，非公有制经济是我国社会主义市场经济的重要组成部分。这意味着，作为基本经济制度，这种所有制结构就不只是一般的方针政策，更不是权宜之计，而是具有稳定性、长期性的制度安排。这种提法，实现了我国所有制改革的历史性突破。第一，突破了传统的"补充论"。党的十五大改变了过去"以公有制为主体，以国有经济为主导，以非公有制经济为补充"的提法，而是强调"多种所有制经济共同发展"，"非公有制经济是社会主义市场经济的重要组成部分"，"要依法保护各类企业的合法权益和公平竞争"。非公有制经济与公有制经济长期并存、公平竞争、共同发展，是符合中国经济发展需要的，也是符合社会主义市场经济要求的。第二，突破了单纯的"数量论"。党的十五大明确提出："公有资产占优势，要有量的优势，更要注重质的提高"，"国有经济起主导作用，主要体现在控制力上"，"只要坚持公有制为主体，国家控制国民经济命脉，国有经济的控制力和竞争力得到增强，在这个前提下，国有经济比重减少一些不会影响我国的社会主义性质"。

——第三阶段：公有制为主体，多种所有制经济共同发展的所有制结构的进一步发展。随着我国经济建设事业的进一步发展，所有制结构的变革继续深入，非公有制经济在经济发展中占据着越来越重要的位置。

2002年，党的十六大重申"必须毫不动摇地巩固和发展公有制经济，必须毫不动摇地鼓励、支持和引导非公有制经济发展"，"个体、私营等各种形式的非公有制经济是社会主义市场经济的重要组成部分，对充分调动社会各方面的积极性、加快生产力发展具有重要作用"。在公有制与非公有制关系上，党的十六大提出"坚持公有制为主体，促进非公有制经济发展，统一于社会主义现代化建设的进程中，不能把这两者对立起来。各种所有制经济完全可以在市场竞争中发挥各自优势，相互促进，共同发展"。这样的定位，大大地促进了我国非公有制经济的发展，使得多种所有制形式出现了融合的趋势即混合所有制。党的十六届三中全会又进一步指出"要清除体制性障碍，放宽非公有制经济的市场准入，鼓励有条件的非公有制企业做大做强"；并提出"要适应经济市场化不断发展的趋势……大力发展国有资本、集体资本和非公有资本等参股的混合所有制经济，实现投资主体多元化，使股份制成为公有制的主要实现形式"。2004年，十届全国人大二次会议在宪法修正案中明确，公民的合法的私有财产不受侵犯，国家依照法律规定，保护公民的私有财产权和继承权；并在宪法修正案中，将"国家保护个体经济、私营经济的合法的权利和利益，国家对个体经济、私营经济实行引导、监督和管理"修改为"国家保护个体经济、私营经济等非公有制经济的合法的权利和利益，国家鼓励、支持和引导非公有制经济的发展，并对非公有制经济依法实行监督和管理"。把保护非公有制经济上升到根本大法的高度，充分表明了国家对发展非公有制经济的信心。国务院还颁布了《关于鼓励、支持和引导个体、私营等非公有制经济发展的若干意见》。2007年3月16日，十届全国人大五次会议通过的《物权法》把坚持国家基本经济制度作为基本原则，明确规定："国家在社会主义初级阶段，坚持公有制为主体、多种所有制经济共同发展的基本经济制度。"

2007年，党的十七大又进一步强调，完善基本经济制度，健全现代市场体系，坚持和完善公有制为主体，多种所有制经济共同发展的基本经济制度，毫不动摇地巩固和发展公有制经济，毫不动摇地鼓励、支持和引导非公有制经济发展，坚持平等保护物权，形成多种所有制经济平等竞争、相互促进的新格局。

总的来看，改革开放30年来，我国所有制结构发生了重大变化：国有经济比重大大下降，但仍发挥主导作用；集体经济的作用日益显现；非公有制经济在国民经济中的比重加大，显示了强大的生命力，到2007年非公有制经济在城镇就业人口、出口总额等方面已经全面超越了公有制。从发展趋势看，所有制实现形式趋于多样化，混合所有制将是我国未来所有制结构重组的方向。实践证明，这种以公有制为主体、多种所有制经济并存的所有制结构较好地适应了现阶段生产力发展水平，从而极大地推动了我国生产力的发展，增强了综合国力。

二、国有经济结构的战略调整

国有经济是生产资料由社会主义国家代表全社会劳动人民占有的一种公有制形式，又称全民所有制。国有经济是我国社会主义公有制的重要实现形式，是建设中国特色社会主义的基础，是社会主义市场经济的主导力量。在社会主义初级阶段，国有经济的实现形式具有灵活多样的特点。国有独资企业、国家控股的股份制企业、国有民营企业以及混合所有制中的国有成分等，都是国有经济的重要实现形式。

1978年改革开放以来，特别是建立社会主义市场经济体制的改革目标确定后，按照建立现代企业制度的要求，历经了一系列的改革探索，我国国有企业改革取得巨大成绩，国有经济实现了战略调整。这个过程大致经历了两个阶段：

第一阶段是1992年以前的以"放权让利"为特征的改善管理阶段，即扩大企业在利润分配、生产计划、劳动人事、产品销售等方面经营自主权。其中，1978年至1984年这段时期，主要以扩权让利为重点，实行企业利润留成制度，调整国家与企业的利益分配关系。1979年，国务院发布了《关于扩大国营企业经营管理自主权的若干规定》等5个文件。根据不同行业、不同企业的具体情况，实行不同的利润留成比例。企业用利润留成建立生产发展基金、集体福利基金和职工奖励基金。国有企业普遍实行了利润包干，调动了企业的生产积极性。但利润包干使国家的财政收入占国民收入的比重下降，不利于国家集中财力进行重点建设。1983年开始，分两步实行利改税，规范政府和企业的分配关系。但由于价格体制改革刚刚开始，价格体系不合理，造成企业间的税负不公平。1985年至1992年期间，以承包经营责任制为重点，实行企业所有权与经营权适当分离，确立企业的市场主体地位。1984年10月党的十二届三中全会通过的《中共中央关于经济体制改革的决定》，提出了政企分开和所有权与经营权分开的改革原则。1988年七届全国人大一次会议通过的《全民所有制工业企业法》，明确了国有企业的法人地位。1992年国务院发布的《全民所有制工业企业转换经营机制条例》，规定了企业享有的14项经营权。国有企业普遍实行了承包经营责任制，扩大企业经营自主权，调动了企业和职工的积极性。但企业包盈不包亏的问题，助长了企业重生产、轻投资、拼凑设备等短期行为。

第二阶段是1993年后的以建立现代企业制度和"抓大放小"为特征的收缩国有企业阵地阶段。通过建立现代企业制度将国有企业改造成为"产权清晰、权责明确、政企分开、管理科学"的现代企业，以及通过调整产业结构，实行资产重组，采用合资、兼并、拍卖、租赁、破产等多种方式，改造和淘汰那些效益低、亏损大、无前途的企业，达到优化国有资产结构和提高国有企业效益的目的。其中，1993年至2002年期间，以建立现代企业制度为重点，实行规范的公司制改革，转化企业经营机制。1993年11月党的十四届三中全会通过的《中共中央关于建立社会主义市场经济体制若干问题的决定》提出，建立现代企业制度是国有企业的改革方向。1993年12月第八届全国人大常委会第五次会议通过的《公司法》，明确规定公司是企业法人，有独立的法人财产，享有法人财产权。1997年党的十五大提出，调整和完善所有制结构，探索公有制的多种实现形式，此后中国各地开始探索包括整体出售国有企业和出售部分国有股等形式在内的改制。改制最先是从乡镇集体企业和县、市属小型国有企业开始的。1999年，党的十五届四中全会通过的《关于国有企业改革和发展若干重大问题的决定》，对国有企业改革的目标、方针政策和主要措施作出了全面部署。从1994年开始，中央和地方选择了2500多家企业，按照现代企业制度的要求进行试点。到2000年以后，双重置换（产权置换和职工身份置换相结合）的模式在实践中得到了确立，改制从县、市属国有企业向省属甚至中央国有企业扩展，从小型国有企业向中型甚至大型国有企业扩展。2003年至现在这段时间，国有企业改革进入了以深化国有资产管理体制改革为重点，实行政资分开，推进企业体制、技术和管理创新的阶段。2002年党的十六大报告提出，国家要制定法律法规，建立中央政府和地方政府分别代表国家履行出资人职责，享有所有者权益，权利、义务和责任相统一，管资产和管人、管事相结合的国有资产管理体制。2003年3月按照全国人大通过的机构改革方案，国务院成立了国有资产监督管理委员会。2003年5月国务院发布了《企业固有资产监督管理暂行条例》。之后，各省、自治区、直辖市相继成立了国资委，分别代表国家对经营性国有资产履行出资人职责。同时，国有企业联合重组步伐大幅度加快，在收缩阵地的同时，形成了一批具有国际影响力和竞争力的大型国有企业。

改革开放30年来，围绕着国有企业改革这个经济体制改革的中心环节，以公有制、国有经济与市场经济能否结合、如何结合的问题为实质线索，国有企业管理体制和经营机制发生了深刻变化。在公有制为主体、多种所有制经济共同发展的新格局下，通过认真贯彻落实党中央、国务院关于国有企业改革的一系列重大方针政策，不断深化改革，调整结构，加强管理，加快技术创新，国有企业改革发展取得了重大进展。时至今日，国有企业与改革之初的状况相比发生了历史性的转变，取得巨大成就。总的说来，国有经济发挥着主导作用，国有资产总量迅速增加，国有经济总体实力显著增强。主要表现在：

（一）以公司制为主要实现形式的现代企业制度初步确立。股份制改革不断深化。随着现代企业制度建设的不断推进，公司制已成为国有企业的一种主要组织形式。目前，在工商行政管理部门登记的公司制企业已达120多万家。全国大部分国有企业通过产权改造、引进战略投资者、资本市场上市等途径，已经改制为多元股东持股的公司制企业。中央企业及下属子企业的公司制股份制企业户数比重已由2002年的30.4%提高到2006年的64.2%。一批大型国有企业先后在境内外公开发行股票并上市，在A股市场的1500多家上市公司中，含有国有股份的上市公司有1000多家，在中国香港和纽约、新加坡等境外资本市场上市的中央企业控股的上市公司达78家。

公司法人治理结构不断完善。实行公司制的企业，都建立健全了法人治理结构，开始以市场为导向独立经营。公司制企业初步建立起了决策、执行、监督相互制衡的机制。国家积极开展建立和完善董事会的试点工作。宝钢集团有限公司、神华集团有限责任公司等19家中央企业开展了董事会试点，3家企业进行了外部董事担任董事长的探索。国资委共选派了63名外部董事，有17家试点企业的外部董事达到或超过了董事会成员的半数，初步实现了企业决策权与执行权分开和董事会选聘、考核、奖惩经理人员。从试点的初步效果看，企业内部制衡机制初步形成，决策更加科学，管理更加有效，风险防控能力得到增强。

做好分离企业办社会职能和主辅分离辅业改制工作。许多企业通过精干主业、健全研发体系、压缩管理层级、缩短管理链条，实现了企业组织结构优化和内部资源的有效配置。目前，已有76家中央企业主辅分离辅业改制方案上报并得到批复，共涉及改制单位5043个，分流安置富余人员814万人。同时，通过学习、借鉴国外先进管理经验并大胆创新，国有企业的现代化管理水平也得到了普遍提高。

（二）国有经济布局和结构实现战略性调整。继续调整国有经济的布局和结构，使国有经济的活力、控制力、影响力进一步增强，是深化经济体制改革的一项重大任务。随着国有中小型企业改制逐步完成，国有经济和国有资本逐步向关系国民经济命脉的重要行业和关键领域集中，向大企业集中，国有企业量多面广和过于分散的状况有了明显改观，国有经济的布局趋向优化，国有企业在关系国计民生的行业和领域仍占支配地位，具有较强国际竞争力的大企业成为国家实力的重要象征。为加快国有经济布局和结构调整步伐，国务院办公厅专门转发了《关于推进国有资本调整和国有企业重组的指导意见》，明确了国有经济布局和结构调整的基本思路。

近年来，国家主要通过实施政策性关闭破产、积极推进国有企业联合重组、规范国有企业改制和国有产权转让等措施，加快国有经济布局和结构调整步伐。截至2006年年底，全国共实施政策性关闭破产项目4251户，安置人员837万人，已完成政策性关闭破产80%的工作量。目前，由国资委直接监管的中央企业户数已从196家减少到149家。同时，针对企业改制、管理层收购、产权转让不规范等问题，有关部门出台了一系列政策性文件，不断建立完善规范国有产权转让的制度规定，有效地防止了国有资产流失，维护了职工的合法权益。

通过国有经济结构和布局的战略性调整，一批具有较强竞争力的大公司大集团，在激烈的市场竞争中涌现出来，一批国有中小企业通过多种形式放开搞活，一批长期亏损、资不抵债的企业和资源枯竭的矿山退出了市场。国有资本进一步向关系国家安全和国民经济命脉的重要行业和关键领域集中，向具有竞争优势的行业和未来可能形成主导产业的领域集中，向具有较强国际竞争力的大公司大企业集团集中，向中央企业主业集中。国有企业数量虽然减少了，但国有经济的活力、控制力和影响力大大增强。据统计，截至2006年年底，全国国有企业户数共计11.9万户，比2003年减少3.1万户；但户均资产2.4亿元，比2003年增长84.6%，年均增长22.7%；国有资本的控制力不断增强，国有资本直接支配或控制的社会资本1.2万亿元，比2003年增长1.1倍。目前，中央企业80%以上的国有资产集中在军工、能源、交通、重大装备制造、重要矿产资源开发领域，承担着我国几乎全部的原油、天然气和乙烯生产，提供了全部的基础电信服务和大部分增值服务，发电量约占全国的55%，民航运输总周转量占全国的82%，汽车产量占全国的48%，生产的高附加值钢材约占全国的60%，生产的水电设备占全国的70%，火电设备占全国的75%。

（三）国有企业内部劳动、人事、分配制度发生了重大变化。国有企业积极推进内部劳动、人事、分配制度改革，调动企业职工的积极性，激发了企业活力。在劳动制度方面，普遍实行了全员劳动合同制。许多国有企业实行了职工竞聘上岗，有些职工下岗、有些职工位置发生了变化，竞聘上岗的职工与企业签订了新的劳动合同，身份变成了市场化的社会人，待遇实现了市场化，福利实现了市场化。在人事制度方面，已取消企业领导人员和管理人员的行政级别，开始实行企业经营管理人员竞聘上岗。近几年来，中央企业先后分7批进行公开招聘高级经营管理者的试点工作，共有100家（次）中央企业的103个高级管理职位面向全社会公开招聘，不仅为中央企业引进了一批优秀的经营管理人才，还初步建立了中央企业人才储备库。通过推行公开招聘和内部竞争上岗，国有企业已经初步形成了适应现代企业制度要求的多样化的经营管理者选拔方式。在收入分配方面，企业根据经济效益和当地社会平均工资水平，决定管理人员和职工的分配方式和分配水平，实行以岗位工资为主的工资制度，对有贡献的专业技术人员、营销人员给予相应的报酬，一些企业还探索了工资集体协商制度、企业经营者年薪制和股权期权激励制度。国有企业经营管理人员能上能下、职工能进能出、收入能增能减的新机制正在逐步形成。

（四）国有企业整体素质和竞争力进一步增强。企业经济运行质量和效益明显提高。以2003—2006年为例，中央企业主营业务收入由4.47万亿元增加到8.14万亿元，增长81.9%，年均递增22.1%；实现利润由3006亿元增加到7547亿元，增长151.1%，年均递增35.9%；净资产收益率由5%提高到10%，提高了5个百分点；总资产报酬率由5%提高到7.5%，提高了2.5个百分点。截至2006年年底，中央企业资产总额为12.27万亿元，比2003年年底增长46.5%；净资产总额为5.35万亿元，比2003年年底增长49.7%。

企业实力明显增强。2006年，中央企业主营业务收入超过千亿元的有19家，利润超过百亿元的有13家，分别比2003年增加10家和7家。有16家中央企业进入2007年公布的世界500强企业名单，比2003年增加10家。中国石油化工集团公司排名第17位，成为首家跻身前20名的中国企业。世界上最主要的金融分析及风险评估服务商标准普尔公司提高了一批中央企业的信用等级。

技术创新能力明显提高。到2006年年底，中央企业已拥有专利38084项，其中发明专利11249项，占总量的29.5%。2006年，中央企业获国家科技进步奖64项，占全部奖项的近1/3，其中唯一的国家科技进步特等奖由中央企业获得。在国家认定的449家国家级企业技术中心中，中央企业有91家，占20%；在国家首批创新型企业试点单位中，中央企业占30%。中央企业从事技术创新活动人员达27.6万人。

对国家经济社会发展的贡献明显增加。2003—2006年，中央企业上缴税金由3563亿元增加到6611亿元，增长85.5%，年均递增22.9%，每年净增加1000亿元，三年累计上缴税金1.7万亿元。石油石化企业努力加强管理，降低成本，确保国内成品油的稳定供应。电力企业加强电网改造，加快发展农电事业，全面推进"户户通电"工程，保障了电力供应。电信企业在经济社会信息化建设中发挥了重要作用。军工企业深化改革，加快技术创新，按时保质保量完成军品科研和生产任务，为国防现代化建设作出了重要贡献。建筑、建材、商贸等行业的中央企业在承担国家重点建设工程、稳定市场等方面，都作出了重要贡献。在2008年抗击南方严重低温冰冻雨雪灾害和四川汶川地震抗震救灾工作中，电力、铁路、交通、煤矿、商贸等国有企业努力"保交通、保供电、保民生"，在抢救生命财产和灾后恢复重建工作中发挥了特殊作用。

（五）国有资产监管水平稳步提高。围绕进一步搞好国有企业，推动国有经济布局和结构的战略性调整，发展和壮大国有经济，实现国有资产保值增值的国有资产管理体制改革的目标，我国采取一系列政策措施，积极推进国有资产监管领域的改革。

建立和完善国有资产监管体制。2003年3月，国务院国有资产监督管理委员会成立，第一次在政府层面上做到了政府的公共管理职能与国有资产出资人职能的分离，解决了长期存在的国有资产出资人缺位、多头管理等问题，这是我国经济体制改革的一个重大突破。经过努力，目前，中央和省、市（地）三级国有资产监管体制框架基本建立。

国有资产监管法制建设不断加强。制定了与《企业国有资产监督管理暂行条例》相配套的规章制度，共制定发布了企业改制、产权转让、资产评估、业绩考核、财务监督等19个规章和82个规范性文件，地方国资委制定了1600多件地方规章和规范性文件，国有资产管理的法律法规体系进一步完善。

实行企业经营业绩考核制度。2003年，制定并颁布了《中央企业负责人经营业绩考核暂行办法》。2004年，国务院国资委与所有中央企业负责人签订了年度经营业绩考核责任书，2005年又与中央企业负责人签订了任期经营业绩责任书，这标志着中央企业负责人经营业绩考核制度正式建立。在实行经营业绩考核的同时，相应制定了配套的《中央企业负责人薪酬管理暂行办法》，绩效薪金与企业经营业绩考核结果挂钩。各地国资委对所出资企业也实行了业绩考核。国有资产保值增值的责任体系层层到位。

加强财务监督和风险控制。建立了企业重要财务事项备案监督制度，开展了企业财务预决算管理、财务动态监测、会计核算监督、经济责任审计、内部审计管理及中介财务审计监督等各项工作，出资人财务监督体系基本形成。在总结企业风险控制经验教训的基础上，制定了《中央企业全面风险管理指引》，引导和组织企业清理高风险业务，加强风险防控。目前，大多数中央企业都建立健全了风险管理的规章制度，一批中央企业的境外上市公司建立了较完善的内部控制体系，并将内控体系扩展到存续企业。

建立国有资本经营预算制度。研究出台中央企业国有资本经营预算制度总体框架、中央企业利润分配监督管理、国有资本收益收缴管理和国有资本经营预算支出管理等相关制度，并组织测算国有资本经营预算规模，在中央企业开展收益收缴试点。预算收入主要用于解决历史遗留问题和国有资本调整。

通过上述一系列的措施，国有资产管理体制改革取得积极成果：机构设置实现了政企分开、政资分开，国有资产保值增值的责任得到了有效落实，国有资产监管得到了切实加强。

三、非公有制经济不断发展壮大

非公有制经济在新中国成立初期曾经存在并有一定程度的发展。但后来由于多种原因逐步萎缩，几近消亡。自改革开放以来，非公有制经济的地位得以重新确立，政策上得到扶持，其经营领域与经济规模都有了长足的发展。

（一）改革开放后我国非公有制经济发展的背景。改革开放前的相当长一段时期内，在理论上否定非公有制经济存在的必要性，在实践上遏制非公有制经济的发展。1978年党的十一届三中全会总结了我国社会主义现代化建设的经验教训，提出了大幅度发展生产力必须多方面改变同生产力发展不适应的生产关系和上层建筑，改变一切不适应的管理方式、活动方式和思想方式。1982年党的十二大提出了坚持国有经济的主导地位和发展多种经济形式的论断。这两次重要会议奠定了我国非公有制经济发展的政策基础。

1987年党的十三大提出要在公有制为主体的前提下，继续发展多种所有制经济，并对私营经济的地位和作用提出了明确的政策。1992年党的十四大进一步肯定了非公有制存在的必要性，指出外国资金以及作为有效补充的私营经济，都应当而且能够为社会主义所利用。党的十四届三中全会进一步强调在积极促进国有经济和集体经济发展的同时，鼓励个体经济、私营经济和外资经济的发展。1997年党的十五大实现了关于非公有制经济认识新的突破,明确肯定非公有制经济是我国社会主义市场经济的重要组成部分,强调对个体、私营等非公有制经济要继续鼓励和引导,使之健康发展。1999年国家出台了《个人独资企业法》,至此,我国关于私营经济三种主要形式,即独资企业、合伙企业、有限责任公司的主体法律已经基本齐备。

2002年,党的十六大又重申"必须毫不动摇地鼓励、支持和引导非公有制经济发展"。"个体、私营等各种形式的非公有制经济是社会主义市场经济的重要组成部分,对充分调动社会各方面的积极性、加快生产力发展具有重要作用"。党的十六届三中全会又进一步指出"要清除体制性障碍,放宽非公有制经济的市场准入,鼓励有条件的非公有制企业做大做强"。2004年,十届全国人大二次会议在宪法修正案中明确,公民的合法的私有财产不受侵犯,国家依照法律规定,保护公民的私有财产权和继承权。为了推动非公有制经济的发展,国务院还颁布了《关于鼓励、支持和引导个体、私营等非公有制经济发展的若干意见》。2007年,党的十七大又进一步强调,要毫不动摇地鼓励、支持和引导非公有制经济发展,坚持平等保护物权,形成多种所有制经济平等竞争、相互促进的新格局。

(二)非公有制经济发展的现状。改革开放以来,我国非公有制经济迅速成为国民经济中一支重要的生力军。随着社会主义基本经济制度的不断完善,各类所有制企业平等竞争的市场主体地位逐步确立,非公有制经济蓬勃发展,进入了历史新阶段。

1. 非公有制经济快速增长。改革开放以来,我国个体私营等非公有制经济从无到有,从小到大,从弱到强,迅速成长。特别是近年来,非公有制经济保持持续快速增长,现已成为我国社会主义市场经济的重要组成部分。一是个体私营企业数量大幅增加。据国家工商总局统计,私营企业从20世纪80年代末开始起步,1992年以来一直以年均30%以上的速度增长。2007年年末,登记注册的全国私营企业达551.3万户;登记注册的全国个体工商户为2741.5万户。目前,我国非公有制经济已成为数量最多、比例最大的企业群体。二是个体私营企业资金规模不断扩大。据国家工商总局统计，2007年年末，私营企业注册资金总额为7.6万亿元，比2002年增加5.1万亿元；个体工商户注册资金总额为7350.7亿元，比2002年增加3568.7亿元。三是非公有制经济投资快速增长。据国家统计局统计，2007年，非公有制经济投资总额达6.5万亿元，同比增长34.1%，非公有制经济占城镇投资的比重为55.5%。另据国家工商总局统计，仅2000—2006年期间，私营个体经济总投资年均增长31.6%，高于全社会固定资产投资年均增长9.3个百分点，高于国有经济投资年均增长19.4个百分点。四是私营工业利润较大增长。据国家统计局统计，2007年规模以上私营工业企业利润达4000亿元，从2002年起的5年间年均增长52.2%，增速比全国规模以上工业企业高出20个百分点。五是私营企业进出口总额成倍上升。2007年非国有企业（内资）出口总额2976.8亿美元，比2002年增长了近10倍，占全国出口商品比重从2002年的10.1%提高到2007年的24.4%。

2．非公有制经济作用不断增强。改革开放30年来，非公有制经济的蓬勃发展，已经成为发展社会生产力和完善社会主义市场经济体制的重要力量，在促进经济增长、拓宽就业渠道、增加财税收入、优化所有制结构、加快工业化城镇化进程等方面，发挥了十分重要的作用。一是非公有制经济已成为经济增长的主要推动力。改革开放以来，我国非公有制经济迅速发展，占GDP的比重快速上升。据国家统计局统计，我国非公有制经济占GDP的比重从1979年的不足1%，已提高到目前的1/3左右。2007年年末，非公有制经济投资已占全国城镇投资的比重为55.5%。在40个工业部门中，非公有制经济在27个部门中的比例已经超过50%，在部分行业已经超过70%，成为推动行业发展的主体。二是非公有制经济已成为社会就业的主渠道。近年来，非公有制经济的快速发展，形成了巨大的劳动力需求，为社会创造了大量的就业机会，吸纳了大部分剩余和转移劳动力，对缓解当前就业压力、稳定社会发挥了重要作用。仅2002—2007年，个体私营企业增加从业人员约5500万人。目前，非公有制经济提供了75%以上的城镇就业岗位。国有企业的下岗失业人员60%以上在非公有制企业实现了再就业，1亿多农民工中大部分也在非公有制企业务工。非公有制企业也已成为我国高校毕业生和复转军人就业的重要渠道之一。三是非公有制经济已成为国家财政收入的重要来源。据国家税务总局统计，近些年非公有制企业税收占全国税收的比重迅速提升，特别是私营企业的税收增长最快，从2000年的3.3%上升到2007年的9.6%，明显高于全国平均水平及其他经济成分。2000—2005年，私营企业税收年平均增长45.3%，高于全国税收增长速度25.8个百分点，对国家新增财政收入的贡献份额不断加大。四是非公有制经济已成为支撑县域经济的主体。目前，全国绝大多数地市县的经济主体力量为个体私营经济，非公有制经济税收成为地方财政收入的主要来源。五是非公有制经济已成为推动农村工业化、城镇化的重要力量。近年来，以非公有制企业高度集聚为特征的产业集群发展迅速，如广东省的大沥铝材、福建省的晋江鞋业、浙江省的永康五金等，部分产业集群已成为我国的重要制造业基地，产品在全国市场占有较高份额。以非公有制经济为主体的产业集群有力地推动了农村工业化和城镇化进程。在广东省珠三角的404个建制镇中，以产业集群为特征的专业镇占到1/4。六是非公有制经济已成为提高自主创新能力的生力军。改革开放以来，我国技术创新的70%、国内发明专利的65%和新产品的80%以上来自中小企业，而我国95%的中小企业为非公有制企业。据统计，我国民营科技企业目前已达15万家，在53个国家级高新技术开发区企业中，民营科技企业占到70%以上，取得的科技成果占高新区的70%以上。不少民营高科技企业目前拥有自己的自主知识产权。

3. 非公有制经济发展的外部环境不断优化。促进非公有制经济发展的物质基础明显增强，政策法律条件日益完备，市场环境不断优化，扶持、服务体系不断完善，有利于非公有制经济健康发展的良好社会氛围正在形成。一是积极建立和完善非公有制经济发展的政策法律体系。近年来，全国人大常委会陆续通过了《物权法》《企业所得税法》《反垄断法》《劳动合同法》等多部重要法律，重新修订了《公司法》《证券法》，为各类市场主体平等竞争创造了良好的法制环境。2005年2月，国务院颁布了《关于鼓励支持和引导个体私营等非公有制经济发展的若干意见》（以下简称"非公经济36条"），这是新中国成立以来第一部全面促进非公有制经济发展的重要政策性文件，对于推动非公有制经济发展新阶段、实现更好更快地发展具有重要的现实意义和深远的历史影响。文件下发后，国家有关部门和单位相继出台了《促进产业集群发展若干意见》等35个配套文件，奠定了我国非公有制经济政策体系的基本框架。二是以放宽市场准入为重点着力营造公平的市场环境。国家加快清理和修改限制非公有制经济发展的法律法规和政策。截至2007年6月30日，国家有关部门和地方政府共审核规章文件160多万件，清理出6000多件与"非公经济36条"不一致的规章和文件，并按法定权限和程序明令修改或废止。同时，国家允许非公有资本进入垄断行业、交通基础设施、社会事业、金融服务业和参与国防科技工业建设。三是积极构建有利于非公有制经济发展的财税扶持体系。近年来，中央和地方通过注入资本金、贷款贴息、税收优惠等措施，积极鼓励和支持非公有制资本以独资、合资、合作、联营、项目融资等方式，参与经营性的公益事业、基础设施项目建设。《企业所得税法》统一了各类企业的税收制度，明显降低了非公有制企业的税收。国家设立了中小企业服务体系专项补助资金、中小企业发展专项资金等若干基金，通过无偿资助、贷款贴息等方式支持中小企业发展。四是切实解决非公有制经济发展融资问题。为满足非公有制经济的融资需求，各部门和地方在信贷支持、资金融通、信用保证等方面，做了大量工作。五是加强非公有制经济的社会化服务体系建设。各部门和地方加快建立面向非公有制企业的公共服务平台，为企业提供培训、咨询、技术推广等专业化服务。

（三）非公有制经济发展的新特点和新趋势。改革开放30年来，非公有制经济蓬勃发展，经济结构调整的步伐加快，转变发展方式取得重大进展，非公有制企业自身也发生了一些变化。在行业分布上，非公有制经济由早期以轻工纺织、普通机械、建筑运输、商贸服务等领域为主，向基础设施、公共事业等领域拓展，逐步呈现多元化覆盖的趋势。在组织结构上，非公有制经济由早期以劳动密集型企业、中小企业为主，形成一批资本密集、技术密集的大企业、大集团。在企业制度上，非公有制经济由早期以个人、家族企业为主，向多元投资主体的公司制企业发展，企业组织形式和公司治理结构不断优化。在产业布局上，非公有制经济由早期小规模、分散化经营为主，逐步发展形成一批以大规模、专业化经营为特征的产业集群和"块状经济"。在区域分布上，非公有制经济由早期的主要集中于东部沿海地区，向中西部地区迅速扩展、加速发展。在产品市场上，非公有制经济由早期以国内市场为主，逐步向国际市场迅速发展。

四、外资经济发展进入新阶段

推动中国经济和社会走向世界，是新中国成立后的社会主义建设的一项重要内容。在新中国成立后前30年积极地开展对外工作的基础上，1978年以来我国把对外开放作为一项基本国策。30年的探索取得了巨大的成就，中国在实现从计划经济体制转向社会主义市场经济体制的同时，也从封闭、半封闭状态，走向了开放。积极有效利用外资来加快社会主义现代化建设步伐，是我国改革开放基本国策的重要组成部分，也是对外开放的核心内容之一。

（一）我国引进和利用外资的背景。1979年1月，邓小平同志在同几位工商界领导人谈话中就指出："现在搞建设，门路要多一些，可以利用外国的资金和技术，华侨、华裔也可以回来办工厂。"在邓小平同志的推动下，五届全国人大二次会议于1979年7月1日通过了《中外合资经营企业法》，并于同年7月8日正式公布实施。此后，我国又陆续制定了《中外合作经营企业法》《外商投资企业法》等，以及有关实施条例和细则。这些法律法规为我国吸引和利用外资提供了基本的法律依据，也为营造一个有利于外商投资的环境奠定了基础。

1986年10月，国务院发布了《关于鼓励外商投资的规定》，进一步明确了对外商投资企业，尤其是先进技术企业和产品出口企业在所得税、土地、水电、用工费用、利润汇出和进出口配额、关税减免、外汇调剂等方面给予优惠，保障外商投资企业享有按照国际通行做法进行经营管理的权利。这些具体政策措施的提出和全面贯彻，有力地促进了20世纪80年代中后期我国沿海地区吸收利用外商投资的迅速增长。

1992年年初邓小平同志发表南方谈话以后，我国对外开放进入一个新的阶段，利用外资的领域也进一步拓宽。党的十四届三中全会通过的

《中共中央关于建立社会主义市场经济体制若干问题的决定》，提出了在新形势下要"改善投资环境和管理办法，扩大引资规模，拓宽引资领域，进一步开放国内市场，创造条件对外商投资企业实行国民待遇，依法完善对外商投资企业的管理，发挥我国资源和市场的比较优势，吸引外来资金和技术，促进经济发展"。根据上述要求，有关部门陆续出台了引导外资投向基础设施、基础产业和企业技术改造，投向中西部地区的政策和措施。

1997年召开的党的十五大上，明确地提出，要以更加积极的姿态走向世界，完善全方位、多层次、宽领域的对外开放，发展开放型经济，有步骤地推进服务业的对外开放，对外商投资实行国民待遇。

随着我国对外开放和利用外资工作的深入发展，我国政府利用外资的背景出现了重大变化：一是中国加入世贸组织及过渡期的结束，使经济全球化和国际资本对中国的影响有了全新的通道；二是区域化的发展、中国参与实质性区域经济合作的积极姿态及由此带来的深度开放，使中国利用外资进入到一个前所未有的新境界；三是国内新的发展需要对利用外资提出新要求，也就是要按照统筹国内发展与对外开放的要求来重新审视我国的利用外资问题。鉴此，对利用外资政策进行适时适度的调整成为必要。2002年，党的十六大明确指出：改善投资环境，对外商投资实行国民待遇，提高法规和政策透明度。显然，目前外资在我国享受着超国民待遇，其主要集中体现为税收优惠，但实际上，外国投资者越来越重视公平的竞争环境和我国巨大的市场潜力。因此，2007年3月16日，十届全国人大五次会议通过了新的《企业所得税法》，自2008年1月1日起施行，将内资和外资企业所得税按照统一税率纳税。

我国抓住经济全球化深入发展机遇，充分利用国际国内两个市场和两种资源，已连续16年位列发展中国家吸收外资的首位，并正在成长为新兴的对外投资大国。在此基础上，为了适应新形势的变化，2007年，党的十七大提出了利用外资方式、对外投资和合作方式的两个创新，对全面提高对外开放水平提出新的更高要求。

（二）我国利用外资取得的成就。1979年以来，中国开始主动利用两种资源、两个市场发展经济，经过多年的发展，我国积极、合理、有效地利用外资成果显著、成绩斐然。

1. 利用外资有力地促进了国民经济快速健康发展。改革开放以来，我国吸收外商直接投资迅速发展。从1993年起，我国一直是发展中国家中最大的外资流入国，至2006年年底实际吸收外商直接投资累计已超过5000亿美元。外商投资企业在促进国民经济增长、带动产业和技术进步、扩大出口和提供就业机会等方面，都发挥着日益重要的作用。据统计，2006年中国涉外税收（不包括关税和土地税）达7900多亿元人民币，占全国税收总额的21%；外商投资企业进出口占中国进出口贸易总额的58.9%，而在1985年和1990年时的占比仅为3.4%和17.4%。

2. 利用外资加速了我国技术进步和高技术产业发展。当前，全球最大的500家跨国公司中已有450多家来华投资，有些还把公司总部和研发中心迁到中国。在我国高技术产品出口中，外商投资企业超过80%，外商投资我国高技术产业明显增长，促进了我国产业结构调整和优化升级，加速了我国的技术进步。利用外资已成为我国技术引进的重要途径，外商投资企业已经成为我国技术创新的重要力量。

3. 利用外资促进了社会主义市场经济体制的完善。利用外资使人们的思想观念发生了巨大的变化，提高了人们的对外开放意识。利用外资促进了我国法制建设，促进了国内许多制度的改革，促进了我国商品、资金、技术、劳动力等方面的市场建设，促进了国内企业经营机制的转变。

（三）我国利用外资的新趋势和新特点。近年来，在保持利用外资稳步增长的同时，国家加强对外资产业和区域投向的引导，充分发挥利用外资在推动自主创新、产业升级、区域协调发展等方面的积极作用，不断提高利用外资的质量和水平。总的来说，外资结构和布局不断优化，利用外资质量进一步提高。

1. 外资产业投向逐步优化。国家先后两次修订《外商投资产业指导目录》，鼓励外资投向高新技术产业、先进制造业、节能环保业和现代服务业，限制外资投向高耗能、高污染和部分资源性行业。近几年，商业、银行、证券、保险等服务业已成为外商新一轮投资的热点，投资集成电路、计算机、通信产品等高新技术产业的外商项目明显增加，"两高一资"产业利用外资规模明显下降。2007年服务业（含金融业）实际吸收外资430亿美元，占全国吸收外资总额的52%。

2．外资区域布局趋于合理。随着我国区域发展总体战略的实施和完善，国家在利用外资政策上出台了一系列措施。2004年修订了《中西部地区外商投资优势产业目录》，鼓励外资投向中西部地区，加快西部大开发进程。2005年，出台了进一步扩大开放、鼓励外资参与老工业基地国有企业改组改造的政策措施，推动了东北地区等老工业基地加快振兴。2006年又出台了扩大中部地区对外开放的政策措施，实施"万商西进"工程，在中部六省轮流举办"中国中部投资贸易博览会"，为中部地区开展对外经贸合作提供良好平台。

3．利用外资方式逐步拓宽。适应跨国投资发展的新趋势，国家制定出台了创业投资、跨国并购、外国投资者对上市公司战略投资等方面的法律规范，加强对外资收购国内战略性行业的审查。修订了外商设立投资性公司的相关规定，为跨国公司在华设立总部、营运中心、财务公司等创造条件。2007年跨国公司在华研发中心和地区总部分别达到1000个和300家。

五、进一步推进所有制改革的基本思路

（一）进一步巩固和发展公有制经济。公有制为主体是我国社会主义市场经济的重要特征。按照党的十七大关于我国基本经济制度的论断，必须坚持公有制为主体，毫不动摇地巩固和发展公有制经济，必须发挥国有经济在国民经济中的主导作用，促进社会主义市场经济健康发展。

1．深化国有企业改革和国有资产管理体制改革。深化国有企业股份制改革，健全现代企业制度是现阶段巩固和发展国有经济的必由之路，是优化国有经济布局和结构，增强国有经济活力、控制力、影响力的必然选择。而进一步完善国有资产管理体制改革则将为深入推进国有企业改革提供重要的体制、机制保障。

一是深化国有企业公司制改革，健全现代企业制度。建立现代企业制度，是发展社会化大生产和市场经济的必然要求，是公有制与市场经

596

济相结合的有效途径，是国有企业的改革方向。公司制是现代企业制度的一种有效组织形式。对国有大中型企业实行规范的公司制改革取得突破性进展，一批企业实现投资主体多元化，具备条件的企业实现整体上市。公司法人治理结构是公司制的核心。进一步完善公司治理结构，依法界定股东会、董事会、监事会和经理层的职责，形成较为完善的各负其责、协调运转、有效制衡的公司法人治理结构。基本建立起企业决策权与执行权分开和董事会选聘、考核、奖惩经营管理者的机制。企业劳动、人事和分配制度基本与市场接轨。

二是优化国有经济布局和结构，推动国有资本向关系国家安全和国民经济命脉的重要行业和关键领域集中。在社会主义市场经济条件下，国有经济在国民经济中的主导作用主要体现在控制力上。国有经济的作用既要通过国有独资企业来实现，更要大力发展股份制，探索通过国有控股和参股企业来实现。国有经济在关系国民经济命脉的重要行业和关键领域占支配地位，支撑、引导和带动整个社会经济的发展，在实现国家宏观调控目标中发挥重要作用。国有经济必须保持必要的数量，更要有分布的优化和质的提高。要把从战略上调整国有经济布局，同产业结构的优化升级和所有制结构的调整完善结合起来。当前，我国国有企业数量仍然太多，主要是地方中小国企太多，许多企业仍然活动在一般竞争性领域，很难发挥国企的优势，需要继续进行资产重组等推进国有经济布局和结构的战略性调整。中央企业资产重组任务也未完成。未来，要把中央企业户数调整到80至100家左右，初步形成一批具有自主知识产权和知名品牌、国际竞争力较强的大公司大集团。

三是增强国有经济活力、控制力和影响力。实现国民经济又好又快发展，必须适应全球产业结构调整的大趋势和国内外市场需求的新变化，加快技术进步和产业升级，进一步增强国有企业的核心竞争力。国有经济在国民经济中的重要地位，决定了国有企业必须在技术进步和产业升级中走在前列，积极拓展新的发展空间，发挥关键性作用。通过深化改革、结构调整、技术进步和产业升级，形成以企业为中心的技术创新体系，企业主业更加突出，管理更加科学，抗御风险能力进一步提高。走集约型和可持续发展道路，企业自主创新能力明显增强，资源节约、环境保护水平进一步提高，基本形成低投入、低消耗、低排放和高效率的增长方式。

四是深化国有资产管理体制改革。按照党的十七大提出的加快建设国有资本经营预算制度，完善各类国有资产管理体制和制度的要求，今后要坚持政企分开、政资分开，进一步完善国有资产管理体制。要不断加强国有资产监管法制建设，认真执行企业经营业绩考核制度，进一步完善国有企业监事会制度，加强对国有企业的财务监督和风险控制。加快建设国有资本经营预算制度，探索国有资本有效的经营形式，提高资本的营运效率。要尽快制定和明确对国有自然资源资产、金融资产、非经营性资产的监管制度。

2. 继续深化垄断行业管理体制改革。垄断行业是我国国有经济最集中和控制力最强的领域。垄断行业中的主要大型骨干企业，几乎都是国有企业，并且又都是中央企业。随着改革的深化，垄断行业改革已成为今后国有企业改革的重点。按照党的十七大精神，深化垄断行业改革的重点是要实行政企分开、政资分开，引入竞争机制，包括引入战略投资者或新的厂商（市场主体），同时加强监管，以提高资源配置效率，并有效保护消费者利益。

进入21世纪以后，我国垄断行业改革逐步展开，但发展不平衡，总的说攻坚任务尚未完成。今后，要根据各垄断行业的具体改革进程，分类推进或深化改革。对已经实行政企分开、政资分开和进行初步分拆、引入竞争机制的电力、电信、民航、石油等行业，要完善改革措施，进一步分离垄断性业务与竞争性业务。对竞争性业务要放宽准入，引进新的厂商参与市场竞争，特别是非自然垄断性业务，应开放市场，允许国内民间资本和外资进入，以提高效率；对垄断性业务要实行国有法人为主的多元持股。对尚未进行实质性体制改革的铁路、某些城市的公用事业等，则要积极推进政企分开、政资分开、政事分开改革。铁路投融资体制改革已开始进行，铁路建设、运输、运输设备制造和多元经营等领域已向国内非公有资本开放。

同时，对垄断行业要加强政府监管和社会监督。一方面要求既加强对安全、环保、普遍服务等的监管，也加强对价格的监管，包括实行价格听证制度等，以及广泛的社会监督，以维护公众的正当权益。另一方面，对不少垄断行业职工收入畸高、为维护自身既得利益构筑较高的进入壁垒、收费高服务差效率低等问题要高度重视。

2007年8月30日十届全国人大常务委员会第二十九次会议通过、2008年8月1日正式实施的《反垄断法》是国家对垄断行业进行规范和管理的重要法律依据。要以实施好《反垄断法》，作为推进垄断行业管理体制改革的契机，大力深化相关改革。可以预见，随着市场机制的引进和监管体系的逐步完善，我国垄断行业将会在稳步推进改革中呈现崭新面貌。

3．发展多种形式的集体经济、合作经济。集体经济、合作经济是公有制经济的有机组成部分。党的十七大报告强调要"推进集体企业改革，发展多种形式的集体经济、合作经济"。我国集体经济（如乡镇企业）存在产权不够清晰的问题。经过多年来以明晰产权为重点的改革，已取得重大进展。下一阶段，要进一步发展各类农民专业合作组织，发挥各类农民专业合作组织对提高农民组织化程度、降低交易费用、提高农民市场谈判地位、增强应对自然与市场风险能力、提高规模效益等方面的重要意义和作用，不断提高农民收入水平。

（二）大力鼓励、支持和引导非公有制经济发展。非公有制经济是我国社会主义市场经济的有机组成部分，是我国重要的经济增长点，是提供新就业岗位的主渠道，是满足全国人民不断增长的多样化的物质和文化生活需要的生力军，必须继续毫不动摇地鼓励、支持、引导它们健康发展。

改革开放以来，我国非公有制经济实现了大发展和大跨越。但是，当前非公有制经济发展还存在一些亟待解决的困难和问题。从其发展的外部环境看，对非公有制经济的歧视现象依然存在，社会舆论存在某些负面影响，认识还有待进一步提高；政府职能转变滞后，面向非公有制经济的公共服务缺失，鼓励、支持和引导非公有制经济的工作还不够得力，推动非公有制经济发展的工作合力还需进一步加强；政策性障碍仍然存在，法律法规体系还不够完善，创业门槛高、市场准入"玻璃门"现象普遍，社会反映强烈的中小企业融资难、税负不公等问题尤其突出，金融、税收政策总体改进不大，市场退出机制不健全；非公有制经济融资困难的问题也需进一步解决；公平的市场竞争环境尚未完全形成，企业权益不时遭受侵犯；社会化服务体系不健全，服务范围窄、服务水平不高，服务市场有待规范；非公有制经济的概念不清，统计口径不一，底数不明等。从其自身发展看，增长方式粗放、结构不合理等问题仍然较为严重，转变发展方式的任务十分艰巨；非公有制经济创新能力弱、人才缺乏，整体素质尚不适应科学发展的要求；一些非公有制企业过度依靠低价竞争，一味拼价格、拼劳力、拼资源、拼土地、拼环境，管理水平低下；劳资矛盾突出，劳动纠纷不断，违法犯罪案件时有发生等等。

鼓励、支持和引导非公有制经济发展，要进一步解放思想，深化改革，消除影响非公有制经济发展的体制性障碍，确立平等的市场主体地位，实现公平竞争；进一步完善国家法律法规和政策，依法保护非公有制企业和职工的合法权益；进一步加强和改进政府监督管理和服务，为非公有制经济发展创造良好环境；进一步引导非公有制企业依法经营、诚实守信、健全管理，不断提高自身素质，促进非公有制经济持续健康发展。为此，要切实做好以下工作：

1. 坚持以企业为主体、以市场为导向，正确处理好市场和政府的关系。一方面，企业作为市场主体，要努力提升自身素质，着力转变发展方式，增强自主创新能力，建立现代企业制度，构建和谐劳动关系，与自然和谐相处，自觉维护市场秩序，努力实现非公有制经济又好又快发展。通过制度创新、管理创新、技术创新以及人才培养，不断提高企业核心竞争力和可持续发展能力。另一方面，政府要在大力优化非公有制经济的外部发展环境方面发挥应有作用的同时，进一步转变职能。既要坚持鼓励、支持和引导，又要加强规范、监管和服务；既要依法保护非公有制企业的合法权益，又要切实维护企业员工的合法权益。还要把促进非公有制经济发展与加强和改善宏观调控结合起来，切实把各方面的积极性引导好、保护好、发挥好，促进国民经济持续快速协调健康发展和社会全面进步。

2. 认真做好政策的制定和贯彻落实工作。狠抓政策法规建设，完善政策体系，是做好非公有制经济工作的重中之重。要加强调查研究，抓紧制定和完善促进非公有制经济发展的具体措施配套办法,认真解决非公有制经济发展中遇到的新问题,确保党和国家的方针政策落到实处。同时,要加强对非公有制经济发展的指导和政策协调。要根据非公有制经济发展的需要,强化政府服务意识,改进服务方式,创新服务手段。要将非公有制经济发展纳入国民经济和社会发展规划,加强对非公有制经济发展动态的监测和分析,及时向社会公布有关产业政策、发展规划、投资重点和市场需求等方面的信息。

3. 继续破除各种体制障碍,重点推进公平准入和改善融资条件,进一步促进非公有制经济发展。当前,我国非公有制经济的发展,仍然存在一些体制性障碍,主要是有些领域在市场准入方面存在"玻璃门",看起来似乎畅通,实际上进不去,或不让进。当前的主要任务是要打破一些既得利益集团设置的进入障碍,使非公有制经济有一个公平进入和竞争的市场环境。还有就是融资困难,今后需大力发展多种所有制形式和多种经营形式的中小金融机构,更好地为中小企业服务。大银行也要多放小额贷款,做好零售服务。

(三)努力形成各种所有制经济平等竞争、相互促进的新格局。党的十七大明确提出要坚持平等保护物权,形成各种所有制经济平等竞争、相互促进的新格局。因此,必须把形成各种所有制经济平等竞争、相互促进的新格局作为今后坚持和完善基本经济制度的重要着力点。

1. 加快建立健全现代产权制度,进一步奠定各种所有制经济共同发展的制度基础。产权是所有制的核心和主要内容。改革开放以来,我国关于产权问题的理论研究和实践探索不断深化,取得了丰硕成果。党的十六届三中全会明确指出,建立归属清晰、权责明确、保护严格、流转顺畅的现代产权制度,是完善基本经济制度的内在要求,是构建现代企业制度的重要基础。在此基础上,党的十七大报告明确提出,以现代产权制度为基础,发展混合所有制经济。按照这些要求,今后必须进一步深化产权制度改革,要继续依法依规、合情合理地清产核资,理清各类财产权归属,要规范发展产权交易市场,健全产权交易规则和监管制度,推动产权有序流转,要建立健全产权保护法律法规,维护各类产权主体的合法权益和平等发展的权利,为多种所有制经济的平等竞争和共同发展创造好的条件。

2．坚持平等保护物权，为各种所有制经济平等竞争提供法律保障基础。2007年3月，十届全国人大五次会议通过了《物权法》。其中规定：国家实行社会主义市场经济，保障一切市场主体的平等法律地位和发展权利。国家、集体、私人的物权和其他权利人的物权受法律保护，任何单位和个人不得侵犯。平等保护物权，是要求市场主体享有相同的权利、遵循相同的规则、承担相同的责任。《物权法》的颁布实施，有助于完善我国平等竞争、优胜劣汰的市场环境，有助于完善现代产权制度和现代企业制度。今后，社会各个方面应该把贯彻落实好《物权法》作为一项重要工作，并在实践中不断予以完善，为真正实现平等保护物权和各种所有制经济平等竞争奠定坚实基础。

3．大力发展混合所有制经济，增强我国经济发展的生机活力。随着社会主义市场经济体制的不断完善和实践的不断发展，我们对以股份制为主体的混合所有制经济的认识不断深化。从党的十五大提出股份制是现代企业的一种资本组织形式，资本主义可以用，社会主义也可以用，到党的十六大提出除极少数必须由国家独资经营的企业外，积极推行股份制，发展混合所有制经济，再到党的十七大进一步提出以现代产权制度为基础发展混合所有制经济，这个认识不断深化的过程也是以股份制为主体的混合所有制经济在实践中不断发展的阶段。同时，混合所有制经济的发展，也表明我国公有制特别是国有经济找到了一个与市场经济相结合的有效形式和途径。

随着国有经济实力的不断壮大、个体和私营等非公有制经济的迅速发展和利用外资数量不断增长，在国家允许国内民间资本和外资参与国有企业改组改革的政策引导下，国有资本和各类非国有资本相互渗透和融合必然会不断加快，可以预见，以股份制为主体的混合所有制经济将越来越在国民经济中起举足轻重的作用。

（四）进一步提升外资经济发展的水平。适应不断拓展对外开放广度和深度，全面提高我国开放型经济水平的需要，要进一步创新利用外资方式和优化利用外资结构，大力提升外资经济发展的水平，最大限度地发挥利用外资在推动自主创新、产业升级、区域协调发展等方面的积极作用。

1. 创新外资利用方式。允许我国具备条件的企业和金融机构在境外融资，积极探索境外上市、投资基金、发行境外债券等利用外资方式。鼓励外商风险投资公司和风险投资基金来华进行创业投资，健全创业投资退出机制。鼓励外资企业通过多种方式在引进消化吸收再创新、集成创新和原始创新等方面发挥更大作用，推动我国产业竞争力提升。鼓励跨国公司和国内研发机构及企业开展研发合作，扩大外资投资技术溢出。

2. 优化利用外资结构。按照国家产业发展方向和区域发展总体战略的导向，因地制宜地引导外资投资方向。注重提高吸收外资的总体层次和技术含量，鼓励跨国公司在中国设立地区总部、物流中心、采购中心、运营中心和培训中心，鼓励外商来华投资建设研发中心、高技术产业、先进制造业。积极引导外资区域投向的合理布局，国际金融组织、外国政府的贷款要重点投向中西部地区和东北地区等老工业基地；同时，采取政策引导、信息发布等多种手段，促进东部地区的外资向中西部地区的有序转移。

3. 加强对利用外资的规范和监管。要根据国内外形势发展的变化，与时俱进地完善我国吸收利用外资的各项法律法规。要针对新情况新问题加强监管，依法鼓励和规范外商并购投资，促进国有企业改组改造和改善治理结构，保障国内企业、国有资产和职工的合法权益。加强对外债的宏观监测和管理，优化债务结构，保持适度的外债规模。要严格限制外商投资高耗能、高污染等产业，继续加强对外资进入房地产领域的指导和监管。

加入世界贸易组织与中国经济体制改革①

（2012年2月）

对于中国经济体制改革来说，加入世界贸易组织既是重要结果，也是崭新起点。加入世界贸易组织给中国改革注入新的动力，按照发展社会主义市场经济的基本要求，在世界贸易组织相关协定的促进下，中国经济体制改革继续向前推进，取得新的进展。

一、入世以来中国经济体制改革的进展与特点

2001年12月，中国正式加入世界贸易组织。这是一个关键的时期：一方面，经过1978年以来二十多年的改革，一些涉及经济社会发展的重要领域和关键环节均有不同程度的触及，社会主义市场经济体制初步建立；另一方面，经济体制还很不完善，生产力发展仍面临着诸多体制性障碍。2002年召开的党的十六大作出了"完善社会主义市场经济体制"的部署。2003年召开的党的十六届三中全会根据这一部署，对建成完善的社会主义市场经济体制和更具活力、更加开放的经济体系作出了专门的安排，提出了深化改革的一系列任务。因此，中国经济体制改革进入了一个新时期，在相关改革领域继续实现一定程度突破的同时，整个改革进程显示出一些独有的特点。

（一）相关领域改革实现新突破。这一时期改革所取得的积极进展主要体现在八个方面：

1. 公有经济改革与非公有经济发展同时推进，所有制结构不断改

①本文原载《经济研究参考》2012 年第 7 期（总第 2423 期）。

604

善。按照"坚持和完善基本经济制度"的方向，一方面，对公有经济的改革特别是对国有经济的战略性调整和国有企业的股份制改造积极展开；另一方面，不断改善非公有制经济发展的体制与政策环境，以公有制为主体，多种经济成分共同发展的所有制结构进一步完善。

国有经济布局的战略性调整深入推进。按照有进有退、有所为有所不为的方针，面面俱到、无所不在的国有经济继续在战线上得到收缩，国有资本更多地投向关系国家安全和国民经济命脉的重要行业及关键领域。结合企业制度创新和国有资产管理体制改革，国有资本的流动重组打破单一企业、行业和区域的界限全方位展开。经过重组，中央企业由2002年的196家减少为2010年的122家，地方各级国有企业绝大部分转制为股份制企业或非公有制企业，一般竞争性领域国有企业数量明显减少。

国有企业制度创新全面展开。国家发布了一系列促进国有企业现代企业制度建设的法规和文件，国有企业实行股份制公司制改革的力度不断加大。按照"使股份制成为公有制的主要形式"的要求，国有企业积极引进非公有资本，实行产业多元化。截至2010年，中央企业母公司层面实行股份制公司制改革的户数已达28家，中央企业及其子公司改制面已从2002年的30%扩大到70%，一些企业实现了整体上市。省属国有企业实行母公司层面股权多元化改革的已达70%以上。与此同时，积极推进公司内部法人治理结构和其他制度创新。中央企业中有32家进行了建立规范董事会制度试点，用工、人事、分配制度改革不断深化，主辅分离，辅业改制全面展开并取得积极进展。通过各种形式推进企业改革，国有中小企业改制已全面完成。

非公有制经济加快发展。党的十六届三中全会强调，大力发展和积极引导非公有制经济，允许非公有资本进入法律法规未禁入的一些重要行业和领域，支持和鼓励有条件的非公有制中小企业做强做大。按照这一思路，各级政府采取一系列措施，着力改善非公有制经济发展的政策和体制环境。国务院先后颁布了《关于鼓励支持和引导个体私营等非公有制经济发展的若干意见》《关于鼓励和引导民间投资健康发展的若干意见》等重要文件，有关部门相继出台了一批配套文件，各级政府着眼于消除体制性障碍，按要求清理废止与修订完善了一些限制非公有制经济发展的法律法规和政策。随着环境的不断改善，非公有制经济在这一时期得到迅猛发展。非公有资本进入了除军工、造币等极少数特殊行业外的所有领域，非公有经济占GDP的比重大幅上升。

2. 农村改革稳步展开，城乡协调发展的体制着手建立。中国经济体制改革从农村改革入手。过去十年，农村改革在继续寻求已有领域新突破的同时，着眼于消除城乡二元经济结构，建立城乡协调发展体制进行了一系列探索，取得了初步成效。

农村土地制度改革稳步推进。国家颁布了《农村土地承包法》，通过法律形式进一步巩固和稳定农村土地承包关系和双层经营体制。一些地方结合新农村建设，稳步开展土地流转试验，逐步发展适度规模经营，适应城镇化发展和城乡统筹新形势，按照保障农民权益、控制规模的原则，积极探索改革土地使用办法和补偿机制。国家有关部门开展了城乡建设用地增减挂钩试点和农村土地承包纠纷仲裁试点。各地逐步建立了农村土地流转合作制和登记备案制，土地流转工作逐步实现制度化、规范化。

农村税费改革取得重大进展。取消了农业特产税，并在试点基础上自2006年起在全国范围内全面取消了农业税，同时将国家农场纳入取消农业税政策的实施范围。与此同时，着眼于减轻农民负担、提高运行效率、推进基本公共服务均等化，深入推进农村综合改革，乡镇机构改革全面推开，一批有条件的乡镇纳入了行政管理体制改革试点；农村义务教育改革有序推进，义务教育阶段农村学生全部享受免学杂费和免费教科书政策，中西部家庭困难寄宿生获得了政府资助。县乡财政管理体制改革不断深化，截至2010年底，共有27个省份970个县实行了省直管县财政管理方式改革，2.86万个乡镇实行了"乡财县管"。农村社会化服务体系不断完善，对农业的支持保护制度初步建立。

城乡二元经济结构体制开始突破。各地、各部门继续取消了对农民进城务工的各种歧视性政策和不合理收费，农民进城就业的直接障碍全面打破，农村富余劳动力在城乡间双向流动就业的机制基本形成，统一的城乡劳动力市场初步建立。农村进城务工劳动力基本养老保险跨地区转移接续探索积极展开。户籍制度改革不断深化，全国大部分中小城市基本实现了城乡一体化的户籍登记管理制度，13个省区在全域范围建立城乡统一的户籍制度。农村低保制度全面建立，至2010年，新型农村社会养老保险试点扩大到全国27个省区，制度覆盖面达24%。

3．市场体系逐步完善，市场配置资源的程度不断提高。市场经济的发展直接体现为市场机制在资源配置中发挥作用的不同程度，而市场体系是市场机制发挥作用的舞台。世界贸易组织规则的最直接要求，是推进市场开放。在内外因素的共同作用下，相关改革加快推进，较为完整的现代市场体系基本形成。

商品市场和各种要素市场加快发展。国务院和国家有关部门出台了一系列文件，大力推进商品市场对内对外开放，促进商品市场体系建设。除极少数特种商品外，商品价格全面放开，由市场供求关系和竞争机制决定。连锁经营、特许经营、物流配送、电子商务、网络销售等现代流通方式迅速发展，推动商品市场不断扩大和在全国范围自由流动与充分竞争。主板、创业板、中小企业板等股票市场先后推出，多层次资本市场体系基本形成，建立了股权期货交易体系，股票市场单边运行格局得以改变。土地市场制度不断健全，除军工、社会保障性建房等特殊用地仍实行划拨外，其他用地均实行了有偿使用。经营性用地和工业用地出让全面实行"招拍挂"制度。征地制度改革试点等稳步进行。人力资源市场建设迈出显著步伐，行政、事业、企业单位全面实施竞争导向制度，除特殊领域外，各层次劳动者已实现自由流动、自主择业。城镇职工基本养老保险实现跨地区转移接续等制度的建立，为劳动力市场发展提供了有力保障。

市场制度建设逐步加强。整顿与规范市场经济秩序是十年来政府工作的一个重点。着眼于打破行政垄断、地区封锁和市场分割，实行统一市场和公平交易，出台了《反垄断法》等一系列与市场制度建设相关的法规和文件。保障食品药品安全，打击哄抬物价等一系列专项治理整顿行动陆续展开并持续推进，颁布了全国信用体系建设总体规划，以强化企业信用为重点的社会信用体系建设全面展开。信用信息收集、评价、披露制度和失信惩戒制度陆续建立并逐步完善。专业化市场中介服务机构迅速发展，各类行业协会、商会陆续建立且市场化、规范化程度不断提高，在政府与企业间的桥梁纽带作用日益增强。

4. 财税管理、投资体制改革稳步推进，宏观调控体系逐渐完善。通过行政手段直接管理还是运用经济手段实施调节是衡量市场经济与否及其程度高低的基本标准。十年来，财税、金融、投资体制改革沿着市场经济的方向逐步深化，以经济杠杆为主要管理手段的宏观调控体系初步建立。

财税体制改革深入推进。政府预算体系逐步健全，预算公开性不断增强，部门预算改革不断深化。国库集中收付制度改革全面推进，以国库单一账户收支为起点，通过国库集中收付资金为主要形式的管理制度基本建立。政府预算制度改革深入开展，政府收支两条线管理改革全面实施、财政转移支付制度不断改进；完善了一般性转移支付办法，出台了专项转移支付项目；统一了各类企业的各种税收制度，特别是自2008年起实现了内外资金的所得税征缴的统一。经过多年试点，自2009年起全面实现了增值税由生产型向消费型的转变。与此同时，完善了消费税制度，改革了出口退税制度，实施了成品油价格改革，开展了资源税改革试点。

金融体制改革不断深化。金融企业改革积极展开，交通银行、建设银行、中国银行、工商银行、农业银行等大型国有商业银行先后进行股份制改革并上市，国家开发银行由政策性银行向股份制商业银行转变，国有金融资产管理公司向股份制公司转型。大型国有保险公司积极转制，中国人寿、中国平安、太平洋保险等先后改制上市。积极推进以产权改革为重点的农村信用社改革，稳步开展村镇银行等新型农村金融机构建设，农村金融改革深入推进。成立中国邮政储蓄银行，其营业网点覆盖了全国所有县市和主要乡镇，成为支持农村金融发展的重要力量。利率市场化改革稳步进行，货币市场基准利率得以构建并逐步稳固。实行了以市场供求为基础，参考一揽子货币进行调节，有管理的浮动汇率制度，人民币汇率弹性逐步增强。自2005年实施汇率改革至2010年12月，人民币兑美元、欧元汇率分别累计升值25.0%和13.5%。外汇管理体制改革有序展开，取消了经常项目外汇账户的限额管理，开展了跨境贸易人民币结算试点，积极推动人民币资本项目可兑换。

投资体制改革逐步展开。国家出台了投资体制改革方案，除关系经济安全、影响环境资源、涉及整体布局的重大项目和政府投资项目及限制类项目外，其他项目由审批制改为核准制或备案制，企业投资主体地位进一步确立。开展了政府投资项目"代建制"试点，中央预算内投资管理制度不断改进。

5. 就业和分配体制改革逐步展开，社会保障体系建设成效显著。就业体制、分配制度和社会保障体系建设关系到人民群众的根本利益，也是市场经济体制建设的核心内容。这些年来，围绕增加就业、改善分配关系和建立保障制度，由浅入深地推出了一些改革措施，一些方面取得了较为明显的成效。

积极推进就业体制改革。颁布了《就业促进法》等法律法规，坚持劳动者自主就业、市场调节就业和政府促进就业的方针，努力扩大就业再就业。适应深化国有企业改革、消除城乡二元经济体制、统一劳动力市场等需要，国家在准入门槛、税收优惠、贷款发放、创业培训、信息咨询、创业服务等方面采取了一系列措施，改善创业就业环境，着力消除制约就业再就业的体制性障碍。通过完善服务体系，加强对口支援等，帮助特殊困难地区、特殊困难群体就业，并将大学生就业纳入就业再就业工作体系。颁布了《劳动合同法》，规范用工行为，保障劳动者合法权益。

分配体制改革曲折前行。推行以按劳分配为主体、多种分配方式并存的分配制度，各种生产要素按贡献参与分配。建立了企业最低工资标准和城乡居民最低生活保障制度，不断提高企业退休人员基本养老金。推进公务员工资制度改革，逐步建立起国家统一的职级与职务相结合的工资制度和工资正常增长机制。

社会保障体系建设取得突破性进展。城镇职工基本养老保障达到全覆盖并实现省级统筹，养老保险关系跨省转移接续办法着手实施，企业退休人员基本养老水平逐年提高。建立了城镇居民基本医疗保险制度，新型农村合作医疗制度、城乡最低生活保障制度全面建立，城乡社会救助体系基本建成。加强经济适用住房、廉租住房管理、保障性住房政策体系逐步完善。社会福利、优抚安置、慈善和残疾人事业进一步发展，国家决定在境内证券市场实施国有股转持保险基金投资，拓宽了社保基金筹资渠道。

6. 科技教育文化卫生体制进一步深化，基本公共服务均等化状况逐步改善。伴随着经济领域改革的向前推进，科技、教育、文化、卫生等社会领域改革也不断向纵深展开，社会事业管理体制不断创新，促进了社会事业的发展和人民生活改善。

科技管理体制逐步深化。"稳住一头，放开一片"的分类改革成效明显，面向市场的应用技术研究开发机构基本实现了企业化转制。国家支持从事基础研究、战略高技术和重要公益研究的研究机构积极推进现代科研院所制度建设，科技创新能力不断增强。制定并实施《国家中长期科学和技术发展规划纲要（2006—2020年）》，国家技术创新工程启动实施，国家财政对科技的投入大幅增长，支持取得了一批重大科技成果，形成了一批向国内外开放的具有世界一流水平的科研基地和创新平台。结合体制改革与科技创新，企业作为技术创新和科技投入主体的地位基本确定。

教育体制改革不断推进。制定和实施《国家中长期教育改革和发展规划纲要（2010—2020年）》，促进教育体制创新和教育质量提升。全面实现城乡免费义务教育，推进教育公平迈出重大步伐。义务教育阶段教师绩效工资制度全面实施。大力发展职业教育，中等职业教育对农村经济困难家庭、城市低收入家庭和涉农专业学生实行免费。实施国家助学制度，覆盖面从高等学校扩大到中等职业学校和普通高中。推进高等院校改革，不断优化教育结构、改革培养模式，积极探索建立规范运行的现代学校制度。

文化体制改革稳步进行。一大批经营性文艺院团、演出公司、电影公司、音像公司、影剧院和出版单位进行转型改制，成为面向市场、自主经营的文化市场主体。公益性文化事业单位进一步推进劳动人事、收入分配和社会保障制度改革，活力增强、服务改善。推进了中小学教材招投标、广播电视制播分离、党报党刊剥离经营业务等改革。推进国有文化单位改革，通过制度创新、兼并重组、资源整合等，形成了一批竞争力较强的国有或国有控股大型文化企业或企业集团。社会资本以各种形式投资文化产业的步伐加快，公有制为主体，多种所有制共同发展的文化产业格局正在形成。党的十七届六中全会出台了《关于深化文化体制改革、推动社会主义文化大发展大繁荣的决定》，为推进文化改革发展，建设社会主义文化强国指明了方向。

医疗卫生体制改革全面展开。在多年探索基础上，2009年3月国家出台了深化医药卫生体制改革意见及相关实施方案，新一轮医药卫生体制改革全面展开。围绕"保基本、强基层、建机制"，重点推进了一些领域改革，成效逐渐显现。基本医疗保险制度、新型农村合作医疗制度全覆盖面不断扩大，参保率、参合率稳步提高，政府对城镇居民基本医疗保险和对新型农村合作医疗人均补助标准不断提高。政府举办基层医疗卫生机构大部分已着手实施基本药物制度，实行药品零差率销售。基层医疗卫生服务体系建设不断加强，乡村卫生医疗条件逐步改善，以培养全科医生为重点的基层医疗卫生队伍建设规划全面实施。加快实施重大公共卫生服务项目，强化公共卫生设施建设，推进基本公共卫生服务均等化迈出较大步伐。公立医院改革试点全面启动，医院管理体制、医疗服务价格形成机制和监管机制等方面探索深入展开。

7. 涉外经济体制改革全面深化，对外开放水平进一步提高。不断提高对外开放水平，是完善社会主义市场经济体制的重要内容，是积极参与经济全球化和区域一体化进程、充分利用国际资源和国际市场的重要途径，而深化涉外经济体制改革是全面提高对外开放水平的关键环节。在入世的有力推动下，我国涉外经济体制改革逐步走向纵深，开放型经济水平不断提高。

大力完善外商投资管理机制。不断简化外商投资企业审批程序，下放审批权限，降低进口关税，推动投资贸易便利化，大力推进市场开放，陆续开放了旅游、物流、医疗、电信、分销等重要产业领域，允许外资从事银行、证券、保险、会计、法律服务等重要经营活动，促进外商投资设立创业投资企业、参与不良资产重组处置、并购境内企业、对上市公司进行战略投资、设立合伙企业等。及时发布与修订外商投资产业指导目录和相关投资经营活动管理办法，积极改善外商投资环境。适应市场经济和世贸组织规则的要求，不断完善涉外法律法规体系，创造公平和可预见的法制环境,确保各类企业在对外经济活动中的自主权和平等地位,积极打造开发区、自贸区、试验区、示范区等多种平台,为外资进入和经营创造便利条件。

积极健全对外投资服务体系。国内企业"走出去"的促进、服务、保障、监管体系全面改善,对外投资日益便利。出台了一系列政策法规,鼓励与规范企业对外投资与贸易。加强宏观指导,制订了重点国别和行业中长期发展规划,定期发布对外承包工程和对外投资的国别产业导向目录。建立健全对外投资协调机制,推动建立境内外对外投资中介服务组织,不断提高投资效益。建立并逐步完善对外投资工作境外安全风险预警和信息沟通制度,切实保障人身财产安全。

贸易壁垒与摩擦应对机制逐步建立。形成了中央、地方、企业和中介组织"四位联动"体系,建立了产业损害调查精细化管理等机制,综合运用各种手段,积极做好应对特保、反补贴等相关工作。同时,建立强有力的服务体系,支持企业应诉工作。

8. 行政管理体制改革逐步推进,市场经济法律制度加快建设。适应入世和建立完善市场经济的需要,着眼于建立服务、责任、法治政府,行政管理体制改革艰难前行并取得一定进展。与此同时,着眼于确立制度、理顺关系、规范职责、保障权益,法制建设特别是经济法制建设加快推进,与社会主义市场经济相适应的法律体系基本建立。

着力推进行政管理体制改革。积极推进政企分开、政资分开、政事分开、政府与市场中介组织分开,逐步把政府职能转变到实施经济调节、市场监管、社会管理和公共服务方面。行政管理方式不断改进,截至2010年7月,国务院部门分五批取消和调整行政审批事项达2183项,地方各级政府取消和调整达7.7万多项,分别占到原有管理事项总数的60%和一半以上。结合推进投资体制改革等举措,相当一部分原有审批事项调整为通过核准和属地备案方式进行管理。与此同时,加快政府管理法制建设,积极推行依法行政,不断深化政务公开。入世以来,伴随整个法律体系的不断完善,政府立法不断加强,出台了一大批行政法规。自2007年6月起,除涉及国家秘密、国家安全外,行政法规草案原则上都在网上公开,广泛向社会征求意见。国务院还制定了《政府信息公开条例》,

政府信息通过电子媒体、新闻发布会等各种有效平台向社会公开发布。2010年各级政府还实行了财政预算公开。相应推行行政问责制度和政府绩效管理制度。政府机构改革相机推进，2002年以来与政府换届相结合，国家进行了两轮政府机构改革。2008年进行的新一轮政府机构改革，明确了"大部制"改革的思路。配合农村税费改革和农村综合改革，于2004年启动的改革开放以来的第四次乡镇机构改革进行顺利，有效遏制了乡镇机构和人员编制膨胀的势头，截至2010年年底，已有70%的乡镇进行了改革。与此同时，公务员队伍建设不断规范和加强，国家颁布了《公务员法》，实行了"凡进必考"的制度。

全面推进经济法制建设。着眼于保障和促进社会主义市场经济的发展，适应加入世界贸易组织的需要，按照把行之有效的改革开放措施规范化、制度化和法制化的基本要求，经济领域的立法工作加速推进，制定了证券法、合同法、招标投标法、信托法、个人独资企业法、农村土地承包法、政府采购法等法律，修改了对外贸易法、中外合资经营企业法、中外合作经营企业法、外资企业法、专利法、商标法等法律，经过这一时期的努力，中国特色社会经济法律体系初步形成。

从总体上看，与10年前相比，中国市场经济取得了较大的进展，这一点，也获得了国际上的广泛认同。迄今，承认中国市场经济地位的国家和地区已超过140个。

（二）十年来市场经济发展的主要特点。应该说，对于改革中的中国来说，人们对于加入世贸组织有一个逐渐认识和适应的过程。一般的认识是，中国应充分抓住加入世贸组织带来的机遇，积极进入世界经济舞台，有效利用两种资源、两个市场；但是中国作为一个发展中国家，也应努力规避加入世贸组织带来的风险，防止因体制对接或规则履行对国内经济和社会发展造成伤害，甚至导致其他更严重的后果。这种认识不仅制导着人们在国际经济活动中的行为，事实上也影响到中国经济体制改革。加之其他一些原因的影响（如国际金融危机），使十年来的中国改革呈现出一些明显的特点。归纳为以下5个方面。

1. 改革在总体上沿着市场经济方向朝前推进。基于改革开放以来所取得的历史性成就，党的十六大进一步明确了建成完善的社会主义市场经济体制和更具活力、更加开放的经济体系的战略部署，党的十六届三中全会依此作出的《关于完善社会主义市场经济体制的决定》，进一步强调要"坚持社会主义市场经济的改革方向""更大程度地发挥市场在资源配置中的基础性作用"。在世界贸易组织规则的推动下，这一改革方向没有受一些主客观原因的干扰出现改变。其有力地证明除了上面列举改革新取得的实际进展外，在改革理论上也出现了一些方面的重大突破，如提出"要适应经济市场化不断发展的趋势，进一步增强公有制经济的活力，大力发展国有资本、集体资本和非公有资本等参股的混合所有制经济，实现投资主体多元化，使股份制成为公有制的主要实现形式"；要建立健全现代产权制度，"依法保护各类产权，健全产权交易规则和监管制度，推动产权有序流转，保障所有市场主体的平等法律地位和发展权利"，以及提出"加快行政管理体制改革是全面深化改革和提高对外开放水平的关键"等。

2．改革在开放的"倒逼"与推动下深化拓展。加入世贸组织是我国对外开放战略的一个重大步骤，受加入世贸组织的直接影响，我国对外开放的步骤明显加快，而开放促改革也就成为这些年改革的一个重要特点。适应开放而推进的改革，在两个方面大大加快了步伐：一是从整体上构建与国际通行规则相衔接的管理体制和运行机制，这包括根据世贸组织规则清理、修订法律法规，建立稳定、透明和适应经济全球化需要的涉外经济管理体制等；二是积极推进相关专项领域的改革，以有利于"引进来"和"走出去"，包括降低关税和进一步开放银行、保险、商业等重要服务贸易领域。

3．改革在发展波动中曲折前行。在改革开放之初，生产力发展的体制桎梏十分明显，改革作为生产力发展的动力与保障作用因而也十分明显。但在改革进入攻坚阶段，改革向调整深层利益关系突进的今天，改革与发展的关系反而显得比较尴尬：在有些人看来，改革触及深层利益关系所引起的震动会直接影响发展的速度。尤其是当现阶段改革和发展的联动效应不如初期那样直接和显著时，许多人甚至忽视了改革对发展的推动功能；而当大规模的投资刺激政策很快使面临国际金融危机严峻挑战的中国经济增长止跌转升时，当前改革对发展推动作用的纽带就完全被一些人们实际上割断了。于是，评估改革举措只能在发展的缝隙中被偶然推出和艰难实施，而对于一些人来说，改革也就成了挂在口中的术语。

4．改革过程表现出"前快后稳"的行进节奏。这一方面在很大程度上与加入世贸组织密切相关，入世后履行规则的自觉性和履约时间的紧迫性使前一阶段表现出"突变""快进"的特点，而相关承诺的兑现及对规则本身的逐渐适应则使后一阶段表现出"平缓"和"渐进"的特点。而另一方面则与改革向深层推进难度增加、利益关系调整难度加大密切相关。换一个角度来说，是与被改革对象的"软磨硬抗"有关，特别是当改革的对象是改革推动者本身时，就更加会直接影响到改革的力度与节奏。还有一个重要的因素是，自2003年以后，专门从事经济体制改革工作的职能部门被撤销，改革的总体指导和全面推动面临挑战，而各个专项改革直接由各相关职能部门自己负责推动，自己改自己，需要很大的魄力和很强的自我牺牲精神。

5．改革在某些领域进展缓慢。在一些方面的改革出现重大突破的同时，也有一些方面的改革陷入停顿，甚至出现"回潮"。广遭议论和诟病的重要领域之一是垄断行业的改革。早在入世之初，加快推进和完善垄断行业改革就成为政府完善市场经济体制部署中的重要任务，并且改革的思路与方向也十分明确。垄断行业引入竞争机制、推行投资主体多元化一度成为深化改革实践中的一个亮点。但近些年，垄断行业改革几乎没有得到实质性推进，石油、石化、电信、电力、民航、铁路等领域独家绝对垄断的状况有增无减，而在这些行业之间，相互封锁、不良竞争的行为时有发生。

二、深化中国经济体制改革面临的形势与要求

从总体上看，中国经济体制改革取得了长足的进步，但离建立完善的社会主义市场经济的目标还有较大的差距，中国改革仍处于攻坚时期，深化改革面临着新的形势，背负着新的要求。

（一）当前改革面临的形势。深化改革的要求，一方面来自现有体

制本身，一方面来自生产力发展的要求。当前改革面临的基本形势是，从现状看，一些重要的体制关系仍没有理顺，不适应市场经济发展的需要；从未来看，实现科学发展需要良好体制来推动和支撑，不断推进体制机制创新是生产力发展的必然要求。

1. 一些重要的改革环节依然薄弱。尽管通过这些年的改革，社会主义市场经济体制初步建立，全方位、宽领域、多层次的对外开放格局基本形成，一些方面的改革取得了突破性进展，但仍有一些关键的领域没有得到根本触及，改革没有取得实质性进展。主要有：（1）垄断行业改革进展缓慢，国有经济一家独大的状况没有明显改观，非公有制经济发展遭遇的无形障碍仍然很多，自由进入法律没有禁止的一些重要的领域仍然面临较大的困难，非公有制企业在财政、融资等方面还没能实际享受与其他企业同等的服务。国有大型企业现代企业制度建设总体上不够规范，完善的法人治理结构没有真正建立起来。（2）统一开放的全国市场还没有真正形成，无序竞争和独家垄断同时存在。社会信用制度还很不完善，社会信用意识总体薄弱，制假售假、商业（行业）欺诈等违法违规现象比较严重。（3）各级政府间事权不清晰，以致难以建立起与事权相匹配的财税体制，继而影响着公共财政体制的真正建立。（4）收入分配体制改革严重滞后，一次分配公平性较差，收入分配调节力度较弱，地区间和部分社会成员收入分配差距因发展机会不均等和分配过程的不公开而不断扩大。（5）财政、金融等公共政策对不同性质的企业和社会组织体现着区别，教育、卫生、文化等公益事业在不同地区的人群中存在着差别，就业歧视、社会保障不平衡等仍然存在，基本公共服务不均等的状况还比较严重。（6）政府职能转变不到位，政府部门对微观经济活动的干预仍然较多且在很大程度上借助审批方式，在比较特殊的时期尤其如此，法治政府和服务型政府还没有真正建立起来。政府行政层级较多，结构不合理，行政运行成本高昂。

2. 国内外环境变化对改革提出了新要求。世情、国情继续发生着深刻变化，进一步凸显了深化改革的重要性和建立符合时代要求的经济体制的必要性。从国际方面看，经济全球化和区域一体化深入发展，科技创新孕育着新的突破，合作、交往、联动成为基本主题。与此同时，面对着开放的环境和不进则退、不取则予的现实，基于维护自身利益和争取更大利益，围绕市场、资源、人才、技术、标准等的竞争会更加激烈，这在当前国际金融危机影响仍然存在，并且还在以某种形式继续发展，气候变化以及能源资源安全、粮食安全等全球性问题更加突出的情势下更是如此。面对这种复杂的环境，各国必须同时做出双重选择：一方面，必须积极融入全球化和一体化进程，从而在更广范围、更高层次上利用国际市场，获取资源和配置生产要素，拓展经济发展空间；另一方面，必须有效保护自己，避免在这一进程中自身资源要素被抢夺，市场被侵占，利益被掠取。这样，各种形式的贸易保护和市场抵制会更加严重。中国也面临这样的双重选择。在现实中，合作与竞争融为一体，我们应当正确观察，沉着应对，统筹国内国际两个大局，把握好自身在全球分工中的新定位，积极创造参与国际经济合作和竞争的新优势。从体制建设的角度看，一方面，要以更加开放的心态和思维，大力推进体制创新，努力形成主动融入国际市场，承接经济全球化的机会和利益，并依托适当的平台掌握更高层次利用全球资源要素主动权的体制机制，这就是与国际通行做法相一致的，或者说与国际化相适应的管理体制和运行机制；另一方面，要切实树立风险意识，在扩大和深化与各方利益汇合点的同时，着力构建防范境外风险传导，有利于抵御各种形式的保护主义，维护我国内外权益的体制机制。这意味着，除了继续利用好世界贸易组织的有关规则外，中国市场经济体制建设必须切实地把握自身国情，体现阶段色彩，并且在一些必要的方面坚守原则与底线。也就是说，我们需要的体制应是一个寓含风险应对和基本利益保护机制的开放体制，是具有中国特色的国际化体制。从国内方面看，经过几年的努力，特别是在改革开放的推动下，中国经济迅猛发展，取得了举世瞩目的成就，经济总量已经居世界第二。但中国仍然是发展中国家，我们正处于全面建设小康社会和推进现代化建设的关键时期，工业化、城镇化等将持续深入发展，我们仍需要追求比较快的增长速度。但是，我们不能再以追求经济增长速度为重心。一方面，经过这些年粗放型的增长，土地、淡水、能源、矿产资源和环境状况对经济发展已构成严重制约，也就是说，经济增长的资源环境约束大大强化；另一方面，经济运行本身也存在一系列问题，突出的如投资和消费关系失衡、收入分配差距悬殊、科技创新能力不强、产业结构不合理、农业基础仍然薄弱、城乡区域发展不协调、就业总量压力和结构性矛盾并存、基本公共服务均等化程度差距较大、社会矛盾明显增多等。这要求我们正确处理好经济发展和资源节约、环境保护的关系，处理好经济发展与社会事业发展、推行基本公共服务均等化的关系，处理好经济发展与促进公平正义、构建和谐社会的关系。换言之，新时期必须转变经济发展方式，实现科学发展。从体制建设的角度说，面对还很不完善的经济体制和十分艰巨的改革任务，更要进一步加大改革力度；而为了实现经济长期平稳较快发展和社会持久和谐稳定，也要把改革开放作为加快转变经济发展方式的强大动力，坚定不移地推进各重要领域和关键环节的改革，加快构建有利于科学发展的体制机制。

（二）深化改革需要把握的基本要求。改革越向深层推进，改革承载的使命越厚重，改革面临的风险也就越大，这不仅表现在改革推进的艰难性上，更表现在改革进程可能形成的曲折性上。改革停滞固然危险，而改革如果走形变样将更加危险。因此，深化经济体制改革，必须坚持正确的指导思想，把握科学的操作原则。从总体上看，特别要注重以下三个方面。

1. 始终坚持社会主义市场经济的基本方向。改革的最大曲折莫过于偏离社会主义市场经济的方向。我们说我国改革正处于攻坚阶段，所谓"攻坚"，从表象看，是攻克那些制约社会主义市场经济体制建立健全的关键性体制难题，而从本质上看，则是调整深层次的权力和利益关系。在当前具体事项的改革权力分别为一个个具有特殊利益诉求的职能部门掌握时，改革很容易受到利益牵制而延缓或异化，也就是说，一些重要改革举措在推进过程中出现走形变样。再者，今天的体制建设已经从"零件制造"转到了"整体组装"阶段，对具体操作的要求更加精细严谨，稍有不慎就会偏离正确的轨道，因此，必须特别注重改革的方向问题，并从操作原则和推进方式上予以保障。坚持市场经济的基本方向，必须始终站在促进社会生产力发展和实现最广大人民群众利益的高度；必须努力保障并积极扩大市场在资源配置中的基础性作用；必须致力于实现社会成员享有平等的发展机会和均等化的基本公共服务。

2．紧紧围绕转变经济发展方式这条主线。加快转变经济发展方式，是推动科学发展的必由之路。转变经济发展方式的核心内容，是要创新发展模式，提高发展质量，不断优化经济结构，实现经济发展与资源集约节约利用和保护生态环境的有机结合，促进城乡、区域、经济社会全面协调可持续发展。改革要紧紧扣住这一核心内容，着眼于转变政府职能、理顺中央和地方财权事权、完善现代企业制度和现代产权制度等关键环节，避免一味追求GDP增长速度而忽视发展质量和效率，强化资源节约和环境保护、促进城乡一体化发展、推进基本公共服务均等化等重点领域深入展开，并从整体和专项层面全面建立起促进科学发展的保障体制与约束机制。

3．着眼于不断提高参与国际竞争与合作的水平。要统筹国内发展和对外开放，坚持用全球视野和世界眼光观察自身，以开放促改革，适应经济全球化深入发展的进程和国际市场变化的格局，不断深化相关领域的改革，促进管理体制和运行机制的国际化与规范化，构建扩大国际合作交流的坚实基础。与此同时，有效运用国际规则，充分参与全球经济治理，推动建立均衡、普惠、共赢的多边贸易体制，构筑防范不正当竞争和维护我国核心利益的保障机制，从而使自己在目前激烈的竞争中占据主导地位，维护国家经济安全，更多地获取世界市场利益。换言之，就是要着眼于提高自己融入和把握国际市场或经济全球化进程的能力，有针对性地推进各项改革，健全体制机制。

三、下一步推进中国经济体制改革的任务与路径

国际国内环境对深化改革提出了迫切要求，新时期新阶段改革的任务更加艰巨，必须以更大的决心和勇气，花更大的气力和精神全面推进各领域改革，并寻求适宜的改革路径，确保改革平稳顺利而又富有效率地向前推进。

（一）新时期改革的基本思路。下一步，要加快关键领域的改革攻坚步伐，不断完善社会主义市场经济体制，为科学发展提供有力保障。

1. 大力推进行政管理体制改革。一是继续推进政府职能转变。进一步理顺政府与企业、市场的关系，实现政企分开、政资分开，以及政府与市场中介组织分开。可以由企事业单位和市场中介组织承担的事务，全部移交给企事业单位和市场中介组织。为此，必须深化审批制度改革，进一步精简和规范行政审批事项，减少政府对微观经济活动的干预，可通过市场主体自主解决和市场竞争机制有效调节的事项，一律不再纳入行政审批范围，必要的行政审批，可以上升为法律法规的，尽量通过法律法规来体现，能通过核准和属地备案方式管理的，一律实行核准和属地备案制度。投资活动是关系国民经济和社会发展的重大活动，要特别注重大力推进投资审批制度改革。与此同时，进一步推进政府管理法制建设，全面推进依法行政。二是深化政府机构改革。着力解决机构重叠、职责交叉、政出多门问题，加强与完善从事经济调节和社会管理的机构，撤销直接从事或干预微观经济活动和社会事务的机构。整合部门职能，撤并职责相同或相近的部门，建立起分工明确、精干效能的大部制。根据经济社会事务管理责权的划分，理顺中央和地方在一些重要领域的职责分工，相应调整上下级政府的机构设置。适应政府职能不断转变，统一市场逐步推进、区域一体化深入发展以及交通、通讯等基础设施加快改善的要求，优化行政层次，适当减少行政层级。三是健全科学民主决策机制。从对重大事项的决策在坚持集体审议的同时，可通过调查研究、专题咨询和公示公证等形式广泛听取意见。推行政府绩效管理和行政问责制度，加强对权力的监督，提高政府的执行力和公信力。四是分类推进事业单位改革。按照政事分开、政企分开、管办分开、营利性和公益性分开的要求，积极稳妥推进科技、教育、文化、卫生、体育等事业单位的改革。

2. 积极深化国有经济改革。一是完善国有资本有进有退、合理流动机制。运用各种有效手段，继续推进国有经济战略性调整，引导和促进国有资本向关系国家安全与国民经济命脉的重要行业及关键领域集中，推动国有经济严格按照市场规则运作。二是继续推进国有大型企业制度创新。视条件对国有大型企业分别实行整体改制上市或股权多元化改革。有必要保持国有独资的要积极推进公司制改革，完善企业法人治理机构。取消国有企业经营管理者的行政级别，并完全建立市场化的遴选制度，相应建立起规范的激励约束机制。三是以对外放宽市场准入、对内创新产权结构为重点，大力推进垄断行业改革。对铁路、盐业等行业，要着力实现政企分开、政资分开；对电力行业，要积极推进输配分开，强化用户用电选择权；对电信、石油、民航等行业，要努力实现行业内基础设施共建共享，开展互惠服务，并进一步推动形成平等有序竞争的市场环境；对市政公用事业，可进一步健全特许经营制度和价格形成机制；进一步完善邮政普遍服务和竞争性服务分业经营制度。四是深化国有资产管理体制改革。坚持政府公共管理职能和国有资产出资人职能分开，完善经营性国有资产管理和国有企业监督体制，建立健全覆盖全部国有企业、分级管理的国有资本经营预算和收益分享制度，完善国有企业资产、行政事业单位资产和自然资源资产等的监管制度。

3．进一步促进非公有制经济发展。一是全面落实促进非公有制经济发展的各项政策措施。配合国有经济的战略调整，鼓励和引导民间资本进入法律法规没有禁止的行业与领域，支持和推动非公有制企业通过参股、控股、并购等多种形式，参与国有企业改革重组。二是进一步完善相关制度环境。采取切实可行的措施，强化法律法规约束，破除各种有形和无形障碍，真正营造出非公有制经济与其他经济成分平等使用生产要素，公平参与市场竞争，同等受到服务保护并一视同仁接受监督管理的制度环境。

4．不断加快财税体制改革。一是积极理顺政府间财政关系。合理界定各级政府事权，在此基础上，理顺各级政府间财政分配体系，建立健全财力与事权相匹配的财税体制。特别要在文化教育、公共卫生、公共安全、社会保障等基本公共服务领域划清中央与地方的职责。围绕推进基本公共服务均等化及推进主体功能区建设等完善转移支付制度，增加一般性特别是带有均衡性质的转移支付的规模和比例。积极扶持欠发达地区发展，保障禁止开发区、限制开发区的必要财力，合理调减专项转移支付。同时积极推进省以下财政体制改革，强化省级政府在基本公共服务领域的支出责任，继续推进省直管县财税管理制度改革，健全县级基本财力保障机制，并逐步提高保障水平。建立健全地方政府债务管理体系，支持建立规范安全的地方政府举债融资机制。二是深化预算管理制度改革。建立健全预算编制、报送、监督相互协调和有机制衡的机制。强化公共财政预算，增加公共服务领域投入，着力保障和改善民生。规范预算编制程序，不断扩大预算领域，深化预算内容。深化部门预算、国库集中支付、政府采购等改革，进一步完善预算信息管理制度，不断提高预算的透明度。三是推动建立有利于科学发展的税收制度。逐步扩大增值税征收范围，将一些生产性服务业领域纳入试点，相应调减营业税等税收，从制度上解决货物与劳务税收政策不统一问题，逐步消除重复征税。合理调整消费税征税范围、税收结构和征税环节，促进积极消费、绿色消费和理性消费。完善资源税征收，推进耕地占用税改革，开征环境保护税，促进资源节约型社会和环境友好型社会建设。研究推进房地产税改革，促进房地产行业健康发展。继续完善个人所得税改革，逐步建立健全综合与分类相结合的个人所得税制度。探索建立财产税制度。与此同时，逐步健全地方税体系，赋予各级政府适当税收管理权限，支持培育地方支柱税源，促进经济发展和民生改善。

5. 全面深化金融体制改革。一是继续推进国有商业银行和政策性金融机构，加快建立现代金融制度。国家控股的大型商业银行，要完善法人治理结构，强化风险管理，提高创新发展能力和国际竞争力。继续深化国家开发银行改革，中国进出口银行和中国出口信用保险公司改革。积极推进农业银行"三农"金融事业部改革、邮政银行股份制改革和农业发展银行改革。深化国有控股保险机构改革，推进保险资金运用管理体制创新。同时，继续促进金融资产管理公司商业化转型，积极稳妥推进金融业综合经营试点。二是积极健全多层次金融市场体系。深化股票发审制度市场化改革，规范发展主板和中小板市场，推进创业板市场建设，扩大代办非上市公司股份转让系统试点，加快发展场外交易市场，积极探索建立国际板市场。探索建立股票市场转板机制，规范和引导借壳上市，健全上市公司退市制度。完善债券发行管理体制，推进债券品种创新与多样化发展，稳步推进资产证券化。推进期货和金融衍生品市场发展，规范发展私募基金市场。继续推动资产管理、外汇、黄金等市场的发展。三是不断完善金融宏观调控机制，稳步推进利率市场化和人民币汇率形成机制改革。继续培育货币市场基准利率，通过稳妥放开替代性金融产品价格等方式，逐步推进利率市场化进程。继续按主动性、可控性、渐进性原则，完善以市场供求为基础的有管理的浮动汇率制度，保持人民币汇率在合理、均衡水平上的基本稳定，推进外汇管理体制改革，扩大人民币跨境使用，逐步实现人民币资本项目可兑换。着力构建逆周期的金融宏观审慎管理制度框架，优化货币政策时效性，建立货币政策决策机制，改善货币政策传导机制和环境，加强社会融资总量调控，运用信贷政策等引导货币信贷平稳适度增长，建立健全系统性金融风险防范预警体系、评估体系和处置体系。完善金融监管体制机制。加强金融监管协调，强化地方政府对地方中小金融机构的风险处置责任，强化对系统重要金融机构的监管。加强金融法制建设，加快建设金融信用体系，积极参与国际金融监管合作和规则制定，维护国家金融稳定和安全。

6．着力推进资源性产品价格和环保收费改革。一是完善资源产品价格形成机制。推进水价改革，完善成品油、天然气价格形成机制和各类电价定价机制。按照价、税、费、租联动机制，适当提高资源税税负。二是推进环保收费制度改革。实行污染付费制度，提高排污费征收水平，改革垃圾处理费征收方式，完善污水处理收费制度，在重点领域开征环境保护税并适时扩大征收范围。适应不同类型需要，探索建立多种形式的生态补偿方式。三是建立健全资源环境产权交易机制。引入市场机制，实施矿业权和排污权有偿使用和交易的制度，促进资源环境产权有序流转和公开、公平、公正交易。

7．大力推进收入分配和社会保障制度改革。一是深化工资制度改革。建立健全职工工资正常增长机制和工资支付保障机制，完善最低工资和工资指导线制度。建立企业薪酬调整和使用发放制度，积极稳妥扩大工资集体协商覆盖范围。改革国有企业工资分配管理办法，加强对部分行业工资总额和工资水平的双重调控，逐步缩小行业间工资水平差距。依据经营管理绩效、风险和责任，严格规范国有企业、国有控股金融机构经营管理人员特别是高层管理人员的收入，严格控制职务消费。完善公务员职务与级别相结合的工资制度，合理调控地区间、同一地区不同政府层级间工资收入差距，同时健全公务员工资水平正常调整的机制。结合事业单位改革，探索建立符合事业单位特点、体现岗位绩效和分级分类管理的事业单位收入分配制度。二是强化收入状态调节和秩序整治。合理调整个人所得税税基和税率结构，提高工资薪金所得费用扣除标准，降低中低收入者税收负担，加大对高收入者的税收调节力度。加快建立健全财产税制度，理顺资源收益分配关系，加强对矿产资源开发经营者超额收益的监测与调控。调整财政支出结构，加大对社会保障等基本公共服务的投入，大幅度提高居民转移性收入，完善对低收入群体的转移支付制度。在健全法律法规的基础上强化政府对收入分配秩序的监管和整治，取缔非法收入，规范工资外收入、非货币性福利，加强政府非税收入管理，积极推进费改税，加快收入信息监测系统建设，建立收入分配统筹协调机制。三是完善覆盖城乡居民的社会保障体系。加快完善社会保险制度，实现新型农村社会养老保险制度的全覆盖。全面落实城镇职工基本养老保险省级统筹，实现基础养老金全国统筹，健全城镇职工基本养老保险关系转移接续制度，逐步推进城乡养老保障制度有效衔接。进一步完善医疗、失业、工伤、生育保险制度，逐步提高统筹层次和保障水平。积极发展企业年金和职业年金，有效发挥商业保险补充性作用。稳妥推进养老基金投资运营。加强社会救助体系建设，完善城乡最低生活保障制度，实现应保尽保并逐步提高标准。加强城乡低保与最低工资、失业保险和扶贫开发等政策的衔接，以扶贫、助残、援孤、济困为重点，逐步拓展社会福利保障范围，推动社会福利由补缺型向适度普惠型转变，逐步提高人民福利水平。完善城镇住房保障制度，构建以政府为主提供基本保障、以市场为主满足多层次要求的住房供应体系。重点发展公共租赁住房，使其逐步成为保障性住房的主体。

8. 努力完善农村发展体制。一是坚持和完善农村基本经营制度。继续坚持以家庭承包经营为基础、统分结合的双层经营体制，完善土地承包经营权权能，建立健全相关法律法规，保障农民对承包土地的占有、使用、收益等权利。在依法自愿有偿、完善配套服务的基础上发展土地承包经营权流转市场，发展承包形式的适度规模经营。完善农村集体经营性建设用地流转和宅基地管理机制。按照明晰产权、放开经营权、落实处置权、保障收益权的要求，深化林权制度改革，保障林户权益。积极推进国有林区林权制度改革，完善草原绿色经营制度，进一步推进农垦制度改革。二是继续推进农林综合改革。建立和完善农村村级公益事业建设一事一议的财政奖补制度，推进省直管县的财税体制改革，推进农村义务教育历史债务化解试点。三是深入推进农村金融改革。加大政策性金融对"三农"的支持力度，强化农业银行、邮政储蓄银行为"三农"服务的制度保障，相应创新服务方式。深化农村信用社改革，鼓励有条件的地区以县为单位建立社区银行。积极培育发展村镇银行、小额贷款公司、资金互助社等灵活便利的小型农村金融服务机构，适应农村特点，推进农村金融产品和服务方式创新。四是加快城乡发展一体化制度建设。统筹城乡发展规划，促进城乡基础设施、公共服务、社会管理一体化，建立城乡平等的要素交换关系，保障农村和农民权益。完善城乡建设用地增减挂钩制度，优化城乡用地结构和布局，逐步建立统一的建设用地市场，加快建立城乡统一的人力资源市场，继续推动建立城乡劳动者平等就业的制度。

9. 深化社会事业体制改革。一是推进科技制度改革。以确立企业科技创新主体地位为重心，加大政府科技资源对企业的支持力度，引导和支持创新要素向企业集聚，加快建立以企业为主体、市场为导向、产学研相结合的科技创新体系。继续推进科研院所制度创新，增强基础研究、战略高技术、重要公益研究领域的创新动力和能力。推动建立企业、科研院所和高校合作创新的机制，促进高校教育和科技创新的紧密结合。建立健全多元化科技投融资体系，进一步优化鼓励扶持创新和科技成果产业化的市场环境。发挥国家创新型城市、自主创新示范区、高新区等各类创新平台的作用，加快提升区域和整体创新力。二是推进教育体制改革。合理配置公共教育资源，重点向农村、边远、贫困、民族地区倾斜，加快缩小教育差距，以促进义务教育均衡发展为重点，大力推进教育公平。改进考试招生办法，创新教育教学方式，改革教育质量和人才评价制度，推动形成体系开放、机制灵活的教育与人才培养体系，创造条件逐步实现高等教育招生培养由择优录取向宽进严出的体制转变。推进政校分开，管办分开，适时取消实际存在的学校行政级别和行政化管理模式，加快建立现代学校制度。鼓励引导社会力量兴办教育，推动形成公办、民办教育平等对待共同发展的格局，扩大教育开放，加强国际交流合作和引进优质教育资源。三是推进文化体制改革。加快推进公益性文化事业单位改革，探索建立事业单位法人治理结构，创新公共文化服务运行机制。深入推进经营性文化单位转企改制，建立健全现代企业制度。鼓励和引导非公有资本以多种形式进入文化领域。进一步完善文化市场体系，促进文化产品和要素创新和流动。进一步理顺文化行政管理部门与文化企事业单位的关系，切实推进管办分开，建立健全符合文化企事业特点的监管与服务体系。继续深化体育改革，完善群众体育服务体系，促进体育产业健康发展。四是推进医药卫生体制改革。按照政事分开、管办分开、医药分开、经营性和非经营性分开的原则和保基本、强基层、建机制的要求，加快建立覆盖城乡居民的基本医疗卫生制度，全面实施国家基本药物制度，完善基本药物保障供应体系，加强药物使用和药品价格管理。建立科学合理的药品和医疗服务价格形成机制，改革以药补医机制。推进公立医院改革，探索形成规范有效的公立医院法人治理机构。完善医疗保障体系，稳定提高城镇职工、居民医保参保率和新农合参合率。加强公共卫生服务体系建设，扩大国家基本公共服务项目，实施重大公共卫生服务专项，提高人均公共卫生服务经费标准，逐步实现基本公共卫生服务均等化。鼓励社会资本兴办医疗机构，放宽社会资本和外资兴办医疗机构的准入范围，完善相关政策和监督制度。五是推进社会管理体制创新。结合行政体制改革，强化政府管理和公共服务职能，提高服务性管理能力。充分发挥公民和社会组织的协调作用，推进社会管理规范化、专业化和法制化。加快构建源头治理、动态管理和应急处置相结合的社会管理机制，加快建立健全维护群众权益的制度保障和决策风险评估与纠错机制，最大程度增加和谐因素，激发社会活力。强化城乡社区自治和服务功能，完善社区治理结构，健全基层管理和服务体系，推动管理重心下移。

10. 进一步提高对外开放水平。一是进一步完善区域开放格局。全面提高沿海开放型经济发展水平，在重点地区先行探索试验的基础上，率先建立与国际化相适应的管理体制和运行机制。以中心城市和城市群为依托，以各类开发区和改革开放试验区为平台，加快发展内陆开放型经济。进一步发挥沿边地缘优势，制定和实行特殊开放政策，加快重点口岸、边境城市、边境（跨境）经济合作区和重点开发开放试验区建设，不断推进相关体制机制创新，着力提升沿边地区对外开放的水平。二是切实转变外贸发展方式。完善政策措施，推进体制创新，有效运用海关特殊监管区等平台，促进服务进口和扩大服务业对外开放，推动外贸发展从规模扩张向质量效益提高转变，从成本优势向综合竞争优势转变。三是促进对外投资和利用外资协调发展。加快实施"走出去"战略，完善相关支持政策，简化审批手续，加强宏观指导，健全促进和保护机制，大力推动企业和个人到境外投资。着力提升"引进来"质量，优化引进结构，丰富引进形式，优化投资软环境，切实提高利用外资的总体水平和综合效益。与此同时，积极参与全球组织治理和区域合作，不断提高安全高效利用两个市场、两种资源能力，在国际经济舞台中发挥更大的作用。

（二）新时期有序有效推进改革的主要方式。面对复杂多变的国际国内形势及要求，面对艰难性和精细化程度都很高的改革任务，加快改革进程而又有效避免改革风险，必须进一步优化改革的方式。基于对过去三十多年来特别是加入世贸组织十年来改革经验的总结、对当前改革内容、动力、要求与潜在风险等的综合考量，操作方式应该特别注重以下方面。

1．做好顶层设计和总体规划。改革进入攻坚克难时期，必须从总体上明确改革的重点任务和优先顺序，确保各项改革按照既定方向坚定不移地朝前推进；改革处于整体组装、无缝对接的时期，只有从顶层进行统筹和安排，才能使各专项改革在大力推进的同时实现有机衔接、综合配套；改革进入权力和利益关系的深层调整阶段，顶层的部署和总体的指导，有利于排除各种干扰阻碍，在保障改革必要力度的同时，防止走形变样；改革面临不确定的外部环境，也只有站在高处基于全局考虑，才有可能科学作出安排，适时进行调整。因此，在对一些关键环节和具体项目继续进行探索实验或依照"摸着石头过河"方式视情推进的同时，必须由决策部门站在向历史、社会和人民负责的高度，立于改革发展的大局，把握建立完善的社会主义市场经济体制和更具活力、更加开放的经济体系的基本要求，谋划未来一个时期改革的思路，既应当是对改革的重点任务、具体步骤、推进原则等作出总体部署，也应当是基于总体思路对各重要方面的改革作出具体安排。

2．注重现实利益基础和体制格局。对于深化改革来说，现实利益基础和体制格局既是对象，又是条件。因此，为了保障改革深入展开和顺利推进，也为了使改革获得广泛的社会支持和强力持久的推进动力，必须充分利用这个条件。而改革整体渐进逐步深化这种规律性，也有利于我们充分利用这个条件。基于此，在操作方式上，要求我们在谋划改革思路时，尽量兼顾不同层次人群的利益诉求，充分调动各个方面的积极性；在推出改革措施时，不要一味采取剥夺的方式，应尽可能兼顾已有的利益基础，坚持用"增量"来调整改善"存量"，采取把蛋糕做大的方式来增进大部分人的利益，从而缩小不同人群间的利益分配的差距，逐渐实现利益分配的公正性和不同人群基本公共服务的均等化。

3．把握好力度、时机与节奏。改革进入攻坚克难阶段，使得我们在改革内容上难以作出调整或取舍。致力于推进关系全局的重要领域和关键环节的改革，决定了我们在未来一个时期必须承担必要的风险，对这一点我们应有充分的估计。但三十多年来的改革实践也给我们提供了一条重要的经验，改革的风险可以通过把握改革措施推出的力度、时机和节奏来控制和降低。新时期推进改革，要更加注重把握改革环境和条件的变化，适时适度推出改革措施，并做好综合配套和应急准备。一般地说，环境较好时，应大力度、快节奏推进比较重要的改革措施；环境较为敏感和脆弱时，可多进行一些辅助性的改革，或把重点放在为推出重要改革创造基础条件方面。应当指出的是，经过改革开放三十多年的努力，包括经济实力、经济制度、领导机构、组织协调能力、人民群众的承载能力等改革基础条件都大大改善，有利于改革保持一定的力度和节奏。总体上看，新时期的改革在整体上是可以大力推进的。

4．注重统筹兼顾和顺势而为。新时期深化改革要充分考虑进入"冲刺"阶段后系统性、配套性增强和涉及面宽、风险较大的特点，一方面要切实体现规律性要求，充分考虑经济领域内各项改革间的联系，考虑经济体制改革与政治、社会、文化等改革间的内在联系，考虑改革、发展、稳定和和谐间的联系，正确处理好各个方面的关系，做到统筹兼顾、协调配套；另一方面要充分把握群众诉求，对那些与全体人民利益联系紧密，舆论关注度较高，社会反映强烈的事项，要迅速抓住关键问题，大力推出改革举措，做到顺势而为、承力跟进。通过统筹兼顾和顺势而为，使改革攻坚取得事半功倍的加速度效应。

关于政府与市场的关系的若干思考[①]

（2014年9月）

　　政府与市场的关系问题，可以说是一个老话题。就我国而言，改革开放以后，这个问题就一直伴随着我们，理论研讨不断深化，实践探索也不断发展，只是在三十多年的改革开放进程中，对这一问题在不同时期的表述有所不同而已。十四大之前，更多地以计划和市场的关系来体现，最开始提出计划经济为主、市场调节为辅，后来提出计划和市场有机结合；十四大以后，确立了建设社会主义市场经济的改革目标，这个时候，更多的是以国家宏观调控与市场的关系来体现。十四届三中全会明确提出，要使市场在国家宏观调控下对资源配置起基础性作用；到十六届三中全会提出要更大限度地发挥市场在资源配置中的基础作用；十八大以后，主要是讲政府和市场的关系，十八届三中全会提出经济体制改革是全面深化改革的重点，核心问题是处理好政府和市场的关系？使市场在资源配置中起决定性作用和更好发挥政府作用。可以说，政府和市场的关系一直影响着我国经济社会发展的进程，特别是影响着我国改革的进程。为什么我们一直绕不开这个问题或者这对关系，首先是因为它极为重要、关系全局。它影响着资源要素的优化配置和经济社会的全面协调可持续发展，也制约着国家治理体系和治理能力的现代化水平与进程。同时也是因为它比较艰深、不易把握。如果拓展到国外范围来看，关于计划与市场关系的争论可以追溯到20世纪初，并且一直持续至今。我曾经写过一本名为《国外二十五种经济模式》的书，其中用较长篇幅阐述这一争论的过程。这表明，就世界范围而言，这也是一个大而且难

---

①本文原载《经济学家》2014 年 9 月 7 日第 66 期（总第 179 期）。

630

的课题，即便理论上能够阐述得比较清楚，实践中要把握好也相当不容易。关于这方面的论述，可以说是汗牛充栋，但直到今天关于这个问题的很多方面我们还不够清晰，需要继续探讨和试验。

我不想就相关概念本身做更多的辨析，重点就两者关系谈一些看法，并且基于这些看法对广东的发展、特别是政府工作的着力点提一些建议，请大家批评指正。总的思想是：认识政府和市场的关系，既要切实把握一般规律和要求，又要充分考虑当前环境和客观实际；处理政府和市场的关系，既要有所创新、有所作为，又不能超越现实、陷入理想主义。概括起来，有这么四个方面的认识：

一、政府与市场并不是天然对立的，它们有各自独立的活动空间，而在共同的活动空间，它们是可以有机结合的。把政府和市场对立起来，在理论上是不准确的，在实践中是有害的

首先，无论就政府还是市场单独而言，其功能都不能全覆盖，如果一定要全覆盖，就必然会带来这样和那样的问题，比如效率低下，比如公平受损，等等。回顾人类经济发展走过的历程，我个人觉得到现在为止还似乎找不到一个纯粹的政府管理模式或纯粹的市场经济模式的例子，我们曾经经历过高度集中的政府管制经济的时期，但那个时候仍然是有市场的，只是程度比较低而已。即便在20世纪六七十年代那样一个环境中，我们也没有完全消灭市场，没有完全消灭私有经济。就资本主义国家而言，很多搞的是高度发达的市场经济，但其中也都不同程度地含有政府的管理和国家的干预。到后来，以市场经济为主体的国家和以政府管制为主体的国家开始互相学习、互相借鉴，各自的管理体制产生了一定程度的革新和完善。

其次，在全社会经济活动中，政府和市场各有体现自身独特优势的空间，这也就涉及了政府和市场关系的内涵与外延问题及所谓边界的界定问题。老实说，我以为通过这些年的不断探索，关于政府和市场的作

用的边界已经很清楚了，只是从哪个角度来概括而已。进一步说，政府和市场的作用边界核心是政府的作用边界。在这个方面是不是可以从这样一些角度来概括：

一个角度，就是我们平常所说的政府应该担当的四大职能，即经济调节、市场监管、社会管理和公共服务，党的十八届三中全会的《决定》又加了一个环境保护。这五个方面，应当就是政府作用的边界。

换一个角度，也可以用三个词来概括。一是引导，可以通过多种形式，比如规划，比如制度约束，也可以是宏观调控或经济调节；二是补遗，市场作用不到的，市场调节失灵的方面，应该由政府来担当；三是纠偏，市场运行导致的失误，或对公共利益造成的损害等，应该通过政府行为来纠正。

再一个角度，除应急处置等特殊情况，大体上我们可以把政府行为的内容直接表述为这样几个方面：一是加强规划引领、经济调节和制度约束，努力减少市场的恶性竞争和市场运行的剧烈波动；二是推动公益性基础设施建设和均等化的各类公共服务不断发展，包括质的提升，量的增长，等等；三是开展扶贫济困，促进区域协调发展，实现全社会人群的共同富裕；四是强化政策引领和制度规范，创造公平竞争的社会环境，保障生态环境、资源开发利用等方面涉及的公共利益不受侵害。

此外，有三个对照的词也可以从某个角度来阐述政府与市场的功能特点，也就是行为边界。即：有限政府、无限市场；法治政府、自由市场；责任政府、开放市场。

第三，在绝大部分情况下，政府和市场是可以共同发挥作用的。这里面就有一个有机结合问题。事实上，上面谈到的三个对照的词组，就在一定程度上表明了两者的内在联系和结合的特点。核心的问题是，如何合理地发挥两者的作用，特别是科学适当发挥政府的作用，使之既有为又有度，从而使政府和市场相互补充、相互促进、相得益彰。

结论是：在实践中，该政府发挥作用的领域，政府要充分发挥作用；该市场发挥作用的领域，市场要充分发挥作用；在可以结合的领域，要合理发挥政府和市场两个方面的作用。

二、在市场经济条件下，政府和市场的关系既有常态稳定的一面，又有动态变化的一面。在实际操作中不可僵化运用固定的模式，要在把握一般规律和要求的同时，因时、因势、因地和依据具体事项来处理政府与市场的关系

在市场经济条件下，政府与市场关系的较为常态稳定的一面主要表现为两点：一是市场决定资源的配置。既然是市场经济，市场就应该起决定性作用，首先是对资源要素的配置起决定性作用。市场决定资源的配置是市场经济的一般规律，社会主义市场经济作为市场经济就必须遵循这个规律。要坚持市场优先，能用市场办法解决的问题要用市场办法来解决，能够依靠市场的就必须充分发挥市场的作用。二是政府发挥作用必须遵循市场规律。即在政府和市场共同发挥作用的空间，政府的一切行为必须以坚持市场发挥决定性作用为前提。政府作用的"更好"发挥就体现在是否准确地把握了市场供求机制、价格机制、竞争机制等市场杠杆的基本特点和本质要求，切准了合理的角度，保持了合适的力度，运用了科学的方式。

但是我们在发展市场经济的过程中面临的环境总是非常具体的，总是处在特定的发展时期、面对着特殊的发展情势、承担着特有的发展任务。处理政府和市场的关系必须充分考虑所处的具体环境，坚持从实际出发，不可搞教条主义，不可僵化固守理论的逻辑、凭概念办事。事实上，在同一个大环境下，不同的领域、同一个领域的不同环节都是有其特殊性的，不可作一律化处理。因此，在把握市场经济的一般规律的前提下，应当坚持从实际出发，因时、因势、因地并依据具体事项的特点来处理政府和市场的关系。这里的意思是说，即便是在市场经济条件下，即便是在发挥市场经济的决定性作用的前提下，都不妨碍政府在特定的领域、一般领域的特殊环节发挥主体和主导作用。这也意味着，在任何情况下，简单化、一律化的处理都可能产生负面效果。

结论是：要高度重视市场经济运行的特殊环境，在处理政府与市场的关系中，把遵循市场规律要求和坚持从具体实际出发一致起来。

三、政府所处的特殊位置，决定了政府在政府与市场关系中的先天强势地位。处理好政府与市场关系的关键，在于科学发挥政府作用

政府是经济社会活动的管理者、调节者，是行政权力的拥有者，这赋予了政府优越于其他一些社会主体的先天强势地位。因而在政府和市场的关系中，政府是矛盾的主要方面，处理好政府和市场的关系，关键在于科学发挥政府作用。这涉及两个重要方面：一是政府如何发挥自身特有的优势，做好自己应该做的事情；二是政府如何推动市场在资源配置中发挥决定性作用。

前面，我们已经从不同角度谈到了政府的行为边界，谈到了政府可以发挥独特作用的一些方面和领域，包括担当引导、补遗、纠偏的职责，包括主要从事四个方面的工作等。所谓科学发挥政府作用，首要的就是担负起这些职责，做好这些方面的工作。从目前看，政府工作还有缺位，一些本应该下大气力做的事情，政府部门还没有顾及或者做得不够好。这里面有体制问题，有能力问题，也有意识问题。但只要政府下决心去做，这个作用是可以得到充分而科学发挥的。

更为关键的是，政府如何推动市场在资源配置中发挥决定性作用。由于政府的强势地位，这方面往往不容易做好，在现实生活中，我们更多看到的是政府的"越位"或政府对市场的损伤。如何解决好这个问题？首先需要深化对市场的认识，停留在"市场"这个抽象的概念上，不容易把事情说清楚，也不利于实践操作。在实际生活中，政府与市场的关系主要涉及三个层面：一是与企业的关系；二是与非公有制经济的关系；三是与全社会广大劳动者的关系。因此，政府推动市场在资源配置中发挥决定性作用，其实就是充分发挥好企业、非公有制经济和全社会劳动者的积极性、主动性和创造性，最大限度地保障企业生产经营的自由度，最大限度地使非公有制经济享有与其他经济成分特别是国有经济成分平等的市场准入条件和同等的公共服务，最大限度地激发全社会劳动者创造、创业、创新的能力，这就是政府处理与市场关系的行为边

界，也是衡量政府是否推动市场在资源配置中发挥了决定性作用的基本标准。

结论是：在市场经济中，政府更好地发挥作用就是充分发挥自身优势，做好市场做不到的事，推动市场做应该做的事，不缺位、不越位。

四、推动政府更好发挥作用，要坚持强化法律约束、建立制度屏障、提高治理能力三措并举

在市场经济条件下使政府更好发挥作用，一是讲积极发挥作用，不缺位也不越位；二是讲以科学的方式发挥作用，有效率也合规范。对于处于强势地位的政府而言，做到此并不容易，必须采取多方面的举措，主要是三个方面，即强化法律约束、建立制度屏障、提高治理能力。

（一）强化法律约束是基础。多少年来，政府的行为界限在实践中总是不能够很好地把握，不是过界了就是不到位。在我国申请加入世贸组织的过程中，理论界曾提出对政府"非允莫做"、对企业"不禁则入"的思路。到今天，这方面的思路进一步清晰，就是对处于强势地位的政府，对容易犯错且一旦出错后果严重的政府行为应该加强法律约束。核心是两点，一是法无授权不可为，二是法有要求必须为。这就为政府行为不缺位也不越位提供了法律基础。但是这里有个问题要强调一下，法律规范的前提是把政府的行为界限界定清楚。这个界定既要考虑到一般规律的要求，也要考虑到特殊时期特殊环境的需要。法律法规对政府行为的确认，既不能泛化也不能窄化，不科学的法律法规必然会导致政府行为的偏差。法律法规本身的科学化是我们面对的一个问题。当前要在科学界定政府行为边界的基础上抓紧对现有法律法规进行梳理、修订和完善。在依法约束政府行为的基础上，要加强法律法规对市场主体权利的保障。核心的也是两点，一是法无禁止即可为，二是依法享有同等权利。

（二）建立制度屏障是保障。制度建设的核心是打造政府和市场间的防火墙，阻止政府随意和过度干预市场。这是一个系统工程，既涉及政府管理体制改革，也涉及市场体制建设。在政府管理体制改革方面，

要推进政企、政事、政资以及政府与中介组织分开，推进审批制度改革，也要推进政府机构改革，如果机构庞杂，部门众多，就必然泛化政府的权力，从而对市场的微观行为产生多方面的干预。在市场体制建设方面，要推进现代企业制度建设，建立公平的市场规则，健全社会征信体系，还要推进国有经济的战略调整，等等。

（三）提高治理能力是关键。发挥好政府的作用，核心在于提升政府工作人员的管理水平和业务素质。应当结合国家治理体系和政府治理能力的现代化建设，推动各级政府及其工作人员树立改革勇气和创新思维，增强全球意识和战略眼光，提高把握和运用市场经济规律、自然规律、社会发展规律的能力，关键是要提高推动市场发挥资源配置决定性作用的能力。这些年我们落实区域发展总体战略，制定实施分类指导的区域政策的实践提供了一些有益的经验。通过分类指导的区域规划，不仅把国家战略导向与地方实际需要有机结合起来了，也把国家的意志渗透到地方发展思路之中，润物细无声，寓管理于服务、规范于规划之中。政府干预市场更多的应该用经济手段，采取服务的方式。这就要求我们不断提高管理水平和业务素质。

围绕上述三个方面，除了有针对性的推出相关的改革举措外，还有一些工作要抓紧进行，包括细化政府管理事项，明确政府权力清单；改进重审批轻监管的管理方式，最大限度取消前置性审批，加强事中监管和事后处置，配套建立信用体系和法律追究制度；建立企业市场准入负面清单，统一市场准入制度；改善市场管理，为不同的市场主体提供同等的政策服务；等等。

结论是：更好地发挥政府的作用，是一项系统工程，既要围绕政府做文章，也要在政府之外下功夫，而核心是制度与能力建设。

高度重视并运用正确的改革方法[①]

（2015年9月）

对于改革来说，方法问题从来都不是一个小问题。改革方法决定改革的质量和效率，在很多时候甚至直接决定改革成败。在全面深化改革的重要时期，提高改革精确发力和精准落地能力，必须高度重视并正确运用改革方法。

全面深化改革仍需突出重点

全面深化改革，是改革进入攻坚期和深水区的内在要求，是向建立健全新体制最终目标冲刺的逻辑使然。党中央审时度势，要求以经济体制改革为重点，全面推进经济、政治、文化、社会、生态文明等体制改革，坚决破除各方面体制机制弊端，完善和发展中国特色社会主义制度，推进国家治理体系和治理能力现代化。

全面深化改革，要求全面梳理并攻克各方面体制及其各个环节存在的弊端，但这并不意味着改革于每一个方面、每一个环节都要面面俱到、同等用力。全面深化改革仍然要突出重点。这是因为：其一，面面俱到的改革会使有限的资源分散，导致全部或大部分改革项目浅尝辄止，不能产生彻底的、长期的改革效应；其二，面面俱到的改革容易导致鱼龙混杂，甚至把并非改革的内容笼而统之地囊括在改革名下；其三，面面俱到的改革容易混淆视听，造成改革泛化，导致"泛改革症"或"社会恐改革症"，带来不必要的社会负面反应，增加不必要的改革成本。更

---

①本文原载《人民日报》2015 年 9 月 24 日。

主要的是，改革是一个系统工程，只有抓住牵一发而动全身的关键，才能带动全局突破。

改革重点的选择，是对内容重要程度、时间紧迫程度和条件具备情况的综合考量。一般来说，那些在新体制系统中发挥决定性作用的核心环节、对经济社会发展全局起着主要制约作用的关键环节、有利于解决当前经济社会发展突出矛盾且具备相关条件的重要环节，应作为当前和未来改革的重点。对这些重点改革，应在国家周密规划的基础上，集中力量一鼓作气地推进。所谓"攻坚"，就是抓住这些重点打歼灭战，做到决战决胜。与此同时，其他改革要围绕重点改革配套推进。从方法论角度讲，面面俱到的改革往往具有排炮型且碎片化的特征，实际上也往往缺乏章法和秩序，并不是真正意义上的全面改革，也难以产生实实在在的效果。全面深化改革，必须在坚持问题导向、目标导向和条件导向的基础上明确改革重点，通过突破重点带动全局。这些作为重点的改革依数量而论应该尽量精简，确保都是真正处于上位并具有牵一发而动全身、立一柱而定乾坤作用的改革。

就当前而言，应把形成选贤任能的干部人事制度、建立保障公民公平发展权利与机会的制度体系、推进基本公共服务均等化、实现重要产品和资源要素市场化配置、建设规范的现代企业制度、完善生态环境保护机制等作为改革的重中之重。

着力确保改革方案的科学性

改革方案是改革的施工图，其是否正确科学直接关系改革的效果。全面深化改革，必须科学制订改革方案，确保每一项改革方案都正确可行，取得经得起历史检验的良好效果。科学制订改革方案的一个根本原则是，坚持遵循改革基本方向和一切从实际出发的有机统一。改革方案的制订，在大方向上必须坚持社会认同和国际通行的基本理念和规制，但具体内容设计则必须考虑现实基础、发展阶段、地区差异、领域特点。受实际条件所限，不排除在某个时期以及某些特殊地区、特殊领域的改革方案会有不同于一般要求的特点。从操作层面看，保障改革方案的科学性必须把握好以下三个重要方面。

（一）保证足够的酝酿研究时间。改革方案的制订不宜简单设置时限。越是重要的改革方案，所涉及的问题往往越复杂，越需要充分研究、多方论证、统筹兼顾，这就必然要花费一定的时间。仓促行事，容易粗制滥造，也容易挂一漏万。这种方案如果下达执行，不仅会带来改革的曲折，而且会造成不良的社会影响。"宁可慢一点，也要好一点"，应作为制订改革方案的一个基本原则。相对于不科学的"急就章"式改革方案导致的巨大代价，多花点时间把改革方案做得更科学一些是值得的，这与不思改革、拖延改革是两回事。

（二）加强改革方案制订过程中的统筹协调。任何真正的改革都是对既有利益格局的调整，特别是当前改革进入攻坚期和深水区，需要攻克的体制机制顽瘴痼疾很多，需要考虑的因素和兼顾的利益也很多，情况错综复杂。加强改革方案制订过程中的统筹协调，对科学制订改革方案尤为重要。既要避免既得利益主体主导改革方案制订的情况，也要避免由外行制订改革方案。因此，应当坚持各相关部门共同参与、广泛听取各方意见、广泛开展社会协商。在此基础上，由综合改革领导机构负责统筹、协调、指导，确保改革方案的科学性。

（三）改革方案制订过程应尽可能公开。任何一项改革都涉及人民群众的利益，理应让人民群众参与，既包括参与改革，也包括参与改革方案设计。改革方案最终要向大众公开，而在此之前让群众参与方案的讨论，一方面可以集思广益，另一方面可以增强其承受能力，因为征求意见的过程同时也是解放思想、解开心结的过程。从理论上说，除了极少数事项，绝大多数改革方案的制订过程都可公开。历史表明，闭门造车设计出来的所谓改革方案，往往脱离实际：有的公布之后广受诟病，结果是还未改到位，又不得不紧锣密鼓地谋划新一轮改革；有的由于研究制订时局限于内部操作而导致先天不足，因而在实施时不得不"亡羊补牢"，四处开口子，事实上导致出台的改革方案成了一纸空文。这样的改革会付出巨大社会成本，严重影响改革的声誉。必须转变思想观念，彻底解决改革方案制订的封闭性问题。改革方案的研究制订过程，能公开的应尽量公开。有的事项即便过程不能公开，到最后决定之前，也应在较大范围听取意见。

简政放权应把权力下放到正确的地方

简政放权是全面深化改革的重点，而权力往哪里下放并不是一个简单的问题。这项改革既要坚持使市场在资源配置中起决定性作用和更好发挥政府作用这个基本原则，又要充分考虑我国基本国情，避免出现未能放活经济、放出活力，却放松了管理、放掉了责任、放低了效率的后果。

原则上，政府放权应该是向市场放权、向企业放权。也就是说，能交给市场和企业的事项，应毫不迟疑地交给市场和企业。但对于政府部门间的权力转移，则应慎重。政府部门间权力的横向转移，并不能改变政府管理的实质和政府管得过多、过宽、过细的状况。那些必须由政府管理的事项，核心不是转移问题，而是如何提高管理水平和效率问题。一般地说，除了专业性较强的管理职能，政府管理职能放在宏观综合部门比放在专业部门更好，因为宏观综合部门对落实职能的考量更为全面、系统和客观，其调控配套能力也更强。总体而言，政府部门间权力的横向转移，应以职能调整为依据，权责随着职能走。

就纵向放权而言，除非该类事项本应属于地方政府事务，或者地方政府处理此类事务更为熟悉和精准，原则上不宜将掌握在中央政府部门的权责层层向下移放。这是因为，无论就人力、能力而言，还是就受利益牵制而言，抑或是就决策程序的规范性严谨性而言，越往下面临的风险越大。这不是简单的"接得住接不住"的问题，而是存在机制性的"管不好"的缺陷。如果认识不到这一点，一味强调中央部门权力向省、市、县下放，则必然出现管不了、管不好的问题。如果政府层级间职责划分不科学，或者在改革中行政权责在各层级政府间转移不科学，就会直接影响政府正确地、更好地发挥作用，进而造成一系列不良后果。各级政府只有按照科学的层级职能各司其职、各负其责、各尽其力，才能实现"更好发挥政府作用"。

积极建立改革效果监测评价机制

建立改革效果监测评价机制，是保障改革正确前行又不断深入推进的重要手段,有利于检验改革方案制订和改革方式选择的科学性,及时纠错、少历风险、少付代价;有利于把握改革的力度,增强工作的责任心和主动性,确保改革不停滞、不减速;有利于廓清改革存在的薄弱环节和应该承继的操作路径,有序有效推进下一步工作。

应当看到,建立改革效果监测评价机制是有难度的:有些改革的效果表现为与其他改革配套的联动效应,很难单独体现;有些改革处于上位层面,其效果经过了多层次传递;有些改革的效果体现需要一个较长过程,有的甚至难以直接体现;有些改革的效果很难量化;等等。因此,建立改革效果监测评价机制,需要深入研究、统筹考虑、精心设计。

总的思路应当是,尊重改革规律与特点,区分不同类型,采取不同的评估方式与标准。应把握好单项改革与系统改革、短期性改革与长期性改革、可量化改革与不可量化改革、纯粹性改革与发展性改革等关系,分别确定监测的重点、内容和指标体系,以使监测评价尽可能反映实际状况与发展势头。具体而言,对可以单独或独立进行的改革,应明确有具体时间要求的改革目标,并依此建立分阶段、分任务的指标考核体系。受制于其他改革的单项改革,应参照单项改革要求对相关改革进行考核评价,同时进一步考察评估它们相互间的配套联动状态。短期性改革应按期限要求建立考核指标体系,长期性改革应分阶段进行考核,并以是否取得实质性进展为基本考核标准;除了基本方面,各阶段的指标考核体系应与时俱进加以调整完善。可量化改革应科学设计指标体系,不可量化改革则应尽可能比照类似改革建立评价体系。直接与发展相关或相融的改革,应把经济社会发展相关指标作为重要考核内容。改革效果评价要与缘由追溯结合起来,准确分清是方案设计的问题,还是工作本身的问题,并有针对性地采取应对之策。

在实际操作中,应把检验改革方案科学与否放在第一位。一方面,不能允许出现只出方案、不论效果的糊里糊涂改革或为改革而改革。经过检验证明效果不良的改革,包括在实施中四处开口子、导致主体改革安排名存实亡的改革方案,要坚决废止和摒弃;有缺陷的则应迅速加以纠正和完善。另一方面,坚持由第三方监测评估改革方案,并作为一项硬性原则。改革方案的制订要尽量为监测评估创造条件,做到可把握、可衡量、可核审、可追究。

新形势下推进城乡统筹发展的若干思考[①]

（2015年11月）

当前，我国经济进入新常态、改革进入攻坚期，正处于城镇化、工业化深入推进阶段。在此形势下，推进城乡统筹发展是全面建成小康社会的内在要求，是保持国民经济持续健康发展的客观要求，是落实"四个全面"战略布局的必然要求。客观分析当前城乡统筹面临的机遇和挑战，科学稳妥地推进城乡统筹发展，对于全面建成小康社会、加快推进社会主义现代化进程具有重要意义。

一、新中国成立以来城乡关系发展的基本历程

（一）改革开放之前城乡关系发展状况。改革开放之前，我国城乡关系主要体现为"农业支持工业、农村支持城市"。在当时薄弱的经济基础和特殊的政治环境下，国家依靠农村、农业和农民的支持，迅速建立了比较完备的国民经济体系，为中国特色社会主义事业发展奠定了较为坚实的基础。

新中国成立之时，我国经济发展不平衡，城乡之间差距较为严重，上海、广州等城市呈现现代化气息，但大部分农村地区停滞在封建社会自然经济之中，某些少数民族地区仍处于奴隶社会阶段。面对这一现实，1949年3月党的七届三中全会上，毛泽东提出了"城乡必须兼顾，决不可丢掉农村仅顾城市"的政策方针。这一时期，国家对农村发展非常重视，全面推进社会主义改造，发动群众大规模开展农村水利、交通等基

---

① 本文原载《全球化》2015 年第 11 期（总第 52 期）。

础设施建设，农村面貌发生较大的变化，基本做到城乡稳定、合作交流，这一时期城乡差距明显缩小。

1956年以后，在当时特殊的国内外政治环境下，为迅速改变"落后就要挨打"的不利局面，中央确立了"赶超型"发展战略，优先发展重工业，国家城乡政策向"农业支持工业、农村支持城市"转变，主要表现在以下几个方面：一是工农产品"剪刀差"价格政策。国家工业基础薄弱，没有足够的资本积累支持工业发展，因此强制性地压低劳动力、原材料、农产品价格支持工业生产，粮食、棉花等主要农产品价格一直维持在较低水平。同时，为了保证工业获得较高的利润，国家提高工业产品价格，形成了长期以来的工农产品"剪刀差"价格政策。二是农村经济自由度不高。在当时环境下，为了集中有限资源支持工业和城市发展，强调发展农村集体经济，国家限制或者关闭农村集贸市场，"割资本主义尾巴"，不准农民从事家庭副业生产，限制甚至打击商品自由流通。为了保证农业生产劳动力，加之工业对劳动力需求不大、国有企业劳动力"宗族式"自我循环，国家限制农村劳动力向非农业生产转移，农民自由流动和自主择业的空间较小。三是城乡二元社会管理制度。为了维持城市人口低工资、低消费，优先保证工业从业者的各种利益，除了实施工农业产品"剪刀差"价格政策之外，国家还出台了户籍管理制度、社会保障制度、粮食配给制度、劳动就业制度等一系列安排，形成了"城乡分治、一国两策"的社会管理模式。

（二）改革开放以来城乡关系发展状况。党的十一届三中全会确立的改革开放战略，推动我国由传统农业社会向现代工业社会转型、由传统计划经济向社会主义市场经济体制转变，城市和农村均得到了快速发展。但是在市场经济条件下，城市不断吸纳农村要素资源，城乡差距在发展中有扩大趋势。党的十六大以后，中央重视城乡统筹问题，城乡关系逐步转向统筹融合发展。

改革开放以来，我国城乡关系发展先后经历了以下几个过程。受益于"普惠型"改革政策，农村经济获得了较大的发展，城乡差距有所缩小。从1978年安徽小岗村发起"包产到户"改革到1984年全国基本实行家庭联产承包责任制，充分调动了农民的积极性，促进了农村经济和整个国民经济的发展。同时，随着农业生产效率提高，农村富余劳动力大量释放并开始向城市和二三产业转移，农民收入水平较快提高。市场经济条件下，农村要素资源长期低价向城市流动，城乡差距在发展中有扩大趋势。20世纪80年代到90年代，随着改革开放的不断推进，城市对农村要素资源的吸纳效应越来越强。劳动力要素方面，全国每年二三亿的农村劳动力向城市和沿海地区流动，农民工工资长期维持在较低水平，农民工的付出与回报不成正比。金融要素方面，国家金融信贷资源主要支持城市发展，农村储蓄取之于农但未用之于农，城市对农村金融的不断"抽血"，是农村发展长期落后的重要原因。土地要素方面，农村集体土地进入市场要经过征收，农业用地征收价格与国家建设用地出让价格差距较大，土地"剪刀差"价格政策进一步加剧了城乡发展的不平等。居民收入方面，1985年国家取消农村教育补贴，农村每年征收的教育提留达300亿—500亿元，农民负担较重。国有企业职工、机关事业单位人员收入因为工资改革而很快提高，奖金、各类补贴高于基本工资。1985年，城市居民收入是农村居民收入的1.8倍，而到2000年，差距扩大到了2.8倍。面对较为突出的城乡矛盾，中央提出城乡统筹要求，城乡关系发展进入新时期。20世纪90年代末，城乡矛盾到了比较突出的时期，"农民真苦、农村真穷、农业真危险"概括了当时的形势。面对日益扩大的城乡差距，2002年党的十六大提出了实施城乡统筹发展的重要方略；十六届三中全会提出"五个统筹"并将"城乡统筹"放在首位；十六届四中全会提出了"两个基本趋势"的重要论断，确立了"工业反哺农业、城市支持农村，实现工业与农业、城市与农村协调发展"的政策方针。2004年开始，每年的中央1号文件都对城乡统筹发展进行明确部署。十七届三中全会提出了"城乡一体化"的要求。随着取消农业税、增加农业补贴、加强农村基础设施建设等一系列强农惠农富农政策的实施，农村发展步伐明显加快。新一届党中央和国务院高度重视城乡统筹发展问题，十八大报告指出，解决好农业、农村、农民问题是全党工作的重心，提出构建以工促农、以城带乡、工农互惠、城乡一体的新型工农城乡关系。2014年3月，《国家新型城镇化规划（2014—2020）》发布，城乡统筹由政策性调整转变为制度性建设。

总体来看，改革开放之前，我国走优先发展重工业道路，城乡关系向"二元结构"发展；改革开放之后，伴随着经济的快速发展，城乡关系经历了"改善、停滞、再改善"等过程；在新的形势下，统筹城乡发展的力度不断加强，随着新型城镇化、新型工业化的加快推进，我国城乡关系将进入快速改善、一体发展的新阶段。

二、当前统筹城乡发展面临的问题与机遇

（一）统筹城乡发展面临的主要问题。我国城乡统筹发展任务仍然艰巨，中西部地区特别是老、少、边、穷地区的农村，在居民收入水平、基础设施、社会保障、公共服务等方面仍远远落后于城市。对于这些情况，有关各方已经有较为充分的认识，正在采取措施应对解决。当前，推进城乡统筹发展仍然存在以下几个较为突出的问题。

一是政策和制度创新较为滞后。我国城乡发展差距较大，与长期以来形成的城乡二元制度有关，较为突出的是土地管理制度和户籍管理制度。土地管理制度方面，农民名义上是土地的主人，是土地增值最大的受益者，但在征收农村土地过程中，农民并没有完全公平分享土地增值的收益。同时，党的十八届三中全会已经明确，要稳定农村土地承包关系并长久不变，但当前可供操作的具体政策尚未出台，在农村开展土地流转、规模经营等活动面临后顾之忧，这是现阶段制约城市资本、人才、技术向农村流动的重要原因之一。户籍管理制度方面，当前户籍管理制度改革正在推进，但是附着在户籍上的医疗、教育、养老、社会保障等方面的差别化政策如何处理，近2.5亿农民工待遇问题如何妥善解决，需要深入研究。有关城乡统筹发展的政策制度的改革创新，我们既要坚持正确原则和方向，又要能适应形势，积极稳妥推进。

二是市场机制作用不够充分。越是经济欠发达地区，计划经济体制的色彩就越是浓厚，市场机制作用发挥不够。在推进城乡统筹发展时，如果忽视市场规律，主要依靠行政力量的指令性、强硬性和垄断性，对城乡统筹发展是一种伤害。比如，在推进农村特色经济发展过程中，有些地方政府大包大揽，往往产品滞销，造成效益低下，伤害农民发展经

济的积极性。而在特色经济发展较好的地方，政府主要是引导"农村能人""种养大户"形成示范效应，做好土地流转、信贷融资、技术培训、交易和信息平台建设等方面的服务，让农民自主、自觉参与市场。近年来，有关方面对"三农"的投入不断加大，但对市场的带动效应还有提升的空间，未来在推进农村经济发展、加强基础设施建设、提升公共服务水平等重点任务时，要为市场主体参与创造良好条件。

三是金融对农村发展支持较弱。同步推进工业化、信息化、城镇化、农业现代化，最薄弱的是农业现代化，而金融支持不够是制约农业现代化发展的重要因素。据有关部门统计，截至2014年底，全国农户贷款（包括生产、生活贷款）余额仅占全部贷款余额的6%左右。根据现有国家法律法规和某些金融机构的要求，农户土地承包经营权、宅基地使用权按规定不能抵押，农机、畜禽等抵押物银行不愿意接受，农户贷款额度一般较小，单笔贷款成本高，在追求利润和规避风险的双重任务约束下，金融机构大多不愿意发展农村金融业务。推进城乡统筹发展，要大力发展农村金融服务，弥补政府投资的缺口，推动传统农业向资金、技术密集型现代农业转变。

四是县域经济统筹城乡能力不强。县域经济是城乡统筹发展的具体组织者、实施者，是推进城乡统筹发展的主要力量。但是，我国县域经济发展很不均衡，中西部地区县域经济与中心城市、与东部地区相比，发展差距很大，2014年全国2000多个县（市）行政区中，仍然有592个国家级贫困县，这些县对推进城乡统筹发展的能力较弱。同时，根据当前财政体制，上级政府与县级政府的财权与事权不平衡，"财权向上、事权向下"，导致很多地方的基础建设投资、社会保障体系投入严重不足。推进城乡统筹发展，必须明确县域经济体的主体作用，增强县城和中心镇对产业、人口的集聚能力和对"三农"发展的带动能力。

（二）统筹城乡发展具备的有利条件。同时要看到，新形势下，推进城乡统筹具备一系列有利条件：一是经济增长为城乡统筹奠定坚实基础。改革开放以来，我国经济持续保持高速增长，经济增长年均增速近10%，2014年GDP总量已达63万亿元，全国财政收入达14万亿元，分别是1978年的170倍和120倍，人民生活达到总体小康水平，农村基础设施建设取得了长足的进步,经济不断发展为推进城乡统筹发展奠定了良好的基础。二是全面深化改革释放农村发展活力。习近平总书记指出,要努力在统筹城乡关系上取得重大突破,给农村发展注入新的动力。随着全面深化改革的加快推进,城乡统一的要素市场体系、人口管理制度进一步完善,土地管理制度改革深入推进,以往束缚农村发展的体制机制障碍加快消除,农村经济发展活力将进一步增强。三是经济转型升级促进城乡协调发展。农村投资需求、消费需求巨大,是国家经济增长最具潜力的空间,也是国家抵御经济风险的回旋余地,促进城乡经济协调发展,是经济结构调整和转型升级的重要内容。随着国家对中西部地区特别是农村地区发展的支持力度越来越大,区域发展差距、城乡发展差距将进一步缩小。四是"四化"同步推进加快城乡统筹进程。我国正处于城镇化、工业化加速推进阶段,工业支持农业、城市反哺农村是未来城乡关系的主要趋势。随着信息化与工业化深度融合、工业化与城镇化良性互动、城镇化与农业现代化相互协调,城乡之间产业联动发展、要素平等交换、公共资源均衡配置,城乡统筹将不断全面纵深推进,城乡关系将更加统一和谐。

三、新形势下推进城乡统筹发展的总体思路

(一)城乡统筹发展的主要目标。统筹城乡发展既是国家现代化建设的重点任务,也是建立完善市场经济体制的基本内容。中央对统筹城乡提出了明确的目标要求,要形成以工促农、以城带乡、工农互惠、城乡一体的新型工农、城乡关系,让广大农民平等参与现代化进程、共同分享现代化成果。而要形成新型工农城乡关系,就要逐步实现城乡居民基本权益平等化、城乡公共服务均等化、城乡居民收入均衡化、城乡要素配置合理化,以及城乡产业发展融合化。这个目标可以细化为两个方面。一是实现城乡经济协调发展。在市场机制的引导下,城乡产业合理分工,实现产业优势互补,实现农村居民就近就业、就地城镇化。按照平等交换的原则,实现城乡之间资金、土地、技术等要素的优化配置、自由流动,使城乡各类市场主体公平竞争,进一步增强城乡区域发展的

协调性。二是推进城乡社会均衡发展。统筹城乡人口发展，实现城乡人口的均衡增长，缩小城乡之间人口素质的差距。统筹城乡科教文化发展，逐步实现城乡之间科技、教育、文化、体育等方面的均衡发展。统筹城乡社会保障，建立城乡衔接、公平统一的社会保障制度。统筹城乡环境保护，按照基本相同的标准和协调一致的步骤实现城乡资源环境保护。

（二）城乡统筹发展的基本原则。基于历史经验和发展需求，当前与今后推进城乡统筹发展应该坚持这样一些基本原则：一是因地制宜，科学有序推动发展。坚持从国情出发，从我国城乡发展不平衡不协调和二元结构的现实出发，从我国的自然禀赋、历史文化传统、制度体制出发，既要遵循普遍规律、又不能墨守成规，既要借鉴国际先进经验、又不能照抄照搬。二是改革先行，完善政策制度设计。加快土地管理、户籍管理、涉农金融、公共服务等方面的政策和制度创新，加快消除阻碍农村经济自由发展的政策机制，建立健全城乡要素平等交换和公共资源均衡配置的体制机制，给农村发展较大的自由空间。三是以人为本，以农村居民需求为导向。城乡统筹最终目的是为了造福百姓，富裕农民，使广大农民能够享有现代化发展成果。推进城乡统筹发展，要以人的解放、人的自由流动、人的创造潜力发挥等为前提，以农村居民的合理需求为基本导向，政府引导，充分调动市场主体积极性。政府重点做好政策设计、规划引导、基础设施建设、基本公共服务等工作，通过良好的政策让市场看到发展前景，通过规划引导市场找到投资方向，通过城乡产业融合及基础设施建设打造聚集资源要素的发展平台，为市场参与城乡统筹发展提供基础服务。四是节约集约，提高资源利用效率。坚持集聚发展，提高效率、效益。节约集约利用农村土地资源，对于愿意放弃现有宅基地到农村聚居点或小城镇住居的农民，可以无偿或者低价提供建设用地，逐步引导和改变农民分散居住的局面。五是生态环保，推进城乡生态文明建设。严格控制农村污染源，对于不符合生态环保要求的工业、养殖业，要坚决禁止。对于破坏农村生态环境的开发建设行为，要坚决打击。要加强对农村生态环境治理的投入力度，清理环境历史欠账，构建农村生态安全屏障。

（三）城乡统筹发展的路径选择。城乡统筹发展是十分复杂的社会系统工程，要充分认识这项任务的长期性、艰巨性和复杂性，要有计划、分阶段、有重点地沿着科学合理的路径稳步推进。在路径选择上，要把握这样一些方向：一是经济发展是城乡统筹的基础条件。要在产业政策、财税优惠、基础设施投入、科技支持、人才流动、金融服务等方面，构建支持农村经济发展的系统性政策，充分发挥农村资源要素丰富、劳动力成本较低等优势，优化城乡产业发展结构，统筹推动城乡经济发展。体制机制创新是城乡统筹的政策保障。二是推进城乡统筹发展，关键在推动体制机制改革创新。要围绕制约城乡统筹发展的深层次问题，在规划管理、土地管理、户籍管理、财政体制、农村金融等方面，积极改革创新，构建城乡统一、倾向支持农业农村的政策机制。三是工农、城乡融合互动是城乡发展的主要动力。农村的发展，离不开城市的辐射和带动，城市的发展离不开农村的促进和支持。推进城乡统筹发展，既要重视城市对农村的带动，同时也要重视农村对城市的促进作用，发挥城市、农村和农业、工业之间积极互动作用，调动农村居民和城市居民双向流动的积极性。四是提高农村居民收入是核心任务。继续调整国民收入分配机制，缩小城乡居民收入差距。加大对农业的补贴，适当提高农产品价格，以价格机制推动农民收入增长。通过发展适合农村的产业、支持创新创业等，给农民提供更多收入增长的渠道。保障农村居民充分享受土地要素资源增值和流动带来的财产性收入。五是完善农村基础设施是现实需求。要加强水利等农业基础设施建设，提升现代农业发展水平。努力完善农村交通基础设施和物流运输体系建设，降低农村物流成本，方便各类资源要素在城市和农村之间流通，为农村产业发展提供保障。

四、推进城乡统筹发展面临的主要任务

（一）建立健全工农、城乡平等利益交换机制。切实改变城市依靠优势地位不断吸纳农村低廉的要素资源的状况，充分发挥政策调控作用，推动资源要素在工农之间、城乡之间自由平等交换。土地要素方面，把握好土地集体所有制和家庭承包经营的关系，积极探索在集体所有制前提下，农民土地财产权益的实现形式，落实集体所有权、稳定农民承

包权、放活土地经营权。调整土地征收收益分配机制，要把大部分土地征收收益、转让收益用于农业、农村和农民，保障农村居民公平分享土地增值收益。金融要素方面，扩大农村金融服务规模和覆盖面，落实中央关于县域内银行业金融机构新吸收的存款主要用于当地发放贷款的要求，完善定向扶持政策，推动资金回流农村。改善农村金融服务，大力发展为农服务的小微型金融机构，鼓励大中型银行开展涉农贷款批发业务、小微型银行开展零售业务。完善农业保险制度，扩大保险覆盖面。劳动力要素方面，进一步清理针对农民工就业的歧视性政策，促进城乡劳动力平等就业，加强农民工权益保护，让农民外出务工找到工作、拿到工资、劳动安全，工伤大病有保险、有地方住、子女能上学。加快推进户籍管理制度改革，以就业、居住、缴税、缴纳社保等作为落户条件，让稳定就业和居住的农民工尤其是新生代农民工转为市民。

（二）完善城乡发展一体化的规划体制。切实强化规划引导，把工业与农业、城市与乡村、城镇居民与农村居民作为一个整体统筹谋划，促进城乡在规划布局、要素配置、产业发展、公共服务、生态保护等方面相互融合和共同发展。用地规划方面，在乡镇土地利用总体规划的控制下，探索编制村的土地利用规划，科学划定城乡建设用地、住宅用地、生态用地，提高土地资源节约集约利用水平。空间布局方面，完善县域村镇建设规划和镇、乡、村庄规划，促进城镇合理布局。小城镇和农村社区是沟通城乡的桥梁和纽带，重视小城镇和农村社区的规划建设，要科学规划、合理布局、完善功能、聚集人口，不断提高小城镇和农村社区的承载能力和发展潜力。建设规划方面，要解决当前城乡基础设施建设差距较大、功能布局不够合理的问题，要做好城乡基础设施建设的统筹规划，强化城乡基础设施的衔接互补，实现基础设施城乡共建、城乡联网、城乡共享，统筹推进城乡水务、交通、能源、社会事业、生态环境等基础设施建设。

（三）构建城乡统筹发展的公共财政体制。按照城乡统筹发展的要求，完善农村公共财政体制，坚持落实"多予、少取、放活"的方针，支持农村、农业的发展。明确各级政府的财权、事权。明确各级政府在统筹城乡发展方面的事权，并以此赋予其履行职责必要的收入来源。适当扩大地方政府财权,提高农村基层的财政自主权、自给率。加强对乡级财政的转移支付力度。乡镇财政是城乡统筹发展的基础,但当前乡镇财政普遍存在"钱少事多"的现象。在完善财政体制的过程中,各级政府财力分配要适当向乡镇倾斜,解决农村公共财力不足的问题。建立以中央财政为主、地方财政为辅的农村义务教育投入机制,加大对农村文化体育、医疗卫生等公共服务事业发展的预算支出。统筹城乡基础设施建设资金。切实改变以往重城市、轻农村的投入分配机制,财政预算要加大对农村水务、电力、交通、环保等基础设施的投入力度。加强以工代赈支持力度,扩大以工代赈支持范围,鼓励和支持村级组织通过自主筹集资金加强农村基础设施建设。

(四)加快推进城乡基本公共服务均等化。实现基本公共服务均等化是消除城乡差距的重要标志,也是城乡统筹的核心内容与关键环节,要发挥政府的统筹能力,合理配置基本公共服务资源,实现城乡基本公共服务均等化。建立健全城乡基本公共服务均等化制度。建立适应农民生产生活方式转变要求的基本公共服务标准体系,建立保障有力的公共财政投入保障机制。建立健全城乡义务教育、公共文化服务、基本医疗卫生、基本养老等制度,形成覆盖全面、综合配套、便捷高效、城乡统一的社会化公共服务体系。合理配置城乡基本公共服务资源。突出城乡教育均衡发展,促进教育资源的调整和优化,加快普及高中教育,推进寄宿制学校建设,鼓励和支持农村中等职业教育、成人教育发展,提升农村教育质量和水平。建立统筹城乡的文化事业发展机制,促使城市文化功能向农村延伸,构建覆盖城乡的公共文化服务体系。整合卫生医疗资源,建立城乡居民方便共享的公共卫生和基本医疗服务体系。推进社会保障制度改革,实现城乡社会保障对接并轨。建立城乡一体的社会养老保障制度,实现城乡社会养老保障制度的一元化。建立城乡统一的社会基本医疗保险体系。

(五)推动农村一二三产业融合发展。产业发展是城乡统筹发展的前提和基础,要采取有效措施,积极推进农村一二三产业加快发展、融合发展。农业方面,要在农村土地流转、股份合作经营、规模经营等方面做文章,用工业化理念和先进技术、物质装备、现代经营组织形式发展农业，充分发挥工业化、城镇化对发展现代农业、转移农村富余劳动力的带动作用，努力实现农业现代化与工业化、城镇化、信息化协调发展。工业方面，目前有相当部分农村居民处于隐性失业，根据调查，农村闲散劳动力月工资意向水平为沿海地区的1/3左右。在进一步提升农村物流水平的基础上，可以采取积极的财税政策，引导劳动力需求大、技术水平要求不高、符合节能环保要求的产业向农村转移，既能提升农村居民收入水平，又能部分解决我国劳动力成本不断上行的现实问题。服务业方面，在积极推进中小城镇、农村聚居点建设的条件下，农村服务业需求将有较大增长，加快推动农村商业、餐饮、咨询、文化体育等服务业发展，既能容纳一部分人就业，又能提高农村居民生活水平。此外，要大力发展农村各类新型业态，积极发展信息化农业、观光休闲农业、创意农业、工厂化农业和农村电子商务等。

（六）建立健全城乡统筹发展的长效机制。统筹城乡发展必须调动各方力量，要健全有关政策机制，全面协同推进各项工作。完善调动各方主体积极性、能动性的工作机制。消除有关政策障碍，推动城市人才、技术、资金、管理等生产要素主动向农村流动。设计好有关激励机制、奖励机制和退出机制，鼓励企业、个人积极参与城乡统筹发展，同时要重视调动农村居民参与城乡建设的主体积极性。建立政府推动、市场主导相结合的推进机制。继续增加财政对"三农"的资金投入，形成支农资金稳定增长机制。在资金项目安排、涉农补贴等方面，对市场主体逐步实行无差别政策。探索建立城乡发展利益共享机制，发挥政府投资对市场投资的带动作用，形成多元化投资格局。对于经营性、适合市场运作的城乡统筹发展项目，交由市场主体建设和运营。建立健全农村集体经济发展的推进机制。农村集体经济是推进城乡统筹发展的重要基础，要通过优选人才、优化手段、创新机制，做大做强农村集体经济。可依托城市资本、技术、人才等优势资源，发挥工业企业的支撑带动作用，推进农业适度规模经营和经营制度的创新，引导家庭联产承包责任制向集体农庄、家庭农场模式发展，提升现代农业组织化、规模化水平。

紧扣发展要求深化改革①

（2016年6月）

全面深化改革是"四个全面"战略布局中具有先导性的环节。习近平总书记指出："面对未来，要破解发展面临的各种难题，化解来自各方面的风险和挑战，更好发挥中国特色社会主义制度优势，推动经济社会持续健康发展，除了深化改革开放，别无他途。"党的十八大以来，全面深化改革紧扣发展用功，着力解决制约发展的体制机制问题，成为发展的有效保障和强大动力。进一步增强中国特色社会主义的生机活力，使党和国家事业发展持续获得强大动力，需要紧扣发展要求找准全面深化改革的重点，不断提高改革的精准性。

发展问题从根本上说也是改革问题

发展的基础是体制，体制不顺发展就会出问题。因此，发展问题从根本上说也是改革问题。当前我国经济社会发展中存在的主要矛盾与问题，追根溯源，大都与体制机制不顺有关，需要通过全面深化改革来解决。

比如，重复建设、产能过剩的主要体制根源是行政分割和市场封锁，即在自家的一亩三分地上做文章，搞"大而全""小而全"，在整体上就形成了重复建设、产能过剩。粗放发展、低水平建设的主要体制根源是不合理的财政管理体制、固定资产投资体制和不科学的干部任用与政绩考核体制。新中国成立初期由于财力拮据，因而形成了节约、应急、

①本文原载《人民日报》2016 年 6 月 16 日。

量入为出的财政预算和投资管理体制。但在实际操作中，这种体制演变成几乎对所有申报项目都要"砍一刀"的管理方式并延续至今，使一些本应高标准建设的工程项目由于资金短缺不得不降格以求。这种状况与长期存在的过重看待经济增长速度的干部政绩考核体系、主要领导干部岗位转换过频等相联系，造成了铺摊子、低水平建设、粗放发展以及搞"政绩工程""形象工程"等一系列问题。城乡差距、区域失衡的主要体制根源在于城乡二元管理体制和无视各地区地理环境、资源禀赋、发展基础差异的经济调节体系。资源浪费、环境损害的主要体制根源，除了资源消耗、环境损害、生态效益等指标一直没被纳入经济社会综合评价体系、没有作为干部政绩考核体系的重要内容，还在于不合理的资源价格体制和不健全的环境治理体制。

因此，要解决这些发展中的问题，必须下大力气解决体制问题。党的十八大以来，全面深化改革蹄疾步稳，财税体制、户籍制度、农村土地制度、考试招生制度等多年想改而未改的"硬骨头"逐一破题，司法体制、公车制度、央企负责人薪酬制度等涉及深层次利益调整的改革有力推进。同时要看到，改革进入深水区，当前存在的问题中许多是老问题，有些问题也曾运用行政手段或简单的经济手段加以解决并取得了一定成效，但后来反复发作、久治不愈，根本原因在于没能改革深层的体制机制。因此，要高度重视体制建设，立足于改革完善体制机制来解决发展问题。我国正在推进供给侧结构性改革，实施"去产能、去库存、去杠杆、降成本、补短板"五大任务，这实质上是一次深刻、系统的体制创新。在实际工作中，既要"去"更要改，用改革的办法"去"，这样才能达到关闸断水、釜底抽薪的效果。

围绕新的发展目标深化关键领域的改革

改革紧扣发展用功，是改革开放以来我们形成的重要经验，也是推进改革必须坚持的基本原则。当前，要围绕建立健全引领经济发展新常态的体制机制、实现总体目标和阶段性发展目标，着力推进三个关键领域的改革。

（一）推进引领经济发展新常态的基础性体制改革。基础不正，其余皆偏。相对于原有经济发展状态而言，经济发展新常态有着革命性的变化。适应、引领新常态，必须着力推进一些基础性体制改革，统筹把握政府与市场、中央与地方、近期与长远、经济与政治等重大关系，在框架思路设计上应有利于充分调动各方的积极性和创造性，有利于激发区域和市场的潜力，有利于应对各种复杂风险考验，有利于维护社会规则和市场秩序。具体而言，要深化四个方面的改革：一是通过完善现代企业制度、实施负面清单管理、健全法律法规等，理顺政府与市场、政府与企业等的关系，推动形成自主、能动、自律的微观主体。二是放开与规范双管齐下，推动形成统一开放、竞争有序的市场体系。通过制度建设和强力监督，全面消除各种形式的市场壁垒；建立健全市场规则、维护市场秩序，促使各类市场主体依法依规经营。三是着眼于增强规范性和有效性，加快建立灵敏、科学的政府管理与调控体系。区分领域、环境、阶段等，依法科学界定各级政府职责，并确立正常状态下政府不直接干预企业运营和市场调节的原则；探索建立主要通过发展战略和规划等指导经济社会发展的宏观管理体制，建立统一部署和分类指导相结合的经济调节机制；转变工作重心，把政府的主要精力转到为社会排忧解难和对市场严格监管上来。四是按照公正和可持续的原则，建立普惠、适度的社会保障制度。在推进城乡最低生活保障制度统筹发展的基础上，逐步实现全体人民基本社会保障服务机会与水平均等化；不断提高社会保障统筹的层次，完善社会保障关系转移接续机制；建立健全合理兼顾各类人员的社会保障待遇确定和正常调整机制。这四个方面的体制理顺了，有利于引领新常态的体制框架就建立起来了，其他方面的改革也就有了基本遵循和方向上的指导。

（二）推进化解突出发展问题的重点体制环节改革。当前，我国经济社会发展中存在不少问题，一些是长期积累的，一些是新形势新环境下产生的。改革为发展服务，就是要运用改革的办法有针对性、有重点地解决这些问题。一是深化干部人事制度改革。完善选拔任用机制，真正把政治强、专业精、善管理、敢担当、作风正的干部选拔到领导岗位和关键岗位上，有效解决主要领导干部岗位转换过频、任期过短的问题，促进长远谋划、持续发展和高水平建设；完善政绩考核评价体系和奖惩机制，促进主要领导干部和领导班子重视地区基础设施建设和经济社会协调发展。二是深化财政与投资体制改革。科学界定政府与市场的作用领域，依法划分中央与地方事权，建立事权与支出责任相匹配的制度；建立规范的地方政府举债融资体制，在防控风险的同时缓解政府公共支出的压力；改善投资管理，把政府投资集中到社会公益服务、公共基础设施建设、生态环境保护、维护国家安全等领域；推进政府投资性项目建设从量力而行转变为分步推进，提高投资效率和项目建设质量。三是深化公共服务体制改革。坚持普惠性、保基本、均等化、可持续，提高政府公共服务能力和人民群众共享水平；进一步打破城乡二元结构，推进城乡要素平等交换和公共资源均衡配置、基本公共服务均等化；完善城镇化健康发展体制机制，促进新型城镇化和新农村建设协调推进；促进以工促农、以城带乡、工农互惠、城乡一体，让广大农民平等参与现代化进程、共同分享现代化成果。四是深化资源管理和环境保护体制改革。健全自然资源资产产权制度和用途管制制度，推进自然资源及其产品价格改革，使价格充分反映市场供求、资源稀缺程度、生态环境损害成本和修复效益；强化能源资源约束性指标管理，实行资源有偿使用制度和生态补偿制度，强化对生态环境危害行为的经济处罚和法律惩治。

（三）推进有利于形成新发展方式的探索试验性体制改革。发展方式转变是"十三五"时期我国经济发展的主要特征。改革要为这种转变服务，运用适宜载体或平台，如自由贸易试验区、与国外境外合作的试验区、沿边重点开发开放试验区等，超前进行相关体制探索试验，为新的发展方式奠定体制基础。在方向上，探索试验可以集中在三个方面。一是符合国际通行规则的事项。对那些在许多国家特别是在发达国家和地区已普遍采用或得到认同而在我国还没有实施的管理体制、规则与制度，可以依据具体需要在相关领域先行先试。这不仅有利于探索提高管理水平和经济运行效率的路径，也有利于融入国际经济大循环，充分利用国际国内两个市场、两种资源。二是遵循发展规律的事项。对那些体现事物之间内在必然联系、有利于解决当前发展困难与问题的改革，要大胆开展创新试验，这有利于拓展经济发展空间、规避经济运行风险。

三是体现前进方向的事项。对那些以先进生产力为基础、以先进技术工具等为支撑的管理体制与运行方式，要积极利用适宜平台开展试验。这有利于推进结构调整优化，引领发展不断迈上新台阶。试验是为了测试风险、寻找路径，形成可复制、可推广、可持续的经验，也是为了提供示范、形成带动，促进面上工作顺利有序展开。

以发展成效为标准提高深化改革的精准性

改革是为了促进发展。在实践中，我们应以是否解决了发展中存在的问题、是否带来了实实在在的发展效益作为检验改革成效的标准，不断优化改革措施、完善改革方式，努力提高改革的精准性。

（一）提高全面深化改革的针对性。改革必须有的放矢，要坚持目标导向和问题导向相统一。坚持目标导向不是抽象的，从总体上说，改革措施的推出要体现完善社会主义市场经济体制的要求，为解放和发展社会生产力、解放和增强社会活力破除体制机制弊端，紧扣建立健全引领经济发展新常态的基础性体制框架展开。坚持问题导向，要瞄准导致当前发展中突出矛盾的体制环节推出改革措施，铲除问题滋生的体制土壤。增强改革的针对性，制定改革措施时要深入调查研究、摸清情况，准确把握实际需求和工作重点，切不可闭门造车、仓促行事；推出的改革措施要尽可能具体明确，可操作、可衡量；加强对改革效果事中事后的及时评估，并根据评估情况进一步调整完善改革措施。

（二）提高全面深化改革的契合度。改革不仅要考虑体制建设的要求，还要考虑与整体环境的协调。与整体环境的契合度，直接决定改革的成效。改革需要全面深化，但在一定时期，改革不可能面面俱到。要统筹把握发展阶段的特点、体制创新的逻辑顺序、当前发展的需要和社会承受能力，在此基础上确定改革的内容、掌控改革推进的力度。在具体操作中，应全面分析各项改革可能产生的风险及其可控度，区分改革的轻重缓急。根据需要和可能，决定是"现在改"还是"以后改"，是"彻底改"还是"部分改"，是"改体制"还是"抓管理"。

（三）提高全面深化改革的精细化水平。使改革取得良好效果，前提在于科学决策，关键在于精细操作。应切实解决虎头蛇尾的问题，坚持方案制定与精细操作并重、动员部署与督促检查并进。一是分解任务。明确具体事项，能量化的要量化；明确工作要求，不留模糊游移的空间；明确实施期限，促进积极有为工作。二是加强督促。建立强有力的推进机制，及时核查工作进度，并协调解决推进中出现的困难和问题。三是科学评估。制定科学的指标体系，选取公正权威的组织机构，运用适当的方式，对改革措施的实施状况与效果进行准确评估，及时提出改进意见。四是强化责任。落实任务执行主体，明确奖惩规则，严格依照进展情况和实施效果界定业绩与责任。五是做好预案。加强事前和工作进程中的风险评估，切实做好应急对策和风险化解工作。

（四）提高全面深化改革的技巧性。方式方法决定改革效率。应统筹把握发展规律、当前任务和基本国情，确立正确有效的改革方式，不断优化改革措施的实施路径。一是实行分类指导。原则上，中央应把改革重点集中到关系全局、涉及根本、风险较大的事项上来。其他一些改革，有的可以由中央提出方向和基本原则，由各地结合实际制定具体的改革方案；有的可以交由地方自主决定。二是注重因项施策。区分不同改革的性质特点、风险状况，科学选择改革方式。需要强调的是，改革方式的选择要紧密结合我国实际，不可盲目照搬国外模式。三是坚持增量优先。除非特殊情况，改革方案的设计与方式的选择应坚持少动存量、多动增量，运用增量改革不断"蚕食"存量乃至最终消化存量，实现体制转换。这样既可以推动改革顺利进行，又不会造成大的社会震动和系统性风险。四是有效利用工具。充分运用现代信息技术和智能手段，缜密设计改革方案，优选改革方式。五是主动优化环境。深入调查研究，使改革方案贴近人民需求；加强舆论宣传、政策解读，引导人们的心理预期，提高社会承受能力。与此同时，做好资金储备、法规建设等基础工作，积极应对突发风险与困难。

深化改革需要辩证处理好十个关系①

（2017年1月）

    党的十八大作出了全面深化改革的战略部署，十八届三中全会进一步作出了相关决定，几年来国家出台了一系列改革规划和方案，内容涉及经济、政治、文化、社会、生态和党的建设等各个方面，一些改革取得了积极的成效。十八届三中全会强调，全面深化改革的目标是完善和发展中国特色社会主义制度，推进国家治理体系和治理能力的现代化。但改革本身不是目的，深化改革的目的是要促进生产力发展、推进国家的现代化，实现全体人民的共同富裕。确保改革达此目标和目的，在改革的内容选择、方案设计、推进方式、操作力度、落实机制及检查评估等各个环节都要正确处理和科学把握。最近习近平总书记在主持召开中央全面深化改革领导小组第三十次会议时强调，要总结经验、完善思路、突出重点，提高改革整体效能，扩大改革受益面。按照这一要求，围绕改革所涉及的各个环节需要辩证处理好如下十个方面的关系。

一、系统配套与突出重点

    改革需要系统配套。其一，全面深化改革本身就体现着改革系统性、整体性和协同性的内涵；其二，改革处于攻坚阶段，单兵突进难以取得成功，任何一项改革的有效推进都有赖于其他改革的协同与支撑，许多改革事项是互为条件的；其三，改革越向前深入，越是到框架完善和内容集成阶段，系统配套要求越强，但系统配套仍然要突出重点。这是因

---

①本文原载《改革内参》2017 年 1 月 6 日综合第 1 期（总第 1263 期）。

为，其一，所谓系统配套并不是面面俱到和同步推进，而是要求：在方案设计上要考虑相关改革事项的协同、在操作中要推进相关性较强的关键环节的改革，而不是胡子眉毛一把抓。与此同时，在具体推进时还要把握好各项改革出台的最佳时机。其二，精力、财力物力和社会定力等因素制约，使改革不能够事无巨细一起推进。其三，抓那些牵一发动全身的关键性改革，可以起到提纲挈领、系统配套的效果。要认识到面面俱到、轻重不分的改革，不仅不是系统配套的改革，还可能是碎片化、分散化的改革，而这样的改革会影响到改革的整体深入和关键性改革的及时推进。要梳理改革的实践进展、研析改革的逻辑关系，突出推出那些相互关联的重大的关键性的改革举措。

二、统一指导与分层决策

从总体上说，改革是关乎全局、体现方向、系统性强、风险性大的宏大创新工程，需要中央统一领导、整体把控和宏观设计。但就改革内容和实施效果而言，并不是所有的改革事项都要由中央政府及其部门来决策和设计。除总体谋划、顶层设计外、那些关乎全局、涉及根本、风险较大的改革事项应由中央政府决策；与现行法规有冲突、但有较强探索性的重要试验和试点也应由中央政府决策。其他改革事项，特别是与地方事务密切相关的改革、地方处置更为熟悉精准的改革，原则上应该交由地方依据正向有利的原则进行决策。这样做有利于充分发挥中央和地方以及社会两个方面推进改革的积极性，也有利于上下一心把改革扎实推向前进。

三、部门负责与协调配合

从当前情况看，部门负责涉及两个方面：一是制定改革方案，二是落实改革措施。在改革方案制定上，部门负责的优势是熟悉专业情况，缺陷是存在部门利益。因此，在由部门负责制定改革方案的基础上，应加强适宜机构在改革制定过程中的统筹协调。同时应坚持各相关部门共同参与，广泛听取各方意见。在改革措施落实上，部门负责的优势是可以借助完整的内部系统，缺陷则是势单力薄。因此，需要强化部门间的配合，克服各自为政、各行其是的状况，切实排除"中梗阻"，防止改革措施因为"我动你不动、你动他不动"而实际出不了部门、落不到实处的问题。

四、积极借鉴与立足国情

改革需要积极借鉴，尤其要积极借鉴那些经过提炼总结、普遍认同、适应性较强的做法，但任何借鉴都不可以盲目照搬照抄、依单全收。对于国外的一些做法要认真甄别分析，不仅要看效果，还要看实施的环境和条件。事实上，并不存在着拿来就可以使用的放之四海皆准的做法和经验。国外许多成功的做法，往往也是依据自己的国情和实际条件创造或建设的，最为发达的美国也是如此，其很多做法是从美国自己的国情和实际出发的。所以，不能把国外的做法与经验简单地理解为国际规则，美国创造的也不是。改革实践和其他方面的实践已经无数次证明，照搬照套必然失败或付出沉重代价，只有把国际上较为通行的做法或多年来已经形成的惯例与中国具体国情区情结合起来，才可以取得成功或实现积极的效果。

五、专家意愿与群众意见

改革事项的选择和方案的制定往往是专家主导的，但专家主导不能唯自己意愿是夺。专家定策必须"接地气"，必须充分考虑到中国的实际情况、必须积极体现广大人民群众的需要和诉求。为使改革内容选择和方案制定具有可操作性并体现有效性，有两个条件需要保障：一是专家队伍知识结构的完备性，包括熟悉中国的国情与区情，而这种比较完备的知识结构能够保障专家们制定方案时不会简单按理想行事，也不会囫囵吞枣、食洋不化。二是广泛听取人民群众的意见，不可自弹自唱、闭门造车。现实生活中有一些改革方案书卷气较足、洋味很重，充满理想主义色彩和晦涩难解的语言，老百姓看不懂，操作者不明白，且距离中国具体实际较远。这样的改革方案不会有人过多的关心，也不会得到扎实有效的落实，其不良后果在制定之时实际上就能认定。与此联系的一个问题是，一些改革方案以内容敏感、容易引起不良社会后果而采取封闭的方式制定，用保密作为一种硬理由来阻挡公开征求人民群众意见，这样做其实是似是而非的。其一，涉及大众利益的改革方案最终是要由人民群众来实践或实施的，开门听取意见的过程既是一个科学制定方案的过程，也是一个寻求共识提高人民群众心理承受能力的过程。其二，目前许多封闭制定的改革方案最终是要公布于众的，听取群众意见不过是把结果公开变成了过程公开，但是结果公开还是过程公开对于方案制定的科学性和实施结果的有效性会有很大的反差。其三，广泛征求人民群众意见并不褫夺专家的最后决策，但在集思广益基础上的专家决策无疑会比封闭状态下的专家决策来得更周全、更公正和更务实。其四，涉及国家安全和殊为敏感的事项是可以通过适当方式进行处置和屏蔽的。总之，应当把改革方案的公开制定或公开征求人民群众意见作为一种常态，把封闭制定相关改革方案作为一种特例，严格限制其数量。

六、自身合理与外部经济

各项改革方案的制定，既要考虑其内在系统的协调性和逻辑关系的合理性，也要考虑其外溢效应和正负性能，要准确了解一些改革措施所具有的"双刃"性质，相应采取应对措施。换言之，其一，要把改革事项的外部经济性作为研究改革思路的一个重要内容；其二，要把制定化解改革事项的外部不经济性的对策或预案作为制定改革方案的一个重要内容。考虑到许多改革事项往往关系全局，注重这一点十分重要。需要强调的是，相关风险的测算应尽可能量化，而应对举措的选择应尽可能实化。

七、点上试验与面上推行

改革是创新创造,需要探索路径;改革是突破突击,需要测试风险。通过选择合适的地区或单位,对难度较高、风险较大的改革事项开展先行试点试验,是推进改革不断深入开展和全面开展的良好路径。点上的试验可以大大降低面上推行的社会风险,可以大幅度降低制度和操作成本,还可以显著提升改革的效率和效益。由点到面,先点后面,这是30多年来改革积累的一条重要经验,应当加以坚持。

八、部署改革与评估效果

切实解决重改革部署、轻督促改革落实、鲜于进行改革效果考察评估的问题。把部署改革与检查评估改革一致起来,有利于提升改革方案制定的科学性,解决改革方案数量多质量低、改革效果不彰的问题;有利于推进改革方案的落实落地,解决一些措施写在纸上、停在口上的问题;也有利于降低改革的成本,从整体上提升改革的效益。与此同时应建立改革事项推进的责任制度,探索建立科学的改革评估机制。特别应重视第三方评估,依靠人民群众、专业队伍和舆论机构评价改革措施效应、督促改革任务落实。

九、总结经验与反思教训

改革是创新探索,在改革过程中取得积极成效和出现挫折失误都属正常状态。改革是建立新的制度和规则体系,要保障改革向着正确方向前行并达到既定的建设目标,需要不断总结完善。在实际操作中,一些地区和单位往往习惯于总结成绩,却难于承认挫折与失败,往往讲成绩多说问题少,有的甚至把问题也包装成成绩,在思想上存在着反思失误就是否定改革的担忧、存在着检讨问题就是抹杀自己成绩的认识。这不利于及时纠正偏差,会导致集腋成裘、积重难返、增加改革风险、提高改革成本、延误改革进程;不利于优化改革的社会环境,增强人民群众对改革艰巨性曲折性的理解与认同，会吊高一些人群的胃口或期待感；也不利于疏解改革的逻辑纹理和演进规律，以更好地指导和推进改革。在深改组第三十次会议上，习近平总书记特别强调要做好改革年度工作总结，既要讲成绩，也要说问题。这一要求十分明确，也十分重要。应把客观总结改革进程作为推进改革的一项重要的任务，及时"回头看"，加强反思，把改革遇到的矛盾和问题搞清楚，把推进改革中出现的失误和挫折搞明白，把改革的发展规律、逻辑联系和演进方向搞清晰。

十、探索创新与制度建设

要处理好"破"和"立"的关系，边改革探索、边总结反思、边梳理提炼、边建章立制。要把那些经过实践证明是成功的做法，通过规制加以体现，运用法律加以确立。由点到面，循序渐进，不断调整完善，逐步建立起一套符合中国国情、反映国际化要求，有利于推动生产力发展和增进人民福祉的新型制度体系。

推进国企混改要把握重点抓好关键[①]

（2017年3月）

充分认识国企混改的重要意义

在当前形势下，发展混合所有制经济特别是深入推进国有企业混合所有制改革具有十分重要的意义。

第一，推进国有企业混合所有制改革，有利于坚持和完善基本经济制度。公有制为主体、多种所有制经济共同发展的基本经济制度，是社会主义市场经济体制的根基。坚持和完善基本经济制度，从根本上讲，就是要充分发挥各种所有制的优势，激发各种所有制的活力和创造力，推动社会生产力的发展。通过发展混合所有制经济，可以促进各种所有制经济交叉持股和相互融合，有效发挥国有经济的规模优势、技术优势和管理优势，有效发挥非公有制经济的活力和创造力，促进各种所有制经济取长补短、相互促进、共同发展，从而促进基本经济制度不断完善。

第二，推进国有企业混合所有制改革，有利于提高国有资本运营活力和效率。当前，国有企业发展尚存在一些矛盾和问题，推进国有企业混合所有制改革正是解决问题的重要突破口。通过开展混合所有制改革，能够借助不同性质资本的特点，实现不同所有制经济的优势互补，形成各种产权主体有效制衡的企业法人治理结构，加快建立国有企业现代企业制度；能够推动国有企业健全优胜劣汰、管理人员能上能下、员工能进能出、收入能增能减的内部管理机制，激发国有企业的内生动力；能够进一步明晰产权，强化不同产权主体监督制衡，更加高效地规范约

---

①本文原载《经济日报》2017 年 3 月 25 日。

束国有企业资产处置、防范资产流失，实现资产保值增值。

第三，推进国有企业混合所有制改革，有利于改善供给结构、提升供给质量。推进供给侧结构性改革，是调整经济结构、转变经济发展方式的治本良方，目的是提高供给质量，满足人民需求。国有企业是我国市场经济运行的重要主体，在深化供给侧结构性改革、优化供给结构和提高供给效率中具有十分重要的地位和作用。通过推进国有企业混合所有制改革，能够促进国有企业更加灵敏地捕捉市场需求、发现市场机会，更加高效灵活地组织配置要素资源，推动新技术、新产业、新业态发展，从整体上促进我国供给结构向中高端水平跃升。

准确把握国企混改的重点

国企混合所有制改革涉及方方面面，必须把握重点、抓好关键。

第一，要完善治理。国有企业混合所有制改革不是为混而混，而是要通过混合所有制改革建立健全企业治理机制。一要进一步强化国有企业市场主体地位。通过引入民营资本、集体资本、境外资本等外部投资者，实现体制机制的本质突破，推动国有企业在市场上自主经营发展。二要进一步健全企业法人治理结构。明晰产权，同股同权，依法保护各类股东产权，规范股东会、董事会、经理层、监事会和党组织的权责关系，形成定位清晰、权责对等、运转协调、制衡高效的法人治理结构。三要进一步加强党对国有企业的领导。把加强党的领导和完善公司治理统一起来，明确国有企业党组织在公司法人治理结构中的法定地位，创新国有企业党组织发挥政治核心作用的途径和方式。

第二，要强化激励。完善市场化的激励机制，用机制激发活力、凝聚合力。一是提高市场化选聘比例。合理增加企业领导人员的市场化选聘比例，按照市场化方式配置一批经营管理者。二是提供差异化薪酬。对国有企业领导人员实行差异化薪酬分配方法，对市场化选聘的职业经理人实行市场化薪酬分配机制。三是严格绩效考核，对实现经营目标的，兑现激励措施；对没有实现经营目标的，按照市场化退出机制实施正常退出。四是对核心员工进行利益绑定。坚持激励和约束相结合的原则，通过试点稳妥推进员工持股，员工持股主要采取增资扩股、出资新设等方式。

第三，要突出主业。国有企业要通过混合所有制改革做强做优主业，应做好"三个加快剥离"。一是加快剥离辅业。在国家产业政策和行业发展规划指导下，通过资产重组、资产置换、无偿划转等方式剥离辅业，将企业资源向优势主业集中。混改获得的资金不能用于收购不相干的企业、扩大副业、"圈地"等。二是加快剥离"亏损"。清理长期亏损、扭亏无望的亏损资产，减少企业亏损点，根治企业出血源。对无效益且未来生产经营难以好转的无效资产，坚决通过产权转让、资产变现、无偿划转等方式出清。三是加快剥离包袱。把不符合企业核心主业、企业职能的包袱和困难尽快卸下来，加快剥离企业办社会和解决历史遗留问题，减少企业的负担。

第四，要提高效率。改革的最终目标是要提高国有资本运营效率和企业经营效率，加快实现提质增效、转型升级。要推进技术创新，再造业务流程，提高运营效率和降低运营成本，增强营利能力。要进一步强化资本运营，灵活地采取兼并、收购、出卖等方式，用尽可能少的资本控制更大的资本，用少量的国有资本与尽可能多的企业合作，实现资本运营优质高效和保值增值。

有力推动国企混改任务落实

要按照中央的部署，聚焦混合所有制改革的关键环节，大胆探索、以点促面，大力推动各项改革任务的落实。

第一，坚持"三区分"、实施分类指导。应根据参加改革的国有企业的不同情况，区分不同类型和层级，稳妥推进混合所有制改革。一是区分"已经混合"和"适宜混合"。对已经实行混合所有制的国有企业，应着力在完善现代企业制度、提高资本运行效率上下功夫。对适宜继续推进混合所有制改革的国有企业，应充分发挥市场机制作用，规范有序进行。二是区分商业类和公益类。主业处于充分竞争行业和领域的商业类国有企业，原则上都要实行公司制股份制改革，实现股权多元化。

主业处于重要行业和关键领域的商业类国有企业，要保持国有资本控制地位，支持非国有资本参股。对于公益类国企，可以采取国有独资形式，具备条件的也可以推行主体多元化。三是区分集团公司和子公司等不同层次。在集团公司层面，在国家有明确规定的特定领域，坚持国有控股；在其他领域，鼓励通过整体上市、并购重组、发行可转债等方式，积极引入各类投资者，逐步调整国有股权比例。在子公司层面，以研发创新、生产服务等实体企业为重点，引入非国有资本，加快技术创新、管理创新、商业模式创新，合理限定法人层级，有效压缩管理层级。

第二，坚持"三原则"、契合具体实际。对适宜推进混合所有制改革的国有企业，在操作中应把握三个原则稳妥推进。一是把握"三因"，即因地施策、因业施策、因企施策。根据国有资本的战略定位和发展目标，结合不同国有企业在经济社会发展中的作用、现状和发展需要，实行分类改革、分类发展、分类监管、分类定责、分类考核。二是做到"三宜"，即宜独则独、宜控则控、宜参则参。根据不同类别、不同行业、不同层级，实行差异化的国有资本持股方式，实现股权多元化。三是实行"三不"，不搞拉郎配，不搞全覆盖，不设时间表。遵循市场经济规律和企业发展规律，政府重点发挥鼓励、引导、服务作用，不提强制性要求。

第三，坚持"三强化"、保障资产安全。一些国企"内部人控制"的问题依然存在，要从完善机制着手，坚决防范改革过程中可能出现的国有资产流失。一是强化规则制定。依据相关法律法规，进一步健全国有资产交易规则，完善资产交易程序、机制和流程，切实做到规则公开和过程公开。建立科学的资产定价机制，发现和确定资产公允价格，防止贱卖国有资产，确保国有资产不流失。二是强化分级审核。拟实施混合所有制改革的国有企业，应制定方案并报请出资人和有关部门审核批准。重要国有企业改制后国有资本不再控股的，应严格履行审批程序。确保混合所有制改革依法合规、稳妥推进。三是强化对国有资产流失的责任追究。健全责任追究机制，依法严厉查处其违法转让和侵吞、输送、挥霍国有资产、逃废金融债务等行为。

第四，坚持"三确保"、严守基本规则。要以严谨务实的工作作风，力求做到"三个确保"。一是确保各类产权得到有效保护。要把坚持"产权保护法治化"的理念贯穿到混改的各个环节,加强对各种所有制经济组织和自然人财产权的保护。二是确保信息公开透明。国有企业产权和股权转让、增资扩股、上市公司增发等信息,应通过产权、股权、证券市场公开披露,公开择优确定投资人,达成交易意向后及时公示交易对象、交易价格、关联交易等信息。三是确保交易得到严格监管。完善国有产权交易规则和监管制度,依法严肃处理清产核资、评估定价、转让交易、登记确权等环节中的违法行为。同时,充分发挥第三方机构在清产核资、财务审计、资产定价、股权托管等方面的作用。

新形势下推进城乡统筹发展的再思考[①]

（2017年9月）

过去一些年，我国在解决城乡矛盾、促进城乡统筹发展方面采取了一系列有力措施，城乡互动协调发展形成了良好势头。当前，城乡发展差距仍然较大，城乡统筹发展任务依然艰巨，必须高度重视，采取有力措施加快推进。

一、深刻认识城乡统筹发展的重大意义

城乡统筹发展关系全局。在我国经济进入新常态，向着全面建成小康社会的目标迈进的关键时期，加强城乡统筹发展具有十分重要的意义。

（一）城乡统筹发展有利于全面建成小康社会。全面建成小康社会的核心是协调发展。我国的发展不仅要讲总量，更要讲质量、讲人均水平。从国际上看，一些国家经济总量虽不如我国，但在人均指标、发展的协调性方面，则比我国表现出明显的优势。从国内看，近年来，随着新型城镇化进程加快推进，我国农村人口虽然逐年减少，但乡村常住人口仍然接近7.45亿，占全国总人口的57.01%，比重依然较高，并且还有4300多万贫困人口。农村整体发展水平、人均收入水平、基本公共服务水平等都远远落后于城市，差距显著。农村是我国经济社会发展的短板，全面建成小康社会的关键也在于农民特别是贫困地区的农民是不是能步入小康。如果广大农民、广大农村没有实现小康，就谈不上真正建成小康社会、全面建成小康社会，也经不起实践的检验和社会的评价。当

---

①本文原载《全球化》2017 年第 9 期。

然，统筹城乡发展不是要绝对拉平补齐城乡差距，事实上也很难完全拉平补齐，但是城乡差距不能太大。要缩小城乡差距、全面建成小康社会，必须通过统筹城乡发展来解决。

（二）城乡统筹发展有利于推进新型城镇化和农村现代化互促共进。新型城镇化建设与农村现代化建设是相辅相成、相得益彰的。城乡统筹发展水平高低与质量好坏，直接影响新型城镇化和农村现代化的水平与质量。一方面，农村现代化为新型城镇化提供了土地等重要的建设要素。没有农村土地的保障，城市的发展就没有新空间，城市建设需要新增大量的建设用地，每年国家安排的城市建设用地计划中，绝大部分是来源于农村的耕地。没有农村提供的大量劳动力，城市就不能有效运转，就没有日新月异的发展，城市中险活、脏活、细活、累活大都是由进城农民干的，城市基础设施建设大都是由农民工承担的。没有农村提供的大量农产品的供应，城市就没有新鲜蔬菜、水果和粮食，城市居民的生活就会陷入困境，难以为继。总之，"三农"对城市发展的贡献是巨大的。另一方面，新型城镇化也有力地促进了农村现代化。城镇化发展有利于推进农村生产经营方式变革。我国农村人口众多，土地资源短缺，人均耕地仅0.09公顷，农户户均土地经营规模约0.6公顷，远远达不到农业规模化经营的门槛。在城乡二元体制下，土地规模化经营无法推行，传统生产经营方式难以改变，这是"三农"发展面临的一个根本性问题。新型城镇化发展推动了农村人口向城镇的转移，相应带来了农民人均资源占有量的增加，为促进农业生产规模化和机械化创造了条件。而城市企业进入农村则大大加速了实际推行的进程。另外，新型城镇化也从总体上提高了土地集约节约水平，从而提高了土地利用效率。城镇化的发展对农村具有较强辐射带动作用。我国城市辖地都不仅是单纯的城市，往往还包含着广大的农村。因此，从规划到操作的各个环节，城市发展与统筹城乡自然结合在一起，有利于促进农村加快发展。城镇化对农村的促进还表现为一种特殊形式，即一部分进城农民积累了一定资金和技术之后，往往会返乡创业，这种特殊的"逆城市化"现象也有利于推动新农村的建设。总体来说，城乡统筹发展能够有力有效地促进新型城镇化和新农村建设与农业现代化协调发展，是实现城乡一体化发展的重要途径。

（三）城乡统筹发展有利于促进区域协调发展。区域协调发展不是空洞的概念，它是资源要素和经济社会活动以空间为载体合理配置和有效运转的结果。区域发展的不协调，具体表现在东中西部地区之间及内部各地区之间的差距上。城乡是典型的区域类型，既体现着特殊的空间存在，又代表着不同的资源要素和经济社会活动的集聚与运转类型，因而其发展状况直接决定区域发展的状况。换言之，城乡差距是区域差距的重要表现形式，而城乡协调发展是区域协调发展的核心内容，对区域协调发展具有决定性的推动作用。总体上讲，城乡统筹发展较好的地区，区域协调发展程度就比较高，如长三角、珠三角地区是城镇密集区，对农村辐射带动力度较大，区域整体发展比较平衡。反之，如果城市不强、农村较穷，区域发展也就比较落后，协调性也较差。如西北地区城市对农村的带动力度较小，区域整体发展相比东部地区差距较大。通过统筹城乡发展，促进生产资源要素和经济社会活动在城乡区域空间上均衡分布，有利于缩小城乡区域发展差距，推动形成区域协调发展新格局。

（四）城乡统筹发展有利于推进经济社会可持续发展。一方面，城市是我国各类要素资源和经济社会活动最集中的地方，城市建设是现代化建设的重要引擎。新型城镇化过程是农村人口向城市集聚、农业用地按相应规模转化为城市建设用地的过程。据测算，每一个农业转移人口市民化将带来年均1万元左右消费需求和2.2万元投资需求。所以，新型城镇化是消费需求的"倍增器"、投资需求的"加速器"，能够有效拉动经济增长，对农村发展具有很强的带动作用。统筹城乡发展，推动经济社会可持续发展，必须抓好城市这个"火车头"。另一方面，农业是发展基础，农村农业的现代化、农村人口基本公共服务均等化水平的提高，也将形成对经济社会发展的巨大推动作用。城市和农村虽然反差很大，但差距就是潜力，不足代表需求，落差形成势能。无论是在生产方面还是在消费方面，无论是在公共服务方面还是在个性需求方面，我国城乡区域间的人群在现实获得上都存在显著差异，填平补齐这种差异意味着巨大的市场空间或内在需求，将为推动城乡互动协调发展、推进经济社会发展持续向好提供了强大动力。

二、准确把握城乡统筹发展的基本形势

党的十八大以来，城乡统筹发展被放在了更加突出的位置，城乡协调发展势头进一步向好，但受基础与体制机制等制约，统筹城乡发展仍然面临严峻形势。

（一）城乡统筹发展取得积极进展。近几年，我国城乡居民发展水平全面提升，新型城镇化和新农村建设协调发展，农村居民人均纯收入或可支配收入年度实际增长速度均快于同期城镇居民人均可支配收入，城乡统筹发展取得了积极显著进展。

城乡统筹发展的顶层设计不断完善。围绕城乡统筹发展中的人、地、钱等重点环节，开展一系列具有基础性意义的制度设计和体制机制改革。在城镇发展方面，国家调整了城市规模划分标准，修改完善县级市设立标准以及设立县级市申报审核程序，并出台《关于深入推进经济发达镇行政管理体制改革的指导意见》。在人口管理方面，印发实施《关于进一步推进户籍制度改革的意见》《推动1亿非户籍人口在城市落户方案》。在财政政策方面，出台实施支持农业转移人口市民化若干财政政策。在土地管理方面，建立城镇建设用地增加规模同吸纳农业转移人口数量挂钩机制。印发实施《深化农村改革综合性实施方案》《关于完善农村土地所有权承包权经营权分置办法的意见》《关于稳步推进农村集体产权制度改革的意见》，探索建立农村土地承包经营权、宅基地使用权和集体收益分配权"三权"维护和自愿有偿退出机制。

农业转移人口市民化有序推进。在一些关键方面，加大改革力度、采取得力措施。户籍制度改革方面，所有省（区、市）及新疆生产建设兵团均已出台户籍制度改革方案或意见，各省均建立了城乡统一的户口登记制度，为农业转移人口落户城镇和享有城镇基本公共服务建立了制度性通道，部分城市户籍人口城镇化率明显提高。居住证制度方面，《居住证暂行条例》明确了居住证上附着的六项公共服务和七项办事便利。截至2016年底，25个省（区、市）已出台《居住证暂行条例》实施办法，各地居住证发放量稳步增加。部分地区在全国基准水平上进一步增加了居住证附加的公共服务项目，居住证"含金量"不断提升。城镇基本公

共服务方面，城乡义务教育学校生均公用经费基准定额已实现全国统一，并初步实现"钱随人走"，在公办学校就读随迁子女比例达到80%。30个省份和新疆生产建设兵团开展全民参保计划试点工作。城乡养老保险衔接有序开展。23个省（区、市）出台城乡医保整合方案，除黑龙江、甘肃外基本实现省内异地就医联网和住院医疗费用直接结算。全国80%的市县将进城落户居民和稳定就业农民工纳入公租房保障。

城乡统筹发展的平台和载体加快培育。城市群既是大中小城市和小城镇协调发展的平台，也是以城带乡、城乡一体发展的平台。中小城市特别是小城镇靠近农村、贴近农民、连接城乡、亦城亦乡，农民进入门槛低、束缚少，是统筹城乡的重要平台，在促进城乡协调发展方面具有天然优势。围绕这两类平台的建设培育，加大了工作力度。城市群培育发展方面，印发实施长三角、长江中游、成渝、哈长、中原、北部湾6个城市群发展规划，进一步强化城市群城城间、城乡间的联动及对区域的带动作用。中小城市建设方面，增加城市数量，优化城镇体系，近年来审核批准7个地级市、12个县级市。聚焦提升发展质量和补齐设施短板，加大政策与资金支持力度，推进供水、供热、燃气、污水和垃圾处理等基础设施和公共服务设施建设。在特色镇培育方面，印发了《关于加快美丽特色小（城）镇建设的指导意见》，组织开展了一批试点，协调安排资金并推动建立相关基金支持建设。

城乡要素流动取得新进展。重点推进农村产权和土地利用制度改革。农村产权制度改革方面，有序推进农村土地征收、集体经营性建设用地入市、宅基地制度改革、农村承包土地经营权和农民住房财产权抵押贷款等试点。全国农村集体土地所有权确权登记率达97%。截至2016年10月底，14个农村宅基地制度改革试点共退出宅基地20774户、12413亩。土地利用制度方面，扩大城乡建设用地增减挂钩规模和范围，允许符合条件的贫困地区将增减挂钩节余指标在省域范围内流转使用，截至2016年10月底，12个省（区、市）已产生6.41万亩节余指标，9省份流转使用指标4.1万亩、收益115.26亿元。

（二）城乡统筹发展面临严峻挑战。但与此同时，由于长期以来在制度安排和政策层面实际存在的重工业和城市、轻农业和农村的倾向造成的影响，以及市场经济发展中利益牵制等因素的制约，我国的城乡二元结构仍然稳固，城乡间发展还很不平衡，城乡协调互动的良性格局仍未形成。

城乡基础设施和公共服务水平差距较大。与城市相比，农村基础设施建设和公共服务明显滞后。农村水电路气讯等基础设施建设水平较低，管护机制还不完善，绝大多数村庄缺乏统一规划，道路硬化、集中供水、垃圾处理、污水处理、坑塘沟渠整治、村庄绿化等还没有系统开展。一些地区还存在人畜混居，有大量村内和田间道路需要建设。2015年，全国生活垃圾、生活污水得到处理的建制村比例仅为62%和18%。畜禽粪污与病死动物无害化处理严重不足，城市工业"三废"和生活垃圾大量向农村排放。农村教育、卫生、文化等基本公共服务总体水平依然严重落后于城市，农民医疗、养老、低保等社会保障总体水平也仍然低于城镇居民。

城乡居民收入的绝对差距仍在扩大。反映居民收入差距的基尼系数在我国仍处高位，超过普遍认同的国际警戒线，城乡居民人均可支配收入绝对差距从2010年的12507元扩大到2016年的21253元；2015年，居民人均可支配收入最高与最低地区的倍差为4.07倍。据2017年3月发布的胡润富豪榜，大中华地区富豪人数超过美国，而北京又超越纽约位居第一。全世界富豪最多的十个城市中，中国就占据5个（含香港）。个人拥有资产有的超过2000亿人民币，富可敌国；有的则处于贫困线之下，年均不到3000元。贵州、云南、河南、广西、湖南、四川六省区贫困人口均超过500万人，西藏、甘肃、新疆、贵州、云南五省区贫困发生率超过15%，全国重点县和片区县的贫困发生率平均达22.1%，这使得加快城乡统筹发展的难度大大增加。

农业农村发展面临着要素净流出困境。长期以来，由于农业与工业劳动生产率存在巨大差距，土地、人才、资金等生产要素不断从农业流向工业、从农村流向城市。一方面，农村为城市发展提供了大量土地，支持了城镇化进程。另一方面，城市建设与工业生产大量占用优质耕地，每年因占用减少耕地约500万亩，而且由于耕地后备资源不足，往往占优补劣，耕地质量下降。农村劳动力大量转移，"谁来种地""农村空心化"等问题越来越突出，农业从业人员中50岁以上的比重约占50%，农业劳动力接受新知识、新技术的能力下降，劳动技能提高难度大，"懂经营、善管理"的农业经营人才尤为紧缺。尽管这些年农村金融改革取得了较大进展，但农村金融供求失衡矛盾依然突出，我国县域地区的存贷比远低于城市，资金外流问题仍较为严重。面向中小企业和"三农"的普惠性金融发展滞后，新型农业经营主体获取贷款支持障碍重重。

县域经济发展支撑能力有待加强。县域是国家的基石，郡县治，则天下无不治。县域经济是国家经济的基础，县域兴则区域兴，区域兴则国家兴。县域是城乡统筹发展的主体空间单元，县域发展好，促进城乡协调就有了基本保障。但是我国县域经济发展整体不足且很不均衡，需要积极培育、大力振兴。主要的问题，一是贫困县数量仍然较多。根据国家统计局数据，截至2015年底，县级行政区为2850个，除去市辖区外，包括县1397个、自治县117个、县级市361个，其中，国家级贫困县832个，占县（自治县、县级市）总数的44%。二是县域经济发展能力较差。相当一部分县域除基础设施薄弱外，突出问题是产业同质老化，特色性不强、成长性不足。这一点在中西部地区的县域更为突出。由此也形成了东中西部县域间的发展差距悬殊。比如，2016年东部地区的江苏昆山市实现地区生产总值3160亿元，公共财政预算收入318.9亿元，城镇居民人均可支配收入5.5万元，农村居民人均可支配收入2.8万元；而属于国家贫困县的中部地区山西大同县，实现地区生产总值26.9亿元，公共财政预算收入1.6亿元，城镇居民人均可支配收入1.8万元，农村居民人均可支配收入0.8万元，两者差距可谓悬殊。三是县域间培育新经济新动能差距明显。这几年，有的落后地区有效把握一体化发展机遇和先进共享技术，实现了科技要素的转移和产业的"无中生有"，从而超越传统产业基础实现了新经济新动能的率先发展；但有的地区仍然固守老观念、老结构、老方式，错失机遇，新经济新动能发展缓慢，经济增长乏力。在一些地方，大城市对县域的虹吸效应明显，致使县域的人才、资金、技术等资源要素严重不足，发展新经济、培育新动能的动力和能力受到约束。四是县级政府的财权与事权不平衡。当前的财政体制下呈现着"财权向上、事权向下"的特点，这使很多县域无法对基础设施建设、社会保障体系等重要领域实行必要的投入，欠账很多，导致县域经济发展的后劲薄弱。

三、深入研究城乡统筹发展的重大问题

新时期推进城乡统筹发展需要居高谋划、科学推进。特别是对一些关乎大局的问题要深入研究、提高认识、廓清思路。

（一）关于建设理念问题。统筹城乡，主要矛盾在建设乡村或农村。在推进城乡统筹时，我们到底怎样来建设农村，未来城市和农村应该呈现怎样的格局才科学合理是值得深入思考的。当前，很多地方把农村建设得如城市一样，宽阔的马路、气派的广场、连片的人工绿化带、社区公园等，感觉就是把城市建设的那一套照搬到农村来了。事实上，城乡一体化不是城乡同样化，统筹城乡也不是消灭农村，消灭农村不如做美农村。做美农村，不仅将给我们一份念想，留一个回旋的空间，还会给未来人民提供一个不一样的家园。迟早城里人会把农村家园当个宝，很多人会回归到农村，吃田间野菜、消费农家乐，享受这一给身体和精神带来愉悦的美好空间。古贤曾用"牧人驱犊返，猎马带禽归""田夫荷锄至，相见语依依"描绘过农村，不要让这份美好随着统筹城乡而消逝了。未来的农村，应该是升级版的新农村，既要"产业发展、生活宽裕、乡风文明、村容整洁、管理民主"，也要"看得见山、望得见水、记得住乡愁"。当然，适当建设农村聚居点、推进新型城镇化是必须的，但要科学规划、规模合理，如果搞得像城市小区一样，农民上楼了，但生产、生活不方便了，生活成本也高了，没有"田园牧歌式"的生活了，这样的城镇化或城乡统筹应该说是比较失败的。

（二）关于城乡协调互动问题。城乡协调互动的关键问题是处理好大城市的扩散效应与虹吸效应的关系。一方面，要发挥大城市的发展对农村的扩散效应。"大树底下好乘凉"，大城市是带动城乡区域协调发展的重要力量。基于各种因素，中心城区会将优质资源要素向周边区域布局，形成中心城区与周边地区的合理分工。大城市发展起来了，能够形成对农村的反哺，促进以城带乡、以工促农、以企帮村。要进一步采

取措施，推动城市要素向农村扩散，城市力量为农村服务。另一方面，要注意应对大城市对农村的虹吸效应。"大树底下不长草"，城市也会吸附农村的各类资源，影响农村的发展。当前，我国还存在资源要素向特大城市中心区过度集中的现象，一些城市中心区表现出明显的"虹吸效应"，没有形成城市中心区与周边区域协调发展的关系。国外的情况总体是特大城市相对较少，美国稍微多一点，但美国人少地多；俄罗斯的土地几乎超过中国的一倍，但特大城市也不多。我国的城市往往是一个个摊大饼式发展，崇尚"大大益善"，有的地方一个新区设计就是几千平方公里，这样城市本身的发展是粗放的，这种粗放式发展的城市不仅带动不了农村，反而会形成一个农村化的、品质不高的城市。为此，要从城乡区域协调发展的角度入手，划定特大城市的边界，促进城市集约发展，防止大城市过度发展无序扩张，挤压周边中小城镇和农村发展空间，并将特大城市中心城区的产业、居住、公共服务等功能适当向周边转移，发挥"扩散效应"，带动周边地区和乡村共同发展，形成功能互补、协调互动的格局。实施京津冀协同发展战略是克服"虹吸效应"、发挥"扩散效应"的一项重大实验，主要是通过疏解北京非首都功能，调整经济结构和空间结构，解决北京过于"肥胖"患上"大城市病"而周边中小城市过于"瘦弱"的问题，走出一条内涵集约发展的新路子，探索出一种人口经济密集地区优化开发的模式，促进区域协调发展，形成新增长极。目前，北京城市副中心加快建设，河北雄安新区正在规划建设，北京市内一批区域性批发市场、一般性制造业企业、学院、医院等有序向北京城六区之外疏解，北京市"虹吸效应"有所减弱、"扩散效应"正逐渐显现，这些努力也将为其他地方解决好"大城市病"提供良好范例。

（三）关于城乡人口流动问题。城乡统筹涉及经济社会的方方面面，但关键在人。经济发展规律显示城乡对立问题在城镇化中期最为明显，在城镇化后期基本实现了城乡一体化，也就是城市和农村没有很大的区别了。实践中也有例外，比如当前拉美某些国家，城镇化率早已接近80%的水平，但城市里遍布贫民窟，贫富不均、社会分化严重，这是中等收入陷阱的伪城镇化，不是高水平的城乡一体化。借鉴国际上的经验教训，我国要加快实现城乡统筹，就必须加快推进以"人口城镇化"为核心的新型城镇化。根据《国家新型城镇化规划》，未来全国常住人口城镇化率每年提升约1个百分点，到2020年达到60%左右，预计2030年能达到70%，但对我国而言，那时恐怕也还不能说已经基本实现了城镇化和城乡一体化。因为我国人口城镇化的进程还比较慢，户籍人口城镇化率现在只有41.2%，比常住人口城镇化率低了16个百分点，人口在城乡间流动将会持续更长时间。农村人口进入城市后，应该真正使其安居乐业，有基本的城市公共服务相配套，不是简单的在城市有一份工作。即进城人口需要经济社会发展和公共服务来支持保障，可以保证长期居住和可持续发展。所以推进城镇化过程中，关键要推进户籍制度改革，同时解决户籍附着的福利差别问题。现在户籍制度并不像改革开放以前限制农民的自由，但是附着在户籍上的医疗、教育、养老、社会保障等方面的差别化政策如何处理，近2.5亿农民工待遇问题如何妥善解决，交通事故同命不同价的问题何时可以消除，如此之类的问题都需要深入研究。另外，据有关部门调查显示，愿意进城落户的农民工占比呈总体下降的态势，原先受户籍阻隔"不让来"和"不能来"的问题，转变为"不想来"和"不愿来"的问题。更有甚者，一些地方还出现了"非转农"的"逆城市化"现象（当然，这与前面提到的进城农民返乡创业不是一回事）。究其原因，一是城市生产生活的高成本导致农民工务工收入的增长赶不上生活成本的上涨；二是基本公共服务的均衡化发展使得城镇的"高福利"逐渐弱化，吸引力下降；三是在经济增长下行压力不减、产业结构加快调整的过程中，城镇就业创业和发展机会减少；四是新农村建设等反哺农村的政策，很大程度改善了农村面貌和生产生活条件。当然，也有部分农民习惯原来"听鸡鸣狗叫、看日出日落"的生活方式，不愿融入或者融入不了城市现代生活方式。转移人口落户意愿低，再加之地方吸纳落户不积极，制约着户籍人口城镇化率的提高。同时存在的问题是，部分地区外来人口比重较高，且落户意愿较强，但这些地区过于关注农业转移人口市民化的短期成本，推进户改和实施居住证制度积极性不高、力度不够大。有的地区落户门槛仍然高于国家规定标准，特别是对省外人口和普通劳动者门槛较高。已实施居住证的地区，也存在居住证上附着的公共服务和办事便利过少的状况。这些问题都需要我们加以认真研究，精准施策予以解决。

（四）关于城乡土地制度问题。农村家庭联产承包责任制是我国农村体制改革的一项重大举措，极大地促进了农村经济发展。但这种制度设计，是基于当时整体环境的，它更多的是发挥了人的积极性，物的积极性没有充分发挥出来，甚至由于一家一户承包耕耘的制度设计，农村水利基础设施建设、田间整理等出现弱化，农业规模化经营、机械化操作等受到了限制。另一方面，农民是集体土地的实际占有者，理应合理分享土地增值带来的收益。但长期以来在征收农村土地过程中，农民并没有完全公平分享土地增值收益，这制约了农村开展土地流转、规模化经营，进而也制约城市资本、人才、技术向农村流动。2016年10月出台的《关于完善农村土地所有权承包权经营权分置办法的意见》对农村土地产权制度改革作出新部署，提出了农村土地集体所有权、农户承包权、土地经营权"三权分置"，即顺应农民保留土地承包权、流转土地经营权的意愿，把农民土地承包经营权分为承包权和经营权，实现承包权和经营权分置并行。这是继家庭联产承包责任制后我国农村又一次重大制度创新，是破除城乡二元结构、维护农民合法权益的关键举措，也是农村土地制度改革的重大突破。新的制度安排，顺应了土地要素合理流转、提升农业经营规模效益和竞争力的需要，在保护农户承包权益的基础上，赋予新型经营主体更多的土地权能，有利于促进土地经营权在更大范围优化配置，为规模化、机械化的大生产方式以及更先进的科技、强势的市场主体进入农村、服务三农创造了条件，能够大大提升土地产出率、劳动生产率和资源利用率。新的制度安排，丰富和细化了农村土地产权，实现了集体、承包农户、新型经营主体对土地权利的共享，保障了农民获取土地增值收益的权利，并推动农民参与到农村的规模经营中，融入了现代生产生活方式，不仅能够显著增加农民收入，而且更对转变农民观念、提高农民素质起到直接促进作用，使之在无形之中完成了城镇化的过渡。这是统筹城乡的一个重要体制设计，不仅有利于农村发展，也有利于城市发展，效果不可低估。

（五）关于资金投入问题。城乡统筹的关键问题是制度设计，但隐藏在制度背后的资金问题是一个根本环节。据有关测算，推进农业转移人口市民化，东部地区人均成本在20万元以上，中西部地区10万—15万元左右。这些成本，还只包括当期静态成本，主要是指医疗保险、养老保险追缴，基本住房保障、教育保障和城市基础设施建设的部分费用，不包括未来发展的动态成本。同时，在成本分担时，政府可能要承担60%—70%，意味着推进100万农业转移人口市民化需要近1000亿元投入。这些资金从哪里来，地方政府能否承担这么大支出压力，都需要认真思考、冷静分析。另外，农村地区的交通、电力、水利、通信等基础设施资金也需要政府大量的投入，如何加快推进城乡基础设施一体化也是压力较大的问题。

四、扎实推进城乡统筹发展的主要任务

当前，我国城乡统筹发展进入了一个关键时期，要紧扣消除二元经济体制、协调推进农业现代化与新型城镇化、缩小城乡居民收入差距、实现基本公共服务均等化等要求，着力抓好一些重点工作。

（一）完善城乡发展一体化规划体制。城乡统筹发展，规划要先行。实事求是地说，目前无论是城市、农村，还是城乡一体，规划引导都不够，顶层设计和中微观设计都比较滞后，推进力度上也比较薄弱。现在农村光从房子看就富裕起来了，从茅屋到砖瓦房，再到水泥房、楼房，至少换了四代。但由于缺乏规划，农村乱象依旧。很多地方看起来城市不像城市，农村不像农村。当前农村一体规划的成本显著提高，一是拆迁赔付大幅攀升，二是权益意识膨胀导致部分农民提出较为苛刻的补偿要求，三是传统风俗和风水观念强化形成较大阻滞，但仍需要下大力气推进这项工作，并把工业与农业、城市与乡村、城镇居民与农村居民作为一个整体统筹谋划，切实强化规划引导，促进城乡相互融合和共同发展。在空间布局方面，要完善县域村镇建设规划和镇、乡、村庄规划，促进城镇合理布局。小城镇和农村社区是沟通城乡的桥梁和纽带，重视小城镇和农村社区的规划建设，科学规划、合理布局、完善功能、聚集人口，不断提高小城镇和农村社区的承载能力和发展潜力。在土地规划

方面，应在乡镇土地利用总体规划的控制下，探索编制村庄土地利用规划，科学划定城乡建设用地、住宅用地、生态用地，提高土地资源节约集约利用水平。在建设规划方面，要重点解决当前城乡基础设施建设差距较大、功能布局不够合理的问题，做好城乡基础设施建设的统筹规划，强化城乡基础设施的衔接互补，实现基础设施城乡共建、城乡联网、城乡共享，统筹推进城乡水务、交通、能源、社会事业、生态环境等基础设施建设。对于农村特别是村庄规划，不一定强调统一式样、整齐划一，要因地制宜，体现独特的地域和村落特色，有浓厚的乡愁村韵。城市规划也是如此，一要充分体现独有特色风貌，二要着眼于解决自身存在的突出问题、克服"城市病"。通过规划和建设，使每座城市成为"独一个"而不是"同一个"。

（二）建立健全城乡利益平等交换机制。推进城乡统筹发展，需要构建城乡之间平等的利益交换机制，切实改变城市依靠优势地位不断吸纳农村低廉要素资源的状况，充分发挥政策调控作用，推动资源要素在工农之间、城乡之间自由平等交换。农业补贴方面，应进一步提高农业补贴政策的指导性和精确性，重点补主产区、适度规模经营、农民收入、绿色生态。比如，13个粮食主产省为国家粮食安全作出了贡献，但种粮比较效益低、没有税收来源，农民富不起来、产粮大县财政收入增不上去。怎么平衡？出路是完善粮食主产区利益补偿机制，加大对农民的收入补贴和产粮大县的转移支付力度。为此，国家出台了《关于完善粮食主产区利益补偿机制的意见》，对完善补偿机制作出了部署。再比如，提高农民收入，在确保农产品价格稳定的同时，改革完善农业补贴制度，直接补贴到种粮人身上，让种粮人真正得到实惠。作为一种方向，还可以研究探索由农业直补改为保险间接补贴的思路与方式。土地方面，要按照中央要求，稳定农村土地承包关系，赋予农民对承包土地经营权的处置权利，改革完善土地征收、农村集体经营性建设用地、宅基地管理制度，改变以往城乡同地不同权不同价的不合理现象，推动农村土地资源向资本转换。劳动力要素方面，进一步清理针对农民工就业的歧视性政策，促进城乡劳动力平等就业，加强农民工权益保护，让农民外出务工找到工作、拿到工资、得到劳动安全、工伤大病有保险，有地方住，子女能上学。加快推进户籍管理制度改革，以就业、居住、缴税、缴纳社保等作为落户条件，让稳定就业和居住的农民工尤其是新生代农民工转为市民。金融方面，长期来，有些金融机构不仅不对农村提供金融服务，还把农村的资金吸收以后投放到城市或其他盈利行业，农村金融资源大部分支持到城市、工业上了。农民获取贷款资金非常困难，农村的土地、牲畜、农作物包括农业生产设施等资产都难以作为抵押物。总体上看，农村经济发展缺少金融要素的支撑。要加快农村金融机制创新，强化激励约束机制，保障金融要素资源向农村、农业、农民倾斜。2017年中发一号文件对此提出明确要求，要加强督查，细化举措，确保落实到位。

（三）强化城镇对城乡区域带动作用。坚持以人的城镇化为核心、以城市群为主体形态推进新型城镇化，增强中心城市辐射带动功能，发展一批中心城市，强化区域服务功能，发展特色县域经济，加快培育中小城市和特色小城镇，推动城乡一体化发展。一是加快城市群建设发展。优化提升京津冀、长江三角洲和珠江三角洲城市群等东部城市群，加快形成国际竞争新优势，在更高层次参与国际合作和竞争，发挥其对全国经济社会发展的重要支撑和引领作用；培育发展成渝、中原、长江中游、呼包鄂榆、天山北坡等中西部地区城市群，使之成为推动国土空间均衡开发、引领区域经济发展的重要增长极，让中西部地区广大群众在家门口也能分享城镇化成果。二是增强中心城市辐射带动作用。特大城市要适当疏散经济功能和其他功能，推进劳动密集型加工业向外转移，加强与周边城镇基础设施连接和公共服务共享，推进中心城区功能向1小时交通圈地区扩散，培育形成通勤高效、一体发展的都市圈，带动周边区域共同发展。区域中心城市要完善城市功能，加快产业转型升级，延伸面向腹地的产业和服务链，充分发挥规模效益和带动效益，带动农村地区加快发展。三是培育发展中小城市和特色小城镇。加快完善设市标准和市辖区设置标准，适当放宽中西部地区中小城市设置标准，将具备条件的县和特大镇有序设置为市，适度增加中小城市数量，推动优质公共服务资源向中小城市和小城镇配置，提升产业人口承载能力。赋予镇区人口10万以上的特大镇部分县级管理权限，允许按照相同人口规模的城市市政设施标准进行建设发展，激发特大镇发展潜力。远离中心城市的小城镇和林场、农场等，要完善基础设施和公共服务，因地制宜发展特色鲜明、产城融合、服务农村、带动周边的特色小城镇，使其充分发挥统筹城乡的载体作用。与此同时，在特色小城镇发展中也要防止政府大包大揽、盲目扩张，重数量轻质量、重形轻魂，以及房地产化等不良倾向，避免借小城镇建设，大搞新城新区建设，搞房地产开发等。

（四）推动农村一二三产业融合发展。推进农村一二三产业加快融合发展，是在资源环境约束增强的背景下转变农业发展方式、探索中国农业现代化的必然要求，是在全面建成小康社会的背景下拓展农民增收渠道、促进农民收入持续增长的基本选择，是在经济发展进入新常态的背景下培育国民经济新的增长点、实现城乡共同繁荣的战略举措。农村一二三产业融合是结果，前提是建立以工促农、以城带乡、以企帮村的有效机制。没有城市和企业进入农村，没有工业反哺农业，农村一二三产业很难融合，也很难全面展开、深度发展。可以说，推进一二三产业融合是把以工促农、以城带乡、以企帮村机制自然嵌入农村发展的一条有效路径。推进农村一二三产业融合发展，涉及农村经济的方方面面，要突出重点，找准症结，有针对性地采取措施。特别是应注意以下几点：一是高度重视建立紧密的利益联结机制。这是推进农村产业融合发展的核心和关键，要鼓励农业企业与农户建立风险共担的利益共同体，相关支持政策要与农户利益联结机制挂钩。政府在安排相关项目和资金补助时，要把利益联结作为重要的前提条件，有效带动农民增收，确保农民受益。同时，使农村集体经济也在融合中发展壮大。二是妥善处理好"大"与"小"的关系。培育农村产业融合发展主体，是推进产业融合发展的重要任务。既要抓好大项目带动，支持大农场、大合作社、大企业发展，特别是通过打造一批产业链条长、商业模式新、带动力强的农业产业化龙头企业，带动农民增收致富；也要积极创新政策，调动普通农户参与农村产业融合发展的积极性、主动性，不能让普通农户在产业融合发展的大潮中掉队，更不能让普通农户的利益受损。三是正确处理好政府与市场的关系。农村产业融合发展归根到底是市场行为，要充分尊重企业与农户的市场主体地位和经营决策权，政府工作的重点是完善基础设施条件，加强公共服务和市场监管，为农村产业融合发展创造良好条件和市场环境。近两年全国乡村旅游发展势头很猛。政府部门抓乡村旅游，重点应抓规划、抓基础、抓环境、抓主体、抓营销。特别是要以县域为重点加强规划和基础设施建设，集点成片、连点成线的发展，打造精品线路，避免一哄而上、千篇一律的同质化倾向，防止过滥过乱影响乡村旅游品质。

（五）建立健全城乡统筹发展长效机制。城乡统筹发展必须调动各方力量，要健全有关政策机制，全面协同推进各项工作。一是完善调动各方主体积极性、能动性的工作机制。消除有关政策障碍，推动城市人才、技术、资金、管理等生产要素主动向农村流动。涉及有关激励、奖励机制和退出机制，鼓励企业、个人积极参与城乡统筹发展，同时要重视调动农村居民参与城乡建设的主体积极性。二是建立政府推动、市场主导相结合的推进机制。继续增加财政对"三农"的资金投入，形成支农资金稳定增长机制。在资金项目安排、涉农补贴等方面，对市场主体逐步实行无差别政策。探索建立城乡发展利益共享机制，发挥政府投资对市场投资的带动作用，形成多元化投资格局。对于经营性、使用和市场运作的城乡统筹发展项目，交由市场主体建设和运营。三是建立健全农村集体经济发展的推进机制。农村集体经济是推进城乡统筹发展的重要基础，要通过优选人才、优化手段、创新机制，做大做强农村集体经济。可依托城市资本、技术、人才等优势资源，发挥工业企业的支撑带动作用，推进农业适度规模经营和经营制度的创新，引导家庭联产承包责任制向集体农庄、家庭农场模式发展，提升现代农业组织化、规模化水平。

十八大以来的改革部署与推进：
方向、重点、方法[①]

——学习习近平总书记全面深化改革系列
重要论述的一些体会

（2017年10月）

　　"改革"是党的十八大以来的主题词和鲜明特色。十八大以来的这几年，改革举措出台极为密集、触及层面非常广泛、所涉事项相当实际。以习近平同志为核心的党中央高度重视改革，始终把改革放在治国理政的突出重要位置。迄今，习近平总书记已主持召开了38次中央深化改革领导小组会议，审议出台了300多个改革文件，重点领域改革的顶层设计全面形成，标志性的重大改革方案出台实施，一大批关键环节改革举措扎实推进，新体制夯基垒台、立柱架梁的任务已基本完成。与之相应，改革理论加快创新，形成了一批重大成果。改革正朝着既定的目标，有力、有序、有效向前推进。

　　党的十八大以来的改革实践，集中了全党全国人民的智慧，体现了习近平总书记高超的政治智慧和坚韧不拔的历史担当精神。今天，我试图对十八大以来的改革部署与推进做些思考和解读，同时，谈一谈对习近平总书记全面深化改革系列重要论述的学习体会。

　　概括地说，党的十八大以来改革的精髓集中体现在三个方面：明确改革方向、突出改革重点、优化改革方法，且这三个方面联为一体、相

①本文原载《经济研究参考》2017年第56期（总第2832期）。

互支撑与依托。

一、明确改革方向

习近平总书记强调，我们的改革是有方向、有立场、有原则的，是在中国特色社会主义道路上不断前进的改革。改革的方向是逐步廓清的。十八大以来改革的一个重要特点是，在运用以往探索成果和总结经验的基础上，进一步明确了改革的方向。而改革的方向不局限于改革的目标上，而是体现为这样5个"维度"。

（一）内容在"全面"。总体上看，改革开放以来，改革内容是不断拓展的，但十八大以后的改革，可谓真正意义上的全面改革。这主要体现在两个方面：

1. 从领域上看，系统全面。近40年改革开放经历了由易到难、由浅入深、由局部到全面的发展过程。从历次党的代表大会及许多次全会的决议，我们能清晰地看出这一发展脉络和特点。

从十一届三中全会起至十八大前，改革的内容不断拓展，但总的是以经济体制改革为主，政治体制改革等协同推进。作为开启改革序幕的十一届三中全会，提出要对权力过于集中的经济管理体制和经营管理方法着手认真的改革，在实践中则从农村改革开始破题。十二大提出巩固和完善经济管理体制方面已经实行的初步改革，抓紧制定改革的总体方案和实施步骤，有系统地完成经济体制改革。十二届三中全会通过了关于经济体制改革的决定，提出在继续深入搞好农村改革的同时，加快以城市为重点的经济体制改革，改革重心从农村转向城市。十三大提出，加快和深化经济体制改革，同时要把政治体制改革提到全党日程。十三届三中全会提出相互配套地全面深化经济体制改革，重点是推进企业改革、价格改革和工资改革。十四大首次明确提出我国经济体制改革的目标是建立社会主义市场经济体制，要围绕这一目标，加快经济改革步伐，与此同时，积极推进政治体制改革。十四届三中全会对建立社会主义市场经济体制作出全面部署。十五大提出建设有中国特色社会主义的经济、政治、文化，并对积极推进经济体制改革、继续推进政治体制改革以及推进有中国特色社会主义的文化建设作了部署。十六大作出经济、政治、文化"三位一体"的改革部署，明确提出推进文化体制改革。十六届三中全会对完善社会主义市场经济体制作出决定，并把行政管理体制改革放到了突出位置。十七届六中全会对深化文化体制改革作出了全面部署。从这个发展轨迹可以看出，十八大之前的改革尽管已经对经济、政治、文化改革作了较为系统的安排，对其他改革也有涉及，但经济体制改革仍然是主线，其他改革都是围绕经济体制改革展开、与之协同推进的。

十八大后，中央确立了经济、政治、文化、社会、生态文明体制的"五位一体"改革布局，改革内容涵盖到所有方面。

十八大提出要以更大的政治勇气和智慧，不失时机深化重要领域改革，构建系统完备、科学规范、运行有效的制度体系，首次全面提出推进经济、政治、文化、社会体制改革和加强生态文明制度建设。十八届三中全会作出了《关于全面深化改革若干重大问题的决定》，总体部署了"五位一体"和党的制度建设改革的主要任务、重大举措和路线图、时间表。中央全会的决定第一次在标题上冠以"全面"二字，真切地反映了改革所涉及方面的广泛性。这是改革进入一个新的阶段的显著标志。它的全面不只是在内容上简单增加了一两个改革领域，更重要的是，由于改革的率先性和具有的基础性特点，经济体制改革仍然是全面深化改革的重点，但它已不是主线或主体。"五位一体"和党的制度建设改革，搭建起了改革的四梁八柱。在这个框架中，其他领域改革，不再简单作为经济体制改革的配套、辅助性改革，而是"梁"和"柱"的组成部分，具有独特的不可或缺的功能。

2. 从关系上看，有机配套。如前所述，十八大之前的改革主要是围绕经济体制改革展开，其他领域的改革，尽管做了一定程度的探索，但广度、力度、深度都存在局限，在整体框架中一直处于配套的、辅助的地位，自身和外部的协调性也不够强，总体上没有形成体系。

十八大以后改革走向全面，不仅各领域都着手进行顶层设计、总体谋划，并通过改革实践形成了作为一个改革体系的基础和条件。而且各领域改革相互之间有着紧密的内在联系和逻辑关系，是相互支撑、相互配套、有机融合的。任何一个领域的改革都难以单兵突进，需要其他领域改革的配合，而每一个领域的改革都会影响到其他领域，不能恣意妄为，体现着很强的关联性和配套性，而且改革越深入，关联性越高、配套性越强。

还需要强调的是，十八大以来，全面深化改革与全面建成小康社会、全面依法治国、全面从严治党共同构成了"四个全面"战略布局，成为习近平治国理政思想的重要内容。"四个全面"也是相辅相成的，而全面深化改革仍然是具有突破性和先导性的关键环节，是全面建成小康社会的强大动力，是全面依法治国、全面从严治党的根本途径，是实现国家治理体系和治理能力现代化的基本保障。

（二）目标在"制度"。应该说，十一届三中全会以来的改革，都是着眼于制度建设的。但十八大以来的改革所体现的制度建设具有十分鲜明的特点。

1. 这个制度是"树根立本"的制度。十八届三中全会提出，全面深化改革的总目标是"完善和发展中国特色社会主义制度，推进国家治理体系和治理能力现代化"。前一句，规定了推进的根本方向，出发点在制度。后一句，明确了基本目的，一整套紧密相连、相互协调的国家制度构成国家治理体系，而国家治理能力则是这套国家制度和执行力的集中体现，落脚点还是在制度。正如习近平总书记所强调的，推进国家治理体系和治理能力现代化，就是要使各方面制度更加科学、更加完善，实现党、国家、社会事务治理制度化、规范化、程序化，善于运用制度和法律治理国家。这个"制度"，不是某一层面或某个方面的，而是关乎全局的整体性制度；不是浅层的，而是具有基础意义的、带有根本性的制度。

2. 这个制度是"体系完备"的制度。实现这个总目标，就注定改革必然是一项极为宏大的工程，不是单个领域体制机制完善，不是各有关制度独立创新，零敲碎打不行，单打独斗也不行，必须立足于各领域改革的联动和集成、各层次制度建设的系统推进。正如习近平总书记所讲的，改革是要为党和国家事业发展、为人民幸福安康、为社会和谐稳定、为国家长治久安提供一整套更齐备、更稳定、更管用的制度体系。

在改革的总目标下，各重大领域的改革目标也十分清晰：经济体制改革在于发展"市场经济"；政治体制改革在于实行"民主政治"；社会体制改革在于建立"和谐社会"；文化体制改革在于创造"先进文化"：生态文明制度建设在于建设"美丽中国"：党的建设制度改革在于提高"领导水平和执政能力"。十八届三中全会围绕这6个方面，在15个相关领域部署了336项改革举措，几乎涵盖了制度建设的所有方面，就改革作出了自1978年以来最全面最系统的一次部署。

透过这些安排，不仅各重大领域制度建设的目标方向、重点领域、关键举措、优先顺序等一目了然，而且各领域间改革的系统性、配套性、协同性也得以充分体现和保障。可以说，按照这个部署推进改革，就能够形成总体性的制度文明，从而在国家治理体系和治理能力现代化上形成总体效应。

3．这个制度是"以人为本"的制度。这一制度保障人的基本权利，符合人性特点和人本需要，最突出的有两点。

一是体现公平公正。公平公正是人们最本能的意愿，因而是人类社会的最基本的守则。违背了这种本能之源和基本守则，社会运行就会失去秩序、导致危机。"不患寡而患不均"往往成为朝代或政权更替之由，历史上的多次革命或暴动差不多都是打着"均贫富、等贵贱"这类旗号。因此，公平是人类社会共同追求的基本的要求，更是我国社会主义条件下推进改革的追求。习近平总书记指出，全面深化改革必须着眼于创造更加公平正义的社会环境，不断克服各种有违公平正义的现象。如果不能创造更加公平的社会环境，甚至导致更多不公平，改革就失去意义，也不可能持续。纵览"五位一体"和党的制度建设领域所部署的改革任务，从本质上说都充分融入了"以促进社会公平正义、增进人民福祉为出发点和落脚点"的思想。而改革的指向都是促进权利平等、机会平等、规则平等。比如，强调"公有制经济财产权不可侵犯，非公有制经济财产权同样不可侵犯"：建立兼顾国家、集体、个人的土地增值收益分配机制，合理提高个人收益；提高劳动报酬在初次分配中的比重；实现基础养老金全国统筹；等等。

二是以人民为中心。改革依靠人民、改革为了人民。实践证明，只有通过制度保障人民投身改革发展进程并共享改革发展成果，才能最大限度地凝聚改革动力，从而保障改革平稳持续推进。习近平总书记强调，要坚持以人民为中心的发展思想，要坚持把增进人民福祉、促进人的全面发展、朝着共同富裕方向稳步前进作为经济发展的出发点和落脚点。在具体改革方面，习近平总书记强调，要科学统筹各项改革任务，推出一批能叫得响、立得住、群众认可的硬招实招，处理好改革"最先一公里"和"最后一公里"的关系，突破"中梗阻"，把改革方案的含金量充分展示出来，让人民群众有更多获得感。治国有常，利民为本。使人民群众有获得感，始终是改革前行的目标和方向。十八大以来，强调推进任何一项重大改革，都要坚持"以百姓心为心"，都要站在人民立场上把握和处理好涉及改革的重大问题，都要从人民利益出发谋划改革思路、制定改革举措。几年来，制度创新释放了实实在在的红利，让群众有了获得感，比如，户籍制度改革大力推进，使一部分由于各种原因无法落户者实现了最基本的权利。推进商事制度改革，"先证后照"改为"先照后证"又改为"证照合一"，"三证合一"改为"多证合一"，把"简""放"作为改革的主线，大力简除烦苛；取消了很多奇葩证明、循环证明、互为前置的交叉证明，最大程度方便人民生产生活。司法体制改革瞄准制约司法能力、影响司法公信的环节发力，让老百姓打官司更省心、更放心。推进基础养老金全国统筹，推进城乡最低生活保障制度统筹发展，建立健全合理兼顾各类人员的社会保障待遇确定和正常调整机制，等等。

（三）核心在"平衡"。治国理政涉及多个方面，需要平衡好各方面的关系。其中，最重要的是政府与市场的关系，这是其他各种关系的基础。深入地看，其他需要平衡的关系，大体都是政府与市场关系的延伸拓展或实化细化。如中央和地方的关系、统一指导与分级决策的关系、顶层设计与基层创新的关系等，大体都主要涉及政府方面。而供给与需求的关系、联动发展与自主创新的关系等大体都主要涉及市场方面。但主要涉及政府的，也与市场密切相关；主要涉及市场的，也与政府密切相关。因此，平衡好政府与市场的关系是改革的核心，具有方向的性质。

1. 平衡好政府与市场的关系一直是难点。习近平总书记指出：经济体制改革的核心问题仍然是处理好政府和市场的关系。其实，对于全面深化改革而言，这也是个核心问题。正因为政府与市场关系带有根本性、核心性，所以处理好、平衡好二者关系难度很大。

历史实践充分证明了这一点。从世界范围来看，18世纪后期开始，主张政府尽可能少地干预经济、干预社会的"自由主义"经济观形成发展。古典政治经济学的鼻祖亚当·斯密就是其中的代表人物，他在《国富论》中倡导经济自由主义、反对政府干预经济。英法等老牌资本主义国家率先采用，美德等国也紧随其后。随着苏联社会主义制度的诞生，相关论争也激烈展开。奥地利经济学家米塞斯20世纪20年代初在《社会主义制度下的经济计算》中提出，在中央计划体制下，实行经济计算来合理配置资源是不可能的，中央计划经济是一种不可行的经济制度。1929年，西方爆发了严重经济危机，自由主义经济学应用受阻，主张国家强力干预的凯恩斯主义为西方主要国家采用，这也鼓舞了一批计划经济理论的倡导者，从而更加激发了双方的论争。比较著名的是发生在30年代的，以米塞斯、哈耶克（奥地利裔英国经济学家）为代表的一批自由主义经济学家，和以波兰经济学家兰格为代表的拥护"市场社会主义"的经济学家之间的论战。论争的本质就是政府与市场关系问题，是政府和市场在资源配置中所起作用程度及有效性问题。1979年爆发石油危机，凯恩斯主义无法应对，新自由主义各派崛起，撒切尔政府和里根政府当时都采用了新自由主义经济主张。2008年金融危机后，新自由主义地位下降，主张政府干预的新凯恩斯主义地位上升，但此轮政府干预的力度远远小于1929年经济危机时的干预力度。从这个粗线条脉络中，可以看出，理论上对政府和市场关系的争论一直没有停止；实践上二者关系一直处于动态调整中。尽管世界各国情况各有差异，但都在努力探索如何平衡好这个关系。

从国内情况看，1978年实行改革开放后，关于计划和市场的关系一直处于热烈讨论甚至是激烈争论中，而伴随这种争论，我们关于计划市场关系的认识不断深化、政策不断拓展。早在1988年，基于推进经济体制改革的需要，当时的国家体改委就系统研究了历史上计划和市场关系的情况送中央参阅。1992年，邓小平南方谈话对此进行了阐述，提出计划和市场都是经济手段，资本主义有计划、社会主义有市场。党的十四大确定了建立社会主义市场经济体制的改革目标，提出要使市场在社会主义国家宏观调控下对资源配置起基础性作用。十五大提出"使市场在国家宏观调控下对资源配置起基础性作用"；十六大提出"在更大程度上发挥市场在资源配置中的基础性作用"，强调要"充分发挥市场机制作用，健全宏观调控体系"；十七大提出"从制度上更好发挥市场在资源配置中的基础性作用，形成有利于科学发展的宏观调控体系"；十八大提出"更大程度更广范围发挥市场在资源配置中的基础性作用，完善宏观调控体系"。到十八届三中全会，明确提出使市场在资源配置中起决定性作用和更好发挥政府作用。这些论述，不仅体现了政府市场关系认识的不断突破，也体现了在这一关系把握上的科学进展，同时也体现了处理这一关系的艰难程度。

2. 平衡的前提是合理发挥好市场的作用。这既基于现实生产力发展基础，也基于改革深化的要求。符合实践，也符合逻辑。从实践看，国内外经济发展历程都表明，市场经济是适应现阶段整体生产力发展水平要求的经济形态。虽然市场经济不是万能的，存在着缺陷，但使市场在资源配置中起决定性作用，会使经济运行更有效率、更可持续。从逻辑看，我们启动改革的基本依据，就是基于经济管理体制中权力过于集中带来效率低下等弊病。而经济体制改革的目标，就是建立社会主义市场经济体制。因此，发挥好市场的作用，使市场在资源配置中起决定性作用，是改革的当然前提和必然方向。

3. 平衡的关键在于如何更好发挥政府作用。既然改革是要通过改变政府包揽一切、权力过于集中的状况而释放市场作用，那么，市场能不能发挥作用，能在多大程度上发挥就取决于政府：哪些要交给市场，那些必要的作用应通过什么形式来发挥。一句话，平衡好政府与市场的关系在于如何更好发挥政府作用。在这个意义上，习近平总书记形象地指出，"既要放也要接，'自由落体'不行，该管的事没人管了不行"。在关于政府与市场关系的讲话中，习近平总书记几乎每次都强调，要讲辩证法、两点论，"看不见的手"和"看得见的手"都要用好。更好发挥政府作用，在认识和操作上要把握住这样四点。

第一，政府作用必不可少。其一，这是弥补市场不足的需要。市场机制作用具有自发性和盲目性，存在着一些缺陷。如由供求关系和价格机制引导或推动的复杂多变的微观经济活动，并不能保证国民经济在整体上持续健康发展；受盈利动机驱使的市场调节难以有效提供往往是无利可图而又为全社会共同需要的公共物品和公共服务；由于各种形式的垄断造成的整个社会层面的效益低下或规模不经济；等等。发挥政府作用，目的就是要弥补市场自主运行的不足，解决市场机制造成的"失误"和"失灵"。其二，是特定发展阶段的要求。我国还处于社会主义初级阶段，改革发展的任务还相当繁重。统筹城乡区域协调发展、推进新型城镇化、促进基本公共服务均等化等重大任务，仅靠市场的力量难以完成，需要政府强有力的推动。超越现实经济基础和发展阶段，摒弃政府在一些方面发挥作用，必然带来降低效率、提高成本、增加风险等一系列问题。当前城镇化发展过程中，存在的个人私欲膨胀直接导致重点地区改造建设艰难，就与某些体制设计不科学、制约政府有效发挥作用密切相关。其三，是社会主义制度独特优势的体现。党的正确和强有力的领导，政府的有效宏观调控和积极作为，是我国实行社会主义制度这个基本国情所决定的，这使我们能够集中力量和资源攻克难关、进行应急处置，有利于从整体上推动供给创新、需求扩展，并且有效排除干扰和掣肘，促进资源要素更大范围的配置和地区间、企业间的合理流动。我们能看到，在重大规划落实中、在重大工程建设中、在历次重大灾难灾后重建过程中、在大气污染联合防治中，政府都发挥了至关重要的作用。这与一些西方市场经济国家形成鲜明对照。如2005年8月底飓风"卡特里娜"先后登陆美国南部佛罗里达州、路易斯安那州，美国政府却束手无策，救援工作饱受诟病，最终至少造成1836人死亡，经济损失达1000亿美元。

第二，政府作用范围合理适度。我国改革前实行的是政府高度干预的计划经济。因此，就政府与市场关系而言，改革的指向是解决政府干预过多、干预不当等问题，使政府作用范围、方式合理适度。要大幅度减少政府对资源的直接配置，并直接面向市场和企业放权，这一点要痛下决心。政府作用范围要严格限定在市场发挥不好或者市场有负面效应的那些领域。同时应严格限制政府部门间的以"放权"名义进行的权力或职责转移。从横向看，政府部门间的权力转移应十分慎重。部门间权力的横向转移，并不能改变政府管理的实质和政府管得过多、过宽、过细的状况。那些必须由政府管理的事项，核心不是转移问题，而是如何提高管理水平和效率问题。总的讲，部门间权力的横向转移，应该以职能调整为依据，权责随着职能走。一般地说，除专业性较强的外，一些政府管理职能放在宏观综合部门比放在专业部门，对落实职能的考量可能更为全面、系统和客观，其调控配套能力也更强。从纵向看，原则上不应将掌握在中央部门的权责层层向下放。因为无论就人力、能力而言，还是就受利益牵制的程度而言，或是就决策程序的规范性严谨性而言，越往下面临的风险越大。这并不是简单的"接得住接不住"的问题，而是存在机制性"管不好"的缺陷。但有两种情况除外，一是该类事项本来就属于地方政府事务；二是地方政府处理此类事务更为熟悉和精准。

第三，政府作用方式要创新。理论上说，基于市场和政府而言的资源配置分为三类：可完全由市场进行配置的领域、需市场和政府结合进行配置的领域、适宜由政府进行配置的领域。无疑，适宜由市场完全配置的领域，应全面放开，使价值规律、供求规律、竞争规律充分发挥作用。但在需要政府发挥作用的领域甚至是政府可以直接配置资源的领域，也要努力创新政府发挥作用的方式，基本前提是，尊重规律要求，不违逆市场经济发展大方向。由此，应多运用经济手段、法律手段，把直接的行政手段限制在最小最需要的范围内；此外，坚持适度而为，能引导的不领导、能协调的不决定。

第四，政府作用既在"做"又在"管"。在部分领域，需要政府直接组织开展活动、配置资源，对此，政府要奋发有为，力争做精做好。但政府更需要努力做好的是"管"。对整个经济社会活力的科学管理，对市场运行的有效监管，对下放权力和事项运行的跟踪管理。从改革角度说，后一方面特别值得强调。政府放权，不是一放了之。放权后政府的压力并不是减轻了，而是对政府发挥作用的要求更高了。从自身操作移交给企业和社会，不确定性明显增加，相应对监管能力水平的要求更高了。当前简政放权方向正确、措施有力，但放出去、放下去的权力如何运作好，科学的及时的监管至关重要。长期存在的打而不绝的"地条钢"问题，不久前出现的西安"问题电缆"问题，既说明我们监管工作存在着薄弱环节，也说明政府放权并没有减少政府的任务与责任。在这方面，要综合施策，加强运作规则、市场信用、约束法规等建设，既要优化监管的整体社会基础，又要强化技术手段建设和监管方式改善，提高监管能力，还需要加强自我约束，压实监管责任。在具体方式方法上，既要总结运用我们在实践中积累的行之有效的经验，也要充分借鉴发达市场经济国家较为成熟的监管理念和做法，大幅提高违法违规成本，不断降低社会制度交易成本。"放管服"是一个不可分割的整体，事中事后监管十分重要，难度更大、要求技巧性更高。

（四）重点在"攻坚"。与内容上的全面改革相一致，十八大以来的改革进一步进入攻坚期和深水区。这在改革方向上体现为很重要的一点，就是强调大力攻坚克难。而这种体现方向"攻坚"具有如下特点。

1. 立足于系统配套的"攻坚"。从逻辑上看，改革全面深化的阶段，同时也意味着改革到了系统推进的阶段。处于这一阶段的改革，单兵突进难以取得成功。改革越向前深入，整体推进和系统配套要求越强，多目标兼顾、多利益统筹、多方案比较的要求越来越高。立足于系统配套实施改革攻坚，一方面每一项改革措施的推出，都要考虑整体框架和其他改革深化的要求，在方案设计与推进方式上与之协同；另一方面，每一项改革措施的推出，特别是具有牵一发动全身效应的改革措施的推出，要更多考虑相关改革事项的协同、在操作中要推进相关性较强的关键环节改革。各方面的难点、重点和突破点可能还会出现相互掣肘、相互制约或互为条件的情况，要用集团作战思维来打攻坚战。既抓改革方案协同，也抓改革落实协同，更抓改革效果协同，促进各项改革举措在政策取向上相互配合、在实施过程中相互促进、在改革成效上相得益彰。

2. 面对复杂环境的"攻坚"。改革全面深化，面临的客观环境更加复杂多元，攻坚克难的要求更高。

第一，社会矛盾集中广泛显现。一是因为许多深层次矛盾问题需要系统配套解决。这些矛盾的日积月累，越往后越集中。二是因为改革的全面深化必然也带来各类矛盾的全部碰头或积聚。三是因为越接近改革目标，越要啃硬骨头，因而遇到的矛盾也会越深刻越尖锐。可以说，当前在这种情况下，推进改革既要大胆开拓，又要化解矛盾、控制风险。

第二，社会对改革效应的期待更高更多。改革越走向深层攻坚，利益增长越难。但对于社会诉求而言，改革越向前推进，其要求越高且具有扩展性。收入增长了，对"分配不公"的关注就增强了；吃饱穿暖了，对生活质量的要求就升高了；有学校上了，就进一步重视教育资源的均衡配置和公平应用问题了；能自由就业了，就要求从体制上全面打破城乡和城市之间壁垒了；如此等等。这不仅要求大力推进改革，也要求改革形成明显效果。

第三，改革措施的推出面临"众口难调"之难。在对改革期待普遍升级的同时，公众的利益诉求也越发多元，并且不同群体基于各自的观念与立场，使这些多元的利益中充满对立的诉求。例如，供给侧结构性改革要调结构、去产能，但企业要生存、员工要就业；城管改革要求城市功能优化，市容要整洁，但小贩要生计，市民要便利；等等。改革措施的推进与方案设计面临多元兼顾之难。

3. 涉及多方面硬骨头的"攻坚"。习近平总书记讲，我们推进的改革是硬碰硬的，是要动真格、动奶酪的，不可能都是敲锣打鼓、欢欢喜喜、轻而易举的事。不管是落实已出台的改革，还是推出新的改革举措，都更加需要披荆斩棘的勇气、更加需要勇往直前的毅力、更加需要雷厉风行的作风。他又说，改革是一场革命，改的是体制机制，动的是既得利益，不真刀真枪是不行的。改革攻坚之所以称之为"攻坚"，就是因为啃的都是硬骨头。主要涉及这样一些方面：

一是尚未到位的关键性改革。以经济体制改革来说，尽管通过三十多年的改革开放，一些方面的改革已取得了突破性进展，但仍有许多重要的改革没有到位，致使市场经济体制还没能最终建立起来。从逻辑上说，一些较易的改革事项基本都改了，留下的都是较难的改革事项。与此同时，一些改革也有一个由浅入深的过程。当前产权制度、土地制度、户籍制度、社会保障制度、投融资体制等领域的改革还需要大力推进。国有资产管理体制改革、财税金融体制改革、收入分配体制改革等的许多方面仍处于浅层状态，需要向纵深推进。

二是新提出的重要改革事项。一方面，在改革推进过程中，新情况、新问题不断出现，新的改革也就适应新的形势应运而生，一些已有的改革也要与时俱进对内容进行调整。另一方面，当前的改革不仅涉及经济体制，还涉及政治、文化、社会、生态等改革，而在这些领域过去触及面甚窄且触及层次较浅，大部分是新的重大的改革事项。

4. 动力机制变化下的"攻坚"。随着形势的发展、改革的推进，改革的动力机制也在发生变化，给全面深化改革带来了严峻挑战。

一是改革热情走向弱化。改革初期，人心思变和良好预期形成了广大人民群众十分高昂的改革热情，社会的动力与政府的牵引力紧密结合，带动改革快速推进。随着改革不断深化，由于改革的渐进性过程形成的麻木效应、改革操作过程中出现的某些失误和不规范行为引致的不满情绪，以及人们对改革成果的分享存在差异等，一定程度上影响了人民群众改革热情的充分发挥，导致改革的动力分散和弱化。

二是改革对象发生转变。随着改革深化，作为改革组织者、推动者的政府部门，自身也成了改革的主要对象。自己改自己，甚至在改革中必须大幅度放弃自身权力和利益，容易影响推动改革的积极性，从而影响到改革的深度和力度。如果没有大局观和彻底革命精神，相关改革就很难进一步推进。

三是改革利益逐渐固化。既得利益是改革最大的阻力，也是改革动力弱化的深层原因。改革前形成的利益格局是改革的阻力，而改革后形成的利益格局是进一步改革的阻力。受利益牵制，一部分原来的改革的积极推动者就变成深化改革的阻力和反对者，这在改革攻坚时期表现得更加明显。与此相关的另一种表现是，有的地方和部门存在利益驱动改革的倾向，凡事能够扩权增利的，改革积极性就高；而一动自己的奶酪，就百般计较、踟蹰不前。或者在压力面前虚与委蛇、久议不决、避实就虚、曲解绕行，严重影响改革进程。"地条钢"处置上明禁实纵、企业减负不下真功等的背后都是既得利益作祟，很现实地说明了利益对改革动力的阻滞和影响。

（五）关键在"重构"。改革是破和立的有机统一，改革的过程同时是利益优化调整和体制机制重构的过程。党的十八大以来，改革全面深化，利益格局得以全方位重构，成为体现改革方向的核心内容。概括地说，这种"重构"具有这样一些特点：

1. 调整过去格局的"重构"：关键在处理好"新动力"和"老包袱"的关系。从本质上说，改革是对已有利益格局不断进行调整的过程。这既包括对改革前不合理的利益格局的调整，也包括改革推进过程中形成的新的不合理利益格局的调整。而在现实生活中，不合理利益格局所反映的是各式各样的矛盾和问题。十八大之前改革的不断推进，带来了国民经济的快速发展，带来了人民生活水平的显著提升，但旧的问题并没有全面解决，在改革推进中，又产生了许多新的矛盾和问题。例如，城乡区域发展不平衡、基本公共服务供给不足且均等化程度不高，人群间收入差距过大等，这些新出现的问题成了继续改革的"老包袱"。十八大以来的全面改革，就是要着手解决这些矛盾与问题，从而通过卸掉"老包袱"形成改革和社会发展的新动力。打个不十分贴切的比喻，如果说过去30多年的改革是"帕累托改进"的话，那么十八大以来的改革则是为了实现"卡尔多改进"。

弃"老包袱"与扬"新动力"是一个过程，而实质都是深化利益格局的调整。所以，习近平总书记指出，利益调整问题是改革进程中躲不过的问题，改革越深入，触及的矛盾越深，触动的利益关系就越复杂，不仅会触及相关地方和部门、单位的利益，也会触及具体人的利益。但这种利益调整，要统筹考虑，分类处理。该取消的坚决取消、该兼顾的要兼顾、该增进的要增进、该弥补的要及时弥补。总之，不能让人民群众正当利益受损，不能让社会的主体动能缺失。

2. 优化当前格局的"重构"：关键在处理好"做大蛋糕"与"分好蛋糕"的关系。十八大以来的全面深化改革，不仅仅在于需进一步整体提升国家的综合实力和人民的生活水平，还在于让发展成果更公平地惠及全体人民，实现全体人民的共同富裕。习近平总书记提出，"蛋糕"不断做大的同时，还要把"蛋糕"分好。通过创新制度安排，创造更加公平正义的社会环境，保证人民平等参与、平等发展权利，实现好、维护好、发展好最广大人民根本利益。分好蛋糕，不仅要重视"存量"调整，更应注重"增量"改进，并切实把握好按什么原则分、谁先拿等关键问题。当前存在的一个突出问题是，过去我们提出鼓励一部分先富起来，然后带动共同富裕，但从现实情况看，先富起来的阶段目标实现了，共同富裕的目标还任重道远，贫富差距悬殊的问题亟待解决。因此，全面深化改革对于当前格局的优化重构，在于形成合理的收入分配格局，即处理好"做大蛋糕"与"分好蛋糕"的关系。

3. 着眼未来格局的"重构"：关键在处理好当前与长远的关系。习近平总书记提出：有破有立，破的是一亩三分地的藩篱，动的是局部利益的奶酪，立的是全国一盘棋的大局观；破的是只顾当下的藩篱，动的是眼前利益，立的是谋长远、可持续的发展观。这深刻阐明了十八大以来通过全面深化改革重构新型利益格局的一个特点，正确处理好当前与长远的关系，既要有利于解决当前问题，也要有明确的目标，能够为以后形成新的良好格局提供条件和基础。切忌目光短浅，为解决眼前问题而不惜为后续改革制造障碍，以至于在不久后又"大动干戈"，甚至不得不推倒重来，增加改革的成本和风险。按照这个要求，制定改革方案、出台改革举措，必须瞻前顾后，把正确处理当前与长远的关系作为一个基本原则和遵循。

二、突出改革重点

习近平总书记强调，要牵住改革"牛鼻子"，既抓重要问题、重要任务、重要试点，又抓关键主体、关键环节、关键节点，以重点突破带动全局。突出改革重点，着力推进那些对新制度体系建设起决定性作用的核心环节、对经济社会全局发展起主要制约作用的关键环节，是十八大以来改革的又一个鲜明特点。

十八大以来，党的十八届三中、四中、五中、六中全会部署了总计616项重点改革任务，以习近平为组长的中央深改组统筹谋划、一体安排、压实责任、梯次推进，年年取得新进展、实现新突破。2014年重点抓了80项改革任务，出台了370多个改革成果；2015年重点抓了101项改革任务，出台了410多个改革成果；2016年重点抓了97项改革任务，出台了419个改革成果。今年上半年，截至第37次深改小组会议，已审议通过了50多个改革方案、近20个改革报告。涉及经济、政治、文化、社会、生态和党建的重大改革举措陆续出台，一些多年难以推出或久攻不下的标志性、关键性改革取得了实质性进展。

（一）在经济体制改革方面。党的十八大以来，围绕国企、财税、金融、农村、开放等体制改革，共出台了超过400个改革方案。包括《深化国有企业改革的指导意见》《关于完善产权保护制度依法保护产权的意见》《关于创新政府配置资源方式的指导意见》《关于深化投融资体制改革的意见》《关于推进价格机制改革的若干意见》《关于构建开放型经济新体制的若干意见》《关于实行市场准入负面清单制度的意见》，等等。其中不乏作为健全社会主义市场经济体制的基石和支柱的根本性改革举措。试举有关产权改革、国企混合所有制改革和农村改革等方面的例子一谈。

例一：产权制度改革

党的十八大以来，产权改革取得实质性进展，突出的是《关于完善产权保护制度依法保护产权的意见》的发布与实施。这一文件由中共中央、国务院联合发布，是国家首次在产权保护领域专门出台文件，具有里程碑意义。

1. 产权制度改革地位重要但进展缓慢。产权是所有制的核心和主要内容。古语有言"有恒产者有恒心，无恒产者无恒心"。习近平总书记指出，财产权是中等收入群体对社会信心的主要来源，保护好产权，保障财富安全，才能让他们安心、有恒心，才能稳定他们的预期。而基于改革本身言，产权制度是社会主义市场经济的基石，产权改革是经济体制改革的根本性改革。推进产权改革、建立现代产权制度是完善基本经济制度的内在要求，是构建现代企业制度的重要基础。

党的十一届三中全会至十八大的三十多年里，结合推进农村、企业和所有制结构等方面的改革，通过建立农村家庭承包制、推进企业股份制公司制、发展多种形式的非公有制经济等举措，产权改革取得了一定的进展，产权流转加快发展，产权组织结构得到改善、产权实现形式日渐多样，尤其值得称道的是十六届三中全会提出了要建立归属清晰、权责明确、保护严格、流转顺畅的现代产权制度，要依法保护各类产权，要保障所有市场主体的平等法律地位和发展权利，把有关产权改革的理论探索和政策设计推向一个崭新的高度。以此为基础，2004年将"公民的合法的私有财产不受侵犯"写入宪法，2007年出台物权法。受各种因素制约，实践中产权改革的步子并不快。国有经济战线过长且产权主体虚置的问题没有实质性解决；公有制实现形式仍显单一、资产经营方式较为僵硬、产权流动不畅却流失严重；对非公有制经济发展歧视仍然存在，"玻璃门""旋转门""弹簧门"阻碍比较明显；特别是产权依法保护不够，侵犯产权权益的情况时有发生，一部分企业家对自身财产财富缺乏安全感，生产经营的创造性、能动性受到影响。

2. 产权制度改革被放在突出重要位置。党的十八大以来，中央高度重视产权制度改革，进一步重申建立健全现代产权制度，尤其把加强产权保护放到突出重要位置。十八届三中全会提出完善产权保护制度，保护各种所有制经济产权和合法利益；十八届四中全会提出健全以公平为核心原则的产权保护制度，加强对各种所有制经济组织和自然人财产权的保护；十八届五中全会提出推进产权保护法治化，依法保护各种所有制经济权益。而《意见》顺应时代潮流、呼应社会期盼，是对十八大以来完善产权保护制度、推进产权保护法治化精神和要求的具体落实，是一个具有实质性突破、可操作、很实在的文件。

3. 产权制度改革实现了前所未有的突破。《意见》直面现实，坚持问题导向，聚焦产权保护方面的突出问题提出具体措施，具有很强的针对性和现实性。比较突出的有：

一是加强各种所有制经济产权保护。提出以制度化保障促进国有产权保护，切实防止国有资产流失；建立健全自然资源资产产权制度，逐步实现各类市场主体依法平等使用土地等自然资源；完善农村集体产权确权和保护制度，切实防止集体资产被非法侵占、处置、侵吞和控制；废除对非公有制经济各种形式的不合理规定，依法保障其平等权利。

二是完善平等保护产权的法律制度。要求加快民法典编纂工作，完善物权、合同、知识产权相关法律制度，将平等保护作为规范财产关系的基本原则。并特别强调，加大对非公有制财产的刑法保护力度。

三是妥善处理历史形成的产权案件。提出坚持有错必纠，对涉及重大财产处置的产权纠纷申诉案件、民营企业和投资人违法申诉案件依法甄别，确属事实不清、证据不足、适用法律错误的错案冤案，要依法予以纠正并赔偿当事人的损失。这一点特别重要，旨在通过甄别和纠正若干典型案例，尤其是媒体报道较多、社会反响较大、存在较多疑点的案件，给社会以法治引导，唤起社会各界对保护产权的普遍认知，让人民群众感受到公平正义。这既体现了改革的力度，也表明了诚意，彰显了勇气。

四是妥善处理民营企业经营过程中的不规范问题。长期以来，企业特别是民营企业在经营过程中存在一些不规范甚至违法行为，一旦这些企业涉案，就可能新账老账一起算，这引发了企业的担忧。为稳定社会预期，《意见》提出，严格遵循法不溯及既往、罪刑法定、在新旧法之间从旧兼从轻等原则，以发展的眼光客观看待和依法妥善处理改革开放以来各类企业特别是民营企业经营过程中存在的不规范问题。

五是规范刑事执法介入经济纠纷问题。由于执法不够规范、有的公务人员腐败等原因，一些地方存在利用刑事手段干预一般经济纠纷的情形，给受牵连企业生产经营带来了不利影响，相关企业和人员财产权受到侵害。为此，《意见》提出，准确把握经济违法行为入刑标准，准确认定经济纠纷和经济犯罪的性质，防范刑事执法介入经济纠纷，防止选择性司法。

例二：国有企业混合所有制改革

十八大后，基于实际需要，中央启动新一轮国有企业改革，并印发了《关于深化国有企业改革的指导意见》和多个配套文件，形成了国企改革"1+N"政策体系。新一轮的国有企业混合所有制改革成为其中的一项重要内容。国务院出台了《关于国有企业发展混合所有制经济的意见》（国发〔2015〕54号）。与以往相比，这一轮改革显示出一些重要的特点。

1. 思想很坚定：能混则混。改革开放以来，伴随着思想认识的不断深化，国企混合所有制改革也不断向前推进。尤其是党的十五大、十六大、十七大都对混合所有制经济作了系统、深刻的阐述后，实践步伐进一步加快。从实践上看，以中央企业为例，到十八大之前，中央企业及其他所有制企业的半数以上实现了股份制改造，这些股份制企业可以说大都是混合所有制企业。但十八大以前进行混改的国企主要还是集中在一般性竞争领域。十八大后，国有企业混改出现实质性突破，不仅把它放到突出重要位置，而且深入到核心关键领域。在2016年年底召开的中央经济工作会议上，习近平总书记明确强调，混合所有制改革是国企改革的重要突破口，要按照完善治理、强化激励、突出主业、提高效率的要求，在电力、石油、天然气、铁路、民航、电信、军工等领域迈出实质性步伐。在这些领域开展混合所有制改革试点，体现了在国有企业经营的全部领域能混则混的改革思想，也表明中央推进国有企业混合所有制改革的决心。

2. 要求很明确：提高效率。混合所有制改革不是为混而混，而是要通过改革建立健全促进国有企业发展的体制机制，提高国有资本运营效率和企业经营效率，加快实现提质增效、转型升级。为此，中央确定了改革的总体要求，就是"完善治理、强化激励、突出主业、提高效率"。通过引入合格的非国有资本投资主体改善股权结构并建立有效制衡的公司法人治理结构；完善职业经理人制度和市场化劳动用工制度；严格绩效考核，实行利益绑定，建立强有力的激励和约束机制；加快剥离辅业、积极化解亏损、有效卸除包袱，聚焦主业并做精做强主体；通过改革，激发生产经营活力，推进管理创新、技术创新，实现资产运营优质高效和保值增值。

3. 路径很清晰：积极稳妥。考虑到新一轮混改的敏感性、复杂性和艰巨性，在操作路径上，既要积极推进，又要稳妥处置。因企制宜，分类施策。

一是坚持"三区分"，实施分类指导。区分已经混合和适宜混合。对已经实行混合所有制的国有企业应着力在完善现代企业制度，提高资本运营效率上下功夫；对适宜继续推进混合所有制改革的国有企业应充分发挥市场机制作用，规范有序进行。区分商业类和公益类。主业处于充分竞争行业和领域的商业类企业原则上都要实现公司制股份制改革；

主业处于重要行业和关键领域的商业类国有企业要保持国有资本的控制地位，支持非国有资本参股。公益类国企可以采取国有独资形式，具备条件的也可以推行主体多元化。区分集团公司和子公司等不同层次。集团公司层面，在国家有明确规定的特定领域坚持国有资本控股；子公司层面，可以研发创新、生产服务等实体企业为重点，有序推进混改。

二是坚持"三原则"，契合具体实际。把握"三因"：因地施策、因业施策、因企施策，根据国有企业的发展定位和发展目标，结合不同国有企业在经济社会发展中的作用、现状和发展需要，实行分类改革、分类发展、分类监管、分类定责、分类考核。做到"三宜"：宜独则独，宜控则控，宜参则参。根据不同类别、不同行业、不同层级，实行差异化的国有资本持股方式，实现股权结构多样化。实行"三不"：不搞拉郎配、不搞全覆盖、不设时间表，遵循市场发展规律和企业发展规律，政府重点发挥鼓励、引导、服务作用，不提强制性要求。

三是坚持"三强化"，保障资产安全。强化规则制定。依法健全国有资产交易规则，并实行规则公开和过程公开；建立科学的资产定价机制，防止贱卖国有资产。强化分级审核。拟实施混合所有制改革的国有企业，应制定方案并报请出资人和有关部门审批。重要国有企业改制后国有资本不再控股的，应报同级人民政府批准。强化责任追究。对国有企业领导人员开展离任审计，对造成国有资产流失的，依法查处与追究。

四是坚持"三确保"，严守基本规则。确保各类产权得到有效保护。把"产权保护法治化"的理念贯穿到混改的各个环节，切实落实以公平为核心原则的产权保护制度，加强对各种所有制经济组织和自然人财产权的保护。确保信息公开透明。国有企业产权和股权转让、增资扩股、上市公司增发等信息，要通过产权、股权、证券市场公开披露，并及时公示达成交易意向后的相关信息。确保交易得到严格监管。完善国有产权交易规则和监管制度。依法严肃处理清产核资、评估定价、转让交易、登记确权等环节中的违法行为。充分发挥第三方机构在清产核资、财务审计、资产定价、股权托管等方面的作用。

4. 进展很明显：全面推进。新一轮国有企业混合所有制改革进展顺利且成效明显。目前，中央层面，在电力、电信、民航、军工等部分重要领域，已经批复两批共19家国有企业开展各有侧重、各具特点的混合所有制改革试点，各项举措逐步落地，第三批试点扩大到中央和地方两个层面，领域更广泛、内容更丰富。各省区市都相继部署发展混合所有制经济的相关工作。其中，山东、广东、重庆等地出台了一揽子混改方案并已进入实质性操作阶段，上海、云南、新疆、吉林等地积极推进市属企业上市及资产证券化，福建、北京、青海等地力推员工持股试点，四川、天津等地也将推动员工持股年内落地。

以混合所有制改革为突破口，新一轮国有企业改革也在全面展开，现代企业制度建设加快进行。目前，中央企业各级子企业公司制改制面超过92%，省级国资委监管企业的改制面超过90%，全国国资监管系统国资国有控股上市公司达到1082家，28个省级国资委监管的一级企业公司制改革面超过90%。企业形态的转变，有力促进了公司治理结构的完善和资本运营效率的提升。

例三：农村土地制度改革

中国改革发轫于农村，农村体制改革一直作为中国改革的关键方面而受到特别重视。迄今召开的七次三中全会，就有三次审议农村改革问题的决议，十一届三中全会在作出实行改革开放的历史性决策同时，原则通过了中共中央关于加快农业发展若干问题的决定，十五届三中全会通过了关于农业和农村若干重大问题的决定，十七届三中全会又通过了推进农村改革发展若干重大问题的决定。中央在1982—1986年连续5年、2004—2017年又连续14年发布以"三农"为主题的一号文件。土地制度改革一直是农村改革的核心内容，也是中国经济体制改革的关键内容。十八大以来，在全面深化农村改革的同时，农村土地制度改革站上了一个新高度，从而反过来推动了农村改革的进一步深化。作为标志，是中办、国办印发了《关于完善农村土地所有权承包权经营权分置办法的意见》。

1. 农村改革需要继承与创新相结合。确立以家庭承包经营为基础、统分结合的双层经营体制作为我国农村的基本经济制度，总体上符合现实生产力发展需要。但在家庭经营基础上如何形成既保护农户权益、发挥分散经营积极性，又有效提高农民进入市场的组织化程度和对接先进技术、社会化大生产的水平，是一个亟待解决的问题。与此同时，如何使农民在城镇化导致的土地征收过程中公平分享土地增值收益，也需要提供规范的制度保障。因此，促进"三农"发展，既需要坚持家庭经营、稳定农村土地承包关系等基本制度，又需要适应环境变化和发展新要求进行生产经营方式创新。而中央出台的三权分置的改革意见顺应了这一要求。

2."三权分置"实现了农村土地制度改革的重大突破。改革开放初实行的家庭联产承包责任制，是将土地所有权和经营权分置。而今天，顺应农民保留土地承包权、流转土地经营权的意愿，将土地承包经营权分为承包权和经营权，形成所有权、承包权、经营权"三权分置"并行，着力推进农业现代化，是农村改革继家庭联产承包责任制后的又一重大制度创新。它有利于明晰土地产权关系，有效地维护农民集体、承包农户、经营主体的权益；有利于促进土地资源合理利用，构建新型农业经营体系，发展多种形式适当规模经营，提高土地产出率、劳动生产率和资源利用率，推动现代农业发展。它还具有推动现代技术体系运用、促进城乡协调发展等方面的意义。

《意见》强调要充分发挥"三权"的各自功能和整体效用。要始终坚持农村土地集体所有权的根本地位。土地等的所有权人依法享有占有、使用、收益和处分的权利。要严格保护承包权，土地承包权人对承包土地依法享有占有、使用和收益的权利，要充分维护承包农户使用、流转、抵押、退出承包地等各项权利。要加快放活土地经营权，土地经营权人对流转土地依法享有在一定期限内占有、耕作并取得相应收益的权利。"三权"分置及各自权利的清晰划分，为充分发挥各方能动性创造性、协力推进农业现代化打下了坚实的制度基础。

（二）在生态文明体制改革方面。建设天蓝、地绿、水清的美丽中国，生态文明制度建设是关键。生态文明建设事关人民福祉、国家发展和民族未来。十八大以来，生态文明体制改革正式提上日程并被放到了前所未有的重要位置。

习近平总书记强调，要正确处理好经济发展同生态环境保护的关系，牢固树立保护生态环境就是保护生产力、改善生态环境就是发展生产力的理念。他在多个场合辩证指出，我们既要绿水青山，也要金山银山。宁要绿水青山，不要金山银山。而且绿水青山就是金山银山。他告诫，在生态环境保护上，一定要树立大局观、长远观、整体观，不能因小失大、顾此失彼、寅吃卯粮、急功近利。这些重要论述深化了人与自然和谐发展的理论，体现了对自然规律、经济社会发展规律和人类文明建设规律的深刻把握和深层开拓。

鉴于生态文明体制建设的重要性和紧迫性，中央密集出台了一系列文件。这其中，既有《关于加快推进生态文明建设的意见》《生态文明体制改革总体方案》等涉及顶层设计的，也有众多的涉及专项领域改革的。仅2016年一年，中央深改组就审议通过了生态文明建设目标评价考核办法、关于建立生态保护补偿机制的意见等相关文件超过20个，这些文件提出了一系列改革任务（《生态文明体制改革总体方案》确定的改革任务有85项），相互关联、前后衔接，初步建立起目标清晰、路径明确和源头严防、过程严管、后果严惩的基础性制度框架。在如下方面形成鲜明特点。

1. 树立了系统的建设理念与思路。习近平总书记提出，要坚持山水林田湖是一个生命共同体。他强调，推进生态文明建设，必须按照生态系统的内在规律，处理好部分与整体、个体与群体、当前与长远的关系，统筹考虑山上山下、地上地下、陆地海洋以及流域上下游等所包含的自然生态各要素，进行整体保护、系统修复、综合治理。这种基于内在结构与演进规律科学把握的整体观和系统观，把十八大后生态文明体制改革思路鲜明地体现出来：改革不能想一曲是一曲、走一步看一步，而要统筹谋划、高位设计；改革不能零敲碎打、就事论事，而要整体推进、重点突破。正因为如此，作为生态文明体制建设的开端，深入研究并颁发实施了《意见》和《总体方案》两个重要文件，提出了生态文明建设的总体目标、基本思路和重点改革任务，明确了改革的路线图和时间表。

2. 明确了制度建设的基本方向。围绕建立系统完整的生态文明制度体系的总目标，针对生态环境保护面临的突出问题，提出了一系列有关制度建设的关键举措。包括逐步建立起源头严防、过程严管、后果严惩的基础性制度框架；设立资源消耗上限、环境质量底线、生态保护红线，将各类开发活动限制在资源环境承载能力之内；构建绿色生产生活方式，实行资源有偿使用、生态补偿、承载能力监测预警、污染物排放许可制度，充分利用行政和市场手段以及社会力量对生态环境进行全过程控制；坚持"谁损害，谁补偿"原则，建立生态文明绩效评价考核和责任追究制度；等等。

3. 实施了一系列重大的改革举措。以建设美丽中国为目标，以正确处理人与自然关系为核心，以解决生态环境领域突出问题为导向，生态文明体制改革勇于突破既有利益藩篱，在一些关键领域和环节取得了重大进展。

一是全面推行河长制。河湖管理保护是环境保护的一个重要领域，也是一项复杂的系统工程。在总结一些地区经验的基础上，中办、国办颁发了《关于全面推行河长制的意见》。这一改革不仅落实了属地责任，也突破了长期存在的"环保不下河、水利不上岸""九龙治水、各管一段"的分割管理体制。

二是实行环保执法垂直管理。作为破解一些地方为经济发展不惜牺牲环境等问题的一项重要改革举措，中办、国办出台了《关于省以下环保机构监测监察执法垂直管理制度改革试点工作的指导意见》。这一改革从基础制度上抑制了地方保护主义对环境监测执法的干预，增强了环境监测监察执法的独立性、统一性、权威性和有效性，是建立条块结合、各司其职、权威高效的地方环境保护管理体制的一个有效环节。

三是建立环保考核评价机制。中办、国办印发了《生态文明建设目标评价考核办法》，明确对各省区生态环境保护等职责履行情况进行年度评价和五年考核，把考核结果作为对党政领导综合评价、干部奖惩的重要依据，为各级政府及其工作人员践行新发展理念，切实加强环境保护提供了重要保障。

四是推进重点领域法制建设。新修订的《环保法》从2015年开始实施，在打击环境违法犯罪方面提供了最严厉的法律支撑。出台了《大气污染防治法》，进一步修订了《水污染防治法》，《土壤污染防治法》也在起草制定之中。

五是开展了典型试点试验。设立了国家生态文明试验区，首批在福建、江西、贵州三省开展。开展生态文明先行示范区建设，分两批在全国102个地区开展，包括福建、江西、贵州、云南、青海5个省和有关市（县、区）、省内跨区域跨流域地区。稳步推进三江源、东北虎豹、大熊猫、祁连山等10个国家公园体制试点，在实现自然资源统一管理、探索多样化保护管理模式、构建制度保障体系等方面积累有益经验。推动建立资源环境承载能力监测预警机制，在9个省份启动省级空间规划试点。启动健全国家自然资源资产管理体制试点，在10个省市深入开展领导干部自然资源资产离任审计试点等。

（三）在政治体制改革方面。在总结过去探索得失的基础上，党的十八大以来，继续稳妥推进政治体制改革，这一改革紧紧围绕坚持党的领导、人民当家做主、依法治国有机统一进行，加快推进社会主义民主政治制度化、规范化、程序化，建设社会主义法治国家，发展更加广泛、充分、健全的人民民主。这一时期出台了健全人大讨论决定重大事项制度、各级政府重大决策出台前向本级人大报告的实施意见、完善人大代表联系人民群众制度、加强社会主义民主协商建设、深化群团组织改革、改革完善社会组织管理制度、创新社会治理体制等数十项改革方案。这里，以司法体制改革和国家监察体制改革为例，谈谈相关进展。

例一：司法体制改革

习近平总书记强调，深化司法体制改革，建设公正高效权威的社会主义司法制度，是推进国家治理体系和治理能力现代化的重要举措。他曾经引用过英国哲学家培根的话来强调司法公正的特殊重要性：一次不公正的审判，其恶果甚至超过十次犯罪。因为犯罪是无视法律——好比污染了水流，而不公正的审判则毁坏法律——好比污染了水源。的确，司法公正是社会公正的核心环节。如果司法缺乏公信力，社会公正就会受到普遍质疑。而当前司法领域存在的突出问题恰恰是司法不公、司法公信力不高。究其根源，司法体制不完善、司法职权配置和权力运行机制不科学、人权司法保障制度不健全等是关键所在。党的十八大以来，着眼于建立维护司法公正深化司法体制改革，取得了一系列进展。2014年2月，深改组第二次会议审议通过了《关于深化司法体制和社会体制改革的意见及贯彻实施分工方案》，明确了深化司法体制改革的目标、原则、时间表和路线图。2014年10月召开的十八届四中全会通过了《关于全面推进依法治国若干重大问题的决定》，在对全面依法治国作出总体部署的同时，这一决定进一步描绘了司法体制改革蓝图。迄今，十八届三中、四中全会确定的129项司法体制改革任务中，118项已出台改革意见，11项正在深入研究制定改革方案。通过这些年的持续努力，新型司法体制的主体框架已基本确立。改革中呈现出许多亮点，突出的有：

1. 健全司法责任制。习近平总书记指出，要紧紧牵住司法责任制这个牛鼻子。按照中央要求，在总结地方法院改革经验的基础上，最高人民法院出台了司法责任制实施意见，提出切实推进立案登记制、人员分类管理、完善审判权运行机制、深化审判委员会制度改革、加强院庭长办案、健全法官办案业绩评价体系等一系列改革举措。通过这些改革，司法人员各归其位、各尽其责的管理格局逐步形成，法官检察官办案主体地位进一步确立，以往层层审批、权责不清等问题从制度上得到解决，办案质量效率稳步提升，"案多人少"问题有效缓解。目前，在总编制没有增加的情况下，全国基层法院检察院85%以上的司法人力资源配置到办案一线，办案力量增加20%以上，人均办案数量增长20%以上，结案率上升18%以上，一审后服判息诉率提高10%以上，二审后服判息诉率达98%以上。落实司法责任制，既要确立法官检察官办案主体地位，做到谁办案谁负责，又要与时俱进创新监管方式，从微观的个案审批、文书签发向宏观的全院、全员、全过程的案件质量效率监管转变，确保放权不放任、有权不任性，推动从整体上提升司法质量和水平。

与此同时，建立健全防止人为干扰司法的制度，中办、国办出台了《关于领导干部干预司法活动、插手具体案件处理的记录、通报和责任追究规定》，这是防止领导干部干预司法的"高压线"，也是保障法官、检察官独立运行司法权力的"防火墙"。为使司法摆脱地方行政权力的干扰，还推动了省以下地方法院检察院人财物统一管理改革，确保基层法院、检察院超然立身于地方利益之外。推行司法人员职业保障制度，出台关于建立法官检察官逐级遴选制度的意见等,解决了司法人员晋升和待遇问题,等等。随着改革的相关配套政策基本到位,司法责任制这块基石逐步夯实。

2．完善司法人员分类管理制度。把法院工作人员分为法官、审判辅助人员和司法行政人员,建立和完善司法人员分类管理制度,是此次司法体制改革的"重头戏"。而法官检察官员额制改革是实行司法人员分类管理的核心任务。员额制按照司法规律配置司法人力资源,坚持以能力和业绩为导向,以最贴近审判工作实际、最符合审判工作规律的方式进行考试、考核,保证优秀法官入额,并且能上能下、能进能出。这是实现法官检察官正规化、专业化、职业化的重要制度保障。今年7月3日,最高人民法院首批367名入额法官,7月17日,最高人民检察院首批227名入额检察官完成了宪法宣誓仪式,而且入额比例分别控制在27.8%、31.8%,这标志着员额制改革开始在法院、检察院全面落实。同时,逐步完善动态化员额退出机制,让不适应在一线办案的人员及时退出员额,形成正确用人导向;建立常态化员额增补机制,对预留或空出的员额指标,定期进行遴选,让优秀的法官检察官助理等符合条件的人员及时入额,稳定职业预期。

3．推进以审批为中心的刑事诉讼制度改革。2016年10月,最高人民法院、最高人民检察院、公安部、国家安全部、司法部联合印发了《关于推进以审判为中心的刑事诉讼制度改革的意见》,司法体制改革又迈出重要一步。改革完善刑事诉讼制度,充分发挥庭审在查明事实、认定证据、保护诉权、公正裁判中的作用,目的是从制度上防止冤假错案的发生,使每一起案件的判决都经得起历史考验。改革意见就侦查、起诉、审判环节如何落实以审判为中心的刑事诉讼制度提出了一系列具体措施,强调未经人民法院依法判决不得确定任何人有罪、没有证据不得认定犯罪事实;强调法院对侦查机关提供的证据不能直接采信,而是要把证据拿到法庭上,通过质证的方式确定其合法性与客观性;程序上不合法或来源不明的证据,一律被列为非法证据予以排除;等等。这一改革不仅有利于侦查、起诉、审判各环节落实以审判为中心的刑事诉讼制度,也有利于促进公安执法的规范化。比如,改革意见强调,法院可根据审理需要，要求侦查人员出庭证明结果真实性与过程合法性。

与此同时，一系列配套改革举措同步推出。出台了《关于认罪认罚从宽制度改革试点方案》，要求在涉及侦查、审查起诉、审判等各诉讼环节，明确法律依据、适用条件，明确撤案和不起诉程序，规范审前和庭审程序。出台了《关于完善矛盾纠纷多元化解机制的意见》，要求坚持源头治理、预防为主，坚持人民调解、行政调解、司法调解联动，坚持完善制度、健全机制、搭建平台，建立有机衔接、协调联动、高效便捷的矛盾纠纷多元化解机制。进一步完善法律援助制度，在不断扩大法律援助范围的基础上，提高法律援助的质量，健全公共法律服务体系。

例二：国家监察体制改革

国家监察体制改革是党的十八大后中央推出的一项事关全局的重大政治改革举措。习近平总书记在十八届中央纪委六次全会上提出，要整合监察力量，健全国家监察组织架构，形成对行使公权力的公职人员全面覆盖的国家监察体系，并将其作为一项重大改革任务提上重要日程。十八届六中全会提出"各级党委应当支持和保证同级人大、政府、监察机关、司法机关等对国家机关和公职人员依法进行监督"。"监察机关"被前所未有地放置于"政府"和"司法机关"之间，取得了与政府、法院检察院平行的独立位置。这是基于国家长治久安大局考量所采取的举措，是全面从严治党、实现党内监督与人民监督有机结合的客观要求。改革的目的就在于加强党对反腐败工作的统一领导，通过整合行政监察、预防腐败和检察机关查处贪污贿赂、失职渎职以及预防职务犯罪等工作力量，建立集中统一、权威高效的国家监察体系。

中央政治局、中央政治局常委会和中央全面深化改革领导小组先后6次专题研究国家监察体制改革事宜，成立中央深化国家监察体制改革试点工作领导小组，由全国人大常委会作出相关决定，在北京市、山西省、浙江省开展监察体制改革试点，中共中央办公厅印发了试点方案。试点方案要求在三地设立各级监察委员会，探索实现对所有行使公权力的公职人员监察全覆盖，并对设置机构、整合职能、丰富监察手段、完善监察程序、扩大监察范围、明确监察对象等方面提出具体试点任务。

试点方案要求监察委员会由本级人大产生，监察委员会主任由本级人大选举产生，监察委员会对本级人大及其常委会和上一级监察委员会负责、并接受监督。今年1—5月，北京市及其所辖16区县，浙江省及其所辖11个地级市、90个县市区，山西省及其所辖11个地级市、119个县区市监察委员会全部成立。三地均把制度创新作为重中之重，创制了涵盖监察范围、监察职责、监察权限、监察程序、监督管理等内容的业务运行工作规程，细化了全国人大常委会授权的12项措施和试点方案明确的技术调查、限制出境等两项监察措施使用程序和办法。按照改革的时间表和路线图，在试点取得经验的基础上，制定国家监察法，设立国家监察委员会，依法对所有行使公权力的公职人员违法行为实施监督、调查、处置。可以预见，随着改革深入推进，一个权威高效的反腐败监察体系将应运而生。

（四）在文化体制改革方面。习近平总书记提出，要紧紧围绕建设社会主义核心价值体系、建设社会主义文化强国、完善文化管理体制和文化生产经营机制、建立健全现代公共文化服务体系和现代文化市场体系来做好工作，以此推动社会主义文化大发展大繁荣。党的十八大以来，中央高度重视推进文化体制改革，陆续出台了《深化文化体制改革实施方案》《关于加快构建现代公共文化服务体系的意见》《关于繁荣发展社会主义文艺的意见》《关于做好政府向社会力量购买公共文化服务工作的意见》《关于推进基层综合性文化服务中心建设的指导意见》《关于进一步深化文化市场综合执法改革的意见》等众多改革文件或方案，将文化体制改革的理论与实践推向了一个新高度。十八大以来的文化体制改革方向明确、内容丰富、亮点纷呈。从总体上看，体现了这样一些重要的改革导向：

1. 坚持社会效益与经济效益相统一的原则。习近平总书记指出，在推进文化体制改革、繁荣发展文化事业和文化产业的过程中，要把握好意识形态属性和产业属性、社会效益和经济效益的关系，始终坚持社会主义文化前进方向，始终把社会效益放在首位。无论改什么、怎么改，导向不能改、阵地不能丢。随着文化产业的迅猛发展和文化市场日益繁荣，如何防止文化企业唯票房、唯收视率、唯发行量、唯点击率，成为加快推动文化改革发展的重大课题，也成为衡量文化体制机制创新成效的重要标准。而确立了国有文化企业社会效益放在首位、社会效益与经济效益"双效统一"原则，是十八大以来文化体制改革又一个鲜明特点和重要突破。

推动国有文化企业两个效益相统一涉及文化改革发展的各个方面，需要着眼全局、内外兼修、同时着力。既要完善文化企业内部运行机制，也要营造良好外部环境，既要充分尊重企业法人主体地位和自主经营权，也要有效发挥政策引导调整作用。因此，中办、国办发布的《关于推动国有文化企业把社会效益放在首位、实现社会效益和经济效益相统一的指导意见》，重点就国有文化企业改革发展中有关内部组织架构、绩效和薪酬考核、股份制改造、兼并重组、资产监管运营、干部人才管理等，提出了具体意见，同时，对法治建设、市场体系建设、政策业务培训等两个效益相统一的一些外部环境建设，也提出了原则要求。可以说，《意见》回答了文化企业怎样能活得好、行得正、走得远的问题，回答了怎样弘扬中国精神、传播中国价值、凝聚中国力量的问题，作为国有文化企业改革发展的重要指导性文件，为当前和今后一段时期深化文化体制改革、促进文化产业持续健康发展提供了重要遵循。

2. 发挥市场在文化资源配置中的积极作用。鉴于文化领域涉及上层建筑、意识形态，推进改革的敏感性强、难度也较大，坚持稳妥推进一直是文化体制改革把握的基本原则。但之前很多改革或因认识不足而路径狭窄，或因基础不实而浅尝辄止，虽然改革在持续推进，但并没有产生强烈的社会认同。社会上甚至存在文化体制改革自我循环、封闭运行的解读。深入剖析，许多改革不同程度地存在政府包办、行政主导的问题，社会参与度不够，百姓获得感不强。党的十八大以来，文化领域借鉴经济领域改革的有益经验，进一步开拓思路，以激发全民族文化创造活力为中心环节，着力完善文化管理体制，发挥市场在文化资源配置中的积极作用，推出了一系列重要改革：加快转变文化行政管理部门职能，推动政府部门由办文化向管文化转变，推动党政机关与其所属的文化企事业单位进一步理顺关系；进一步打破文化市场条块分割、地区封锁、城乡分离的传统格局，完善文化市场准入和退出机制，鼓励各类市场主体公平竞争、优胜劣汰，促进文化资源在全国范围内流动；深入推进经营性文化单位转企改制，完善法人治理结构，形成体现文化企业特点的资产组织形式和经营管理模式；鼓励有实力的文化企业跨地区、跨行业、跨所有制兼并重组，引导社会资本以多种形式投资文化产业，允许参与对外出版、网络出版，允许以控股形式参与国有影视制作机构、文艺院团改制经营等，加快培育合格的文化市场主体；等等。这些改革，大大激发了市场主体的活力，推动提供了更多更好的优秀文化产品和服务，促进了文化事业文化产业的进一步繁荣发展。

3. 加快建设完善公共文化服务体系。习近平总书记提出，文化民生要"关照人民的生活、命运、情感，表达人民的心愿、心情、心声"。十八大以来文化体制改革的一个着力点，是加快建设和不断完善公共文化服务体系。

十八大提出要加快推进文化惠民工程，推动公共文化服务设施向社会免费开放；十八届三中全会提出"建立健全现代公共文化服务体系"；十八届四中全会进一步提出，要制定公共文化服务保障法。基于这些要求，2015年中办、国办印发《关于加快构建现代公共文化服务体系的意见》，形成了对现代公共文化服务体系建设的顶层设计。各地以标准化、均等化为目标，坚持政府主导、重心下移、共建共享，大力推进公共文化服务体系建设，初步建成了包括国家、省、地市、县、乡、村和城市社区在内的六级公共文化服务网络。同时，创新公共文化服务的理念和模式，变政府"端菜"为群众"点菜"，公共文化服务活力进一步增强。

（五）在社会体制改革方面。党的十八大以来，社会领域改革更加强调坚持以人民为中心来谋划，聚焦民生领域的热点难点，在教育、就业、医疗、社保等领域集中推出一批重点举措。出台了《关于统筹推进县域内城乡义务教育一体化改革发展的若干意见》《关于鼓励社会力量兴办教育促进民办教育健康发展的若干意见》《关于深化考试招生制度改革的实施意见》《关于加快发展现代职业教育的决定》《关于深化教育体制机制改革的意见》《关于进一步推广深化医药卫生体制改革经验的若干意见》《关于全面推开县级公立医院综合改革的实施意见》《关于机关事业单位工作人员养老保险制度改革的决定》《关于全面放开养老服务市场、提升养老服务质量的若干意见》《关于建立统一的城乡居民养老保险制度的意见》《关于实施全面两孩政策改革完善计划生育服务管理的决定》，等等。这些方案的出台实施，办成了一些关系人民群众切身利益的实事难事，使人民群众的获得感、幸福感进一步增强。总起来看，十八大以来的社会体制改革，内容更加全面系统，措施更加务实有效。主要呈以下特点。

1. 着力推动扩面提质。社会领域改革有其自身特点。每一项看似细微的改革惠及的往往都是一个较大数量的群体，一个看似简单的措施可能就是解决人民群众大问题的政策。因此，社会领域改革的具体措施，往往不是一两个提纲挈领的文件能涵盖的，必须是逐项细化实化。正因为如此，习近平总书记指出，抓民生要抓住人民最关心最直接最现实的利益问题，抓住最需要关心的人群，一件事情接着一件事情办、一年接着一年干，锲而不舍向前走。十八大以来，社会领域改革注重补短板、补空白，始终坚持"社会政策托底"，在扩大政策的覆盖面、提高政策的含金量上下功夫。习近平总书记主持召开的中央深改组会议中相当一部分都涉及民生议题，会议审议通过的民生领域文件涉及医疗、就业、教育、养老、社保等多个方面，改革取得了一批重要成果。以医疗卫生和教育为例，深化医药卫生体制改革方面，全国所有省（区、市）全面推开公立医院综合改革，全部取消药品价格加成，群众就医负担持续减轻；医疗基础条件进一步改善，截至2016年年末，全国医疗卫生机构数达98.3万个，全国卫生技术人员达845万个，每千人医疗卫生机构床位数达5.37张，分别比2012年年末增加3.3万个、178万人、1.13张，数量和质量实现双提升。深化教育体制改革方面，十八大以来，财政性教育经费支出占国内生产总值比例超过4%，学前教育毛入园率、九年义务教育普及率、高中阶段和高等教育毛入学率均达到或超过中高收入国家平均水平。

2. 着力强化制度建设。面对近年来经济下行的压力，中央始终坚持人民利益至上，保障必要的民生投入，不断改善与提升民生水平，让人民群众有更多获得感。同时，通过着力强化制度建设，努力实现发展成果更多更公平惠及全体人民。习近平总书记指出，完善制度，就是要形成系统全面的制度保障，使制度更加公平、普惠和可持续。要花钱买制度而不是简单地花钱买稳定，要着力解决地区差异大、制度碎片化的问题。按照这一要求，进一步消除重点民生领域的制度瓶颈，并逐渐形成配套。其中包括：推进机关事业单位养老保险制度改革，机关事业单位与企业等城镇从业人员统一实行社会统筹和个人账户相结合的基本养老保险制度，破除养老保险"双轨制"；整合城镇居民社会养老保险和新农村社会养老保险制度，统一提高城乡居民基础养老金最低标准，整合城镇居民医疗保险和新型农村合作医疗制度，通过制度的统一，加快实现城乡居民公平享有基本公共服务和重要公共资源；全面建立城乡统一的户口登记制度，推动户籍制度改革和居住证制度"双落地"，让进城农村人口真正与城镇居民一样享受均等化城市基本公共服务；按照"房子是用来住的，不是用来炒的"定位要求，建立多主体供给、租购并举、政府保障基本需求的住房制度；等等。

3. 着力解决重点问题。党的十八大以来社会体制改革一方面注重解决领域的扩面补短问题，另一方面注重解决重点地区、重点人群获得均等社会公共服务问题，其中特别注重的是贫困地区、贫困人口的社会发展和公共服务问题。2015年11月，中央召开扶贫开发工作会议，中共中央、国务院发布《关于打赢脱贫攻坚战的决定》，吹响了新时期脱贫攻坚战的号角。结合实施脱贫攻坚战略，着眼精准扶贫、精准脱贫，出台了《关于建立贫困退出机制的意见》《贫困地区水电矿产资源开发资产收益扶贫改革试点方案》《脱贫攻坚责任制实施办法》《全面改善贫困地区义务教育薄弱学校基本办学条件工作专项督导办法》等重要改革文件和方案，为加快贫困地区贫困人口脱贫、享受均等的基本公共服务提供了有力的体制机制保障。经过各方协力、多措并举，我国贫困人口从2014年年底的7017万人减少至4335万人，贫困发生率从5.7%降至4.5%。

（六）在党的建设制度改革方面。党的十八大以来，党中央把党的制度建设改革纳入到全面深化改革总体部署加以大力推进，出台了一系列改革文件与方案。改革着眼于全面从严治党，提高党的科学执政、民主执政、依法执政水平，在组织制度、干部人事制度、反腐倡廉建设等方面做了许多新的重要的探索。总体上看，体现出以下鲜明特点。

1．理论创新达到新高度。为推进党的建设新的伟大工程，习近平总书记作出一系列重要论述，推动实现了十八大以来党的建设方面理念、思想和观点的科学创新与深入发展。包括：办好中国的事关键在党；中国特色社会主义最本质的特征是中国共产党领导，中国特色社会主义制度的最大优势是中国共产党领导；新形势下，落实党要管党、从严治党的任务比过去任何时候都要更为繁重和紧迫，要牢牢把握"全面从严治党"这个党的建设的主题，把严的要求贯彻到管党治党的全过程、落实到党的建设各方面；始终坚持"以人民为中心"的党的建设的根本价值取向，把人民放在心中最高位置；把思想建党摆在党的建设的首要位置，坚持思想建党、组织建党、制度治党相结合；从严治党的关键是从严治吏，强化党组织领导和把关作用，培养选拔党和人民需要的好干部，建设一支宏大的高素质干部队伍；加强纪律建设是全面从严治党的治本之策，把纪律和规矩挺在前面，用铁的纪律维护党的团结统一，努力形成系统完备的党内法规制度体系，坚持用制度治党、管权、治吏；等等。

2．制度创新形成新体系。习近平总书记指出，从严治党靠教育，也靠制度，二者一柔一刚，要同向发力、同时发力。在十八大以来开展的党的建设方面，制度建设被放到重中之重，并一手抓制度建设，一手抓制度执行。党的十八届六中全会审议通过了《关于新形势下党内政治生活的若干准则》和《中国共产党党内监督条例》，是制度治党的标志性成果，管党治党正在实现制度化、规范化。中央出台了《关于改进工作作风密切联系群众的八项规定》《党政机关厉行节约反对浪费条例》《关于完善党员干部直接联系群众制度的意见》等重要规章、文件，同时推动各项制度创新：推动党的组织制度改革，健全新形势下党内政治生活、组织生活的准则与规定；深化干部人事制度改革，构建有效管用、简便易行的选人用人机制，努力促使各方面优秀干部充分涌现；推动基层组织建设制度改革，分别出台加强国有企业、社会领域、民办学校等领域党的制度建设的具体措施；制定实施深化人才发展体制机制改革意见，以揽天下英才而用之；等等。

3．实践创新迈出新步伐。十八大以来党的建设制度改革，注重在实践中创新，针对当前党内政治生活和党内监督存在的薄弱环节，将党的建设理论创新成果贯彻落实到实践创新中，解决党的建设中存在的突出问题。具体体现在以下三方面。一是学习教育常态化。中央先是在全党深入开展党的群众路线教育实践活动，随后在县处级以上领导干部中开展"三严三实"专题教育，然后又在全体党员中开展"两学一做"学习教育。目前，推进"两学一做"学习教育常态化、制度化。这些学习教育实现了从内容到形式的创新，对全面从严治党起到了重要的牵引作用。二是以零容忍态度严厉惩治腐败。十八大以来，党中央以创新举措铁腕反腐、猛药去疴、重典治乱，坚持无禁区、全覆盖、零容忍，"老虎""苍蝇"一起打，坚决清除各种"污染源"，使多少年来一直遏制不了的腐败现象多发高发势头得到了有效遏制，反腐败斗争压倒性态势已经形成，极大赢得了党心民心。三是强化巡视监督的利剑作用。十八大以来，巡视工作得到前所未有的重视与加强。《中国共产党巡视工作条例》几经修改，更加完善有力。巡视聚焦政治巡视，着力发现领导干部是否存在权钱交易、以权谋私、贪污贿赂、腐化堕落等违法违纪问题；着力发现是否存在形式主义、官僚主义、享乐主义和奢靡之风等问题；着力发现是否存在违反党的政治纪律问题；着力发现是否存在选人用人上的不正之风和腐败问题。巡视监督成为真正的"国之利器、党之利器"，对推进党的建设新的伟大工程、反腐倡廉、纯洁党风政风发挥了重要作用。截至目前，第十八届中央委员会已经完成11轮巡视，实现对31个省区市和新疆生产建设兵团、中央和国家机关、中管国有重要骨干企业和中央金融机构全覆盖。正在进行的第12轮巡视过后，将实现一届任期巡视全覆盖目标。

三、优化改革方法

习近平总书记指出，改革开放是前无古人的崭新事业，必须坚持正确的方法论，在不断实践探索中前进。对于改革来说，方法问题从来都不是一个小问题。改革方法决定改革的质量和效率，在很多时候甚至直接决定改革成败。把握内在规律、坚持正确的方法论成为十八大以来推进改革的一个重要指导原则。改革方法在总结中拓展、继承中创新，体现出丰富的内容与特性。包括如下一些内容。

（一）加强领导。改革是名副其实的"一把手"工程，加强领导是保证改革顺利推进并取得成效的关键。如果说落实是否到位是衡量改革是否取得实效的"秤"，那么加强领导可以说相当于"定盘星"。党的十八大以来，习近平总书记多次强调，各级领导要切实加强对改革的领导，强化责任担当，始终站在第一线直接领导、亲自谋划、全力推动改革。各级党政主要负责同志向党中央和习近平总书记看齐，身先士卒，推动各项改革扎实向前推进。作为推进改革重要的方法论，加强领导体现了这样一些内容和要求。

1. 要切实部署。各级党委政府主要负责同志要把改革放到突出重要位置，列入党和政府工作的主要议事日程，并形成强有力的机制，积极谋划，大力推进。一方面，要领会、把握好中央要求，党中央关于改革的精神要第一时间传达贯彻，党中央确定的改革任务要积极部署落实，党中央提出的重大改革问题要认真研究解决。另一方面，结合地区实际部署改革事项。要按照中央的总体部署，提出本地区推进改革的主要任务、基本措施和具体要求。因地制宜、一环扣一环、一步紧跟一步地细化实化中央确定的重大改革措施，着力解决本地区存在的突出体制和机制问题。

2. 要亲力亲为。党政主要负责同志抓改革，具有重要示范作用。习近平总书记多次强调，各级主要负责同志要自觉从全局高度谋划推进改革，亲力亲为、以上率下。亲力亲为体现在，重要改革亲自部署、重大方案亲自把关、关键环节亲自协调、落实情况亲自督查，扑下身子，狠抓落实。亲力亲为体现在：要抓思路，带领大家一起定好盘子、理清路子、开对方子；抓调研，掌握实情，及时了解重大改革落地情况；抓推进，注意解决落实中的思想问题和具体困难。还要勇于挑最重要的担子、啃最硬的骨头，对一些难度大的改革，要直接负责、亲自推动。

3. 要勇于担当。党政主要负责同志是抓改革的关键。改革越向纵深推进，遇到的硬骨头越多。越是这个时候，主要负责同志越要有改革担当，勇于任事。在关键问题上要敢于拍板，只要符合党中央要求、符合基层实际、符合群众需求，就要坚决改、大胆试。对党中央明确的改革任务，要旗帜鲜明抓落实。要把主要负责同志抓改革落实的责任明确下来，对责任不到位、不担当、敷衍塞责、延误改革的，要严肃问责。相应的，加大改革创新在干部考核和提拔任用中的权重，建立健全改革容错纠错机制，形成允许改革有失误、但不允许不改革的鲜明导向。

（二）系统协同。习近平总书记多次强调，注重系统性、整体性、协同性，是全面深化改革的内在要求，也是推进改革的重要方法。改革越深入，越要注重协同。注重系统协同，特别要把握好如下方面。

1.要加强顶层设计。改革思路的系统协同是基础。推进改革，首先要按系统协同的要求做好改革方案的顶层设计。这就是习近平总书记所指出的，全面深化改革是一项复杂的系统工程，是关乎全局、体现方向、系统性强、风险性大的宏大创新工程，需要加强顶层设计和整体谋划。根据十八大的要求，十八届三中全会作出了全面深化改革的决定，形成了改革的总体或顶层设计。十八届三中全会后，中央成立全面深化改革领导小组，负责改革总体设计、统筹协调、整体推进、督促落实。同时，围绕完善社会主义市场经济体制的主体框架，对各重点领域改革分别进行了全面系统的顶层设计，形成了相关领域综合性改革实施方案，提出了改革推进的路线图、时间表，有效保障了改革的系统、整体、协同推进。

2.要注重统筹协调。习近平总书记在部署改革工作时指出，下一步，改革纵深推进、系统集成的特点比较突出，对抓好统筹协调提出了更高的要求。要明确主攻方向和重点，把握好改革的进程和节奏，掌控好改革风险，加强改革协同联动。的确，全面深化改革本身就体现着系统性、整体性和协同性的内涵。无论是夯基垒台、还是攻坚碰硬，单项改革都难以自主突进，而有赖于其他改革的协同、配套和支撑，诸多改革事项是互为条件的。把握这些本质特点和内在要求，领导、推进改革时必须高度注重统筹协调、系统配套。统筹改革部署，推进重点环节改革时，要考虑相关改革事项的协同，相应推进相关性较强的改革；要建立统筹协调的推进机制，根据改革措施的轻重缓急、难易程度、推进条件，部署改革推进的步骤和次序。既抓改革方案协同，也抓改革落实协同，更抓改革效果协同，促进各项改革举措在政策取向上相互配合、在实施过程中相互促进、在改革成效上相得益彰，朝着全面深化改革总目标聚焦发力。

党的十八大以来，各领域改革都在加强顶层设计的同时，注重做好相互之间的统筹协调，使改革相互支撑、相互促进，不成为其他改革的障碍或掣肘，以促进改革由点及面、串点成线，不断向中心靠拢，形成整体效应。比如国企改革，步入深水区，要啃的都是硬骨头，难以一招定乾坤，需要打出一套组合拳，国家出台了"1+N"的改革文件，系统推进了包括混合所有制改革试点、员工持股等在内的"十项试点"和以管资本为主的国资监管机构改革等"九项重点任务"，改革的主体框架就此搭建起来。再比如，在科技体制改革中，统筹衔接当前和长远，研究国家实验室组建方案、将国家自主创新示范区试点政策推向全国、下放科技成果处置收益权等，一系列改革举措环环相扣、协同推进，创新链、产业链、资金链、政策链相互交织、相互支撑，形成了创新发展的合力。

3. 要推动集成整合。要厘清和把握重大改革事项间的内在联系和逻辑关系，提高改革系统集成能力。这也是加强系统协同的重要内容。要把住顶层设计和路线图，注重改革举措配套组合，使各项改革举措不断向中心目标靠拢。特别要注重同一领域改革举措的前后呼应、相互配合、形成整体。同一事项涉及不同部门并且职能交叉重复的要整合，不搞政出多门、不要换汤不换药；对各类改革平台、改革试点要进行整合，合并同类项，不搞遍地开花，提高政策的精准性、兼容性，避免以各类形式出现的改革平台抵消了统筹协调系统推进改革的效果和力度。比如，这些年来，我们搞了很多试点，取得了显著成绩但也存在着单项试点名目众多、内容重复或泛化等问题。习近平总书记强调，试点是改革的重要内容和重要方法，但不能搞泛化了。根据中央部署，针对试点过多过滥、争抢资源、久试无果等问题，2016年进行了一次全面清理规范，各单位共清理改革试点1596项，占原有试点总数（3169项）的50.4%。其中，各省区市部署的改革试点2596项，清理1378项。经过清理和规范，加强了试点工作的系统集成，进一步明确了试点的方向和路径。

（三）科学制策。改革方案质量优劣直接关系改革效果甚至成败。十八大以来，习近平总书记多次对制定好改革方案提出要求。他强调，要把方案质量放在第一位，使提出的改革方案最大限度符合实际，符合改革要求，真正解决问题。方案每一条改革举措都要内涵清楚、指向明确、解决问题，便于基层理解和落实。概括地说，科学制定好改革方案，需要把握好以下一些环节。

1．要重视调查研究。调查研究是形成科学对策的基础和前提。毛泽东同志说过，没有调查就没有发言权。他亲自撰写的《湖南农民运动考察报告》（1927年3月5日）、《分青和出租问题》（1930年11月15日）、《长岗乡调查》（1933年11月）等调研名篇，至今仍然是调查研究工作的典范和指引。习近平总书记也特别重视这一点，他要求，把调查研究放到重要位置，在深入调查研究的基础上搞好方案设计。要坚持眼睛向下、脚步向下，多深入实际、深入基层、深入群众听取各方意见，了解基层群众所思、所想、所盼，从实践中寻找最佳方案，使改革更接地气、更可操作。

但在现实生活中，的确存在闭门造车写文件、异想天开做方案的情形，以至于有些出台的文件方案因明显脱离实际而不得不收回或中止执行，而相当一部分文件方案则因为正确的空话连篇无法操作，而被束之高阁。这方面的教训十分深刻。科学制策，必须重视调查研究，并且需要做深入细致的调查研究。调查得全面不全面、深入不深入、细致不细致是完全不一样的。

2．要兼顾多方利益。兼顾多方利益，有利于充分调动各方面参与和推动改革的积极性，保障改革向纵深挺进。这是改革的一条重要方法，也是制定改革方案应当把握的一条重要原则。在制定主体上，要防止既得利益主体主导；在内容的把握上，要以保障和增进绝大部分人群利益为指向，并尽可能在增量改革方面做文章。与此同时，基于利益调整考量的改革方案的制订，要处理好整体政策安排与某一具体政策的关系、系统政策链条与某一政策环节的关系、政策顶层设计与政策分层对接的关系、政策统一性与政策差异性的关系、长期性政策与阶段性政策的关系。

3．要保证研究时间。习近平总书记指出，要把提高改革质量放到重要位置，坚持速度服从质量。如前所述，他还明确要求，要把方案质量放在第一位。改革方案的制定不宜简单设置时限。越是重要的改革方案，所涉及的问题往往越复杂，越需要充分研究、深入调研、多方论证，这就必然要花费一定的时间。仓促行事，容易粗制滥造，也容易挂一漏万。这种方案如果下达执行，不仅会带来改革的曲折，而且会造成不良的社会影响。"宁可慢一点，也要好一点"，应作为制定改革方案的一个基本原则。相对于不科学的"急就章"式改革方案导致的巨大代价，多花点时间把改革方案做得更科学一些是值得的，这与不思改革、拖延改革是两回事。

4．要充分听取意见。习近平总书记多次强调，要严格方案制定程序，广泛听取意见，特别是多深入基层听取各方意见。一是多部门参与。多部门参与的过程是发扬民主的过程，是统一认识的过程，是协调利益的过程，还是纠偏正误的过程。原则上，每一改革方案的研究制订都应坚持各相关部门、单位共同参与。在此基础上，由综合改革领导机构负责统筹、指导、协调和完善，多方面聚智、多角度论证、多层面把关，确保改革方案的科学性。二是尽可能公开。任何一项改革都涉及人民群众的利益，理应让人民群众参与，这既包括参与改革，也包括参与改革方案设计。改革方案最终要向大众公开，而在此之前让群众参与方案的讨论，一方面可以集思广益，另一方面可以增强其承受能力，因为征求意见的过程同时也是解放思想、解开心结的过程。应该把改革方案的公开制定或公开征求意见作为一种常态，把封闭制定相关改革方案作为一种特例，严格限制其数量。过去的实践表明，闭门造车设计出来的所谓改革方案，往往脱离实际：有的公布之后广受诟病，结果是还未改到位，又不得不紧锣密鼓地谋划新一轮改革；有的由于研究制定时局限于内部操作而导致先天不足，因而在实施时不得不"亡羊补牢"，四处开口子，事实上导致出台的改革方案成了一纸空文；还有的带来严重负面效果，事与愿违。这样的改革会付出巨大社会成本，严重影响改革的声誉。必须转变思想观念，彻底解决改革方案制订的封闭性问题。改革方案的研究制定过程，能公开的应尽量公开。有的事项即便过程不能公开，到最后决定之前，也应在较大范围听取意见。

5. 要科学合理借鉴。科学制策，需要合理借鉴，尤其是积极借鉴那些经过提炼总结、普遍认同、适应性较强的做法，但任何借鉴都不可盲目照搬照抄、照单全收。对于国外的一些做法要认真甄别分析，不仅要看效果，还要看实施的环境和条件，不能把国外的做法与经验简单地理解为国际规则。国外很多成功的做法，往往也是根据自己的国情和实际条件创造或建设的。归根结底，科学制定方案，要处理好积极借鉴与立足国情的关系，不能照搬照套。改革实践和其他方面的实践已经无数次证明，照搬照套必然失败或付出沉重代价，只有把国际上较为通行的做法或多年来已经形成的惯例与我国国情区情结合起来，才能取得积极效果。

（四）突出重点。习近平总书记明确指出，改革需要整体推进，但不能是平均用力、齐头并进，而是要抓住主要矛盾和矛盾的主要方面，注重抓重要领域和关键环节。他又说，面对改革的复杂形势和繁重任务，要牵住改革"牛鼻子"，既抓重点领域、重点任务、重要试点，又抓关键主体、关键环节、关键节点。

全面深化改革仍然要突出重点，是因为，面面俱到的改革会使有限的资源分散，导致全部或大部分改革项目浅尝辄止，不能产生彻底的、长期的改革效应；还会导致鱼龙混杂，增加不必要的社会成本，或因泛化导致社会的轻视。更重要的是，改革是一个系统工程，只有抓住牵一发而动全身的关键，才能带动全局突破。从方法论的角度讲，面面俱到的改革往往具有排炮性且碎片化的特征，实际上也往往缺乏章法和秩序，并不是真正意义上的全面改革，也难以产生实实在在的效果。改革重点的选择，是对内容重要程度、时间紧迫程度和条件具备情况的综合考量。一般地说，应突出这样一些方面。

1. 要突出薄弱环节改革。薄弱环节是体制建设的短板。突出重点，当务之急是补齐短板。习近平总书记强调，改革要直面矛盾和挑战，对准瓶颈和短板，精准对焦、协同发力。突出薄弱环节，是要大力推进那些议了多年、改革阻力大、尚未有效开展的改革；大力推进那些持续较久却一直没有取得实质性进展的改革；大力推进那些浮于表面、浅尝辄止没有触及根本的改革；大力推进那些适应新形势新任务要求亟待开展的改革。与此同时，也要对一些虽然着力不少但效果不显的改革从思路和方案上进行及时的调整与完善。

比如，在简政放权、放管结合、优化服务的过程中，改革目标和方向都很正确，但是在"往哪儿放""怎样接住""如何监督"等方面的思路与体制建设还需要深入探索。又如，针对社会领域改革的一些缺项，要在进一步放开基础设施领域投资限制，在市场准入、职称评聘、社保定点等方面对公私机构实行同等政策等方面，需要尽快出台实质性改革举措。再如，公务用车制度改革的目的与方向都是好的，但这次改革受区域地理环境空间状态、发展水平、工作分量等多种因素制约，越改到基层，情况就越复杂，需要因区制宜，不能一刀切。在推进过程中深化研究，灵活对待，不断加以调整完善。

2. 要突出基础性环节改革。基础性改革是对整体和关键方面起基础和支撑作用的改革，具有夯基垒台、架梁立柱的性质。只有抓好了这些改革，全面深化改革就有了良好条件，改革也才能沿着既定的方向一往直前。习近平总书记多次讲，重大制度改革要放在突出位置、首先抓好，尤其是抓好对党和国家工作大局有重大影响的制度完善，继续把四梁八柱性质的体制机制建设推向前进。为此，在实际操作中，要在全面评估各领域改革的基础上，坚持问题导向，把各领域具有四梁八柱性质的改革明确标注出来，排出优先顺序，重点推进，发挥好支撑作用。特别是要把国有企业、财税金融、价格体制、科技创新、土地制度、对外开放、文化教育、司法公正、环境保护、养老就业、医药卫生、党建纪检等领域具有牵引作用的改革牢牢抓在手上、下大力气加以推进并取得实效。

3. 要突出牵一发动全身环节改革。新的体制是一个系统，全面深化改革也是一个系统工程。为保障改革沿着舍此无他的轨道顺利突进，为使改革实现事半功倍的效率，必须梳理各领域及其各环节改革的逻辑关系，分清主次轻重，着力抓好那些牵一发动全身的改革事项，实现纲举目张，带动全局突破。一般来说，要把那些在新体制系统中发挥决定性作用的核心环节、对经济社会发展全局起着主要制约作用的关键环节、有利于解决当前经济社会发展突出矛盾且具备相关条件的重要环节，作为当前和未来改革的重点，切实抓紧抓好。就当前和未来一个时期而言，应把形成选贤任能的干部人事制度、建立保障公民公平发展权利和机会的制度体系、推进基本公共服务均等化、健全现代产权制度和规范的现代企业制度、实现重要产品和资源要素的市场化配置、完善生态环境保护机制等作为改革的重中之重。

（五）狠抓落实。一分部署，九分落实。抓好落实是十八大以来改革方法的重要组成部分，也是习近平总书记在部署推进改革时强调最多的关键举措之一。他指出，要"踏石留印、抓铁有痕"，"凡是议定的事要分头落实、不折不扣抓出成效"，要用钉钉子的方式与精神抓好各项改革措施的落实。狠抓落实，要把握住如下环节。

1. 明确责任分工。习近平总书记一再强调，改革工作能不能落实到位，落实责任是关键。他指出，推进改革工作，关键是落实责任。一些工作沙滩流水不到头，神龙见首不见尾，主要是责任没有落实。改革落实是一个完整封闭的责任链条，各主体既有分工，也有合作，缺了哪个环节都不行。中央明确，要抓好部门和地方两个责任主体。要把改革责任理解到位、落实到位，以责促行、以责问效。凡是承担改革任务的地方和部门，都要知责明责、守责尽责，做到各就各位、各负其责，并全程跟进、全程负责。要形成上下贯通、层层负责的主体责任链条，健全能定责、可追责的考核机制。各级各部门要拧紧责任螺丝，一级抓一级，层层传导压力、落实责任。

中央还清晰划分了各改革主体的责任：中央改革办要把推动改革落实作为重要职责，着力抓好改革举措督察落地。各专项改革小组对本领域改革负有牵头抓总、特别是协调解决矛盾的责任，既要抓统筹部署，协调解决重大问题、共性问题，也要抓督查落实。改革牵头部门是落实中央部署具体改革任务的责任主体，对经办的改革举措落实负有直接责任，要做到全程过问、全程负责、一抓到底。中央要加大对地方改革创新的指导力度，做到下有所呼、上有所应，调动和保护地方改革的积极性。地方党委对本地区全面深化改革负主体责任，统筹好中央和地方两个层面的要求，抓好改革举措落实，党委书记是第一责任人，既要挂帅、又要出征，亲力亲为抓好改革。

2．把握合适时机。对于推进改革来说，时机的选择与把握十分重要。时机决定改革的效果、时机关乎改革的成本、时机还影响改革的难易。对改革时机的考虑实际上是关于改革环境条件的考量。总体上说，把握改革时机要考量如下方面：第一，在经济发展平稳快速、社会安定和谐、人民安居乐业、各方面支撑条件较好时，可推出一些关键性的重大改革。第二，要注重营造环境、创造条件，抓紧做好前期准备工作，争取适时启动。第三，原则上重要改革不"扎堆"推出，在时机选择上尽可能错开，这一方面是考虑社会承受能力，另一方面也是使每项改革保持较高的关注度、利于推进。第四，利用好时间窗口，把握合适的时机，不能成为改革犹豫不前的借口和推辞，经过认真研判，只要到了改革窗口，看准了的改革，就要马上出手、一抓到底、务求必胜。

习近平总书记强调，当前和今后一个时期，是全面深化改革的施工高峰期，是落实改革任务的攻坚期，要按照既定的时间表、路线图，更加注重发挥经济体制改革的牵引作用，更加有针对性解决各领域各层面各环节的矛盾和问题，不断提高改革的精准化、精细化水平，坚定不移地把全面深化改革推向前进。

3．做好跟踪评估。建立改革效果监测评价机制，是保障改革正确前行又不断深入推进的重要手段。加强跟踪评估在习近平总书记改革讲话中被多次强调。他指出，各方面要对已经出台的改革方案经常"回头看"，既要看相关联的改革方案配套出台和落实情况，又要评估改革总体成效，对拖了后腿的要用力拽上去，对偏离目标的要赶紧拉回来。相对于发展而言，改革效果的评估存在一定难度。实际工作中，有些改革的效果表现为与其他改革配套的联动效应，不易单独体现；有些改革处于上位层面，其效果经过了多层次传递；有些改革的效果体现需要一个较长过程，有的甚至难以直接体现；有些改革的效果很难量化；等等。因此，建立改革效果跟踪监测评价机制，需要深入研究、统筹考虑、精心设计。一是尽量量化。要把握改革特性，建立一套富有特色的、可量化的改革评估指标体系，尽可能对每项改革进行精确科学的评估。除基本方面外，应根据环境变化情况适时对指标体系进行调整完善。二是分类对待。依据多项改革独立程度、时间长短、难易程度等状况，采取不同评估方式。对可以单独或独立进行的改革，应把握时间节点和目标要求进行评估；受制于其他改革的单项改革，应参照单项改革要求对相关改革进行考核评价，同时进一步考察评估它们相互间的配套联动状态；短期性改革应按期限要求及时进行考核，长期性改革应分阶段进行考核，并以是否取得实质性进展作为各阶段基本考核标准；直接与发展相连或相融的改革，应把经济社会发展相关指标作为重要考核内容。改革效果评价要与缘由追溯结合起来，准确分清是方案设计的问题，还是工作本身的问题，并有针对性地采取应对之策。三是优化主体。要充分发挥人民群众、专家队伍、专门机构和舆论部门的作用，坚持由第三方监测评估改革实施效果，保障评估过程的公正和评估结果的公开，并将此作为一项硬性原则。

4. 抓好改革督察。督察是推动改革举措落地的重要手段。习近平总书记强调，要把改革督察工作摆上重要位置，以更大的决心和气力抓好改革督察工作，确保改革方向不偏离、改革任务不落空，使改革精准对接发展所需、基层所盼、民心所向。他明确指出，要调配充实专门督察力量，开展对重大改革方案落实情况的督察，做到改革推进到哪里、督察就跟进到哪里。做好督察，既督任务、督进度、督成效，也察认识、察责任、察作风。在工作中，要把握这样几个方面：一是要以点带面。督察要深入细节，选好督察点，既要抓重点改革任务，也要抓面上改革工作，特别是各地区各部门贯彻落实党中央改革部署的情况。要善于抓正面典型，及时发现总结基层创新举措和鲜活经验，以点带面，推动改革落地。二是要紧盯问题。在发现问题、解决问题上下功夫，提高督察实效。很多具体改革的问题，只要督深察细，总是能找出症结。要深入实际、深入基层，有的问题要一竿子插到底。对重大改革、复杂问题，必要时要"回头看"。对督察发现的问题，要认真研究梳理，列出问题和责任清单，明确时限要求，要坚持有什么问题就整改什么问题，是谁的问题就由谁来负责整改，同时举一反三、由点及面，推动更大范围内的整改。三是要抓关键少数。要盯责任主体这个"关键少数"，落实不力、整改不到位的就追究责任。牵头部门和地方是抓改革的责任主体，要加强改革自查，定期跟踪并报告改革落实情况。要搞好督察工作统筹，形成合力。

5．强化激励机制。抓落实，基础在管好干部、强化改革导向。为此，习近平总书记强调，要完善考核评价和激励机制，既鼓励创新、表扬先进，也允许试错、宽容失败，最大限度调动广大干部的积极性、主动性、创造性，推动全社会形成想改革、敢改革、善改革的良好风尚。要强化敢于担当、攻坚克难的用人导向，褒奖改革者、惩戒庸懒者，把那些想改革、谋改革、善改革的干部用起来，激励干部勇挑重担。要加大改革创新在干部考核和提拔任用中的权重。与此同时，建立健全改革容错纠错机制，形成允许改革有失误、但不允许不改革的鲜明导向。

改革贵在落到实处、见到实效。世界上一些国家的重要改革性举措往往受制于各种因素无果而终。例如美国的医改、移民管理、金融监管、枪支管控等都是如此。相比之下，中国的改革则在扎实地向前推进，不断显现成效。新加坡的《联合早报》这样评价，"环顾世界，没有一个国家能够像当今中国这样，以一种说到做到、只争朝夕的方式全面推进改革进程。"我国改革既重"最先一公里"，即做好方案制定和部署落实，又重"最后一公里"，即雷厉风行地抓改革的落实和见到实效。改革不能是文件上的改革，不能"只听楼梯响，不见人下楼"，是否真正落实才决定着改革的意义和成效。

（六）依法规范。改革和法治如鸟之两翼、车之两轮，以法制为保障，推动改革在不断突破中规范有序地推进，是十八大以来推进改革的一个重要方法。

1．重大改革于法有据。把国家各项事业和各项工作纳入法制轨道，既是努力的方向，也是行为的准则。改革也不例外。习近平总书记指出，凡属重大改革都要于法有据。在整个改革过程中，都要高度重视运用法治思维和法治方式，发挥法治的引领和推动作用，加强对相关立法工作的协调，确保在法治轨道上推进改革。从条件上看，经过多年的努力，中国特色社会主义法律体系已经形成，涵盖社会关系各个方面的法律部门已比较齐全，这为依法推进改革提供了良好的法制基础。从逻辑上看，针对不合理体制进行的改革在初期更多是先破后立，而深入到今天的改革应当是先立后破，把改革决策和立法决策有机结合起来，做到重大改革于法有据，使全面深化改革全面纳入法治化轨道。立法应主动适应改革的需要。正如习近平总书记强调的那样，凡属重大改革要于法有据，需要修改法律的可先修改法律，先立后破，有序进行。有的重要改革举措，需要得到法律授权的，要按法律程序进行。改革应充分利用宪法和法律提供的制度空间和条件，大胆探索和创新。

应当指出，十八届四中全会所作出的关于全面推进依法治国若干重大问题的决定，对依法治国提出了180多项重大举措，它们既是法治举措，也是改革举措，很多是三中全会改革举措的延伸、深化和具体化。习近平总书记要求将其纳入改革任务总台账、一体部署、一体落实、一体督办。这也表明，法治建设本身就是制度改革的重要内容。

2. 坚持立改废并举。习近平总书记指出，改革于法有据，要坚持立法先行，坚持立改废并举。立法先行，要抓住提高立法质量这个关键，完善立法体制机制。为此，要完善立法机制，深入推进科学立法、民主立法。要加强重点领域立法，对涉及全面深化改革等的法律要抓紧制订、及时修改。在研究改革方案和改革措施时，要同步考虑改革涉及的立法问题，及时提出立法要求和立法建议。对不适应改革需要的法律法规，要及时修改和废止，不能让一些过时的法律条款成为改革的"绊马索"。

3. 依法巩固改革成果。依法推进改革的一个重要内容是依法巩固改革成果。习近平总书记明确指出，对实践证明已比较成熟的改革经验和行之有效的改革举措，要及时上升为法律。依法巩固改革成果，不仅是维护改革的需要，而且还是进一步推进改革的需要。所以，改革推进到哪里，法治就跟进到哪里，坚持改革和法治同步推进，增强改革的穿透力，也保障改革沿着正确的方向持续向前深化。

党的十八大以来，改革纳入法制轨道，实行重大改革都于法有据取得了明显成绩。例如，十八届五中全会《建议》提出实施一对夫妇可生育两个孩子政策，当人口与计划生育法及相关法规的修订完成后，这些改革才真正落地实施。同时，那些实践条件不成熟，需要先行先试的，也按照法定程序作出了授权，例如，2015年，为在33个县郊区进行"三块地"改革试点，全国人大常委会授权国务院暂停实施《土地管理法》和《城市房地产管理法》的相关条款。有学者认为，改革不合理的制度，往往可能产生"违法改革"的纠结。以制度创新破除制度限制，能让改革既打破固有的限制，又完成持续的创新，从而避免出现"不改"的不担当行为，促使改革蹄疾步稳、行稳致远。可以说，在全面依法治国的宏大背景下，无论是试点创新还是制度创建，遵照法定程序成为改革的大前提。"于法有据"，既以法律为改革者撑腰，也有效防止了"乱改"造成对国家和人民利益的损害。

（七）试点创新。选择合适的地区和领域，对难度较高、风险较大的改革事项先行开展试点试验，以积累经验、探索路径，是改革开放中形成的一条重要方法。对此，习近平总书记高度重视，指出试点是改革的重要任务，更是改革的重要方法。试点能否迈开步子、蹚出路子，直接关系改革成效。十八大以来，这一改革方法增添了新的要求和内涵，得到了创造性的应用。

1. 坚持正确方向。核心是探索。抓好试点对改革全局意义重大，必须科学把握、认真谋划、深入抓好。试点的目的是探索改革的实现路径和实现形式，为面上改革提供可复制可推广的经验。因此，试点必须解放思想、大胆探索，做到敢想敢干、敢闯敢试。要保护好地方和部门试点的积极性，只要是符合实际需要、符合发展规律，就应给予支持，鼓励试、大胆改。试点是体制机制的创新试验，给的是"先行先试权"，不是给优惠政策、给资金项目。否则，试点就失去了它本来的性质和推广运用的价值。

重点在问题。试点不是为试而试，解决问题，探索解决问题的有效方式是试点的任务所在。要深入梳理全面深化改革中各领域存在的问题，尽可能把问题穷尽，让矛盾凸显，并紧盯问题，探索解决路径。

布局要合理。习近平总书记强调，在试点范围选择上要兼顾各个地区。与改革初期相比，当前试点的基础条件与内容要求都发生了较大变化，应综合考虑项目特点、环境条件、问题指向、可推广性等，合理选择试点地区，不仅注重在经济相对发达的地区试点，也注重在经济不发达地区开展相关试点。十八大以来，一大批各种类型的改革试点在全国进行。例如，司法体制改革选择分布在东中西部的上海、广东、吉林、湖北、海南、青海等6个省市试点进行。市场准入负面清单试点，逐年扩大，已经在近1/3的省份开展了试点，并拟在2018年全面推开。这样的改革案例不胜枚举。

2. 鼓励差别探索。鼓励不同区域进行差别化试点是十八大以来改革试点的一个重要特点。中央与习近平总书记一再强调，我国地区发展不平衡，改革试点的实施条件差异较大，要鼓励不同地区进行差别化探索。试点探索必须坚持眼睛向下、脚步向下，鼓励从实际出发，因地制宜，因情生策。对于解决同一个问题，应鼓励和支持不同地区选择适合自己特点的有效方式。作为宏观指导，有关部门对试点工作不能"一刀切"，也不能搞教条主义和形而上学，要区分不同情况，实施分类指导，以切实提高改革试点工作的有效性。

各地结合实际大胆探索，涌现出不少基层改革创新的生动案例，一些在部门拿不准、吃不透的改革事项在基层找到解决路径，一些重大顶层设计在基层得到创造性落实。例如，贵州金沙县检察院对县环保局提起全国首例行政公益诉讼，山东东平县创建农民土地股份合作社，陕西延安市建立医疗联合体破解公立医院改革难题，浙江推进优质医疗资源"双下沉、两提升"，等等。

3. 及时总结推广。由点及面是试点的要义所在。因此，要加强对试点的总结提炼。对证明行之有效的经验做法，应及时梳理提炼、完善规范，在面上复制推广。关于试点及其经验推广，也要审时度势、科学对待。习近平总书记要求，由于有些改革错综复杂，不可能一开始就设计全面，要通过试点发现可能存在的问题，不断加以调整，取得经验后再推广。对一些矛盾问题多、攻坚难度大的改革试点，有了初步成果，可以扩大试点范围，有个过渡态，感觉到很稳当了，再全面推开。有的试点经过两三轮后，成熟了要及时在面上推开，不能总试下去。对于具有基础性、支撑性的重大制度改革试点，要争取早日形成制度成果。

（八）加强引导。改革进入全面深化的攻坚阶段，面临的形势更加复杂，社会利益诉求更加多元，为凝聚改革共识、增强改革动力，需要进一步采取有效措施，加强改革引导。十八大以来，习近平总书记多次强调，要从多方面加大宣传引导力度，在全社会形成良好改革预期，凝聚起推动改革的强大气场。强化宣传引导成为改革方法论的重要一环。

1. 营造良好氛围。中央要求，要加强宣传和舆论引导，为全面深化改革营造良好的社会环境。在宣传典型方面，切实提升宣传的强度、深度、精度。系统宣传改革推进落实情况，重点反映地方思路好、措施实、效果显的改革典型案例，提高社会各界对改革的满意度、认同感。在舆论引导方面，研判分析、统筹平衡改革引起的利益关系调整，对误读、错读改革方向、思路和举措的言论，及时加以纠正，加强正面解读，发挥好媒体快捷、面广、受众多的优势。改进舆论宣传方式，通过灵活多样、悦目提耳的方式，引导干部群众从本质入手、从大局着眼看待改革中出现的问题。

2. 及时释疑解难。凡是适宜公开的改革方案，应及时向社会公开发布，并加强政策权威解读，便于基层理解、创新、落实。对拟出台的重大改革方案或政策，要制定切实可行的宣传预案，通过专题宣传、专家解读等多种方式，进行精准解读、释疑解惑，正确引导社会预期，消除模糊认识和片面理解，避免不必要的炒作。

3. 做好应对预案。为有效控制风险，保障改革方案顺利实施，应切实做好应对预案。一要应对好负面舆情。以正确的态度面对负面舆情，不惧怕、不回避，及时科学地进行处置。该反驳的要有理有据有力驳斥，该解释的要耐心细致合理解释。二要及时调整完善政策。很多改革涉及面广、力度大，肯定会出现一些事先想不到的问题，要及时研究、提出对策、积极化解。对一些具体改革举措要适应新情况新要求及时进行调整完善。与此同时，已推出的改革举措，不能随意调整改革方向，更不能随意中止正在实施的改革方案。

以上是对十八大以来改革部署与推进情况作的一个梳理总结和对习近平总书记全面深化改革系列重要论述所谈的一些学习体会。改革正未有穷期，让我们团结一心、锐意进取、攻坚克难，打好一场场改革战役，去谱写改革开放伟大事业历史新篇章，为实现中华民族伟大复兴的中国梦贡献力量。